Fenômenos Preternaturais
Sobre as ações dos anjos e dos demônios

Imprimatur
31 de julho de 2016
Dom Wilson Tadeu Jönck, SCJ

Pe. Pedro Paulo Alexandre

Fenômenos Preternaturais
Sobre as ações dos anjos e dos demônios

FENÔMENOS PRETERNATURAIS
Pe. Pedro Paulo Alexandre

2ª edição. – Novembro de 2020
Editora Catholica Veritas – Copyright © 2020.

Editor: **Pe. PEDRO PAULO ALEXANDRE**

Revisão e diagramação: **DIEGO SISNANDES E MANUEL MIRAMONTES**

Capa: **MARCO SETE**

Imagens: **DIEGO SISNANDES**

Gestão Editorial: **ID EDITORA**

Os direitos desta edição pertencem à
EDITORA CATHOLICA VERITAS

ISBN: 978-65-86956-01-6

Reservados todos os direitos desta obra.
Proibida toda e qualquer reprodução desta edição por qualquer meio ou forma, seja ela eletrônica ou mecânica, fotocópia, gravação ou qualquer outro meio de reprodução, sem permissão expressa do editor.

    Alexandre, Pe. Pedro Paulo
        Fenômenos Preternaturais / Pe. Pedro Paulo Alexandre -- 2. ed. --

    1. Religião

> *Ecce Crucem Domini!*
> *Fugite partes adversae!*
> *Vicit Leo de tribu Juda,*
> *Radix David! Alleluia!*
> *Eis a cruz do Senhor!*
> *Fugi forças inimigas!*
> *Venceu o Leão de Judá,*
> *A raiz de David! Aleluia!*
> [Oração Esculpida no Obelisco na Praça de São Pedro]

"Jesus lhe disse: *'Vai para casa, para junto dos teus e anuncia-lhes tudo o que o Senhor, em Sua misericórdia, fez por ti'*. E o homem foi embora e começou a pregar na Decápole tudo o que Jesus tinha feito por ele. E todos ficavam admirados." (*Mc* 5,19b-20)

"Os exorcistas manifestam o amor e o acolhimento da Igreja a quantos sofrem por causa da obra do Maligno." (*Papa Francisco, aos participantes do XII Congresso Internacional da Associação Internacional de Exorcistas*, outubro de 2014)

"O exorcista sabe que o diabo existe, mas também que ele não está em todos os lugares. Eu entendi, acima de tudo, que o exorcismo é um Ministério de Misericórdia: um ato de amor por uma pessoa que sofre." (*Pe. César Truqui, exorcista na diocese de Chur, Suíça*)

† Em tudo amar e servir (cf. *Jo* 15,13; *Lc* 22,26).
"*Ad maiorem Dei gloriam* – Para a maior glória de Deus." (*Santo Inácio de Loyola*)

Índice

Apresentação 10

Introdução 13

Aspectos bíblicos, históricos e teológicos 17
    A Questão Demonológica 18
    A Ação de Cristo e da Igreja Contra os Demônios 36

Aspectos Místicos e Ascéticos 45
    A Luta Contra o Demônio 46
    As Causas dos Fenômenos Extraordinários 74

Aspectos magisteriais 79
    Magistério Recente 80
    Catecismo da Igreja Católica 181
    Documento: Estudo Fé Cristã e a Demonologia 202
    Normas Gerais Sobre o Exorcismo 227
    Introdução do Novo Ritual de Exorcismo 231
    Instrução Sobre o Exorcismo 242
    Apresentação do Ritual Italiano 244

Aspectos pastorais e espirituais 251
    Nota Pastoral a Respeito de Superstição, Magia, Satanismo 252
    Nota Pastoral Magia e Demônios 269
    Nota Pastoral a Igreja e o Além 308
    Nota Pastoral Religiosidade Alternativa, Seitas, Espiritualismo .. 323
    Nota Pastoral Princípios de Avaliação do Reiki como Terapia Alternativa 375
    Nota Pastoral Pecado Geracional e Cura Intergeracional 381
    Nota Doutrinal Sobre a Cura das Raízes Familiares por Meio da Eucaristia . 388
    Instrução Sobre as Orações Para Alcançar de Deus a Cura 407
    O Discernimento dos Espíritos 419
    Alguns critérios de discernimento das situações em que as pessoas procuram encontrar um exorcista 450

A importância e urgência da Libertação e do Exorcismo no Ministério Sacerdotal.. 459
Fenômenos Preternaturais 471
Perfeição Cristã.. 525
Consequências do Pecado Venial.. 533

Testemunho de um exorcista 535
Ministério dos Exorcismos... 536

Apêndices 555

Decifrando o Espiritismo... 556
Parte 1: Fé Cristã e Espiritismo 556
Parte 2: Por que um católico não pode ser espírita?.................. 573
Parte 3: "O espiritismo: uma forma equivocada de buscar a verdade"............ 576
Parte 4: Introdução a "Os danos do espiritismo"....................... 579

Artigos Diversos 582
Entrevista com o exorcista Francesco Bamonte........................ 582
Entrevista com o exorcista Pedro Mendoza................................ 585
Entrevista com o exorcista Giuseppe Ferrari............................. 591
Entrevista com Carlo Climati.. 594
Entrevista com o teólogo Pedro Barrajon 599
Entrevista com o Padre exorcista César Truqui........................ 602
Entrevista com o médico psiquiatra Dr. Valter Cascioli............ 607
Um testemunho impactante de conversão do esoterismo à fé católica............ 614
Entrevista com o historiador Alberto Bárcena.......................... 618
A Hegemonia do Indiferentismo Maçônico 620

Textos Diversos... 634
Demônio: um assunto incômodo.. 634
Halloween: mera diversão? Pois quem se diverte mesmo é o diabo!............. 636
Cinco santos que lutaram contra o demônio.............................. 640
Existem dez Armadilhas Mortais do Demônio Contra nós. Você as Conhece? ..645
Sermão do Cura d'Ars sobre as tentações 649
Padre Pio e os anjos da guarda... 656
Regras para o discernimento dos espíritos................................ 658

OK, eu sei o que é um Sacramento. Mas o que é um "Sacramental"?..............662
Missas de Cura e Libertação: O que a Igreja Diz?...............................665
Como Diferenciar uma Possessão Diabólica de uma Doença Mental? 670
American Psychiatric Association 672

Agradecimentos 676

Bibliografia..678

Apresentação

O lançamento da presente obra vem ao encontro de uma angústia do nosso tempo. Falta uma reflexão mais profunda sobre a ação do demônio na vida do ser humano. Por várias razões, este assunto foi relegado ao esquecimento. O orgulho do modernismo atual quis sepultar a existência do demônio e sua ação no mundo. Não é exagero dizer que este esquecimento trouxe um grande prejuízo para a vida dos cristãos e para a caminhada da Igreja. Até o ensinamento do Concílio Vaticano II foi usado para afirmar que era obscurantismo ocupar-se com o demônio e suas obras. Paulo VI, em uma homilia no dia 29 de junho de 1972, dizia: *"Por alguma fresta entrou a fumaça de Satanás no templo de Deus... querendo sufocar os frutos do Concílio".*

São muitas as pessoas que procuram a Igreja para buscar ajuda porque padecem de males provocados pelo demônio. Com muita facilidade se estabelece um diagnóstico de patologia psicológica ou fruto de superstição. A atitude irônica ou de incredulidade manifesta, tão somente, o despreparo de grande número de sacerdotes para lidar com tais situações. Na realidade, há um grande número de pessoas que padecem de um mal real ou presumido, mas com grande desejo de serem acolhidas. Pode-se afirmar que esta atitude de distanciamento ajuda a abrir a estrada que leva aos "magos" que podem ser encontrados a cada esquina.

A citação de algumas passagens bíblicas mostra como a ação de Cristo e da Igreja está ligada à figura do diabo. *"Cristo passou pelo mundo fazendo o bem e curando todos os oprimidos pelo demônio"* (*At* 10,38). *"Pela sua morte, Cristo destruiu aquele que tinha poder sobre a morte, isto é, o diabo"* (*Hb* 2,14). *"O diabo anda em volta como um leão que ruge, procurando a quem devorar"* (*1Pd* 5,8). Desde os tempos apostólicos, a Igreja exerceu o poder que recebeu de Cristo de expulsar os demônios e repelir sua influência (cf. *At* 5,16;8,7;6,8; 19,12). Em nome de Cristo e por força do Espírito Santo, a Igreja ordena aos demônios que não impeçam a obra da evangelização (cf. *1Ts* 2,18). São Paulo fala de arrancar os seres humanos do poder das trevas e transferi-los para o Reino de Cristo (*Gl* 4,5; *Cl* 1,13).

A identidade de Jesus e a salvação que Ele veio trazer não podem ser compreendidas se não se leva em consideração a existência do diabo e seus demônios. Jesus veio para livrar o homem do pecado, da morte e do diabo. Esta realidade está tão presente no Novo Testamento, que se for retirada, tudo muda de sentido. Crer que Jesus não combateu Satanás é crer em um Jesus diferente d'Aquele apresentado pelo Evangelho.

Em muitas passagens do Evangelho é descrita a atuação de Jesus como Exorcista (cf. *Mc* 1,21-28; *Lc* 11,14; *Mt* 9,32ss). Jesus apresenta esta atividade como prova da Sua identidade e da presença do Reino de Deus (cf. *Mt* 12,28). O Evangelho de *Marcos* apresenta um esquema de exorcismo, que será seguido pelo ritual da Igreja: a) o demônio se manifesta em uma pessoa; b) Jesus ameaça e manda o espírito sair da pessoa (manifesta a natureza violenta do demônio); c) o demônio sai (cf. *Mc* 1,21-28). É a Palavra de Jesus que faz com que os demônios saiam dos possessos. Este poder, Jesus dá aos discípulos (cf. *Mc* 6,7). Expulsar os demônios será um sinal pelo qual serão reconhecidos como discípulos. É pedido ao discípulo a fé e a prática da virtude. A oração é apresentada como condição indispensável para a eficácia de certas curas (cf. *Mc* 9,28-29). O discípulo realiza o exorcismo sempre em nome de Jesus.

O Catecismo da Igreja Católica define o exorcismo como o pedido público da Igreja, que com autoridade e em nome de Cristo, pede a Deus que uma pessoa ou objeto seja protegido contra a influência do Maligno e subtraído ao seu domínio (cf. 1673). A Igreja recebeu o poder e o encargo de exorcizar. Aproveito para recolher alguns pensamentos expressos pelo Papa Francisco na sua homilia na Capela Santa Marta no dia 13 de outubro de 2013. Ele comentava o Evangelho de *Lucas* 11,15-26, onde Jesus expulsa um demônio mudo. O Papa começa advertindo que não devemos fazer negócios com o diabo e se deve levar a sério os perigos que derivam da sua presença no mundo. O Pontífice comenta ainda a reação dos presentes à cena. Acusam Jesus de magia. Diz o Papa: *"Também hoje existem sacerdotes que quando leem este e outros trechos do Evangelho, dizem que Jesus curou uma pessoa de doença psíquica. Sem dúvida, é verdade que naquela época era possível confundir epilepsia com possessão do demônio, mas também a presença dele era verdadeira. E nós não temos o direito de simplificar a questão"*.

O livro *"Fenômenos Preternaturais"* fala das ações dos anjos e dos demônios. Apresenta o ensinamento da Igreja sobre a existência e ação do demônio no mundo. Pode ser encontrado o que pensavam alguns papas a respeito deste assunto. De uma forma bastante abrangente expõe os aspectos bíblicos e espirituais sobre a demonologia. Aborda a diferença que existe entre possessão diabólica e doença psíquica. E se estende sobre a prática pastoral de vários experientes exorcistas. Enriquecedora é a apresentação de farto material nos anexos. Em suma, é uma obra que possibilita o conhecimento dos principais ensinamentos sobre os demônios, a possessão diabólica, o discernimento na prática pastoral. É um valioso instrumento que é colocado em nossas mãos.

Dom Wilson Tadeu Jönck, SCJ
Arcebispo de Florianópolis

Introdução

Caro leitor,

No dia 11 de abril de 2014, o Papa Francisco, na Capela da *Domus Sanctae Marthae*, falou uma frase que correu o mundo: *"O demônio existe também no Século XXI e nós devemos aprender do Evangelho como lutar contra ele para não cair na armadilha. Não devemos ser ingênuos."* Estas palavras viraram manchetes em vários jornais. Parece que o mundo foi surpreendido com algo que havia caído no esquecimento. Não foi a primeira vez. No dia 15 de novembro de 1972, o Papa Paulo VI iniciava a Audiência Geral com uma pergunta: *"Atualmente, quais são as maiores necessidades da Igreja? Não deveis considerar a nossa resposta simplista, ou até supersticiosa e irreal: uma das maiores necessidades é a defesa contra aquele mal, a que chamamos demônio"*. Em seguida, foi a vez do Papa João Paulo II, no dia 08 de junho de 1987, nos chamar atenção: *"(...) o demônio está vivo e atuante no mundo"*.

Cada vez que a Igreja se detém a ensinar sobre a realidade dos *anjos* e dos *demônios*, surgem críticas, ironias e acusações. Há algo de errado em nosso tempo. Papa Bento XVI já dizia: *"Quando a fé diminui, aumenta a superstição"*. Por temas como a *Angeologia* e a *Demonologia* ficarem à margem, não serem tratados com esmero, muitas pessoas, em grande número cristãs, têm caído no erro e no engano.

Se cremos em Deus, precisamos crer em tudo o que Ele nos revelou. A Fé Cristã Católica é uma construção monumental. Quando se começa a retirar partes ou se optar por correntes teológicas modernistas todo o extraordinário castelo desaba.

Esta obra é uma tentativa ousada de oferecer ao leitor uma visão geral, mas com fundamentos bem sólidos sobre a realidade dos *Fenômenos Preternaturais*. O leitor perceberá já de início que se dará em toda a obra um maior destaque à realidade da *Demonologia*, dada a gravidade que, hoje, nosso mundo vive.

Este livro procura preencher uma lacuna na língua portuguesa. Existem muitas notas pastorais, ensinamentos importantes do Magistério, relatos e testemunhos vividos que não chegaram ao nosso país. Muitos destes materiais, até então, eram desconhecidos, seja pela tradução ou porque não se conseguia reunir essas variedades de materiais que abordassem o tema proposto em uma dimensão global.

É possível que o leitor, ao se deparar com este livro volumoso, talvez tenha a impressão de que são muitos temas e algumas coisas podem, à primeira vista, estar longe do tema sobre o qual o livro se propõe a trabalhar... Mas não. Ao longo da leitura, ficará perceptível que tudo terá de alguma forma, relação com o tema da *Demonologia*. Trataremos a ação demoníaca em toda a sua abrangência, desde a dimensão bíblico-teológica até as coisas mais práticas do nosso dia a dia, pois é no cotidiano que surgem dúvidas, questionamentos e incertezas.

Este livro poderá ser lido em partes, pois cada capítulo aborda a realidade dos fenômenos sob um aspecto específico. Dessa forma, o leitor poderá iniciar pela parte que, no momento, mais sente necessidade de aprofundar.

Iniciaremos abordando os *aspectos bíblicos, históricos e teológicos* da questão demonológica. O leitor encontrará uma excelente síntese de como hoje caminha essa discussão e perceberá a existência de uma variedade de autores que tratam de forma madura, prudente, serena e profunda esse importante tema dentro do meio acadêmico.

Em seguida, trataremos dos *aspectos místicos e ascéticos*, no qual veremos desde a ação ordinária do demônio às ações extraordinárias. Perceberemos as causas e os meios que temos ao nosso alcance para combater Satanás e os seus demônios.

Na parte central e principal da obra, apresentaremos os *aspectos magisteriais*. Ofereceremos ao leitor os textos principais do Magistério recente da Igreja, desde o Papa Pio XII até o Papa Francisco. Veremos a síntese que o Catecismo da Igreja Católica faz sobre os *anjos* e os *demônios*. Ofereceremos ao leitor o texto *Fé Cristã e Demonologia* da Sagrada Congregação para a Doutrina da Fé, a *Introdução do Ritual de Exorcismo* de 1952 e do *Rito Atual*. Por fim, teremos a importante *Instrução sobre O Exorcismo*.

No penúltimo capítulo veremos os *aspectos pastorais e espirituais*. Teremos a oportunidade de analisar seis excelentes textos, quatro de conferências episcopais italianas, um dos bispos americanos, e um da Sagrada Congregação para a Doutrina da Fé, onde veremos assuntos muito relevantes nesta discussão: ocultismo, magia, satanismo, malefícios, medicinas alternativas, etc. Abordaremos o importante tema do Discernimento dos Espíritos, apresentando também alguns critérios que possam ajudar na assistência àqueles que recorrem aos exorcistas. Trataremos sobre a importância e urgência da

Libertação e do Exorcismo no Ministério Sacerdotal. Teremos ainda um texto onde reuniremos de forma sintética e esquemática, como um auxílio aos leitores, os assuntos mais relevantes tratados ao longo de toda a obra. Concluiremos este capítulo convidando o leitor à Perfeição Cristã.

Por fim, apresentaremos o *testemunho* do exorcista português, Pe. Duarte Sousa Lara, que teve a oportunidade de acompanhar por dez anos o Pe. Gabriele Amorth, exorcista da Diocese de Roma.

Incluímos no final do livro uma rica variedade de apêndices que poderão ser de grande utilidade pastoral. O demônio, o pai da mentira (*Jo* 8,44) tem espalhado pelo mundo o erro e o engano: o sincretismo religioso, o gnosticismo, o panteísmo, a reencarnação, a magia, a adivinhação, a idolatria do "eu", etc. Todos os apêndices podem ser de grande auxílio situando-nos no contexto em que estamos vivendo. Pois é urgente lidarmos com muita atenção com tudo o que está ligado ao ocultismo e à superstição. Muitas pessoas hoje enveredam por caminhos perigosos, não estão se dando conta dos sérios riscos espirituais que estão correndo. *"Rituais que dependem da superstição e outros erros constituem um obstáculo para a salvação"* (Papa Bento XVI, Revista Caros Amigos, Edições 94-99, Editora Casa Amarela Ltda., 2005).

Embora a bibliografia consultada seja vastíssima, como o leitor perceberá, quero terminar enfatizando que não tenho a pretensão de apresentar algo novo neste livro, mas apenas a Fé, a Tradição e a Vivência da Igreja no que diz respeito aos *Fenômenos Preternaturais*.

As Sagradas Escrituras e o Catecismo da Igreja Católica serão o pano de fundo de toda esta obra. Teremos como base e norte a fé de dois mil anos da Igreja, a fé de Pedro (cf. *Mt* 16,16; *Lc* 22,32; *Jo* 21,15-17). O autor sagrado nos recorda: *"Eles eram perseverantes em ouvir o ensinamento dos apóstolos, na comunhão fraterna, na fração do pão e nas orações"* (*At* 2,42). A Tradição Apostólica com a assistência especial do Espírito Santo (cf. *Jo* 16,12; *At* 1,8;2), através da Sagrada Tradição (cf. *Lc* 1,2; *Jo* 21,24-25; *At* 1,3;2,4; *1Cor* 11,2.23;15,3; *2Jo* 1,12; *3Jo* 1,13-14; *2Ts* 1,14;2,15; *Jd* 3) e das Sagradas Escrituras fizeram chegar até nossos dias o *Depositum Fidei* (cf. *1Tm* 6,20; cf. *2Tm* 1,1). São João Paulo II nos recorda: *"Guardar o depósito da fé é a missão que o Senhor confiou à sua Igreja e que ela cumpre em todos os tempos"* (*Fidei Depósitum*, 11 de outubro de 1992). A Igreja é a continuação do Corpo de Cristo vivo ao longo da história. Foi esta a experiência que São Paulo fez no caminho de Damasco (cf. *At* 9,1-20). Mais tarde, o apóstolo Paulo dirá: *"A Igreja é Coluna e Sustentáculo da Verdade"* (*1Tm* 3,15).

Nós, Cristãos Católicos, temos a graça e o privilégio de ter ao nosso alcance uma excelente síntese da fé da Igreja de dois mil anos. Com fidelidade apostólica, encontramos no CATECISMO DA IGREJA CATÓLICA os quatro alicerces que nos sustentam: "A Pregação dos Apóstolos", mais especificamente o Credo dos Apóstolos: A "Fração do Pão" – A Sagrada Liturgia e os outros sacramentos, pelos quais a Obra Salvífica de Cristo é comunicada aos indivíduos Cristãos; "Fraternidade", o modo como vivemos os dois grandes mandamentos de amor a Deus e ao próximo – o agir cristão; e "A Oração Cristã" – Deus nos criou para Ele mesmo (a razão maior para a nossa criação e redenção é que podemos viver em comunhão com nosso Pai Celeste). Papa Bento XVI, nos diz: *"O Catecismo da Igreja Católica apresenta o desenvolvimento da fé até chegar aos grandes temas da vida diária. Repassando as páginas, descobre-se que o que ali se apresenta não é uma teoria, mas o encontro com uma Pessoa que vive na Igreja"* (Porta Fidei, 11).

Esta obra deseja ser um humilde auxílio aos fiéis cristãos que desejam conhecer e refletir sob uma ótica séria, profunda e fiel sobre a realidade dos *Fenômenos Preternaturais* a partir da fé e da experiência da Igreja. Ao longo de toda a obra, ficará perceptível o diálogo sincero e aberto com o campo científico.

Por fim, agradeço a todos que hoje têm se doado a Igreja atuando no Ministério de Oração por Cura e Libertação, principalmente os meus irmãos exorcistas.

> "Os exorcistas manifestam o amor e o acolhimento da Igreja a quantos sofrem por causa da obra do Maligno" (Papa Francisco, aos participantes do *XII Congresso Internacional da Associação Internacional de Exorcistas*, outubro de 2014).

> "Não é para mim nenhum prazer falar-vos do diabo, mas a doutrina que este tema me sugere será útil para vós" (São João Crisóstomo, *De Diabolo Tentatore*, Segunda Homilia).

Capítulo 1
Aspectos bíblicos, históricos e teológicos

"[...] ao introduzir o Primogênito no mundo, Deus diz: 'Todos os anjos devem adorá-lo'." (Hb 1,6)

"Non serviam! - Não servirei!" (Jer 2,20)

"Bem que havias planejado: 'Hei de subir até o céu e meu trono colocar bem acima das estrelas divinas, hei de sentar-me no alto das montanhas, pelas bandas do norte, onde os deuses se reúnem! Vou subir acima das nuvens, tornando-me igual ao Altíssimo!' Foste, porém, precipitado à mansão dos mortos, chegaste ao fundo do Abismo!" (Is 14,13-15)

A QUESTÃO DEMONOLÓGICA*

Pedro Barrajón
Professor de Teologia Dogmática da Faculdade de Teologia
do Ateneo Pontifício *"Regina Apostolorum"*, Roma.

Fala-se muito, hoje, do demônio. Publicam-se livros sobre ele, filmes sobre exorcismos, demonstrando um interesse de certo modo doentio sobre o tema. Também a fé cristã fala dele, não com uma finalidade doentia, mas para anunciar integralmente uma mensagem que provém da Escritura e da doutrina da Igreja. São João Crisóstomo (+407) já dizia: *"Tratamos desses fatos, não porque tenhamos prazer de falar do diabo, mas para que vos seja manifesta de modo seguro a doutrina que a ele se refere"*[1].

Vejamos o que diz o Código de Direito Canônico sobre o exorcismo:

– Cân. 1172 – §1. Ninguém pode proferir legitimamente exorcismos sobre os possessos, se não tiver obtido, do Ordinário do lugar, licença peculiar e expressa.
– § 2. O Ordinário do lugar conceda tal licença apenas ao sacerdote dotado de piedade, ciência, prudência e integridade de vida.

1. SAGRADA ESCRITURA

A) Antigo Testamento

Em âmbito clássico, *daimon* tem uma acepção positiva. Em Homero significa "deus" ou "nume divino". Os autores seguintes dão este nome às almas dos defuntos que alcançaram a bem-aventurança. Na crença popular, porém, a palavra indica os defuntos que não foram sepultados e, portanto, não tendo alcançado a paz, causam doenças e desgraças.

Para outros autores, como Hesíodo e Platão, os *daimones* são divindades intermediárias. Algumas vezes, o significado é o de "voz da nossa consciência". Não há, portanto, equiparação entre "demônio" e "espírito maligno". Os LXX, porém, usam este vocábulo em relação aos espíritos malignos, mas não há consenso no seu uso entre os autores.

---

* BARRAJÓN, Pedro. *Aspetti biblici, storici, teologici*. In. Esorcismo e Preghiera di Liberazione. Roma, Edizione Art, 2005, pp.51-67. Trad. do italiano: Pe. Ney Brasil Pereira (algumas partes do texto original foram resumidas pelo tradutor).
[1] *De diabolo tentatore*, Hom, 2,1:PG 49,257.

Período pré-exílico (antes de 536 a.C.)

Alguns anjos são apresentados como instrumentos do castigo de Yhwh, como o "anjo exterminador" (*Gn* 19,13;12,3ss). A presença da figura do diabo é muito rara, talvez pela severa proibição da magia. Por exemplo, *Azazel* (*Lv* 16,8), que recebe a oferta do bode expiatório. Os *shedim* (*Dt* 32,17) são deuses pagãos, identificados com os demônios. Os *lilith* (*Is* 34,14) são demônios que provêm da Mesopotâmia. O livro de Tobias fala de *Asmodeu*, "o pior dos demônios" (*Tb* 3,8). O anjo Rafael encontra os meios para expulsar demônios.

Período pós-exílico (depois de 536 a.C.)

Aparece a figura de Satanás, que é traduzido em grego como *diábolos*, com o sentido de sedutor, caluniador e acusador (usado vinte e seis vezes, referido a pessoas). Esta figura, no início mais neutra, adquire traços sempre mais negativos. Em *Zacarias* 3,1-5 ele é o acusador do grande sacerdote, que quer fazer inclinar Deus para a justiça, mais do que para a misericórdia. Em *Jó* 1,6-12 e 2,1-7, Satanás é um anjo que observa o comportamento dos seres humanos e os reporta a Deus. Em *1Crônicas* 21,1 ele impulsiona Davi ao pecado do recenseamento do povo. Nesses textos, Satanás está a serviço de Deus e, pouco a pouco, sua figura se apresenta como contrária ao ser humano.

O Antigo Testamento não nega a figura do demônio, mas não lhe dá importância. Não importa quem sejam os demônios, a sua natureza, mas sim a sua função na história da salvação. Os seres angélicos, aos quais pertencem os demônios, são superiores ao homem, têm certa hierarquia, mas são totalmente sujeitos a Deus.

B) *O Novo Testamento*

Para entender a demonologia do Novo Testamento é necessário não esquecer a demonologia apócrifa do período intertestamentário, quando a figura do demônio aparece muitas vezes sob nomes diversos: *Shedim, Mazziqim, Pegaim, Serim, Ruah ra'ah* – espírito maligno – *Ashmedai, Belial, Mastema*. Têm um corpo de fogo, podem gerar. Assim, o Novo Testamento é apresentado como uma luta de Jesus contra os diabos. Estes aparecem na Paixão e reaparecem nos *Atos dos Apóstolos*. O termo mais frequente é *daimónion* (quarenta e cinco vezes), depois *Satan* (quinzes vezes) e *diábolos* (trezes vezes).

O *daimónion* é sempre o espírito malvado, e é definido como "espírito imundo", o "impuro", o "inimigo", o "tentador", o "maligno", o "mau". É também chamado *Beelzebul*, ou "senhor da casa", (alterado pela Vulgata como "Senhor das moscas").

Em geral, pode-se dizer que o *diabo* é causa do mal moral, enquanto o *demônio* (Satanás) causa males físicos, mas nem sempre se faz esta distinção.

Os *Sinóticos* apresentam a ação de Jesus como uma luta contra os demônios: "*Se eu expulso os demônios por virtude do Espírito Santo, então chegou para vós o Reino de Deus*" (*Lc* 11,20). Jesus realiza a Sua missão no contexto da luta contra Satanás, luta que começa com as tentações e termina com a Paixão e Morte (em *Lucas* de modo especial). A Sua atividade é um exorcismo que não se pode deter (*Lc* 13,32).

Jesus realizou numerosos exorcismos, atestados pelos *Sinóticos*: o endemoninhado de Gerasa, o de Cafarnaum, o jovem lunático, a filha da siro-fenícia. Ele os realiza em três tempos:

1. Sua presença é reconhecida pelo demônio;
2. Jesus lhe impõe silêncio;
3. Jesus ordena a saída da pessoa.

Nos exorcismos há um diálogo entre Jesus e o diabo; nas curas, porém, não. Nos exorcismos, o diabo protesta: é um confronto entre Jesus e o diabo.

Os exorcismos de Jesus estão ligados ao anúncio do Reino. O exorcismo é sinal da presença atual do Reino sobre esta Terra. A vitória de Jesus sobre os demônios preanuncia a era escatológica. Com Jesus, o fim dos tempos já chegou e, por isso, o diabo deve sair a campo aberto. Jesus *passou fazendo o bem e curando todos os que estavam sob o poder do diabo, porque Deus estava com ele* (*At* 10,38). Jesus confere este poder aos Seus discípulos (*Mc* 16,16). Mas Satanás tem poder sobre o ser humano lá onde há vazios da fé em Deus, quando o ser humano não alimenta a fé com a oração ou a *ascese*. O demônio é apresentado nos *Sinóticos* como superior ao ser humano, mais inteligente e mais poderoso. Por isso, é só com a ajuda de Deus e de Cristo que ele pode ser derrotado.

O Evangelho de *São João*. Nele, Jesus é a Verdade, a Vida e a Luz, enquanto o demônio é mentira, morte e escuridão. Ele é o Maligno (*ponêrós*), que está na origem de todo pecado, o "príncipe deste mundo" (*Jo* 12,31;14,30). Ele é tudo isso "desde o início" (*Jo* 8,44). Quem rejeita Jesus, como os judeus, é "filho do diabo" (*Jo* 8,44), como Caim e os pecadores (*1Jo* 3,8). Judas, na sua traição, é inspirado pelo diabo (*Jo* 13,27.30). Mas Cristo o venceu (*Jo* 12,31; 16,11; *1Jo* 2,14) e o diabo não tem poder sobre aquele que não cede ao pecado. O Filho de Deus "veio para destruir as obras do diabo" (*1Jo* 3,8).

O Apocalipse apresenta a luta e a vitória de Jesus contra o diabo, como paradigmática da luta de toda a humanidade. Satanás está presente nas perseguições contra as Igrejas; provoca as heresias; acusa os justos; é o anjo exterminador que fere a todos (*Ap* 9,3-11). O diabo tem os diabos como aliados (*Ap* 16,13-14), e é a fera que sai do mar (*Ap* 13,1). O mal, porém, no fim será vencido, embora pareça ser vencedor. Resta-lhe pouca margem de ação e por isso fica furioso, porque o poder pertence ao Cordeiro (*Ap* 1,16-20).

Nos Escritos Paulinos, São Paulo usa diversas expressões: demônio (*1Cor* 10,20-21), diabo (*Ef* 4,27), Satanás (*1Cor* 5,5;7,5); *Belial* (*2Cor* 6,15), Maligno (*Ef* 6,16), tentador (*1Ts* 3,5), o "deus deste mundo" (*2Cor* 4,4). Paulo usa também outras denominações: potestades, dominações, elementos deste mundo etc, cujo significado não é plenamente claro. Paulo não fala da natureza do demônio. Apresenta-o como tentador e enganador, atormentador. Pode induzir ao erro, pode mascarar-se de "anjo de luz", armar ciladas aos que creem. Fala do "príncipe das potências do ar", o "espírito" que age nos rebeldes (*Ef* 2,2). Mas o Senhor já o derrotou. O Deus da paz esmagará Satanás sob os pés dos justos (*Rm* 16,20).

Cartas de Pedro e de Judas. Elas mencionam a origem do demônio: *"Deus não poupou os anjos que haviam pecado, mas os precipitou nos abismos tenebrosos do inferno, reservando-os para o julgamento"* (2Pd 2,4); *"Aos anjos que não guardaram a sua dignidade, Ele os detém em cadeias eternas, nas trevas, para o julgamento do último dia"* (Jd 6).

Podemos concluir que a demonologia do Novo Testamento é totalmente referencial a Cristo. O ser humano que está unido a Cristo, e observa o mesmo estilo de vida, não está sob o poder de Satanás. Jesus, porém, é indispensável para a salvação: Só Ele pode salvar do poder do demônio.

2. HISTÓRIA DA DOUTRINA

A) Os Pais da Igreja

No início prevalece uma perspectiva escatológica. Há prementes exortações a lutar contra as potências do mal pelo aproximar-se dos últimos tempos, nos quais devia aparecer o antiCristo: "Então virá o sedutor do mundo como 'filho de Deus' e fará sinais e prodígios. A Terra estará nas suas mãos e ele fará coisas tão perversas quais nunca aconteceram desde o princípio do mundo" (*Didaquê*, XVI,4).

Santo Inácio de Antioquia (+107) descreve a luta entre Cristo e o diabo, a qual continua na história da Igreja. Com a segunda vinda, Cristo há de tirar todo o poder do demônio. É o demônio que impele os crentes à heresia.

A carta do *Pseudo-Barnabé* (117-119) apresenta Satanás como o 'príncipe deste mundo', que será destruído pelo Filho de Deus. O ser humano, antes da fé, é como que habitado pelos demônios[2].

O *Pastor de Hermas* fala do 'anjo da iniquidade', que é irascível e leva o ser humano ao pecado, a uma vida dissoluta e entregue às paixões. O poder de Satanás, porém, é vencido pela fé em Deus[3].

Os *Pais Apostólicos* fixam sua atenção na obra de Cristo. Se falam do diabo, é sempre em relação a Cristo. A obra do diabo é dificultar a de Cristo, afastando o ser humano do caminho do Evangelho. O cristão não deve temer o demônio, que já está vencido. Há um espaço para a liberdade humana, que jamais é tirada. O martírio é o sinal supremo da vitória de Deus e da livre escolha do ser humano por Ele: desse modo, o mártir derrota o Maligno.

Os *Pais Apologistas* procuram aprofundar a natureza dos anjos e demônios e da culpa destes últimos. Para *Justino* (+165), na sua *Primeira Apologia*, Satanás é o chefe dos demônios que será lançado ao fogo eterno. Na *Segunda Apologia*, ele retoma a tradição do Livro de Henoc segundo o qual o pecado dos anjos caídos foi o de ter mantido relações sexuais com as filhas dos homens, das quais teriam nascido os demônios. Estes dominam o ser humano com a magia, o medo e a idolatria. Jesus é o vencedor absoluto dos demônios.

Taciano, depois da sua conversão ao cristianismo (cerca de 155), fala dos anjos que pecaram e que se tornaram demônios. O demônio induziu o ser humano ao primeiro pecado, possivelmente sexual. Os demônios podem provocar visões, sonhos, fantasias eróticas, doenças, possessões. São os pais da magia e induzem a ações carnais. Só a força de Cristo os vence com o Batismo. O exorcismo contribui para este objetivo, como também a oração. Os demônios não têm a possibilidade de salvação. Eles vagam pelo ar e procuram impedir a subida das almas para Deus.

Os *Apologistas* afirmam que a idolatria é obra do demônio (II Apologia, capítulo 5). Alguns cultos pagãos são paródia de cultos cristãos por obra dos demônios (por exemplo, a Eucaristia é parodiada pelos mistérios de Mitra). *Minúcio Félix* afirma que os demônios estão na origem do paganismo. Eles agitam as pessoas com sonhos, insinuam-se nos corpos, causam doenças e perturbações.

---

[2] Epístola XVIII, 7; XVIII-XX.
[3] Livro II, Mand. VI, II, 4.

Irineu de Lião professa a existência de um só Criador bom, que criou os anjos por meio do Verbo. O diabo é um anjo bom, que se perverteu. O seu pecado é a apostasia, e por isso foi lançado ao Inferno. É um pecado de soberba e de inveja contra o ser humano, ao qual procura levar à apostasia. O Filho de Deus, com Sua Morte e Ressurreição, venceu Satanás e libertou o ser humano. No final dos tempos, segundo Ireneu, virá o antiCristo, que será seguido pelos sequazes de Satanás e será a última tentativa de Satanás para vencer o Cristo.

Para *Tertuliano* (+220), o demônio excita as paixões, causa doenças, furores, loucuras e aberrações. Os cristãos vencem as tentações unindo-se a Cristo mediante o Batismo. Tertuliano é o primeiro a falar das "pompas do diabo", isto é, os espetáculos e as honras do mundo pagão e a idolatria. Satanás ataca o cristão com as perseguições (*Apologeticum*), suscitando nos pagãos a ferocidade contra os cristãos.

Orígenes (+253) fala dos 'anjos das nações' e concebe a natureza dos anjos como a das almas. O diabo, último na graduação dos seres, tornou-se assim por livre vontade (não por uma obra má do Criador). O mal, como raiz, está no livre arbítrio das criaturas. O diabo se mostra na condição de não-amor (egoísmo), de não-verdade (mentira), de não-sabedoria (ignorância). Ele decaiu dentro dos limites da matéria. O seu pecado precede à criação da matéria e portanto ao pecado de Adão e Eva: é o pecado da soberba e não o da luxúria, porque não quis submeter-se à vontade de Deus. Orígenes não aceita a hipótese do pecado dos anjos com as mulheres. O diabo era entre os mais belos dos anjos. O seu pecado o fez decair. Em algumas passagens, Orígenes parece inclinar-se para a "apocatástase", a transformação de Satanás em anjo de bondade, mas não é clara a interpretação dos seus textos[4].

Santo Agostinho (+430) rejeita o maniqueísmo, que afirmava ser o diabo a criatura de um deus mau. O diabo foi criado bom, mas, por um pecado de orgulho, mais que de inveja, caiu. Agostinho não aceita o pecado sexual dos anjos, e interpreta *Gênesis* 6,2-4 como um pecado dos homens. O corpo angélico, segundo ele, é etéreo e não se corrompe com a morte. Os diabos podem sofrer tormentos. Mas se pergunta como eles possam padecer o tormento do fogo no Inferno. Não haverá reconciliação para eles: seu pecado não tem perdão. Os demônios possuem a ciência, mas não a caridade. Aliás, sua ciência é reduzida. Não reconheceram a divindade de Cristo, mas só o seu corpo humano. Podem conhecer as coisas futuras, não no Verbo, mas como alguém que vê, do alto de uma montanha, quem está chegando. A sua atividade aparece na

---

[4] G. Nanni, *Il dito di Satana. L'esorcismo*, LEV, Città del Vaticano, 2004, p.36.

magia e nos ritos sacrílegos. Não são cocriadores, mas agem segundo o poder que lhes foi concedido pela vontade divina. Ele pode agir sobre o ser humano, mas deve respeitar a sua liberdade. O pecado humano, portanto, não pode ser imputado ao demônio[5]. O demônio pode provocar a tentação, mas o ser humano não deve ter medo, desde que nutra confiança em Cristo. O maior êxito do demônio é o pecado que o ser humano comete. Mas Cristo é mais forte. O demônio pensou ter derrotado Cristo sobre a Cruz, mas na verdade foi ele o derrotado. O sacrifício da Cruz arrebatou o ser humano ao demônio: Cristo o libertou.

São Leão Magno (+461) diz que o demônio foi definitivamente vencido com a Cruz. Agora é o diabo que está acorrentado. Ele cometeu um "abuso de poder". Crendo ter direitos sobre Cristo, como se fosse um homem qualquer, e crendo tê-lo vencido, ele é que foi derrotado. O enganador ficou enganado: "Aqueles cravos que traspassaram as mãos e os pés do Senhor, atingiram o diabo com feridas que não têm fim, e o sofrimento daqueles santos membros foi o extermínio das potências hostis"[6]. O Senhor "escondeu ao diabo, furibundo contra Ele, o poder da própria majestade, e o enfrentou com a fraqueza da nossa humilde condição"[7].

São Gregório Magno (+604) na sua obra *Moralia in Job,* ele fala muitas vezes do demônio, seguindo as ideias de Santo Agostinho. O diabo era o maior e mais belo dos anjos, que por soberba se rebelou contra Deus e assim perdeu a participação nos bens divinos. Foi mandado para o ar, que é a sua prisão. Tenta o ser humano excitando-lhe as paixões e a luxúria, mas não pode tocar no íntimo da sua liberdade. O diabo e os outros anjos decaídos formam a "igreja de Satanás", mas suas ações não podem ultrapassar a vontade de Deus. No fim dos tempos será solto da sua prisão no ar, mas o Arcanjo Miguel o derrotará para sempre.

B) A Idade Média

Santo Anselmo (+1109) compôs um tratado sobre a queda do diabo (*De casu diaboli*). Reflete sobre o mal como um "quase algo", enquanto é privação do bem. O mal moral não é atribuível a Deus, mas ao diabo, quando este quis ser semelhante a Deus. A sua vontade não tinha um defeito que o conduzisse ao mal, mas ele quis, livremente, escolher o mal.

---

[5] Agostinho, Serm. 20,2.
[6] Serm. 61,4.
[7] Serm. 64,2.

São Bernardo (+1153) fala detalhadamente da luta dos monges contra os demônios. Eles, os demônios, são seres instáveis, incapazes de recolher-se e autodefinir-se. Olham com inveja o ser humano, porque redimido pelo Senhor. São Bernardo nega a possibilidade de redenção para os demônios.

São Tomás de Aquino (+1274) opina que o pecado angélico foi de soberba[8]. Ele afirma a pura espiritualidade dos anjos e, portanto, dos demônios. Esta posição era uma novidade e não foi aceita por autores como São Boaventura e Duns Scoto. Segundo ele, os anjos que pecaram quiseram ser autônomos, e não aceitaram a vontade de Deus. Quiseram ser como Deus, com os próprios meios. Eles têm inveja do ser humano e tendem a armar-lhe ciladas através das tentações, mas o ser humano pode rejeitá-las com a sua liberdade. Os anjos e os demônios podem assumir um corpo mas não têm corpo[9]. Em sentido estrito, os demônios não podem fazer milagres, que só Deus pode fazer, mas podem operar realidades "maravilhosas", no sentido de que vão além das capacidades humanas: a transmutação de corpos, a ilusão dos sentidos, as artes mágicas.

Duns Scoto (+1308) considera o pecado de Lúcifer como pecado de soberba: amor imoderado de si mesmo e ódio para com Deus. No fundo, trata-se de um pecado da vontade: desejo imoderado do próprio bem. Segundo Scoto, o diabo procurou na mulher o ponto mais vulnerável para a tentação: "Deus afirmou *"sereis como deuses"*, a mulher duvidou, a mulher o negou: aquela que duvidou afastou-se daquele que afirmava, e aproximou-se daquele que negava"[10]. Ele pensa que, depois do pecado, o diabo tem o homem aprisionado, mas Cristo o liberta com a Sua redenção.

C) A Idade Moderna

Francisco Suarez (1548-1617) diz, no Tratado *"De Angelis"*, que o demônio teve inveja do ser humano, por ter o Verbo assumido a natureza humana e não a angélica. O seu pecado é o da autoglorificação. Ele queria a união hipostática com a sua natureza angélica.

Petau (1583-1652) diz que do diabo procedem a tentação, a obsessão, a possessão, a magia, o magnetismo e o ocultismo (*De angelis*).

---

[8] *Summa contra Gentiles*, 3,108-110.
[9] Cf. *Summa Theologiae*, I,51,3.
[10] Sent. II, d.21.

Hobbes (+1689) nega a existência de seres espirituais. Para ele, são apenas símbolos da maldade. Os possessos do Evangelho são doentes. Quando se fala de Satanás, está se falando de más intenções.

No início da era moderna, mais que na Idade Média, aumenta a perseguição contra as bruxas, sobretudo nos países germânicos, iniciada em 1484 com a bula de Inocêncio VIII, *Summis desiderantibus*, e a publicação de *Malleus maleficarum* de C. Sprenger e H. I. Von Krämer, publicado em 1487. Mas, na verdade, tudo isso não provinha, em sentido estrito, da crença no diabo.

3. ESTADO ATUAL DA *DEMONOLOGIA*

Se, de um lado, se fala da "morte de Satanás", por outro, retorna a magia, o ocultismo, o satanismo, chegando a falar-se de uma "segunda vinda do diabo".

Podemos discernir três grandes grupos na orientação dos teólogos. O primeiro, põe em dúvida que Satanás seja um ser pessoal, mas não o nega totalmente. O segundo, nega-o radicalmente. E o terceiro, reinterpreta a doutrina de Satanás à luz dos métodos da pesquisa crítica.

A) A negação de Satanás: interpretação simbólica

Já *Kant*, na sua obra *"A religião dentro dos limites da razão"* (1793), atribuía a causa do mal somente ao ser humano. *Schleiermacher* (+1834), afirmava que a ideia do diabo, no Novo Testamento, é uma categoria, não um ensinamento. *Harnack* (+1930) diz que a ideia do diabo está ligada ao ambiente cultural bíblico. *Bultmann* (+1976), de acordo com a sua proposta de "desmitização", retém que os demônios pertencem à mentalidade pré-científica.

Paul Tillich e *Paul Ricoeur* são favoráveis a uma interpretação simbólica e não pessoal do diabo. Outros, como *Moltmann, Pannenberg, Fuchs, Sölle*, não lhe dão importância, e creem mesmo que seja obstáculo à pureza da fé. *Karl Barth* considera Satanás uma pura negação: seria um não-anjo, próximo ao nada. A psicologia (psicanálise) de *Freud* e *Jung* negam a existência de fatores extrahumanos, para explicar fenômenos psicológicos.

No campo católico, *Bas van Jersel*, estudando algumas perícopes de expulsão dos demônios nos *Sinóticos*, aplicando concretamente o método da "história das formas", considera que as tentações de Jesus pelo diabo não são um fato histórico, mas uma elaboração do ambiente judeu-cristão. E a expulsão dos demônios uma elaboração helenística. A existência pessoal do diabo não é, portanto, um artigo de fé[11].

H. A. Kelly, no livro "*A morte de Satanás*", opina que a crença nos anjos e nos demônios se deve ao influxo do judaísmo rabínico: tentações semelhantes às de Jesus se encontram na literatura rabínica em relação a Abraão e a Moisés. Também a interpretação dada pelos Pais da Igreja é mitológica e fantasiosa. Quando a liturgia fala de Satanás ou mesmo realiza um exorcismo, como no caso do antigo rito do Batismo, ela o faz a partir do folclore pagão. A possessão é uma simples enfermidade que deve ser tratada com a terapia adequada. É preciso expurgar a fé cristã da crença no diabo, para que esta fé não perca hoje a sua credibilidade.

H. Haag, estudando o problema do mal, do pecado e da morte, opina que não se deve atribuí-lo ao Maligno, mas é inerente ao ser humano como tal. Deus o quis desde o princípio: "*O instinto do coração humano é mau desde a adolescência*" (Gn 8,21)[12]. O primeiro pecado, em particular, é descrito pela *Bíblia* de modo simbólico, e não é um dado histórico. O diabo é uma concepção cultural e não, portanto, um ser pessoal, sendo a personificação da forte tendência humana ao mal[13].

Lavatori critica a posição de Haag, rejeitando a sua interpretação meramente simbólica. Em consequência, deveria eliminar também o pecado original e outras verdades correlatas, radicando o mal na própria natureza do ser humano, assim como foi criada por Deus. Dessa forma, Deus seria autor do mal[14].

M. Limbeck se aproxima à interpretação de Haag, com uma leitura psicológica. O diabo seria o negativo da nossa experiência[15].

K. Kertelge opina que não se pode dar uma interpretação totalmente simbólica do demônio. Por outro lado, o que a Deus interessa revelar é a si mesmo, não o demônio. Por isso, exige-se a fé em Deus, não no diabo[16].

Para *E. Drewermann*, o diabo é o reflexo do estado de sofrimento psicológico do ser humano. O encontro com o amor do Pai, que se revela em Jesus, liberta dessa angústia. O diabo são portanto as forças negativas que agem

---

[12] H. HAAG. *La liquidazione Del diavolo?*, Brescia, 1970 (trad. italiana do original alemão).

[13] Cf. *Liquidazione Del diavolo?*, p.38.

[14] R. LAVATORI, Santana. "*Satanás, um caso sério. Ensaio de demonologia cristã*", Bolonha, 1995, p.30

[15] M. LIMBECK, "*Le radici della concezione bíblica Del diavolo*", in Concilium 11, 1975, pp.45-61.

[16] K. KERTELGE, "*Jesus, seus milagres, e Satanás*", in Concilium 11, 1975, pp.62-72.

em nossa psique. O problema é que Drewermann interpreta o Evangelho não como exegeta mas como freudiano. Ele ajuda a descobrir certos aspectos reais da psique humana, mas, além desse nível psicológico, situa-se tanto a liberdade humana como a ação diabólica.

B) *Atitude de dúvida, com abertura ao diálogo*

Assim, por exemplo, *L. Monden*[17]. *C. Duquoc* se pergunta se ainda podemos acreditar em Satanás numa sociedade científica como a nossa, e duvida se a existência do demônio como pessoa seja uma verdade de fé[18]. *O. Semmelroth* tem uma posição semelhante, enquanto *P. Schoonenberg* pensa que, de um ponto de vista racional, não está provada a existência de anjos e demônios[19]. *Walter Kasper* apresenta uma posição hesitante: não se sabe se os demônios são verdadeiramente seres pessoais, ou apenas representações do mal no mundo[20].

M. E. Boismard, do ponto de vista exegético, afirma que no Antigo Testamento não se pode determinar com clareza se o diabo é um ser pessoal, enquanto no Novo Testamento é fora de dúvida que Jesus o apresentou como um inimigo temível[21]. Semelhante posição é a de *R. Schnackenburg*[22] e *F. J. Stendenbach*[23]. Também *Pierre Grelot* assume uma posição hesitante, quando defende, de um lado, que não podemos ler os textos bíblicos referentes ao demônio num sentido literal, mas, por outro lado, precisa-se evitar uma leitura totalmente mítica desses textos. É certo que o mal existe como potência obscura e onipresente. Esta presença e força é expressa de modo simbólico. Não sabemos quem, ou o quê, seja o mal, mas é importante combatê-lo. Para *Lavatori*, porém, esta posição ressente-se de agnosticismo bíblico e pragmatismo ético[24].

---

[17] L. MONDEN, Het Wonder. Theologie em apologetik van het christelijk mirakel, Utrecht-Antwerpen, 1958, pp.127-154.

[18] C. DUQUOC, "*Symbole ou réaltié?*" in Lumière et Vie 15 (1966), 99-105.

[19] In AA. VV. *Osservazione filosofiche e teologiche sugli angeli e demoni*, Brescia, 1974, 114-120.

[20] W. KASPER, "*II problema tologico Del male*", in AA. VV., Diavolo-demonio-possessione, Brescia, 1983, pp.45-78.

[21] M. E. BOISMARD, "*Satan selon l' Ancien et le Nouveau Testame*nt", in Lumière et Vie 78 (1966) 61-76.

[22] R. SCHNACKENBURG, *La vita cristina. Esegesi in processo e mutamento*, Milano, 1977, pp.134-135.

[23] F.J.STENDENBACH, "*Das Bose und der Satan. Der Ursprung des Bosen in der Heiligen Schrift*", in Bibel und Kirche, 1975, pp.2-7.

[24] R. LAVATORI, op.cit., p.26.

C) *Autores que aceitam a doutrina tradicional, atualizando-a*

Flick-Alszeghy aceitam o testemunho dos evangelhos sobre a existência dos diabos, como conteúdo da fé católica[25]. Admitem também que teologicamente não se pode excluir que o demônio se tenha servido da arte da magia para os seus fins.

Karl Rahner aceita a presença de seres espirituais no mundo, segundo a atestação do Concílio Lateranense IV (1215)[26].

D. Zähringer afirma que os demônios são criaturas pessoais, inseridas no nosso mundo, e podem influir negativamente na vida do ser humano, por permissão divina[27].

J. Auer, estudando a *Bíblia*, assinala alguns "percursos" para interpretar realisticamente a existência do demônio: o teológico – seu real relacionamento com Deus; o cristológico – seu real relacionamento com Cristo; o antropológico – seu real relacionamento com o ser humano; e o escatológico – sua derrota definitiva. É, porém, difícil saber até onde chega a sua ação, pois o seu pecado teve reais consequências no ser humano e às vezes a sua ação se encontra misturada com o pecado humano[28].

G. Gozzelino insere o seu estudo no tratado de antropologia teológica. Mesmo reconhecendo influxos extrabíblicos, reconhece a originalidade da posição bíblica. A crença no demônio não é central na mensagem cristã, mas nela tem seu lugar[29].

Outros autores, como *C. Balducci*, têm uma abordagem mais pastoral[30]. Outros ainda, como *B. Marconini, A. Amato, C. Rocchetta, M. Fiore,* afrontam a existência do diabo e a distinguem das ações humanas pecaminosas, reconhecendo porém que a sua natureza é difícil de definir, e as suas manifestações são misteriosas[31].

---

[25] FLICK- ALZSEGHY, *Il Creatore*, Firenze, 1964, pp.510-531.

[26] K. RAHNER – J. VORGRILMER, *"Demoni-Ossessioni diavoliche Principati e potesta"*, in Dizionario di Teologia, Milano, 1994, pp.181-2; 451;537.

[27] D. ZAHRINGER, *"I demoni" in Mysterium Salutis*, vol. IV, Brescia, 1967-78, pp.789-90.

[28] J. AUER, *Il mondo come creazione*, ASSISI, 1977, pp.597-616.

[29] G. GOZZELINO, *"Il contest creaturale trasumano: angeli e demoni"*, in Vocazione e destino dell'uomo, Leumman, Torino, 1985, pp.293-419.

[30] Gli indemoniati, Roma, 1959; *Il diavolo: esiste e lo si può riconoscere*, Casale Monferrato, 1988; *La possessione diabólica*, Roma, 1982.

[31] B. MARCONCINI – A. AMATO-C ROCCHETA – M. FIORI, *Angeli e demoni: Il dramma della storia tra Il bene e Il male*, Bologna, 1991.

René Laurentin explica como a *Bíblia* se serve de símbolos para falar de Deus e também para falar do demônio. A *Bíblia* não usa a linguagem abstrata grega, mas a linguagem simbólica, que quer captar a profundeza dos mistérios divinos que estão acima da razão. Por isso, *simbólico* não é sinônimo de "fictício, irreal, etéreo, mas evocador de realidades profundas e ocultas, como o sabem os poetas". Quando se trata de demônio, trata-se de descrever uma realidade do mal que é como uma mutilação da realidade. A evocação da deficiência do ser é necessariamente difícil. Entretanto, o demônio permanece um *eu* pessoal, empobrecido pela sua opção contra Deus, a qual se volta contra si mesmo, pois esta culpa o degrada na sua pessoa e o aniquila[32].

J. Ratzinger, Papa Bento XVI, censura em *Haag* a opção de querer interpretar a *Bíblia* não com os critérios da própria *Bíblia*, mas com a mentalidade moderna: "O motivo da 'despedida' do diabo não se apoia nas afirmações bíblicas, as quais sustentam o contrário, mas sobre a nossa visão do mundo, com a qual o diabo seria 'inconciliável'"[33]. Ratzinger acrescenta, que, o desenvolvimento da demonologia no Novo Testamento quer deixar claro o poder de Deus também sobre o diabo, em continuidade com o Antigo Testamento. A luta contra o demônio é um tema central no Evangelho. O exorcismo batismal é um elemento constante na tradição. Quanto à personalidade do diabo, ele não tem autoconsciência e nesse sentido é uma não-pessoa. Ele é como disperso de si mesmo e, desse modo, é como incognoscível.

A. Marranzini defende a fé tradicional no diabo, interpretando os dados bíblicos segundo a tradição da Igreja. Não basta uma análise histórico-crítica de um texto que não compreendemos hoje, para dizer que é meramente simbólico. Jesus aceita algumas ideias de Seus contemporâneos, enquanto rejeita outras, com grande liberdade. Quanto à existência do diabo, Ele não a questiona, mas a leva a sério[34].

K. Lehmann aceita o diabo como ser pessoal, criado no início com liberdade, consciência, capacidade de conhecer e querer. Segundo ele, "a interpretação personalística não pressupõe uma presunção mítica, mas é a resposta plausível e racional"[35].

---

[32] R. LAURENTIN, *Il demonio: mito o realta?*, Milano – UDINE, 1995.

[33] H. HAAG, *La liquidazione...*, pp.189-197.

[34] A. MARRANZINI, "*Si può credere ancora AL diavolo?*" in La Civiltà Cattolica 128 (1977) q. 3043, 15-30.

[35] K. LEHMANN, "*Il diavolo: um essere personale?*", in AA.VV., Diavoloo – Demoni – Possessione, p.108.

Han Urs von Balthasar considera o demônio um ser pessoal, que integra o drama entre Deus e o ser humano, mesmo se o seu papel é marginal. É um ser concreto, mas perverso e contraditório, sem comunicação com os outros e, por isso, dificilmente definível[36].

Heinrich Schlier, analisando os conceitos de "potestades" e "principados" no Novo Testamento, conclui que são seres pessoais capazes de apoderar-se da história ou da política (como se vê no *Apocalipse* e em Paulo), do âmbito religioso (a idolatria), da interpretação da Lei, entendida como autojustificação, também na pregação (os "apóstolos da mentira", na *2Cor* 11,13-15). Eles agem de modo oculto, invadindo o coração do ser humano, fazendo ver as coisas de modo deformado[37].

Bietenhard pensa que, mesmo do ponto de vista científico, a realidade do mal é totalmente vasta, que a ciência não pode nem demonstrar nem negar a realidade do demônio. É, pois, tarefa da teologia analisar esta possibilidade, que de per si não vai contra a razão[38]. Quanto a *A. Feuillet*, analisando os textos que referem as tentações, afirma que aí se fala de uma realidade pessoal não apenas simbólica, que desempenhou um papel importante na vida de Cristo[39].

Assim, do ponto de vista exegético, se conclui que no Novo Testamento é apresentada uma demonologia original, que toma distância do judaísmo e do helenismo, e que não é sistemática, porque não há interesse pela natureza do demônio. Mas os textos demonstram a crença no demônio como ser pessoal e a sua ação na vida de Cristo e dos cristãos. O demônio não é, portanto, apenas, o símbolo do mal, mas um ser pessoal com uma consistência real e misteriosa.

D) O Magistério da Igreja

A crença em anjos e demônios não levantou maiores problemas até os tempos modernos, quando a mentalidade positivística e racionalista minimizou ou negou estas realidades como não científicas, ou como pertencentes no máximo a fontes extrabíblicas e fruto, portanto de um certo sincretismo religioso.

---

[36] H.U. VON BALTHASAR, Teodrammatica.3. Le persone Del dramma: l' uomo in Cristo, Milano, 1983, pp.427-462.

[37] H. SCHLIER, Machte und Gewalten im Neun Testament, Basel, 1963 (trad. It.: Principati e Potestà nel Nuovo Testamento, Brescia, 1967).

[38] H. BIETENHARD, "Demonio"; " demoni"; "Satana", in Dizionario di Concetti Biblici Del Nuovo Testamento, Bologna, 1976.

[39] A. FEUILLET, "Il mistero della tentazione di Gesù", in Concilium 45 (1979), p.37.

De Niceia ao Vaticano II

O *Concílio de Niceia* (325) e o *de Constantinopla* (381) falam, no Credo Niceno-Constantinopolitano de Deus "Criador das coisas visíveis e invisíveis", contra todo dualismo.

São Leão Magno, na carta *Quam laudabiliter* (447) ao bispo Turíbio de Astorga, na Espanha, afirma que o diabo foi criado como anjo bom de Deus, mas que se separou do Sumo Bem, tornando-se mau (*Denzinger* 286).

Os *Statuta Ecclesiae Antiquae,* de fins do V século, mandam perguntar ao bispo eleito se ele acreditava que o diabo tornou-se mau por si mesmo (*Denzinger* 325).

O *Concílio de Braga,* de 547, no cânon 7, declara que "o demônio era bom, mas fez-se mau por si mesmo" (*Denzinger* 357).

O *Concílio de Constantinopla II* (553), nos cânon 7 e 9, condena a tese da nova crucifixão de Cristo para salvar os demônios, e o castigo temporal, não eterno, do demônio e dos ímpios (*Denzinger* 409 e 411).

O *Concílio de Sens,* em 1140, condena Abelardo, que atribuía ao diabo sugestões por meio de ervas ou de pedras (*Denzinger* 736).

Inocêncio III, na carta *Ejus exemplo,* de 1208, ao bispo de Tarragona, inclui na profissão de fé, contra os valdenses, que o diabo se fez mau por si mesmo (*Denzinger* 797).

O *Concílio Lateranense IV,* em 1215: O diabo foi criado bom, mas tornou-se mau por própria escolha. O ser humano pecou por sugestão do diabo (o primeiro pecado). A condenação do diabo é eterna (*Denzinger* 800-801)[40].

O *Concílio de Trento,* no decreto sobre o pecado original (1546), na introdução, diz que a antiga serpente é o inimigo perpétuo da humanidade e, no cânon 1º, citando *Hebreus* 2,14, afirma que o ser humano é escravo daquele que tem o poder sobre a morte, o diabo (*Denzinger* 1510-1511).

Inocêncio XI, numa Instrução do Santo Ofício, de 1682, contra o *Quietismo,* condenou a tese de Molinos, segundo a qual as ações dos que se encontram em estado de contemplação, incluindo as tentações aceitas, devem atribuir-se ao demônio e não ao ser humano (*Denzinger* 2192).

---

[40] Alguns fazem uma interpretação minimalista deste concílio, afirmando que não queria definir a existência do demônio, mas somente que há um único Deus criador. Esta interpretação não é aceitável. Cf. A. MARRANZINI, op.Cit., p.27. Entre aqueles que mantinham uma tal posição minimalista, cf. C. MEYER, *"Il magistero sugli angeli e demoni",* in Concilium, 9 (1975), p.98.

Do Concílio Vaticano II até hoje

Embora não trate do tema explicitamente, encontram-se em seus documentos dezoito referências ao diabo[41]. Toda a história humana é como que pervadida pela ação do Maligno (GS 37), ação que continuará até o fim dos tempos. Mas Cristo nos libertou desse poder pela Sua redenção. No início da história, o ser humano pecou, tentado pelo Maligno, abusando da sua liberdade. O Senhor veio libertar-nos e dar-nos força, expulsando o Príncipe deste mundo (GS 13). O ser humano, enganado pelo diabo, cai muitas vezes na idolatria (GS 16). Durante a Sua vida pública, Jesus expulsou os demônios e deu semelhante poder à Sua Igreja. Por meio do Batismo, ela liberta os seres humanos do poder do Maligno (AG 14). A atividade missionária da Igreja confunde o diabo (LG 17; AG 9). A Palavra de Deus anunciada tem uma força exorcística (DH 11). Os leigos são convidados a lutar contra "os dominadores deste mundo", os espíritos malignos (LG 35). É preciso endossar a armadura de Deus, para afrontar as ciladas do diabo (LG 48). O Concílio reafirma a vitória de Cristo sobre o diabo, mas não entra em detalhes para definir a sua natureza, mesmo porque, naquela circunstâncias, a polêmica ainda não estava acesa.

Paulo VI aludiu pelo menos três vezes, de modo solene, à existência do diabo:

a) na Homilia de 29 de junho de 1972: "por alguma fresta entrou a fumaça de Satanás no templo de Deus... querendo-se sufocar os frutos do Concílio"[42];

b) na Audiência Geral de 15 de novembro de 1972: "o mal é efeito da intervenção, em nós e em nosso mundo, de um agente obscuro e inimigo, o demônio. O mal não é somente uma deficiência, mas um ser vivo, espiritual, pervertido e perversor. Terrível realidade. Misteriosa e medonha";

c) na Audiência Geral de 21 de fevereiro de 1977: No 4º Evangelho, o Senhor fala do demônio como "Príncipe deste mundo", porque ele tem certo domínio sobre o mundo e se opõe a Deus.

O documento *Fé cristã e Demonologia*, da Congregação para a Doutrina da Fé, em 26 de junho de 1975, pretende esclarecer a fé dos fiéis. Lembra que Cristo, ao expulsar os demônios, segundo os evangelhos, não o fez levado por uma ilusão ou engano. A Igreja até agora não fez uma declaração explícita, sobre a existência do diabo, pelo simples fato de que sempre se acreditou.

---

[41] LG 5,16,17,35,55,58,63; GS 2,13a,13b,16,22,37; AG 3,9,14,19; DH 11.

[42] "Resistite fortes in fide", in *Insegnamenti di Paolo VI*, vol. 10, Vaticano 1973, pp.707-8.

João Paulo II tocou no assunto em oito audiências das quartas-feiras. Ele reafirma a fé tradicional nos demônios. E mostra como a edificação do Reino seja alvo dos ataques do Maligno, que é mentiroso e quer impor aos seres humanos a sua mentira. Depois do primeiro pecado, o demônio tem certo poder sobre o ser humano, embora este continue a manter o exercício da sua liberdade. O Papa admite a possibilidade da possessão diabólica, mas reconhece a dificuldade de discerni-la. Cristo, porém, venceu o diabo e a Igreja participa da Sua vitória. Por isso, ela tem o poder, que lhe foi conferido por Cristo, de expulsar os demônios.

O Catecismo da Igreja Católica, de 1993, ensina: Os demônios são anjos, criados bons, mas que se tornaram maus pelo mau uso da sua liberdade. A sua condenação eterna é irrevogável. O demônio induz o ser humano à desobediência, como procurou afastar Cristo do cumprimento da Sua missão. Seu poder é grande, mas limitado. Age por ódio contra Deus. Pode causar graves danos de natureza espiritual e também, indiretamente, de natureza física. Deus permite sua ação, conduzindo-a porém a seu verdadeiro cumprimento final (nn. 388-390). No n. 1673, fala-se do exorcismo contido no Rito do Batismo. No n. 2113, é condenado o satanismo com todas as formas de adivinhação, magia e feitiçaria (*cf.* nn. 2116-2117). Falando do último pedido do Pai-nosso, "livrai-nos do Mal", o sentido é "livrai-nos do Maligno", o anjo que se opõe a Deus. É o "homicida desde o princípio", "mentiroso e pai da mentira", como afirma o Senhor Jesus em *João* 8,44 (*cf.* n. 2852). Quando Jesus Se entrega livremente na Sua "hora", Satanás é lançado fora (*Jo* 12,31). Ele procura guerrear contra a Mulher, Maria (*Ap* 12), mas nada pode contra a "cheia de graça". Então, inicia a luta contra a Igreja[43].

O *Rito dos exorcismos e orações para circunstâncias particulares*, de 22 de novembro de 1998, retoma no Proêmio toda a doutrina da Igreja sobre os anjos e demônios, fazendo uma síntese.

CONCLUSÃO

Chegados a este ponto, pode-se perguntar se a crença nos demônios é vinculante para a fé da Igreja. Devemos, ou não, crer na existência do demônio como um ser pessoal?

---

[43] Lavatori acha que o catecismo fala muito pouco sobre o diabo: não aprofunda o mistério do mal, não trata dos meios para superar as tentações, não considera as dificuldades atuais da demonologia (cf., op.cit., p.54).

É verdade que o Antigo Testamento nos oferece poucas citações claras. Somente três (*Zc* 3,1-5; *Jó* 1,6-12;2,1-7; *1Cr* 21,1) mencionam Satanás como um anjo mau. Na verdade, o Antigo Testamento, para fazer ressaltar o monoteísmo, deixou estas figuras na sombra.

Já não se pode dizer a mesma coisa do Novo Testamento, no qual são abundantes as citações. A questão que se levanta é: essas asserções são simplesmente ideias do hagiógrafo, ou ele as propõe como verdade a crer? Em outras palavras, o sentido desses textos é assertivo, ou simplesmente expositivo? A resposta favorável ao valor assertivo deriva do modo como o próprio Senhor Jesus via os demônios.

1. Em primeiro lugar, Ele mesmo considerou a Sua missão como uma luta contra Satanás, através da Sua pregação e dos Seus exorcismos.

2. Jesus viveu no Seu tempo, mas soube ir contra usos e crenças de Seus contemporâneos, seja contra os saduceus (que negavam a ressurreição e os espíritos), seja contra os fariseus e suas práticas legalistas. Jesus manteve com firmeza a crença no demônio, e não o considerava um ser metafórico.

Esta exegese é confirmada pelo modo como a Igreja interpreta e interpretou a existência e a natureza do demônio. Do Concílio de Niceia ao Lateranense IV, e em tantos outros textos, como vimos, é atestada a existência e a ação do demônio. Junto ao Magistério da Igreja, a liturgia testemunha esta presença e realidade. Também o *sensus fidelium*, manifestado de modo especial pelos santos, afirma o mesmo. Não é necessário que a Igreja defina a existência do demônio, verdade óbvia no seu Magistério multissecular. Se fosse verdade, deveria definir a sua inexistência (uma vez que é segura para o Magistério a sua existência). Concretamente, no que se refere ao Concílio Lateranense IV, *Quay* demonstrou que ele quis definir a natureza criada e espiritual dos anjos contra os cátaros, para quem Jesus e o Espírito Santo eram simples anjos[44].

---

[44] Cf. "*Angels and Demons: the Teaching of the IV Latran*", in Theological Studies, 42 (1981), 20-45.

A AÇÃO DE CRISTO E DA IGREJA CONTRA OS DEMÔNIOS*

Pedro Barrajón
Professor de Teologia Dogmática da Faculdade de Teologia do Ateneo Pontifício
"Regina Apostolorum", Roma.

"Em meu nome expulsarão os demônios." (Mc 16,17)

1) EXORCISMOS NA SAGRADA ESCRITURA

No Antigo Testamento não encontramos menção de exorcismos pelo ministério de um homem. Temos, sim, o caso do anjo Rafael, que expulsa o demônio Asmodeu, ao qual se atribuía a morte dos sete maridos de Sara (*Tb* 8,3).

No âmbito judaico, pelo que escreve Flávio Josefo (+111), acreditava-se que Salomão tinha recebido o poder de expulsar os demônios[45]. Josefo refere também o caso da cura de um possesso pela intervenção de um certo Eleazar[46]. Os exorcismos se faziam proferindo palavras, ou invocando certos nomes de anjos bons. Segundo os evangelhos, no tempo de Jesus havia também exorcismos efetivos: *"Se eu expulso os demônios em nome de Belzebu, os vossos filhos em nome de quem os expulsam?"* (Mt 12,27). Tanto assim, que os discípulos quiseram "monopolizar" esse poder: *"Vimos alguém expulsando os demônios em teu nome, e lho proibimos!"* (Mc 9,38-40).

Há numerosas passagens em que se narra a atividade exorcística de Jesus:

1) Marcos 1,32-34.39: *"E andava por toda a Galileia, pregando nas suas sinagogas e expulsando os demônios.*

2) Mateus 4,23-24: *"Conduziram a Ele todos os doentes, atormentados por várias doenças e dores, endemoninhados, epiléticos e paralíticos, e Ele os curou".*

3) Lucas 7,21: *"Jesus curou muitos de doenças, enfermidades, de espíritos impuros, e restituiu a vista a muitos cegos".*

---

* BARRAJÓN, Pedro. *Aspetti biblici, storici, teologici.* In. Esorcismo e Preghiera di Liberazione. Roma, Edizione Art, 2005, pp.67-76. Trad. do italiano: Pe. Ney Brasil Pereira (algumas partes do texto original foram resumidas pelo tradutor).

[45] GIUSEPPE FLAVIO, *Antichità Giudaiche* 8,2,5.

[46] GIUSEPPE FLAVIO, *Guerra Giudaica*, 7,6,3.

4) *Lucas* 8,2: *"Eram com Ele os doze e algumas mulheres que tinham sido curadas de espíritos maus e de enfermidades; Maria de Mágdala, da qual tinham saído sete demônios".*

5) *Lucas* 13,32: *"Eu expulso os demônios e realizo curas hoje e amanhã, e no terceiro dia terminarei".*

6) *Atos dos Apóstolos* 10,38: *"Jesus passou fazendo o bem e curando a todos aqueles que estavam sob o poder do diabo".*

Jesus realiza estes milagres como sinal do Seu poder contra o reino de Satanás, e como realizações parciais do Reino de Deus, que se realizará de modo perfeito na era escatológica.

Há sete casos de descrição detalhada de exorcismos:

1) O endemoninhado de Cafarnaum: *Marcos* 1,21-28 e *Lucas* 4,31-37.
2) O endemoninhado cego e mudo: *Mateus* 12,22-23 e *Lucas* 11,14.
3) O endemoninhado geraseno: *Marcos* 5,1-10; *Mateus* 8,28-34; *Lucas* 8,26-39.
4) O possesso mudo: *Mateus* 9,32-34.
5) A filha da Cananeia: *Marcos* 7,21-30 e *Mateus* 15,21-28.
6) O jovem lunático: *Marcos* 9,14-19; *Mateus* 17,14-20; *Lucas* 9,37-44.
7) A mulher encurvada: *Lucas* 13,10-17.

O Evangelho de *Marcos* inicia com um exorcismo (*Mc* 1,21-28), no qual vemos um esquema que se repete:

a) o demônio se manifesta na pessoa possessa;

b) Jesus ameaça e manda o espírito sair da pessoa, manifestando assim a natureza violenta e cruel do demônio;

c) o demônio sai.

Jesus ordena ao demônio como se Deus o fizesse, embora as fórmulas sejam lacônicas. O demônio obedece sem resistência. Às vezes, se se trata de curas, são imediatas e instantâneas. Algumas vezes os demônios confessam a identidade de Jesus: "o Santo de Deus" (*Mc* 1,24; *Lc* 4,34). Jesus apresenta esta atividade como uma prova inconfundível da vinda do Reino de Deus (*Mt* 12,28).

Jesus não faz coisas extraordinárias: é só a Sua Palavra que faz com que os demônios saiam dos possessos. Este poder, Jesus o dá aos Seus discípulos: *"Chamou a si os doze... e deu-lhes poder sobre os espíritos impuros... Tendo eles partido, pregavam para que o povo se convertesse, expulsavam demônios, ungiam os doentes com óleo e os curavam"* (*Mc* 6,7.12).

Quando os setenta e dois discípulos, aos quais se tinham submetido os demônios, voltaram a Jesus, ele lhes disse: *Vi Satanás cair do céu como um relâmpago. Eis que vos dei o poder... Mas não vos alegreis porque os demônios se submetem a vós, mas antes porque os vossos nomes estão inscritos no céu"* (*Lc* 10,17-20). Expulsar os demônios é um sinal que terão os discípulos: *"No meu nome expulsarão demônios"* (*Mc* 16,15.17). Não são atos de magia: requerem a fé e a prática da virtude. A oração é condição indispensável para a eficácia de certas curas (*Mc* 9,28-29).

Nos *Atos dos Apóstolos*, a atividade exorcística se faz em nome de Jesus: "*Em nome de Jesus eu te ordeno que saias dele!*" (*At* 16,18). A obra de Cristo é levada adiante pelos apóstolos: por Felipe (*At* 8,7), por Paulo (*At 16,18;19,12*). Jesus envia Paulo *"para que se convertam do poder de Satanás a Deus"* (*At* 26,17-18). Depois de Pentecostes, os discípulos podiam curar pessoas atormentadas por espíritos imundos (*At* 5,16). Tal é a atividade de Felipe (*At* 8,7). Paulo realizava também prodígios incomuns: ao contato com lenços tocados por ele *"os espíritos maus fugiam"* (*At* 19,11-12).

A expulsão dos demônios é uma das características do Reino e está ligada à fé. Quando é realizada pelos discípulos, é realizada em nome de Jesus (*Mc* 16,17; *Lc* 10,17).

2) OS POSSESSOS DEMONÍACOS NO NOVO TESTAMENTO

As pessoas endemoninhadas são chamadas de modos diversos nos evangelhos: são "lunáticos", têm espíritos impuros, ou um demônio mudo (que causa mutismo), ou um espírito de enfermidade, são perturbados por espíritos imundos, têm um espírito "pitônico", vaticinador (de *Python*, oráculo de Delfos, etc).

Quais os efeitos do demônio sobre aqueles que são "possuídos"? O demônio os faz gritar, os lança ao chão, os enrijece... O primeiro grande milagre narrado por *Marcos* é um exorcismo: do endemoninhado de Cafarnaum (*Mc* 1,21-28). Jesus Se impõe ao demônio de modo autoritativo. Ele ordena, e o demônio simplesmente sai.

Antes do exorcismo, o demônio controla o corpo da pessoa. É típico o caso do endemoninhado de Gerasa (*Mt* 8,28ss; *Mc* 5,2; *Lc* 8,26). Nessa passagem é descrito um homem que faz *violência* a si mesmo, anda nu pelos sepulcros, tem uma força sobre humana, está como em estado de transe. Em outras ocasiões, as manifestações da possessão acontecem diante de Jesus, como o menino epilético ou lunático (*Mt* 17,15). Nesses casos, o endemoninhado perde o controle do corpo e de suas faculdades normais, há uma especial aversão ao sagrado e tem um comportamento violento e furioso.

Nos casos em que Jesus expele os demônios, todas as ações dão a impressão de uma luta ou combate entre Jesus e o demônio. O endemoninhado parece não ter ação própria, pois o demônio o controla. Só volta a si quando Jesus o liberta. No caso do menino "lunático", Jesus o cura depois que o pai intercede por ele. *Lucas* descreve a ação do demônio sobre o rapaz: sacode-o, faz-lhe sair espuma da boca, e só então com a ordem de Jesus se afasta (*Lc* 9,37-44).

René Laurentin, no seu livro "*O demônio, mito ou realidade*", não aceita a mera explicação de epilepsia, diante dos claros indícios de possessão: o rapaz reage violentamente à presença de Jesus, mesmo sem conhecê-l'O. Jesus não faz oração alguma nem impõe as mãos, mas apenas ordena, depois de uma espécie de diálogo: interroga-o, fá-lo calar-se, interpela-o, ordena-lhe que saia. O diabo pode também servir-se da doença, para enfraquecer a pessoa. Mas é só o exorcismo que cura realmente, e não uma terapia psicológica.

Uma vez expulso o diabo, ele não volta, se a pessoa não lhe dá a possibilidade de voltar (*Lc* 11,24-26). A entrada do demônio é permitida por Deus, a sua saída depende da autoridade do próprio Deus, e a sua volta é condicionada pelo pecado contra o Espírito Santo, isto é, a possibilidade que o ser humano tem de não aceitar Cristo como Filho de Deus e de oferecer de novo hospitalidade ao diabo.

Qual é a responsabilidade das pessoas possessas? Às vezes nenhuma, como é o caso das crianças (a filha da Cananeia: *Mt* 15,21-28; *Mc* 7,24-30). De resto, quando o demônio se vai de uma pessoa, ela é chamada a dar glória a Deus, como no caso do endemoninhado geraseno (*Lc* 8,39).

No livro de *Jó*, Deus concede a Satanás o poder de prejudicar a Jó, atingindo seus bens e sua família, para comprovar a fidelidade desse justo (*Jó* 1,10-11). No apóstolo Paulo, o "espinho de Satanás" se tornou uma prova de que a fraqueza humana manifesta a graça de Deus e tem um fim espiritual: a humildade (*2Cor* 12,7).

3) OS ENDEMONINHADOS NOS PAIS DA IGREJA

Nos Pais da Igreja encontramos algumas referências às possessões e exorcismos. Por exemplo, a Tradição Apostólica de *Santo Hipólito* diz, dos catecúmenos: "E impondo as mãos sobre eles, exorcize todos os espíritos estranhos, a fim de que fujam e não retornem mais"[47]. O *pseudo-Clemente* fala de exorcismos sobre pessoas consagradas, a fim de que atendam à palavra de Jesus sobre a oração e o jejum, e não à verbosidade[48].

Orígenes fala dos exorcismos feitos por pessoas simples, sobre possessos que tenham perdido a razão ou a consciência[49]. *Santo Atanásio* afirma que o sinal da Cruz de Cristo é capaz de expulsar os demônios[50], e que a leitura da Sagrada Escritura é a melhor defesa contra eles[51]. *São Gregório de Nissa* narra o caso de uma pessoa libertada do demônio por intercessão de Santo *Efrém*[52].

São Gregório Magno diz que o demônio quer fazer mal ao ser humano, mas consegue fazer só o que Deus lhe permite: o *poder* pertence a Deus, e não ao diabo[53]. *Santo Agostinho* define o exorcismo como a expulsão do espírito impuro mediante a abjuração do mal[54]. Ele pensa que Deus permite as doenças e deixa o demônio influir sobre certas pessoas por um mistério da Sua justiça[55].

Santo Isidoro fala do exorcismo contra o espírito impuro presente no energúmeno (=possesso) ou no catecúmeno, para afugentar os demônios[56]. *Estêvão Eduense* fala do poder de conjurar, dos exorcistas, para expulsar os demônios em nome da Santíssima Trindade[57]. *Rabano Mauro* (séc. IX) diz que a palavra *exorcismo*, de origem grega, corresponde ao termo latino *conjuratio* ou *sermo increpationis*, reprimenda ou acusação feita ao diabo, afim de que vá embora[58].

---

[47] B. BOTTE, *La tradition Apostolique de Saint Hippolite*. Essai de reconstitution, Munster, 1989, p.42 (n.20,19-20)

[48] *Epistola ad Virgines*, PG 1,402.408-410.

[49] *Contra Celsum*, 1.VII,4: PG 11,1426.

[50] *Oratio de incarnatione* Verbi, 47: PG 27,34-36.

[51] *Epistola ad Marcellinum*, 33: PG 27,34-36.

[52] *Vita Sancti Efrem*, PG 46,845-848.

[53] *Moralium libri*.

[54] *De beata vita*, cap.III: PL 32,958.

[55] Cf. *De civitate Dei*, l. XVIII,18:PL 41,574.

[56] *De ecclesiasticis officiis*, l. II,c.21.

[57] *Tractatus de Sacramento Altaris*, cap.III: PL 172,1276-1277.

[58] *De universo libri viginti duo. De exorcismo*, l. V, cap.12: PL 111,136.

CONCLUSÃO

Portanto, os Pais da Igreja afirmam que o demônio pode infestar pessoas ou coisas, que possessos podem ser pessoas batizadas, até consagradas, quer tenham cometido pecado grave, quer não o tenham cometido.

As possessões podem manifestar-se através do espírito pitônico ou de adivinhação, ou mediante transes. Também simples cristãos podem realizar exorcismos, segundo Orígenes. Meios de libertação: a fé em Cristo, o sinal da Cruz, as orações, os esconjúrios. As possessões manifestam a vontade do demônio de atacar o ser humano, mas também a permissão que Deus lhes concede, segundo os planos da Sua divina providência.

1) São Boaventura e São Tomás de Aquino

São Boaventura define os energúmenos como pessoas atormentadas pelo demônio, que os mantém prisioneiros e lhes aflige a alma. Os demônios, por seu corpo subtil, podem penetrar e vexar os corpos humanos, se Deus o permite[59]. Mas a causa dessa permissão não nos é conhecida.

São Tomás de Aquino define o energúmeno como aquele que é atormentado por uma operação extrínseca do demônio[60]. O ataque do demônio acontece no interior da pessoa, mas vem de fora: é um ataque externo que opera por dentro. A água benta tem efeito contra os ataques que provêm de fora, mas só o exorcismo é eficaz contra os ataques que vêm de dentro. Depois da vitória de Cristo, Satanás pode continuar a atacar, mas só os que se deixam vencer são vencidos.

2) Textos e orações exorcísticas dos séculos II a V

Há orações que testemunham a atividade exorcística da Igreja desde seus inícios[61].

Exemplo de uma oração, a quinta, atribuída a São "Cipriano" (um "Cipriano" lendário, não o autêntico, o grande bispo de Cartago, do séc. III): "Em nome da santa e indivisa Trindade, desamarrei e desamarro o vínculo deste servo de Deus... Desamarrei e desamarro os maus fantasmas do demônio perverso, a malvadeza dos espíritos e as tentações e insídias do diabo..."[62]

---

[59] Sent. II, d. 17, a. un., q.6.
[60] S. Th.III, 71, 2, ad 1.
[61] *Acta Petri cum Simone* (ca. 180-190).
[62] *Acta Philippi* (300-330).

Outra oração, a sétima: "Pelas preces da Mãe de Deus e dos santos, nós prendemos, anulamos, e expulsamos todo espírito apóstata e... e os terríveis olhos de Satanás e dos homens e mulheres malvados, cujos olhos entram no ventre das mulheres grávidas e matam os filhos e causam fantasias nos sonos e males de noite e de dia, e põem em ação pensamentos malvados e funestos... Pela paixão do Unigênito Filho de Deus, crucificado no Gólgota por Pilatos, pelo sinal da Sua Cruz, prendo todo o mal e os olhos de demônios e de homens malvados, a fim de que não tenham poder seja nas obras como nas palavras, e não se aproximem do teu servo nem daquele a quem chegar esta minha oração"...

Exorcismos e orações contra doenças encontram-se, também, num papiro proveniente do museu de Gizeh (n. 10263), do século V. Da mesma época, uma inscrição exorcística de Antioquia, do V século: "De Cristo é a vitória. Vai-te daqui, Satanás!"... O exorcista tem o poder de "amarrar" o demônio e de soltar a pessoa do mal que a atormenta. "Cipriano" (o lendário) usa o verbo "abrogar", da linguagem jurídica; outros, o verbo "esconjurar".

3) As fontes litúrgicas

Já desde os primeiros séculos, encontramos nos livros litúrgicos orações para exorcizar objetos (cinzas, óleo, incenso, água, sal, contra as tempestades) ou pessoas (possessos ou catecúmenos).

Já no século V encontramos um exorcismo para os catecúmenos: "Eu te unjo com este óleo para a libertação de todo espírito perverso e impuro e para a libertação de todo mal". Ritos de exorcismo para os catecúmenos aparecem no *Sacramentário Gelasiano* e no rito ambrosiano, que prevê uma unção com caráter exorcístico (*para ungir tanto enfermos como possessos*). O rito de Toledo parece introduzir uma oração, originalmente pelos possessos, para o batismo (*exorcismo para aquele que está atormentado por um espírito impuro*).

Há ainda orações para os possessos nos sacramentários gelasiano (séc. VIII) e Adriano (séc. IX), no pontifical romano-germânico (séc. X), que recolhe orações de exorcismo e Missas a favor dos possessos.

4) O Rito do Exorcismo no Rituale Romanum (1523-1952)

A primeira edição de A. Castellani recolhia textos litúrgicos e pastorais, e foi sucessivamente enriquecida pelo interesse dos papas Leão X e Pio IV, no século XVI. É chamado também *Liber sacerdotalis*. Trata, no prólogo, da doutrina da Igreja sobre o exorcismo: como o demônio entra no corpo humano, os malefícios, como se reconhece o demoníaco, a condição do exorcista, sinais que aparecem no exorcismo, como sai o demônio, a malícia do demônio contra o exorcista etc. Depois do Concílio de Trento (1545-1563), o Cardeal Santori fez uma primeira coleção de exorcismos para a formulação do *Rituale Romanum*. Este livro foi inicialmente só recomendado, não prescrito (1614). Fizeram-se vários acréscimos (1752, 1913, 1925, 1952). O último *Rituale Romanum*, após o Concílio Vaticano II, contém uma parte intitulada *De exorcismis et supplicationibus quibusdam*, publicado em 1999, edição revista e corrigida, 2004.

5) Atual noção de exorcismo

Alguns teólogos definem o exorcismo como um "esconjuro contra o demônio para obrigá-lo a evacuar um lugar, abandonar uma situação, e restituir a liberdade a uma pessoa mantida mais ou menos sob seu poder" (*Dicionário de Teologia Católica*, J. Forget). O esconjuro se faz de dois modos: sob a forma de uma ordem, intimidação ao demônio em nome de Deus e de Jesus Cristo, ou sob a forma de invocação, de súplica, dirigida a Deus e ao Senhor Jesus.

Balducci: "Súplica dirigida a Deus a fim de expulse ou repila os demônios, espíritos maus, das pessoas, dos lugares e das coisas que se acredita serem possuídas ou infestadas, ou daqueles que estão em perigo de tornar-se vítimas ou instrumentos da sua maldade".

Dicionário jurídico-canônico: "Rito instituído pela Igreja para afastar de uma pessoa, coisa ou lugar, o influxo do demônio". Dois são os sentidos desse rito:

a) *lato sensu*, qualquer afastamento do influxo maléfico em uma coisa ou em determinado lugar.
b) *stricto sensu*, expulsão do demônio de uma pessoa possuída.

O exorcismo é um dos *sacramentais*: "sinais sagrados, instituídos pela Igreja, por meio dos quais, à semelhança dos sacramentos e por impetração da Igreja, são obtidos efeitos sobretudo espirituais" (M.Fiori, Traccia). O efeito do sacramental é obtido por força da fé professada no sinal, *ex opere operantis Ecclesiae*, isto é, por ação da própria Igreja.

O Catecismo da Igreja Católica, sobre o exorcismo, afirma:

> É o pedido público da Igreja que, com autoridade e em nome de Jesus Cristo, pede a Deus que uma pessoa ou objeto seja protegido contra a influência do Maligno e subtraído ao seu domínio. O próprio Senhor Jesus o praticou (*Mc* 1,25s). A Igreja tem o poder de exorcizar, poder que lhe foi dado pelo Senhor. O exorcismo é praticado no batismo em forma simples. O exorcismo "solene" é praticado por um presbítero delegado pelo Bispo. É preciso

proceder com prudência, observando as normas estabelecidas pela Igreja. Diferente é o caso de enfermidades psíquicas, cuja cura entra no âmbito das ciências médicas: é importante certificar-se de que não se trata de transtornos psíquicos (cf. Código de Direito Canônico, 1172; Catecismo da Igreja Católica, n. 1673)

Capítulo 2

Aspectos Místicos e Ascéticos

"Eu anseio por ver-te como verdadeiro cavalheiro, forte na tua luta contra todo e qualquer ardil do demônio, enquanto estamos neste campo de batalha, cercados de inimigos que estão constantemente lutando contra nós." (Santa Catarina de Sena)

"Tenhamos sempre duante dos olhos o fato de que aqui no mundo nós nos encontramos num campo de batalha e de que no paraíso receberemos a coroa da vitória." (São Padre Pio de Pietrelcina)

"O demônio nos tenta. Seu alvo é a morte - não tanto você ou eu: nós somos nada. É por causa de Deus, é ódio de Deus." (Madre Teresa de Calcutá)

A LUTA CONTRA O DEMÔNIO*

Fr. Antonio Royo Marín, O.P.
Professor emérito de Teologia Moral e Dogmática
da Universidade de San Esteban (Salamanca)**

O segundo inimigo exterior com que temos que lutar, em confronto direto, é o demônio. Pela sua grande importância na prática, vamos estudar este assunto com a máxima extensão que nos permite a índole desta obra.

Damos aqui por conhecido tudo o que ensina a Teologia Dogmática sobre a existência dos demônios, da sua natureza e das razões da sua inimizade contra nós[63]. Vamos nos fixar unicamente na ação diabólica sobre as almas, que se reveste de três formas principais: a *tentação*, a *obsessão* e a *possessão*.

ARTIGO 1

A Tentação[64]

Segundo o Doutor Angélico, o ofício próprio do demônio é tentar[65]. Porém, adiciona em seguida[66] que nem todas as tentações que o homem sofre

---

* ROYO MARIN, Antonio. *La lucha contra el demônio*. In. Teologia de la perfeccion cristiana. 6ª ed. Madri: BAC, 1988, p.301-323. Trad. do espanhol: Pe. Hélio Tadeu Luciano de Oliveira; Guilherme dos Santos. Revisão: Pe. Vitor Galdino Feller.
Para este capítulo, o autor se serve de: RIBET, *L'ascétique* c.16; *La mystique divine* t.3; TANQUEREY, *Teología ascética* n.219-25.1531-49; DESIDERIO COSTA, *El diablo*; GARRIGOU-LAGRANGE, *Tres edades* 5,6; SAUDREAU, *L'état mystique* c.22-23; SCHURAM, *Théologie mystique* I p.1ª § 174-204; JOSÉ DE TONQUEDEC, *Acción diabólica o enfermedad?*; ÉTUDES CARMÉLITAINES, *Satán*.
** Recebeu do Papa João Paulo II a medalha *Pro Ecclesia et Pontifice*, em consideração à sua dedicação à Igreja e ao Papado.
[63] Cf. I, 63-64.109.114.
[64] Não conhecemos nada melhor sobre a tentação em todas as suas formas que os artigos do P. MASSON, O.P., em "La vie spirituelle" (de novembro de 1923 até abril de 1926). Eis aqui o índice dos mesmos:
A tentação em geral (natureza, universalidade); II. *Suas fontes. A carne* (natureza da concupiscência); *O mundo e suas armas* (a violência, a sedução); *O demônio* (o personagem e sua história, a obra do tentador, sua ação sobre a inteligência, o apetite sensível e o corp.material); III. *O processo da tentação*; IV. *Finalidade da mesma* (por parte do demônio, por parte de Deus). O plano de Deus: obra de justiça e de misericórdia.
[65] I, 114, 2.
[66] *Ibid.*, 3.

procedem do demônio; existem as que se originam da própria concupiscência, como diz o apóstolo *São Tiago*: "Cada qual é tentado por sua própria concupiscência, que o arrasta e seduz" (*Tg* 1,14). Contudo, é certo que muitas tentações procedem do demônio, levado pela sua inveja contra o homem e pela sua soberba contra Deus[67]. Consta expressamente na divina revelação: "Revesti-vos da armadura de Deus, para que possais resistir às ciladas do diabo; pois a nossa luta não é contra o sangue e a carne, mas contra os principados, as potestades, os dominadores deste mundo tenebroso, os espíritos malignos espalhados nos ares" (*Ef* 6,11-12). E São Pedro compara o demônio a um leão enfurecido que anda em derredor desejando devorar-nos (*1Pd* 5,8).

> Não existe uma norma fixa ou claro sinal para distinguir quando a tentação procede do demônio ou de outras causas. Porém, quando a tentação é repentina, violenta e tenaz; quando não se encontra nenhuma causa próxima nem remota que se possa produzi-la; quando se coloca uma profunda turbação na alma ou sugere o desejo de coisas maravilhosas ou espetaculares, ou incita a desconfiar dos superiores ou a não comunicar nada do que acontece ao diretor espiritual, pode haver, sim, em tudo isso, uma intervenção mais ou menos direta do demônio.

Deus não tenta jamais a ninguém, incitando-o ao mal (*Tg* 1,13). Quando a Sagrada Escritura fala das tentações de Deus, usa a palavra "tentação" no seu sentido amplo, como simples experiência de uma coisa – *tentare, id est, experimentum sumere de aliquo*[68] –, e não com relação à ciência divina (que nada ignora), mas com relação ao conhecimento e proveito do homem mesmo. Mas Deus permite que sejamos incitados ao mal por nossos inimigos espirituais para nos dar ocasião de maiores merecimentos. Jamais permitirá que sejamos tentados acima das nossas próprias forças: "Deus é fiel, e não permitirá que sejais provados acima de vossas forças; pelo contrário, junto com a provação Ele providenciará o bom êxito, para que possais suportá-la" (*1Cor* 10,13). São inumeráveis as vantagens da tentação vencida com a graça e a ajuda de Deus. Porque humilha a Satanás, faz resplandecer a glória de Deus, purifica nossa alma, enchendo-nos de humildade, arrependimento e confiança no auxílio divino; nos obriga a estar sempre vigilantes e alertas, a desconfiar de nós mesmos, esperando tudo de Deus; a mortificar nossos gostos e caprichos; invoca a oração; aumenta nossa experiência; e nos faz mais circunspectos e cautos na luta contra nossos inimigos. Com razão afirma São Tiago que é *"feliz aquele*

---

[67] *Ibid.*, 1.
[68] I, 114, 2; II-II, 97, 1.

que suporta a provação, porque, uma vez provado, receberá a coroa da vida, que o Senhor prometeu aos que o amam" (Tg 1,12).

Mas, para obter essas vantagens, é fundamental adestrar-se na luta com o fim de obter a vitória mediante o auxílio de Deus. Para isso nos ajudará muito conhecer a estratégia do diabo e a forma de reagir contra ela.

1) *Psicologia da tentação* – Em nenhuma outra página inspirada aparece com tanta transparência e clareza a estratégia escondida do demônio em seu ofício de tentador como no relato impressionante da tentação da primeira mulher, que ocasionou a ruína de toda a humanidade. Examinemos o relato bíblico, deduzindo seus ensinamentos mais importantes[69].

a) *Aproxima-se o Tentador* – Nem sempre o temos ao nosso lado. Alguns Santos Padres e teólogos creem que ao lado do anjo da guarda, colocado por Deus para o nosso bem, todos temos um demônio, designado por Satanás para nos tentar e nos empurrar ao mal[70]; mas essa suposição não pode apoiar-se em nenhum texto da Sagrada Escritura que seja claro e indiscutível. Parece mais provável que a presença do demônio junto a nós não é permanente e contínua, senão circunscrita aos momentos da tentação. Isso parece desprender-se dos relatos bíblicos, sobretudo das tentações do Senhor no deserto, em cujo término disse expressamente o sagrado texto que o demônio se retirou dele por certo tempo: "*diabolus recessit ab illo usque ad tempus*" (Lc 4,13).

Mas, ainda que às vezes se afaste de nós, o certo é que outras muitas vezes o demônio nos tenta. E ainda, em certas ocasiões, se lança repentinamente ao ataque sem prévia preparação, com o fim de surpreender a alma; em muitas outras, porém, se insinua cautelosamente, não propondo logo o objeto da tentação, mas estabelecendo diálogo com a alma.

b) *Primeira insinuação* – "É verdade que Deus vos disse: 'Não comais de nenhuma das árvores do jardim?'" *(Gn 3,1).*

O demônio ainda não tenta, mas leva o diálogo ao terreno que lhe convém. Sua tática continua sendo a mesma hoje, como sempre. Para pessoas particularmente inclinadas à sensualidade ou às dúvidas contra a fé ele colocará, em termos gerais, o problema da religião ou da pureza, sem incitá-las ainda ao mal: "É verdade que Deus exige o assentimento cego da vossa inteligência a toda imolação dos vossos apetites naturais?"

---

[69] Cf. *Gn* 3.
[70] Cf. PETAU, *De Angel*. 1.4 c.27.

c) *A resposta da alma* – Se a alma, ao advertir que a simples colocação do problema representa para ela um perigo, nega-se a dialogar com o Tentador – desviando, por exemplo, seu pensamento e imaginação a outros assuntos completamente alheios –, a tentação fica estrangulada na própria preparação, e a vitória obtida é tão fácil como grande: o Tentador se retira envergonhado diante do olímpico desprezo. Mas se a alma, imprudente, aceita o diálogo com o Tentador, se expõe a grandíssimo perigo de sucumbir:

> *"A mulher respondeu à serpente: 'Nós podemos comer do fruto das árvores do jardim. Mas do fruto da árvore que está no meio do jardim, Deus nos disse: 'Não comais dele nem sequer o toqueis, do contrário morrereis'"* (Gn 3,2-3).

A alma se dá conta de que Deus lhe proíbe terminantemente realizar aquela ação, entreter-se naquela dúvida, fomentar aquele pensamento ou alimentar aquele desejo. Não quer desobedecer a Deus, mas está perdendo tempo recordando que *não deve fazer isso*. Teria sido mais simples se não tivesse chegado sequer a ter que recordar seus deveres morais, estrangulando a tentação nos seus começos e não molestando-se sequer em ponderar as razões pelas quais deve fazer assim!

d) *Proposição direta do pecado* – A alma cedeu terreno ao inimigo, e este ganha forças e audácia para ir diretamente ao assalto:

> *"Mas a serpente respondeu à mulher: 'De modo algum morrereis. Pelo contrário, Deus sabe que, no dia em que comerdes da árvore, vossos olhos se abrirão, e sereis como Deus, conhecedores do bem e do mal'"* (Gn 3,4-5).

O demônio apresenta um panorama deslumbrador. Por detrás do pecado, se oculta uma inefável felicidade. Já não sugere à alma o pensamento de que "será como Deus" – essa utopia só pôde apresentá-la uma vez –, mas lhe diz que será feliz se se entregar uma vez mais ao pecado. "Em todo caso – adiciona – Deus é infinitamente misericordioso e te perdoará facilmente. Goza uma vez mais do fruto proibido. Nada de mal te acontecerá. Não tens experiência de outras vezes? Do quanto gozas e de como é fácil sair do pecado pelo imediato arrependimento!"

Se a alma abre seus ouvidos a estas insinuações diabólicas, está perdida. Em absoluto ainda haveria tempo para retroceder – a vontade não deu ainda o seu consentimento – mas, se não corta no ato e com energia, está em gravíssimo perigo de sucumbir. Suas forças se vão debilitando, as graças de Deus são menos intensas e o pecado se lhe apresenta cada vez mais sugestivo e fascinante.

e) *A vacilação* – Escutemos o relato bíblico:

> *"A mulher viu que seria bom comer da árvore, pois era atraente para os olhos e desejável para obter conhecimento" (Gn 3,6a).*

A alma começa a vacilar e a turbar-se profundamente. O coração bate com violência dentro do peito. Um estranho nervosismo se apodera de todo o seu ser. Não *quisera* ofender a Deus. Mas, por outra parte, é tão sedutor o panorama que se lhe propõe! Instaura-se uma luta muito violenta para que se possa prolongar por muito tempo. Se a alma, em um supremo esforço e sob a influência de uma graça eficaz, da que se fez indigna por sua imprudência, se decide a permanecer fiel ao seu dever, sairá fundamentalmente vencedora, mas com suas forças feridas e com o pecado venial em sua consciência (negligência, semiconsentimento, vacilação ante o mal). Mas a maioria das vezes dará o passo até o abismo.

f) *O consentimento voluntário*

> *"Colheu o fruto, comeu dele e o deu ao marido a seu lado, que também comeu" (Gn 3,6b).*

A alma sucumbiu plenamente a tentação. Cometeu o pecado e, muitas vezes – pelo escândalo e a cumplicidade – o faz cometer também aos demais.

g) *A desilusão* – Como é diferente o pecado que a pobre alma encontra em relação ao que lhe havia desenhado a sugestão diabólica! Imediatamente após ter consumado o pecado experimenta uma grande decepção, que a submerge na maior desventura e no mais negro vazio:

> *"Então os olhos de ambos se abriram, e, como reparassem que estavam nus, teceram para si tangas com folhas de figueira" (Gn 3,7).*

A pobre alma se dá conta de que perdeu tudo. Ficou completamente nua diante de Deus: sem a graça santificante, sem as virtudes infusas, sem os dons do Espírito Santo, sem a amorosa inabitação da Santíssima Trindade, com a perda absoluta de todos os méritos contraídos à custa de grandes esforços durante toda a sua vida. Produziu-se uma queda instantânea de toda sua vida sobrenatural, e só permanece, em meio daquele montão de ruínas, sua amarga decepção e a gargalhada sarcástica do tentador.

h) *A vergonha e o remorso* – Imediatamente se deixa ouvir, inflexível e terrível, a voz da consciência, que reprova o crime cometido:

> *"Quando ouviram o ruído do SENHOR Deus, que passeava pelo jardim à brisa da tarde, o homem e a mulher esconderam-se do SENHOR Deus no meio das árvores do jardim. Mas o SENHOR Deus chamou o homem e perguntou: 'Onde estás?'"* (Gn 3,8-9).

Esta mesma pergunta, que formula ao pecador sua própria consciência, não tem resposta possível. Só cabe diante dela cair de joelhos, pedir perdão a Deus pela infidelidade cometida e aprender, da dolorosa experiência, a resistir dali em diante ao tentador *desde o primeiro momento*, ou seja, desde a simples colocação da questão, quando, sob o olhar amoroso de Deus, a vitória é fácil e o triunfo é seguro.

2) *Conduta prática diante das tentações* – Precisemos um pouco mais o que a alma deve fazer *antes* da tentação, *durante* ela e *depois* dela. Isto acabará de completar a doutrina teórica e o adestramento prático da alma em sua luta contra o inimigo infernal.

I) *Antes da tentação* – A estratégia fundamental para prevenir as tentações foi sugerida por Nosso Senhor Jesus Cristo aos discípulos no *Getsêmani* na noite da ceia: *"Velai e orai para não caírdes na tentação"* (Mt 26,41). Impõem-se a *vigilância* e a *oração*.

a) Vigilância – O demônio não renuncia à possessão de nossa alma. Se, às vezes, parece que nos deixa em paz e não nos tenta, é tão somente para voltar ao assalto no momento menos pensado. Nas épocas de calma e de sossego temos de estar convencidos de que a guerra voltará com maior intensidade que antes. É preciso vigiar e estar atentos para não nos deixarmos surpreender.

Esta vigilância deve se manifestar na fuga de todas as ocasiões mais ou menos perigosas, na previsão de assaltos inesperados, no domínio de nós mesmos, particularmente no sentido da vista e da imaginação; no exame preventivo, na frequente renovação do propósito firme de nunca mais pecar, em combater a ociosidade, mãe de todos os vícios, e em outras coisas semelhantes. Estamos em estado de guerra com o demônio, e não podemos abandonar nosso posto de guarda e sentinela, se não quisermos que ele se apodere com surpresa, no momento menos pensado, da fortaleza da nossa alma.

b) Oração – Mas não basta nossa vigilância e nossos esforços. A permanência no estado de graça, e, por conseguinte, o triunfo contra a tentação, requer uma *graça eficaz* de Deus, que só pode obter-se por meio da oração. A vigilância mais refinada e o esforço mais tenaz resultariam totalmente ineficazes sem a ajuda da graça de Deus. Com ela, ao contrário, o triunfo é infalível. Esta graça eficaz – como já dissemos – escapa ao mérito da justiça e a ninguém é devida estritamente, nem sequer aos maiores santos. Mas Deus empenhou Sua Palavra, e nos concederá infalivelmente se a pedirmos com a oração revestida das devidas condições. Isto evidencia a importância excepcional da oração de súplica. Com razão dizia Santo Afonso Maria de Ligório, referindo-se à necessidade absoluta da graça eficaz, que somente pode conseguir-se por via da oração: "O que reza, se salva, e o que não reza, se condena". E para decidir diante da dúvida de uma alma se tinha ou não sucumbido à tentação, ele costumava perguntar-lhe simplesmente: "Fizeste oração pedindo a Deus a graça de não cair?" Isso é profundamente teológico. Por isso Cristo nos ensinou no Pai Nosso a pedir a Deus: *"não nos deixes cair em tentação"*.

E é muito bom e razoável que nesta oração preventiva invoquemos também a *Maria*, nossa boa mãe, que esmagou com seus pés virginais a cabeça da serpente infernal, e a nosso *anjo da guarda*, que tem como uma das principais missões a de defender-nos contra os assaltos do inimigo infernal.

II) *Durante a tentação* – A conduta prática durante a tentação pode resumir-se em uma só palavra: *resistir*. Não basta manter uma atitude *meramente passiva* (nem consentir nem deixar de consentir), mas é fundamental uma resistência *positiva*. Porém, esta resistência positiva pode ser *direta* ou *indireta*.

a) Resistência direta é a que se enfrenta com a própria tentação e a supera fazendo precisamente o *contrário* do que ela sugere. Por exemplo: começar a falar bem de uma pessoa quando nos sentíamos tentados a criticá-la, dar uma esmola esplêndida quando o egoísmo tratava de fechar-nos a mão para uma esmola comum, prolongar a oração quando o inimigo nos sugeria cortá-la ou suprimi-la, fazer um ato de pública manifestação de fé quando o respeito humano tratava de atemorizar-nos, etc. Esta resistência direta convém empregar em todo tipo de tentações, com exceção daquelas que se referem à fé ou à pureza, como vamos dizer em seguida.

b) Resistência indireta é a que não se enfrenta com a tentação, mas que se *afasta dela*, desviando a mente a outro objeto completamente distinto. É particularmente indicada nas tentações contra a fé ou a castidade, nas quais não convém a luta direta, que poderia aumentar a tentação pela dimensão perigosa e escorregadia da matéria. O melhor nesses casos é praticar rápida e energicamente, mas também com grande serenidade e calma, um exercício mental que absorva nossas faculdades internas, sobretudo a memória e a imaginação, e as afaste indiretamente, com suavidade e sem esforço, do objeto da tentação. Por exemplo: recorrer mentalmente à lista de nossas amizades em tal localidade, os nomes das províncias da Espanha, o título dos livros que lemos sobre tal ou qual assunto, os quinze melhores monumentos que conhecemos, etc, etc.

São variadíssimos os procedimentos que podemos empregar para esse tipo de resistência indireta, que dá, na prática, positivos e excelentes resultados, sobretudo se praticada no momento mesmo que começar a tentação e antes de permitir que finque raízes na alma.

Às vezes, a tentação não desaparece após a termos enfrentado, e o demônio volta a carga uma e outra vez com incansável tenacidade e pertinência. Não podemos desanimar por isso. Essa insistência diabólica é a melhor prova de que a alma não sucumbiu à tentação. Repita sua repulsa uma vez e, se for preciso, mil vezes, com grande serenidade e paz, evitando cuidadosamente o nervosismo e a perturbação. Cada novo assalto negado é um novo mérito contraído diante de Deus e um novo fortalecimento da alma. Longe de enfraquecer-se, a alma, com esses assaltos continuamente refutados, adquire novas forças e energia. O demônio, vendo sua perda, acabará por deixar-nos em paz, sobretudo se adverte que nem sequer consegue perturbar a paz de nosso espírito, que era a única finalidade querida por ele com esses reiterados assaltos.

Convém sempre, sobretudo se se trata de tentações muito tenazes e repetidas, expor o que nos passa ao diretor espiritual. O Senhor costuma recompensar com novos e poderosos auxílios esse ato de humildade e simplicidade, do qual o demônio trata de afastar-nos. Por isso temos que ter a valentia e a coragem de expor-lhe sem rodeios, sobretudo quando nos sentimos fortemente tentados a cair. Não esqueçamos que, como ensinam os mestres da vida espiritual, *tentação declarada, já está meio vencida*.

III) *Depois da tentação* – Ocorreu unicamente uma dessas três coisas: que tenhamos vencido, ou tenhamos caído, ou tenhamos dúvidas e incertezas sobre isso.

a) *Se temos vencido* e estamos seguros disso, foi unicamente pela ajuda eficaz da graça de Deus. Impõe-se, pois, um ato de agradecimento simples e breve, acompanhado de um novo pedido de auxílio divino para outras ocasiões. Tudo pode reduzir-se a esta ou semelhante invocação: "Graças, Senhor; a vós devo tudo; continuai ajudando-me em todas as ocasiões perigosas e tende piedade de mim".

b) *Se caímos* e não temos a menor dúvida disso, não desanimemos jamais. Lembremo-nos da infinita misericórdia de Deus e da acolhida que fez ao filho pródigo, e lancemo-nos cheios de humildade e arrependimento nos Seus braços de Pai, pedindo-Lhe profundamente perdão e prometendo-Lhe, com Sua própria ajuda, nunca mais voltar a pecar. Se a queda tiver sido grave, não nos contentemos com o simples ato de contrição; corramos o quanto antes ao tribunal da penitência e aproveitemos a ocasião da nossa triste experiência para redobrar nossa vigilância e intensificar nosso fervor com o fim de que nunca se volte a repetir[71].

c) *Se ficamos com dúvida* sobre se consentimos ou não, não nos examinemos minuciosamente e com angústia, porque também a imprudência provocaria outra vez a tentação e aumentaria o perigo. Deixemos passar um certo tempo, e quando estivermos totalmente tranquilos, o testemunho da própria consciência nos dirá com suficiente clareza se caímos ou não. Em todo caso convém fazer um ato de perfeita contrição e, no momento oportuno, manifestar o ocorrido ao confessor, na forma em que aparece em nossa consciência ou, melhor ainda, na presença mesma de Deus.

Observação – Supondo que se trate de uma alma de comunhão diária, ela poderia continuar comungando até o dia habitual da confissão com dúvida se consentiu ou não em uma determinada tentação?

Não se pode dar uma resposta categórica e universal aplicável a todas as almas e a todos os casos possíveis. O confessor julgará o caso tendo em conta o temperamento e as disposições habituais do penitente e aplicando o princípio moral da presunção. Se é uma alma habitualmente decidida a morrer antes que pecar e, por outro lado, é propensa a escrúpulos, deverá mandar-lhe comungar, desprezando essas dúvidas e limitando-se a fazer um prévio ato de contrição por aquilo que pudesse ter feito. Se se trata, de outro modo, de uma alma que costuma cair facilmente em pecado mortal, de consciência laxa e sem escrúpulos, a presunção está contra ela; é provável que consentiu na tentação, e não deve permitir-lhe comungar sem receber antes a absolvição sacramental. O penitente em um e outro caso deve deter-se com humildade ao que lhe disser seu confessor ou diretor espiritual e obedecer simplesmente, sem contradizer ou discutir com ele.

ARTIGO 2

A Obsessão Diabólica

A simples tentação é a forma mais corrente e universal com que Satanás exerce sua ação diabólica no mundo. Ninguém está isento dela, nem mesmo os maiores santos. Em todas as etapas da vida cristã a alma experimenta seus assaltos. Variam as formas, mudam os procedimentos, aumenta ou diminui a

---

[71] Cf. sobre este assunto o precioso livreto de TISSOR, *El arte de utilizar nuestras faltas*, no qual se recolhe largamente a doutrina de São Francisco de Sales.

sua intensidade, mas o fato mesmo da tentação permanece constante ao longo de toda a vida espiritual. Nosso Senhor Jesus Cristo quis ser tentado também, para nos ensinar a maneira de vencer ao inimigo de nossas almas.

Mas, às vezes, o demônio não se contenta com a simples tentação. Tratando-se, sobretudo, de almas muito elevadas, que apenas se impressionam com as tentações ordinárias, ele desfere todo o seu poder infernal, chegando, com a permissão de Deus, até a *obsessão* e, às vezes, até a *possessão corporal* de sua vítima. A diferença fundamental entre ambas as formas consiste em que, na *obsessão*, a ação diabólica é *extrínseca* à pessoa que a padece, enquanto que na *possessão*, o demônio entra realmente no corpo de sua vítima e a maneja *desde dentro* como o chofer maneja ao seu gosto o volante do automóvel.

Estudemos primeiro a *obsessão*, deixando para o artigo seguinte a análise da *possessão*.

1) *Natureza da obsessão* – Existe obsessão sempre que o demônio atormenta o homem *desde fora*, de uma maneira tão *forte, sensível* e *inequívoca* que não deixa lugar à dúvida sobre sua presença e ação.

Na simples tentação não aparece tão clara a ação diabólica; em absoluto, poderia depender de outras causas. Mas na verdadeira e autêntica *obsessão*, a presença e ação de Satanás é tão clara e inequívoca, que nem a alma nem seu diretor têm a menor dúvida disso. A alma conserva a consciência de sua ação vital e motriz sobre seus órgãos corporais – coisa que desaparece na *possessão* –, mas nota claramente ao mesmo tempo a ação exterior de Satanás, que trata de violentá-la com uma força inaudita.

> "A obsessão – adverte muito bem Ribet[72] – é o ataque do inimigo, que se esforça por entrar em um lugar de que ainda não é dono; e este lugar a ser conquistado é a alma. A possessão – ao contrário – é o inimigo no coração mesmo do lugar e governando nela despoticamente; e este lugar invadido e escravizado é o corpo. Existe, pois, como se vê, uma diferença notável entre esses dois modos de ações diabólicas. Uma é exterior, outra interior; esta última se dirige por si mesma ao corpo, ao qual move e agita; a primeira se dirige à alma, e tem por finalidade imediata solicitá-la ao mal. Por isso, a obsessão é mais temível que a própria possessão: deve-se temer infinitamente menos a escravidão do corpo que a da alma".

2) *Tipos* – A obsessão pode ser *interna* ou *externa*. A primeira afeta as potências interiores, principalmente a imaginação, provocando impressões

---

[72] *La mystique divine* III, 9 n.3.

íntimas. A segunda afeta os sentidos externos em formas e graus variadíssimos. Raramente se produz somente a externa, já que o que o Tentador quer é perturbar a paz da alma através dos sentidos; mas existem casos nas vidas dos santos em que as mais furiosas obsessões exteriores (aparições, golpes, etc) não conseguiram alterar em nada a paz imperturbável de suas almas.

I) *A Obsessão interna* não se distingue das tentações ordinárias senão por sua violência e duração. E ainda que seja muito difícil determinar exatamente até onde chega a simples tentação e onde começa a verdadeira obsessão, não obstante, quando a perturbação da alma é tão profunda e a corrente que a arrasta até o mal é tão violenta que para explicá-la seja preciso supor uma excitação extrínseca – mesmo que nada, por outra parte, apareça exteriormente –, cabe pensar em uma íntima obsessão diabólica.

> Esta obsessão íntima pode revestir-se das mais variadas formas. Às vezes se manifestará em forma de ideia fixa e absorvente sobre a qual parecem concentrar-se todas as energias intelectuais; outras vezes, por imagens e representações tão vivas, que se impõem como se se tratassem das mais expressivas e opressivas realidades; ora, se referirá a nossos deveres e obrigações, produzindo sobre eles uma repugnância quase insuperável; ora, se manifestará pela inclinação e veemente desejo do que é preciso evitar, etc. A sacudida do espírito repercute quase sempre sobre a vida passional, em virtude das relações íntimas que existem sobre ambos os aspectos de nosso único eu. A alma, muito contrariada, sente-se cheia de imagens importunas, obsessivas que a empurram à dúvida, ao ressentimento, à cólera, à antipatia, ao ódio e ao desespero, quando não a perigosas afeições e ao encanto fascinante da voluptuosidade.
> O melhor remédio contra tais assaltos é a oração, junto com a verdadeira humildade de coração, o desprezo de si mesmo, a confiança em Deus e na proteção de Maria, o uso dos sacramentais e a obediência cega ao diretor espiritual, a quem nada se lhe deve ocultar de tudo o que esteja ocorrendo.

2) *A obsessão externa* e sensível costuma ser mais espetacular e impressionante, mas na realidade é menos perigosa que a interior, a menos que se junte com ela, como ocorre quase sempre. Pode afetar a todos os sentidos externos. Existem numerosos exemplos na vida dos santos.

a) *A vista* é afetada por aparições diabólicas das mais variadas. Às vezes são deslumbrantes, agradáveis, transformando-se Satanás em um anjo de luz para enganar a alma e inspirar-lhe sentimentos de vaidade, comprazimento de si mesma, etc. Por estes e semelhantes efeitos a alma reconhecerá a presença do inimigo, além de outras normas que examinaremos ao falar do discernimento dos espíritos[73]. Outras vezes aparece Satanás em formas horríveis e ameaçadoras para amedrontar os servos de Deus e afastar-lhes do exercício das virtudes, como se lê na vida do Santo Cura de Ars, de Santa Gema Galgani e muitos outros. Outras vezes, enfim, se apresenta de forma sedutora e voluptuosa para arrastar-lhes ao mal, como ocorreu com São Hilarião, Santo Antônio Abade, Santa Catarina de Siena e Santo Afonso Rodrigues.

b) *O ouvido* é atormentado com estrépitos e ruídos espantosos (Cura de Ars), com obscenidades e blasfêmias (Santa Margarida Cortona), ou agitado com cantos e músicas voluptuosas para excitar a sensualidade.

c) *O olfato* percebe às vezes os odores mais suaves (sensualidade) ou o mais intolerável fedor. Existem numerosos exemplos nas vidas dos santos.

d) *O gosto* é afetado de muitas diversas formas. Às vezes, o demônio trata de excitar sentimentos de gula, produzindo a sensação de manjares suculentos ou licores deliciosos que nunca havia sido provado pelo sujeito que o experimenta, mas o mais frequente é excitar a sensação de um amaríssimo fel nos alimentos que o homem toma (para esgotar-lhe as forças afastando-o do sustento necessário), ou mesclando com a comida coisas repugnantes (larvas, imundícies de todos os tipos), ou perigosas de engolir e impossível de digerir (espinhos, agulhas, pedras, fragmentos de vidro, etc).

e) *O tato*, difundido por todo o corpo, sofre de mil maneiras a nefasta influência do demônio. Às vezes com golpes terríveis, como consta na história de Santa Catarina de Siena, Santa Teresa, São Francisco Xavier e Santa Gema Galgani. Outras vezes, com abraços e carícias voluptuosas, como conta de si mesmo Santo Afonso Rodriguez; outras vezes, enfim, com a permissão de Deus, para prova e proveito de seus servos, a ação diabólica chega a extremos e torpezas incríveis, sem culpa alguma por parte dos que a padecem[74].

3) *Causas da obsessão diabólica* – A obsessão pode depender de múltiplas causas.

a) *A permissão de Deus*, que quer com ela amadurecer a virtude de uma alma e aumentar seus merecimentos. Nesse sentido equivale a uma *prova passiva* ou noite mística da alma. Desde *Jó* até o Cura de Ars pode-se dizer que não houve santo que não a tenha experimentado alguma vez com maior ou menor intensidade.

---

[73] Cf. n. 707ss.

[74] Cf. RIBET, *La mystique divine III*, 9 n.6.

b) *A inveja e soberba do demônio*, que não sofre diante de uma alma que trata de santificar-se de verdade e de glorificar a Deus com todas suas forças, arrastando atrás de si um grande número de almas até a perfeição ou a salvação.

c) *A imprudência de quem é obsessionado*, que teve o atrevimento de provocar ou desafiar a Satanás como se fosse fácil derrotá-lo e vencê-lo. Contam-se vários exemplos desse tipo de imprudências, que as almas verdadeiramente humildes não se permitirão jamais.

d) Ainda que mais remotamente, pode depender também da *propensão natural* do obsessionado, que dá ocasião para Satanás atacar-lhe pelo seu ponto mais fraco. Esta razão não vale para as obsessões *exteriores*, que nada têm a ver com o temperamento ou a inclinação natural de que as padece; mas é válida para obsessões *internas*, que encontram terreno bom em um temperamento melancólico e propenso aos escrúpulos, inquietações e tristezas. Em todo caso, a obsessão, por violenta que seja, não priva jamais o sujeito da sua liberdade, e com a graça de Deus pode sempre vencê-la e tirar dela maiores bens. Unicamente por isso Deus as permite. É certo, porém, que, ainda que o sujeito obsessionado não perca a liberdade interior, perde, sim, muitas vezes o domínio de suas potências e sentidos inferiores, vendo-se forçado por impulsos quase incontroláveis a dizer ou fazer o que não quer. É possível, às vezes, que a obsessão esteja unida com certa *possessão diabólica* parcial.

4) *Conduta prática do diretor com as almas obsessionadas* – Antes de tudo é fundamental muita discrição e perspicácia para distinguir a verdadeira obsessão de um conjunto de doenças nervosas e desequilíbrios mentais que se parecem muito com ela. Seria insensato – além de herético e ímpio – negar redondamente e de modo muito forte a realidade da ação diabólica no mundo, uma vez que consta expressamente nas fontes mesmas da revelação e tem sido verificada mil vezes com provas inequívocas e irrefutáveis na vida dos santos[75]. Mas não há dúvida de que um sem-número de fenômenos aparentemente diabólicos tem na prática causas muito menos sensacionais. É norma de elementar prudência – fomentada sempre pela Igreja – não atribuir à ordem sobrenatural ou preternatural o que se possa explicar, com maior ou menor probabilidade, por causas puramente naturais.

---

[75] Modernamente se exagera muito a tendência de explicar tudo por causas puramente naturais. Com razão lamenta um grande teólogo contemporâneo que "quem sabe a vitória mais alarmante e perigosa do demônio seja ele ter conseguido sacudir de nós a fé em seu espantoso poder" (cf. DOM STOLZ, *Teología de la mística*, ao final do capítulo "El imperio de Satán" p.94, Madri, 1951).

O diretor atuará com prudência se levar em conta as seguintes normas:

1ª) A obsessão não se produz ordinariamente senão em almas muito adiantadas na virtude. Quanto às almas ordinárias e medíocres, que são a imensa maioria dos cristãos piedosos, o demônio se contenta em persegui-las na base da simples tentação. Examine, pois, o diretor, o tipo de alma que tem diante de si, e daí poderá tirar uma primeira conclusão sobre a origem diabólica ou puramente natural de suas presumidas obsessões.

2ª) Veja também com toda diligência e cuidado se se trata de uma alma normal, perfeitamente equilibrada, de são juízo, inimiga dos exageros e engradecimentos; ou se se trata, pelo contrário, de um espírito inquieto, desequilibrado, enfermo, de antecedentes histéricos, atormentados pelos escrúpulos ou deprimido moralmente por algum complexo de inferioridade.

Esse segundo dado é de importância excepcional e muitas vezes decisiva. Porém, não se deve emitir um juízo muito apressado. A obsessão diabólica cabe perfeitamente em um sujeito histérico e desequilibrado. O diagnóstico diferencial do que corresponde à ação do demônio e do que depende de seu desequilíbrio nervoso será muito difícil na prática, mas é perfeitamente possível, e o diretor não deve resolvê-lo com a solução simplista de dizer que tudo é uma ou outra causa. Deve dar-lhe por sua conta as normas de tipo moral que correspondem a seu ofício de diretor de almas e remetê-lo a um psiquiatra ou um médico católico que cuide de aliviar seus tormentos no campo da medicina e da terapêutica.

3ª) As características autênticas da verdadeira obsessão diabólica aparecem com suficiente clareza, quando se revela por sinais visíveis a todos (por exemplo, na transladação de lugar de um objeto qualquer por uma mão invisível), quando aparecem no paciente marcas visíveis (marcas de golpes, feridas, etc) da crueldade do demônio que não possam atribuir-se a nenhuma causa puramente natural e quando a pessoa que a padece oferece todas as garantias de retidão, posse de si mesma, sinceridade e, sobretudo, virtude madura. Já temos dito que o demônio não costuma obsessionar as almas vulgares e medíocres. Às vezes, porém, o Senhor permite a obsessão diabólica em almas vulgares e também em pecadores endurecidos como expiação saudável dos seus pecados e com o fim de dar-lhes uma ideia impressionante da dimensão espantosa do Inferno e da necessidade de sair do pecado para libertar-se da escravidão de Satanás. Mas o ordinário e corrente é que padeçam os assaltos obsessionantes do demônio tão somente as almas de virtude muito elevada ou que caminham seriamente rumo à santidade.

4ª) Comprovada – ao menos com discreta e prudente probabilidade – a realidade da obsessão diabólica, o diretor procederá com a máxima paciência e suavidade de meios. Essas almas atormentadas necessitam ajuda e o consolo de alguém que lhes mereça inteira confiança e lhes fale em nome de Deus. Sua principal preocupação se encaminhará a reanimar a alma e levantar seu ânimo abatido. Mostre a ela que todos os assaltos do Inferno resultarão inúteis se ela puser toda sua confiança em Deus e não perder a serenidade. Fale sobre a insensatez e imprudência do demônio, que não conseguirá com seus assaltos senão aumentar os méritos e a beleza da sua alma. Recorde a ela que Deus a acompanha, ajudando-a a vencer – *"Se Deus está por nós, quem será contra nós?"* (Rm 8,31) –, e a seu lado está também Maria, sua doce mãe, e o anjo da guarda, cujo poder é muito superior ao de Satanás. Recomende-lhe que não perca nunca a serenidade, que despreze o demônio, que cuspe-lhe o rosto se lhe apresenta em forma visível, que se arme com o Sinal da Cruz e o uso dos sacramentais – sobretudo da água benta, de eficácia reconhecida contra os ataques do demônio – e que nunca deixe de fazer o que o Inimigo pretende impedir-lhe de fazer e nem faça jamais o que ele sugerir, ainda que pareça bom e razoável. Insista em que lhe narre detalhadamente tudo o que ocorrer, sem nunca ocultar absolutamente nada, por mais duro e penoso que seja. Faça-lhe ver, enfim, que Deus se vale muitas vezes do próprio demônio para purificar e amadurecer a alma, e o melhor modo de observar os planos divinos é abandonar-se inteiramente à Sua vontade santíssima, permanecendo em humilde aceitação de tudo quanto Ele dispuser e por todo o tempo que Ele quiser, pedindo-Lhe tão somente a graça de não sucumbir à violência das tentações e permanecendo-Lhe fiel até a morte.

5ª) Nos casos mais graves e persistentes o diretor poderá usar dos *exorcismos* prescritos pelo *Ritual Romano* ou outras fórmulas aprovadas pela Igreja. Mas sempre *de modo privado*[76] e sem avisar o paciente que vai ser exorcizado (sobretudo se teme que a notícia lhe causará grande impressão ou perturbação de espírito); basta apenas dizer que vai rezar por ele uma oração aprovada pela Igreja.

---

[76] É sabido que para os *exorcismos solenes* se requer a permissão expressa do ordinário e o emprego das devidas precauções (Cf. CDC cânon 1151-2).

ARTIGO 3

A Possessão Diabólica

> Muito mais impressionante que a obsessão, mas também menos perigosa e muito mais rara que ela, é a *possessão diabólica*. A diferença fundamental entre elas, como já dissemos anteriormente, se foca em que a primeira se constitui por uma série de assaltos *exteriores* do demônio, enquanto que na segunda existe uma verdadeira *tomada de posse* do corpo da vítima por parte de Satanás.

1) *Existência* – A existência da possessão diabólica é um fato absolutamente indiscutível que parece pertencer ao depósito da fé[77]. No Evangelho aparecem vários casos de verdadeira e autêntica possessão diabólica, e é precisamente uma das características impressionantes da missão divina de Jesus a autoridade soberana que exerce sobre os demônios. Cristo os interrogava com autoridade: *"Qual é o teu nome? Ele respondeu: Legião é o meu nome, pois somos muitos"* (Mc 5,9); obrigava-os a abandonar sua vítima: *"Jesus o repreendeu: Cala-te, sai dele"* (Mc 1,25); e lhes proibia de proclamar seu messianismo: *"Ele os repreendeu, proibindo que manifestassem quem ele era"* (Mc 3,12); libertou um grande número de endemoninhados: *"Levaram-lhe todos os doentes, sofrendo de diversas enfermidades e tormentos: possessos, epiléticos e paralíticos. E Ele os curava"* (Mt 4,24); conferiu a seus discípulos o poder de expulsar os demônios: *"Curai os enfermos..., expulsai os demônios"* (Mt 10,8); que eles o exercitaram muitas vezes: *"Senhor, até os demônios nos obedecem por causa do teu nome"* (Lc 10,17); o mesmo que São Paulo: *"Paulo, incomodado, voltou-se e disse ao espírito: 'Eu te ordeno, em nome de Jesus Cristo, sai desta moça!' E o espírito saiu no mesmo instante"* (At 16,18).

Ao longo de toda a história da Igreja, registraram-se numerosíssimos casos de possessão diabólica e intervenções de grande número de santos libertando as pobres vítimas. Enfim, a Igreja tem instituído os *exorcismos oficiais* contra Satanás, que aparecem no *Pontifical* e *Ritual Romano*. Não se pode, pois, sem manifesta temeridade e, provavelmente, sem verdadeira heresia, negar o fato real da possessão diabólica.

---

[77] Assim o afirma SCHRAM: "Il est de foi que le démon peut posséder et obséder le corps des hommes" (*Théologie Mystique* t. 1 c. 3 § 184 p.435, Paris 1874): "Faz parte da fé que o demônio possa possuir e obsessionar os corpos dos homens".

Desta forma, não existe nenhum inconveniente para ela desde o ponto de vista *metafísico* (não envolve contradição), nem *físico* (não supera as forças do demônio), nem *moral* (Deus a permite como castigo pelo pecado ou para conseguir maiores bens).

2) *Natureza* – A possessão diabólica é um fenômeno surpreendente em virtude do qual o demônio invade o corpo de um homem vivo e move seus órgãos em seu nome e a seu gosto como se se tratasse do seu próprio corpo. O demônio se introduz e reside realmente no interior do corpo de sua pobre vítima e age nele, fala e o trata como propriedade sua. Os que sofrem essa invasão despótica são chamados possessos, endemoninhados ou energúmenos.

A possessão supõe e carrega consigo dois elementos essenciais: *a)* a presença do demônio no corpo da vítima, *b)* e seu domínio despótico sobre ela. Como ponto de partida, não há informação intrínseca (uma vez que a alma é forma substancial do corpo), mas tão somente uma entrada ou *tomada de posse* do corpo da vítima pelo demônio. A autoridade sobre ele é *despótica*, não como princípio intrínseco de seus atos ou movimentos, mas tão somente por um domínio violento e exterior à substância do ato. Pode-se comparar à função do motorista manejando o volante do automóvel e dirigindo a força do seu motor até onde lhe aprouver[78].

> E qualquer forma que se manifeste a presença íntima do demônio se circunscreve exclusivamente ao corpo. A alma permanece livre ou, ao menos, se por uma consequência da invasão dos órgãos corporais o exercício de sua vida consciente se encontra suspenso, nunca é invadida ela mesma. Somente Deus tem o privilégio de penetrar em sua essência por sua virtude criadora e estabelecer ali sua morada pela união especial da graça[79].

---

[78] "Tal assunção estabelece uma união semelhante ao do motor com a coisa movida – como a do navegante à nave que dirige –, mas não como a que existe entre a forma e a matéria" (S. Th., *in 2 Sent.* d.8 q.1 a.2 ad 1).

[79] Cf. S. Th., *in 2 Sent.* d.8 q.1 a.5 ad 3: "Estar dentro de algo significa estar dentro de seus limites. Pois bem: no corpo é necessário distinguir os limites da *quantidade* e os da *essência*. Quando um anjo age dentro dos limites da *quantidade* corporal, penetra dentro deste corpo; mas não de tal modo que esteja também dentro dos limites de sua *essência*, nem como parte da mesma, nem como virtude que lhe dá o ser, porque o ser existe unicamente por criação de Deus. Mas como a substância espiritual – ou seja, a alma – não tem limites de *quantidade*, senão unicamente de *essência*, segue-se necessariamente que na mesma alma *não pode entrar senão Aquele que lhe dá o ser, ou seja, Deus Criador*, que possui a intrínseca operação da essência. As demais perfeições do ser são adicionadas à sua essência; por isso, quando um anjo ilumina uma alma, não significa que o anjo esteja na alma, senão que age nela extrinsecamente".

Não obstante, a finalidade primária das violências do demônio é a de perturbar a alma e arrastá-la ao pecado. Mas a alma permanece sempre dona de si mesma, e, se é fiel à graça de Deus, encontra em sua vontade livre um asilo inviolável[80].

Na possessão podem distinguir-se dois períodos muito distintos: o estado de *crise* e o de *calma*. *Os períodos de crise* manifestam-se pelo acesso violento do mal, e sua mesma violência não permite que sejam contínuos, nem sequer muito prolongados. É o momento em que o demônio se declara abertamente por atos, palavras, convulsões, ruídos de raiva e de impiedade, obscenidades e blasfêmias verdadeiramente satânicas, etc. Na maior parte dos casos, os pacientes perdem a noção do que se passa neles durante esse estado, como ocorre nas grandes crises de certas enfermidades ou dores; e, ao voltar a si mesmos, não guardam nenhuma lembrança do que disseram ou fizeram, ou, melhor dizendo, do que o demônio disse ou fez por eles. Às vezes, percebem um pouco o espírito infernal no princípio da irrupção, quando começa a usar despoticamente de seus membros.

Em certos casos, porém, o espírito do possesso permanece livre e consciente de si mesmo no mais forte da crise e assiste com assombro essa usurpação despótica de seus órgãos pelo demônio. Tal ocorreu com o piedosíssimo Pe. Surin, que, como é conhecido, enquanto exorcizava as ursulinas de Loudun, ele mesmo foi possuído e permaneceu nessa odiosa escravidão durante doze anos. Em uma carta interessantíssima dirigida ao Pe. D'Attichy, jesuíta de Rennes, em 03 de maio de 1635, faz-lhe uma descrição impressionante de seu estado interior, que vamos recolher, ao menos em parte, pela importância do testemunho. Aqui estão suas palavras:

> "Eu não posso dizer o que passa em mim durante esse tempo nem como esse espírito se une ao meu sem tirar-me a minha consciência e nem a minha liberdade. Ele está ali como um outro eu; parece então que tenho duas almas, uma das quais, privada do uso de seus órgãos corporais e mantendo-se como a distância, contempla o que faz a outra. Os dois espíritos com-

---

[80] Cf. S. Th., l.c., ad 7: "Se diz que os demônios incitam ao pecado enquanto provocam os humores corporais, dispondo com isso a alma para que deseje os prazeres desordenados, de maneira semelhante a como certos manjares excitam a concupiscência. *Mas atuar diretamente sobre a mesma vontade é próprio e exclusivo de Deus*. A razão é porque a vontade é *livre* e, por isso mesmo, é dona de seus próprio atos e não é arrastada pelo objeto que se lhe propõe, a diferença do entendimento, que é arrastado pela demonstração ou evidência do que vê. Por tudo o que foi dito, parece claro que os demônios podem atuar sobre a imaginação; os anjos bons, também sobre o entendimento; mas unicamente Deus, sobre a vontade".

batem sobre o mesmo campo de batalha, que é o corpo. A alma está como que dividida; aberta, por um lado, às impressões diabólicas; abandonada, por outro, a seus próprios movimentos e aos de Deus. No mesmo instante sinto uma grande paz sob o beneplácito de Deus e não consinto nada nesta repulsão, que me impulsiona, por outro lado, a separar-me dele, com grande estranheza dos que me veem. Estou ao mesmo tempo cheio de alegria e empapado de uma tristeza que se exala em queixas ou gritos, segundo o capricho dos demônios. Sinto em mim o estado de condenação e o temo; esta *alma estrangeira*, que me parece a minha, é traspassada pelo desespero como por flechas, enquanto que a outra, cheia de confiança, despreza essas impressões e maldiz *com toda a sua liberdade* ao que as desperta. Reconheço que esses gritos que saem da minha boca partem igualmente dessas duas almas, e me é impossível precisar se é a alegria ou o furor quem os produz. Esse tremor que me invade quando se aproxima a mim a Eucaristia, vem, me parece, do horror que inspira essa proximidade e de um respeito cheio de ternura, sem que possa dizer qual desses dois sentimentos predomina. Se quero, solicitado por uma dessas duas almas, fazer o sinal da cruz sobre minha boca, a outra alma me retira o braço com força e me faz pegar o dedo com os dentes e mordê-lo com uma forte raiva. Durante estas tempestades, meu consolo é a oração; a ela recorro enquanto meu corpo rola pelo solo e os ministros da Igreja me falam como a um demônio e pronunciam maldições sobre mim. Não posso expressar-lhes quão feliz me sinto em ser um demônio desse tipo, não por uma rebelião contra Deus, se não por um castigo que me descobre o estado aonde me reduziu o pecado; e enquanto me aplico às maldições que me pronunciam, minha alma pode abismar-se no seu nada. Quando os outros possuídos me veem nesse estado, é necessário ver como triunfam, dizendo: "Médico, cura-te a ti mesmo; sobe agora ao púlpito: será bonito ouvir-te pregar depois que rolaste assim por terra". Meu estado é tal, que me restam muito poucas ações nas que eu seja livre. Se quero falar, minha língua se rebela; durante a Missa me vejo constrangido a parar-me de repente; na mesa não posso aproximar a comida de minha boca. Se me confesso, esqueço meus pecados; e sinto que dentro de mim está o demônio como em sua casa, entrando e saindo quando e como lhe compraz. Se me acordo, ali está me esperando; se faço oração, agita meu pensamento a seu capricho. Quando o meu coração se abre a Deus, ele o enche de furor; se quero velar, durmo; e se gloria por boca dos outros possuídos de que é meu dono, o que eu de fato não posso negar"[81].

---

[81] Citado por RIBET, *La mystique divine* III, 10 n. 10.

Nos períodos de calma, não há nada que manifeste a presença do demônio no corpo do possuído. Se poderia dizer que foi-se embora. Porém, sua presença se manifesta muitas vezes por uma estranha enfermidade crônica que, por sua excentricidade, está na base das categorias patológicas registradas pela ciência médica e resiste a todos os remédios terapêuticos.

De todas as formas, a possessão não é sempre contínua, e o demônio que a produz pode sair durante algum tempo, para voltar depois e continuar suas odiosas vexações. Não estando ligado por nenhum outro laço senão ao seu próprio querer, se compreende que o demônio possa entrar e sair a seu prazer enquanto dure a permissão divina necessária para a possessão. O essencial à possessão, segundo o Cardeal De La Bérulle, "consiste precisamente em um direito que tem o espírito maligno de residir em um corpo e de atuar nele de alguma maneira, seja com residência contínua ou interrompida, ou que seja violenta ou moderada, ou que traga consigo somente privação de algum ato e uso devido naturalmente à natureza ou que traga consigo um tormento sensível"[82].

Acontece com frequência que são *muitos* os demônios que possuem uma pessoa. O Santo Evangelho diz expressamente que Maria Madalena foi libertada por Cristo de sete demônios (*Mc* 16,9); e era "Legião" os que se apoderaram do endemoninhado de Gerasa, que entraram depois na vara dos dois mil porcos (*Mc* 5,9-13). Estes exemplos do Evangelho se multiplicaram depois ao longo de toda a história. Advirtamos, não obstante, que nem sempre é preciso dar crédito às declarações do demônio, pai da mentira.

3) *Sinais da possessão diabólica* – Para não expor nossas crenças e nossas práticas à ridicularização dos incrédulos, importa, sobretudo, sermos extremamente cautelosos e prudentes em pronunciar algo sobre a autenticidade de uma possessão diabólica. São inumeráveis as enfermidades nervosas que apresentam características exteriores muito parecidas à da possessão e não faltam também, por diferentes motivos, pobres desequilibrados e de espíritos perversos que têm uma habilidade tão prodigiosa para simular os horrores da possessão, que induziriam ao erro o mais circunspecto observador, se a Igreja, por fortuna, não tivesse ditado normas sapientíssimas para descobrir a fraude e julgar com toda garantia de acerto. Por isso, tenha-se muito presente que os casos de verdadeira e autêntica possessão *são muito raros* e que é mil vezes preferível e tem muito menos inconvenientes na prática equivocar-se pelo lado da desconfiança que pelo de uma mínima credulidade, que poderia acabar – e

---

[82] *Traité des Energum.* c. 6 n. 1 p.14. Citado por RIBET, *La mystique divine* l.c. n. 12.

acabam de fato muitas vezes – em um espantoso ridículo. Não bastam a estranheza do mal, as agitações extremas do paciente, as blasfêmias que profere, o horror que testemunha pelas coisas santas. Todos esses sinais não proporcionam senão conjeturas, que às vezes coincidirão com a verdadeira possessão, mas que não trazem consigo as características da certeza e da infalibilidade, já que nenhuma dessas coisas fundamenta as possibilidades da maldade ou das forças humanas.

O *Ritual Romano*, em seu capítulo *De exorcizandis obsessis a daemonio*, depois de recomendar prudência e discrição antes de emitir um juízo[83], indica alguns sinais que permitem diagnosticar com garantias de acerto a existência de uma autêntica possessão: falar "com muitas palavras" uma língua estranha e desconhecida do paciente ou entender perfeitamente quem a fala, descobrir coisas ocultas ou distantes, mostrar forças muito superiores à sua idade ou condição, e outras semelhantes, que, quando juntam em muitas, proporcionam maiores indícios[84].

Expliquemos um pouco mais esses sinais:

a) *Falar línguas não sabidas* – Deve-se ser muito cauto na apreciação desse sinal. A psicologia experimental registrou casos surpreendentes de sujeitos patológicos que imediatamente começam a falar em um idioma que na atualidade desconhecem por completo, mas que aprenderam e esqueceram em outra época de sua vida ou do qual têm ouvido falar ou têm lido de outro que o sabe. Tal ocorreu com a criada de um pastor protestante que citava passagens em grego ou em hebreu que tinha ouvido ler ao seu senhor. Para que esse sinal seja uma prova decisiva é preciso que se comprove bem a realidade de semelhante fenômeno, a falta absoluta de antecedentes próprios ou alheios com relação a tal idioma e a presença de outros sinais *inequívocos* de possessão, tais como o espírito de blasfêmia, o horror instintivo e inconsciente às coisas santas, etc.

b) *Revelação de coisas ocultas ou distantes* sem causa natural que possa explicá-las. É preciso também ter cuidado para constatar com certeza esse sinal. Têm ocorrido fenômenos surpreendentes de *telepatia* e *cumberlandismo*, cuja explicação é puramente natural. Por outra parte, os futuros contingentes e os

---

[83] "In primis, ne facile credat aliquem a daemonio obsessum esse, sed nota habeat ea signa, quibus obsessus dignoscitur ab iis qui vel atrabile vel morbo aliquo laborant".

[84] "Signa autem obsidentis daemonis sunt: ignota lingua loqui pluribus verbis, vel loquentem intelligere; distantia et occulta parefacere; vires supra aetatis seu conditionis naturam ostendere; et id genus alia, quae, cum plurima concurrunt, maiora sut indicia".

segredos dos corações escapam ao conhecimento angélico, ainda que possam ter deles um conhecimento conjectural[85].

É necessário ter também em conta a possibilidade de uma adivinhação puramente fortuita e casual. Por isso, para que esse sinal se revista de características de verdadeira certeza tem que ser muito amplo e variado e estar acompanhado de outros sinais *inequívocos* de possessão. Ela somente não bastaria para dar certeza absoluta. O *Ritual Romano* fala com clara prudência quando exige a junção de várias causas para gerar verdadeira certeza.

c) *O uso de forças notavelmente superiores* às naturais do sujeito se presta também ao equívoco. Existem estados patológicos de particular frenesi que duplicam e ainda triplicam as forças normais do sujeito. Porém, há fatos manifestamente *preternaturais*, tais como voar a grande altura e distância como se tivessem asas, manter-se longo tempo no ar sem nenhum ponto de apoio, andar com os pés sobre o teto ou com a cabeça pra baixo, levantar com *facilidade* cargas pesadas que vários homens não poderiam mover, etc.

Se algumas dessas coisas se apresentam unidas a outros sinais claros de possessão (sobretudo o horror instintivo ao sagrado[86] e o espírito de blasfêmia), se poderia pensar sem imprudência em uma ação diabólica.

Quanto à forma de começar, é muito variada. Às vezes é súbita e coincide com a causa de que depende. O sinal precursor, quando existe, é de ordinária *obsessão* sob alguma das formas sensíveis que descrevemos. Antes de entrar e estabelecer ali sua morada, o demônio dá voltas e se agita por fora, como o inimigo que prepara o assalto ao lugar de que quer se tornar dono. Deus permite essas manifestações exteriores a fim de advertir a invasão interior de que são prelúdio, e inspirar um horror mais profundo a ela.

4) *Causas da possessão diabólica* – Ordinariamente, a possessão não se verifica senão nos pecadores, e precisamente como castigo por seus pecados; mas cabem exceções, como a do Pe. Surin, a da Irmã Maria de Jesus Crucificado, carmelita árabe, morta em odor de santidade, em Belém, em 1878, e cuja

---

[85] S. Th., *In 2 Sent.* d.8 q.1 a.5 ad 5: "*Cogitationes cordium scire solius Dei est.* Possunt tamen angeli aliquas earum coniicere ex signis corporalibus exterioribus, scilicet ex immutatione vultus, sicut dicitur: 'In vultu legitur hominis secreta voluntas'; et ex motu cordis, sicut per qualitatem pulsus etiam a medicis passiones animae cognoscuntur" (cf. I,14,13).

[86] Para que o horror ao sagrado (água benta, relíquias, etc.), seja sinal manifesto de possessão é absolutamente necessário que seja verdadeiramente *instintivo* e *inconsciente* naquele que sofre, ou seja, que reaja ante ele *sem saber que se submete ao tratamento* e que não experimente reação alguma quando se aplica qualquer outro objeto não sagrado. Do contrário, cabe perfeitamente a impostura e o engano.

causa de beatificação está iniciada⁸⁷*, e em outros semelhantes. Nesses casos, a possessão desempenha um papel de *prova purificadora*.

A possessão está sempre regulada pela permissão divina. Se os espíritos malignos pudessem por sua vontade realizá-la sem dificuldades, todo o gênero humano seria vítima deles. Mas Deus os contém, e não podem despejar suas violências se não na medida e ocasiões em que sua providência o permite. É difícil na prática assinalar o ponto de partida e a razão final de uma determinada possessão. Em muitos casos é um segredo que Deus se reserva, profunda e misteriosa mistura de misericórdia e de justiça.

Assinalemos, não obstante, as principais causas de que costumam depender:

1ª) *A petição da própria vítima* – Por estranho que pareça, se deram múltiplos casos desta incrível petição com finalidades muito diversas. *Sulpício Severo* conta[88] que um santo homem que exercia sobre os demônios um maravilhoso poder, surpreendido, ou melhor, tentado, com um sentimento de vanglória, pediu ao Senhor que fosse entregue durante cinco meses ao poder do demônio e fazer-se semelhante aos miseráveis que ele tinha curado outras vezes. O demônio se apoderou dele e o fez padecer durante cinco meses todas as violências da possessão. No final delas foi libertado não somente da opressão diabólica, senão também do mais importante, de todo sentimento de vaidade, que castigou de uma vez para sempre.

Outras vezes, essa petição é formulada a Deus com cândida boa intenção por pessoas piedosas – principalmente mulheres – sob o pretexto de padecer por Cristo. Com razão adverte Schram que essa petição é imprudentíssima, nem podem alegar-se os exemplos de alguns santos, que são mais de admirar do que de imitar, e que supõem um especial instinto do Espírito Santo que foi temerário presumir[89].

Outras vezes a petição se dirige ao mesmo demônio, com o que se estabelece uma espécie de *pacto* em troca de alguma vantagem temporal, com frequência de índole pecaminosa. Os infelizes que se atrevem a dar este passo dão voluntariamente ao demônio um espantoso poder sobre eles, pelo que, em justo castigo de Deus, lhes será dificílimo desvencilhar-se depois. Põem-se em grande perigo de eterna condenação.

---

[87] Foi canonizada pelo Papa Francisco em 17 de maio de 2015 [Nota do Tradutor].
[88] Cf. *Dialog.* 1 c. 20; ML 20,196.
[89] Cf. *Théologie mystique* t. 1 p.1.ª c. 3 § 87.

2ª) *O castigo do pecado* – É a causa mais frequente e ordinária da possessão. Deus não costuma permitir este grande mal senão como castigo do pecado e para inspirar um grande horror a ele. Entre os pecados, existem os que parecem postular com especial eficácia o castigo da possessão. Um grande especialista na matéria, Thyrée[90], assinalava a infidelidade e a apostasia, o abuso da Santíssima Eucaristia, a blasfêmia, o orgulho, os excessos de luxúria, de inveja e de avareza, a perseguição contra os servos de Deus, a impiedade dos filhos para com seus pais, as violências da cólera, o desprezo de Deus e das coisas santas, as maldições e os pactos pelos quais alguém se entrega ao demônio. Em geral, os grandes crimes predispõem a essa servidão horrível, que converte o corpo do homem em morada de Satanás. A história apresenta numerosos exemplos desses castigos espantosos, que fazem pressentir aos pecadores o que será o Inferno.

3ª) *A Providência de Deus para purificar uma alma santa* – Ainda que não seja muito frequente, se deram casos nas vidas dos santos. Mais notável e conhecido é o do Padre Surin.

Quando Deus abandona desta maneira o corpo de um dos seus servos à crueldade de Satanás, é para santificar mais e melhor a alma que o ama e quer servir-lhe com todas as suas forças. Essa prova terrível é de eficácia maravilhosa para inspirar horror aos demônios, temor dos juízos de Deus, humildade e espírito de oração. Deus sustenta com Sua graça a esses fiéis servidores que se veem acometidos com tanta fúria pelo inimigo infernal.

Esta possessão resulta também útil ao próximo. O espetáculo de uma criatura que sofre as mais atrozes violências dá a conhecer, por uma parte, o ódio, a raiva, a fúria do demônio contra o homem, e, por outra, a proteção misericordiosa de Deus, que, como se viu na pessoa de *Jó*, não deixa o demônio ir mais longe do que podem suportar as forças de seus servos.

Outra lição não menos importante se aprende ainda das possessões em geral. Os horríveis furores do demônio sobre os corpos dos possessos são um prelúdio da condenação, e advertem a todos quão dignas de compaixão são as almas escravas de seus pecados e colocadas, por assim dizer, no vestíbulo do Inferno. Como adverte Santo Agostinho[91], os homens carnais temem mais os males presentes que os futuros, e por isso Deus os fere no tempo, para fazê-los compreender o que serão os espantosos suplícios da eternidade.

---

[90] Cf. *De daemoniacis* P. 2ª c. 30 n. 9-23.
[91] *Contra Adimantum* C.17: ML 42,159.

As possessões, finalmente, servem para fazer bilhar a divindade de nosso Senhor Jesus Cristo, o poder da Igreja e o crédito dos Santos. Ao nome de Jesus Cristo, ante os exorcismos de Seus sacerdotes e as cominações dos grandes servos de Deus, os demônios tremem, suplicam, respondem e abandonam os corpos que atormentam. Deus não permite nunca o mal se não para tirar maiores bens.

5) *Remédios contra a possessão diabólica* – Tudo o que tende a debilitar a ação do demônio sobre a alma, purificando-a e fortalecendo-a, poderá utilizar-se como remédio *geral* e *remoto* contra a possessão diabólica. Mas de uma maneira mais *próxima* e *específica*, o Ritual Romano assinala os principais remédios,[92] aos que facilmente podem reduzir-se todos os demais que assinalam os autores especializados na matéria.

Eis aqui os remédios principais:

1) *A Confissão Sacramental* – Sendo a causa mais ordinária da possessão o castigo do pecado, é preciso, antes de tudo, suprimir esta causa com uma confissão humilde e sincera. Sobretudo se for *geral,* de toda a vida, terá particular eficácia, pois supõe humilhação e profunda renovação da alma.

2) *A Sagrada Comunhão* – O Ritual Romano a recomenda com frequência – *saepius* – sob a direção do sacerdote. E se compreende que a presença e o contato com Jesus Cristo, vencedor do demônio, tenha particular eficácia para libertar de sua escravidão as suas infelizes vítimas. Porém, a Sagrada Comunhão não deve administrar-se ao possuído senão nos momentos de calma; e deve-se procurar, além disso, evitar todo o perigo ou irreverência ou profanação, como prescreve o Ritual[93].

3) *A Oração e o Jejum* – Certos gêneros de demônios não podem ser tirados senão por este meio (*Mt* 17,20). A oração humilde e perseverante, acompanhada do jejum e da mortificação, obtém do Céu infalivelmente a graça da cura. Não se deve omitir nunca esse remédio ainda que se empreguem também todos os demais.

4) *Os Sacramentais* – Os objetos consagrados pelas orações da Igreja têm uma virtude especial contra Satanás. Sobretudo a *água benta* tem particular eficácia, plenamente comprovada em múltiplas ocasiões. Santa Teresa era

---

[92] "Admoneatur obsessus, si mente et corpore valeat, ut pro se oret Deum, ac ieiunet, et sacra confessione et communione saepius ad arbitrium sacerdotis se communiat" (Ritual, *De exorcizandis obsessis*).

[93] "Sanctissima vero Eucharistia super caput obsessi aut aliter eius corpori non admoveatur, ob irreverentiae periculum" (Ritual, *De exorcizandis obsessis*).

devotíssima dela por ter comprovado a sua extraordinária eficácia contra os assaltos diabólicos[94].

5) *A Santa Cruz* – O Ritual prescreve aos exorcistas ter nas mãos ou ante seus olhos o santo crucifixo[95]. Comprovou-se mil vezes que somente a sua visão basta para pôr em fuga os demônios. O sinal da cruz traçado com a mão esteve sempre no uso entre os cristãos como soberano preservativo contra Satanás. E a Igreja, que o utiliza para a maior parte das bênçãos que confere, o multiplica particularmente nos exorcismos. Os santos costumam libertar os possuídos somente com o sinal da cruz traçado sobre eles.

6) *As Relíquias dos Santos* – O Ritual recomenda seu uso aos exorcistas[96]. O contato desses restos benditos e santificados produz nos demônios a sensação de carvões acendidos que lhes queimam. As partículas da *verdadeira cruz* são, entre todas as relíquias, as mais preciosas e veneradas entre os cristãos e as que mais horror inspiram aos anjos caídos, porque lhes recordam a grande e definitiva derrota que lhes infligiu nela o Salvador do mundo.

7) *Santos nomes de Jesus e de Maria* – O nome de Jesus tem uma eficácia soberana para afugentar os demônios. O Salvador o no Evangelho. "Em meu nome expulsarão os demônios" (*Mc* 16,17); usaram-no os apóstolos: *"Em nome de Jesus Cristo, mando que sais desta. E no mesmo instante saiu"* (*At* 16,18), e empregou-se sempre na Santa Igreja. Os santos se acostumaram a exercitar sua autoridade sobre o demônio com esta invocação santíssima acompanhada do sinal da cruz.

O nome de Maria é também odioso e terrível aos demônios. Os exemplos da sua saudável eficácia são inumeráveis e justificam plenamente o sentimento geral da piedade cristã, que vê na invocação do nome de Maria um remédio soberano contra os assaltos da serpente infernal.

---

[94] "De muitas vezes tenho experiência que não há coisa com que fujam mais para não tornar. Da Cruz também fogem, mas voltam. Deve ser grande a virtude da água benta... Considero eu que grande coisa é tudo o que está ordenado pela Igreja e me compraz muito ver que tenham tanta força aquelas palavras que assim a ponham na água para que seja tão grande a diferença que faz a água que não é benta" (Santa Teresa, *Vida* 31,4). Eis aqui as palavras do *Ritual* a que alude a Santa: "Exorcizo te, criatura aquae... ut fias aqua exorcizata ad effugandam omnem potestatem inimici, et ipsum inimicum eradicare et explantare valeas cum angelis suis apostaticis... Ut ubicumque fuerit aspersa, per invocationem sancti nominis tui, omnis infestatio immundi spiritus abigatur, terrorque venenosi serpentis procul pellatur" (*Ordo ad faciendam aquam benedictam*).

[95] "Habeat prae manibus vel in conspectu crucifixum" (*De exorcizandis obsessis*).

[96] "Reliquiae quoque sanctorum, ubi haberi possint, decenter ac tuto colligatae, et coopertae, ad pectus vel caput obsessi reverenter, admoveantur; sed caveatur ne res sacrae indigne tractentur, aut illis a daemone ulla fiat iniuria" (*De exorcizandis obsessis*).

Mas a partir desses meios que cada cristão pode empregar, por sua conta contra as violências dos demônios, a Igreja tem instituído outros meios oficiais, cujo emprego solene reserva a seus legítimos ministros. Tais são os *exorcismos*, sobre os quais vamos tratar brevemente.

6) *Os exorcismos* – A Santa Igreja, em virtude do poder de expulsar os demônios recebida de Jesus Cristo, instituiu a ordem dos *exorcistas*, que constitui a terceira das quatro *ordens menores*[97]. No momento de conferi-la, o bispo entrega ao ordenando o *livro dos exorcismos*, ao mesmo tempo em que pronuncia estas palavras: "Toma e encomenda a memória; e recebe o poder de impor as mãos sobre os energúmenos, sejam batizados ou catecúmenos". Desde aquele momento, o ordenado tem o poder de expulsar os demônios do corpo dos possessos.

Porém, como o exercício deste poder supõe muita ciência, virtude e discrição, a Igreja não permite exercitá-lo *pública* e *solenemente*, senão a *sacerdotes* expressamente designados para isso pelo bispo diocesano[98]. De modo *privado* pode usar dos exorcismos qualquer sacerdote, mas nesse caso não são propriamente sacramentais, senão simples orações privadas; e sua eficácia é, por conseguinte, muito menor.

Outra coisa é o *conjuro* ou a *adjuração*, que pode ser exercido de modo privado, inclusive pelos mesmos leigos com as devidas condições[99], e tem por finalidade rechaçar como inimigo o demônio e reprimi-lo, em virtude do nome divino, para que não prejudique espiritual ou corporalmente. Note-se, porém, que, como ensina Santo Tomás, jamais pode-se fazer essa adjuração em tom de súplica ou deprecação ao demônio – o que suporia certa benevolência ou submissão ante ele –, senão em tom autoritativo e de repulsa ("vai-te, cala-te, sai daqui"), que supõe desprezo e desestima[100].

O Ritual assinala o procedimento para realizar os exorcismos solenes e dá muitos sábios conselhos aos exorcistas. Como esta matéria não é de interesse geral, omitimos tratá-la com detalhe. Basta recolher aqui em termos gerais que é preciso antes de tudo *comprovar muito bem* a realidade da possessão (que se presta a tantas falsificações); e, uma vez obtida a autorização expressa

---

[97] Cf. CIC cn. 949.

[98] Cf. CIC cn. 1151-3.

[99] "Privatim omnibus quidem licitum est adiurare: solemniter autem tantum Ecclesiae ministris ad id constitutis, et cum Episcop.expressa licentia" (Santo Afonso de Ligório, *Theologia moralis* l.3 tr.2 c.1 dub.7. Apendix, de *Adiuratione* n.4 t.2 p.56).

[100] Cf. II-II, 90,2.

do bispo e ter-se preparado diligentemente com a confissão sacramental, a oração e o jejum, se farão os exorcismos em uma igreja ou capela (raramente em uma casa particular) em companhia de testemunhas importantes e piedosas (poucos, em número) e com forças suficientes para sujeitar o paciente na crise (a cargo de mulheres prudentes e piedosas, se se trata de possessas). As interrogações se farão com autoridade e domínio, poucas em número, com base, sobretudo, nas que assinala o Ritual. As testemunhas permanecerão em silêncio e oração sem interrogar jamais o demônio. Repetir-se-ão as sessões quantas vezes forem necessárias até que o demônio saia ou declare estar disposto a sair. E, uma vez obtida e comprovada plenamente a libertação[101], o exorcista rogará a Deus que ordene ao demônio para que jamais volte ao corpo que teve que abandonar; dê graças a Deus e exorte ao libertado a bendizer ao Senhor e fugir cuidadosamente de todo o pecado para não cair novamente em poder do espírito infernal.

AS CAUSAS DOS FENÔMENOS EXTRAORDINÁRIOS

Fr. Antonio Royo Marín, O.P.
Professor emérito de Teologia Moral e Dogmática
da Universidade de San Esteban (Salamanca)

O DIABÓLICO[102*]

Ao estudar esta terceira fonte de fenômenos aparentemente místicos temos de contentar-nos com algumas indicações. Não podemos desenvolver amplamente um tema que abrange quase toda a Teologia dos anjos e que ultrapassaria demasiadamente os limites da nossa obra.

Doutrina teológica sobre os demônios – Eis aqui, brevissimamente exposta, a doutrina da Igreja sobre os demônios e as principais conclusões a que chegaram os teólogos partindo dos dados revelados:

1) É de fé que existem os *demônios*, ou seja, um número considerável de anjos que foram criados bons por Deus, mas que se fizeram maus por sua própria culpa[103].

2) Os demônios exercem, por permissão de Deus, um maligno influxo sobre os homens, incitando-lhes ao mal[104] e às vezes invadindo e torturando seus corpos[105].

3) Em meio aos assaltos e torturas dos demônios, a vontade humana sempre permanece livre. A razão é porque – como explica Santo Tomás[106] – a vontade somente pode ser mudada de duas maneiras: *intrínseca* ou *extrinsecamente*. Pois bem: somente Deus pode movê-la *intrinsecamente*, já que o movimento voluntário não é outra coisa que a inclinação da vontade à coisa querida, e somente aquele que deu essa inclinação à natureza intelectual pode mudá-la intrinsecamente; porque assim como a inclinação *natural* procede do autor da natureza, assim a inclinação voluntária não vem senão de Deus, que é o autor da mesma vontade. *Extrinsecamente*, a vontade pode ser movida de duas maneiras: a) *eficazmente*, ou seja, atuando sobre o mesmo entendimento e fazendo-lhe apreender o objeto como bem apetecível (e neste sentido só Deus pode mover eficazmente a vontade, porque somente Ele pode penetrar direta e intrinsecamente no entendimento), e b) *ineficazmente*, ou seja, ao modo de simples persuasão ("per modum suadentis tantummodo"). E este é o modo

que corresponde aos anjos – bons ou maus – e aos demais seres criados, que podem influir sobre nós. O demônio, então, só pode mover a vontade *extrinsecamente "per modum suadentis* – por modo de persuasão" isso é, oferecendo aos sentidos externos e internos as espécies das coisas que incitam ao mal ou excitando o apetite sensitivo para que tenda desordenadamente a esses bens sensíveis; jamais mudando intrinsecamente a mesma vontade (cf. n. 219).

4) Os anjos bons e os demônios podem mudar intrinsecamente a imaginação e os demais sentidos internos e externos[107]. A razão é porque esta mutação pode produzir-se pelo movimento local das coisas exteriores ou de nossos humores corporais, e a natureza corporal obedece ao anjo enquanto ao seu movimento local, como explica Santo Tomás[108].

5) Os demônios não podem fazer verdadeiros *milagres*, uma vez que estes excedem, por definição, às forças de toda natureza criada ou criável. Mas como a potência da natureza angélica – que conservam íntegra depois de seu pecado – excede em muito as forças naturais humanas, os demônios podem fazer coisas prodigiosas, que excitem a admiração do homem enquanto ultrapassam suas forças e conhecimentos naturais[109].

O demônio, pois, tem uma potência natural muito superior a do homem e pode fazer com ela coisas prodigiosas, que, sem serem verdadeiros e próprios milagres, excitem a admiração dos homens e coloquem verdadeiros problemas para o discernimento desses fenômenos em sua relação com os naturais e os sobrenaturais. Em seu lugar assinalaremos as principais regras de discernimento em cada caso; mas bom será que já desde agora adiantemos, em sintética visão de conjunto, o que o demônio não pode fazer de nenhuma maneira por exceder em absoluto a suas forças naturais e o que por si não excede sua capacidade e potência natural e poderia, por isso mesmo, realizar com a permissão divina[110].

A) O que o demônio não pode fazer

1) Produzir um fenômeno *sobrenatural* de qualquer índole que seja. É algo que ultrapassa e transcende toda a natureza criada ou criável, sendo próprio e exclusivo de Deus.

---

[107] Cf. I,111,3 e 4.
[108] Cf. I,110,3; 111,3.
[109] Cf. I,114,4.
[110] Cf. Ribet, *o.c.*, t.3 c.6-7.

2) Criar uma substância. Supõe um poder infinito o fazer passar uma coisa do nada ao ser. Por isso, as criaturas não podem ser utilizadas por Deus nem sequer como *instrumentos* de criação[111].

3) Ressuscitar verdadeiramente a um morto. Poderia somente *simular* uma ressurreição deixando em letargia um enfermo ou produzindo nele um estado de morte aparente para produzir a ilusão da sua maravilhosa ressurreição.

4) Curar *instantaneamente* feridas ou chagas profundas. A natureza – inclusive nas mãos da potência angélica – requer sempre certo tempo para poder realizar estas coisas. O instantâneo está tão somente nas mãos de Deus.

5) As transladações verdadeiramente instantâneas. Supõem uma alteração das leis da natureza, que somente seu autor pode realizá-la. O demônio, como espírito puro, pode transladar-se de um lugar a outro sem passar pelo meio[112]. Mas não pode trasladar um corpo sem que este tenha que recorrer todo o espaço que separa o ponto de partida (término *a quo*) do ponto de chegada (término *ad quem*); e isso não pode fazer-se instantaneamente por mais rápido que suponhamos seja este movimento.

6) As leis atuais não permitem de modo algum a *compenetração* dos corpos sólidos. O demônio, espírito puro, pode, sem dúvida, atravessar por seu arbítrio as substâncias materiais; mas conferir a um *corpo* o privilégio de *compenetrar-se* com outro – atravessando, por exemplo, uma parede – supõe uma virtude transcendente que Deus se reserva para si.

7) A profecia estritamente dita ultrapassa as forças diabólicas, ainda que possa o demônio simulá-la com a ajuda de previsões naturais, de fórmulas equivocadas ou de mentiras audaciosas. Porém, Deus pode valer-se de falsos profetas para anunciar alguma coisa verdadeira, como no caso de Balaão ou de Caifás; mas então aparece claro pelo conjunto de circunstâncias que o falso profeta é utilizado naquele momento como instrumento de Deus.

8) O conhecimento dos pensamentos e dos futuros livres escapa igualmente ao controle de Satanás; somente pode valer-se de conjeturas. Mas tenha-se presente que para a extraordinária potência intelectual da natureza angélica as conjeturas são muito mais fáceis que para o psicólogo mais eminente; o temperamento, os hábitos adquiridos, as experiências passadas, a atitude do corpo, a expressão da fisionomia, o conjunto de circunstâncias, etc., ajudam

---

[111] Cf. I,45,5.
[112] Cf. I,53,2.

os espíritos angélicos a adivinhar facilmente as meditações silenciosas de nosso entendimento e as determinações secretas de nossa vontade.

9) O demônio não pode produzir em nós fenômenos de ordem puramente intelectual ou volitiva[113]. Já assinalamos mais acima a razão: no santuário de nossa alma, ninguém, a não ser Deus, pode penetrar diretamente.

Essas são, brevemente expostas, as principais coisas que o demônio *não pode fazer*, relacionadas todas com os fenômenos místicos. Omitimos muitas outras coisas que não interessam ao nosso propósito.

Vejamos agora, rapidamente, na espera de um exame mais apurado em seus lugares correspondentes, os fenômenos místicos que o demônio poderia falsificar.

B) O que o demônio pode fazer permitindo-lhe Deus

1) Produzir visões e locuções *corporais* ou *imaginárias* (não as intelectuais).

2) Falsificar o êxtase (produzindo um desmaio preternatural).

3) Produzir resplendores no corpo e ardores sensíveis no coração. Há mais de um exemplo de "incandescência diabólica".

4) Produzir afeição e suavidade sensíveis.

5) Curar, inclusive instantaneamente, certas enfermidades estranhas produzidas por sua ação diabólica. Está claro que não se trata propriamente de *cura*, senão tão somente de "deixar de fazer dano", como disse Tertuliano: "Laedunt enim primo, dehinc remedia praecipiunt, ad miraculum, nova sive contraria; post quae *desinunt laedere*, et curasse creduntur"[114]. Como a pretendida enfermidade era devida exclusivamente à ação de Satanás, cessando a causa, desaparece instantaneamente o efeito.

6) Produzir a estigmatização e os demais fenômenos corporais e sensíveis da mística, tais como os odores suaves, coroas, anéis, etc. Nada disso ultrapassa as forças naturais dos demônios, como veremos em seus lugares correspondentes[115].

7) Não pode o demônio mudar as leis da gravidade, mas pode simular milagres desse gênero pelo concurso invisível de suas forças naturais. Tenha-se presente para a questão da levitação: podem dar-se levitações diabólicas, como no caso de Simão o mago.

---

[113] Cf. I,111,1-2.

[114] TERTULIANO, *Apolog.* c.22: ML 2,468-69.

[115] Cf. CARDEAL BONA, *o.c.*, c.7 n.11.

8) Pode subtrair os corpos à nossa vista interpondo entre eles e nossa retina um obstáculo que desvia a refração da luz ou produzindo em nosso aparato visual uma impressão subjetiva completamente diferente da que viria do objeto.

9) Pode produzir a incombustão de um corpo interpondo um obstáculo invisível entre ele e o fogo.

Em resumo: todos os fenômenos que possam resultar de um movimento natural de forças físicas, ainda que o homem não seja capaz de produzi-las nem sequer levando ao limite máximo suas energias naturais, pode em absoluto produzi-las o demônio – suposta a permissão divina – em virtude de sua própria potência natural, extraordinariamente superior a do homem. Mas, qualquer que seja a natureza do fenômeno produzido por forças diabólicas, não ultrapassará jamais a esfera e a ordem puramente natural. O sobrenatural não existe aqui senão em relação ao homem, isto é, enquanto que os fenômenos produzidos ultrapassam as forças humanas; mas, considerados em si mesmos, se trata de realidades pura e simplesmente naturais. É um caso típico de sobrenatural *relativo*, que deve chamar-se, com maior precisão e exatidão teológica, "preternatural".

Capítulo 3

Aspectos magisteriais

"Terminadas todas as tentações [no período que esteve no deserto], o diabo afastou-se de Jesus até o tempo oportuno." (Lc 4,13)

"Simão, Simão! Satanás pediu permissão para peneirar-vos, como se faz com o trigo. Eu, porém, orei por ti, para que tua fé não desfaleça. E tu, por tua vez, confirma os teus irmãos." (Lc 22,31-32)

"Cuida dos meus cordeiros, das minhas ovelhas" (cf. Jo 21,15-17).

MAGISTÉRIO RECENTE

PAPA PIO XII

Discurso aos homens da Ação Católica[116]

[...] Bem sabemos quais ameaçadoras nuvens se adensam sobre o mundo, e somente o Senhor Jesus conhece a nossa contínua trepidação pela sorte de uma humanidade da qual Ele, Supremo Pastor invisível, quis que nós fôssemos o pai visível e mestre. Esta, entretanto, procede por um caminho que todo dia se manifesta mais árduo, enquanto pareceria que os meios portentosos da ciência tivessem, não dizemos "enchendo de flores", mas ao menos diminuindo, senão mesmo extirpando, o monte de ervas daninhas e espinhos que o emperram.

De vez em quando, porém, – a confirmar-nos nessa intrépida ânsia – quer Jesus, na sua bondade que as nuvens se dissipem e apareça triunfante um raio de sol; sinal de que os nimbos, mesmo os mais escuros, não destroem a luz, mas somente conseguem esconder-lhe o fulgor.

[...] Homens de Ação Católica! Quando soubemos que o novo templo devia ser dedicado a São Leão I, salvador de Roma e da Itália do império dos bárbaros, veio-nos o pensamento de que talvez vocês quisessem referir-se às condições hodiernas. Hoje, não somente a Urbe e a Itália, mas o mundo inteiro está ameaçado.

Oh, não nos pergunteis qual é o "inimigo" nem quais vestes vista. Ele se encontra em toda parte e em meio a todos: sabe ser violento e enganoso. Nestes últimos séculos, tentou realizar a desagregação intelectual, moral e social da unidade no organismo misterioso de Cristo. Quis a natureza sem a graça, a razão sem a fé, a liberdade sem a autoridade; por vezes a autoridade sem a liberdade. É um "inimigo" que se tornou sempre mais concreto, com uma indiferença que deixa ainda atônito: Cristo sim, Igreja não. Depois: Deus sim, Cristo não. Finalmente o grito ímpio: Deus está morto; mais do que isso: Nunca houve Deus. Eis a tentativa de edificar a estrutura do mundo sobre fundamentos que Nós não hesitamos em apontar como os principais responsáveis da ameaça que paira sobre a humanidade: uma economia sem Deus, um direito sem Deus, uma política sem Deus. O "inimigo" tem trabalhado e trabalha para que Cristo seja um estranho nas universidades, na escola, na família, na administração da justiça, na atividade legislativa, no consenso das nações, lá onde se determina a paz ou a guerra.

Isso está corrompendo o mundo com uma imprensa e com espetáculos que matam o pudor nos jovens e nas moças e destrói o amor entre os esposos; inculca um nacionalismo que conduz à guerra.

PAPA PAULO VI

Homilia na Solenidade dos Santos Apóstolos Pedro e Paulo[117]

[...] Paulo VI acrescenta, portanto, que os fiéis, chamados à filiação de Deus, à participação do Corpo Místico de Cristo, são animados pelo Espírito Santo, e, feitos templos da presença de Deus, devem exercer esse diálogo, esse colóquio, essa conversação com Deus na religião, no culto litúrgico, no culto privado, e a estender o sentido da sacralidade também das ações profanas. *"Quer comais, quer bebais – diz São Paulo – fazei-o para a glória de Deus". E o diz mais vezes, nas suas cartas como para reivindicar ao cristão a capacidade de infundir algo de novo, de iluminar, de sacralizar também as coisas temporais, externas, passageiras, profanas.*

Somos convidados a dar ao povo, que se chama Igreja, um sentido verdadeiramente sacro. E sentimos que temos que conter a onda de profanidade, de dessacralização que aumenta e quer suplantar o sentido religioso no segredo do coração, na vida privada ou também nas afirmações da vida exterior. Tende-se hoje a afirmar que não é necessário distinguir um homem do outro, que não existe nada que possa operar essa distinção. Ao contrário, se tende a restituir ao homem a sua autenticidade, o seu ser como todos os outros. Mas a Igreja, e, hoje, São Pedro, chamando o povo cristão à consciência de si, dizem-lhe que o povo eleito é distinto, "adquirido" por Cristo, um povo que deve exercitar uma relação especial com Deus, um sacerdócio com Deus. Essa sacralização da vida não deve ser, hoje, anulada, expulsa do hábito e da realidade quotidiana, como que não deva mais contar.

Sacralidade do povo cristão

[...] *Hoje em dia, algumas correntes sociológicas tendem a estudar a humanidade prescindindo desse contato com Deus. A sociologia de São Pedro, por sua vez, a sociologia da Igreja, para estudar os homens, destaca exatamente esse aspecto sacral, de conversação com o inefável, com Deus, com o mundo*

---

[117] Santa Missa pelo IX aniversário de pontificado, 29 de junho de 1972. Trad. do italiano: Pe. Edinei da Rosa Candido; Irmã Clea Fuck.

divino. É preciso afirmá-lo no estudo de todas as diferenciações humanas. Por mais heterogêneo que se apresente o gênero humano, não devemos esquecer esta unidade que o Senhor nos confere quando nos dá a graça: somos todos irmãos no mesmo Cristo. Não existe mais judeu, nem grego, nem cita, nem bárbaro, nem homem, nem mulher. Todos somos uma só coisa em Cristo. Somos todos santificados, temos todos a participação nesse grau de elevação sobrenatural que Cristo nos conferiu. São Pedro nos recorda: é a sociologia da Igreja que não devemos esquecer, nem olvidar.

Solicitude e afeto pelos fracos e os desorientados

[...] Referindo-se à situação da Igreja de hoje, o Santo Padre afirma ter a sensação de que *"por alguma fissura tenha entrado a fumaça de Satanás no templo de Deus"*. Existe a dúvida, a incerteza, a problemática, a inquietude, a insatisfação, o confronto. Não se acredita mais na Igreja: fala-se do primeiro profeta profano que nos vem falar em nome de algum jornal ou de algum dito social para recorrer a ele e perguntar-lhe se tem a fórmula da verdadeira vida. E não nos damos conta, por nossa vez, de que nós já somos senhores e mestres. A dúvida entrou nas nossas consciências, e entrou por janelas que deviam estar abertas à luz. Da ciência, que foi feita para dar-nos verdades que não nos separam de Deus, mas nos fazem buscá-Lo ainda mais e celebrar com maior intensidade, veio, ao contrário, a crítica, veio a dúvida. Os cientistas são aqueles que mais penosamente e mais dolorosamente curvam a fronte. E acabam por ensinar: "Não sei, não sabemos, não podemos saber". A escola se torna espaço de confusão de contradições por vezes absurdas. Celebra-se o progresso para podê-lo depois demolir com as revoluções mais estranhas e mais radicais, para negar tudo o que se conquistou, para retornar ao estado primitivo depois de ter exaltado os progressos do mundo moderno. Também na Igreja, reina este estado de incerteza. Acreditava-se que, depois do concílio, viria uma jornada de sol para a história da Igreja. Ao contrário, veio uma jornada de nuvens, de tempestade, de escuridão, de busca, de incerteza. Pregamos o ecumenismo e nos afastamos sempre mais dos outros. Buscamos cavar abismos em vez de cobri-los.

Como aconteceu isso? O Papa confia aos presentes um pensamento seu: que tenha havido a intervenção de um poder adverso. O seu nome é diabo, esse misterioso ser ao qual se faz alusão também na Carta de São Pedro. Tantas vezes, no entanto, no Evangelho, nos próprios lábios de Cristo, volta a menção desse inimigo. "Acreditamos – observa o Santo Padre – em algo de preternatural vindo ao mundo exatamente para perturbar, para sufocar os frutos do Concílio Ecumênico, e para impedir que a Igreja prorrompesse no hino da alegria por ter retomado em plenitude a consciência de si. Exatamente por isso, gostaríamos de, neste momento, mais do que nunca, ser capazes de exercer a função designada por Deus a Pedro, de confirmar na Fé os irmãos. Gostaríamos de comunicar este carisma da certeza de que o Senhor dá àquele que o representa também indignamente nesta terra". A fé nos dá certeza da segurança, quando baseada na Palavra de Deus aceita e de acordo com a nossa razão e com o nosso próprio ânimo humano. Quem crê com simplicidade, com humildade, sente estar no bom caminho, de ter um testemunho interior que o conforta na difícil conquista da verdade.

O Senhor, conclui o Papa, *mostra-se a Si mesmo como luz e verdade a quem O aceita na sua Palavra, e a sua Palavra torna-se, não obstáculo à verdade e ao caminho para o ser, mas sim um degrau sobre o qual podemos subir para sermos verdadeiramente conquistadores do Senhor, que se mostra através do caminho da fé, que é antecipação e garantia da visão definitiva.*

Catequese: "Livrai-nos do mal"[118]

Atualmente, quais são as maiores necessidades da Igreja?

Não deveis considerar a nossa resposta simplista, ou até supersticiosa e irreal: uma das maiores necessidades é a defesa daquele mal, a que chamamos demônio.

Antes de esclarecermos o nosso pensamento, convidamos o vosso a abrir-se à luz da fé sobre a visão da vida humana, visão que, deste observatório, se alarga imensamente e penetra em singulares profundidades. E, para dizer a verdade, o quadro que somos convidados a contemplar com realismo global é muito lindo. É o quadro da criação, a obra de Deus, que o próprio Deus, como espelho exterior da sua sabedoria e do Seu poder, admirou na sua beleza substancial (cf. *Gn* 1,10s).

Além disso, é muito interessante o quadro da história dramática da humanidade, da qual emerge a da redenção, a de Cristo, da nossa salvação, com o seu magnífico tesouro de revelação, de profecia, de santidade, de vida elevada a nível sobrenatural, de promessas eternas (cf. *Ef* 1,10). Se soubermos contemplar esse quadro, não poderemos deixar de ficar encantados (cf. Santo Agostinho, *Solilóquios*); tudo tem um sentido, tudo tem um fim, tudo tem uma ordem e tudo deixa entrever uma Presença Transcendente, um Pensamento,

---

[118] Audiência Geral, Praça de São Pedro, 15 de novembro de 1972 (Publicado no L'Osservatore Romano, ed. port., no dia 24 de novembro de 1972).

uma Vida e, finalmente, um Amor. De tal modo, que o universo, por aquilo que é, e por aquilo que não é, se apresenta como uma preparação entusiasmante e inebriante para alguma coisa ainda mais bela e mais perfeita (cf. *1Cor* 2,9; *Rm* 8,19-23). A visão cristã do cosmo e da vida é, portanto, triunfalmente otimista; e esta visão justifica a nossa alegria e o nosso reconhecimento pela vida, motivo por que, celebrando a glória de Deus, cantamos a nossa felicidade (cf. o *Gloria* da Missa).

O ensinamento bíblico

Esta visão, porém, é completa, é exata? Não nos importamos, porventura, com as deficiências que se encontram no mundo, com o comportamento anormal das coisas em relação à nossa existência, com a dor, com a morte, com a maldade, com a crueldade, com o pecado, em uma palavra: com o mal? E não vemos quanto mal existe no mundo especialmente quanto à moral, ou seja, contra o homem e, simultaneamente, embora de modo diverso, contra Deus? Não constitui isto um triste espetáculo, um mistério inexplicável? E não somos nós, exatamente nós, cultores do Verbo, os cantores do Bem, nós crentes, os mais sensíveis, os mais perturbados, perante a observação e a prática do mal? Encontramo-lo no reino da natureza, onde muitas das suas manifestações, segundo nos parece, denunciam a desordem.

Depois, encontramo-lo no âmbito humano, onde se manifestam a fraqueza, a fragilidade, a dor, a morte e, ainda, coisas piores; observa-se uma dupla lei contrastante, que, por um lado, quereria o bem, e, por outro, se inclina para o mal, tormento este que São Paulo põe em humilde evidência para demonstrar a necessidade e a felicidade de uma graça salvadora, ou seja, da salvação trazida por Cristo (*Rm* 7); já o poeta pagão Ovidio tinha denunciado este conflito interior no próprio coração do homem: *"Video meliora proboque, deteriora sequor"* (Ovidio, Met., 7,19). Encontramos o pecado, perversão da liberdade humana e causa profunda da morte, porque é um afastamento de Deus, fonte da vida (cf. *Rm* 5,12) e, também, a ocasião e o efeito de uma intervenção, em nós e no nosso mundo, de um agente obscuro e inimigo, o Demônio.

O mal já não é apenas uma deficiência, mas uma eficiência, um ser vivo, espiritual, pervertido e perversor. Trata-se de uma realidade terrível, misteriosa e medonha. Sai do âmbito dos ensinamentos bíblicos e eclesiásticos quem se recusa a reconhecer a existência desta realidade; ou melhor, quem faz dela um princípio em si mesmo, como se não tivesse, como todas as criaturas, origem em Deus, ou a explica como uma pseudo'realidade, como uma personificação conceitual e fantástica das causas desconhecidas das nossas desgraças. O problema do mal, visto na sua complexidade em relação à nossa racionalidade, torna-se obsessionante. Constitui a maior dificuldade para a nossa compreensão religiosa do cosmo. Foi por isso que Santo Agostinho penou durante vários anos: *"Quaerebam unde malum, et non erat exitus"*, procurava de onde vinha o mal, e não encontrava explicação. (Confissões, VII, 5, 7, 11, etc., PL., 22, 736, 739).

Vejamos, então, a importância que adquire a advertência do mal para a nossa justa concepção; é o próprio Cristo quem nos faz sentir essa importância. Primeiro, no desenvolvimento da história, haverá quem não recorde a página, tão densa de significado, da tríplice tentação? E ainda, em muitos episódios evangélicos, nos quais o Demônio se encontra com o Senhor e aparece nos seus ensinamentos (cf. *Mt* 1,43). E como não haveríamos de recordar que Jesus Cristo, referindo-se três vezes ao Demônio como seu adversário, o qualifica como "príncipe deste mundo"? (*Jo* 12,31;14,30;16,11). A ameaça desta nociva presença é indicada em muitas passagens do Novo Testamento. São Paulo chama-lhe "deus deste mundo" (*2Cor* 4,4) e previne-nos contra as lutas ocultas, que nós cristãos devemos travar não só com o Demônio, mas com a sua tremenda pluralidade: "Revesti-vos da armadura de Deus para que possais resistir às ciladas do Demônio. Porque nós não temos de lutar (só) contra a carne e o sangue, mas contra os Principados, contra os Dominadores deste mundo tenebroso, contra os Espíritos malignos espalhados pelos ares" (*Ef* 6,11-12).

Diversas passagens do Evangelho dizem-nos que não se trata de um só demônio, mas de muitos (cf. *Lc* 11,21; *Mc* 5,9), um dos quais é o principal: Satanás, que significa o adversário, o inimigo; e, ao lado dele, estão muitos outros, todos criaturas de Deus, mas decaídas, porque rebeldes e condenadas; constituem um mundo misterioso transformado por um drama muito infeliz, do qual conhecemos pouco.

O inimigo oculto

Conhecemos, todavia, muitas coisas deste mundo diabólico, que dizem respeito à nossa vida e a toda a história humana. O demônio é a origem da primeira desgraça da humanidade; foi o tentador pérfido e fatal do primeiro pecado, o pecado original (cf. *Gn* 3; *Sb* 2,24). Com aquela falta de Adão, o demônio adquiriu um certo poder sobre o homem, do qual só a redenção de Cristo nos pode libertar. Trata-se de uma história que ainda hoje existe: recordemos o exorcismo do batismo e as frequentes referências da Sagrada Escritura e da Liturgia ao agressivo e opressivo "domínio das trevas" (*Lc* 22,53). Ele é o inimigo número um, o tentador por excelência. Sabemos, portanto, que este ser mesquinho, perturbador, existe realmente e que ainda atua com astúcia traiçoeira; é o inimigo oculto que semeia erros e desgraças na história humana.

Deve-se recordar a significativa parábola evangélica do trigo e da cizânia, síntese e explicação do ilogismo que parece presidir às nossas contrastantes vicissitudes: *"Inimicus homo hoc fecit"* (*Mt* 13,2). É o assassino desde o princípio... e "pai da mentira", como o define Cristo (cf. *Jo* 8,44-45); é o insidiador sofista do equilíbrio moral do homem. Ele é o pérfido e astuto encantador, que sabe insinuar-se em nós através dos sentidos, da fantasia, da concupiscência, da lógica utópica, ou de desordenados contatos sociais na realização de nossa obra, para introduzir neles desvios, tão nocivos quanto, na aparência, conformes às nossas estruturas físicas ou psíquicas, ou às nossas profundas aspirações instintivas.

Este capítulo, relativo ao demônio e ao influxo que ele pode exercer sobre cada pessoa, assim como sobre comunidades, sobre inteiras sociedades, ou sobre acontecimentos, é um capítulo muito importante da doutrina católica, que deve ser estudado novamente, dado que hoje o é pouco. Algumas pessoas julgam encontrar nos estudos da psicanálise ou da psiquiatria, ou em práticas evangélicas, no princípio da sua vida pública, de espiritismo, hoje tão difundidos em alguns países, uma compensação suficiente. Receia-se cair em velhas teorias maniqueístas, ou em divagações fantásticas e supersticiosas.

Hoje, algumas pessoas preferem mostrar-se fortes, livres de preconceitos, assumir ares de positivistas, mas, depois, dão crédito a muitas superstições de magia ou populares, ou pior, abrem a própria alma, a própria alma batizada, visitada tantas vezes pela presença eucarística e habitada pelo Espírito Santo às experiências licenciosas dos sentidos, às experiências deletérias dos estupefacientes, assim como, às seduções ideológicas dos erros na moda, formando fendas por onde o Maligno pode facilmente penetrar e alterar a mentalidade humana. Não quer dizer que todo o pecado seja devido diretamente à ação diabólica; mas também é verdade que aquele que não vigia, com certo rigor moral, a si mesmo (cf. *Mt* 12,45; *Ef* 6,11), se expõe ao influxo do *"mysterium iniquitatis"*, ao qual São Paulo se refere (*2Ts* 2,3-12) e que torna problemática a alternativa da nossa salvação.

A nossa doutrina torna-se incerta, obscurecida como está pelas próprias trevas que circundam o demônio. Mas a nossa curiosidade, excitada pela certeza da sua doutrina múltipla, torna-se legítima com duas perguntas: Há sinais da presença da ação diabólica e quais são eles? Quais são os meios de defesa contra um perigo tão traiçoeiro?

A ação do demônio

A resposta à primeira pergunta requer muito cuidado, embora os sinais do Maligno, às vezes, pareçam tornar-se evidentes (cf. Tert. Apo., 23). Podemos admitir a sua atuação sinistra onde a negação de Deus se torna radical, sutil ou absurda; onde o engano se revela hipócrita, contra a evidência da verdade; onde o amor é anulado por um egoísmo frio e cruel; onde o nome de Cristo é empregado com ódio consciente e rebelde (cf. *1Cor* 16,22;12,3); onde o espírito do Evangelho é falsificado e desmentido; onde o desespero se manifesta como a última palavra; etc. Mas é um diagnóstico demasiado amplo e difícil, que agora não ousamos aprofundar nem autenticar; que não é desprovido de dramático interesse para todos, e ao qual até a literatura moderna dedicou páginas famosas (cf. p. e., as obras de Bernanos, estudadas por Ch. Möeller, *Literatura del siglo XX*, I., p.397 ss.; P. Macchi, *El rostro del mal en Bernanos*; cf. também *Satán*, Estudos Carmelitanos, Desclee de Brouber, 1948). O problema do mal continua a ser um dos maiores e permanentes problemas para o espírito humano, até depois da resposta vitoriosa que Jesus Cristo dá a respeito dele. Escreve o evangelista São João: "Sabemos que todo aquele que é gerado de Deus não peca; ao contrário, aquele que foi gerado de Deus, Ele o guarda, e o Maligno não o pode atingir. Nós sabemos que somos de Deus, ao passo que o mundo inteiro está sob o poder do Maligno." (*1Jo* 5,18-19).

A defesa do cristão

Para a outra pergunta, sobre a defesa, o remédio que há para combater a ação do demônio, a resposta é mais fácil de ser formulada. Embora seja difícil pô-la em prática. Poderemos dizer que tudo aquilo que nos defende do pecado nos protege, por isso mesmo, contra o inimigo invisível. A graça é a defesa decisiva. A inocência assume um aspecto de fortaleza. E, depois, todos devem recordar o que a pedagogia apostólica simbolizou na armadura de um soldado, ou seja, as virtudes que podem tornar o cristão invulnerável (cf. *Rm* 13,13; *Ef* 6,11-14-17; *1Ts* 5,8). O cristão deve ser militante; deve ser vigilante e forte (*1Pd* 5,8); e, algumas vezes, deve recorrer a algum exército ascético especial, para afastar determinadas invasões diabólicas; Jesus ensina-o, indicando o remédio: "na oração e no jejum" (*Mc* 9,29). E o apóstolo indica a linha mestra que se deve seguir: "Não te deixes vencer pelo mal; vence o mal com o bem" (*Rm* 12,21; *Mt* 13,29).

Conscientes, portanto, das presentes adversidades em que hoje se encontram as almas, a Igreja e o mundo, procuraremos dar sentido e eficácia à usual invocação da nossa oração principal: "Pai nosso... livrai-nos do mal!". Contribua para isso a nossa Bênção apostólica.

PAPA JOÃO PAULO II

Carta Encíclica **"Dominum Et Vivificantem"**[119]

Realmente, apesar de tudo o que testemunha a criação e a economia salvífica a ela inerente, o espírito das trevas[120] é capaz de mostrar Deus como inimigo da própria criatura; e, primeiro que tudo, como inimigo do homem, como fonte de perigo e de ameaça para o homem. Deste modo, é enxertado por Satanás na psicologia do homem o gérmen da oposição relativamente Aquele que, "desde o princípio", há-de ser considerado como inimigo do homem — e não como Pai. O homem é desafiado para se tornar adversário de Deus!

A análise do pecado na sua dimensão originária indica que, da parte do "pai da mentira", ao longo da história da humanidade irá dar-se uma constante pressão para a rejeição de Deus por parte do homem, até ao ódio: *"amor sui usque ad contemptum Dei* – amor de si mesmo até ao desprezo de Deus" como se exprime Santo Agostinho.[121] O homem será propenso a ver em Deus, antes de mais nada, uma limitação para si próprio e não a fonte da sua libertação e a plenitude do bem. Vemos isto confirmado na época moderna, quando as ideologias ateias tendem a desarraigar a religião, baseando-se no pressuposto de que ela determinaria a "alienação" radical do homem, como se este fosse expropriado da sua humanidade quando, ao aceitar a ideia de Deus, lhe atribui a Ele aquilo que pertence ao homem e exclusivamente ao homem! Daqui nasce um processo de pensamento e de práxis histórico-sociológica, em que a rejeição de Deus chegou até à declaração da sua "morte", o que é um absurdo: conceitual e verbal! Mas a ideologia da "morte de Deus" ameaça sobretudo o homem, como indica o Concílio Vaticano II, quando, ao analisar a questão da "autonomia das coisas temporais", escreve: "A criatura sem o Criador perde o sentido... Mais ainda, o esquecimento de Deus faz com que a própria criatura se obscureça".[122] A ideologia da "morte de Deus", pelos seus efeitos, facilmente demonstra ser, tanto no plano da teoria como no de prática, a ideologia da "morte do homem".

---

[119] Carta Encíclica "Sobre o Espírito Santo na Vida da Igreja e do Mundo", 18 de maio de 1986.
[120] Cf. *Ef* 6,12; *Lc* 22,53.
[121] Cf. De Civitate Dei, XIV, 28: CCL 48,451.
[122] Gaudium Et Spes, 36.

Catequese 1: "**Criador das coisas Visíveis e Invisíveis**"[123]

1) As nossas catequeses sobre DEUS, criador do mundo, não podem terminar sem dedicar adequada atenção a um precioso conteúdo da Revelação divina: *a criação dos seres puramente espirituais*, que a Sagrada Escritura chama "anjos". Esta criação aparece claramente nos símbolos da fé, de modo particular no símbolo niceno-constantinopolitano: "Creio em um só DEUS, Pai todo-poderoso, Criador do céu e da terra, *de todas as coisas* (isto é, entes ou seres) *visíveis e invisíveis*". Sabemos que o homem goza, no interior da criação, de uma posição singular: graças ao seu corpo, pertence ao mundo visível, enquanto pela alma espiritual, que vivifica o corpo, se encontra quase *no confim* entre a criação visível e a invisível. A esta última, segundo o Credo que a Igreja professa a luz da Revelação, pertencem outros seres, puramente espirituais, *portanto não próprios do mundo visível*, embora estejam presentes e operem neles. Estes constituem um mundo específico.

2) Hoje, como nos tempos passados, discute-se com mais ou menos sabedoria sobre estes seres espirituais. É preciso reconhecer que a confusão às vezes é grande, com consequente risco de fazer passar como fé da Igreja, a respeito dos anjos, aquilo que não pertence à fé, ou, vice versa; de omitir algum aspecto importante da verdade revelada. A existência dos seres espirituais, a que de costume a Sagrada Escritura chama "anjos", *era já negada*, nos tempos de Cristo, pelos saduceus (cf. *At* 23,8). Negam-na também *os materialistas e os racionalistas* de todos os tempos. Todavia, como perspicazmente observa um teólogo moderno, "se nos quiséssemos desembaraçar dos anjos, deveríamos rever radicalmente a Sagrada Escritura mesma, e, com ela, toda a história da salvação" (A. Winklhofer, *Die Welt der Engel, Ettal*, 1961, p.144, nota 2; em *Myster Salutís*, II, 2, p. 726). Toda a *Tradição* é unânime sobre essa questão. O Credo da Igreja é, no fundo, um eco que Paulo escreve aos *Colossenses*: "N'Ele (Cristo) foram criadas todas as coisas nos Céus e na terra, as visíveis e as invisíveis, os Tronos e as Dominações, os Principados e as Potestades: *tudo foi criado por Ele e para Ele*" (*Cl* 1,16). Ou seja, o Cristo que, como Filho-Verbo eterno e consubstancial ao Pai, é "primogênito de toda a criatura" (*Cl* 1,15), está no centro do universo, como razão e fundamento de toda a criação, como já vimos nas catequeses passadas e como veremos ainda quando falarmos mais diretamente d'Ele.

---

[123] Audiência Geral, Praça de São Pedro, 09 de julho de 1986 (Publicada no L'osservatore Romano, ed. port., no dia 13 de julho de 1986).

3) A referência ao "primado" de Cristo ajuda-nos a compreender que a verdade acerca da existência e da obra dos anjos (bons e maus) *não constitui o conteúdo central da Palavra de Deus*. Na revelação, Deus fala antes de tudo "aos homens... e conversa com eles, para os convidar e os receber em comunhão com Ele", como lemos na Constituição Dei Verbum, do Concílio Vaticano II (DV 2). Assim, "a verdade profunda, tanto a respeito de Deus como da salvação do homem", é o conteúdo central da revelação que "resplandece' mais plenamente na pessoa de Cristo (cf. DV 2). A verdade acerca dos anjos *é, em certo sentido, "colateral"*, mas *inseparável* da revelação central, que é a existência, a majestade e a glória do Criador que refulgem em toda a criação ("visível" e "invisível") e na ação salvífica de Deus na história do Homem. Os anjos *não são*, portanto, *criaturas de primeiro plano* na realidade da Revelação; *contudo, pertence-Lhe plenamente*, tanto que nalguns momentos os vemos realizar tarefas fundamentais em nome de Deus mesmo.

4) Tudo o que pertence à criação reentra, segundo a Revelação, no mistério da divina Providência. Afirma-o de modo exemplarmente conciso o Vaticano I que já citamos mais de uma vez: *"Tudo o que Deus criou, conserva-o e dirige-o com Sua providência, que estende seu vigor de uma extremidade à outra e governa todas as coisas com suavidade"* (cf. *Sb* 8,1). 'Todas as coisas estão a nu e a descoberto aos seus olhos" (cf. *Hb* 4,13) "mesmo o que se realizou por livre iniciativa das criaturas" (DS 3003). A Providência abrange, por conseguinte, *também o mundo dos puros espíritos*, que ainda mais plenamente do que os homens são seres racionais e livres. *Na Sagrada Escritura encontramos preciosas indicações que lhes dizem respeito*. Há, também, a revelação de um drama misterioso, embora real, que tocou estas criaturas angélicas, sem que nada escapasse à eterna Sabedoria, a qual, com força (*fortiter*) e, ao mesmo tempo, com suavidade (*suaviter*), tudo leva a cumprimento no reino do Pai, do Filho e do Espírito Santo.

5) Reconheçamos, antes de tudo, que a Providência, como *amorosa* Sabedoria de DEUS, se manifestou precisamente no criar seres puramente espirituais, para que melhor se exprimisse a semelhança de Deus neles, que superam de multo tudo o que foi criado no mundo visível, juntamente com o homem, também ele, incancelável imagem de Deus. Deus, que é Espírito absolutamente perfeito, reflete-se sobretudo nos seres espirituais, que, por natureza, isto é, *devido a sua espiritualidade,* Lhe estão muito mais próximos do que as criaturas materiais, e que constituem quase o "ambiente" mais próximo ao Criador. A Sagrada Escritura oferece um testemunho bastante explícito desta máxima proximidade a Deus, dos anjos, aos quais se

refere, com linguagem figurada, como o "trono" de Deus, das suas "legiões" do seu "céu". Ela inspirou a poesia e a arte dos séculos cristãos, que nos apresentam os anjos, com a "corte de Deus".

Catequese 2: **"Criador dos Anjos, Seres livres"**[124]

1) Continuamos, hoje, a nossa catequese sobre os anjos, cuja existência, querida mediante um ato de amor eterno de Deus, professamos com as palavras do Símbolo niceno-constantinopolitano: "Creio em um só Deus, Pai Todo-Poderoso, *Criador* do céu e da terra, *de todas as coisas visíveis e invisíveis*".

Na perfeição da sua natureza espiritual, os anjos são chamados desde o princípio, em virtude da sua inteligência, a conhecer a verdade e a amar o bem que lá encontram de modo muito mais perfeito do que é possível ao homem. Este amor é o ato de uma vontade livre, pelo que também para os anjos a *liberdade significa possibilidade de efetuar uma escolha* favorável ou contra o Bem que eles conhecem, isto é, Deus mesmo. Preciso repetir aqui o que já recordamos a seu tempo a propósito do homem: criando os seres livres, Deus quis que no mundo se realizasse aquele *amor* verdadeiro que *só é possível quando tem por base a liberdade*. Ele quis, portanto, que a criatura, formada à imagem e semelhança do seu Criador, pudesse, do modo mais pleno possível, tornar-se semelhante a Ele, Deus, que "é amor" (1*Jo* 4,16). Criando os espíritos puros como seres livres, Deus, na Sua Providência, não podia deixar de prever também *a possibilidade do pecado dos anjos*. Mas, precisamente porque a Providência é eterna sabedoria que ama, Deus saberia tirar da história deste pecado, incomparavelmente mais radical enquanto pecado de um espírito puro, *o definitivo bem de todo o cosmos criado*.

2) Com efeito, como diz de modo claro a Revelação, *o mundo dos espíritos puros apresenta-se dividido em bons e maus*. Pois bem, essa divisão não se realizou por obra de Deus, mas em consequência da liberdade própria da natureza espiritual de cada um deles. Realizou-se *mediante a escolha* que para os seres puramente espirituais possui um caráter incomparavelmente *mais radical* do que a do homem, e é *irreversível* dado o grau do caráter intuitivo e de penetração do bem de que é dotada a sua inteligência. A este propósito deve dizer-se também que os espíritos puros *foram submetidos a uma prova de caráter moral*. Foi uma escolha decisiva a respeito, antes de tudo, de Deus mesmo, um Deus conhecido de modo mais essencial e direto do que é possível

---

[124] Audiência Geral, Praça de São Pedro, 23 de julho de 1986 (Publicado no L'osservatore Romano, ed. port., no dia 27 de julho de 1986).

ao homem, um Deus que a esses seres espirituais tinha feito o dom, primeiro que ao homem, de participar da sua natureza divina.

3) No caso dos puros espíritos, a *escolha* decisiva *dizia respeito* antes de tudo a *Deus mesmo*, primeiro e supremo Bem, aceito ou rejeitado de modo mais essencial e direto do que pode acontecer no raio de ação da vontade livre do homem. Os espíritos puros têm *um conhecimento de Deus incomparavelmente mais perfeito* do que o do homem, porque com o poder do seu intelecto, nem condicionado, nem limitado pela mediação do conhecimento sensível, vêem inteiramente a grandeza do Ser infinito, da primeira Verdade, do sumo Bem. A essa sublime capacidade de conhecimento dos espíritos puros, Deus ofereceu mistério da sua divindade, tornando-os assim partícipes, mediante a graça, da sua infinita glória. Precisamente porque são seres de natureza espiritual, havia no seu intelecto a capacidade, o desejo desta elevação sobrenatural a que Deus os tinha chamado, para fazer deles, muito antes do homem, "participantes da natureza divina" (cf. *2Pd* 1,4), partícipes da vida íntima d'Aquele que é Pai, Filho e Espírito Santo, d'Aquele que, na comunhão das três Pessoas Divinas, "é Amor" (*1Jo* 4,16). Deus tinha admitido todos os espíritos puros, primeiro e mais do que o homem, na eterna comunhão do amor.

4) A escolha feita com base na verdade acerca de Deus, conhecida de forma superior devido à lucidez da inteligência deles, dividiu também o mundo dos puros espíritos em bons e maus. *Os bons escolheram Deus* como Bem supremo e definitivo, conhecido à luz do intelecto iluminado pela Revelação. Ter escolhido Deus significa que se dirigiram a Ele com toda a força interior da sua liberdade, força que é amor. Deus tornou-se a total e definitiva finalidade da sua existência espiritual. *Os outros, pelo contrário, voltaram as costas a Deus em oposição à verdade do conhecimento* que indicava n'Ele o bem total e definitivo. Escolheram em oposição à revelação do mistério de Deus, em oposição à sua graça que os tornava participantes da Trindade e da eterna amizade com Deus na comunhão com Ele mediante o amor. Tendo como base a sua liberdade criada, fizeram uma *escolha* radical e irreversível, tal como os anjos bons, mas *diametralmente oposta*: em vez de uma aceitação de Deus cheia de amor, opuseram-Lhe uma rejeição inspirada por um falso sentido de autossuficiência, de aversão e até de ódio que se transformou em rebelião.

5) Como se hão de compreender esta oposição e esta rebelião a Deus em seres dotados de tão viva inteligência e enriquecidos com tanta luz? Qual pode ser *o motivo desta radical e irreversível escolha contra Deus*, de um ódio tão profundo que pode parecer unicamente fruto de loucura? Os Padres da Igreja e os teólogos não hesitam em falar de "cegueira" produzida pela super valorização

da perfeição do próprio ser, levada até o ponto de velar a supremacia de Deus, que, pelo contrário, exigia um ato dócil e obediente submissão. Tudo isto parece estar expresso de modo conciso nas palavras: *"Não Vos servirei"* (Jr 2,20), que manifestam a radical e irreversível recusa a tomar parte na edificação do reino de Deus no mundo criado. "Satanás", o espírito rebelde, quer o próprio reino, não o de Deus, e erige-se em primeiro "adversário" do Criador, em opositor da Providência, em antagonista da sabedoria amorosa de Deus. Da rebelião e do pecado do homem, devemos concluir acolhendo a sábia experiência da Escritura que afirma: *"No orgulho [soberba] está a perdição"* (Tb 4,14).

Catequese 3: **Criador das Coisas 'Invisíveis': Os Anjos**[125]

1) Na catequese passada detivemo-nos sobre o artigo do Credo com o qual proclamamos e confessamos Deus criador não só de todo o mundo criado, mas também das "coisas invisíveis", e tratamos o argumento da existência dos anjos chamados a declarar-se por Deus ou contra Deus com um ato radical e irreversível de adesão ou de rejeição da sua vontade de salvação.

Ainda segundo a Sagrada Escritura, os anjos, enquanto criaturas puramente espirituais, apresentam-se à reflexão da nossa mente como uma *especial realização da "imagem de Deus"*, Espírito perfeitíssimo, como Jesus mesmo recorda à samaritana com as palavras: *"Deus é espírito"* (Jo 4,24). Os anjos são, sob este ponto de vista, as criaturas mais próximas do modelo divino. O *nome* que a Sagrada Escritura lhes atribui indica que aquilo que mais conta na Revelação é a verdade acerca *das tarefas dos anjos em relação aos homens*: anjo (angelus) quer dizer, com efeito, *"mensageiro"*. O hebraico *"malak"*, usado no Antigo Testamento, significa mais propriamente *"delegado"* ou *"embaixador"*. Os anjos, criaturas espirituais, têm função de mediação e de ministério nas relações mantidas entre Deus e os homens. Sob este aspecto, a Carta aos Hebreus dirá que a Cristo foi dado um "nome", e por conseguinte um ministério de mediação, muito mais excelso que o dos anjos (cf. Hb 1,4).

2) O Antigo Testamento salienta sobretudo a *especial participação dos anjos* na celebração da *glória* que o Criador recebe como tributo de louvor da parte do mundo criado. São de modo especial os Salmos que se fazem intérpretes desta voz, quando, por exemplo, proclamam: "Louvai o Senhor, do alto dos céus, louvai-O nas alturas do firmamento, louvai-O, Vós todos os Seus anjos..." (Sl 148,1-2). E de modo idêntico o *Salmo* 102 (103): "Bendizei o Senhor,

---

[125] Audiência Geral, Praça de São Pedro, 30 de julho de 1986 (Publicada no L'osservatore Romano, ed. port., no dia 3 de agosto de 1986).

Vós todos os Seus anjos, que sois poderosos em força, que cumpris as Suas ordens, sempre dóceis à Sua palavra" (*Sl* 102/103,20). Este último versículo do *Salmo* 102 indica que os anjos *tomam parte*, do modo que lhes é próprio, no governo de Deus sobre a criação, como "poderosos que cumprem as suas ordens" segundo o plano estabelecido pela Divina Providência. Em particular estão confiados aos anjos um cuidado especial e solicitude pelos homens, em nome dos quais apresentam a Deus os seus pedidos e as suas orações, como nos recorda, por exemplo, o *Livro de Tobias* (cf. especialmente *Tb* 3,17 e 12,12), enquanto o Salmo 90 proclama: "Mandou os Seus anjos... Eles te levarão nas suas mãos, para que não tropeces em pedra alguma" (cf. *Sl* 90/91,11-12). Seguindo o Livro de Daniel pode-se afirmar que as tarefas dos anjos, como embaixadores do Deus vivo, abrangem não só os homens individualmente e aqueles que têm especiais tarefas, mas também nações inteiras (*Dn* 10,13-21).

3) O Novo Testamento põe em realce *as tarefas* dos anjos em relação à *missão de Cristo como Messias*, e primeiro que tudo em relação *ao mistério da encarnação do Filho de Deus*, como verificamos na descrição do anúncio do nascimento de João, o Batista (cf. *Lc* 1,11), na do próprio Cristo (cf. *Lc* 1,26), nas explicações e disposições dadas a Maria e a José (cf. *Lc* 1,30-37; *Mt* 1,20-21), nas indicações dadas aos pastores na noite do nascimento do Senhor (cf. *Lc* 2,9-15), na proteção ao recém nascido perante o perigo da perseguição de Herodes (cf. *Mt* 2,13).

Mais adiante os Evangelhos falam da presença dos anjos durante os 40 dias de jejum de Jesus no deserto (cf. *Mt* 4,11) e durante a oração no *Getsêmani* (*Lc* 22,43). Depois da ressurreição de Cristo será ainda um anjo, sob a aparência de um jovem, que dirá às mulheres que tinham ido ao sepulcro e ficaram surpreendidas por o encontrar vazio: "Não vos assusteis. Buscais a Jesus de Nazaré, o crucificado. Ressuscitou, não está aqui... Ide, pois, dizer aos seus discípulos..." (*Mc* 16,5-7). Dois anjos foram vistos também por Maria Madalena, que é privilegiada com uma aparição pessoal de Jesus (*Jo* 20,12-17; cf. também *Lc* 24,4). Os anjos "apresentam-se" aos apóstolos depois de Cristo desaparecer, para lhes dizer: "Homens da Galileia, por que estais assim a olhar para o céu? Esse Jesus, que vos foi arrebatado para o Céu, virá da mesma maneira, como agora O vistes partir para o Céu" (*At* 1,10-11). São os anjos da vida, da paixão e da glória de Cristo. Os anjos d´Aquele que, como escreve São Pedro, "subiu ao Céu, e está sentado à direita de Deus, depois de ter recebido a submissão dos anjos, dos principados e das potestades" (*1Pd* 3,22).

4) Se passamos à *nova vinda de Cristo*, isto é, à *"parusia"*, encontramos que todos os sinóticos narram que "o Filho do Homem... virá na glória de Seu Pai,

com os santos anjos" (tanto *Marcos* 8,38; como *Mateus* 16,27; e *Mateus* 25,31 na descrição do juízo final; e *Lucas* 9,26; cf. também São Paulo, *2Tessalonicenses* 1,7). Pode-se portanto dizer que os anjos, como puros espíritos, não só participam, do modo que lhes é próprio, da santidade de Deus mesmo, mas *nos momentos chaves rodeiam Cristo e acompanham-n´O no cumprimento da Sua missão salvífica* em relação aos homens. Igualmente ao longo dos séculos, também toda a Tradição e o magistério ordinário da Igreja atribuíram aos anjos este particular caráter e esta função de ministério messiânico.

Catequese 4: **A participação dos Anjos na História da Salvação**[126]

1) Nas recentes catequeses, vimos como a Igreja, iluminada pela luz proveniente da Sagrada Escritura, professou, ao longo dos séculos, a verdade sobre a existência dos anjos como seres puramente espirituais, criados por Deus. Fê-lo desde o princípio com o símbolo niceno-constantinopolitano e confirmou-o no Concílio Lateranense IV (1215), cuja formulação é retomada pelo Concílio Vaticano I no contexto da doutrina sobre a criação: Deus "criou contemporaneamente do nada, desde o início dos tempos, uma criatura e a outra, *a espiritual e a corpórea*, isto é, a angélica e a terrena, e portanto criou a natureza como comum a ambas, sendo constituída de espírito e de corpo" (Const. *De Fide Cath.*, DS 3002). Ou seja: Deus criou desde o princípio ambas as realidades: a espiritual e a corporal, o mundo terreno e o mundo angélico. Tudo isto criou Ele ao mesmo tempo ("simul") em ordem à criação do homem, constituído de espírito e de matéria e posto, segundo a narração bíblica, no quadro de um mundo já estabelecido segundo as Suas leis e já medido pelo tempo ("deinde").

2) A fé da Igreja, reconhece a existência e, ao mesmo tempo, os traços distintivos da natureza dos anjos. O seu ser puramente espiritual implica antes de tudo a *sua não-materialidade e a sua imortalidade*. Os anjos não têm "corpo" (embora em determinadas circunstâncias se manifestem sob formas visíveis em virtude da sua missão a favor dos homens), e por conseguinte estão sujeitos à lei da corruptibilidade que é comum a todo o mundo material. O próprio Jesus, ao referir-se à condição angélica, dirá que na vida futura os ressuscitados "já não podem morrer; são semelhantes aos anjos" (*Lc* 20,36).

3) Enquanto criaturas de natureza espiritual, os anjos *são dotados de intelecto e de vontade livre*, como o homem, *mas em grau superior ao dele*, embora

---

[126] Audiência Geral, Praça de São Pedro, 06 de agosto de 1986 (Publicada no L'osservatore Romano, ed. port., no dia 10 de agosto de 1986).

sempre finito, pelo limite que é inerente a todas as criaturas. Os anjos são, pois, seres pessoais e, como tais, também eles criados à "imagem e semelhança" de Deus. A Sagrada Escritura refere-se aos anjos usando também apelativos não só pessoais (como os nomes próprios de Rafael, Gabriel, Miguel), mas também "coletivos" (como as classificações de: Serafins, Querubins, Tronos, Potestades, Dominações, Principados), assim como faz uma distinção entre Anjos e Arcanjos. Embora tendo em conta a linguagem analógica e representativa do texto sagrado, podemos deduzir que estes seres-pessoas, *quase agrupados em sociedade*, se subdividem em ordens e graus, correspondentes à medida da sua perfeição e às tarefas que lhes estão confiadas. Os autores antigos e a própria liturgia falam também dos *coros angélicos* (nove, segundo Dionisio, o Areopagita). A teologia, especialmente a patrística e medieval, não rejeitou estas representações, procurando, pelo contrario, dar uma explicação doutrinal e mística das mesmas, mas sem lhes atribuir um valor absoluto. São Tomas preferiu aprofundar as pesquisas sobre a condição ontológica, sobre a atividade cognoscitiva e volitiva e sobre a elevação espiritual destas criaturas puramente espirituais, pela sua dignidade na escala dos seres, porque nelas poderia aprofundar melhor *as capacidades e as atividades* próprias ao espírito no estado puro, haurindo não pouca luz para iluminar os problemas de fundo que desde sempre agitam e estimulam o pensamento humano: o conhecimento, o amor, a liberdade, a docilidade de Deus, a obtenção do Seu Reino.

4) O tema a que nos referimos poderá parecer "distante" ou "menos vital" à mentalidade do homem moderno. Todavia a Igreja, propondo com franqueza a totalidade da verdade acerca de Deus Criador também dos anjos, crê que *presta um grande serviço ao homem*. O homem nutre a convicção de que em Cristo, Homem-Deus, é ele (e não os anjos) a encontrar-se no centro da Divina Revelação. Pois bem, *o encontro religioso com o mundo dos seres puramente espirituais* torna-se revelação preciosa do seu ser não só corpo mas também espírito, e da sua pertença a um projeto de salvação verdadeiramente grande e eficaz, dentro de uma comunidade de seres pessoais que para o homem e com o homem servem o desígnio providencial de Deus.

5) Notemos que a Sagrada Escritura e a Tradição chamam propriamente *anjos* àqueles espíritos puros que na prova fundamental de liberdade escolheram Deus, a Sua glória e o Seu reino. Eles estão *unidos a Deus* mediante o amor consumado que nasce da beatificante visão, face a face, da Santíssima Trindade. Di-lo Jesus mesmo: "Os anjos nos céus *veem constantemente a face de Meu Pai* que está nos céus" (*Mt* 18,10). Aquele "ver constantemente a face do Pai" é *a manifestação mais excelsa da adoração de Deus*. Pode-se dizer que

ela constitui aquela "liturgia celeste", realizada em nome de todo o universo, à qual se associa incessantemente a liturgia terrena da Igreja, de modo especial nos seus momentos culminantes. Basta recordar aqui o ato com o qual a Igreja, todos os dias e a todas as horas, no mundo inteiro, antes de dar inicio à Oração Eucarística *no ponto central da Santa Missa*, se refere "aos Anjos e aos Arcanjos" para cantar a glória de Deus três vezes Santo, unindo-se assim àqueles primeiros adoradores de Deus, no culto e no amoroso conhecimento do inefável mistério da Sua santidade.

6) Ainda segundo a Revelação, os anjos, que participam da vida da Trindade na luz da glória, são também chamados *a ter a sua parte na história da salvação dos homens*, nos momentos estabelecidos pelo desígnio da Divina Providência. "Não são eles todos espíritos ao serviço de Deus, enviados a fim de exercerem um ministério a favor daqueles que hão de herdar a salvação?", pergunta o autor da Carta aos Hebreus (1,14). E nisto crê e isto ensina a Igreja, com base na Sagrada Escritura da qual sabemos que é tarefa dos anjos bons a proteção dos homens e a solicitude pela sua salvação.

Encontramos certas expressões *em diversas passagens da Sagrada Escritura* como por exemplo no *Salmo* 90/91, já citado mais de uma vez: "Mandou aos Seus anjos que te guardem em todos os teus caminhos. Eles te levarão nas suas mãos, para que não tropeces em alguma pedra" (*Sl* 90/91,11-12). O próprio Jesus, falando das crianças e recomendando que não se lhes desse escândalo faz referência aos "seus anjos" (*Mt* 18,10). Ele atribui também aos anjos a função de testemunhas no supremo juízo divino sobre a sorte de quem reconheceu ou negou Cristo: "Todo aquele que se declarar por Mim diante dos homens, também o Filho do Homem se declarará por ele diante dos anjos de Deus. Aquele, porém, que Me tiver negado diante dos homens será negado *diante dos anjos de Deus*" (*Lc* 12,8-9; cf. *Ap* 3,5). Estas palavras são significativas porque, se os anjos tomam parte no juízo de Deus, estão interessados pela vida do homem. Interesse e participação que parecem receber uma acentuação no discurso escatológico, em que Jesus faz intervir os anjos na Parusia, ou seja, na vinda definitiva de Cristo no fim da história (cf. *Mt* 24,31;25,31-41).

7) Entre os livros do Novo Testamento, são especialmente os *Atos dos Apóstolos* que nos dão a conhecer alguns fatos que atestam a solicitude dos anjos pelo homem e pela sua salvação. Assim é quando o Anjo de Deus liberta os Apóstolos da prisão (cf. *At* 5,18-20) e antes de tudo *Pedro*, que estava ameaçado de morte por parte de Herodes (cf. *At* 12,10-15). Ou quando guia a atividade de Pedro a respeito do centurião Cornélio, o primeiro pagão convertido (*At*

10,3-8.12-13), e de modo análogo a atividade do diácono *Filipe* no caminho de Jerusalém para Gaza (*At* 8,26-29).

Destes poucos fatos citados a título de exemplo, compreende-se como na consciência da Igreja se tenha podido formar a persuasão acerca do ministério confiado aos anjos a favor dos homens. Portanto, a Igreja, *confessa a sua fé nos anjos da guarda*, venerando-os na liturgia com uma festa própria e recomendando o recurso à sua proteção com uma oração frequente, como na invocação do "Anjo de Deus". Esta oração parece fazer tesouro das lindas palavras de São Basílio: "Cada fiel tem ao seu lado um anjo como tutor e pastor, para o levar à vida" (cf. 5. Basilius, *Adv. Eunonium*, III, 1; veja-se também Sto. Tomas, *Summa Theol*. 1, q. II, a.3).

8) É por fim oportuno notar que a Igreja honra com culto litúrgico *três figuras* de anjos, que na Sagrada Escritura são chamados por nome. O primeiro é *Miguel Arcanjo* (cf. *Dn* 10,13-20; *Ap* 12,7; *Jd* 9). O seu nome exprime sinteticamente a atitude essencial dos espíritos bons. "Mica-El" significa, de fato: *"Quem como Deus?"*. Neste nome encontra-se, pois, expressa a escolha salvífica graças à qual os anjos "veem a face do Pai" que está nos céus. O segundo é *Gabriel*: figura ligada sobretudo ao mistério da encarnação do Filho de Deus (cf. *Lc* 1,19-26). O seu nome significa: *"O meu poder é Deus"* ou *"Poder de Deus"*, quase como que a dizer que, no auge da criação, a encarnação é o sinal supremo do Pai onipotente. Finalmente o terceiro arcanjo chama-se *Rafael*. 'Rafa-El' significa: "Deus cura". Ele nos é dado a conhecer pela história de Tobias no Antigo Testamento (cf. *Tb* 12,15.20ss), tão significativa quanto ao fato de serem confiados aos anjos os pequeninos filhos de Deus, sempre necessitados de guarda, de cuidados e de proteção.

Se pensarmos bem, vê-se que cada uma destas três figuras: Mica-El, Gabri--El e Rafa-El reflete de modo particular a verdade contida na *pergunta* formulada pelo autor da *Carta aos Hebreus*: "Não são eles todos espíritos ao serviço de Deus enviados a fim de exercerem um ministério a favor daqueles que hão de herdar a salvação?" (*Hb* 1,14).

Catequese 5: **A Queda dos Anjos Rebeldes**[127]

1) Continuando o argumento das catequeses passadas dedicadas aos Anjos, criaturas de Deus, concentramo-nos hoje a explorar o *mistério da liberdade*

---

[127] Audiência Geral, Praça de São Pedro, 13 de agosto de 1986 (Publicada no L'osservatore Romano, ed. port., no dia 17 de agosto de 1986).

que alguns deles orientaram contra Deus, e o Seu plano de salvação em relação aos homens.

Como testemunha o evangelista *Lucas*, no momento em que os discípulos voltavam ao Mestre cheios de alegria, pelos frutos recolhidos no seu tirocínio missionário, Jesus pronuncia uma palavra que faz pensar: *"Eu via Satanás cair do céu como um raio"* (cf. *Lc* 10,18).

Com estas palavras, o Senhor afirma que o anúncio do Reino de Deus é sempre uma vitória sobre o diabo, mas, ao mesmo, tempo revela também que a edificação do reino está continuamente exposta às insídias do espírito mau. Interessar-se por isso, como pretendemos fazer com a catequese de hoje, quer dizer *preparar-se para a condição de luta* que é própria da vida da Igreja neste tempo derradeiro da história, da salvação (como afirma o livro do *Apocalipse*, cf. 12,7). Por outro lado, isso permite esclarecer *a reta fé da Igreja* perante quem a altera exagerando a importância do diabo, ou quem nega ou minimiza o seu poder maléfico.

As catequeses passadas, acerca dos anjos, preparam-nos para compreender a verdade que a Sagrada Escritura revelou e que a tradição da Igreja transmitiu sobre satanás, isto é, sobre o anjo caído, o espírito maligno, chamado também diabo ou demônio.

2) Esta "queda", que apresenta o caráter da rejeição de Deus, com o consequente estado de "condenação", consiste na livre escolha daqueles espíritos criados, que, radical e irrevogavelmente, *rejeitaram Deus e o seu reino*, usurpando os seus direitos soberanos e tentando subverter a economia da salvação e a própria ordem da criação inteira. Um reflexo desta atitude encontra-se nas palavras do tentador aos progenitores: *"Sereis como Deus"* ou *"como deuses"* (cf. *Gn* 3,5). Assim o espírito maligno tenta insuflar no homem a atitude de rivalidade, de insubordinação e de oposição a Deus, que se tornou quase a motivação de toda a sua existência.

3) No Antigo Testamento, a narração da queda do homem, apresentada no livro do *Gênesis*, contém uma referência à atitude de antagonismo que Satanás quer comunicar ao homem para o levar à transgressão (*Gn* 3,5). Também no livro de *Jó* (cf. *Jó* 1,11; 2,5.7), vemos que Satanás trata de provocar a rebelião no homem que sofre. No Livro da Sabedoria (cf. *Sb* 2,24), satanás é apresentado como o artífice da morte que entrou na história do homem juntamente com o pecado.

4) A Igreja, no Concílio Lateranense IV (1215), ensina que o diabo (Satanás) e os outros demônios *"foram criados bons por Deus mas tornaram-se*

maus por sua própria vontade". De fato, lemos na carta de São Judas: "...os anjos que não souberam conservar a sua dignidade, mas abandonaram a própria morada, Ele os guardou para o julgamento do grande dia, em prisões eternas e no fundo das trevas" (*Jd* 6). De modo idêntico na *Segunda Carta de São Pedro* fala-se de "anjos que pecaram" e que Deus "não poupou... e os precipitou nos abismos tenebrosos do inferno, para serem reservados para o Juízo" (*2Pd* 2,4). É claro que se Deus "não perdoa" o pecado dos anjos, fá-lo porque eles permanecem no seu pecado, porque *estão eternamente "nas prisões" daquela escolha que fizeram no início*, rejeitando Deus, sendo contra a verdade do Bem supremo e definitivo que é Deus mesmo. Neste sentido São João escreve que "o diabo peca desde o princípio" (*1Jo* 3,8). E "foi assassino desde o princípio e não se manteve na verdade, porque nele não há verdade" (*Jo* 8,44).

5) Estes textos ajudam-nos a compreender a natureza e a dimensão do pecado de satanás, consciente na rejeição da verdade acerca de Deus, conhecido à luz da inteligência e da revelação como Bem infinito, *Amor e Santidade subsistente*. O pecado foi tanto maior quanto maior era a perfeição espiritual e a perspicácia cognoscitiva do intelecto angélico, quanto maior era a sua liberdade e a proximidade de Deus. *Rejeitando a verdade* conhecida acerca de Deus com um ato da própria vontade livre, Satanás torna-se "mentiroso cósmico" e "pai da mentira" (*Jo* 8,44). Por isso ele vive na radical e irreversível negação de Deus e *procura impor* a criação aos outros seres criados à imagem de Deus, que satanás (sob forma de serpente) tenta transmitir aos primeiros representantes do gênero humano: Deus seria cioso das suas prerrogativas e imporia, portanto, limitações ao homem (cf. *Gn* 3,5). Satanás convida o homem a libertar-se da imposição deste jugo, tornando-se "como Deus".

6) Nesta condição de mentira existencial, satanás torna-se – segundo São João – também assassino, isto é, *destruidor da vida sobrenatural* que Deus desde o princípio tinha introduzido nele e nas criaturas, feitas "à imagem de Deus": os outros puros espíritos e os homens; *satanás quer destruir a vida segundo a verdade*, a vida na plenitude do bem, a *vida sobrenatural* de graça e de amor. O autor do Livro da Sabedoria escreve: *"Por inveja do demônio é que a morte entrou no mundo, e prová-la-ão os que pertencem ao demônio"* (*Sb* 2,24). E no evangelho Jesus Cristo adverte: *"Temei antes aquele que pode fazer perecer na Geena o corpo e a alma"* (*Mt* 10,28).

7) Como efeito do pecado dos progenitores, este anjo caído conquistou *em certa medida o domínio sobre o homem*. Esta é a doutrina constantemente confessada e anunciada pela Igreja, e que o *Concílio de Trento* confirmou no tratado sobre o pecado original (cf. DS 1511): ela encontra dramática expressão

na liturgia do batismo, quando ao catecúmeno se pede para renunciar ao demônio e a suas tentações.

Deste influxo sobre o homem e sobre as disposições do seu espírito (e do corpo), encontramos várias indicações na Sagrada Escritura, na qual satanás é chamado "o príncipe deste mundo" (*2Cor* 4,4). Encontramos *muitos outros nomes* que descrevem as suas nefastas relações como o homem: "Belzebu" ou "Belial", *"espírito imundo"*, "tentador", "maligno" e por fim "anticristo" (*1Jo* 4, 3). É comparado com um "leão" (*1Pd* 5,8), com um "dragão" (no *Apocalipse*) e com uma serpente (*Gn* 3). Com muita frequência, para o designar, é usado o nome 'diabo', do grego *"diabellein"* (daqui *"diabolôs"*), que significa: causar a destruição, dividir, caluniar, enganar. E, para dizer a verdade, tudo isso acontece desde o princípio, por obra do espírito malígno, que é apresentado pela Sagrada Escritura como uma pessoa, embora tenha afirmado que *não está só*: "somos muitos", respondem os diabos a Jesus, na região dos Geracenos (*Mc* 5, 9); "o diabo e seus anjos", diz Jesus, na descrição do juízo final (cf. *Mt* 25, 41).

8) Segundo a Sagrada Escritura, e, de modo especial, no Novo Testamento, o domínio e o influxo de satanás e dos outros espíritos malignos abrange *todo o mundo*. Pensemos na parábola de Cristo sobre o campo (que é o mundo), sobre a boa semente e sobre a que não é boa, que o diabo semeia no meio do trigo procurando arrancar dos corações aquele bem que neles foi "semeado" (cf. *Mt* 13,38-39). Pensemos nas numerosas exortações à vigilância (cf. *Mt* 26,41; *1Pd* 5,8), à oração e ao jejum (cf. *Mt* 17,21). Pensemos naquela forte afirmação do Senhor: *"Esta casta de demônios só pode ser expulsa com oração"* (*Mc* 9,29). A ação de Satanás consiste, antes de tudo, em *tentar os homens ao mal* influindo na sua imaginação e nas suas faculdades superiores para as orientar em direção contrária à lei de Deus. Satanás *põe à prova até Jesus* (cf. *Lc* 4,3-13), na tentativa extrema de contrariar as exigências da economia da salvação como Deus a estabeleceu.

Não é para excluir que em certos casos o espírito maligno chegue até o ponto de exercer o seu influxo não só nas coisas materiais, mas também *sobre o corpo do homem*, pelo que se fala de *"possessões diabólicas"* (cf. *Mc* 5,2-9). Nem sempre é fácil discernir o que de preternatural acontece nesses casos, nem a Igreja condescende ou secunda facilmente a atribuir muitos fatos a intervenções diretas do demônio, mas em linha de princípio não se pode negar que, na sua vontade de prejudicar e de levar para o mal, satanás possa chegar a esta extrema manifestação da sua superioridade.

9) Devemos por fim acrescentar que as impressionantes palavras do Apóstolo João: *"O mundo inteiro está sob o jugo do maligno"* (*1Jo* 5,19), aludem também à presença de satanás na história da humanidade, uma presença que se acentua à medida que o homem e a sociedade se afastam de Deus. O influxo do espírito maligno *pode "ocultar-se"* de modo mais profundo e eficaz: fazer-se ignorar corresponde aos seus "interesses". A habilidade de satanás no mundo está em induzir os homens a negarem a sua existência, em nome do racionalismo e de cada um dos outros sistemas de pensamento que procuram todas as escapatórias para não admitir a obra dele. Isto *não significa, porém, a eliminação da vontade livre e da responsabilidade do homem* e nem se quer a frustração da ação salvífica de Cristo. Trata-se antes de um conflito entre as forças obscuras, do mal e as forças da redenção. São eloquentes a este propósito as palavras que Jesus dirigiu a Pedro no início da Paixão: "Simão, olha que satanás vos reclamou para vos joeirar como o trigo. Mas Eu roguei por ti, a fim de que tua fé não desfaleça" (*Lc* 22,31).

Por isso compreendemos o motivo por que Jesus, na oração que nos ensinou, o "Pai-nosso", que é a oração do reino de Deus, termina bruscamente, ao contrário de muitas outras orações do seu tempo, recordando-nos a nossa condição *de expostos às insídias do Mal-Maligno*. O cristão, fazendo apelo ao Pai com o espírito de Jesus e invocando o seu Reino, brada com a força da fé: não nos deixeis cair em tentação, mas livrai-nos do mal, do Maligno. Não nos deixeis, ó Senhor, cair, na infidelidade a que nos tenta aquele que foi infiel desde o princípio.

Catequese 6: **A Vitória de Cristo sobre o Espírito do Mal**[128]

1) As nossas catequeses sobre Deus, Criador das coisas *"invisíveis"*, levaram-nos a iluminar e a retemperar a nossa fé no que se refere à verdade acerca do Maligno ou Satanás, certamente não querido por Deus, sumo Amor e Santidade, cuja Providência sapiente e forte sabe conduzir a nossa existência à vitória sobre o príncipe das trevas. A fé da Igreja, de fato, ensina-nos que *o poder de Satanás não é infinito*. Ele é só uma criatura poderosa enquanto espírito puro, sendo sempre uma criatura, com os limites da criatura, subordinada ao querer e ao domínio de Deus. Se Satanás opera no mundo mediante o seu ódio contra Deus e o seu Reino, isto é permitido pela Divina Providência que, com poder e bondade (*"fortiter et suaviter"*), dirige a história do homem e do mundo. Se a ação de Satanás *sem dúvida causa muitos danos* – de natureza

---

[128] Audiência Geral, Praça de São Pedro, 20 de agosto de 1986 (Publicada no L'osservatore Romano, ed. port., no dia 24 de agosto de 1986).

espiritual e indiretamente também de natureza física – aos indivíduos e à sociedade, *ele não está*, contudo, em condições de *anular a definitiva finalidade* para que tendem o homem e toda a criação, o Bem. Ele não pode impedir a edificação do Reino de Deus, no qual se terá, no fim, a plena realização da justiça e do amor do Pai para com as criaturas eternamente "predestinadas" no Filho-Verbo, Jesus Cristo. Podemos mesmo dizer com São Paulo que a obra do Maligno concorre para o bem (cf. *Rm* 8,28) e que serve para edificar a glória dos "eleitos" (cf. *2Tm* 2,10).

2) Assim toda a história da humanidade se pode considerar em função da salvação total, na qual está inscrita *a vitória de Cristo sobre "o príncipe deste mundo"* (*Jo* 12,13;14,30;16,11). "*Ao Senhor, teu Deus, adorarás, e só a Ele prestarás culto*" (*Lc* 4,8), diz peremptoriamente Cristo a Satanás. Num momento dramático do Seu Ministério a quem O acusava de modo imprudente de expulsar os demônios por serem aliados de Belzebu, chefe dos demônios, Jesus responde com aquelas palavras *severas e confortantes* ao mesmo tempo: "*Todo o reino dividido contra si mesmo ficará devastado; e toda a cidade ou casa dividida contra si mesma não poderá subsistir. Ora, se Satanás expulsa Satanás, está dividido contra si mesmo. Como há de subsistir o seu reino?... Mas se é pelo Espírito de Deus que Eu expulso os demônios, quer dizer, então, que chegou até vós o reino de Deus*" (*Mt* 12,25.26.28). "*Quando um homem forte e bem armado guarda o seu palácio, os seus bens estão em segurança; mas se aparece um mais forte e o vence, tira-lhe as armas em que confiava e distribui os seus despojos*" (*Lc* 11,21-22).

As palavras pronunciadas por Cristo a propósito do tentador encontram o seu cumprimento histórico *na cruz e na ressurreição do Redentor*. Como lemos na *Carta aos Hebreus*, Cristo tornou-se participante da humanidade até a Cruz "*a fim de destruir, pela Sua morte, aquele que tinha o império da morte, isto é, o Demônio, e libertar aqueles que... estavam toda a vida sujeitos à escravidão*" (*Hb* 2,14-15). Esta é a grande certeza da fé cristã: "*O príncipe deste mundo está condenado*" (*Jo* 16,11); "*Para Isto é que o Filho de Deus se manifestou: Para destruir as obras do demônio*" (*1Jo* 3,8), como nos afirma São João. Por conseguinte, o Cristo crucificado e ressuscitado revelou-se como o "mais forte" que venceu "o homem forte", o diabo, e o destronou.

Na vitória de Cristo sobre o diabo participa a Igreja: Cristo, com efeito, deu aos Seus discípulos o poder de expulsar os demônios (cf. *Mt* 10,1; *Mc* 16,17). A Igreja exerce este poder vitorioso mediante a fé em Cristo e a oração (cf. *Mc* 9,29; *Mt* 17,20), que em casos específicos pode assumir a forma do exorcismo.

3) Nesta fase histórica da vitória de Cristo inscreve-se o anúncio e o início da vitória final, *a Parusia*, a segunda e definitiva vinda de Cristo no termo

da história, em direção do qual está projetada a vida do cristão. Embora seja verdade que a história terrena continua a desenrolar-se sob o influxo "daquele espírito que – como diz São Paulo – atua nos rebeldes" (*Ef* 2,2), os crentes sabem que são chamados a lutar pelo *definitivo triunfo do Bem*: "*Porque nós não temos de lutar contra a carne e o sangue, mas contra os Principados e Potestades, contra os Dominadores deste mundo tenebroso, contra os Espíritos malignos espalhados pelos ares*" (*Ef* 6,12).

4) A luta, à medida que se aproxima do seu termo, torna-se, *em certo sentido, cada vez mais violenta*, como põe em relevo de modo especial o *Apocalipse*, o último livro do Novo Testamento (cf. *Ap* 12,7-9). Mas, precisamente, esse livro acentua a certeza que nos é dada por toda a Revelação divina: isto é, que a luta se *concluirá* com a definitiva *vitória do bem*. Naquela vitória, pré-contida no mistério pascal de Cristo, cumprir-se-á definitivamente o primeiro anúncio do *Livro do Gênesis*, que é chamado, com termo significativo, protoevangelho, quando Deus adverte a serpente: "*Farei reinar a inimizade entre ti e a mulher*" (*Gn* 3,15). Naquela fase definitiva, Deus, completando o mistério da Sua paterna Providência, "livrará do poder das trevas" aqueles que eternamente 'predestinou em Cristo" e "transferi-los-á para o Reino de Seu Filho muito amado" (cf. *Cl* 1,13-14). Então o Filho sujeitará ao Pai também o universo inteiro, a fim de que "Deus seja tudo em todos" (*1Cor* 15,28).

5) Aqui concluem-se as catequeses sobre Deus Criador das "coisas visíveis e invisíveis", unidas na nossa exposição com a verdade acerca da Divina Providência. Torna-se evidente aos olhos do crente que *o mistério do princípio* do mundo e da história se liga indissoluvelmente ao *mistério do final*, no qual a finalidade de toda a criação chega ao seu cumprimento. O Credo, que une tão organicamente tantas verdades, é deveras a catedral harmoniosa da fé.

De maneira progressiva e orgânica podemos admirar estupefatos o grande mistério do intelecto e do amor de Deus, na *sua ação criadora*, para com o cosmos, para com o homem, para com o mundo dos espíritos puros. Desta ação consideramos a matriz trinitária, a sapiente finalização para a vida do homem, verdadeira "imagem de Deus", por sua vez chamado a reencontrar plenamente a sua dignidade na contemplação da glória de Deus. Fomos iluminados acerca de um dos maiores problemas que inquietam o homem e penetram a sua busca de verdade: *o problema do sofrimento e do mal*. Na raiz não está uma decisão de Deus errada ou má, mas a sua escolha e, de certo modo, o seu risco, de nos criar livres para nos ter como amigos. Da liberdade nasceu também o mal. Mas Deus não se rende, e com a sua sabedoria transcendente, predestinando-nos para sermos filhos em Cristo, tudo dirige com fortaleza e suavidade, para que o bem não seja vencido pelo mal.

Devemos agora deixar-nos guiar pela Divina Revelação na exploração de outros mistérios da nossa salvação. Entretanto recebemos uma verdade que deve estar a peito a todo o cristão: a de que existem *espíritos puros*, criaturas de Deus, inicialmente todas boas, e depois, por uma escolha de pecado, separadas irredutivelmente em anjos de luz e anjos de trevas. E enquanto a existência dos anjos maus requer de nós o sentido da vigilância para não cair nas suas tentações, estamos certos de que o vitorioso poder de Cristo Redentor circunda a nossa vida, a fim de que nós próprios sejamos vencedores. Nisto somos validamente ajudados pelos anjos bons, mensageiros do amor de Deus, aos quais nós, ensinados pela tradição da Igreja, dirigimos a nossa oração: "Santo Anjo do Senhor, meu zeloso guardador, se a ti me confiou a piedade divina, sempre me rege, guarda, governa e ilumina. Amém".

Discurso à População de Monte Sant'Angelo
São Miguel nos proteja contra as insídias do Maligno[129]

Caríssimos irmãos e irmãs:

1) Estou feliz de me encontrar no meio de vós, à sombra deste Santuário de São Miguel Arcanjo, que há quinze séculos é meta de peregrinações e ponto de referência para quantos procuram a Deus e desejam pôr-se no seguimento de Cristo, por meio de quem *"foram criadas todas as coisas nos céus e na terra, as visíveis e as invisíveis, os Tronos, as Dominações, os Principados e as Potestades"* (Cl 1,16).

Saúdo cordialmente todos vós, peregrinos, aqui vindos das cidades que circundam este magnífico promontório do Gargano, que oferece ao olhar do visitante enlevos deliciosos com a sua paisagem suave, florida, e com característicos grupos de oliveiras que se debruçam sobre a rocha. Saúdo em particular as Autoridades civis e religiosas, que contribuíram para tornar possível este encontro pastoral; saúdo o Arcebispo de Manfredônia, Mons. Valentino Vailati, a quem se dirige o meu agradecimento, pelas palavras com que se dignou introduzir esta manifestação de fé. Saúdo também e sobretudo os Padres Beneditinos da Abadia de Montevergine, que têm o cuidado espiritual deste Santuário. A eles, e de modo especial ao seu Abade, Dom Tommaso Agostino Gubitosa, exprimo a minha gratidão pela animação cristã e pelo clima espiritual que por eles são assegurados a quantos aqui vêm para retemperar o seu espírito nas fontes da fé.

---

[129] 24 de maio de 1987, Santuário de São Miguel Arcanjo (Publicada no L'osservatore Romano ed. port., no dia 31 de maio de 1987).

2) A este lugar, como já fizeram no passado tantos Predecessores meus na Cátedra de São Pedro, vim também eu gozar um instante da atmosfera própria deste Santuário, feita de silêncio, de oração e de penitência; vim para venerar e invocar o Arcanjo São Miguel, para que proteja e defenda a Santa Igreja, num autêntico testemunho cristão, sem compromissos e sem acomodamentos.

Desde quando o Papa Gelásio I concedeu, em 493, o seu assentimento à dedicação da gruta das aparições do Arcanjo são Miguel a lugar de culto e aqui realizou a sua primeira visita, concedendo a indulgência do "Perdão angélico", uma série de Romanos Pontífices seguiu os seus passos para venerar este lugar sagrado. Entre eles recordam-se Agapito I, Leão IX, Urbano II, Inocêncio II, Celestino III, Urbano VI, Gregório IX, São Pedro Celestino e Bento XV. Também numerosos Santos aqui vieram para haurir força e conforto. Recordo São Bernardo, São Guilherme de Vercelli, fundador da Abadia de Montevergine, São Tomás de Aquino, Santa Catarina de Sena; entre estas visitas, permaneceu justamente célebre e ainda hoje continua viva a que foi realizada por São Francisco de Assis, que veio aqui para preparar a Quaresma de 1221. A tradição diz que ele, considerando-se indigno de entrar na gruta sagrada, se teria detido na entrada, gravando um sinal da cruz numa pedra.

Esta viva e jamais interrompida frequência de peregrinos ilustres e humildes, que desde a alta Idade Média até os nossos dias fez deste Santuário um lugar de encontro, de oração e de reafirmação da fé cristã, diz quanto a figura do Arcanjo Miguel, que é protagonista em tantas páginas do Antigo e do Novo Testamento, é sentida e invocada pelo povo, e quanto a Igreja tem necessidade da sua proteção celeste: dele, que é apresentado na *Bíblia* como o grande lutador contra o Dragão, o chefe dos demônios. Lemos no *Apocalipse*: *"Travou-se, então, uma batalha no Céu: Miguel e os seus Anjos pelejavam contra o Dragão e este pelejava também juntamente com seus anjos. Mas não prevaleceram e não houve mais lugar no Céu para eles. O grande Dragão foi precipitado, a antiga serpente, o diabo, ou Satanás, como lhe chamou, sedutor do mundo inteiro, foi precipitado na terra, juntamente com os seus anjos"* (*Ap* 12,7-9). O autor sagrado apresenta-nos nesta dramática descrição o fato da queda do primeiro Anjo, que foi seduzido pela ambição de se tornar "como Deus". Daqui a reação do Arcanjo Miguel, cujo nome hebraico "Quem como Deus?" reivindica a unicidade de Deus e a sua inviolabilidade.

3) Por mais fragmentarias que sejam, as notícias da Revolução sobre a personalidade e o papel de São Miguel são muito eloqüentes. Ele é o Arcanjo (cf. *Jd* 1,9) que reivindica os direitos inalienáveis de Deus. É um dos príncipes do Céu posto como guarda do Povo Eleito (cf. *Dn* 12,1), de onde virá o Salvador.

Ora, o novo Povo de Deus é a Igreja. Eis a razão pela qual ela o considera como próprio protetor e defensor em todas as suas lutas pela defesa e a difusão do reino de Deus na terra. É verdade que "as portas do inferno nada poderão contra ela", segundo a afirmação do Senhor (*Mt* 16,18), mas isto não significa que estamos isentos das provas e das batalhas contra as insídias do Maligno.

Nesta luta o Arcanjo Miguel está ao lado da Igreja para a defender contra as iniquidades do século, para ajudar os crentes a resistir ao Demônio que "anda ao redor, como um leão que ruge, buscando a quem devorar" (*1Pd* 5,8).

Essa luta contra o Demônio, a qual caracteriza a figura do Arcanjo Miguel, é atual também hoje, porque o demônio está vivo e operante no mundo. Com efeito, o mal que nele existe, a desordem que se verifica na sociedade, a incoerência do homem, a ruptura interior da qual é vítima não são apenas consequências do pecado original, mas também efeito da ação nefanda e obscura de Satanás, deste insidiador do equilíbrio moral do homem, ao qual São Paulo não hesita em chamar "o deus deste mundo" (*2Cor* 4,4), enquanto se manifesta como encantador astuto, que sabe insinuar-se no jogo do nosso agir, para aí introduzir desvios tão nocivos, quanto às aparências conformes às nossas aspirações instintivas. Por isto o Apóstolo das Gentes põe os cristãos de sobreaviso, quanto às insídias do demônio e dos seus inúmeros sectários, quando exorta os habitantes de Éfeso a revestirem-se "da armadura de Deus para que possam resistir às ciladas do demônio. Porque nós não temos de lutar contra a carne e o sangue, mas contra os Principados e Potestades, contra os Dominadores deste mundo tenebroso, contra os Espíritos malignos espalhados pelos ares" (*Ef* 6,11-12).

A esta luta nos chama a figura do Arcanjo São Miguel, a quem a Igreja, tanto no Oriente como no Ocidente, jamais cessou de tributar um culto especial. Como se sabe, o primeiro Santuário a ele dedicado surgiu em Constantinopla por obra de Constantino: é o célebre *Michaëlion*, ao qual se seguiram naquela nova Capital do Império outras numerosas igrejas dedicadas ao Arcanjo. No Ocidente o culto de São Miguel, desde o século V, difundiu-se em muitas cidades como Roma, Milão, Piacença, Gênova, Veneza; e entre tantos lugares de culto, certamente o mais famoso é este do monte Gargano. O Arcanjo está representado sobre a porta de bronze, fundada em Constantinopla em 1076, no ato de abater o Dragão Infernal. É este o símbolo, com o qual a arte no-lo representa e a liturgia faz que o invoquemos. Todos recordam a oração que há anos se recitava no final da Santa Missa: *"Sancte Michaël Archangele, defende nos in proelio";* dentro em pouco, repeti-la-ei em nome da Igreja toda.

E antes de elevar tal oração, a todos vós aqui presentes, aos vossos familiares e a todas as pessoas que vos são queridas concedo a minha Bênção, que faço extensiva também a quantos sofrem no corpo e no espírito.

PAPA BENTO XVI

Depois do Regina Caeli[130]

Queridos irmãos e irmãs!

Dirijo hoje a minha saudação aos fiéis leigos que vieram de toda a Itália – vemos presente toda a Itália – e ao cardeal Angelo Bagnasco que os acompanha como Presidente da Conferência Episcopal. Agradeço-vos de coração, amados irmãos e irmãs, a vossa calorosa e numerosa presença! Obrigado! Aceitando o convite da Consulta Nacional das Agregações Laicais, aderistes com entusiasmo a esta bonita e espontânea manifestação de fé e de solidariedade, na qual participa também um consistente grupo de parlamentares e administradores locais. A todos gostaria de expressar o meu profundo reconhecimento. Saúdo também os milhares de imigrados, ligados conosco da Praça de São João, com o Cardeal Vigário Agostino Vallini, por ocasião da "Festa dos Povos". Queridos amigos, hoje vós mostrais o grande afeto e a profunda proximidade da Igreja e do povo italiano ao Papa e aos vossos sacerdotes, que quotidianamente se ocupam de vós, para que, no compromisso de renovação espiritual e moral possamos servir cada vez melhor a Igreja, o Povo de Deus e quantos se dirigem a nós com confiança. *O verdadeiro inimigo que se deve temer e combater é o pecado, o mal espiritual, que por vezes, infelizmente, contagia também os membros da Igreja.* Vivemos no mundo diz o Senhor mas não somos do mundo (cf. *Jo* 17,10.14), mesmo se devemos preservar-nos das suas seduções. Ao contrário, devemos temer o pecado e por isto estar fortemente radicados em Deus, solidários no bem, no amor, no serviço. Foi o que a Igreja, os seus ministros, juntamente com os fiéis, fizeram e continuam a fazer com fervoroso compromisso pelo bem espiritual e material das pessoas em todas as partes do mundo. É o que sobretudo vós procurais fazer habitualmente nas paróquias, nas associações e nos movimentos: servir Deus e o homem em nome de Cristo. Prossigamos juntos com confiança este caminho, e as provas, que o Senhor permite, nos estimulem a maiores radicalidade e coerência. É belo ver hoje esta multidão na Praça de São Pedro como foi emocionante para mim ver em Fátima a imensa multidão que, na escola de Maria, rezou pela

---
[130] Regina Cæli, 16 de maio de 2010.

conversão dos corações. Renovo hoje este apelo, confortado pela vossa presença tão numerosa! Obrigado! Mais uma vez, obrigado a todos vós!

Angelus[131]

Queridos irmãos e irmãs!

A Palavra de Deus deste domingo repropõe-nos um tema fundamental e sempre fascinante da *Bíblia*: recorda-nos que Deus é o Pastor da humanidade. Isto significa que Deus quer para nós a vida, quer guiar-nos para pastagens boas, onde podemos alimentar-nos e repousar; não quer que nos percamos e que morramos, mas que cheguemos à meta do nosso caminho que é precisamente a plenitude da vida. É quanto deseja cada pai e mãe para os próprios filhos: o bem, a felicidade, a realização. No Evangelho de hoje Jesus apresenta-se como Pastor das ovelhas perdidas da casa de Israel. O seu olhar sobre o povo é um olhar por assim dizer "pastoral". Por exemplo, no Evangelho deste domingo, diz-se que "ao desembarcar, Jesus viu uma grande multidão e compadeceu-Se dela, porque eram como ovelhas sem pastor. Começou então e a ensiná-la demoradamente" (cf. *Mc* 6,34). Jesus encarna Deus Pastor com o seu modo de pregar e com as suas obras, ocupando-se dos doentes e dos pecadores, de quantos estão "perdidos" (cf. *Lc* 19,10), para os reconduzir para um lugar seguro, na misericórdia do Pai.

Entre as "ovelhas perdidas" que Jesus salvou encontra-se também uma mulher de nome Maria, originária da aldeia de Magdala, no Lago da Galileia, e por isso chamada Madalena. Celebra-se hoje a sua memória litúrgica no calendário da Igreja. Diz o Evangelista Lucas que dela Jesus fez sair sete demônios (cf. Lc 8,2), ou seja, salvou-a de um servilismo total ao maligno. Em que consiste esta cura profunda que Deus realiza através de Jesus? Consiste numa paz verdadeira, completa, fruto da reconciliação da pessoa em si mesma e em todas as suas relações: com Deus, com os outros, com o mundo. Com efeito, o maligno procura corromper sempre a obra de Deus, semeando divisão no coração humano, entre corpo e alma, entre o homem e Deus, nas relações interpessoais, sociais, internacionais, e também entre o homem e a criação. *O maligno semeia guerra; Deus cria paz*. Aliás, como afirma são Paulo, Cristo "é a nossa paz, aquele que de dois fez uma coisa só, abatendo o muro de separação que os dividia, ou seja, a inimizade, por meio da sua carne" (*Ef* 2,14). Para realizar esta obra de reconciliação radical Jesus, o Bom Pastor, teve que se tornar Cordeiro, "o Cordeiro de Deus... que tira o pecado do mundo" (*Jo* 1,29).

---
[131] Castel Gandolfo, 22 de Julho de 2012.

Só assim pôde realizar a maravilhosa promessa do Salmo: "Sim, bondade e fidelidade ser-me-ão companheiras / todos os dias da minha vida, / habitarei ainda na casa do Senhor / por longos dias" (22/23,6).

Queridos amigos, estas palavras fazem-nos vibrar o coração, porque expressam o nosso desejo mais profundo, dizem para que somos feitos: para a vida, a vida eterna! São as palavras de quem, como Maria Madalena, experimentou Deus na própria vida e conhece a sua paz. Palavras verdadeiras como nunca nos lábios da Virgem Maria, que já vive para sempre nas pastagens do Céu, onde o Cordeiro Pastor a conduziu. Maria, Mãe de Cristo nossa paz, intercede por nós!

PAPA FRANCISCO

Inauguração da estátua do Arcanjo São Miguel[132]

Encontramo-nos aqui, nestes Jardins do Vaticano, para inaugurar um monumento dedicado ao Arcanjo São Miguel, padroeiro do Estado da Cidade do Vaticano. Trata-se de uma iniciativa já programada desde há tempos, com a aprovação do Papa Bento XVI, a quem dirigimos sempre o nosso afeto e o nosso reconhecimento e a quem queremos expressar a nossa grande alegria por poder contar com a sua presença aqui, hoje, no meio de nós. Obrigado do íntimo do coração! [...]

Nos Jardins do Vaticano existem diversas obras artísticas; mas esta, que hoje se acrescenta, assume um lugar de particular relevo, quer pela sua colocação, quer pelo significado que exprime. Com efeito, não é apenas uma obra celebrativa, mas um convite à reflexão e à oração, que se insere oportunamente no *Ano da fé*. Miguel — que significa: "Quem é como Deus?" — é o campeão do primado de Deus, da sua transcendência e do seu poder. Miguel luta para restabelecer a justiça divina; defende o Povo de Deus dos seus inimigos e sobretudo do inimigo por excelência, o diabo. E São Miguel vence, porque nele é Deus que age. Então, esta escultura recorda-nos que o mal é vencido, o acusador desmascarado e a sua cabeça esmagada, porque a salvação se realizou de uma vez para sempre no sangue de Cristo. Embora o diabo tente sempre ferir o rosto do Arcanjo e a face do homem, contudo Deus é mais forte; a vitória é sua, e a sua salvação é oferecida a cada homem. No caminho e nas provações da vida não estamos sozinhos, mas somos acompanhados e amparados pelos Anjos de Deus que oferecem, por assim dizer, as suas asas para nos ajudar a

---

[132] Jardins do Vaticano, 05 de Julho de 2013 [vatican.va; zenit.org; pt.radiovaticana.va; aleteia.org/pt]

superar muitos perigos, para podermos voar alto em relação àquelas realidades que podem pesar sobre a nossa vida ou arrastar-nos para baixo. Ao consagrar o Estado da Cidade do Vaticano ao Arcanjo São Miguel, peçamos-lhe que nos defenda do Maligno e que o afaste.

"Vele por esta cidade e pela Sé Apostólica, coração e centro do catolicismo, para que viva na fidelidade ao Evangelho e no exercício da caridade heroica. Desmascare as insídias do demônio e do espírito do mundo. Faz-nos vitoriosos contra as tentações de poder, da riqueza e da sensualidade. Seja o baluarte contra todos os tipos de manipulação que ameaça a serenidade da Igreja; seja a sentinela de nossos pensamentos, que livra do assédio da mentalidade mundana; seja nosso paladino espiritual."

Homilia Santa Missa com os Cardeais[133]

Vejo que estas três leituras têm algo em comum: é o movimento. Na primeira leitura, o movimento no caminho; na segunda leitura, o movimento na edificação da Igreja; na terceira, no Evangelho, o movimento na confissão. Caminhar, edificar, confessar.

Caminhar. "Vinde, Casa de Jacob! Caminhemos à luz do Senhor" (*Is* 2,5). Trata-se da primeira coisa que Deus disse a Abraão: caminha na minha presença e sê irrepreensível. Caminhar: a nossa vida é um caminho e, quando nos detemos, está errado. Caminhar sempre, na presença do Senhor, à luz do Senhor, procurando viver com aquela irrepreensibilidade que Deus pedia a Abraão, na sua promessa.

Edificar. Edificar a Igreja. Fala-se de pedras: as pedras têm consistência; mas pedras vivas, pedras ungidas pelo Espírito Santo. Edificar a Igreja, a Esposa de Cristo, sobre aquela pedra angular que é o próprio Senhor. Aqui temos outro movimento da nossa vida: edificar.

Terceiro, confessar. Podemos caminhar o que quisermos, podemos edificar um monte de coisas, mas se não confessarmos Jesus Cristo, está errado. Tornar-nos-emos uma ONG sócio-caritativa, mas não a Igreja, Esposa do Senhor. Quando não se caminha, ficamos parados. Quando não se edifica sobre as pedras, que acontece? Acontece o mesmo que às crianças na praia quando fazem castelos de areia: tudo se desmorona, não tem consistência. Quando não se confessa Jesus Cristo, faz-me pensar nesta frase de Léon Bloy: "Quem não reza ao Senhor, reza ao diabo". *Quando não confessa Jesus Cristo, confessa o mundanismo do diabo, o mundanismo do demônio.*

---

[133] Capela Sistina, 14 de Março de 2013.

Caminhar, edificar-construir, confessar. Mas a realidade não é tão fácil, porque às vezes, quando se caminha, constrói ou confessa, sentem-se abalos, há movimentos que não são os movimentos próprios do caminho, mas movimentos que nos puxam para trás.

Esse Evangelho continua com uma situação especial. O próprio Pedro que confessou Jesus Cristo com estas palavras: Tu és Cristo, o Filho de Deus vivo, diz-lhe: Eu sigo-Te, mas de Cruz não se fala. Isso não vem a propósito. Sigo-Te com outras possibilidades, sem a Cruz. Quando caminhamos sem a Cruz, edificamos sem a Cruz ou confessamos um Cristo sem Cruz, não somos discípulos do Senhor: somos mundanos, somos bispos, padres, cardeais, papas, mas não discípulos do Senhor.

Eu queria que, depois destes dias de graça, todos nós tivéssemos a coragem, sim, a coragem, de caminhar na presença do Senhor, com a Cruz do Senhor; de edificar a Igreja sobre o sangue do Senhor, que é derramado na Cruz; e de confessar como nossa única glória Cristo Crucificado. E assim a Igreja vai para diante.

Faço votos de que, pela intercessão de Maria, nossa Mãe, o Espírito Santo conceda a todos nós esta graça: caminhar, edificar, confessar Jesus Cristo Crucificado. Assim seja.

Igreja: Povo de Deus[134]

Caros irmãos e irmãs, bom dia!

Hoje gostaria de meditar brevemente sobre outra expressão com a qual o Concílio Vaticano II definiu a Igreja: "Povo de Deus" (cf. Constituição dogmática Lumen gentium, 9; Catecismo da Igreja Católica, n. 782). E faço-o mediante algumas perguntas, acerca das quais cada um poderá refletir.

O que quer dizer ser "Povo de Deus"? Antes de tudo, significa que Deus não pertence de modo próprio a qualquer povo, pois é Ele que nos chama, que nos convoca, que nos convida a fazer parte do seu povo, e este convite é dirigido a todos, sem distinção, porque a misericórdia de Deus "deseja que todos os homens se salvem" (*1Tm* 2,4). Jesus não diz aos Apóstolos e a nós que formemos um grupo exclusivo, um grupo de elite. Jesus diz: ide e ensinai todas as nações (cf. *Mt* 28,19). São Paulo afirma que no povo de Deus, na Igreja, "Já não há judeu nem grego... pois todos vós sois um só em Cristo Jesus" (*Gl* 3,28). Gostaria de dizer inclusive àqueles que se sentem distantes de Deus e da

---
[134] Audiência Geral, Praça de São Pedro, 12 de Junho de 2013.

Igreja, a quem é medroso ou indiferente, a quantos pensam que já não podem mudar: o Senhor chama-te, também a ti, a fazer parte do seu povo, e fá-lo com grande respeito e amor! Ele convida-nos a fazer parte deste povo, do povo de Deus.

Como nos tornamos membros deste povo? Não é através do nascimento físico, mas mediante um novo nascimento. No Evangelho, Jesus diz a Nicodemos que é preciso nascer do alto, da água e do Espírito para entrar no Reino de Deus (cf. *Jo* 3,3-5). É através do Batismo que nós somos introduzidos neste povo, mediante a fé em Cristo, dom de Deus que deve ser alimentado e desenvolver-se em toda a nossa vida. Perguntemo-nos: como faço crescer a fé que recebi no meu Batismo? Como faço crescer esta fé que recebi e que o povo de Deus possui?

Outra pergunta. Qual é a lei do Povo de Deus? É a lei do amor, amor a Deus e amor ao próximo, segundo o mandamento novo que o Senhor nos deixou (cf. *Jo* 13,34). Mas trata-se de um amor que não é sentimentalismo estéril, nem algo de vago, mas sim o reconhecimento de Deus como único Senhor da vida e, ao mesmo tempo, o acolhimento do outro como verdadeiro irmão, superando divisões, rivalidades, incompreensões e egoísmos; são dois elementos que caminham juntos. Quanto caminho ainda temos que percorrer, para viver concretamente esta nova lei, a do Espírito Santo que age em nós, a da caridade, do amor! Lemos nos jornais ou vemos na televisão que há muitas guerras entre cristãos; como pode acontecer isto? Quantas guerras no seio do povo de Deus! Nos bairros, nos lugares de trabalho, quantas guerras por inveja, ciúmes! Até na mesma família, quantas guerras internas! Devemos pedir ao Senhor que nos faça compreender bem esta lei do amor. Como é bom amar-nos uns aos outros, como verdadeiros irmãos. Como é bom! Hoje façamos algo. Talvez todos nós tenhamos simpatias e antipatias; talvez muitos de nós tenhamos um pouco de raiva a alguém; então, digamos ao Senhor: Senhor, estou enraivecido com ele ou com ela; rezo a Ti por ele e por ela. Orar por aqueles com os quais estamos irados é um bom passo em frente nesta lei do amor. Façamo-lo? Façamo-lo, hoje mesmo!

Que missão tem este povo? A missão de levar ao mundo a esperança e a salvação de Deus: ser sinal do amor de Deus que chama todos à amizade com Ele; ser fermento que faz levedar toda a massa, sal que dá sabor e que preserva da corrupção, ser luz que ilumina. *Ao nosso redor, é suficiente ler um jornal — como eu disse — para ver que a presença do mal existe, que o Diabo age. Mas gostaria de dizer em voz alta: Deus é mais forte! Vós acreditais nisto, que Deus é mais forte? Então digamo-lo juntos, digamo-lo todos juntos: Deus é mais forte!*

E sabeis por que motivo é mais forte? Porque Ele é o Senhor, o único Senhor! E gostaria de acrescentar também que a realidade às vezes obscura, marcada pelo mal, pode mudar, se formos os primeiros a transmitir a luz do Evangelho, principalmente através da nossa própria vida. Se num estádio, pensemos aqui em Roma no Olímpico, o naquele de São Lourenço em Buenos Aires, numa noite escura, uma pessoa acende uma luz, mal se entrevê; mas se os mais de setenta mil espectadores acendem a própria luz, o estádio ilumina-se. Façamos com que a nossa vida seja uma luz de Cristo; juntos, levaremos a luz do Evangelho a toda a realidade.

Qual é a finalidade deste povo? A finalidade é o Reino de Deus, encetado na terra pelo próprio Deus e que deve ser ampliado até ao seu cumprimento, quando voltar Cristo, nossa vida (cf. *Lumen gentium*, 9). Então, a finalidade é a comunhão plena com o Senhor, a familiaridade com o Senhor, entrar na sua própria vida divina, onde viveremos a alegria do seu amor incomensurável, uma alegria plena.

Estimados irmãos e irmãs, ser Igreja, ser Povo de Deus, segundo o grande desígnio de amor do Pai, quer dizer ser o fermento de Deus nesta nossa humanidade, significa anunciar e levar a salvação de Deus a este nosso mundo, que muitas vezes se sente perdido, necessitado de respostas que animem, que infundam esperança e que dêem um vigor renovado ao caminho. A Igreja seja lugar da misericórdia e da esperança de Deus, onde cada qual possa sentir-se acolhido, amado, perdoado e encorajado a viver em conformidade com a vida boa do Evangelho. E para fazer com que o outro se sinta acolhido, amado, perdoado e encorajado, a Igreja deve manter as suas portas abertas, a fim de que todos possam entrar. E nós temos que sair através de tais portas e anunciar o Evangelho.

A graça da alegria – Jesus vence o mal com a humildade[135]

A humildade, a mansidão, o amor, a experiência da Cruz são os meios através dos quais o Senhor derrota o mal. E a luz que Jesus trouxe ao mundo vence a cegueira do homem, muitas vezes deslumbrado pela falsa luz do mundo, mais poderosa mas enganadora. Cabe a nós saber discernir qual é a luz que vem de Deus. Este é o sentido da reflexão proposta pelo Papa Francisco durante a missa celebrada na terça-feira de 3 de Setembro.

---

[135] Capela da Domus Sanctae Marthae, 03 de Setembro de 2013 (Publicado no L'Osservatore Romano, ed. em português, n. 36 de 08 de Setembro de 2013).

Ao comentar a primeira leitura, o Santo Padre meditou sobre a "boa palavra" que são Paulo dirigiu aos Tessalonicenses. Onde parece claro o que o apóstolo quer dizer: "a identidade cristã é identidade da luz, não das trevas". E Jesus trouxe esta luz ao mundo. Hoje – acrescentou o Pontífice – pensamos que seja possível obter esta luz que rasga a escuridão através das descobertas científicas e de outras invenções do homem. Mas "a luz de Jesus – admoestou o Papa – não é uma luz de ignorância! É uma luz de sabedoria, de conhecimento. A luz que o mundo nos oferece é uma luz artificial. Forte como um fogo de artifício, como um flash de fotografia. Ao contrário a luz de Jesus é uma luz humilde, é uma luz suave, uma luz de paz. É como a luz da noite de Natal: sem pretensões. Não faz espetáculo; vem do coração. É verdade que o demônio muitas vezes vem disfarçado como anjo de luz. Ele gosta de imitar a luz de Jesus".

"Peçamos ao Senhor – foi a exortação conclusiva do Papa Francisco – que nos dê hoje a graça da sua luz e nos ensine a distinguir quando a luz é a sua luz e quando é uma luz artificial irradiada pelo inimigo para nos enganar".

Papa Francisco aos guardas do Estado[136]

Na manhã de sábado, 28, o Papa Francisco presidiu uma Missa ao ar livre, na gruta de Lurdes, nos Jardins do Vaticano. A ocasião foi a festividade dos três arcanjos: Rafael, Gabriel e Miguel, que a Igreja celebra em 29 de setembro. São Miguel é o Padroeiro da Gendarmaria Vaticana, o corpo de guardas do Estado.

Em sua homilia, Francisco exortou os policiais a pedirem a proteção do Santo para que nos defenda dos inimigos, das ameaças do diabo e de tudo aquilo que ele semeia.

"Porque o diabo ama as trevas, foge da luz. As ameaças são aqueles que vivem nas trevas e aproveitam o escuro para enganar, para intimidar. A guerra hoje, aqui em nosso Estado, é a guerra das trevas contra a luz, da noite contra o dia. Esta é a verdade da luta cotidiana, de todo dia: a luta da Igreja, da mãe-Igreja".

Neste enfoque, o Papa agradeceu os guardas que defendem as portas e janelas do Vaticano, mas pediu que façam ainda mais, que protejam das ameaças do diabo, como o fez São Miguel, seu Padroeiro.

---

[136] Jardins do Vaticano, 28 de setembro de 2013 [radiovaticana.va; cancaonova.com].

Francisco esclareceu que "o diabo não tem medo de monsenhores, cardeais e nem do Papa"; ele entra "em todos os lugares, vem de todas as partes", espalhando uma tentação:

"O diabo gosta muito de atentar contra a unidade, de ameaçar a unidade daqueles que vivem e trabalham no Vaticano. O diabo tenta criar a guerra interna, uma espécie de guerra civil e espiritual que se faz com a língua. E usa como armas as intrigas. Por isso, peço a vocês que nos defendam dos mexericos: esta é uma língua que não pode ser falada no Vaticano, que deve ser proibida porque é a língua usada pelo diabo para dividir, para criar inimizades entre os irmãos e ele vença".

Terminando a homilia, o Papa pediu a São Miguel que nos ajude a nunca falar mal do próximo e a não dar ouvidos às fofocas. "Falar bem sim, mas semear divisões, não", completou, pedindo a São Miguel que ajude a afastar as intrigas do Vaticano.

Como se derrota a estratégia do diabo[137]

"Por favor, não façamos negócios com o diabo" e levemos a sério os perigos que derivam da sua presença no mundo, recomendou o Papa na manhã de 11 de Outubro, na homilia da Missa em Santa Marta. "A presença do diabo está na primeira página da *Bíblia*, que termina com a vitória de Deus sobre o demônio", que volta sempre com as tentações. Não podemos "ser ingênuos".

O Pontífice comentou o episódio em que *Lucas* 11,15-26, fala de Jesus que expulsa os demônios. O evangelista menciona também os comentários de quantos assistem perplexos e acusam Jesus de magia ou, no máximo, reconhecem que Ele é só um curandeiro de pessoas que sofrem de epilepsia. Também hoje, observou o Papa, "existem sacerdotes que quando leem este e outros trechos do Evangelho, dizem: Jesus curou uma pessoa de uma doença psíquica". Sem dúvida, "é verdade que naquela época era possível confundir a epilepsia com a possessão do demônio, mas também a presença do demônio era verdadeira. E nós não temos o direito de simplificar a questão", como se se tratasse de doentes psíquicos, e não de endemoninhados.

Voltando ao Evangelho, o Papa disse que Jesus nos oferece critérios para compreender esta presença e reagir: "Como ir pelo nosso caminho cristão, quando há tentações? Quando nos perturba o diabo?". O primeiro critério

---

[137] Capela da Domus Sanctae Marthae, 11 de Outubro de 2013 (Publicado no L'Osservatore Romano, ed. em português, n. 41 de 13 de Outubro de 2013).

sugerido pelo trecho evangélico "é que se pode obter a vitória de Jesus sobre o mal, sobre o diabo, parcialmente".

Não se pode continuar a crer que é um exagero: "Ou estás com Jesus, ou contra Ele. E neste ponto não há alternativas. Existe uma luta na qual está em jogo a nossa salvação eterna". E não há alternativas, embora às vezes ouçamos "propostas pastorais" que parecem mais tolerantes.

Eis os critérios para enfrentar os desafios da presença do diabo no mundo: a certeza de que "Jesus luta contra o diabo", "quem não está com Jesus está contra Ele" e "a vigilância". É preciso ter presente que "o demônio é astuto: nunca é expulso para sempre, e só o será no último dia", pois quando "o espírito impuro – recordou – sai do homem, vagueia por lugares desertos à procura de alívio e, dado que não o encontra, diz: voltarei à minha casa, de onde saí. Quando volta, encontra-a limpa e adornada; vai então e toma consigo outros sete espíritos piores do que ele, entram e estabelecem-se ali. E a última condição desse homem vem a ser pior do que a primeira".

Eis por que motivo é preciso vigiar. "A sua estratégia avisou o Papa – é esta: tornaste-te cristão, vai em frente na tua fé e eu deixo-te tranquilo. Mas depois, quando te habituas e já não vigias, sentindo-te seguro, eu volto. O Evangelho de hoje começa com o demônio expulso e termina com o diabo que volta. São Pedro dizia: é como um leão feroz que dá voltas ao nosso redor". E isto não é mentira, "é a Palavra do Senhor".

Não se deixar contagiar pela tentação[138]

A tentação apresenta-se-nos de modo traiçoeiro, contagia todo o ambiente que nos circunda, leva-nos a procurar sempre uma justificação. E no fim faz-nos cair no pecado, fechando-nos numa jaula da qual é difícil sair. Para lhe resistir é preciso ouvir a palavra do Senhor, porque "ele nos espera", dá-nos sempre confiança e abre diante de nós um novo horizonte. É este em síntese o sentido da reflexão do Papa Francisco durante a missa celebrada em Santa Marta na manhã de terça-feira 18 de Fevereiro.

O Pontífice parte da liturgia do dia, sobretudo da Carta de *São Tiago* 12-18, na qual o apóstolo "depois de nos ter falado ontem da paciência – observou – nos fala hoje da resistência às tentações que atraem e seduzem". Mas de onde vem a tentação? Como age em nós?

---

[138] Capela da Domus Sanctae Marthae, 18 de fevereiro de 2014 (Publicado no L'Osservatore Romano, ed. em português, n. 08 de 20 de Fevereiro de 2014).

Inicialmente a tentação "começa com um ar tranquilizador"?, mas "depois aumenta. O próprio Jesus o dizia quando contou a parábola do trigo e do joio (*Mt* 13,24-30). O grão crescia, mas crescia também o joio semeado pelo inimigo. E assim também a tentação, cresce, cresce, cresce. E se não a bloqueamos, invade tudo". Depois vem o contágio. A tentação "cresce mas não gosta da solidão"; portanto "procura companhia, contagia outro e assim acumula pessoas". Outro aspecto é a justificação, porque nós homens "para estarmos tranquilos justificamo-nos".

A este propósito o Pontífice observou que a tentação se justifica desde sempre, "desde o pecado original", quando Adão dá a culpa a Eva por o ter convencido a comer o fruto proibido. E neste seu crescer, contagiar e justificar-se, ela "fecha-se num ambiente do qual não se pode sair com facilidade". "Quando caímos em tentação não ouvimos a palavra de Deus. Jesus teve que recordar a multiplicação dos pães para ajudar os discípulos a sair daquele ambiente". Isto acontece – explicou o Pontífice – porque a tentação nos fecha qualquer horizonte "e assim leva-nos ao pecado". Quando caímos em tentação, "só a palavra de Deus, a palavra de Jesus nos salva". Ouvir aquela palavra abre-nos o horizonte", porque "ele está sempre disposto a ensinar-nos como sair da tentação. Jesus é grande porque não só nos faz sair da tentação mas nos dá confiança".

Neste sentido, o Papa recordou o episódio narrado pelo Evangelho de *Lucas* 22,31-32, a propósito do diálogo entre Jesus e Pedro, durante o qual o Senhor "diz a Pedro que o diabo queria joeirá-lo"; mas ao mesmo tempo confidencia-lhe que rezou por ele e entrega-lhe uma nova missão: "Quando estiveres convertido, confirma os teus irmãos". Portanto Jesus, disse o Papa, não só nos espera para nos ajudar a sair da tentação, mas confia em nós. E "esta é uma grande força", "porque ele nos abre sempre novos horizontes", enquanto o diabo com a tentação "fecha e faz crescer o ambiente no qual há desarmonia", de modo que, "se procuram justificações acusando-se uns aos outros".

"Não nos deixemos aprisionar pela tentação" foi a exortação do bispo de Roma. Do círculo no qual a tentação nos fecha "só se sai ouvindo a Palavra de Jesus", recordou o bispo de Roma, concluindo: Peçamos ao Senhor que nos diga sempre, como fez com os discípulos, quando caímos em tentação: Pára. Fica tranquilo. Ergue os olhos, olha para o horizonte, não te feches, vai em frente. Esta palavra salvar-nos-á de cair no pecado no momento da tentação".

Angelus[139]

Amados irmãos e irmãs, bom dia!

O Evangelho do primeiro domingo da Quaresma apresenta cada ano o episódio das tentações de Jesus, quando o Espírito Santo, que desceu sobre Ele depois do baptismo no Jordão, o levou a enfrentar abertamente Satanás no deserto, por quarenta dias, antes de iniciar a sua missão pública.

O tentador procura desencorajar Jesus do projeto do Pai, isto é, do caminho do sacrifício, do amor que oferece a si mesmo em expiação, para lhe fazer empreender um caminho fácil, de sucesso e poder. O duelo entre Jesus e Satanás dá-se com uma troca de citações da Sagrada Escritura. Com efeito, para desencorajar Jesus do caminho da cruz, o diabo recorda-lhe as falsas esperanças messiânicas: o bem-estar económico, indicado pela possibilidade de transformar as pedras em pão; o estilo espetacular e milagroso, com a ideia de se lançar do ponto mais alto do templo de Jerusalém e de se fazer salvar pelos anjos; e por fim o atalho do poder e do domínio, em troca de um ato de adoração a Satanás. São os três grupos de tentações: também nós os conhecemos bem!

Jesus rejeita com decisão todas estas tentações e reafirma a vontade decidida de seguir o percurso estabelecido pelo Pai, sem qualquer compromisso com o pecado e com a lógica do mundo. Observai bem como Jesus responde. Ele não dialoga com Satanás, como tinha feito Eva no paraíso terrestre. Jesus sabe bem que com Satanás não se pode dialogar, porque é muito astuto. Por isso Jesus, em vez de dialogar como tinha feito Eva, escolhe refugiar-se na Palavra de Deus e responde com a força desta Palavra. Recordemo-nos disto: no momento da tentação, das nossas tentações, nenhum diálogo com Satanás, mas defendidos sempre pela Palavra de Deus! E isto nos salvará. Nas suas respostas a Satanás, o Senhor, usando a Palavra de Deus, recorda-nos antes de tudo que "não só de pão vive o homem, mas de toda a palavra que sai da boca de Deus" (*Mt* 4,4: cf. *Dt* 8,3); e isto dá-nos a força, ampara-nos na luta contra a mentalidade mundana que abaixa o homem ao nível das necessidades primárias, fazendo-lhe perder a fome do que é verdadeiro, bom e belo, a fome de Deus e do seu amor. Recorda ainda que "está escrito também: 'Não porás à prova o Senhor teu Deus' (v. 7)", porque o caminho da fé passa também pela escuridão, pela dúvida, e alimenta-se de paciência e expectativa perseverante. Por fim, Jesus recorda que "está escrito: '"Adorarás ao Senhor, teu Deus: a Ele

---
[139] Praça de São Pedro, 09 de Março de 2014.

unicamente prestarás culto'" (v. 10); ou seja, devemos abandonar os ídolos, as coisas vãs, e construir a nossa vida sobre o essencial.

Depois estas palavras de Jesus encontrarão confirmação concreta nas suas ações. A sua fidelidade total ao desígnio de amor do Pai conduzi-lo-á após cerca de três anos à prestação de contas final com o "príncipe deste mundo" (*Jo* 16,11), na hora da paixão e da cruz, e ali Jesus alcançará a sua vitória definitiva, a vitória do amor!

Queridos irmãos, o tempo da Quaresma é ocasião propícia para todos nós cumprirmos um caminho de conversão, confrontando-nos sinceramente com esta página do Evangelho. Renovemos as promessas do nosso Batismo: renunciemos a Satanás e a todas as suas obras e seduções – porque ele é um sedutor – para caminhar pelas veredas de Deus e "chegar à Páscoa na alegria do Espírito" (Oração coleta do 1º domingo de Quaresma do Ano A).

Sem dúvida o demônio[140]

"O demônio existe também no século XXI e nós devemos aprender do Evangelho como lutar" contra ele para não cair na armadilha. Mas não devemos ser "ingênuos". Portanto, é necessário conhecer as suas estratégias para as tentações que têm sempre "três características": *começam devagar, depois aumentam por contágio e, por fim, encontram o modo para se justificarem.* O Papa Francisco admoestou que não devemos pensar que falar do demônio hoje é algo "antigo" e precisamente sobre esta questão focalizou a sua meditação.

O Pontífice falou explicitamente de "luta". Aliás, explicou *também* "a vida de Jesus foi uma luta: ele veio para vencer o mal, para vencer o príncipe deste mundo, para vencer o demônio". Assim "também nós cristãos, que queremos seguir Jesus, e que por meio do batismo estamos precisamente no caminho de Jesus, devemos conhecer bem esta verdade: também nós somos tentados, somos objeto do ataque do demônio". Mas, perguntou-se o Papa, "como faz o espírito do mal para nos afastar do caminho de Jesus com a sua tentação?". A resposta a esta interrogação é decisiva. "A tentação do demônio – explicou o Pontífice – tem três características e devemos conhecê-las para não cair nas armadilhas". Em primeiro lugar, "a tentação começa levemente mas cresce sempre". Depois "contagia outro": "transmite-se para outro, procura ser comunitária". E, por fim, para tranquilizar a alma, "justifica-se". *Portanto, as características da tentação exprimem-se com três palavras: "cresce, contagia e justifica-se".*

---

[140] Capela da Domus Sanctae Marthae, 11 de Abril de 2014 (Publicado no L'Osservatore Romano, ed. em português, n. 16 de 17 de Abril de 2014).

Mas se 'a tentação for rejeitada", depois "cresce e torna-se mais forte". Jesus, explica o Papa, adverte sobre isto no Evangelho de Lucas. Também nós, admoestou o Pontífice, "quando somos tentados, percorremos este caminho". É suficiente pensar nos mexericos: se temos "um pouco de inveja de uma pessoa qualquer", não a conservamos para nós mas acabamos por compartilhá-la, falando mal dela. "Todos somos tentados – afirmou o Pontífice – porque a lei da nossa vida espiritual, da nossa vida cristã, é uma luta".

Palavras do Papa às famílias no 37º Encontro Nacional da Renovação Carismática Católica[141]

As famílias são a igreja doméstica, nas quais Jesus cresce, cresce no amor dos cônjuges, cresce na vida dos filhos. E por isso o inimigo ataca muito a família: o demônio não a quer! E procura destruí-la, procura fazer com que o amor não esteja nela. As famílias são esta igreja doméstica. Os esposos são pecadores, como todos, mas querem ir em frente na fé, na sua fecundidade, nos filhos e na fé dos filhos. O Senhor abençoe a família, a fortaleça nesta crise na qual o diabo a quer destruir.

Discurso do Papa no Encontro com o Pastor Evangélico Giovanni Traettino[142]

[...] Não é o Senhor Jesus que faz a divisão! Quem faz a divisão é precisamente o Invejoso, o rei da inveja, o pai da inveja: aquele semeador de joio, Satanás. Ele intromete-se nas comunidades e faz as divisões, sempre! Desde o primeiro momento, do primeiro instante do cristianismo, na comunidade cristã houve esta tentação. "Eu sou deste"; "Eu sou daquele"; "Não! Eu sou a Igreja, tu és a seita"... E assim quem lucra é ele, o pai da divisão. Não o Senhor Jesus, que rezou pela unidade (*Jo* 17), rezou! [...]

A Igreja é Mãe[143]

Prezados irmãos e irmãs, bom dia!

Nas catequeses precedentes tivemos a oportunidade de frisar várias vezes que não nos tornamos cristãos sozinhos, ou seja, com as nossas próprias forças, autonomamente, e nem sequer nos tornamos cristãos no laboratório, mas somos gerados e crescemos na fé no interior do grande corpo que é a Igreja. Neste sentido, a Igreja é verdadeiramente mãe, a nossa mãe Igreja – é bonito

---

[141] Estádio Olímpico, 01 de Junho de 2014.
[142] Igreja Pentecostal da Reconciliação, Caserta, 28 de Julho de 2014.
[143] Audiência Geral, Praça de São Pedro, 03 de Setembro de 2014.

dizê-lo assim: a nossa mãe Igreja – uma mãe que nos dá vida em Cristo e que nos faz viver com todos os outros irmãos na comunhão do Espírito Santo.

Nesta sua maternidade, a Igreja tem como modelo a Virgem Maria, o modelo mais bonito e mais excelso que possa existir. Foi o que já as primeiras comunidades cristãs esclareceram e o Concílio Vaticano II expressou de modo admirável (cf. *Const. Lumen gentium*, 63-64). A maternidade de Maria é sem dúvida única, singular, cumprindo-se na plenitude dos tempos, quando a Virgem deu à luz o Filho de Deus, concebido por obra do Espírito Santo. E todavia, a maternidade da Igreja insere-se precisamente em continuidade com a de Maria, como uma sua prolongação na história. Na fecundidade do Espírito, a Igreja continua a gerar novos filhos em Cristo, sempre à escuta da Palavra de Deus e em docilidade ao seu desígnio de amor. A Igreja é mãe. Com efeito, o nascimento de Jesus no ventre de Maria, é prelúdio do nascimento de cada cristão no seio da Igreja, dado que Cristo é o primogénito de uma multidão de irmãos (cf. *Rm* 8,29) e o nosso primeiro irmão Jesus nasceu de Maria, é o modelo, e todos nós nascemos na Igreja. Então, compreendemos que a relação que une Maria à Igreja é mais profunda do que nunca: contemplemos Maria, descubramos o rosto mais belo e mais terno da Igreja; e olhemos para a Igreja, reconheçamos os lineamentos sublimes de Maria. Nós, cristãos, não somos órfãos, temos uma mãe, temos uma mãe, e isto é sublime! Não somos órfãos! A Igreja é mãe, Maria é mãe.

A Igreja é nossa mãe, porque nos deu à luz no Batismo. Cada vez que batizamos uma criança, ela torna-se filha da Igreja, entra na Igreja. E a partir daquele dia, como mãe cheia de desvelo, faz-nos crescer na fé e indica-nos com a força da Palavra de Deus o caminho de salvação, defendendo-nos do mal.

A Igreja recebeu de Jesus o tesouro precioso do Evangelho, não para o conservar para si mesma, mas para o oferecer generosamente aos outros, como faz uma mãe. Neste serviço de evangelização manifesta-se de modo peculiar a maternidade da Igreja, comprometida como mãe em oferecer aos seus filhos a alimento espiritual que nutre e faz fecundar a vida cristã. Portanto, todos nós somos chamados a acolher com mente e coração abertos a Palavra de Deus que a Igreja dispensa todos os dias, porque esta Palavra tem a capacidade de nos mudar a partir de dentro. Somente a Palavra de Deus tem esta capacidade de nos transformar positivamente a partir de dentro, das nossas raízes mais profundas. A Palavra de Deus tem este poder. E quem nos dá a Palavra de Deus? A mãe Igreja. Com esta palavra ela amamenta-nos como crianças, cuida de nós durante a vida com esta Palavra, e isto é sublime! É precisamente a mãe Igreja que, com a Palavra de Deus, nos muda a partir de dentro.

A Palavra de Deus que recebemos da mãe Igreja transforma-nos, tornando a nossa humanidade não palpitante segundo a mundanidade da carne, mas segundo o Espírito.

Na sua solicitude materna, a Igreja esforça-se por mostrar aos crentes o caminho a percorrer para viver uma existência fecunda de alegria e de paz. Iluminados pela luz do Evangelho e sustentados pela graça dos Sacramentos, especialmente pela Eucaristia, nós podemos orientar as nossas opções para o bem e atravessar com coragem e esperança os momentos de obscuridade e as veredas mais tortuosas. *O caminho de salvação, através do qual a Igreja nos guia e acompanha com a força do Evangelho e o sustentáculo dos Sacramentos, confere-nos a capacidade de nos defendermos do mal. A Igreja tem a coragem de uma mãe consciente de que deve defender os seus filhos dos perigos que derivam da presença de satanás no mundo, para os conduzir ao encontro com Jesus. Uma mãe defende sempre os seus filhos. Esta defesa consiste inclusive em exortar à vigilância: velar contra o engano e a sedução do maligno. Pois embora Deus tenha derrotado Satanás, ele volta sempre com as suas tentações; como sabemos, todos somos tentados, fomos tentados e somos tentados. Satanás vem "como um leão que ruge" (1Pd 5,8), diz o apóstolo Pedro, e temos o dever de não ser ingénuos, mas de vigiar e resistir firmes na fé. Resistir com os conselhos da mãe Igreja, resistir com a ajuda da mãe Igreja que, como uma boa mãe, sempre acompanha os seus filhos nos momentos difíceis.*

Caros amigos, esta é a Igreja, esta é a Igreja que todos nós amamos, esta é a Igreja que eu amo: uma mãe que tem a peito o bem dos seus filhos e é capaz de dar a própria vida por eles. No entanto, não devemos esquecer que a Igreja não é composta só por sacerdotes, nem por nós bispos, não, somos todos nós! A Igreja somos todos! Concordais? E também nós somos filhos, mas também mães de outros cristãos. Todos nós batizados, homens e mulheres, formamos juntos a Igreja. Quantas vezes na nossa vida não damos testemunho desta maternidade da Igreja, desta coragem materna da Igreja! Quantas vezes somos cobardes! Então, confiemo-nos a Maria para que Ela, como mãe do nosso Irmão primogénito, Jesus, nos ensine a ter o seu mesmo espírito materno em relação aos nossos irmãos, com a capacidade sincera de acolher, de perdoar, de dar força e de infundir confiança e esperança. É isto que faz uma mãe!

Anjos ou demônios[144]

A luta contra os planos astutos de destruição e desumanização levada a cabo pelo demônio – que "apresenta as coisas como se fossem boas" inventando até "explicações humanistas" – é "uma realidade quotidiana". E se nos pormos de lado, "seremos derrotados". Mas temos a certeza de que não estamos sozinhos nesta luta, porque o Senhor confiou aos arcanjos a tarefa de defender o homem. Foi precisamente o papel de Miguel, Gabriel e Rafael que o Papa Francisco recordou a 29 de Setembro, dia em que eles são celebrados.

O Pontífice realçou imediatamente que "as duas leituras que escutamos – tanto a do profeta *Daniel* (7,9-10.13-14) quanto a do Evangelho de *João* (1,47-51) – nos falam de glória: a glória do Céu, a corte do Céu, a adoração no Céu". Portanto, "há a glória" e "no centro desta glória há Jesus Cristo".

Uma realidade que a liturgia relança também no Evangelho. Assim, prosseguiu o Papa, "a Natanael que se surpreendia, Jesus diz: Mas, verás coisas maiores. Verás o céu aberto e os anjos de Deus subir e descer sobre o Filho do homem". E "evoca a imagem da escada de Jacob: Jesus está no centro da glória, Jesus é a glória do Pai". Uma glória que, esclareceu o bispo de Roma, "é promessa em Daniel, é promessa em Jesus. Mas é também promessa feita na eternidade".

Em seguida, o Pontífice fez referência a "outra leitura" tirada do *Apocalipse* (12,7-12). Também naquele texto, especificou, "fala-se sobre a glória, mas como luta". É "a luta entre o demônio e Deus", explicou. Mas "esta verifica-se depois de Satanás ter procurado destruir a mulher que está a dar à luz o filho". *Porque "Satanás procura sempre destruir o homem".*

"A tarefa do povo de Deus é custodiar em si o homem: o homem Jesus, porque é o homem que dá a vida a todos os homens, a toda a humanidade". E, por sua vez, "os anjos lutam para que o homem vença". Assim "o homem, o Filho de Deus, Jesus e o homem, a humanidade, todos nós, luta contra todas estas coisas que Satanás faz para o destruir". Com efeito, afirmou Francisco, "muitos projetos, exceto os próprios pecados, mas numerosos projetos de desumanização do homem são obra dele". Diante desta obra de Satanás "os anjos defendem-nos". É por esta razão que "a Igreja honra os anjos, porque são aqueles que estarão na glória de Deus – estão na glória de Deus – porque defendem o grande mistério escondido de Deus, ou seja, que o Verbo se fez carne".

---

[144] Capela da Domus Sanctae Marthae, 29 de Setembro de 2014 (Publicado no L'Osservatore Romano, ed. em português, n. 40 de 2 de Outubro de 2014).

Eis por que, disse o Papa, *"a luta é uma realidade quotidiana na vida cristã, no nosso coração, na nossa vida, na nossa família, no nosso povo, nas nossas igrejas". A ponto que "se não lutarmos, seremos derrotados". Mas "o Senhor confiou principalmente aos anjos esta tarefa de lutar e vencer"*. Recordando a festa dos arcanjos Miguel, Gabriel e Rafael, o Papa reafirmou que este é, com certeza, um dia particularmente adequado para se dirigir a eles. E também "para recitar aquela oração antiga mas muito bonita ao arcanjo Miguel, a fim de que continue a lutar para defender o mistério maior da humanidade: que o Verbo se fez homem, morreu e ressuscitou". Porque "este é o nosso tesouro".

Todos nós temos um anjo[145]

Todos nós temos um anjo sempre ao nosso lado, que nunca nos deixa sozinhos e que nos ajuda a não errar o caminho. E se soubermos ser como crianças, conseguiremos evitar a tentação da autossuficiência, que leva à soberba e ao carreirismo exasperado. Foi precisamente o papel decisivo dos anjos da guarda na vida dos cristãos que o Papa evocou durante a missa.

São duas as imagens – o anjo e a criança – que "a Igreja nos faz ver na liturgia de hoje". O livro do *Êxodo* 23.20-23a, em especial, propõe-nos "a imagem do anjo" que "o Senhor oferece ao seu povo para o ajudar no seu caminho". Portanto, "a vida é um caminho, a nossa vida é uma senda que termina naquele lugar que o Senhor nos preparou".

Contudo, "ninguém caminha sozinho!". E "se alguém de nós julgar que pode caminhar sozinho, cometeria um erro enorme", que "é a soberba: pensar que é grande!" e acaba por ter a atitude de "suficiência" que o leva a dizer a si mesmo: "Eu posso, consigo" sozinho.

Mas o Senhor dá uma indicação clara ao seu povo: "Vai, farás o que eu te disser. Caminharás na tua vida, mas dar-te-ei uma ajuda que te recordará constantemente o que deves fazer". Assim, "diz ao seu povo como deve ser a atitude diante do seu anjo". Eis a primeira recomendação: "Respeita a sua presença". E depois: "Ouve a sua voz e não te revoltes contra ele". Por isso, além de "respeitar", é preciso saber também "ouvir" e "não se revoltar". No fundo, explicou o Papa, "é a atitude dócil, mas não específica, da obediência devida ao pai, própria do filho". Trata-se da "obediência da sabedoria, de ouvir os conselhos e escolher o melhor, segundo os conselhos". E é preciso "manter o coração aberto para pedir e ouvir conselhos".

---

[145] Capela da Domus Sanctae Marthae, 02 de outubro de 2014 (Publicado no L'Osservatore Romano, ed. em português, n. 41 de 9 de Outubro de 2014).

O trecho do Evangelho de *Mateus* 18,1-5.10, propõe a segunda imagem, da criança. "Os discípulos perguntavam-se quem era o maior deles. Havia uma disputa interna: o carreirismo. Eles, que eram os primeiros bispos, sentiam a tentação do carreirismo". Mas "Jesus ensina-lhes a atitude autêntica": chama uma criança, põe-na no meio deles e indica-lhes expressamente "a docilidade, a necessidade de conselho e de ajuda, pois a criança é o sinal de tais carências para ir em frente".

"O caminho é este", garantiu o Pontífice, e não aquele de estabelecer "quem é maior". Na realidade, "será maior" aquele que se tornar como uma criança. Aqui o Senhor "faz uma ligação misteriosa que não se pode explicar, mas é verdadeira", e diz: "Guardai-vos de menosprezar um só destes pequeninos, porque vos digo que os seus anjos contemplam sem cessar a face do meu Pai que está nos céus".

Em síntese, "é como se dissesse: se tiverdes uma atitude de docilidade, de ouvir os seus conselhos com o coração aberto, de não desejar ser maiores, de não querer caminhar sozinhos pela senda da vida, estareis mais próximos da atitude de uma criança, mais próximos da contemplação do Pai".

"Segundo a tradição da Igreja, todos nós temos um anjo, que nos preserva e nos dá conselhos". De resto, disse o Papa, "quantas vezes ouvimos: 'Deverias agir assim... isto não está bem... presta atenção!'". É "a voz deste nosso companheiro de viagem". E podemos estar "certos de que, com os seus conselhos, ele nos guiará até ao fim da nossa vida". Por isso, é preciso "ouvir a sua voz, sem se revoltar". Aliás, "a rebelião, o desejo de ser independente, é algo que todos nós temos: é a mesma soberba que também o nosso pai Adão teve no paraíso terrestre". "Expulsar o companheiro de caminho é perigoso". Com efeito, "há o Espírito Santo, o anjo, que me aconselha". Depois, convidou a não considerar "a doutrina dos anjos um pouco fantasiosa", pois trata-se de uma "realidade".

Em conclusão, o Papa propôs uma série de perguntas a fim de que cada um possa fazer um exame de consciência.

Corações em alerta[146]

Guardamos bem o nosso coração? Preservámo-lo das contínuas tentativas do demônio de entrar e permanecer nele? Perguntou o Papa refletindo sobre o trecho litúrgico do Evangelho de *Lucas* 11,15-26: "uma triste história", disse,

---

[146] Capela da Domus Sanctae Marthae, 10 de Outubro de 2014 (Publicado no L'Osservatore Romano, ed. em português, n. 42 de 16 de Outubro de 2014).

que começa com Jesus que expulsa um demônio "e acaba no momento em que os demônios voltam à alma da pessoa da qual foram expulsos".

É uma situação que recorre na vida de cada homem porque, recordou o Pontífice citando o trecho lucano, "quando o espírito impuro sai do homem, paira por lugares desertos, procurando alívio, e não o encontrando diz: voltarei para a minha casa". E eis que o demônio, encontrando a alma em paz, "vai, toma outros sete espíritos piores do que ele, entram nela e habitam-na". E assim "a condição seguinte daquele homem torna-se pior que a anterior".

Com efeito o demônio, explicou o bispo de Roma, nunca desanima, "é paciente" e volta continuamente, até "no fim da vida" porque ele "não abandona o que quer para si".

Também Jesus experimentou esta realidade: no Evangelho de *Lucas* lê-se que "depois das tentações no deserto" o demônio o deixava em paz por um certo tempo, mas depois "voltava de novo". E os demônios "armavam-lhe ciladas" até ao fim, até à paixão, "até à Cruz", dizendo-lhe: "Se és o Filho de Deus... vem, vem conosco, assim acreditaremos". É – explicou Francisco – o que acontece também conosco quando alguém nos tenta perguntando-nos: 'Mas tu és capaz?'. E maliciosamente desafia-nos dizendo: "Não, não és capaz". Por isso "Jesus fala de um homem forte, bem armado, que está de guarda ao seu palácio, à sua casa", porque o coração de cada um de nós é como uma casa. E então, perguntou o Pontífice, "eu estou de guarda ao meu coração?".

Com efeito, é preciso "guardar este tesouro no qual habita o Espírito Santo, para que não entrem os outros espíritos". E é necessário fazê-lo "como se guarda uma casa, uma chave". De resto, disse o Papa, nas nossas casas utilizamos "tantos meios de segurança" para nos defendermos dos ladrões. Fazemos o mesmo com o nosso coração? Ou deixamos "a porta aberta"? É preciso "vigiar", recomendou Francisco, porque o demônio, mesmo se foi "expulso com o batismo, vai, procura outros sete piores do que ele, e volta".

Eis então que é necessária uma atenção contínua. É preciso questionar-se: "O que acontece ali", dentro de nós? "Sou a sentinela do meu coração?". Aprendamos, sugeriu o Pontífice, da nossa vida diária: "Quem de nós fica tranquilo, quando está em casa, em qualquer uma das partes da casa, se vir uma pessoa que não conhece? Ninguém!". E dirige-se imediatamente ao desconhecido: "Mas você quem é? Quem o deixou entrar? Por onde entrou?". Pode acontecer o mesmo também em nós. "Quantas vezes entram os maus pensamentos, as más intenções, os ciúmes, as invejas. Entram tantas coisas. E quem abriu a porta? Por onde entraram?". E se não nos apercebemos de quem deixamos entrar no nosso coração, ele "torna-se uma praça, onde todos entram e saem". Falta a intimidade. E ali "o Senhor não pode falar nem sequer ser ouvido".

Então acontece que, mesmo se o nosso coração "é o lugar onde receber o Espírito Santo", sem a justa vigilância "o Espírito acaba posto de lado", como se o fechássemos num armário". E ali o espírito fica "triste".

Como fazer então para evitar que isto aconteça? O Papa respondeu citando uma expressão usada por Jesus "que parece um pouco estranha: 'Quem não recolhe comigo, dissipa'". Partindo da palavra 'recolher', Francisco explicou que é preciso "ter um coração recolhido", um coração no qual conseguimos estar cientes do "que acontece". Neste sentido é recomendável a prática, muito antiga "mas boa", do exame de consciência. "Quem de nós – perguntou o Papa – à noite permanece sozinho" e no silêncio "questiona-se: o que aconteceu hoje no meu coração? O que entrou no meu coração?".

É uma prática importante, uma verdadeira "graça" que nos pode ajudar a ser bons guardas. Porque, recordou o Papa, "os diabos voltam sempre. Até no fim da vida". E para cuidar que os demônios não entrem no nosso coração é preciso saber "estar em silêncio diante de si mesmos e diante de Deus", para verificar se na nossa casa "entrou alguém" que não conhecemos e se "a chave está no seu lugar". Isto, concluiu o Pontífice, "ajudar-nos-á a defender-nos de tantas maldades, também das que nós podemos fazer". Porque "estes demônios são muito astutos", e são capazes de enganar todos.

Uma luta agradabilíssima[147]

A vida do cristão é "uma milícia", e são necessárias "força e coragem" para "resistir" às tentações do diabo e para "anunciar" a verdade. Mas esta "luta é agradabilíssima", porque quando o Senhor vence a cada passo da nossa vida, dá-nos alegria e "grande felicidade". Meditando sobre as palavras de Paulo na Carta aos Efésios *6,10-20 e sobre a sua "linguagem militar", o Papa falou daquela que os teólogos descrevem como a "luta espiritual: para ir em frente na vida espiritual é preciso lutar!".*

São necessárias "força e coragem", porque não se trata de um "simples embate", mas de uma "luta contínua" contra o "príncipe das trevas", do cerrado confronto evocado pelo Catecismo, no qual "nos ensinaram que os inimigos da vida cristã são três: o diabo, o mundo e a carne". Trata-se da luta diária contra

---
[147] Capela da Domus Sanctae Marthae, 30 de Outubro de 2014 (Publicado no L'Osservatore Romano, ed. em português, n. 45 de 6 de Novembro de 2014).

a "mundanidade", a "inveja, luxúria, soberba, gula, orgulho, ciúmes", paixões que "são as feridas do pecado original". Então, alguém poderia perguntar: "Mas a salvação que Jesus nos dá é gratuita"? Sim, respondeu Francisco, "mas tu deves defendê-la!". E, como escreve Paulo, para o fazer é preciso "vestir a armadura de Deus", pois *"não se pode pensar numa vida espiritual, cristã", sem "resistir às tentações, sem lutar contra o diabo". E pensar que nos queriam fazer crer "que o diabo era um mito, uma figura, uma ideia do mal!". Ao contrário, "o diabo existe e nós devemos lutar contra ele". São Paulo recorda: "É a palavra de Deus que no-lo diz", mas parece que "não estamos convictos" desta realidade.*

Mas como é a "armadura de Deus"? É o apóstolo que nos dá alguns pormenores: "Permanecei firmes, cingi-vos com a verdade". Por isso, é preciso sobretudo a verdade, pois "o diabo é o mentiroso, o pai dos mentirosos"; depois – diz Paulo – é preciso vestir "a couraça da justiça", e o bispo de Roma explicou que "não podemos ser cristãos sem labutar incessantemente para ser justos". E ainda: "Os pés calçados e prontos para propagar o Evangelho da paz", pois "o cristão é um homem, uma mulher de paz" e se não tiver "paz no coração" algo não funciona: é a paz que "nos dá força para lutar".

Enfim, na *Carta aos Efésios* lê-se: "Agarrai-vos sempre ao escudo da fé". O Pontífice meditou sobre este detalhe: "Muito nos ajudaria, se nos perguntássemos: como vai a minha fé? Creio ou não creio? Ou creio um pouco sim, um pouco não? Sou um pouco mundano e um pouco crente?". Quando recitamos o Credo, fazemo-lo só com "palavras"? Estamos conscientes de que "sem a fé não se pode ir em frente, não se pode defender a salvação de Jesus?".

Evocando o trecho do capítulo 9 de *João*, no qual Jesus cura um jovem que os fariseus não queriam acreditar que era cego, o Papa observou que Jesus não perguntou ao jovem: "Estás contente? És feliz? Viste que sou bom?", mas: "Crês no Filho do homem? Tens fé?". E dirige-nos a mesma pergunta "todos os dias". Uma pergunta iniludível, pois "se a nossa fé é fraca, o diabo derrotar-nos-á". O escudo da fé não só nos defende, mas também nos dá vida. Assim, diz Paulo, conseguiremos "apagar todas as setas inflamadas do maligno", pois ele "não nos lança flores", mas "setas inflamadas, venenosas, para nos matar".

Da armadura do cristão fazem parte também o "elmo da salvação", a "espada do Espírito", da oração. Paulo recorda: "Rezai em todas as ocasiões!". E o Pontífice reiterou: não se pode "levar uma vida cristã sem a vigilância".

Por isso, a vida cristã pode ser considerada "uma milícia". Mas é uma "luta agradabilíssima", porque nos dá "a alegria de saber que o Senhor venceu em nós, com a gratuidade da sua salvação". No entanto, concluiu o Papa, somos todos "um pouco indolentes" e "deixamo-nos levar pelas paixões e por algumas tentações". E embora "sejamos pecadores", não devemos desanimar, "porque ao nosso lado está o Senhor, que nos dá tudo", levando-nos "a vencer este pequeno passo de hoje", a nossa luta diária, com a "graça da força, da coragem, da prece, da vigilância e da alegria".

Homilia Santa Missa no Rizal Park[148]

"Um menino nasceu para nós, um filho nos foi dado" *Isaías* 9,5. Sinto uma alegria particular por celebrar convosco o domingo do "Santo Niño". A imagem do Santo Menino Jesus acompanhou a difusão do Evangelho neste país desde o início. Vestido com os trajes reais, coroado e ornado com o ceptro, o globo e a cruz, recorda-nos continuamente a ligação entre o Reino de Deus e o mistério da infância espiritual. Disto mesmo nos fala Ele no Evangelho de hoje: "Quem não receber o Reino de Deus como um pequenino, não entrará nele" (*Mc* 10,15). O "Santo Niño" continua a anunciar-nos que a luz da graça de Deus brilhou sobre um mundo que habitava nas trevas, trazendo a Boa-Nova da nossa libertação da escravidão e guiando-nos pela senda da paz, do direito e da justiça. Além disso, recorda-nos que fomos chamados para espalhar o Reino de Cristo no mundo.

Ao longo da minha visita, ouvi-vos cantar: "Somos todos filhos de Deus". Isto é o que o "Santo Niño" nos vem dizer. Recorda-nos a nossa identidade mais profunda. Todos nós somos filhos de Deus, membros da família de Deus. São Paulo disse-nos hoje que, em Cristo, nos tornamos filhos adotivos de Deus, irmãos e irmãs em Cristo. Isto é o que nós somos. Esta é a nossa identidade. Vimos uma belíssima expressão disto, quando os filipinos se uniram em torno dos nossos irmãos e irmãs atingidos pelo tufão.

O Apóstolo diz-nos que fomos abundantemente abençoados porque Deus nos escolheu: "no alto do Céu [Ele] nos abençoou com toda a espécie de bênçãos espirituais em Cristo" (*Ef* 1,3). Estas palavras têm uma ressonância especial nas Filipinas, porque é o maior país católico na Ásia. E isto é já um dom especial de Deus, uma bênção especial; mas é também uma vocação: os filipinos estão chamados a serem exímios missionários da fé na Ásia.

---
[148] Rizal Park, Manila, 18 de Janeiro de 2015.

Deus escolheu-nos e abençoou-nos com uma finalidade: sermos santos e irrepreensíveis na sua presença (cf. *Ef* 1,4). Escolheu cada um de nós para ser testemunha, neste mundo, da sua verdade e da sua justiça. Criou o mundo como um jardim esplêndido e pediu-nos para cuidar dele. Todavia, com o pecado, o homem desfigurou aquela beleza natural; pelo pecado, o homem destruiu também a unidade e a beleza da nossa família humana, criando estruturas sociais que perpetuam a pobreza, a ignorância e a corrupção.

Às vezes, vendo os problemas, as dificuldades e as injustiças, somos tentados a desistir. Quase parece que as promessas do Evangelho não são realizáveis, são irreais. Mas a *Bíblia* diz-nos que a grande ameaça ao plano de Deus a nosso respeito é, e sempre foi, a mentira. *O diabo é o pai da mentira. Muitas vezes, ele esconde as suas insídias por detrás da aparência da sofisticação, do fascínio de ser "moderno", de ser "como todos os outros". Distrai-nos com a vista de prazeres efêmeros e passatempos superficiais. Desta forma, desperdiçamos os dons recebidos de Deus, entretendo-nos com apetrechos fúteis; gastamos o nosso dinheiro em jogos de azar e na bebida; fechamo-nos em nós mesmos. Esquecemos de nos centrar nas coisas que realmente contam. Esquecemo-nos de permanecer interiormente como crianças.* Isto é pecado: esquecer-se, no próprio coração, de que somos crianças de Deus. Na realidade, estas – como nos ensina o Senhor – têm uma sabedoria própria, que não é a sabedoria do mundo. É por isso que a mensagem do "Santo Niño" é tão importante. Fala profundamente a cada um de nós; recorda-nos a nossa identidade mais profunda, aquilo que somos chamados a ser como família de Deus.

O *"Santo Niño"* recorda-nos também que esta identidade deve ser protegida. Cristo Menino é o protetor deste grande país. Quando Ele veio ao nosso mundo, a sua própria vida esteve ameaçada por um rei corrupto. O próprio Jesus viu-Se na necessidade de ser protegido. Ele teve um protetor na terra: São José. Teve uma família aqui na terra: a Sagrada Família de Nazaré. Desta forma, recorda-nos a importância de proteger as nossas famílias e a família mais ampla que é a Igreja, a família de Deus, e o mundo, a nossa família humana. Hoje, infelizmente, a família tem necessidade de ser protegida de ataques insidiosos e programas contrários a tudo o que nós consideramos de mais verdadeiro e sagrado, tudo o que há de mais nobre e belo na nossa cultura.

No Evangelho, Jesus acolhe as crianças, abraça-as e abençoa-as. Também nós temos o dever de proteger, guiar e encorajar os nossos jovens, ajudando-os a construir uma sociedade digna do seu grande patrimônio espiritual e cultural. Especificamente, temos necessidade de ver cada criança como um dom que deve ser acolhido, amado e protegido. E devemos cuidar dos jovens, não permitindo que lhes seja roubada a esperança e sejam condenados a viver pela estrada.

Uma criança frágil trouxe ao mundo a bondade de Deus, a misericórdia e a justiça. Resistiu à desonestidade e à corrupção, que são a herança do pecado, e triunfou sobre elas com o poder da Cruz. Agora, no final da minha visita às Filipinas, entrego-vos a Jesus que veio estar entre nós como criança. Que Ele torne todo o amado povo deste país capaz de trabalhar unido, de se proteger mutuamente a começar pelas vossas famílias e comunidades, na construção dum mundo de justiça, integridade e paz. O *"Santo Niño"* continue a abençoar as Filipinas e a sustentar os cristãos desta grande nação na sua vocação de ser testemunhas e missionários da alegria do Evangelho, na Ásia e no mundo inteiro.

Por favor, não vos esqueçais de rezar por mim. Deus vos abençoe!

Homilia Santa Missa Crismal[149]

"A minha mão estará sempre com ele / e o meu braço há-de torná-lo forte" (*Sl* 89/88,22). Assim pensa o Senhor, quando diz para consigo: "Encontrei David, meu servo, / e ungi-o com óleo santo" (v. 21). Assim pensa o nosso Pai cada vez que "encontra" um padre. E acrescenta: "A minha fidelidade e o meu amor estarão com ele / (...) Ele me invocará, dizendo: 'Tu és meu pai, / és o meu Deus e o rochedo da minha salvação'" (vv. 25.27).

Faz-nos muito bem entrar, com o Salmista, neste solilóquio do nosso Deus. Ele fala de nós, os seus sacerdotes, os seus padres; na realidade, porém, não é um solilóquio, não fala sozinho. É o Pai que diz a Jesus: "Os teus amigos, aqueles que Te amam, poderão dizer-Me de uma maneira especial: 'Tu és o meu Pai'" (cf. *Jo* 14, 21). E, se o Senhor pensa e Se preocupa tanto com o modo como poderá ajudar-nos, é porque sabe que a tarefa de ungir o povo fiel não é fácil, é dura; causa fadiga e leva-nos ao cansaço. E nós experimentamo-lo em todas as suas formas: desde o cansaço habitual do trabalho apostólico diário até ao da doença e da morte, incluindo o consumar-se no martírio.

O cansaço dos sacerdotes! Sabeis quantas vezes penso nisto, no cansaço de todos vós? Penso muito e rezo com frequência, especialmente quando sou eu que estou cansado. Rezo por vós que trabalhais no meio do povo fiel de Deus, que vos foi confiado; e muitos fazem-no em lugares demasiado isolados e perigosos. E o nosso cansaço, queridos sacerdotes, é como o incenso que sobe

---
[149] Basílica Vaticana, 02 de Abril de 2015.

silenciosamente ao Céu (cf. *Sl* 141/140,2; *Ap* 8,3-4). O nosso cansaço eleva-se diretamente ao coração do Pai.

Estai certos de que também Nossa Senhora Se dá conta deste cansaço e, imediatamente, fá-lo notar ao Senhor. Como Mãe, sabe compreender quando os seus filhos estão cansados, e só disso se preocupa. "Bem-vindo! Descansa, filho. Depois falamos... Não estou aqui eu, que sou tua Mãe?": dir-nos-á ao abeirarmo-nos d'Ela (cf. *Evangelii gaudium*, 286). E dirá, ao seu Filho, como em Caná: "Não têm vinho!" (*Jo* 2,3).

Pode acontecer também que, ao sentir o peso do trabalho pastoral, nos venha a tentação de descansarmos de um modo qualquer, como se o repouso não fosse uma coisa de Deus. Não caiamos nesta tentação! A nossa fadiga é preciosa aos olhos de Jesus, que nos acolhe e faz levantar o ânimo: "Vinde a Mim, todos os que estais cansados e oprimidos, que Eu hei-de aliviar-vos" (*Mt* 11,28). Se uma pessoa sabe que, morta de cansaço, pode prostrar-se em adoração e dizer: "Senhor, por hoje basta!", rendendo-se ao Pai, sabe também que, ao fazê-lo, não cai mas renova-se, pois o Senhor que ungiu com o óleo da alegria o povo fiel de Deus, também unge a ela: "Muda a sua cinza em coroa, o seu semblante triste em perfume de festa e o seu abatimento em cantos de festa" (cf. *Is* 61,3).

Tenhamos bem em mente que uma chave da fecundidade sacerdotal reside na forma como repousamos e como sentimos que o Senhor cuida do nosso cansaço. Como é difícil aprender a repousar! Nisto transparece a nossa confiança e a consciência de que também nós somos ovelhas e temos necessidade do pastor que nos ajude. A propósito, podem ajudar-nos algumas perguntas.

Sei repousar recebendo o amor, a gratidão e todo o carinho que me dá o povo fiel de Deus? Ou, depois do trabalho pastoral, procuro repousos mais refinados: não os repousos dos pobres, mas os que oferece a sociedade de consumo? O Espírito Santo é verdadeiramente, para mim, "repouso na fadiga", ou apenas Aquele que me faz trabalhar? Sei pedir ajuda a qualquer sacerdote experiente? Sei repousar de mim mesmo, da minha auto-exigência, da minha auto-complacência, da minha auto-referencialidade? Sei conversar com Jesus, com o Pai, com a Virgem Maria e São José, com os meus Santos padroeiros e amigos, para repousar nas suas exigências – que são suaves e leves – nas suas complacências – eles gostam de estar na minha companhia – e nos seus interesses e referências – só lhes interessa a maior glória de Deus? Sei repousar dos meus inimigos, sob a proteção do Senhor? Vou argumentando, tecendo e ruminando repetidamente cá para comigo a minha defesa, ou confio-me ao Espírito Santo que me ensina o que devo dizer em cada ocasião? Preocupo-me e afano-me excessivamente ou encontro repouso, dizendo como Paulo: "Sei em quem acreditei" (*2Tm* 1,12).

Repassemos brevemente os compromissos dos sacerdotes, que proclama a liturgia de hoje: levar a Boa-Nova aos pobres, anunciar a libertação aos cativos e a cura aos cegos, dar a liberdade aos oprimidos e proclamar o ano de graça do Senhor. Isaías diz também cuidar daqueles que têm o coração despedaçado e consolar os aflitos.

Não são tarefas fáceis, não são tarefas externas, como, por exemplo, as atividades manuais: construir um novo salão paroquial, ou traçar as linhas dum campo de futebol para os jovens do oratório, etc. Os compromissos mencionados por Jesus envolvem a nossa capacidade de compaixão: são compromissos nos quais o nosso coração estremece e se comove. Alegramo-nos com os noivos que vão casar; rimos com a criança que trazem para batizar; acompanhamos os jovens que se preparam para o matrimônio e para ser família; entristecemo-nos com quem recebe a extrema-unção no leito do hospital; choramos com os que enterram uma pessoa querida... Tantas emoções! Se tivermos o coração aberto, estas emoções e tanto carinho cansam o coração do pastor. Para nós, sacerdotes, as histórias do nosso povo não são um noticiário: conhecemos a nossa gente, podemos adivinhar o que se passa no seu coração; e o nosso, sofrendo com eles, vai-se desgastando, divide-se em mil pedaços, compadece-se e parece até ser comido pelas pessoas: tomai, comei. Esta é a palavra que o sacerdote de Jesus sussurra sem cessar, quando está a cuidar do seu povo fiel: tomai e comei, tomai e bebei... E, assim, a nossa vida sacerdotal se vai doando no serviço, na proximidade ao povo fiel de Deus, etc., o que sempre, sempre cansa.

Gostaria agora de partilhar convosco alguns cansaços, em que meditei.

Temos aquele que podemos chamar "o cansaço do povo, o cansaço das multidões": para o Senhor, como o é para nós, era desgastante – di-lo o Evangelho – mas é um cansaço bom, um cansaço cheio de frutos e de alegria. O povo que O seguia, as famílias que Lhe traziam os seus filhos para que os abençoasse, aqueles que foram curados e voltavam com os seus amigos, os jovens que se entusiasmavam com o Mestre... Não Lhe deixavam sequer tempo para comer. Mas o Senhor não Se aborrecia de estar com a gente. Antes, pelo contrário, parecia que ganhava nova energia (cf. *Evangelii gaudium*, 11). Este cansaço habitual no meio da nossa atividade é uma graça que está ao alcance de todos nós, sacerdotes (cf. *ibid.*, 279). Como é belo tudo isto: o povo amar, desejar e precisar dos seus pastores! O povo fiel não nos deixa sem atividade direta, a não ser que alguém se esconda num escritório ou passe pela cidade com vidros escuros. E este cansaço é bom, é um cansaço saudável. É o cansaço do sacerdote com o cheiro das ovelhas, mas com o sorriso de um pai que contempla os seus filhos ou os seus netinhos. Isto não tem nada a ver com aqueles que conhecem perfumes caros e te olham de cima e de longe (cf. *ibid.*, 97). Somos os amigos do noivo: esta é a nossa alegria. Se Jesus está apascentando o rebanho no meio de nós, não podemos ser pastores com a cara azeda ou melancólica, nem – o que é pior – pastores enjoados. Cheiro de ovelhas e sorriso de pais... Muito cansados, sim; mas com a alegria de quem ouve o seu Senhor que diz: "Vinde, benditos de meu Pai!" (*Mt* 25,34).

Existe depois aquele que podemos chamar "o cansaço dos inimigos". O diabo e os seus sectários não dormem e, uma vez que os seus ouvidos não suportam a Palavra de Deus, trabalham incansavelmente para a silenciar ou distorcer. Aqui o cansaço de enfrentá-los é mais árduo. Não se trata apenas de fazer o bem, com toda a fadiga que isso implica, mas é preciso também defender o rebanho e defender-se a si mesmo do mal (cf. Evangelii gaudium, 83). O maligno é mais astuto do que nós e é capaz de destruir num instante aquilo que construímos pacientemente durante muito tempo. Aqui é preciso pedir a graça de aprender a neutralizar (é um hábito importante: aprender a neutralizar): neutralizar o mal, não arrancar a cizânia, não pretender defender como super-homens aquilo que só o Senhor deve defender. Tudo isto nos ajuda a não deixarmos cair os braços à vista da espessura da iniquidade, frente à zombaria dos malvados. Eis a palavra do Senhor para estas situações de cansaço: "Tende confiança! Eu já venci o mundo" (Jo 16,33). E esta palavra dar-nos-á força.

E, por último (último, para que esta homilia não vos canse demasiado!), há também "o cansaço de nós próprios" (cf. *Evangelii gaudium*, 277). É talvez o mais perigoso. Porque os outros dois derivam do fato de estarmos expostos, de sairmos de nós mesmos para ungir e servir (somos aqueles que cuidam). Diversamente, este cansaço é mais auto-referencial: é a desilusão com nós mesmos, mas sem a encararmos de frente, com a alegria serena de quem se descobre pecador e carecido de perdão, de ajuda; é que, neste caso, a pessoa pede ajuda e segue em frente. Trata-se do cansaço que resulta de "querer e não querer", de ter apostado tudo e depois pôr-se a chorar pelos alhos e as cebolas do Egito, de jogar com a ilusão de sermos outra coisa qualquer. Gosto de lhe chamar o cansaço de "fazer a corte ao mundanismo espiritual". E, quando uma pessoa fica sozinha, dá-se conta de quantos setores da vida foram impregnados por este mundanismo e temos até a impressão de que não há banho que o possa lavar. Aqui pode haver um cansaço mau. A palavra do *Apocalipse* indica-nos a causa deste cansaço: "Tens constância, sofreste por causa de

Mim, sem te cansares. No entanto, tenho uma coisa contra ti: abandonaste o teu primeiro amor" (2,3-4). Só o amor dá repouso. Aquilo que não se ama, cansa de forma má; e, com o passar do tempo, cansa de forma pior.

A imagem mais profunda e misteriosa do modo como o Senhor cuida do nosso cansaço pastoral – "Ele que amara os seus (…), levou o seu amor por eles até ao extremo" (*Jo* 13,1) – é a cena do lava-pés. Gosto de a contemplar como o lava-seguimento. O Senhor purifica o próprio seguimento, Ele "envolve-Se" conosco (*Evangelii gaudium*, 24), tem pessoalmente o cuidado de lavar todas as manchas, aquela sujeira mundana e gordurosa que se apegou a nós no caminho que percorremos em seu Nome.

Sabemos que, nos pés, se pode ver como está todo o nosso corpo. No modo de seguir o Senhor, manifesta-se como está o nosso coração. As chagas dos pés, os entorses e o cansaço são sinal de como O seguimos, das estradas que percorremos à procura das ovelhas perdidas, tentando conduzir o rebanho aos prados verdejantes e às águas tranquilas (cf. *ibid.*, 270). O Senhor lava-nos e purifica-nos de tudo aquilo que se acumulou nos nossos pés ao segui-l'O. E isto é sagrado. Não permitais que fique manchado. Como Ele beija as feridas de guerra, assim lava a sujeira do trabalho.

O seguimento de Jesus é lavado pelo próprio Senhor para que nos sintamos no direito de ser e viver "alegres", "satisfeitos", "sem medo nem culpa" e, assim, tenhamos a coragem de sair e ir, "a todas as periferias até aos confins do mundo", levar esta Boa-Nova aos mais abandonados, sabendo que "Ele estará sempre conosco até ao fim dos tempos". E, por favor, peçamos a graça de aprender a estar cansados, mas com um cansaço bom!

Pelo caminho da humildade[150]

Para contemplar Jesus na Cruz não é necessário deter-nos diante das pinturas até muito bonitas, mas que contudo não representam a dura realidade daquele suplício dilacerante. Sugeriu-o o Papa, evocando a imagem da "serpente feia" para tornar ainda mais viva e incisiva a meditação. A ponto que precisamente a Cruz e a serpente estiveram no centro da homilia da Missa de segunda-feira, na qual participaram os cardeais conselheiros.

"Parece que o protagonista destas leituras de hoje é a serpente e aqui há uma mensagem", realçou de fato Francisco. Sim "há uma profunda profecia nesta apresentação da serpente" que, explicou, "foi o primeiro animal a ser

---

[150] Capela da *Domus Sanctae Marthae*, 14 de Setembro de 2015 (Publicado no L'Osservatore Romano, ed. em português, n. 38 de 17 de setembro de 2015).

apresentado ao homem, o primeiro sobre o qual se fala na *Bíblia*", com a definição de "mais astuto entre os animais selvagens que o Senhor tinha criado". E "a figura da serpente não é bonita, causa sempre medo": não obstante "a pele da serpente seja bonita", permanece o fato de que a serpente tem uma atitude que assusta.

O *Genesis*, afirmou o Papa, "diz que é 'a mais astuta'" mas também que é uma encantadora e tem a capacidade de seduzir, de nos fascinar. Mais ainda: "é uma mentirosa, é uma invejosa porque devido à inveja do diabo, da serpente, o pecado entrou no mundo". Mas "tem esta capacidade da sedução para nos arruinar: promete-te muitas coisas, mas na hora de pagar paga mal, é uma má pagadora". Porém, frisou o Pontífice, a serpente "possui esta capacidade de seduzir, de encantar". Paulo, por exemplo, "irrita-se com os cristãos de Galácia que lhe deram muito trabalho" e diz-lhes: "Estultos Gálatas, quem vos encantou? A vós que fostes chamados à liberdade, quem vos encantou?". Quem os corrompeu foi precisamente a serpente "e esta não é uma novidade: estava na consciência do povo de Israel".

Repropondo o trecho hodierno, tirado do livro dos *Números* (21,4-9), Francisco recordou que "para salvar daquele veneno das serpentes o Senhor disse a Moisés que fizesse uma serpente de bronze: quem olhava para aquela serpente salvava-se". E "esta é uma figura, uma profecia, uma promessa: uma promessa não fácil de compreender". O Evangelho de hoje (*Jo* 3,13-17) narra-nos também que "o próprio Jesus explica a Nicodemos um pouco mais" o gesto de Moisés: com efeito, assim como ele "enalteceu a serpente no deserto, também deve ser enaltecido o Filho do homem, para que quem nele acreditar tenha a vida eterna". Em síntese, o Papa disse, "aquela serpente de bronze era uma figura de Jesus elevado na Cruz".

Por que razão, perguntou Francisco, "o Senhor tomou como exemplo esta figura tão feia, tão má?". Simplesmente – foi a sua resposta – "porque ele veio para carregar sobre si todos os nossos pecados", tornando-se "o maior pecador sem ter cometido pecado algum".

Assim Paulo narra que Jesus se fez pecado por nós: portanto, retomando a figura Cristo fez-se serpente. "É feio!", comentou o Pontífice. Mas deveras "Ele fez-se pecado para nos salvar: é este o significado da mensagem da liturgia da Palavra de hoje". É exatamente "o percurso de Jesus: Deus fez-se homem e assumiu sobre si o pecado".

Na carta aos *Filipenses* (2,6-11), proposta pelas leituras de hoje, Paulo explica este mistério, também porque, realçou o Papa, gostava muito dele. "Mesmo estando na condição de Deus, Jesus não considerou um privilégio ser como Deus, mas esvaziou-se a si mesmo, assumindo uma condição de servo, tornando-se semelhante aos homens; humilhou-se a si mesmo, tornando-se obediente até à morte, e morte de Cruz".

Por conseguinte, repetiu Francisco, "aniquilou-se a si mesmo: tornou-se pecado por nós, Ele que não conhecia o pecado". Este, portanto, "é o mistério" e nós "podemos dizer: tornou-se uma serpente feia, que dá repulsão, por assim dizer".

Há muitas pinturas, afirmou Francisco, que nos ajudam a contemplar "Jesus na Cruz, mas a realidade é outra: era tudo deturpado, ensanguentado pelos nossos pecados". Aliás, "este é o caminho que Ele percorreu para vencer a serpente no seu campo". Portanto, sugeriu o Papa, é necessário "olhar sempre para a Cruz de Jesus, mas não para aquelas cruzes artísticas, bem pintadas": ao contrário, olhar "para a realidade, o que era a Cruz naquele tempo". E "olhar para o seu percurso", recordando que "se aniquilou a si mesmo, se rebaixou para nos salvar".

"Também este é o caminho do cristão", continuou o Pontífice. Com efeito, "se um cristão quiser ir em frente pelo caminho da vida cristã deve rebaixar-se, como Jesus se rebaixou: é o caminho da humildade" que prevê "que se carregue sobre si as humilhações, como as carregou Jesus". É precisamente isto, insistiu o Santo Padre, "o que a liturgia nos diz hoje nesta festa da Santa Cruz". E que o Senhor, concluiu, "nos dê a graça que pedimos a Nossa Senhora aos pés da Cruz: a graça de chorar, de chorar de amor, de chorar de gratidão porque o nosso Deus nos amou a tal ponto que enviou seu Filho para que se rebaixasse e se aniquilasse para nos salvar".

O anjo e a criança[151]

Para nunca nos deixar sozinhos Deus pôs ao lado de cada um de nós um anjo da guarda que nos ampara, defende e acompanha na vida. Compete a nós saber aceitar a sua presença ouvindo os seus conselhos, com a docilidade de uma criança, para nos mantermos no caminho certo rumo ao paraíso, fortalecidos pela sabedoria popular que nos recorda que o diabo "faz as panelas mas não as tampas". E precisamente à missão de "embaixadores de Deus" dos santos anjos da guarda, no dia da sua memória litúrgica, Francisco dedicou a homilia.

---

[151] Capela da Domus Sanctae Marthae, 02 de Outubro de 2015 (Publicado no L'Osservatore Romano, ed. em português, n. 41 de 08 de outubro de 2015).

O Pontífice iniciou a sua reflexão partindo da oração eucarística IV, porque "há uma frase que nos faz refletir". Com efeito, "dizemos ao Senhor: 'Quando, pela sua desobediência, o homem perdeu a tua amizade, tu não o abandonaste'". E, ainda, "pensemos em quando Adão – disse Francisco – foi mandado embora do Paraíso: o Senhor não disse 'desenrasca-te!', não o abandonou".

De resto, disse referindo-se à primeira leitura, tirada do livro do *Êxodo* (23,20-23), Deus "enviou sempre ajudas: neste caso fala-se da ajuda dos anjos". Com efeito, lê-se no trecho bíblico: "Eis que Eu envio um anjo diante de ti, para te salvaguardar no caminho e para te fazer entrar no lugar que eu preparei". O Senhor, portanto "não abandonou" mas "caminhou com o seu povo, caminhou com aquele homem que tinha perdido a amizade com ele: o coração de Deus é um coração de pai e nunca abandona os seus filhos".

O Pontífice frisou que "hoje a liturgia nos faz refletir acerca disto, e também sobre um modo particular de companhia, de ajuda que o Senhor nos deu a todos: os anjos da guarda". Cada um de nós, explicou, "tem um; um que nos acompanha". E, acrescentou, precisamente "na oração, no início da Missa, pedimos a graça de que no caminho da vida sejamos amparados pela sua ajuda para depois gozar, com eles, no Céu".

Somos "amparados precisamente pela sua ajuda: o anjo que caminha conosco", frisou o Papa, referindo-se à expressão do *Êxodo*: *"E eis que eu envio um anjo diante de ti para te guardar pelo caminho e para te fazer entrar no lugar que te preparei"*. O anjo da guarda "anda sempre conosco e esta é uma realidade: é como um embaixador de Deus conosco". E, no mesmo trecho do livro do *Êxodo*, precisamente "o Senhor nos aconselha: *'Respeita a sua presença!'*". Assim "quando nós, por exemplo, fazemos uma maldade ou pensamos" que estamos sozinhos, devemos recordar-nos que não é assim, porque "há ele". Eis então a importância de "respeitar a sua presença" e de "ouvir a sua voz, porque ele nos aconselha". Por isso "quando sentimos aquela inspiração 'Faz isto... isto é melhor... isto não se deve fazer...'", o conselho justo é dar-lhe ouvidos e não rebelar-nos ao anjo da guarda.

"O meu nome está nele" afirmou ainda Francisco. E "ele aconselha-nos, acompanha-nos e caminha conosco no nome de Deus". É ainda o livro do Êxodo que indica a atitude melhor: "Se ouvires a sua voz e fizeres o que eu te disser, eu serei o inimigo dos teus inimigos e o adversário dos teus adversários". Mas "o que significa isto?", questionou-se o Papa. A resposta de Deus é clara: 'serei o teu defensor, estarei sempre a defender-te e a guardar-te. 'Eu!' diz o Senhor, mas porque tu ouviste os conselhos, a inspiração do anjo".

Talvez, prosseguiu o Pontífice, nalgumas ocasiões pensemos que podemos "esconder muitas coisas". É verdade, "podemos escondê-las". Mas "o Senhor diz-nos que podemos esconder muitas coisas más, mas no final tudo se saberá". E "a sabedoria do povo diz que o diabo faz as panelas, mas não as tampas". Por isso "tudo se saberá"; e "este anjo, que todos nós temos, é para nos aconselhar, ir pelo caminho". Portanto "é um amigo, um amigo que não vemos, mas que sentimos; é um amigo que estará conosco no céu, na alegria eterna".

"Deus envia-nos o anjo para nos libertar, para afastar o receio, para nos livrar da desventura". "Pede-nos unicamente para o ouvir, respeitar"; portanto "só isto: respeito e escuta". E "este respeito e escuta deste companheiro de caminho chama-se docilidade: o cristão deve ser dócil ao Espírito Santo", mas "a docilidade ao Espírito Santo começa com esta docilidade aos conselhos deste companheiro de caminho".

É "o ícone da criança" que Jesus escolhe "quando quer dizer como deve ser um cristão". Recorda-no-lo o trecho litúrgico de *Mateus* (18,1-5.10); "Quem se fizer pequenino como esta criancinha" será maior nos céus; e "não desprezeis um só destes pequeninos, porque eu vos digo que os seus anjinhos nos céus vêem sempre o rosto de meu Pai que está nos céus".

Estas palavras de Jesus significam, explicou o Papa, "que a docilidade a este companheiro de caminho nos torna como as crianças: não soberbos mas humildes; faz-nos pequeninos; não altivos como quem é orgulhoso ou soberbo. Não, como uma criancinha!". É precisamente "esta docilidade que nos torna grandes e nos leva aos céus".

Ao concluir a sua meditação Francisco pediu ao Senhor "a graça desta docilidade, de ouvir a voz deste companheiro, deste embaixador de Deus que está ao nosso lado em seu nome", de modo que possamos ser "amparados pela sua ajuda, sempre a caminho".

E "também nesta Missa, com a qual louvamos ao Senhor recordemos como o Senhor é bom: depois de ter perdido a amizade não nos deixou sozinhos, não nos abandonou", mas "caminhou conosco, com o seu povo, e ainda hoje nos dá este companheiro de caminho". Por conseguinte, "agradeçamos e louvemos ao Senhor por esta graça e estejamos atentos a este amigo que o Senhor nos deu".

Homilia Santa Missa para a Gerdarmaria do Vaticano[152]

A primeira leitura, tirada do livro do *Apocalipse*, tem início com uma palavra forte: "Explodiu uma guerra no Céu". E em seguida é descrita como a guerra final, a última guerra, a guerra do fim. É a guerra entre os anjos de Deus, guiados por São Miguel contra Satanás, a serpente antiga, o diabo. É a última e nela acaba tudo, permanecendo só a paz eterna do Senhor com todos os seus filhos que foram fiéis. Mas durante toda a história esta guerra é feita diariamente, todos os dias: no coração dos homens e das mulheres, nos corações dos cristãos e dos não-cristãos... É a guerra entre o bem e o mal na qual devemos escolher o que queremos, o bem ou o mal. Mas os métodos de guerra destes dois inimigos são totalmente opostos.

Na oração inicial, na coleta, pedimos a graça de ser defendidos pelo Arcanjo Miguel contra as "ciladas" do demônio, do diabo. Este é um dos métodos do diabo, as ciladas. É um semeador de intrigas, das suas mãos nunca é lançada uma semente de vida, de unidade, sempre de intrigas, ciladas: é o seu método, semear intrigas. Rezemos ao Senhor para que nos proteja disto.

Outro método, outro modo de fazer a guerra, ouvimo-lo na primeira leitura, Satanás que seduz: é um sedutor, semeia intrigas e é um sedutor, seduz com o fascínio demoníaco, leva-te a acreditar em tudo. Ele sabe vender com este fascínio, vende bem, mas no final paga mal! É o seu método. Pensemos na primeira vez que este senhor aparece no Evangelho, é num diálogo com Jesus, que estava a orar e jejuar no deserto por quarenta dias e já estava cansado e com fome. Satanás vem, movendo-se lentamente como uma serpente e faz algumas propostas a Jesus: "Se és Deus, o Filho de Deus, e tens fome, transforma as pedras em pão"; "Se és o Filho de Deus, por que te cansas? Vem comigo ao terraço do templo e lança-te. Verão este milagre e sem dificuldades serás reconhecido como o Filho de Deus"; o diabo tenta seduzi-l'O e, no final, como não consegue, diz a última: "Falemos claro: dou-Te todo o poder do mundo, mas Tu adorarás a mim. Façamos este pacto".

Os três degraus do método da serpente antiga, do demônio. Primeiro, possuir coisas, neste caso o pão, as riquezas que te levam lentamente à corrupção, e isto não é uma fábula! Encontramos a corrupção em todos os lugares. Por poucas moedas muitas pessoas vendem a alma, a felicidade, a vida, vendem tudo. É o primeiro degrau: dinheiro e riquezas. Depois quando os obtém, sentem-se importantes, segundo degrau: a vaidade. O que o diabo disse a Jesus: "Vamos ao terraço do templo, lanças-Te, dás o grande espetáculo!". Viver para

---

[152] Capela do Governatorato, 03 de Outubro de 2015.

a vaidade. O terceiro degrau: o poder, o orgulho, a soberba: "Dou-Te todo o poder do mundo, serás Tu a comandar".

Isto acontece também a nós, sempre, em certas situações: demasiado apegados às riquezas, sentimos prazer quando nos elogiam, como um pavão. Muitas pessoas tornam-se ridículas. A vaidade tornam-nas ridículas. Ou, quando têm poder, sentem-se Deus, e este é o grande pecado.

Esta é a nossa luta, por isso hoje peçamos ao Senhor que pela intercessão do Arcanjo Miguel sejamos defendidos das ciladas, do fascínio, das seduções dessa serpente antiga que se chama Satanás.

Vós que trabalhais, tendes um trabalho um pouco difícil, no qual sempre há contrastes e deveis pôr as coisas no devido lugar e evitar muitas vezes infracções ou delitos. Rezai muito para que o Senhor com a intercessão de são Miguel Arcanjo vos defenda de todas as tentações, de cada tentação de corrupção pelo dinheiro, pelas riquezas, de vaidade e de soberba. E quanto mais humilde, como Jesus, for o vosso serviço, mais fecundo e útil será para todos nós.

A humildade de Jesus. Como vemos a humildade de Jesus – e com isto termino para não prolongar demais – como vemos a humildade de Jesus? Se formos à narração da tentação de Jesus não encontramos nem sequer uma palavra sua. Jesus não responde com palavras próprias, mas com palavras da Escritura, nas três vezes. É isto que nos ensina: com o diabo não podemos dialogar, e ajuda-nos muito, quando vem a tentação: contigo não falo, só a Palavra do Senhor.

O Senhor nos ajude nesta luta de todos os dias, mas não por nós, é uma luta pelo serviço, porque sois homens e mulheres de serviço: à sociedade, aos outros, para fazer crescer a bondade no mundo.

As tentações voltam sempre[153]

Contra o risco de "anestesiar a consciência" são necessários discernimento e vigilância, recomendou o Papa Francisco.

A referência foi ao trecho de *Lucas* 11,15-26, no qual o evangelista "une muitas coisas que talvez Jesus tenha dito" em vários momentos e depois "descreve a resposta que ele dá a quantos o acusavam de afastar os demônios com o poder do chefe dos demônios". Ao descrever o contexto no qual a cena se desenrola, o Pontífice recordou que "Jesus estava entre as pessoas, praticava o

---

[153] Capela da Domus Sanctae Marthae, 09 de Outubro de 2015 (Publicado no L'Osservatore Romano, ed. em português, n. 42 de 15 de Outubro de 2015).

bem, pregava, o povo ouvia e dizia que Ele falava com autoridade". Mas havia também, observou, "outro grupo de pessoas, que não gostava dele e procurava sempre interpretar" as Suas palavras e atitudes de maneira diversa, contra ele. Os motivos? O Papa mencionou diversos: "alguns por inveja, outros por rigidez doutrinal, outros porque receavam que os romanos viessem e fizessem massacres".

Em síntese, "por vários motivos", procurava-se "afastar a autoridade de Jesus do povo", recorrendo até "à calúnia, como neste caso" específico. Retomando as palavras do Evangelho o Pontífice repetiu: "Ele afasta os demônios por meio de Belzebu. É um endemoninhado. Faz magia, é um bruxo. E punham-no continuamente à prova". Em síntese "armavam-lhe ciladas para ver se caía".

Eis então a chamada ao primeiro dos dois temas, o discernimento. Atualizando como de costume o episódio, Francisco frisou que é isto que "o espírito mau faz" também "conosco". Ou seja: "procura sempre enganar, guiar-nos, fazer-nos escolher um caminho errado". E por isso "é necessário o discernimento". De resto, "se faziam estas coisas a Jesus, se o espírito malvado fazia estas coisas a Jesus, o que não fará conosco?", questionou-se o Papa, acrescentando à pergunta a exortação a "saber discernir as situações: isto é de Deus e isto não é de Deus; isto vem do Espírito Santo e isto do Maligno".

Por conseguinte, para Francisco "a primeira palavra que surge ao ouvir este trecho do Evangelho é discernimento. O cristão não pode estar tranquilo, pensar que tudo corre bem. Deve discernir as coisas e ver bem de onde provêm, qual é a sua raiz", perguntando-se continuamente: "De onde vem isto? Onde está a origem disto? Desta opinião, destes fenômenos, destas coisas?".

Além disso, parece que Jesus dá "um conselho, e esta é a segunda palavra: vigilância". Mais uma vez o Papa repetiu um episódio do trecho de *Lucas*. "Quando – disse – um homem forte, bem armado está de guarda ao seu palácio, aquilo que possui está seguro, mas se chegar um mais forte do que ele e o vencer, tira-lhe as armas nas quais ele confiava e divide o espólio". Portanto, "vigilância, porque o inimigo pode chegar" explicou o Pontífice, acrescentando que "este inimigo não é muito perigoso, porque se descobre imediatamente e podemos defender-nos. Mas o outro, o outro é muito perigoso". Com efeito, Jesus prossegue: "Quando o espírito impuro sai do homem – quando é expulso – vagueia por lugares desertos procurando alívio e não o encontrando diz: 'Voltarei para a minha casa da qual saí'". Isto para dizer, frisou Francisco, que "as tentações voltam sempre, o espírito malvado nunca se cansa. Foi expulso: tem paciência, espera para voltar. Regressando à casa, encontra-a limpa e adornada, e compraz-se. Então vai, toma consigo outros sete espíritos piores do que ele, e entram nela para a habitar. E a última condição daquele homem torna-se pior que a anterior".

Mas "pior, porquê?", perguntou o Papa. "Porque – foi a resposta – na primeira estava ciente do mau espírito que tinha dentro, que era o demônio, que atormentava, que comandava". Mas, fez notar, "no segundo caso o maligno está escondido, vem com os seus amigos muito educados, bate à porta, pede licença, entra e convive com aquele homem, na sua vida diária e, gota após gota, dita as instruções". E assim "aquele homem acaba destruído por este modo educado que o demônio tem, que o diabo tem de convencer, de fazer as coisas com relativismo: 'Mas, não é... mas não é por muito tempo... não, tranquilo, fica tranquilo'".

Eis porque a advertência contra o "grande mal" de "tranquilizar a consciência" anestesiando-a. "Quando o espírito mau consegue anestesiar a consciência – foi a admoestação do Papa – pode-se falar de uma sua verdadeira vitória: torna-se o dono daquela consciência". E não serve muito, explicou Francisco, dizer como fazem alguns: "Isto acontece em toda a parte! Todos temos problemas, todos somos pecadores!". Porque naquele "'todos' está o 'ninguém'. Todos mas eu não". E deste modo acaba-se por viver "esta mundanidade que é filha do espírito mau".

Então para exercer a vigilância, concluiu o Pontífice, "a Igreja aconselha-nos sempre a prática do exame de consciência: o que aconteceu hoje no meu coração, hoje, por isto? Veio ter comigo este demônio educado com os seus amigos?". E o mesmo é válido para o discernimento: "De onde vêm os comentários, as palavras, os ensinamentos? Quem diz isto?". Em resumo, é necessário pedir ao Senhor a dúplice graça do discernimento e da vigilância "para não deixar entrar aquele que engana, que seduz, que fascina".

Discurso aos participantes no 40º Congresso Internacional dos "Pueri Cantores"[154]

(...) há uma coisa sobre a qual não gosto de falar, mas que é preciso recordar: no mundo há a luta entre o bem e o mal –dizem os filósofos – a luta entre o diabo e Deus. Isto ainda existe. Quando a cada um de nós vem a vontade de fazer uma maldade, aquela pequena maldade é uma inspiração do diabo que, através da debilidade que o pecado original deixou em nós, leva a isto. Pratica-se o mal nas pequenas coisas; tanto nas guerras como – por exemplo – um

---
[154] 31 de Dezembro de 2015.

jovem ou uma moça mentirosos: é uma guerra contra a verdade de Deus, contra a verdade da vida, contra a alegria. Esta luta entre o diabo e Deus, diz a *Bíblia*, continuará até ao fim. Isto é claro, não? Compreendeis? É claro. Todos nós temos dentro um campo de batalha. Luta-se entre o bem e o mal, todos nós. Temos graças e tentações, e devemos falar destas coisas com o pároco, com o catequista, para as conhecer bem. Esta é a primeira coisa. A segunda: Há tantas coisas boas no mundo, e eu pergunto: por que não são anunciadas estas coisas boas? Porque parece que as pessoas gostam mais de ver coisas más ou ouvir más notícias. Pensemos em África: tantas coisas más, tantas guerras – como disse – mas há missionários, sacerdotes, irmãs, que dedicaram ali toda a sua vida, pregando o Evangelho, em pobreza... Quando no mês passado fui à África, encontrei algumas irmãzinhas... penso numa de 83 anos, era italiana, que me disse: "Estou aqui desde quando tinha 26 anos". E há tantas famílias santas, tantos pais que educam bem os filhos. Por que não se vê na televisão uma família que educa bem, que educa bem um filho? Não se vê! Por que há esta atração pelo mal: parece que agrada mais ver coisas más do que boas, grandiosas. O diabo faz a sua parte – isto é verdade – mas Deus também faz a sua: há tantas pessoas santas! Não só nas missões, mas no mundo, no trabalho, nas famílias; tantos pais, tantos avôs e avós que levam em frente a doença, os problemas; e isto não se vê na televisão. Porquê? Porque isto não tem *rating*, não tem publicidade... Aqui, em Itália, descobri muitas associações, homens e mulheres, que dedicam parte do seu tempo a assistir, acompanhar, à assistência aos doentes. Isto é bom. Mas não lhe é feita publicidade. É verdade ou não? Se quiseres ter *rating* – tanto jornalística, como televisiva, ou o que quiseres – mostra só coisas más; as pessoas entediam-se com as coisas boas. Ou então não sabem apresentar e fazer bem as coisas, mostrar bem as coisas boas.

Quando tu [dirige-se à menina que fez a pergunta] vires a televisão, em casa, recorda-te destas duas coisas: há uma luta no mundo entre o bem e o mal, há tantas crianças que sofrem, há guerras, há coisas más, porque a luta é entre Deus e o diabo; mas pensa também em tantas pessoas, tanta gente santa, muitas pessoas que dão a vida para ajudar o próximo, para rezar pelos outros. Mas por que não se vêem na televisão as monjas de clausura que passam a vida a rezar por todos? Isso não interessa... Talvez interessem mais as jóias de uma marca famosa, que se mostram... o que contribui para a vaidade. Não nos deixemos enganar! No mundo há coisas más, muito más, e este é o trabalho do diabo contra Deus; mas há também coisas santas, santas, grandiosas, que são a obra de Deus. Há os santos escondidos. Não esqueçamos esta palavra: os santos escondidos, aqueles que não vemos.

Homilia Santa Missa na área do Centro de Estudos de Ecatepec[155]

Na quarta-feira passada, começamos o tempo litúrgico da Quaresma; nele, a Igreja convida-nos a preparar-nos para a celebração da grande festa da Páscoa. É um tempo especial para lembrar o dom do nosso Batismo, quando fomos feitos filhos de Deus. A Igreja convida-nos a reavivar o dom recebido para não o deixar cair no esquecimento como algo passado ou guardado numa "caixa de recordações". Este tempo de Quaresma é uma boa ocasião para recuperar a alegria e a esperança que nos vem do fato de nos sentirmos filhos amados do Pai. Este Pai que nos espera para livrar-nos das vestes do cansaço, da apatia, da desconfiança e revestir-nos com a dignidade que só um verdadeiro pai e uma verdadeira mãe sabem dar aos seus filhos, as vestes que nascem da ternura e do amor.

O nosso Pai é pai duma grande família: é Pai nosso. Sabe ter um amor, mas não gerar e criar "filhos únicos". É um Deus que Se entende de família, de fraternidade, de pão partido e partilhado. É o Deus do "Pai Nosso", não do "pai meu e padrasto vosso".

Em cada um de nós, está inscrito, vive aquele sonho de Deus que voltamos a celebrar em cada Páscoa, em cada Eucaristia: somos filhos de Deus. Um sonho vivido por muitos irmãos nossos no decurso da história. Um sonho testemunhado pelo sangue de tantos mártires de ontem e de hoje.

Quaresma: tempo de conversão, porque experimentamos na vida de todos os dias como tal sonho se encontra continuamente ameaçado pelo pai da mentira – ouvimos no Evangelho o que fazia com Jesus –, por aquele que quer separar-nos, gerando uma família dividida e conflituosa. Uma sociedade dividida e conflituosa; uma sociedade de poucos e para poucos. Quantas vezes experimentamos na nossa própria carne ou na carne da nossa família, na dos nossos amigos ou vizinhos a amargura que nasce de não sentir reconhecida esta dignidade que todos trazemos dentro. Quantas vezes tivemos de chorar e arrepender-nos, porque nos demos conta de não ter reconhecido tal dignidade nos outros. Quantas vezes – digo-o com tristeza – permanecemos cegos e insensíveis perante a falta de reconhecimento da dignidade própria e alheia.

Quaresma: tempo para regular os sentidos, abrir os olhos para tantas injustiças que atentam diretamente contra o sonho e o projeto de Deus. Tempo para desmascarar aquelas três grandes formas de tentação que rompem, fazem em pedaços a imagem que Deus quis plasmar.

---

[155] 14 de Fevereiro de 2016.

As três tentações de Cristo... Três tentações do cristão que procuram arruinar a verdade a que fomos chamados. Três tentações que visam degradar e degradar-nos.

Primeira, a riqueza, apropriando-nos de bens que foram dados para todos, usando-os só para mim ou para "os meus". É conseguir o pão com o suor alheio ou até com a vida alheia. Tal riqueza é pão que sabe a tristeza, amargura e sofrimento. Numa família ou numa sociedade corrupta, este é o pão que se dá a comer aos próprios filhos. Segunda tentação, a vaidade: a busca de prestígio baseada na desqualificação contínua e constante daqueles que "não são ninguém". A busca exacerbada daqueles cinco minutos de fama que não perdoa a "fama" dos outros. E, "alegrando-se com a desgraça alheia", abre-se caminho à terceira tentação, a pior, a do orgulho, ou seja, colocar-se num plano de superioridade de qualquer tipo, sentindo que não se partilha "a vida comum dos mortais" e rezando todos os dias: "Dou-Vos graças, Senhor, porque não me fizestes como eles".

Três tentações de Cristo... Três tentações que o cristão enfrenta diariamente. Três tentações que procuram degradar, destruir e tirar a alegria e o frescor do Evangelho; que nos fecham num círculo de destruição e pecado.

Por isso vale a pena perguntarmo-nos: Até que ponto estamos conscientes destas tentações na nossa vida, em nós mesmos? Até que ponto nos acostumamos a um estilo de vida que considera a riqueza, a vaidade e o orgulho como a fonte e a força de vida? Até que ponto estamos convencidos de que cuidar do outro, preocupar-nos e ocupar-nos com o pão, o bom nome e a dignidade dos outros seja fonte de alegria e de esperança?

Escolhemos Jesus e não o diabo. Se vos recordais do que escutamos no Evangelho, Jesus não responde ao demônio com qualquer palavra própria, mas responde-lhe com as palavras de Deus, com as palavras da Sagrada Escritura. Com efeito, irmãs e irmãos, – fixemo-lo bem na cabeça – com o demônio não se dialoga, não se pode dialogar, porque sempre nos ganhará. Só a força da Palavra de Deus o pode derrotar. Nós escolhemos, não o diabo, mas Jesus; queremos seguir os seus passos, mas sabemos que não é fácil. Sabemos o que significa ser seduzidos pelo dinheiro, a fama e o poder. Por isso, a Igreja oferece-nos este tempo da Quaresma, convida-nos à conversão com uma única certeza: Ele está à nossa espera e quer curar o nosso coração de tudo aquilo que o degrada, degradando-se ou degradando a outros. É o Deus que tem um nome: misericórdia. O seu nome é a nossa riqueza, o seu nome é a nossa fama, o seu nome é o nosso poder. E é no seu nome que repomos a nossa confiança, como diz o *Salmo*: "*Vós sois o meu Deus, em Vós confio*". Têm a coragem de repetir isto juntos? Três vezes: *"Vós sois o meu Deus, em Vós confio". "Vós sois o meu Deus, em Vós confio". "Vós sois o meu Deus, em Vós confio".*

Que, nesta Eucaristia, o Espírito Santo renove em nós a certeza de que o seu nome é misericórdia e nos faça experimentar, em cada dia, que "o Evangelho enche o coração e a vida inteira daqueles que se encontram com Jesus", sabendo que com Ele e n'Ele sempre nasce e "renasce (...) a alegria" (Exort. *Ap. Evangelii gaudium*, 1).

A serpente que mata e a que salva[156]

Se quisermos compreender a "história da nossa redenção" devemos olhar para o Crucificado. No centro da reflexão do Pontífice, seguindo a liturgia do dia, esteve a imagem da serpente, portadora de uma "mensagem".

A serpente, disse o Papa, "é o primeiro animal mencionado no livro do *Gênesis*", e é recordado como "o mais astuto". A serpente volta, e é o trecho evocado pela primeira leitura, no livro dos *Números* (21,4-9) quando se narra o modo como no deserto o povo murmurava contra Deus e contra Moisés: "O Senhor enviou serpentes ardentes entre o povo. Elas morderam as pessoas e um grande número de israelitas morreu". Então o povo arrependeu-se, pediu perdão e Deus ordenou a Moisés: "Faz para ti uma serpente ardente e coloca-a sobre um poste. Todo aquele que for mordido, olhando para ela, será salvo". O Pontífice comentou: "É misterioso: o Senhor não faz morrer as serpentes, poupa-as. Se alguém era mordido por uma serpente e olhava para a serpente de bronze, conservava a vida". Portanto, a serpente fora elevada para obter a salvação. Neste ponto, seguindo ainda o desenvolvimento da liturgia do dia, Francisco retomou o trecho do Evangelho de *João* 8,21-30, no qual Jesus, ao debater com os doutores da lei "lhes fala claramente: *'se não crerdes o que eu sou, morrereis no vosso pecado. Quando tiverdes levantado o Filho do Homem, então conhecereis quem sou'"*.

"Eu Sou!", explicou, "é o nome de Deus; quando Moisés pergunta ao Senhor: 'Se o povo me perguntar, mas quem te manda? Quem te manda, a ti, a libertar-nos? Qual é o nome? 'Eu Sou!'". Portanto: "Elevar o Filho do homem! Como uma serpente...".

O mesmo conceito foi confirmado por Jesus num trecho "dois capítulos antes", quando ele "diz aos doutores da lei: 'Como Moisés elevou a serpente no deserto, assim é preciso que o Filho do homem seja elevado, para que quem acreditar nele seja salvo'".

---

[156] Capela da Domus Sanctae Marthae, 15 de março de 2016 (Publicado no L'Osservatore Romano, ed. em português, n. 11 de 17 de março de 2016)

A serpente, disse o Pontífice concluindo o raciocínio, é "símbolo do pecado; a serpente que mata, mas há uma serpente que salva. E este é o mistério de Cristo".

Também São Paulo, recordou o Papa, "falando sobre este mistério, disse que Jesus se esvaziou a si mesmo, humilhou-se a si mesmo, aniquilou-se para nos salvar". Aliás, o apóstolo sugere uma expressão ainda mais forte: "Fez-se pecado". Então, se quisermos usar o símbolo bíblico, poderíamos dizer: "Fez-se serpente". E é esta, disse Francisco, "a mensagem profética destas leituras de hoje. O Filho do homem, como uma serpente, 'que se fez pecado', foi elevado para nos salvar".

Por conseguinte, devemos "olhar para o Crucificado e refletir precisamente sobre este mistério: um Deus 'esvaziado da sua divindade?' – totalmente! – para nos salvar". Mas, acrescentou o Pontífice, "quem é esta serpente que Jesus assume sobre si para a vencer?": a resposta lê-se no Apocalipse de João, onde se encontra o nome – aliás, observou o Papa, a serpente na *Bíblia* "foi o primeiro animal a ser nomeado e talvez o último" – lê-se que "foi derrotada a serpente antiga: Satanás". Portanto, o pecado – disse o Papa – é "a obra de Satanás e Jesus vence Satanás 'fazendo-se pecado'". Assim na cruz ele "eleva todos nós". Por isso, "o Crucifixo não é um ornamento, nem uma obra de arte cheia de pedras preciosas, como se veem: o Crucificado é um mistério do 'aniquilamento' de Deus, por amor".

A serpente, explicou o Pontífice, "profetiza a salvação no deserto": com efeito, foi "elevada e quem olhava para ela, ficava curada". Mas esta salvação, frisou, não foi realizada "com a varinha mágica por um deus que faz coisas"; mas foi realizada "com o sofrimento do Filho do homem, com o sofrimento de Jesus Cristo". Um sofrimento tão grande que levou Jesus a pedir ao Pai: "Pai, por favor, se for possível afasta de mim este cálice". Vê-se nisto "a angústia", acompanhada contudo pela expressão: "Mas seja feita a tua vontade".

É esta, concluiu o Papa, "a história da nossa redenção", "a história do amor de Deus". Por isso, "se quisermos conhecer o amor de Deus, olhemos para o Crucificado". Nele encontramos "um homem torturado, morto, que é Deus 'esvaziado da divindade', manchado, 'que se fez pecado'". Eis a oração final: "Que o Senhor nos conceda a graça de compreender melhor este mistério".

Regina Caeli[157]

Amados irmãos e irmãs, bom dia!

---

[157] 17 de Abril de 2016.

O Evangelho de hoje (*Jo* 10,27-30) oferece-nos expressões pronunciadas por Jesus durante a festa da dedicação do templo de Jerusalém, que se celebrava no final de dezembro. Ele encontra-se precisamente na área do templo, e talvez aquele espaço sagrado recintado sugira a imagem do redil e do pastor. Jesus apresenta-se como "o bom pastor" e diz: "As minhas ovelhas ouvem a minha voz, eu as conheço e elas me seguem. Eu lhes dou a vida eterna; elas jamais hão de perecer, e ninguém as roubará da minha mão" (vv. 27-28). Estas palavras ajudam-nos a compreender que ninguém se pode considerar seguidor de Jesus, se não ouve a sua voz. E este "ouvir" não deve ser entendido de maneira superficial, mas arrebatadora, a ponto de tornar possível um verdadeiro conhecimento recíproco, do qual pode vir um seguimento generoso, expresso nas palavras "e elas seguem-me" (v. 27). Trata-se de uma escuta não só dos ouvidos, mas uma escuta do coração!

Por conseguinte, a imagem do pastor e das ovelhas indica a relação estreita que Jesus deseja estabelecer com cada um de nós. Ele é o nosso guia, o nosso mestre, o nosso amigo, o nosso modelo, mas sobretudo é o nosso Salvador. De fato, a frase seguinte do trecho evangélico afirma: "elas jamais hão de perecer, e ninguém as roubará da minha mão" (v. 28). Quem pode falar assim? Unicamente Jesus, porque a "mão" de Jesus é uma coisa só com a "mão" do Pai, e o Pai é "maior do que todos" (v. 29).

Estas palavras comunicam-nos um sentido de absoluta segurança e de imensa ternura. A nossa vida está plenamente segura nas mãos de Jesus e do Pai, que são uma só coisa: um único amor, uma única misericórdia, revelados de uma vez para sempre no sacrifício da cruz. Para salvar as ovelhas tresmalhadas que somos todos nós, o Pastor fez-se cordeiro e deixou-se imolar para assumir sobre si os pecados e tirá-los do mundo. Deste modo Ele doou-nos a vida, e vida em abundância (cf. *Jo* 10,10)! Este mistério renova-se, numa humildade sempre surpreendente, na mesa eucarística. É ali que as ovelhas se reúnem para se nutrirem; é ali que se tornam uma só coisa, entre si e com o Bom Pastor.

Por isto já não temos receio: a nossa vida agora está salva da perdição. Nada e ninguém nos poderá arrancar das mãos de Jesus, porque nada e ninguém pode vencer o seu amor. O amor de Jesus é invencível! O Maligno, o grande inimigo de Deus e das Suas criaturas, procura de muitas maneiras arrancar-nos a vida eterna. Mas o Maligno nada pode se nós não lhe abrirmos as portas da nossa alma, seguindo as suas lisonjas enganadoras.

A Virgem Maria ouviu e seguiu docilmente a voz do Bom Pastor. Que ela nos ajude a acolher com alegria o convite de Jesus a tornarmo-nos seus discípulos, e a viver sempre na certeza de estar nas mãos paternas de Deus.

Na raiz da unidade[158]

"Peço-vos que façais todo o possível para não destruir a Igreja com as divisões, sejam ideológicas, de cobiça, de ambição ou de ciúmes". As palavras que Paulo escreveu aos Coríntios poderiam ser dirigidas também "a todos nós, à Igreja de hoje", explicou citando um trecho da primeira leitura: "Irmãos, não vos louvo, porque vos congregais não para melhor, e sim para pior" e antes de tudo "ouço dizer que existem divisões entre vós". Ao repropor precisamente o texto paulino Francisco pediu "sobretudo para rezar e preservar a fonte, a raiz própria da unidade da Igreja, que é o corpo de Cristo, e que todos os dias celebremos o seu sacrifício na Eucaristia". O demônio, explicou, "tem duas armas potentíssimas para destruir a Igreja: as divisões e o dinheiro".

Mas antes de desenvolver a sua reflexão sobre o trecho de são Paulo proposto pela liturgia, o Papa quis indicar um testemunho concreto, simples, direto. "Hoje o Senhor faz-nos um graça, uma graça de memória", disse precisamente no início da homilia apresentando deste modo D. Arturo Antonio Szymanski Ramírez, "um irmão bispo que participou em todas as fases do concílio: foi nomeado bispo dois anos antes". O idoso prelado mexicano concelebrou com o Pontífice a missa e com ele trocou o abraço de paz. Já na sexta-feira passada o Papa o tinha recebido em audiência. "Com noventa e cinco anos continua a trabalhar, ajudando o pároco" disse Francisco, convidando expressamente a agradecer ao Senhor "por esta graça da memória".

D. Szymanski Ramírez, arcebispo emérito de San Luis Potosí, nasceu a 17 de janeiro de 1922. Sacerdote desde 1947 e bispo desde 1960, participou nos trabalhos do concílio Vaticano II sentando-se "devido ao seu nome de origem eslava" entre o cardeal Stefan Wyszyński e D. Karol Wojtyła, e tendo inclusive contactos frequentes com Joseph Ratzinger. Depois de ter deixado o encargo de primeiro bispo de Sant Luis Potosí a 20 de janeiro de 1999, D. Szymanski Ramírez nunca interrompeu o seu humilde serviço no meio da sua gente. Para a sua meditação Francisco inspirou-se no trecho da primeira carta de São Paulo aos *Coríntios* 11,17-26. O apostólo, realçou, repreende os seus interlocutores "porque há divisões" entre eles: "Repreende-os pelas divisões que

---

[158] Capela da Domus Sanctae Marthae, 12 de setembro de 2016 (Publicado no L'Osservatore Romano, ed. em português, n. 37 de 15 de setembro de 2016).

existem ali, estão divididos: discutem, um por um lado, outro por outro". E "a divisão destrói o tecido da Igreja". Aliás, explicou o Papa, "o demônio possui duas armas potentíssimas para destruir a Igreja: as divisões e o dinheiro». E «com estas duas armas destrói". Mas "isto desde o início: as divisões na Igreja existiram desde o início; também a cobiça pelo dinheiro".

A este propósito o Pontífice recordou precisamente as lutas que, entre "divisões ideológicas, teológicas, dilaceravam a Igreja: o demônio semeia ciúmes, ambições, ideias, mas para dividir! Ou semeia avidez: pensemos em Ananias e Safira, nos primeiros tempos". Porque, frisou, "desde os primeiros tempos as divisões existiram e o que provoca a divisão na Igreja é a destruição: as divisões destroem, como uma guerra: depois de uma guerra tudo fica destruído e o demônio vai embora contente".

Mas nós, ingênuos, fazemos o jogo dele» afirmou Francisco, acrescentando: "E diria mais: é um guerra suja a das divisões, é como um terrorismo. Mas quero dar um exemplo claro: quando numa comunidade cristã – seja ela paróquia, colégio ou instituição – se mexerica, lança-se uma bomba para destruir o próximo"; deste modo "o outro é destruído, eu estou bem e sobressaio: é o terrorismo dos mexericos!". Também o apóstolo Tiago, prosseguiu o Papa, "já afirmava: a língua mata; assim, lança a bomba, destrói e permanece".

"Há divisões entre vós": Francisco reiterou estas palavras de Paulo aos fiéis de Coríntio. E, prosseguiu, "as divisões na Igreja não deixam que o reino de Deus cresça; não deixam que o Senhor se mostre bem, como é". Ao contrário, "as divisões fazem com que se veja uma parte contra a outra: sempre contra, não há o óleo da unidade, o bálsamo da unidade". "Mas o demônio vai além" admoestou Francisco, especificando: "Não só na comunidade cristã, vai mesmo à raiz da unidade cristã". É o que "acontece, na cidade de Corinto, aos *Coríntios*: Paulo repreende-os porque as divisões chegam precisamente à raiz da unidade, ou seja, à celebração eucarística". Neste caso «os ricos trazem algo para comer, para festejar; os pobres não, um pouco de pão e nada mais na própria celebração". O apóstolo escreve: "Não tendes, por acaso, as vossas casas para comer e para beber? Ou quereis lançar desprezo sobre a Igreja de Deus e humilhar quem não possui nada?".

Eis então que Paulo, explicou o Papa, "pára e faz memória: 'Tende cuidado. Com efeito, recebi do Senhor o que por minha vez vos transmiti. O Senhor Jesus, na noite em que foi atraiçoado...'; e narra, ouvimos anteriormente, a instituição da Eucaristia, a primeira celebração eucarística". Aliás, afirmou Francisco, "a raiz da unidade encontra-se naquela celebração eucarística". E "o Senhor rezou ao Pai para que 'fossem um, como nós', rezou pela unidade". Mas "o demônio tenta destruir até ali".

A este ponto Francisco lançou o seu apelo a "fazer todo o possível para não destruir a Igreja com as divisões, quer sejam ideológicas, de avidez, de ambição ou ciúmes". E "sobretudo pediu para rezar e preservar a fonte, a raiz própria da unidade da Igreja, que é o corpo de Cristo, e que nós, todos os dias, celebremos o seu sacrifício na Eucaristia". As palavras que Paulo escreve aos Coríntios são válidas também para nós: pede que nos reunamos "para o melhor" e não "para o pior", admoestando contra o perigo de ser uma "Igreja reunida toda para o pior, para as divisões: para o pior, para sujar o corpo de Cristo, na celebração eucarística". E "Paulo, noutro trecho, diz-nos a mesma coisa: 'Quem come e bebe o Corpo e o Sangue de Cristo de forma indigna, come e bebe a própria condenação'". Concluindo Francisco pediu, na oração, "ao Senhor a unidade da Igreja, para que não haja divisões". E "a unidade também na raiz da Igreja, que é precisamente o sacrifício de Cristo, que todos os dias celebramos".

Santa Missa em sufrágio de Padre Jacques Hamel[159]

Na Cruz de Jesus Cristo – hoje a Igreja celebra a festa da Cruz de Jesus Cristo – entendemos plenamente o mistério de Cristo, mistério de aniquilação, de proximidade a nós. "Sendo Ele de condição divina – diz Paulo – não se aproveitou da sua igualdade com Deus, mas aniquilou-se a si mesmo, assumindo a condição de escravo e assemelhando-se aos homens. E, sendo exteriormente reconhecido como homem, humilhou-se ainda mais, tornando-se obediente até à morte, e morte de cruz" (*Fl* 2,6-8). Eis o mistério de Cristo! É um mistério que se faz martírio pela salvação dos homens. Jesus Cristo, primeiro Mártir, o primeiro que dá a vida por nós. E neste mistério de Cristo começa toda a história do martírio cristão, dos primeiros séculos até hoje.

Os primeiros cristãos professaram Jesus Cristo pagando com a vida. Aos primeiros cristãos era proposta esta apostasia: "Dizei que o deus verdadeiro é o nosso, não o vosso. Fazei um sacrifício ao nosso deus, aos nossos deuses". E quando não agiam assim, rejeitando a apostasia, eram mortos. Esta história repete-se até hoje; e hoje na Igreja há mais mártires cristãos do que nos primórdios. Hoje há cristãos assassinados, torturados, presos, degolados porque não renegam Jesus Cristo. Nesta história chegamos ao nosso Padre Jacques: ele faz parte desta corrente de mártires. Os cristãos que hoje sofrem

---
[159] Capela da Domus Sanctae Marthae, 14 de setembro de 2016.

– na prisão, com a morte ou com as torturas – por não negarem Jesus Cristo, mostram precisamente a crueldade desta perseguição. A crueldade que exige a apostasia – digamos esta palavra – é satânica. E como seria bom se todas as confissões religiosas dissessem: *"Matar em nome de Deus é satânico!"*.

O Padre Jacques Hamel foi degolado na Cruz, precisamente enquanto celebrava o sacrifício da Cruz de Cristo. Homem bom, manso, fraterno, que procurava fazer sempre a paz, foi assassinado como se fosse um criminoso. Eis o fio satânico da perseguição. Mas há algo neste homem que aceitou o martírio ali, com o martírio de Cristo no altar, há algo que me faz pensar muito: no momento difícil que vivia, no meio da tragédia que ele via aproximar-se, homem manso e bom, homem que criava fraternidade, não perdeu a lucidez de acusar e dizer claramente o nome do assassino: "Afasta-te, Satanás!". Deu a vida por nós, deu a vida para não renegar Jesus. Deu a vida no mesmo sacrifício de Jesus no altar e ali acusou o autor da perseguição: "Afasta-te, Satanás!".

Este exemplo de coragem, o martírio da sua vida, de se esvaziar a si mesmo para ajudar os outros, de criar fraternidade entre os homens, ajude todos nós a progredir sem medo. Que do Céu ele – devemos pedir-lhe, é um mártir, e os mártires são beatos, devemos rezar-lhe – nos dê a mansidão, a fraternidade, a paz, a coragem de dizer a verdade: matar em nome de Deus é satânico!

Basta uma palavra[160]

Deus está sempre pronto para nos salvar, sempre ali, como um pai, que espera unicamente que lhe digamos "Senhor". Chega esta palavra e "ele fará o resto", ajudando-nos a evitar a soberba de cair na "danação eterna' devido ao orgulho de querer "salvar-nos sozinhos". O Papa Francisco advertiu contra as "seduções do diabo" e recordou que "a danação eterna não é uma sala de tortura" mas precisamente o querer-se "afastar" de Deus dando ouvidos, precisamente, às "mentiras" do diabo.

"O Reino de Deus está próximo, Jesus tinha-nos dito que o Reino de Deus está no meio de nós, mas desenvolve-se e caminha rumo à sua maturidade, rumo ao seu fim", observou o Papa, frisando que "a Igreja, nestes dois últimos dias do ano litúrgico, hoje e amanhã, nos faz refletir sobre o último dia do mundo, antes do fim ou como será o fim no último dia". O apóstolo *João*, na primeira leitura tirada do livro do *Apocalipse* (20,1-4.11-21,2) "fala-nos do juízo universal: todos seremos julgados". E "antes de tudo o diabo, ele será o

---

[160] Capela da Domus Sanctae Marthae, 25 de novembro de 2016 (Publicado no L'Osservatore Romano, ed. em português, n. 48 de 1 de dezembro de 2016).

primeiro a ser julgado". Há "aquele anjo", prosseguiu referindo-se ao trecho do *Apocalipse*, "que veio e prendeu o dragão, a antiga serpente, que é o diabo e Satanás claro, para que se compreenda bem de quem se está a falar – amarrou-o e lançou-o no abismo". Portanto, eis "o diabo, a serpente antiga, amarrada para que não seduzisse mais as nações, porque ela é sedutora".

Mas o diabo, disse o Pontífice, é o sedutor "desde o início: pensemos em Adão e Eva, como começou a falar com aquela voz meiga", dizendo que o fruto "é bom" para comer. A sua linguagem é precisamente a da "sedução": "ele é mentiroso, ou melhor, é o pai da mentira, ele gera mentiras, é um burlão" afirmou o Papa. O diabo "faz-te crer que se comeres esta maça serás como Deus; apresenta-a assim, e tu comprá-la e no final ele burla-te, engana-te, arruína-te a vida".

Mas a este ponto devemos perguntar 'como podemos fazer para não nos deixarmos enganar pelo diabo". É precisamente Jesus quem nos ensina a atitude justa: "nunca dialogar com o diabo". De fato, "o que fez Jesus com o diabo? Afastava-o, perguntava-lhe o nome", mas não dialogava com ele. Poder-se-ia objetar que "no deserto, na tentação, houve um diálogo"; mas, acrescentou o Papa, "reparai bem, Jesus nunca usou uma palavra própria porque estava ciente do perigo". E assim "nas respostas, nas três respostas que deu ao diabo, tirou as palavras da *Bíblia*, da palavra de Deus: defendeu-se com a palavra de Deus". Deste modo, "Jesus dá-nos o exemplo: nunca dialogar com ele; não se pode dialogar com este mentiroso, com este burlão que procura a nossa ruína". E, por isso, "o sedutor será lançado no abismo".

"A narração de João prossegue", explicou o Pontífice retomando o fio do trecho do *Apocalipse*. E assim "surgem as almas dos mártires, os que deram testemunho de Jesus Cristo e não adoraram o bezerro – ou seja, o diabo e os seus seguidores – não adoraram o dinheiro, nem a mundanidade, nem a vaidade, não se misturaram com o orgulho". São "os humildes", que "deram a vida também por isto e assim se mostram". E depois eis "o trono onde o Senhor estará para nos julgar: os vivos e os mortos, grandes e pequenos de pé diante do trono". E portanto 'os livros foram abertos", escreve ainda São João, porque "o juízo começa: 'os mortos e as suas obras foram julgados com base naqueles livros'". Portanto, "cada um de nós será julgado segundo as nossas obras".

E João prossegue ainda: "Depois a morte e o inferno foram lançados no lago de fogo". Trata-se "daqueles danados". O Papa quis analisar precisamente esta frase do *Apocalipse*: 'Esta é a segunda morte, o lago de fogo". Na realidade, explicou, "a danação eterna não é uma sala de tortura, esta é uma descrição da segunda morte: é uma morte". E "aqueles que não forem recebidos no reino de Deus é porque não se aproximaram do Senhor: trata-se dos que foram sempre pela sua vereda, afastando-se do Senhor passam diante do Senhor e afastam-se sozinhos". Por isso "a danação eterna é este afastar-se continuamente de Deus, é a maior dor: um coração insatisfeito, um coração que é feito para encontrar Deus mas devido à soberba, por ter confiado demasiado em si mesmo, afastou-se de Deus".

Ao contrário, Jesus procurou atrair os soberbos "com palavras de mansidão" dizendo: "Vem". E diz isto para perdoar. "Mas os soberbos – prosseguiu Francisco – afastaram-se, vão pelo seu caminho e esta é a danação eterna: afastados para sempre de Deus que dá a felicidade, do Deus que nos ama tanto". Na realidade "não sabemos" se "são tantos", mas "sabemos apenas que este é o caminho da danação eterna". Por conseguinte, o afastamento é "o fogo de não se poder aproximar de Deus por não querer". É a atitude daqueles "que todas as vezes que o Senhor se aproxima diziam: 'vai embora, arranjo-me sozinho'. E continuam a arranjar-se sozinhos na eternidade: isto é trágico".

O trecho do *Apocalipse* concluiu-se assim: "E viu o céu, um céu novo e uma terra nova: de fato, o céu e a terra de antes tinham desaparecido. E viu também a cidade santa, a final, onde todos seremos salvos se abrirmos o nosso coração à salvação de Jesus". O Senhor "pede-nos unicamente isto: abrir o coração".

Talvez alguém possa confiar e reconhecer: "Padre, se o senhor soubesse o que fiz...". Mas Jesus sabe. Por isso, "abre o coração e ele perdoa": mas "não vás por tua conta, não vás pela tua vereda, deixa-te acariciar por Jesus, deixa-te perdoar". É suficiente "uma só palavra, 'Senhor', ele faz o resto, ele faz tudo". Ao contrário, os soberbos, os orgulhosos, vão pelo seu caminho e não conseguem dizer uma palavra, a única que dizem é 'eu arranjo-me sozinho'". E "assim acabam no orgulho e fazem tanto mal na vida". Mas para eles, tudo começou ouvindo e seguindo "as seduções da serpente antiga, do diabo, do burlão, do pai da mentira".

Como se responde à tentação[161]

Na debilidade das tentações, que mais cedo ou mais tarde todos temos – é suficiente pensar na tragédia da corrupção que começa sempre com as pequenas cedências – não se deve cometer a ingenuidade de se enredar no diálogo: ao contrário, é preciso ter a coragem da oração e de pedir perdão para

---

[161] Capela da Domus Sanctae Marthae, 10 de fevereiro de 2017 (Publicado no L'Osservatore Romano, ed. em português, n. 07 de 16 de fevereiro de 2017).

se reerguer e ir em frente, com a certeza de que a graça nos ajuda a não nos escondermos do Senhor. O que o Papa Francisco sugeriu na missa foi um "manual" prático essencial contra as tentações.

"Desde o início da criação, e também no início da recriação, como primeiro evento deu-se a tentação" recordou imediatamente o Papa, fazendo referência à primeira leitura, tirada do livro do *Gênesis* (3,1-8): "Adão e Eva estavam no jardim terrestre com todos os dons que Deus lhes tinha dado, com a tarefa de ser guardas, de levar por diante a criação, e com amor. Com estas três coisas estavam ali para levar a sua vida e precisamente no início dá-se a tentação". Do mesmo modo, "a tentação chega", sempre "no início", quando "Jesus deixa Nazaré, se faz batizar, vai para o deserto rezar para começar a tarefa que Deus lhe tinha confiado". Por isso, observou Francisco, "quer na criação quer na recriação há a tentação".

"Ouvimos – prosseguiu – este trecho do livro do *Gênesis*, a primeira tentação, a de Adão e Eva". O texto bíblico "diz-nos" que "'a serpente era muito astuta': o diabo aparece em forma de serpente atraente e com a sua astúcia procura enganar: ele é perito nisto, é o 'pai da mentira', assim lhe chama Jesus". O diabo, explicou o Papa, "é um mentiroso, sabe como enganar, sabe como burlar as pessoas". E assim "com a sua astúcia a serpente envolve Eva: faz com que se sinta bem, faz-lhe – por assim dizer – beber um pouco de água adoçada". A ponto que Eva "sente-se bem, confia, começa o diálogo e, passo após passo, leva-a onde quer".

O diabo, prosseguiu o Pontífice, tenta fazer "o mesmo com Jesus no deserto. Faz-lhe três propostas, mas este diálogo com Jesus acaba mal para o diabo: 'Afasta-te de mim, Satanás!'". Ao contrário "o diabo com Eva, não acaba bem para Eva: ganha Satanás!".

"Quando o diabo engana uma pessoa – afirmou o Papa – fá-lo com o diálogo, procura dialogar". É precisamente o que procura fazer também "com Jesus: 'Tens fome, há uma pedra, tu és Deus, transforma-a em pão! Tu vieste para nos salvar a todos, uma vida de fadiga, de trabalho, mas anda comigo, vamos ao templo e lança-te sem paraquedas: farei um lindo espetáculo e todas as pessoas acreditarão em ti, e tudo se resolve numa meia hora!'". Mas "Jesus não o faz". E assim no final o diabo "mostra o verdadeiro rosto: 'Anda, vem!'". E "mostra-lhe todo o mundo e propõe-lhe a idolatria: 'Adora-me, eu dar-te-ei tudo isto!'".

Francisco focalizou a atenção sobre a atitude de Jesus que é tentado: não dialoga com o diabo, ao contrário "ouve o diabo e dá uma resposta, mas que não é sua: tira a resposta da palavra de Deus". E com efeito "as três respostas de Jesus ao diabo são tiradas da *Bíblia*, do Antigo Testamento, da palavra de Deus, porque com o diabo não se pode dialogar".

Ao contrário, com Eva, a tentação do diabo aconteceu de outra maneira. Era "ingênua", explicou o Papa, e no início a situação "parecia-lhe boa". Pensava "que se teria transformado numa deusa, é o pecado de idolatria": por isso "foi em frente" com o diálogo. Mas acabou mal, diz-nos o *Gênesis*: "Ela e o marido nus, sem nada". A questão, afirmou Francisco, é que "o diabo é um mau pagador, não paga bem: é um burlão, promete tudo e deixa-te nu". Claro, também "Jesus acabou despojado, mas na cruz, por obediência ao Pai: outro caminho".

Por conseguinte, insistiu o Pontífice, "a serpente, o diabo é astuto: não se pode dialogar com o diabo". Além disso, acrescentou, "todos nós sabemos o que são as tentações, todos sabemos porque todos as temos: tantas tentações de vaidade, de soberba, de cupidez, de avareza, tantas!". Mas todas "começam" quando nos dizemos: "mas, pode-se...".

"Hoje fala-se tanto de corrupção" recordou Francisco, explicando: "Tantos corruptos, tantos peixes grandes corruptos que existem no mundo, dos quais conhecemos a vida através dos jornais, talvez tenham começado com uma pequena coisa, sei lá, não pôr o peso justo: o que era um quilo, não, façamos novecentos gramas porque parece um quilo". Porque "a corrupção começa com pouco, com o diálogo", precisamente como acontece com Eva que se sente tranquilizar pela serpente: "Mas não, não é verdade que este fruto te fará mal, come, é bom, é pouca coisa, ninguém se dá conta, faz, faz!". E assim, "a pouco e pouco, cai-se no pecado, na corrupção".

"A Igreja hoje, com esta liturgia da palavra, ensina-nos – explicou o Papa – a não ser ingênuos, para não dizer parvos, a ter os olhos abertos e a pedir ajuda ao Senhor porque sozinhos não conseguimos". E depois, no trecho do *Gênesis*, "há também uma palavra que é triste: Adão e Eva 'escondem-se' do Senhor". Porque "a tentação te leva a esconder-te do Senhor e a ires embora com a tua culpa, com o teu pecado, com a tua corrupção, para longe do Senhor". Àquele ponto "é necessária a graça de Jesus para voltar e pedir perdão, como fez o filho pródigo". Eis por que "na tentação não se dialoga, reza-se: 'Ajuda-me Senhor, sou frágil, não me quero esconder de Ti'".

"Esta é coragem, isto é ganhar" concluiu Francisco. Porque "quando começas a dialogar acabas por ser vencido, derrotado". Eis então os votos de "que o Senhor nos conceda a graça e nos acompanhe nesta coragem e, se formos enganados pela nossa debilidade, na tentação nos dê a coragem de nos levantarmos e ir em frente: foi para isto que Jesus veio, para isto!".

Encontro do Santo Padre com o Clero da Diocese de Roma[162]

"Senhor, aumenta a nossa fé" (*Lc* 17,5). Esta pergunta surgiu espontaneamente nos discípulos quando o Senhor estava a falar com eles acerca da misericórdia e disse que devemos perdoar setenta vezes sete. "Aumenta a nossa fé", peçamos nós também, no início desta conversa. Peçamo-lo com a simplicidade do *Catecismo*, que nos diz: "Para viver, crescer e perseverar até ao fim na fé, temos de a alimentar com a Palavra de Deus; temos de pedir ao Senhor que no-la aumente; ela deve 'agir pela caridade' (*Gl* 5,6; *Tg* 2,14-26), ser sustentada pela esperança (cf. *Rm* 15,13) e permanecer enraizada na fé da Igreja" (n. 162).

Ajuda-me apoiar-me em três pontos firmes: a memória, a esperança e o discernimento do momento. A memória, como diz o *Catecismo*, radica-se na fé da Igreja, na fé dos nossos pais; é a esperança que ampara a nossa fé; e o discernimento do momento tenho-o em consideração no momento de agir, de pôr em prática aquela "fé que age por meio da caridade".
[...]

Discernimento do momento

[...] a fé, dinamizada pela esperança de descobrir Cristo na densidade do presente, está ligada ao discernimento.

É caraterístico do discernimento dar inicialmente um passo para trás, como quem retrocede um pouco para ver melhor o panorama. Há sempre uma tentação no primeiro impulso, que leva a querer resolver algo imediatamente. Neste sentido penso que há um primeiro discernimento, grande e fundador, ou seja, aquele que não se deixa enganar pela força do mal, mas que sabe ver a vitória da Cruz de Cristo em cada situação humana. A este ponto gostaria de reler convosco um trecho inteiro da *Evangelii gaudium*, porque ajuda a discernir aquela tentação insidiosa que chamo pessimismo estéril:

> "Uma das tentações mais sérias que sufoca o fervor e a ousadia é a sensação de derrota que nos transforma em pessimistas lamurientos e desencantados com cara de vinagre. Ninguém pode empreender uma luta, se de antemão não está plenamente confiado no triunfo. Quem começa sem confiança, perdeu de antemão metade da batalha e enterra os seus talentos. Embora com a dolorosa consciência das próprias fraquezas, há que seguir em frente,

---
[162] Basílica de São João de Latrão, 02 de março de 2017.

sem se dar por vencido, e recordar o que disse o Senhor a São Paulo: 'Basta-te a minha graça, porque a força se manifesta na fraqueza' (*2Cor* 12,9). O triunfo cristão é sempre uma cruz, mas cruz que é, simultaneamente, estandarte de vitória, que se empunha com ternura batalhadora contra as investidas do mal. O mau espírito da derrota é irmão da tentação de separar prematuramente o trigo do joio, resultado de uma desconfiança ansiosa e egocêntrica [...] Em todo o caso, lá somos chamados a ser pessoas-cântaro para dar de beber aos outros. Às vezes o cântaro transforma-se numa pesada cruz, mas foi precisamente na Cruz que o Senhor, trespassado, se nos entregou como fonte de água viva. Não deixemos que nos roubem a esperança!" (85-86).

Para estas formulações "não nos deixemos roubar...", inspiro-me nas regras de discernimento de Santo Inácio, que geralmente representa o demônio como um ladrão. Comporta-se como um capitão – diz Inácio – que para vencer e roubar o que deseja combate pela parte mais fraca (cf. *Exercícios Espirituais*, 327). E no nosso caso, na atualidade, penso que procura roubar-nos a alegria – que é como se nos roubasse o presente[163] – e a esperança – o sair, o caminhar – que são as graças que mais peço e faço pedir para a Igreja neste tempo.

A este ponto é importante dar um passo em frente e dizer que a fé progride quando, no momento presente, discernimos como concretizar o amor no bem possível, proporcionado ao bem do outro. O primeiro bem do outro é poder crescer na fé. A súplica comunitária dos discípulos "Aumenta a nossa fé!" (*Lc* 17,6) subentende a consciência que a fé é um bem comunitário. Além disso, é necessário considerar que procurar o bem do outro nos faz arriscar. Como diz a *Evangelii gaudium*:

> "Um coração missionário está consciente [...] de que ele mesmo deve crescer na compreensão do Evangelho e no discernimento das sendas do Espírito, e assim não renuncia ao bem possível, ainda que corra o risco de sujar-se com a lama da estrada" (n. 45).

---

[163] Vejam-se também os *Exercícios Espirituais*, 333: "Quinta regra. Devemos prestar muita atenção ao rumo dos nossos pensamentos. Se nos pensamentos tudo for bom, o princípio, o meio e o fim, e se tudo estiver norteado para o bem, este é um sinal do anjo bom. Ao contrário, pode ser que no rumo dos pensamentos se apresente algo mau ou distrativo, ou então menos bom do que aquilo que antes a alma se tinha proposto realizar, ou ainda algo que debilite a alma, que a torne inquieta, que a ponha em agitação, privando-o da paz, da tranquilidade e da calma das quais precedentemente gozava: isto, então, é um claro sinal de que aqueles pensamentos derivam do espírito maligno, inimigo do nosso bem e da nossa salvação eterna".

Neste discernimento é implícito o ato de fé em Cristo presente no mais pobre, no mais pequenino, na ovelha perdida, no amigo insistente. Cristo presente em quem vem ao nosso encontro – fazendo-nos ver, como Zaqueu ou a pecadora que entra com o seu vaso de perfume, ou quase sem se fazer notar, como a hemorroíssa; ou Cristo presente naqueles de quem nós mesmos nos aproximamos, sentindo compaixão quando o vemos de longe, deitado à beira da estrada. Acreditar que ali está Cristo, discernir a forma melhor para dar um pequeno passo para ir ter com Ele, para o bem daquela pessoa, é progresso na fé. Assim como louvar é progresso na fé, e desejar mais é progresso na fé.

Poder-nos-á agora fazer bem deter-nos um pouco sobre este progresso na fé que se realiza graças ao discernimento do momento. O progresso da fé na memória e na esperança é mais desenvolvido. Ao contrário, este ponto firme do discernimento, talvez não muito. Pode até parecer que onde há fé não deveria ser necessário o discernimento: acredita-se e basta. Mas isto é perigoso, sobretudo se substituem os renovados atos de fé numa Pessoa – em Cristo nosso Senhor – que têm todo o dinamismo que acabamos de ver, com atos de fé meramente intelectuais, cujo dinamismo se esgota em fazer reflexões e elaborar formulações abstratas. A formulação conceitual é um momento necessário do pensamento, assim como escolher um meio de transporte é necessário para alcançar uma meta. Mas a fé não se esgota numa formulação abstrata nem a caridade num bem particular, mas a caraterística da fé e da caridade é crescer e progredir abrindo-se a uma maior confiança e a um maior bem comum. A caraterística da fé é ser "operante", ativa, e o mesmo é válido para a caridade. E o termo de comparação é o discernimento. Com efeito, a fé pode fossilizar-se, ao conservar o amor recebido, transformando-o num objeto a fechar num museu; e a fé pode também volatilizar-se, na projeção do amor desejado, transformando-o num objeto virtual que só existe na ilha das utopias. O discernimento do amor real, concreto e possível no momento presente, a favor do próximo mais dramaticamente necessitado, faz com que a fé se torne ativa, criativa e eficaz.

O ícone de Simão Pedro "passado no crivo"

Para concretizar esta reflexão relativa a uma fé que cresce com o discernimento do momento, contemplemos o ícone de Simão Pedro "passado no crivo" (cf. *Lc* 22,31), que o Senhor preparou de maneira paradigmática, a fim de que com a sua fé provada confirmasse todos nós que «amamos Cristo sem o ter visto" (cf. *1Pd* 1,8).

Entremos plenamente no paradoxo no qual quem nos deve confirmar na fé é o mesmo ao qual o Senhor com frequência repreende a "pouca fé". Geralmente o Senhor indica outras pessoas como exemplos de grande fé. Com notável ênfase muitas vezes louva a fé de pessoas simples e de outras que não pertencem ao povo de Israel – pensemos no centurião (cf. *Lc* 7,9) e na mulher sírio-fenícia (cf. 15,28) – enquanto aos discípulos – e a Simão Pedro em particular – repreende a "pouca fé" (*Mt* 14,31).

Considerando que as reflexões do Senhor relativas à grande fé e à pouca fé têm uma intenção pedagógica e são um estímulo para aumentar o desejo de crescer na fé, concentremo-nos no episódio central da vida de Simão Pedro, no qual Jesus lhe diz que "rezou" pela sua fé. É o momento que precede a paixão; os apóstolos acabaram de discutir quem entre eles seria o traidor e quem seria o maior, e Jesus diz a Simão:

> "Simão, Simão, olha que Satanás vos reclamou para vos joeirar como o trigo. Mas eu rezei por ti, a fim de que a tua fé não desfaleça. E tu, uma vez convertido, fortalece os teus irmãos" (*Lc* 22,31-31).

Esclareçamos os termos, porque as preces do Senhor ao Pai são para conservar como tesouros no coração. Consideremos que o Senhor "reza"[164] por Simão, mas pensando em nós. "Desfalecer" é a tradução de *ekleipo* – "eclipsar-se" – e é muito plástica a imagem de uma fé eclipsada pelo escândalo da paixão. É a experiência à qual chamamos desolação: algo encobre a luz.

Voltar para trás (*epistrepsas*) exprime aqui o sentido de "converter-se", de retornar à consolação anterior depois de uma experiência de desolação e de ser passado no crivo por parte do demônio.

"Confirmar" (*sterizon*) diz-se no sentido de "consolidar" (*histemi*) a fé a fim de que a partir daquele momento seja "determinada" (cf. *Lc* 9,51). Uma fé que nenhum vento de doutrina pode demover (cf. *Ef* 4,14). Mais tarde refletiremos ainda sobre este "passar pelo crivo". Podemos reler as palavras do Senhor da seguinte maneira:

> "Simão, Simão, [...] pedi ao Pai por ti, para que a tua fé não permaneça eclipsada (pelo meu rosto desfigurado, em ti que o viu transfigurado); e tu, quando saíres desta sensação de desolação da qual o demônio se aproveitou

---

[164] Cf. *Homilia em Santa Marta*, 03 de junho de 2014. Recordemos que o Senhor reza a fim de sermos todos um só, para que o Pai nos proteja do diabo e do mundo, para que nos perdoe quando "não sabemos o que fazemos".

para te passar no crivo, confirma (com esta tua fé provada) a fé dos teus irmãos".

Vemos assim que a fé de Simão Pedro tem um caráter especial: é uma fé provada, e com ela, tem a missão de confirmar e consolidar a fé dos seus irmãos, a nossa fé. A fé de Simão Pedro é menor do que a de tantos pequeninos do povo fiel de Deus. Até pagãos, como o centurião, têm uma fé maior no momento de implorar a cura de um doente da sua família. A fé de Simão é mais lenta do que a de Maria Madalena e de João, que só crê ao ver o sinal do sudário e reconhece o Senhor às margens do lago só ao escutar as suas palavras. A fé de Simão Pedro tem momentos de grandeza, como quando confessa que Jesus é o Messias, mas depois seguem quase imediatamente outros momentos de grave erro, de extrema fragilidade e de total desconcerto, como quando quer afastar o Senhor da cruz, ou quando afunda sem remédio no lago ou deseja defender o Senhor com a espada. Para não falar do momento vergonhoso das três negações diante dos servos.

Podemos distinguir três tipos de pensamento, cheios de afeto,[165] que interagem nas provações de fé de Simão Pedro: alguns são os pensamentos que lhe vêm do seu próprio modo de ser; outros pensamentos provoca-lhe diretamente o demônio (pelo espírito maligno); e um terceiro tipo de pensamento é o que vem diretamente do Senhor ou do Pai (do espírito bom).

a) Os dois nomes e o desejo de caminhar ao encontro de Jesus sobre as águas

Vejamos, em primeiro lugar, como o Senhor se relaciona com o aspeto mais humano da fé de Simão Pedro. Falo daquela sadia autoestima com a qual alguém acredita em si mesmo e no outro, na capacidade de ser digno de confiança, sincero e fiel, sobre a qual se baseiam todas as amizades humanas. Há dois episódios na vida de Simão Pedro nos quais podemos ver um crescimento na fé que poderíamos chamar sincero. Sincero no sentido que é sem complicações, no qual uma amizade cresce, aprofundando quem é cada um sem que haja sombras. Um é o episódio dos dois nomes; o outro, quando Simão Pedro pede ao Senhor que o mande vir até Ele caminhando sobre as águas.

Simão entra em cena quando o seu irmão André vai ter com ele, dizendo-lhe: "Encontramos o Messias" (*Jo* 1,41); e ele segue o seu irmão que o leva até Jesus. E ali imediatamente houve a mudança de nome. Trata-se de uma escolha que o Senhor faz em vista de uma missão, a de ser Pedra, fundamento

---

[165] Trata-se de pensamentos que o Senhor discerne nos seus discípulos quando, Ressuscitado, lhes diz: "Por que estais perturbados, e por que tendes estas dúvidas nos vossos corações?" (*Lc* 24,38).

sólido de fé sobre a qual edificará a sua Igreja. Notemos que, mais do que lhe mudar o nome de Simão, com efeito, o que o Senhor faz é acrescentar o de Pedro.

Este fato em si já é motivo de tensão e de crescimento. Pedro movimentar-se-á sempre ao redor do eixo que é o Senhor, girando e sentindo o peso e o movimento dos seus dois nomes: Simão – o pescador, o pecador, o amigo... – e Pedro – a Rocha sobre a qual se constrói, aquele que tem as chaves, que dá a última palavra, que cuida e apascenta as ovelhas. Faz-me bem pensar que Simão é o nome com o qual Jesus lhe chama quando falam como amigos, e Pedro é o nome com o qual o Senhor o apresenta, justifica, defende e ressalta de maneira única como seu homem de total confiança, diante dos outros. Apesar de lhe ter dado o nome de "Pedra", Jesus chama-lhe Simão.

A fé de Simão Pedro progride e cresce na tensão entre estes dois nomes, cujo ponto fixo – o eixo – está centrado em Jesus.

Possuir dois nomes descentraliza-o. Não pode centralizar-se em nenhum deles. Se quisesse que Simão fosse o seu ponto fixo, deveria dizer sempre: "Senhor, afasta-te de mim, porque sou um pecador" (*Lc* 5,8). Se pretendesse centrar-se exclusivamente sobre ser Pedro e esquecesse ou cobrisse tudo o que é de Simão, tornar-se-ia uma pedra de escândalo, como lhe aconteceu quando "não se comportava retamente segundo a verdade do Evangelho", como lhe disse Paulo porque tinha escondido o fato de ter ido comer com os pagãos (cf. *Gl* 2,11-14). Manter-se Simão (pescador e pecador) e Pedro (Pedra e chave para os outros) obrigá-lo-á a descentrar-se constantemente para girar só ao redor de Cristo, o único centro.

O ícone deste descentramento, a sua prática, é quando pede a Jesus que o mande ir ter com Ele sobre as águas. Ali Simão Pedro mostra o seu caráter, o seu sonho, a sua atração pela imitação de Jesus. Quando afunda, porque deixa de olhar para o Senhor, fixando a agitação das ondas, mostra os seus medos e os seus fantasmas. E quando pede que o salve e o Senhor lhe estende a mão, mostra que sabe bem quem é Jesus para ele: o seu Salvador. E o Senhor fortalece a sua fé, concedendo-lhe o que deseja, dando-lhe a mão e concluindo a questão com aquela frase afetuosa e tranquilizante: "Homem de pouca fé, por que duvidaste?" (*Mt* 14,31).

Em todas as situações-limite nas quais se encontrou, Simão Pedro guiado pela sua fé em Jesus discerniu sempre qual era a mão que o salvava. Com a certeza de que, até quando não compreende bem o que Jesus diz ou faz, o leva a dizer: "Senhor, a quem iremos nós? Tu tens palavras de vida eterna" (*Jo* 6,68).

Humanamente, esta consciência de ter "pouca fé", juntamente com a humildade de se deixar ajudar por quem sabe e pode fazê-lo, é o ponto de sadia autoestima na qual se enraíza a semente da fé "para confirmar os outros", para "edificar sobre ela", que Jesus quer de Simão Pedro e de nós que participamos do ministério. Diria que é uma fé partilhada, talvez porque não é tão admirável. A fé de alguém que tivesse aprendido a caminhar sem tribulações sobre as águas seria fascinante, mas afastar-nos-ia. Ao contrário, esta fé de amigo bom, ciente da sua pequenez e que confia plenamente em Jesus, suscita-nos simpatia e – esta é a sua graça – confirma-nos!

b) A oração de Jesus e o crivo do demônio

No trecho central de Lucas que nos guia, podemos ver o que produz o crivo do demônio na personalidade de Simão Pedro e como Jesus reza a fim de que a debilidade, e até o pecado, se transformem em graça, e graça comunitária.

Concentremo-nos na palavra "crivo" (*siniazo*: joeirar o trigo), que evoca o movimento de espíritos, graças ao qual no final se discerne o que vem do espírito bom e o que vem do mau. Neste caso aquele que joeira – que reivindica o poder de joeirar – é o espírito maligno. O Senhor não o impede mas, aproveitando da provação, dirige a sua oração ao Pai para que fortaleça o coração de Simão Pedro. Jesus reza para que Simão Pedro "não caia em tentação". O Senhor fez todo o possível para salvaguardar os seus na sua Paixão. Todavia não pode evitar que cada um seja tentado pelo demônio, que se introduz na parte mais frágil. Neste tipo de provação, que Deus não manda diretamente mas não impede, Paulo diz-nos que o Senhor não permite que sejamos tentados além das nossas forças (cf. *1Cor* 10,13).

O fato de que o Senhor diga expressamente que ora por Simão é deveras importante, porque a tentação mais insidiosa do demônio é que, juntamente com uma determinada provação particular, nos faz sentir que Jesus nos abandonou, que de qualquer modo nos deixou sozinhos e não nos ajudou como deveria. O próprio Senhor experimentou e venceu esta tentação, primeiro no horto e depois na cruz, entregando-se nas mãos do Pai quando se sentiu abandonado. É neste ponto da fé que precisamos, de modo especial e com cuidado, de ser reforçados e confirmados. No fato de que o Senhor previne o que sucederá a Simão Pedro e lhe garante que já rezou para que a sua fé não falhe, encontramos a força da qual temos necessidade.

Este "eclipse" da fé diante do escândalo da paixão é um aspeto pelo qual o Senhor reza de modo particular. O Senhor pede-nos que rezemos sempre, com insistência; associa-nos à sua oração, faz com que peçamos para "não cair em tentação e livrar-nos do mal", porque a nossa carne é fraca; revela-nos também que há demônios que só são derrotados com a oração e a penitência e, sob certos aspectos, revela-nos que Ele reza de maneira especial. Esta é uma delas. Assim como se reservou a tarefa humilde de lavar os pés aos seus, e quando ressuscitou ocupou-se pessoalmente de consolar os seus amigos, ao mesmo tempo, esta oração com a qual, reforçando a fé de Simão Pedro, fortalece a de todos os outros, é algo do que o Senhor se ocupa pessoalmente. E devemos dar-nos conta disto: é a esta oração que o Senhor recitou uma vez e continua a fazê-lo – "está à direita de Deus e intercede por nós" (Rm 8,34) – que devemos recorrer para fortalecer a nossa fé.

Se a lição dada a Simão Pedro de se deixar lavar os pés confirmou a atitude de serviço do Senhor e o fixou na memória da Igreja como um fato fundamental, esta lição, dada no mesmo contexto, deve pôr-se como um ícone da fé tentada e joeirada pela qual o Senhor reza. Como sacerdotes que participamos no ministério petrino, naquilo que depende de nós, participamos da mesma missão: não só devemos lavar os pés aos nossos irmãos, como fazemos na Quinta-Feira Santa, mas devemos confirmá-los na sua fé, testemunhando que o Senhor rezou pela nossa.

Se nas provações que têm origem na nossa carne o Senhor nos encoraja e fortalece, realizando muitos milagres de cura, nestas tentações que vêm diretamente do demônio, o Senhor usa uma estratégia mais complexa. Vemos que há alguns demônios que expulsa diretamente sem rodeios; outros neutraliza-os, silenciando-os; outros faz com que falem, pergunta o seu nome, como o que era "Legião"; a outros responde amplamente com a Escritura, suportando um longo procedimento, como no caso das tentações no deserto. Este demônio, que tenta o seu amigo no início da sua paixão, derrota-o rezando, não porque o deixe em paz, mas para que o seu joeirar se torne motivo de força em benefício dos outros.

Temos aqui alguns ensinamentos sobre o *crescimento na fé*. Um relaciona-se com o escândalo do sofrimento do Inocente e dos inocentes. Isto diz-nos respeito mais do que acreditamos, toca até os que o provocam e os que fingem não o ver. Faz bem ouvir da boca do Senhor, no momento exato em que está para assumir sobre si este escândalo da paixão, que Ele reza a fim de que não falte a fé daquele que deixa no seu lugar e para que ele confirme todos nós. O eclipse da fé provocado pela paixão não é algo que cada um pode resolver e superar individualmente.

Outra lição importante é que quando o Senhor nos põe à prova, nunca o faz baseando-se na nossa parte mais frágil. Isto é típico do demônio, que explora as nossas fragilidades, que procura a nossa parte mais débil e que se obstina ferozmente contra os mais débeis deste mundo. Portanto, a infinita e incondicionada misericórdia do Pai pelos pequeninos e pecadores, e a compaixão e o perdão infinitos que Jesus exerce até ao ponto de dar a vida pelos pecadores, não é só porque Deus é bom, mas também é fruto do discernimento último de Deus sobre o mal para o desenraizar da sua relação com a fragilidade da carne. Em última instância, o mal não está ligado à fragilidade nem ao limite da carne. Por isso o Verbo faz-se carne sem qualquer temor e dá testemunho de que pode viver perfeitamente no seio da Sagrada Família e crescer protegido por duas criaturas humildes como São José e a Virgem Maria sua mãe.

O mal tem a sua origem num ato de orgulho espiritual e nasce da soberba de uma criatura perfeita, Lúcifer. Depois, contagia Adão e Eva, mas encontrando apoio no seu "desejo de ser como deuses", não na sua fragilidade. No caso de Simão Pedro, o Senhor não teme a sua fragilidade de homem pecador nem o seu medo de caminhar sobre as águas no meio de uma tempestade. Contudo, teme a discussão sobre quem é o maior.

Foi neste contexto que disse a Simão Pedro que o demônio pediu permissão para o joeirar. E podemos pensar que o joeirar começou ali, na discussão sobre quem era aquele que o trairia, acabando depois na discussão sobre quem era o maior. Todo o trecho de Lucas que se segue imediatamente à instituição da Eucaristia é um joeirar: discussões, previsão da negação, oferta da espada (cf. 22,23-38). A fé de Simão Pedro é joeirada na tensão entre o desejo de ser leal, de defender Jesus e ser o maior e a negação, a covardia e o sentir-se o pior de todos. O Senhor reza a fim de que Satanás não ofusque a fé de Simão naquele momento, no qual olha para si mesmo para se fazer grande, para se desprezar ou permanecer desconcertado e perplexo.

Se há uma formulação elaborada por Pedro acerca disto, é a de uma "fé provada", como nos mostra a sua Primeira Carta, na qual Pedro adverte que a provação não deve perturbar, como se acontecesse alguma coisa extraordinária (cf. 4,12), mas deve-se resistir ao demônio "firme na fé" (5,9). Pedro define-se a si mesmo como "testemunha dos sofrimentos de Cristo" (5,1) e escreve as suas cartas com a finalidade de "despertar [...] uma sã compreensão" (*2Pd* 3,1) (*eilikrine dianoian*: juízo iluminado por um raio de sol), que seria a graça contrária ao "eclipse" da fé.

Portanto, o progresso da fé realiza-se graças a este joeirar, a este passar através de tentações e provações. Toda a vida de Simão Pedro pode ser vista como um progresso na fé graças ao acompanhamento do Senhor, que lhe ensina a discernir, no próprio coração, o que vem do Pai e o que vem do demônio.

c) O Senhor que põe à prova levando a fé a crescer de bem para melhor e a tentação sempre presente

Finalmente, o encontro na margem do lago de Tiberíades. Mais um trecho em que o Senhor põe à prova Simão Pedro, fazendo-o crescer de bem para melhor. O amor de amizade pessoal consolida-se como aquilo que "alimenta" o rebanho, fortalecendo-o na fé (cf. *Jo* 21,15-19).

Lida neste contexto das provações de fé de Simão Pedro, que ajudam a revigorar a nossa, podemos ver aqui como se trata de uma prova muito especial do Senhor. Em geral, diz-se que o Senhor o interrogou três vezes, porque Simão Pedro o tinha negado três vezes. Pode ser que esta debilidade estivesse presente na alma de Simão Pedro (ou na de quem lê a sua história) e que o diálogo tenha ajudado a debelá-la. Mas podemos pensar também que o Senhor curou aquela negação com o olhar, que levou Simão Pedro a chorar amargamente (cf. *Lc* 22,62). Neste interrogatório podemos ver um modo de proceder do Senhor, ou seja, começar a partir de algo bom, que todos reconheciam e com o qual Simão Pedro podia estar contente: "Amas-me mais do que estes?" (v. 15); confirmá-lo, simplificando-o, com um simples "amas-me?" (v. 16), que tira da alma de Simão qualquer desejo de grandeza e rivalidade; para acabar naquele "amas-me como amigo?" (v. 17), que é o que Simão Pedro mais deseja e, evidentemente, é o que mais está a peito de Jesus. Se é verdadeiramente amor de amizade, este amor nada tem a ver com algum tipo de repreensão ou correção: a amizade é amizade e é o valor mais alto que corrige e melhora tudo o resto, sem necessidade de falar sobre o motivo.

Talvez a maior tentação do diabo fosse esta: insinuar em Simão Pedro a ideia de não se julgar digno de ser amigo de Jesus, porque o tinha atraiçoado. Mas o Senhor é fiel. Sempre. E de tempos em tempos renova a sua fidelidade. "Se somos infiéis Ele continua fiel, pois não pode renegar-se a si mesmo" (*2Tm* 2,13), como diz Paulo a Timóteo, seu filho na fé. A amizade possui esta graça: um amigo que é mais fiel pode, com a sua fidelidade, tornar fiel o outro que não o é tanto. E se se trata de Jesus, Ele mais do que ninguém tem o poder de tornar fiéis os seus amigos. É nesta fé – a fé num Jesus amigo fiel – que Simão Pedro é confirmado e enviado a confirmar-nos a todos. É neste sentido específico que se pode ler a tríplice missão de apascentar as ovelhas e os cordeiros. Considerando tudo o que exige o cuidado pastoral, é essencial o elemento de fortalecer os outros na fé em Jesus, que nos ama como amigos. É a este amor que se refere Pedro na sua primeira Carta: trata-se da fé em Jesus Cristo que – diz – "amais, sem o terdes visto; e ainda credes nele, sem o verdes", e esta fé leva-nos a exultar "de alegria inefável e gloriosa", convictos de alcançar "a meta da (nossa) fé: a salvação das almas" (cf. *1Pd* 1,7-9).

Todavia, surge uma nova tentação. Desta vez, contra o seu melhor amigo. A tentação de querer indagar sobre o relacionamento de Jesus com João, o discípulo amado. O Senhor corrige-o severamente neste ponto: "Que te importa? Segue-me!" (*Jo* 21,22).

* * *

Vemos que a tentação está sempre presente na vida de Simão Pedro. Ele mostra-nos pessoalmente como progride a fé, confessando e deixando-se pôr à prova. E mostrando outrossim que até o próprio pecado faz parte do progresso da fé. Pedro cometeu o pior dos pecados – renegar o Senhor – e no entanto fizeram-no Papa. É importante que o sacerdote saiba inserir as suas tentações e os seus pecados no âmbito desta oração de Jesus, a fim de que não esmoreça a nossa fé, mas amadureça e por sua vez sirva para fortalecer a fé de quantos nos foram confiados.

Apraz-me repetir que um sacerdote ou um bispo que não se sente pecador, que não se confessa, fecha-se em si mesmo e não progride na fé. Mas é necessário prestar atenção para que a confissão e o discernimento das próprias tentações incluam e tenham em consideração esta intenção pastoral que o Senhor lhes quer conferir.

Narrava um jovem que se recuperava no *Hogar de Cristo* do padre Pepe em Buenos Aires, que a mente se lhe opunha, dizendo-lhe que não devia estar ali, e que ele lutava contra aquele sentimento. E dizia que o padre Pepe o tinha ajudado muito. Certo dia dissera-lhe que já não aguentava, que sentia muita falta da sua família, da sua esposa e dos dois filhos, e que queria ir embora. "Então o sacerdote disse-me: 'E antes, quando saías para consumir e vender drogas, não sentias a falta da tua família? Pensavas nela?'". Com a cabeça fiz um sinal afirmativo, em silêncio – disse o homem – e o sacerdote, sem acrescentar mais nada, deu-me uma palmada nas costas e disse-me: "Vai, é suficiente". Come se quisesse dizer-me: dá-te conta do que te acontece e daquilo que dizes. "Agradece ao céu se agora sentes falta".

Aquele homem narrava que o sacerdote era importante, que lhe dizia tudo na cara. E isto ajudava-o a combater, porque era ele que devia sacrificar a própria vontade.

Digo isto para demonstrar que o que ajuda no crescimento da fé é manter unidos o próprio pecado, o desejo de bem do próximo, a ajuda que recebemos e o apoio que nós devemos oferecer. É inútil separá-los: não podemos sentir-nos perfeitos, quando desempenhamos o ministério e, quando pecamos, justificar-nos porque somos como todos os outros. É necessário unir tudo: se fortalecemos a fé dos outros, façamo-lo como pecadores. E quando pecamos, confessemo-nos por aquilo que somos, sacerdotes, frisando que temos uma responsabilidade em relação às pessoas, não somos como todos. Estas duas realidades amalgamam-se bem quando levamos em frente o povo, as nossas ovelhas, especialmente os mais pobres. É o que faz Jesus quando pergunta a Simão Pedro se o ama, sem nada lhe dizer a respeito da dor ou da alegria que este amor lhe causa, levando-o a considerar os seus irmãos deste modo: apascenta as minhas ovelhas, confirma a fé dos teus irmãos. Como se lhe dissesse o que repetiu àquele jovem do *Hogar de Cristo*: "Dá graças se agora sentes falta".

"Dá graças se sentes que tens pouca fé", porque quer dizer que amas os teus irmãos. "Dá graças se te sentes pecador e indigno no ministério", pois significa que entendes que se fazes algo é porque Jesus ora por ti, e sem Ele nada podemos (cf. *Jo* 15,5).

Diziam os nossos antepassados que a fé aumenta quando realizamos gestos de fé. Simão Pedro é o ícone do homem que em todos os momentos o Senhor Jesus leva a cumprir atos de fé. Quando Simão Pedro entende esta "dinâmica" do Senhor, esta sua pedagogia, não perde a ocasião para discernir, a cada momento, qual gesto de fé pode fazer no seu Senhor. E nisto não se engana. Quando Jesus age como seu Senhor, atribuindo-lhe o nome de Pedro, Simão deixa-o agir. O seu "assim seja" é silencioso, como aquele de São José, demonstrando-se real ao longo da sua vida. Quando o Senhor o exalta e humilha, Simão Pedro não olha para si mesmo, mas presta atenção para aprender a lição do que vem do Pai ou daquilo que provém do diabo. Quando o Senhor o repreende, porque se tinha engrandecido, deixa-se corrigir. Quando o Senhor lhe mostra de modo divertido que não se deve disfarçar diante dos cobradores de impostos, vai pescar peixes com a moeda. Quando o Senhor o humilha, prenunciando que o havia de renegar, é sincero e diz o que sente, como o será quando chorar amargamente, deixando-se perdoar. Houve numerosos momentos muito diferentes na sua vida, e no entanto há uma única lição: a do Senhor que confirma a sua fé, a fim de que ele possa corroborar a fé do seu povo. Peçamos também nós a Pedro que nos confirme na fé, a fim de que nós, por nossa vez, possamos confirmar a fé dos nossos irmãos.

Angelus[166]

Queridos irmãos e irmãs, bom dia!

Neste primeiro domingo de Quaresma, o Evangelho introduz-nos no caminho rumo à Páscoa, mostrando Jesus que permanece por quarenta dias no deserto, submetido às tentações do diabo (cf. *Mt* 4,1-11). Este episódio coloca-se num momento específico da vida de Jesus: imediatamente depois do batismo no rio Jordão e antes do ministério público. Ele acabou de receber a solene investidura: o Espírito de Deus desceu sobre Ele, o Pai do céu declarou-o "Meu Filho muito amado" (*Mt* 3,17). Jesus já está pronto para iniciar a sua missão; e dado que ela tem um inimigo declarado, ou seja, Satanás, Ele enfrenta-o imediatamente, "corpo a corpo". O diabo recorre precisamente ao título de "Filho de Deus" para afastar Jesus do cumprimento da sua missão: "Se tu és o Filho de Deus...", repete (vv. 3.6), e propõe-lhe que faça gestos milagrosos – que seja "feiticeiro" – como por exemplo transformar as pedras em pão para saciar a sua fome, e lançar-se abaixo dos muros do templo para ser salvo pelos anjos. A estas duas tentações, segue-se a terceira: adorar a ele, o diabo, para ter o domínio sobre o mundo (cf. v. 9).

Mediante esta tríplice tentação, Satanás quer desviar Jesus do caminho da obediência e da humilhação – porque sabe que assim, por esta via, o mal será derrotado – e levá-lo pelo falso atalho do sucesso e da glória. Mas as flechas venenosas do diabo são todas "detidas" por Jesus com o escudo da Palavra de Deus (vv. 4.7.10.) que exprime a vontade do Pai. Jesus não profere qualquer palavra própria: responde somente com a Palavra de Deus. E assim o Filho, repleto da força do Espírito Santo, sai vitorioso do deserto.

Durante os quarenta dias da Quaresma, como cristãos somos convidados a seguir os passos de Jesus e a enfrentar o combate espiritual contra o Maligno com a força da Palavra de Deus. Não com a nossa palavra, não serve. A palavra de Deus: ela tem a força para derrotar Satanás. Por esta razão, é necessário familiarizar-se com a *Bíblia*: lê-la frequentemente, meditá-la, assimilá-la. A *Bíblia* contém a Palavra de Deus, que é sempre atual e eficaz. Alguém disse: o que aconteceria se tratássemos a *Bíblia* como tratamos o nosso telemóvel? Se a trouxéssemos sempre connosco, ou pelo menos o pequeno Evangelho de bolso, o que aconteceria? Se voltássemos atrás quando o esquecemos: te esqueces do telemóvel – oh, não o tenho, volto atrás para o procurar; se a abríssemos várias vezes por dia; se lêssemos as mensagens de Deus contidas na *Bíblia* como lemos as mensagens do telemóvel, o que aconteceria? Obviamente

---

[166] Praça de São Pedro, 05 de março de 2017.

a comparação é paradoxal, mas faz refletir. Com efeito, se tivéssemos sempre a Palavra de Deus no coração, nenhuma tentação poderia afastar-nos de Deus e nenhum obstáculo nos poderia fazer desviar do caminho do bem; saberíamos vencer as insinuações quotidianas do mal que está em nós e fora de nós; seríamos mais capazes de levar uma vida ressuscitada segundo o Espírito, acolhendo e amando os nossos irmãos, especialmente os mais débeis e necessitados, e também os nossos inimigos.

A Virgem Maria, ícone perfeito da obediência a Deus e da confiança incondicional à sua vontade, nos sustente no caminho quaresmal, para que nos coloquemos à escuta dócil da Palavra de Deus a fim de realizar uma verdadeira conversão do coração.

Discurso aos Participantes no XXVIII Curso Sobre o Foro Interno organizado pela Penitenciaria Apostólica[167]

Estimados irmãos!

É com prazer que me encontro convosco, nesta primeira audiência depois do Jubileu da Misericórdia, por ocasião do anual Curso sobre o Foro Interno. Dirijo uma saudação cordial ao Cardeal Penitenciário-Mor, enquanto lhe agradeço as amáveis expressões. Saúdo o Regente, os Prelados, os Oficiais e os Funcionários da Penitenciaria, os Colégios dos penitencieiros ordinários e extraordinários das Basílicas Papais na Urbe, e todos vós participantes neste curso.

Na realidade, confesso-vos, o da Penitenciaria é um tipo de Tribunal que realmente me agrada, porque se trata de um "tribunal da misericórdia", ao qual nos dirigimos para receber o remédio indispensável para a nossa alma, que é a Misericórdia divina!

O vosso curso sobre o foro interno, que contribui para a *formação de bons confessores*, é útil como nunca, e diria até necessário nos dias de hoje. Sem dúvida, não nos tornamos bons confessores graças a um curso, não: a do confessionário é uma "longa escola", que dura a vida inteira. Mas quem é o "bom confessor"? Como nos tornamos bons confessores?

A este propósito, gostaria de indicar três aspetos.

1. O "bom confessor" é, acima de tudo, um verdadeiro *amigo de Jesus Bom Pastor*. Sem esta amizade, será muito difícil amadurecer aquela paternidade, tão necessária no ministério da Reconciliação. Ser amigo de Jesus significa

---
[167] Sala Paulo VI, 17 de março de 2017.

antes de tudo cultivar *a oração*. Quer uma prece pessoal com o Senhor, pedindo-lhe incessantemente o dom da caridade pastoral; quer uma oração específica para cumprir a tarefa de confessor e para os fiéis, irmãos e irmãs que se aproximam de nós em busca da misericórdia de Deus.

Um ministério da Reconciliação "imbuído de oração" será um reflexo credível da misericórdia de Deus e evitará os dissabores e as incompreensões que, às vezes, se poderiam gerar até no encontro sacramental. O confessor que reza sabe bem que ele mesmo é o primeiro pecador, o primeiro perdoado. Não se pode perdoar no Sacramento sem a consciência de ter sido perdoado primeiro. E por conseguinte a oração é a garantia primordial para evitar todas as atitudes de severidade, que inutilmente julga o pecador e não o pecado.

Na oração é necessário implorar a dádiva de um coração ferido, capaz de compreender as chagas do próximo e de as curar com o azeite da misericórdia, com aquele que o bom samaritano derramou sobre as feridas daquela pobre vítima, de quem ninguém tinha piedade (cf. *Lc* 10,34).

Na oração devemos pedir a preciosa dádiva da humildade, para que se manifeste cada vez mais claramente que o perdão é um dom gratuito e sobrenatural de Deus, do qual nós somos simples e necessários administradores, pela própria vontade de Jesus; e sem dúvida será do seu agrado se recorrermos generosamente à sua misericórdia.

Além disso, na oração nós invocamos sempre o Espírito de discernimento e de compaixão. O Espírito permite que nos identifiquemos com as dores das irmãs e dos irmãos que se aproximam do confessionário, acompanhando-os com discernimento prudente e maduro, e com verdadeira compaixão pelos seus sofrimentos, causados pela pobreza do pecado.

2. Em segundo lugar, o bom confessor é um *homem do Espírito*, um homem do *discernimento*. Quanto mal se causa à Igreja pela falta de discernimento! Quanto mal se provoca às almas com ações que não afundam as suas raízes na escuta humilde do Espírito Santo e da vontade de Deus. O confessor não cumpre a sua vontade pessoal e não ensina uma sua doutrina. Ele é chamado a cumprir sempre e unicamente a vontade de Deus, em plena comunhão com a Igreja da qual é ministro, ou seja, servo.

O discernimento permite distinguir sempre, para não confundir, para nunca "medir tudo pela mesma bitola". O discernimento educa o olhar e o coração, permitindo assim aquela delicadeza de espírito tão necessária diante de quantos nos abrem o sacrário da própria consciência para receber a sua luz, paz e misericórdia.

O discernimento é necessário também porque aquele que se aproxima do confessionário pode provir das situações mais diversas; poderia até sofrer de algum distúrbio espiritual, cuja natureza deve ser submetida a um discernimento atento, tendo em consideração todas as circunstâncias existenciais, eclesiais, naturais e sobrenaturais. Se o confessor se der conta da presença de verdadeiros distúrbios espirituais – que também podem ser em grande parte psíquicos, e isto deve ser averiguado através de uma sadia colaboração com as ciências humanas – não deve hesitar em consultar aqueles que, na diocese, estão encarregados deste ministério delicado e necessário, ou seja, os exorcistas. Mas estes devem ser escolhidos com muito cuidado e com grande prudência.

3. Finalmente, o confessionário é inclusive um *lugar de evangelização*. Com efeito, não existe evangelização mais autêntica do que o encontro com o Deus da misericórdia, com o Deus que é Misericórdia! Encontrar a misericórdia significa encontrar o verdadeiro rosto de Deus, assim como o Senhor Jesus no-lo revelou.

Então, o confessionário é um lugar de evangelização e de formação. No breve diálogo que mantém com o penitente, o confessor está chamado a discernir o que é mais útil e até necessário para o caminho espiritual daquele irmão ou daquela irmã; às vezes será preciso voltar a anunciar as verdades de fé mais elementares, o núcleo incandescente, o *querigma* sem o qual a própria experiência do amor de Deus e da sua misericórdia permaneceria como que emudecida; por vezes será oportuno indicar os fundamentos da vida moral, sempre em relação à verdade, ao bem e à vontade do Senhor. Trata-se de uma obra de discernimento imediato e inteligente, que pode fazer um grande bem aos fiéis.

Com efeito, o confessor está chamado diariamente a ir às "periferias do mal e do pecado" – esta é uma má periferia! – e a sua obra representa autêntica prioridade pastoral. Confessar é uma prioridade pastoral. Por favor, que não haja mais cartazes como estes: "Só confessamos às segundas e quartas-feiras, de tal hora a tal hora". Há que confessar sempre que nos pedirem. E se estás ali [no confessionário] em oração, deixa o confessionário aberto, pois ele é o Coração de Deus aberto.

Caros irmãos, abençoo-vos e desejo-vos que sejais bons confessores: imersos na relação com Cristo, capazes de discernimento no Espírito Santo e prontos para aproveitar a ocasião de evangelizar.

Orai sempre pelos irmãos e pelas irmãs que se aproximam do Sacramento do perdão. Por favor, rezai também por mim!

Eu não gostaria de concluir sem antes dizer algo que me veio ao pensamento, enquanto o Cardeal Prefeito falava. Ele referiu-se a duas chaves e a Nossa Senhora, e gostei disto, e agora digo-vos uma... duas coisas. Fez-me muito bem, quando eu era jovem, ler o livro de Santo Afonso Maria de Ligório sobre Nossa Senhora: *As glórias de Maria*. No final de cada capítulo, há sempre a descrição de um milagre de Nossa Senhora, com o qual ela entra na vida e resolve os problemas. E agora a segunda coisa. Disseram-me que no sul da Itália existe uma lenda, uma tradição sobre Nossa Senhora: a Nossa Senhora das tangerinas. É uma terra onde há muitas tangerinas, não é verdade? E dizem que é a padroeira dos ladrões [ri, riem]. Dizem que os ladrões vão rezar ali. E a lenda — assim dizem — é que os ladrões que rezam a Nossa Senhora das tangerinas, quando morrem, veem a fila diante de Pedro que com as chaves abre a porta e deixa entrar uma pessoa e depois volta a abri-la e a deixar passar outra; mas quando vê um deles, Nossa Senhora faz-lhe um sinal para se esconder e depois, quando todos passam, ao cair da noite, Pedro fecha a porta e Nossa Senhora chama-o e deixa-o passar pela janela. Trata-se de um conto popular, mas é muito bonito: perdoar com a Mãe ao lado; perdoar com a Mãe. Porque a mulher, o homem que vai ao confessionário tem uma Mãe no Céu, que lhe abrirá a porta e o ajudará no momento de entrar no Céu. Sempre Nossa Senhora, porque Ela nos ajuda também a nós na prática da misericórdia. Agradeço ao Cardeal estes dois símbolos: as chaves e Nossa Senhora. Muito obrigado!

Confiemo-nos aos arcanjos[168]

Um verdadeiro ato de confiança aos arcanjos Miguel, Rafael e Gabriel, no dia da sua festa, para que nos ajudem na luta contra a sedução do demônio, nos tragam boas novas da salvação e nos conduzam pela mão a fim de que não erremos o caminho no percurso da vida, cooperando assim "com o desígnio de salvação de Deus". "Na oração da coleta no início da missa rezamos assim: 'Ó Deus que chames os anjos e os homens para cooperarem com o teu desígnio de salvação, concede a nós peregrinos sobre a terra a proteção dos espíritos bem-aventurados, que no céu estão diante de ti para te servir e contemplam a glória do teu rosto'".

"Um aspeto que chama a atenção desde o início é que nós e os anjos temos a mesma vocação: cooperar com o desígnio de salvação de Deus; somos, por assim dizer; 'irmãos' na vocação". Os anjos "estão diante do Senhor para o

---

[168] Capela da Domus Sanctae Marthae, 29 de setembro de 2017 (Publicado no L'Osservatore Romano, ed. em português, n. 40 de 5 de outubro de 2017).

servir, louvar e inclusive para contemplar a glória do rosto do Senhor: os anjos são os grandes contemplativos, contemplam o Senhor; servem e contemplam. Mas também o Senhor os envia para nos acompanhar no caminho da vida".

"Hoje festejamos três destes arcanjos — afirmou o Pontífice — porque desempenharam um papel importante na história da salvação. E festejamos estes três também porque desempenharam um papel importante no nosso caminho rumo à salvação".

Começando por "Miguel — o grande Miguel — aquele que combate o demônio", explicou o Papa referindo-se ao trecho do Apocalipse (12, 7-12) proposto pela liturgia e sublinhando: "Por fim, quando o dragão combatia contra Miguel, quando foi vencido, o texto diz o seguinte: 'O grande Dragão, a primitiva serpente, chamado demônio e satanás, o sedutor do mundo inteiro foi precipitado na terra'". O demônio é "o nosso inimigo" e esta, explicou o Pontífice, é "uma visão do fim do mundo, mas ao mesmo tempo incomoda, incomoda na nossa vida: procura sempre seduzir-nos, como seduziu a nossa mãe Eva, com argumentos convincentes: 'Come o fruto, vai fazer-te bem, vai fazer-te conhecer muitas coisas'". E assim "começa, como faz a serpente, a seduzir, a seduzir e depois, quando caímos, acusa-nos diante de Deus: 'É um pecador, é meu!'".

Portanto, frisou Francisco, "'ele é meu' é precisamente a palavra do demônio, vence-nos com a sedução e depois acusa-nos em frente de Deus: 'É meu, levo-o comigo'". E "Miguel combate contra ele, o Senhor pede-lhe para lhe fazer a guerra: para nós que estamos a caminho, nessa nossa terra, rumo ao céu, Miguel ajuda-nos a combatê-lo, a não nos deixar seduzir por este espírito maligno que nos engana com a sedução". Precisamente "por esta razão hoje agradeçamos São Miguel esta luta que faz pela Igreja e por cada um de nós, e peçamos-lhe que continue a defender-nos".

O segundo arcanjo, "Gabriel, é aquele que traz as boas novas, aquele que deu a notícia a Maria, a Zacarias, a José", continuou Francisco. Portanto, Gabriel anuncia "as boas novas e a boa notícia da salvação". Também ele "está connosco e ajuda-nos no caminho". Sobretudo quando — e acontece muitas vezes — "com tantas notícias más ou numerosas notícias que não têm substância, nós esquecemos a boa nova, a do Evangelho de Deus, da salvação, que Jesus veio ter connosco, nos trouxe a salvação de Deus". E é precisamente "Gabriel que nos recorda isto e, por esta razão, hoje peçamos a Gabriel que nos anuncie sempre a boa nova". Gabriel, foi a oração de Francisco, "recorda-nos a boa nova de Deus, o que Deus fez".

"E há também o terceiro arcanjo, Rafael, aquele que nos ajuda no caminho, que caminha connosco" disse o Pontífice. "Miguel — especificou — defende-nos, Gabriel dá-nos a boa notícia e Rafael conduz-nos pela mão e caminha connosco, ajuda-nos nos eventos que acontecem ao longo do caminho". Devemos pedir a Rafael: "que, por favor, não sejamos seduzidos a dar o passo errado, errar o caminho; guia-nos pela boa estrada, pelo caminho bom. Tu és o companheiro do caminho, assim como foste o companheiro de viagem de Tobias".

Os três arcanjos, prosseguiu Francisco, "estão diante de Deus, são os nossos companheiros porque têm a mesma vocação no mistério da salvação: levar em frente o mistério da salvação. Adoram a Deus, glorificam a Deus, servem a Deus". E assim "hoje peçamos simplesmente aos três arcanjos Miguel, Gabriel, Rafael", convidou o Papa sugerindo as palavras da oração: "Miguel, ajuda-nos na luta; cada um sabe qual luta tem na própria vida hoje, cada um de nós conhece a luta principal, a que faz arriscar a salvação. Ajuda-nos, Gabriel, traz-nos boas notícias, traz-nos boas novas da salvação, que Jesus está conosco, que Jesus nos salvou e dá-nos esperança. Rafael, leva-nos pela mão e ajuda-nos no caminho para que não erremos a estrada, para que não permaneçamos parados: caminhar sempre, mas ajudados por ti".

Vigilantes contra a mundanidade[169]

O Papa Francisco advertiu contra os "demônios educados", que bem disfarçados propõem astutamente tentações e seduções com as boas maneiras, acabando por fazer "pressões de salão", às quais sugeriu que se responda com "a vigilância", que significa "oração, exame de consciência e obras de caridade", para não cair na "mundanidade" nem merecer também o apelativo de "estulto" que São Paulo diz aos Gálatas. Por conseguinte, dirigindo-se aos fiéis durante a missa, convidou-os a olhar para "Cristo crucificado", abandonando as vestes de "cristãos tíbios".

"Muitas vezes Jesus, nas suas pregações, nos admoesta para que sejamos vigilantes, que vigiemos, que permaneçamos em expetativa". Numa ocasião, acrescentou Francisco, disse para vigiar "porque não conheceis a hora na qual virá o filho do homem". Com efeito, "a vigilância deve ser preparada em função da vinda do Senhor". Noutras ocasiões Jesus faz esta recomendação

---

[169] Capela da Domus Sanctae Marthae, 13 de outubro de 2017 (Publicado no L'Osservatore Romano, ed. em português, n. 43 de 26 de outubro de 2017).

"frisando que se 'preparem': é o caso das dez virgens, as prudentes e as insensatas, que não estavam preparadas". As primeiras "tinham tudo pronto, também o óleo das lâmpadas"; as segundas "estavam ali à toa, sem pensar em se preparar".

"Vigiai", portanto, é a sugestão de Jesus que, "outras vezes, o faz aconselhando a oração, a vigilância para não cair em tentação". Por exemplo, afirmou o Pontífice, "di-lo aos seus discípulos no jardim das Oliveiras: eles adormeceram devido ao medo" e ele recomendava: "rezai e vigiai para não cairdes em tentação".

Em síntese, "muitas vezes o Senhor pede para vigiar", porque "o cristão está sempre vigilante, vigia, está atento; tem características da sentinela, deve estar atento". E "hoje o Senhor surpreende-nos com outra vigilância que não é fácil compreender mas é tão comum", observou o Papa referindo-se ao trecho evangélico de Lucas (11,15-26) proposto pela liturgia.

Na prática, explicou repercorrendo o excerto do Evangelho, Jesus "expulsa um demônio e a seguir fizeram um debate. Alguns disseram: 'Tem a autorização de Belzebu', e toda essa história; Jesus defende-se e, na diatribe, ridiculariza-os. Quando isso terminou, detém-se e diz-nos não uma parábola: em forma de parábola, mas não uma parábola, diz-nos uma verdade. Quando o espírito impuro sai do homem, vagueia por lugares desertos, procurando alívio, mas não o encontrando, diz: 'voltarei para a minha casa da qual saí'. Quando chega, encontra-a limpa e adornada. O homem que ali vive é livre. Então vai, toma outros sete espíritos piores do que ele, entram nela e habitam-na. E a última condição daquele homem torna-se pior do que a primeira. A condição daquele homem antes que o demônio fosse expulso da sua vida era melhor do que esta".

O que significam estas palavras de Jesus e quando acontecem estas coisas? Eis a questão apresentada pelo Pontífice ao propor a meditação sobre o trecho do Evangelho de Lucas. "É uma figura" explicou. E o Senhor "usa a figura dos demônios que sofrem no deserto, que vagueiam. Pensemos em quando Jesus expulsa aqueles demônios que se chamam 'legiões', porque são tantos e eles pedem para estarem com os porcos, porque não querem vaguear no deserto". E em particular "diz: 'Vagueia por lugares desertos procurando alívio' e depois de algum tempo volta". Mas eis a "surpresa" de "voltar para casa" e encontrá-la "limpa, embelezada: a alma daquele homem estava em paz com Deus e ele não entra". Então "procura outros sete, piores do que ele".

"Aquela palavra — piores — tem tanta força, neste trecho" observou o Pontífice. "E depois entra", diz Lucas. Mas "como entra? Entra suavemente: bate à porta, pede autorização, toca a campainha, volta educadamente". E "esta segunda vez são os diabos educados". Assim "o homem não se dá conta: entram pela surdina, começam a fazer parte da vida, com as suas ideias e com as suas inspirações ajudam também aquele homem a viver melhor e entram na vida dele, entram no seu coração e de dentro começam a mudar aquele homem, mas tranquilamente, sem dar nas vistas".

Todo "este modo", explicou Francisco, "é diferente da possessão diabólica que é forte: esta é uma possessão diabólica quase 'de salão', digamos". E "é isto que o diabo faz lentamente na nossa vida para mudar os critérios, para nos conduzir à mundanidade: mimetiza-se no nosso modo de agir e dificilmente nos damos conta disto". Assim "aquele homem, libertado por um demônio, torna-se maldoso, oprimido pela mundanidade". É precisamente isto "que o diabo quer: a mundanidade".

Com efeito, a mundanidade, afirmou o Papa "é um passo em frente — permito-me a expressão entre aspas — para a 'possessão' do demônio. Vem-me à mente o adjetivo que Paulo disse aos Gálatas quando iniciaram este caminho: 'Estultos, ó Gálatas insensatos, quem vos encantou? A vós, aos olhos de quem foi apresentado Jesus Cristo crucificado?'".

Portanto, afirmou o Pontífice, "é um encanto: é a sedução porque" o diabo "é o pai da sedução. Pensemos no que fez com Eva: começou a falar, suavemente, suavemente, suavemente" e "saiu-se com a sua 'quem vos encantou?'". Mas "quando o demônio entra tão suave e educadamente e toma posse dos nossos comportamentos, os nossos valores passam do serviço a Deus para a mundanidade". Assim "tornamo-nos cristãos tíbios, cristãos mundanos e fazemos esta mistura, esta salada de fruta entre o espírito do mundo e o espírito de Deus". Contudo, advertiu o Papa, "não podemos viver assim: isto afasta do Senhor, mas é muito subtil".

O ponto, prosseguiu Francisco, é questionar-nos "como se faz para não cair e sair disto". A resposta é clara: "Antes de tudo retomando a palavra 'vigilância': não nos assustemos, como Isaías disse a Acaz, 'vigilância e calma'", como querendo dizer: "presta atenção". Porque, explicou, "vigiar significa compreender o que acontece no meu coração, significa parar um pouco e examinar a minha vida". A tal propósito o Papa não deixou de propor as perguntas para um exame de consciência pessoal: "Sou cristão? Educo mais ou menos bem os meus filhos? A minha vida é cristã ou mundana? Como posso entender isto?".

Para responder é preciso recorrer à "mesma receita de Paulo: olhar para Cristo crucificado". De fato, assim "compreende-se onde está a mundanidade que só se destrói diante da cruz do Senhor". Precisamente "esta é a finalidade do crucifixo diante de nós: não é um ornamento" mas "é o que nos salva deste encanto, destas seduções que te conduzem à mundanidade".

Eis que se apresenta de novo a pergunta essencial: "Olho para Cristo crucificado? De vez em quando percorro a via-sacra para verificar o preço da salvação, o preço que nos salvou, não só dos pecados mas também da mundanidade?". E, prosseguiu, "como eu disse", serve "o exame de consciência" para verificar "o que acontece mas sempre diante de Cristo crucificado e com a oração". E mais, acrescentou o Pontífice, "far-nos-á bem causar-nos uma fratura, mas não num osso: uma fratura nos comportamentos cômodos: as obras de caridade". Substancialmente: "vivo no conforto, mas farei isto que me custa". Por exemplo "visitar um doente, dar um auxílio a alguém necessitado: uma obra de caridade". "Isto rompe a harmonia que este demônio procura oferecer, estes sete demônios com o chefe, para fazer a mundanidade espiritual".

Ao concluir, o Papa exortou a pensar "nestes três aspectos: Cristo crucificado salvar-nos-á destes demônios educados, deste escorregamento lento para a mundanidade; salvar-nos-á da insensatez, da sedução. O exame de consciência ajudar-nos-á a ver se há estes aspectos. E as obras de caridade, as que custam, levar-nos-ão a ficar mais atentos, mais vigilantes para que estes personagens, que são astutos, não entrem". Por fim, fez votos por que "o Senhor nos conceda esta graça e nos faça recordar o adjetivo de Paulo: 'insensato'".

CATECISMO DA IGREJA CATÓLICA[170]

Anjo

1) Anjo e Cristo

§331: Cristo é o centro do mundo angélico. São seus os anjos: "Quando o Filho do homem vier em sua glória com todos os seus anjos..." (*Mt* 25,31). São seus porque foram criados por e para Ele: "Pois foi nele que foram criadas todas as coisas, nos céus e na terra, as visíveis e as invisíveis: Tronos, Dominações, Principados, Potestades; tudo foi criado *por* Ele e *para* Ele" (*Cl* 1,16). São seus, mais ainda, porque Ele os fez mensageiros de seu projeto de salvação. "Porventura não são todos eles espíritos servidores, enviados ao serviço dos que devem herdar a salvação?" (*Hb* 1,14).

§538: Os evangelhos falam de um tempo de solidão de Jesus no deserto, imediatamente após seu Batismo por João: "Levado pelo Espírito" ao deserto, Jesus ali fica quarenta dias sem comer, vive com os animais selvagens e os anjos o servem[171]. No final dessa permanência, Satanás o tenta por três vezes procurando questionar sua atitude filial para com Deus. Jesus rechaça esses ataques que recapitulam as tentações de Adão no Paraíso e de Israel no deserto, e o Diabo afasta-se dele "até o tempo oportuno" (*Lc* 4,13).

§954: Os três estados da Igreja. "Até que o Senhor venha em Sua majestade e, com ele, todos os anjos e, tendo sido destruída a morte, todas as coisas lhe forem sujeitas, alguns dentre os seus discípulos peregrinam na terra; outros, terminada esta vida, são purificados; enquanto outros são glorificados, vendo claramente o próprio Deus trino e uno, assim como é'[172]."

§1038: A ressurreição de todos os mortos, "dos justos e dos injustos" (*At* 24,15), antecederá o Juízo Final. Esse será "a hora em que todos os que repousam nos sepulcros ouvirão sua voz e sairão: os que tiverem feito o bem, para uma ressurreição de vida; os que tiverem praticado o mal, para uma ressurreição de julgamento" (*Jo* 5,28-29). Então Cristo "virá em sua glória, e todos os anjos com Ele. (...) E serão reunidas em sua presença todas as nações, e Ele há de separar os homens uns dos outros, como o pastor separa as ovelhas dos cabritos, e pôr as ovelhas à sua direita e os cabritos à sua esquerda. (...)

---

[170] Catecismo da Igreja Católica: Edição revisada de acordo com o texto oficial em latim. Libreria Editrice Vaticana, 2011.

[171] Cf. *Mc* 1,12-13

[172] LG 49.

E irão estes para o castigo eterno, e os justos irão para a Vida Eterna" (*Mt* 25,31-33.46).

§1161: Todos os sinais da celebração litúrgica são relativos a Cristo: são-no também as imagens sacras da santa mãe de Deus e dos santos. Significam o Cristo que é glorificado neles. Manifestam "a nuvem de testemunhas" (*Hb* 12,1) que continuam a participar da salvação do mundo e às quais estamos unidos, sobretudo na celebração sacramental. Por meio de seus ícones, revela-se à nossa fé o homem criado "à imagem de Deus"[173] e transfigurado "à sua semelhança", assim como os anjos, também recapitulados em Cristo:

> Na trilha da doutrina divinamente inspirada de nossos santos Padres e da tradição da Igreja católica, que sabemos ser a tradição do Espírito Santo que habita nela, definimos com toda certeza e acerto que as veneráveis e santas imagens, bem como as representações da cruz preciosa e vivificante, sejam elas pintadas, de mosaico ou de qualquer outra matéria apropriada, devem ser colocadas nas santas igrejas de Deus, sobre os utensílios e as vestes sacras, sobre paredes e em quadros, nas casas e nos caminhos, tanto a imagem de Nosso Senhor, Deus e Salvador, Jesus Cristo, como a de Nossa Senhora, a puríssima e santíssima mãe de Deus, dos santos anjos, de todos os santos e dos justos[174].

2) Anjo e Natal

§525: Jesus nasceu na humildade de um estábulo, em uma família pobre[175]; as primeiras testemunhas do evento são simples pastores. É nesta pobreza que se manifesta a glória do Céu[176]. A Igreja não se cansa de cantar a glória dessa noite:

> Hoje a Virgem traz ao mundo o Eterno
> E a terra oferece uma gruta ao Inacessível.
> Os anjos e os pastores o louvam
> E os magos caminham com a estrela.
> Pois Vós nascestes por nós, Menino, Deus eterno![177]

---

[173] Cf. *Rm* 8,29; 1Jo 3,2
[174] II Conc. de Niceia: DS 600.
[175] Cf. *Lc* 2,6-7
[176] Cf. *Lc* 2,8-20
[177] Kontakion de *Romano, o Melódio*.

§559: Como vai Jerusalém acolher seu Messias? Embora sempre se tivesse subtraído às tentativas populares de fazê-lo rei, Jesus escolhe o momento e prepara os detalhes de sua entrada messiânica na cidade de "Davi, seu pai" (*Lc* 1,32). É aclamado como o filho de Davi, aquele que traz a salvação ("Hosana" quer dizer salva-nos!, "dá a salvação!") Ora, o "Rei de Glória" (*Sl* 24,7-10) entra em sua cidade "montado em um jumento" (*Zc* 9,9): não conquista a Filha de Sião, figura de sua Igreja, pela astúcia nem pela violência, mas pela humildade que dá testemunho da Verdade. Por isso os súditos de seu Reino, nesse dia, são as crianças e os "pobres de Deus" que o aclamam como os anjos o anunciaram aos pastores. A aclamação deles – "Bendito seja o que vem em nome do Senhor" (*Sl* 118,26) – é retomada pela Igreja no "Sanctus" da liturgia eucarística, para abrir o memorial da Páscoa do Senhor.

3) Anjo e o Céu

§326: Na Sagrada Escritura, a expressão "céu e terra" significa tudo aquilo que existe, a criação inteira. Indica também o nexo no interior da criação, que ao mesmo tempo une e distingue céu e terra: "a Terra" e o mundo dos homens; "o Céu" ou "os céus" pode designar o firmamento, mas também o "lugar" próprio de Deus: "nosso Pai nos céus" (*Mt* 5,16) e, por conseguinte, também o "céu" que é a glória escatológica. Finalmente, a palavra "céu" indica o "lugar" das criaturas espirituais – os anjos – que estão ao redor de Deus.

§1023: Os que morrem na graça e na amizade de Deus, e que estão totalmente purificados, vivem para sempre com Cristo. São para sempre semelhantes a Deus, porque o veem "tal como ele é" (*1Jo* 3,2), face a face (*1Cor* 13,12):

> Com nossa autoridade apostólica definimos que, segundo a disposição geral de Deus, as almas de todos os santos mortos antes da Paixão de Cristo (...) e de todos os outros fiéis mortos depois de receberem o santo Batismo de Cristo, nos quais não houve nada a purificar quando morreram, (...) ou ainda, se houve ou há algo a purificar, quando, depois de sua morte, tiverem acabado de fazê-lo, (...) antes mesmo da ressurreição em seus corpos e do juízo geral, e isto desde a ascensão do Senhor e Salvador Jesus Cristo ao céu, estiveram, estão e estarão no Céu, no Reino dos Céus e no paraíso celeste com Cristo, admitidos na sociedade dos santos anjos. Desde a paixão e a morte de Nosso Senhor Jesus Cristo, viram e vêem a essência divina com uma visão intuitiva e até face a face, sem a mediação de nenhuma criatura.

§1024: Essa vida perfeita com a Santíssima Trindade, essa comunhão de vida e de amor com ela, com a Virgem Maria, os anjos e todos os bem-aventurados, é denominada "o Céu". O Céu é o fim último e a realização das aspirações mais profundas do homem, o estado de felicidade suprema e definitiva.

§1025: Viver no Céu é "viver com Cristo"[178]. Os eleitos vivem "nele", mas lá conservam – ou melhor, lá encontram – sua verdadeira identidade, seu próprio nome[179].

> "*Vita est enim esse cum Christo; ideo ubi Christus, ibi vita, ibi regnum* – Vida é, de fato, estar com Cristo; aí onde está Cristo, aí está a Vida, aí está o Reino"[180].

§1026: Por sua Morte e Ressurreição, Jesus Cristo nos "abriu" o Céu. A vida dos bem-aventurados consiste na posse em plenitude dos frutos da redenção operada por Cristo, que associou à sua glorificação celeste os que creram nele e que ficaram fiéis à sua vontade. O céu é a comunidade bem-aventurada de todos os que estão perfeitamente incorporados a Ele.

§1027: Este mistério de comunhão bem-aventurada com Deus e com todos os que estão em Cristo supera toda compreensão e toda imaginação. A Escritura fala-nos dele em imagens: vida, luz, paz, festim de casamento, vinho do Reino, casa do Pai, Jerusalém celeste, Paraíso. "O que os olhos não viram, os ouvidos não ouviram e o coração do homem não percebeu, isso Deus preparou para aqueles que o amam" (*1Cor 2,9*).

§1028: Em razão de sua transcendência, Deus só pode ser visto tal como é quando Ele mesmo abrir seu mistério à contemplação direta do homem e o capacitar para tanto. Esta contemplação de Deus em sua glória celeste é chamada pela Igreja de "visão beatífica".

> Qual não será tua glória e tua felicidade: ser admitido a ver a Deus, ter a honra de participar das alegrias da salvação e da luz eterna na companhia de Cristo, o Senhor teu Deus (...) desfrutar no Reino dos Céus, na companhia dos justos e dos amigos de Deus, as alegrias da imortalidade adquirida[181].

---

[178] Cf. *Jo* 14,3; *Fl* 1,23; *1Ts* 4,17.

[179] Cf. *Ap* 2,17.

[180] Santo Ambrósio, Luc. 10,121: Pl 15,1834A.

[181] São Cipriano, *Epistula* 58,10.

§1029: Na glória do Céu, os bem-aventurados continuam a cumprir com alegria a vontade de Deus em relação aos outros homens e à criação inteira. Já reinam com Cristo; com Ele "reinarão pelos séculos dos séculos" (*Ap* 22,5)[182].

§1053: *"Cremos que a multidão daquelas que estão reunidas em torno de Jesus e de Maria no paraíso forma a Igreja do Céu, onde na beatitude eterna veem a Deus tal como Ele é, e onde estão também, em graus diversos, associadas com os santos anjos ao governo divino exercido pelo Cristo na glória, intercedendo por nós e ajudando nossa fraqueza por sua solicitude fraterna."*[183]

4) Anjo Gabriel anuncia

§148: A Virgem Maria realiza da maneira mais perfeita a obediência da fé. Na fé, Maria acolheu o anúncio e a promessa trazida pelo anjo Gabriel, acreditando que "nada é impossível a Deus" (*Lc* 1,37)[184] e dando seu assentimento: "Eu sou a serva do Senhor; faça-se em mim segundo a tua palavra" (*Lc* 1,38). Isabel a saudou: "Bem-aventurada a que acreditou, pois o que lhe foi dito da parte do Senhor será cumprido" (*Lc* 1,45). É em virtude desta fé que todas as gerações a proclamarão bem-aventurada[185].

§2676: Esse duplo movimento da oração a Maria encontrou uma expressão privilegiada na oração da Ave-Maria:

> *"Ave, Maria (alegra-te, Maria)."* A saudação do anjo Gabriel abre a oração da Ave-Maria. E o próprio Deus que, por intermédio de seu anjo, saúda Maria. Nossa oração ousa retomar a saudação de Maria com o olhar que Deus lançou sobre sua humilde serva[186], alegrando-nos com a mesma alegria que Deus encontra nela[187].
>
> *"Cheia de graça, o Senhor é convosco."* As duas palavras de saudação do anjo se esclarecem mutuamente. Maria é cheia de graça porque o Senhor está com ela. A graça com que ela é cumulada é a presença daquele que é a fonte de toda graça. "Alegra-te, filha de Jerusalém... o Senhor está no meio de ti" (*Sf* 3,14.17a). Maria, em quem vem habitar o próprio Senhor, é em pessoa a filha de Sião, a Arca da Aliança, o lugar onde reside a glória do Senhor: ela é "a morada de Deus entre os homens" (*Ap* 21,3). "Cheia de graça", e toda dedicada àquele que nela vem habitar e que ela vai dar ao mundo.

---

[182] Cf. *Mt* 25,21.23.

[183] SPF 29.

[184] Cf. *Gn* 18,14.

[185] Cf. *Lc* 1,48.

[186] Cf. *Sf* 3,17.

[187] Lc 1,48.

"Bendita sois vós entre as mulheres, e bendito é o fruto do vosso ventre, Jesus." Depois da saudação do anjo, tornamos nossa a palavra de Isabel. "Repleta do Espírito Santo" (*Lc* 1,41), Isabel é a primeira na longa série das gerações que declaram Maria bem-aventurada[188]: "Feliz aquela que creu..." (*Lc* 1,45): Maria é "bendita entre as mulheres" porque acreditou na realização da palavra do Senhor. Abraão, por sua fé, se tornou uma bênção para "todas as nações da terra" (*Gn* 12,3). Por sua fé, Maria se tornou a mãe dos que creem, porque, graças a ela, todas as nações da terra recebem Aquele que é a própria bênção de Deus: "Bendito é o fruto do vosso ventre, Jesus".

5) Anjos caídos

§391: Por trás da opção de desobediência de nossos primeiros pais há uma voz sedutora que se opõe a Deus[189] e que, por inveja, os faz cair na morte[190]. A Escritura e a Tradição da Igreja veem neste ser um anjo destronado, chamado Satanás ou Diabo[191]. A Igreja ensina que ele tinha sido anteriormente um anjo bom, criado por Deus. *"Diabolus enim et alii daemones a Deo quidem natura creati sunt boni, sed ipsi per se facti sunt mali* – Com efeito, o Diabo e outros demônios foram por Deus criados bons em (sua) natureza, mas se tornaram maus por sua própria iniciativa[192]."

§392: A Escritura fala de um pecado desses anjos[193]. Esta "queda" consiste na opção livre desses espíritos criados, que *rejeitaram* radical e irrevogavelmente a Deus e seu Reino. Temos um reflexo desta rebelião nas palavras do Tentador ditas a nossos primeiros pais: "E vós sereis como deuses" (*Gn* 3,5). O Diabo é "pecador desde o princípio" (*1Jo* 3,8), "pai da mentira" (*Jo* 8,44).

§393: É o caráter *irrevogável* de sua opção, e não uma deficiência da infinita misericórdia divina, que faz com que o pecado dos anjos não possa ser perdoado. "Não existe arrependimento para eles depois da queda, como não existe para os homens após a morte."[194]

§414: *Satanás ou o Diabo, bem como os demais demônios, são anjos decaídos por terem se recusado livremente a servir a Deus a seu desígnio. Sua opção*

---

[188] Cf. *Lc* 1,48.
[189] Cf. *Gn* 3, 4-5.
[190] Cf. *Sb* 2,24.
[191] Cf. *Jo* 8,44; *Ap* 12,9.
[192] IV Conc. Lateranense em 1215: DS 800.
[193] Cf. *2Pd* 2,4.
[194] São João Damasceno, *De fide ortodoxa*, 2,4: PG 94, 877C.

contra Deus é definitiva. Eles tentam associar o homem à sua revolta contra Deus.

§760: "O mundo foi criado em vista da Igreja", diziam os cristãos dos primeiros tempos[195]. Deus criou o mundo em vista da comunhão com sua vida divina, comunhão esta que se realiza pela "convocação" dos homens em Cristo, e esta "convocação" é a Igreja. A Igreja é a finalidade de todas as coisas[196], e as próprias vicissitudes dolorosas, como a queda dos anjos e o pecado do homem, só foram permitidas por Deus como ocasião e meio para desdobrar toda a força de seu braço, toda a medida de amor que Ele queria dar ao mundo:

> Assim como a vontade de Deus é um ato e se chama mundo, assim também sua intenção é a salvação dos homens e se chama Igreja[197].

6) Anjos da guarda

§336: Desde o início[198] até a morte[199], a vida humana é cercada por sua proteção[200] e por sua intercessão[201]. "Cada fiel é ladeado por um anjo como protetor e pastor para conduzi-lo à vida."[202] Ainda aqui na terra, a vida cristã participa na fé da sociedade bem-aventurada dos anjos e dos homens, unidos em Deus.

7) Anjos podem desviar-se

§311: Os anjos e os homens, criaturas inteligentes e livres, devem caminhar para seu destino último por opção livre e amor preferencial. Podem, no entanto, desviar-se. E, de fato, pecaram. Foi assim que o *mal moral* entrou no mundo, incomensuravelmente mais grave do que o mal físico. Deus não é de modo algum, nem direta nem indiretamente, a causa do mal moral[203]. Todavia, permite-o, respeitando a liberdade de sua criatura e, misteriosamente, sabe auferir dele o bem:

---

[195] Hermas, *Visiones pastoris*, 2,41; cf. Aristide, *Apol*. 16,7; Justino, *Apol*. 2,7.
[196] Cf. Santo Epifânio, *Panarion adversus LXXX hæreses* 1,1,5: PG 41,181C.
[197] Clemente de Alexandria, *Paed*. 1,6.
[198] Cf. Mt 18,10.
[199] Cf. Lc 16,22.
[200] *Sl* 34,8; 91,10-13.
[201] Cf. *Jó* 33,23-24; *Zc* 1,12; *Tb* 12,12.
[202] São Basílio, Ad. Eunomium 3,1: PG 29,656B.
[203] Cf. Santo Agostinho, *De libero arbítrio*, I,1,2: PL 32, 1221-1223; São Tomás de Aquino, S. Th. I-II,79,1.

Pois o Deus Todo-Poderoso..., por ser soberanamente bom, nunca deixaria qualquer mal existir em suas obras se não fosse bastante poderoso e bom para fazer resultar o bem do próprio mal[204].

8) Existência como verdade de fé

§328: A existência dos seres espirituais, não-corporais, que Sagrada Escritura chama habitualmente de anjos, é uma verdade de fé. O testemunho da Escritura a respeito é tão claro quanto a unanimidade da Tradição.

9) Imagens nas artes

§1192: *As santas imagens, presentes em nossas igrejas e em nossas casas, destinam-se a despertar e a alimentar nossa fé no mistério de Cristo. Por meio do ícone de Cristo e de suas obras salvíficas, é a ele que adoramos. Mediante as santas imagens da santa mãe de Deus, dos anjos e dos santos, veneramos as pessoas nelas representadas.*

§2131: Foi fundamentando-se no mistério do Verbo encarnado que o sétimo Concílio ecumênico, em Nicéia (em 787), justificou, contra os iconoclastas, o culto dos ícones: os de Cristo, mas também os da Mãe de Deus, dos anjos e de todos os santos. Ao se encarnar, o Filho de Deus inaugurou uma nova "economia" das imagens.

§2502: A *arte sacra* é verdadeira e bela quando corresponde, por sua forma, à sua vocação própria: evocar e glorificar, na fé e na adoração, o Mistério transcendente de Deus, beleza excelsa invisível de verdade e amor, revelada em Cristo, "resplendor de sua glória, expressão de seu Ser" (*Hb* 1,3), em quem "habita corporalmente toda a plenitude da divindade" (*Cl* 2,9), beleza espiritual refletida na Santíssima Virgem Maria, Mãe de Deus, nos anjos santos. A arte sacra verdadeira leva o homem à adoração, à oração e ao amor de Deus Criador e Salvador, Santo e Santificador.

10) Guardas dos homens

§336: Desde o início[205] até a morte[206], a vida humana é cercada por sua proteção[207] e por sua intercessão[208]. "Cada fiel é ladeado por um anjo como

---

[204] Cf. *Tb* 2,12-18 Vulg.
[205] Cf. *Mt* 18,10.
[206] Cf. *Lc* 16,22.
[207] *Sl* 34,8; 91,10-13.
[208] Cf. *Jó* 33,23-24; *Zc* 1,12; *Tb* 12,12.

protetor e pastor para conduzi-lo à vida."²⁰⁹ Ainda aqui na terra, a vida cristã participa na fé da sociedade bem-aventurada dos anjos e dos homens, unidos em Deus.

11) Identidade e encargos

§329: Santo Agostinho diz a respeito deles: *"Angelus officii nomen est, non naturae. Quaeris nomen huius naturae, spiritus est; quaeris officium, angelus est; quaeris officium, angelus est, ex eo quod est, spiritus est, ex eo quod agit, angelus* – Anjo (mensageiro) é designação de encargo, não de natureza. Se perguntares pela designação da natureza, é um espírito; se perguntares pelo encargo, é um anjo: é espírito por aquilo que é, é anjo por aquilo que faz"²¹⁰. Por todo o seu ser, os anjos são e mensageiros de Deus. Porque contemplam "constantemente a face de meu Pai que está nos céus" (*Mt* 18,10), são "poderosos executores de sua palavra, obedientes ao som de sua palavra" (*Sl* 103,20).

§332: Eles aí estão, desde a criação[211] e ao longo de toda a História da Salvação, anunciando de longe ou de perto esta salvação e servindo ao desígnio divino de sua realização: fecham o paraíso terrestre[212], protegem Lot[213], salvam Agar e seu filho[214], seguram a mão de Abraão[215], comunicam a lei por seu ministério[216], conduzem o povo de Deus[217], anunciam nascimentos[218] e vocações[219], assistem os profetas[220], para citarmos apenas alguns exemplos. Finalmente, é o anjo Gabriel que anuncia o nascimento do Precursor e o do próprio Jesus[221].

§333: Desde a Encarnação até a Ascensão, a vida do Verbo Encarnado é cercada da adoração e do serviço dos anjos. Quando Deus "introduziu o Primogênito no mundo, disse: 'Adorem-no todos os anjos de Deus'" (*Hb* 1,6). O

---

[209] São Basílio, Ad. Eunomium 3,1: PG 29,656B.
[210] Santo Agostinho, Em. in Psal. 103,1,15.
[211] Cf. *Jó* 38,7, onde os anjos são chamados "filhos de Deus".
[212] Cf. *Gn* 3,24.
[213] Cf. *Gn* 19.
[214] Cf. *Gn* 21,17.
[215] Cf. *Gn* 22,11.
[216] Cf. *At* 7,53.
[217] Cf. *Ex* 23,20-23.
[218] Cf. *Jz* 13.
[219] Cf. *Jz* 6,11-24; *Is* 6,6.
[220] Cf. *1Rs* 19,5.
[221] Cf. *Lc* 1,11.26.

canto de louvor deles ao nascimento de Cristo não cessou de ressoar no louvor da Igreja: "Glória a Deus..." (*Lc* 2,14). Protegem a infância de Jesus[222], servem a Jesus no deserto[223], reconfortam-no na agonia[224], embora tivesse podido ser salvo por eles da mão dos inimigos[225], como outrora fora Israel[226]. São ainda os anjos que "evangelizam"[227], anunciando a Boa Nova da Encarnação[228] e da Ressurreição[229] de Cristo. Estarão presentes no retorno de Cristo, que eles anunciam[230], a serviço do juízo que o próprio Cristo pronunciará[231].

§334: Do mesmo modo, a vida da Igreja se beneficia da ajuda misteriosa e poderosa dos anjos[232].

§335: Em sua Liturgia, a Igreja se associa aos anjos para adorar o Deus três vezes Santo[233]; ela invoca a sua assistência (assim em *In Paradisum deducant te Angeli... – Para o Paraíso te levem os anjos*, da Liturgia dos defuntos[234], ou ainda no "hino querubínico" da Liturgia bizantina[235]). Além disso, festeja mais particularmente a memória de certos anjos (São Miguel, São Gabriel, São Rafael, os anjos da guarda).

§350: Os anjos são criaturas espirituais que glorificam a Deus sem cessar e servem a seus desígnios salvíficos em relação às demais criaturas: "Ad omnia bona nostra cooperantur angeli. – Os anjos cooperam para todos os nossos bens"[236]

§351: Os anjos cercam Cristo, seu Senhor. Servem-no particularmente, no cumprimento de sua missão salvífica para com os homens.

---

[222] Cf. *Mt* 1,20; 2,13.19.
[223] Cf. *Mc* 1,13; *Mt* 4,11.
[224] Cf. *Lc* 22,43.
[225] Cf. *Mt* 26,53.
[226] Cf. *2Mc* 10,29-30; 11,8.
[227] Cf. *Lc* 2,10
[228] Cf. *Lc* 2,8-14.
[229] Cf. *Mc* 16,5-7.
[230] Cf. *At* 1,10-11.
[231] Cf. *Mt* 13,41;25,31; *Lc* 12,8-9.
[232] Cf. *At* 5,18-20; 8,26-29;10,3-8;12,6-11;27,23-25.
[233] Cf. *Missale Romanum*, Prex eucarística, 27.
[234] OEx 50.
[235] Liturgia de São João Crisóstomo.
[236] São Tomás de Aquino, S. Th. I,114,3, ad 3.

§352: A Igreja venera os anjos que a ajudam em sua peregrinação terrestre e protegem cada ser humano.

§1034: Jesus fala muitas vezes da "Geena", do "fogo que não se apaga"[237], reservado aos que recusam até o fim de sua vida crer e converter-se, e no qual se pode perder ao mesmo tempo a alma e o corpo[238]. Jesus anuncia em termos graves que "enviar seus anjos, e eles erradicarão de seu Reino todos os escândalos e os que praticam a iniquidade, e os lançarão na fornalha ardente" (*Mt* 13,41-42), e que pronunciará a condenação: "Afastai-vos de mim malditos, para o fogo eterno!" (*Mt* 25,41).

Cf. §336 (já citado anteriormente).

12) Na anáfora

§1352: A *anáfora*. Com a Oração Eucarística, oração de ação de graças e de consagração, chegamos ao coração e ao ápice da celebração. No *prefácio*, a Igreja rende graças ao Pai, por Cristo, no Espírito Santo, por todas as suas obras, pela criação, a redenção, a santificação. Toda a comunidade junta-se então a este louvor incessante que a Igreja celeste, os anjos e todos os santos cantam ao Deus três vezes santo.

13) Na vida da Igreja

Cf. §334 e §335 (já citados anteriormente).

14) Ordem cósmica e guarda dos anjos

§57: Esta ordem ao mesmo tempo cósmica, social e religiosa da pluralidade das nações[239] destina-se a limitar o orgulho de uma humanidade decaída que unânime em sua perversidade[240], gostaria de construir por si mesma sua unidade à maneira de Babel[241]. Contudo, devido ao pecado[242], o politeísmo, assim como a idolatria da nação e de seu chefe, constitui uma contínua ameaça de perversão pagã para essa Economia provisória.

---

[237] Cf. *Mt* 5,22,29;13,42.50; *Mc* 9,43-48.

[238] Cf. *Mt* 10,28.

[239] Cf. *At* 17,26-27.

[240] Cf. *Sb* 10,5.

[241] Cf. *Gn* 11,4-6.

[242] Cf. *Rm* 1,18-25.

Demônio

1) Anjos caídos

§391: Por trás da opção de desobediência de nossos primeiros pais há uma voz sedutora que se opõe a Deus[243] e que, por inveja, os faz cair na morte[244]. A Escritura e a Tradição da Igreja vêem neste ser um anjo destronado, chamado Satanás ou Diabo[245]. A Igreja ensina que ele tinha sido anteriormente um anjo bom, criado por Deus. *"Diabolus enim et alii daemones a Deo quidem natura creati sunt boni, sed ipsi per se facti sunt mali* – Com efeito, o Diabo e outros demônios foram por Deus criados bons em (sua) natureza, mas se tornaram maus por sua própria iniciativa[246]."

§392: A Escritura fala de um pecado desses anjos[247]. Esta "queda" consiste na opção livre desses espíritos criados, que *rejeitaram* radical e irrevogavelmente a Deus e seu Reino. Temos um reflexo desta rebelião nas palavras do Tentador ditas a nossos primeiros pais: "E vós sereis como deuses" (*Gn* 3,5). O Diabo é "pecador desde o princípio" (*1Jo* 3,8), "pai da mentira" (*Jo* 8,44).

§414: *Satanás ou o Diabo, bem como os demais demônios, são anjos decaídos por terem se recusado livremente a servir a Deus a seu desígnio. Sua opção contra Deus é definitiva. Eles tentam associar o homem à sua revolta contra Deus.*

2) Apóstolos e o poder de expulsar o demônio

§1506: Cristo convida seus discípulos a segui-lo, tomando cada um sua cruz[248]. Seguindo-o, adquirem uma nova visão da doença e dos doentes. Jesus os associa á sua vida pobre e de servidor. Faz com que participem de seu ministério de compaixão e de cura: "Partindo, eles pregavam que todos se arrependessem. E expulsavam muitos demônios e curavam muitos enfermos, ungindo-os com óleo" (*Mc* 6,12-13).

3) Batismo e renúncia ao demônio

§1237: Visto que o Batismo significa a libertação do pecado e de seu instigador, o Diabo, pronuncia-se um (ou vários) *exorcismo(s)* sobre o candidato.

---

[243] Cf. *Gn* 3, 4-5.
[244] Cf. *Sb* 2,24.
[245] Cf. *Jo* 8,44; *Ap* 12,9.
[246] IV Conc. Lateranense em 1215: DS 800.
[247] Cf. *2Pd* 2,4.
[248] Cf. *Mt* 10,38.

Este é ungido com o óleo dos catecúmenos ou então o celebrante impõe-lhe a mão, e o candidato renuncia explicitamente a Satanás. Assim preparado, ele pode *confessar a fé da Igreja*, à qual será "confiado" pelo Batismo (cf. *Rm* 6,17).

4) Exorcismos para expulsar os demônios

§517: Toda a vida de Cristo é mistério de *Redenção*. A Redenção nos vem antes de tudo pelo sangue da Cruz[249], mas este mistério está em ação em toda a vida de Cristo: já em sua Encarnação, pela qual, fazendo-se pobre, nos enriqueceu por sua pobreza[250]; em sua vida oculta, que, por sua submissão[251], serve de reparação para nossa insubmissão; em sua palavra, que purifica seus ouvintes[252]; em suas curas e em seus exorcismos, pelos quais "levou nossas fraquezas e carregou nossas doenças" (*Mt* 8,17)[253]; em sua Ressurreição, pela qual nos justifica[254].

§550: O advento do Reino de Deus é a derrota do reino de Satanás[255]: "Se é pelo Espírito de Deus que eu expulso os demônios, então o Reino de Deus já chegou a vós" (*Mt* 12,28). Os *exorcismos* de Jesus libertam homens do domínio dos demônios[256]. Antecipam a grande vitória de Jesus sobre "o príncipe deste mundo"[257]. É pela Cruz de Cristo que o Reino de Deus será definitivamente estabelecido: "*Regnavit a ligno Deus* – Deus reinou do alto do madeiro"[258].

§1673: Quando a Igreja exige publicamente e com autoridade, em nome de Jesus Cristo, que uma pessoa ou objeto seja protegido contra a influência do maligno e subtraído a seu domínio, fala-se de *exorcismo*. Jesus o praticou[259], é dele que a Igreja recebeu o poder e o encargo de exorcizar[260]. Sob uma forma simples, o exorcismo é praticado durante a celebração do Batismo. O exorcismo solene, chamado "grande exorcismo", só pode ser praticado por um sacer-

---

[249] Cf. *Ef* 1,7; *Cl* 1,13-14 (Vulgata); *1Pd* 1,18-19.

[250] Cf. *2Cor* 8,9.

[251] Cf. *Lc* 2,51.

[252] Cf. *Jo* 15,3.

[253] Cf. *Is* 53,4.

[254] Cf. *Rm* 4,25.

[255] Cf. *Mt* 12,26.

[256] Cf. *Lc* 8,26-39.

[257] Cf. *Jo* 12,31.

[258] Hino "Vexilla Regis".

[259] Cf. *Mc* 1,25-26.

[260] Cf. *Mc* 3,15; 6,7.13; 16,17.

dote, com a permissão do bispo. Nele é necessário proceder com prudência, observando estritamente as regras estabelecidas pela Igreja[261]. O exorcismo visa expulsar os demônios ou livrar da influência demoníaca, e isto pela autoridade espiritual que Jesus confiou à sua Igreja. Bem diferente é o caso de doenças, sobretudo psíquicas, cujo tratamento depende da ciência médica. É importante, pois, verificar antes de celebrar o exorcismo se trata de uma presença do maligno ou de uma doença.

Cf. §1237 (já citado anteriormente).

5) Idolatria e recurso aos demônios

§2113: A idolatria não diz respeito somente aos falsos cultos do paganismo. Ela é uma tentação constante da fé. Consiste em divinizar o que não é Deus. Existe idolatria quando o homem presta honra e veneração a uma criatura em lugar de Deus, quer se trate de deuses ou de demônios (por exemplo, o satanismo), do poder, do prazer, da raça, dos antepassados, do Estado, do dinheiro etc. "Não podeis servir a Deus e ao dinheiro", diz Jesus (*Mt* 6,24). Numerosos mártires morreram por não adorar "a Besta"[262], recusando-se até a simular seu culto. A idolatria nega o senhorio exclusivo de Deus; é, portanto, incompatível com a comunhão divina[263].

§2116: Todas as formas de *adivinhação* hão de ser rejeitadas: recurso a Satanás ou aos demônios, evocação dos mortos ou outras práticas que erroneamente se supõe "descobrir" o futuro[264]. A consulta aos horóscopos, a astrologia, a quiromancia, a interpretação de presságios e da sorte, os fenômenos de visão, o recurso a médiuns escondem uma vontade de poder sobre o tempo, sobre a história e, finalmente, sobre os homens, ao mesmo tempo que um desejo de ganhar para si os poderes ocultos. Essas práticas contradizem a honra e o respeito que, unidos ao amoroso temor, devemos exclusivamente a Deus.

§2117: Todas as práticas de *magia* ou de *feitiçaria* com as quais a pessoa pretende domesticar os poderes ocultos, para colocá-los a seu serviço e obter um poder sobrenatural sobre o próximo – mesmo que seja para proporcionar a este a saúde – são gravemente contrárias à virtude da religião. Essas práticas são ainda mais condenáveis quando acompanhadas de uma intenção de prejudicar a outrem, ou quando recorrem ou não à intervenção dos demônios. O

---

[261] Cf. CDC, cân. 1172.
[262] Cf. *Ap* 13-14.
[263] Cf. *Gl* 5,20; *Ef* 5,5.
[264] Cf. *Dt* 18,10; *Jr* 29,8.

uso de amuletos também é repreensível. O *espiritismo* implica frequentemente práticas de adivinhação ou de magia. Por isso a Igreja adverte os fiéis a evitá-lo. O recurso aos assim chamados remédios tradicionais não legitima nem a invocação dos poderes maléficos nem a exploração da credulidade alheia.

6) Jesus e as tentações do demônio

§538: Os evangelhos falam de um tempo de solidão de Jesus no deserto, imediatamente após seu Batismo por João: "Levado pelo Espírito" ao deserto (Mc 1,12), Jesus ali fica quarenta dias sem comer, vive com os animais selvagens e os anjos o servem[265]. No final dessa permanência, Satanás o tenta por três vezes procurando questionar sua atitude filial para com Deus. Jesus rechaça esses ataques que recapitulam as tentações de Adão no Paraíso e de Israel no deserto, e o diabo afasta-se dele "até o tempo oportuno" (*Lc* 4,13).

§539: Os evangelistas assinalam o sentido salvífico desse acontecimento misterioso. Jesus é o novo Adão, que ficou fiel onde o primeiro sucumbiu à tentação. Jesus cumpre à perfeição a vocação de Israel: contrariamente aos que provocaram outrora a Deus durante quarenta anos no deserto[266], Cristo se revela como o Servo de Deus totalmente obediente à vontade divina. Nisso Jesus é vencedor do Diabo: ele "amarrou o homem forte" para retomar-lhe a presa[267]. A vitória de Jesus sobre o tentador no deserto antecipa a vitória da Paixão, obediência suprema de seu amor filial ao Pai.

§540: A tentação de Jesus manifesta a maneira que o Filho de Deus tem de ser Messias o oposto da que lhe propõe Satanás e que os homens[268] desejam atribuir-lhe. E por isso que Cristo venceu o Tentador *por nós*: "Pois não temos um sumo sacerdote incapaz de compadecer-se de nossas fraquezas, pois Ele mesmo foi provado em tudo como nós, com exceção do pecado" (*Hb* 4,15). A Igreja se une a cada ano, mediante os quarenta dias da *Grande Quaresma*, ao mistério de Jesus no deserto.

§566: *A tentação no deserto mostra Jesus, Messias humilde, que triunfa sobre Satanás por sua total adesão ao desígnio de salvação querido pelo Pai.*

§2119: A ação de *tentar a Deus* consiste em pôr à prova, em palavras ou em atos, sua bondade e sua onipotência. Foi assim que Satanás quis conseguir

---

[265] Cf. *Mc* 1,13.

[266] Cf. *Sl* 95,10.

[267] Cf. *Mc* 3,27.

[268] Cf. *Mt* 16,21-23.

que Jesus se atirasse do alto do templo e obrigasse Deus, desse modo, a agir[269]. Jesus opõe-lhe a Palavra de Deus: "Não tentarás o Senhor teu Deus" (*Dt* 6,16). O desafio contido em tal "tentação de Deus" falta com o respeito e a confiança que devemos a nosso Criador e Senhor. Inclui sempre uma dúvida a respeito de seu amor, sua providência e seu poder[270].

7) Jesus e seu domínio sobre os demônios

§421: *"Segundo a fé dos cristãos, este mundo foi criado e conservado pelo amor do Criador; na verdade, este mundo foi reduzido à servidão do pecado, mas Cristo crucificado e ressuscitado quebrou o poder do Maligno e libertou o mundo...".*[271]

§447: *Senhor.* Jesus mesmo atribui-se de maneira velada esse título quando discute com os fariseus sobre o sentido do Salmo 110[272], mas também de modo explícito dirigindo-se a seus apóstolos[273]. Ao longo de toda a sua vida pública, seus gestos de domínio sobre a natureza, sobre as doenças, sobre os demônios, sobre a morte e o pecado demonstravam sua soberania divina.

§439: Numerosos judeus e até certos pagãos os que compartilhavam a esperança deles, reconheceram em Jesus os traços fundamentais do "Filho de Davi" messiânico, prometido por Deus a Israel[274]. Jesus aceitou o título de Messias ao qual tinha direito[275], mas com reserva, pois esse era entendido por uma parte de seus contemporâneos segundo uma concepção demasiadamente humana[276], essencialmente política[277].

§635: Cristo desceu, portanto, no seio da terra[278], a fim de que "os mortos ouçam a voz do Filho de Deus e os que a ouvirem vivam" (*Jo* 5,25). Jesus, "o Príncipe da vida"[279], "destruiu pela morte o dominador da morte, isto é, O Diabo, e libertou os que passaram toda a vida em estado de servidão, pelo temor da morte" (*Hb* 2,5). A partir de agora, Cristo ressuscitado "detém a chave

---

[269] Cf. *Lc* 4,9.

[270] Cf. *1Cor* 10,9; *Ex* 17,2-7; *Sl* 95,9.

[271] GS 2,2.

[272] Cf. *Mt* 22,41-46; cf. também *At* 2,34-36; *Hb* 1,13.

[273] Cf. *Jo* 13,13.

[274] Cf. *Mt* 2,2; 9,27;12,23;15,22;20,30;21,9.15.

[275] Cf. *Jo* 4,25-26; 11,27.

[276] Cf. *Mt* 22,41-46.

[277] Cf. *Jo* 6,15; *Lc* 24,21.

[278] Cf. *Mt* 12,40; *Rm* 10,7; *Ef* 4,9.

[279] Cf. *At* 3,15.

da morte e do Hades" (*Ap* 1,18), e "ao nome de Jesus todo joelho se dobra no Céu, na Terra e nos Infernos" (*Fl* 2,10).

> Um grande silêncio reina hoje na terra, um grande silêncio e uma grande solidão. Um grande silêncio porque o Rei dorme. A terra tremeu e acalmou-se porque Deus adormeceu na carne e foi acordar os que dormiam desde séculos... Ele vai procurar Adão, nosso primeiro Pai, a ovelha perdida. Quer ir visitar todos os que se assentaram nas trevas e à sombra da morte. Vai libertar de suas dores aqueles dos quais é filho e para os quais é Deus: Adão acorrentado e Eva com ele cativa. "Eu sou teu Deus, e por causa de ti me tornei teu filho. Levanta-te, tu que dormes, pois não te criei para que fiques prisioneiro do Inferno: Levanta-te dentre os mortos, eu sou a Vida dos mortos."[280]

§1086: "Assim como Cristo foi enviado pelo Pai, da mesma forma Ele mesmo enviou os apóstolos, cheios do Espírito Santo, não só para pregarem o Evangelho a toda criatura, anunciarem que o Filho de Deus, por sua Morte e Ressurreição, nos libertou do poder de Satanás e da morte e nos transferiu para o reino do Pai, mas ainda para levarem a efeito o que anunciavam: a obra da salvação por meio do sacrifício e dos sacramentos, em torno dos quais gravita toda a vida litúrgica."[281]

§1708: Por sua paixão, Cristo livrou-nos de Satanás e do pecado. Ele nos mereceu a vida nova no Espírito Santo. Sua graça restaura o que o pecado deteriorou em nós.

Cf. §550 e §566 (já citados anteriormente).

8) Libertação do demônio

§2850: O último pedido ao nosso Pai aparece também na oração de Jesus: "Não te peço que os tires do mundo, mas que os guardes do Maligno" (*Jo* 17,15). Diz respeito a cada um de nós pessoalmente, mas somos sempre "nós" que rezamos em comunhão com toda a Igreja e pela libertação de toda a família humana. A Oração do Senhor não cessa de abrir-nos para as dimensões da economia da salvação. Nossa interdependência no drama do pecado e da morte se transforma em solidariedade no Corpo de Cristo, na "comunhão dos santos"[282].

---

[280] Antiga homilia (de autor grego desconhecido). Cf. Liturgia das Horas, II, segunda leitura, Sábado Santo.
[281] SC 6.
[282] Cf. RP 16.

§2853: A vitória sobre o "príncipe deste mundo"[283] foi alcançada, de uma vez por todas, na Hora em que Jesus se entregou livremente à morte para nos dar sua vida. É o julgamento deste mundo, e o príncipe deste mundo é "lançado fora"[284], "Ele põe-se a perseguir a Mulher"[285], mas não tem poder sobre ela: a nova Eva, "cheia de graça" por obra do Espírito Santo, é preservada do pecado e da corrupção da morte (Imaculada Conceição e Assunção da Santíssima Mãe de Deus, Maria, sempre virgem). "Enfurecido por causa da Mulher, o Dragão foi então guerrear contra o resto de seus descendentes" (*Ap* 12,17). Por isso o Espírito e a Igreja rezam: "Vem, Senhor Jesus" (*Ap* 22,17.20), porque a sua Vinda nos livrará do Maligno.

§2854: Ao pedir que nos livre do Maligno, pedimos igualmente que sejamos libertados de todos os males, presentes, passados e futuros, dos quais ele é autor ou instigador. Neste última pedido, a Igreja traz toda a miséria do mundo diante do Pai. Com a libertação dos males que oprimem a humanidade, ela implora o dom precioso da paz e a graça de esperar perseverantemente o retorno de Cristo. Rezando dessa forma, ela antecipa, na humildade da fé, a recapitulação de todos e de tudo naquele que "detém as chaves da Morte e do Hades" (*Ap* 1,18), "o Todo-Poderoso, Aquele que é, Aquele que era Aquele que vem" (*Ap* 1,8)[286]:

> Livrai-nos de todos os males, ó Pai, e dai-nos hoje a vossa paz. Ajudados por vossa misericórdia, sejamos sempre livres do pecado e protegidos de todos os perigos, enquanto, vivendo a esperança, aguardamos a vinda do Cristo Salvador[287].

9) Luta contra o poder das trevas

§407: A doutrina sobre o pecado original ligada à doutrina da Redenção por meio de Cristo propicia um olhar de discernimento lúcido sobre a situação do homem e de sua ação no mundo. Pelo pecado dos primeiros pais, o diabo adquiriu certa dominação sobre o homem, embora este último permaneça livre. O pecado original acarreta a "servidão debaixo do poder daquele que tinha o império da morte, isto é, do diabo"[288]. Ignorar que o homem tem

---

[283] Cf. *Jo* 14,30.

[284] Cf. *Jo* 12,31; *Ap* 12,10.

[285] *Ap* 12,13-16.

[286] Cf. *Ap* 1,4.

[287] MR, Embolismo.

[288] Conc. De Trento: DS 1511; cf. *Hb* 2,14.

uma natureza lesada, inclinada ao mal, dá lugar a graves erros no campo da educação, da política, da ação social[289] e dos costumes.

§409: Esta situação dramática do mundo, que "inteiro está sob o poder do Maligno" (*1Jo* 5,19)[290], faz da vida do homem um combate:

> Uma luta árdua contra o poder das trevas perpassa a história universal da humanidade. Iniciada desde a origem do mundo, vai durar até o último dia, segundo as palavras do Senhor. Inserido nesta batalha, o homem deve lutar sempre para aderir ao bem; não consegue alcançar a unidade interior senão com grandes labutas e o auxílio da graça de Deus[291].

10) Obras do demônio

§394: A Escritura atesta a influência nefasta daquele que Jesus chama de "o homicida desde o princípio" (*Jo* 8,44) e que até chegou a tentar desviar Jesus da missão recebida do Pai[292]. "Para isto é que o Filho de Deus se manifestou: para destruir as obras do Diabo" (*1Jo* 3,9). A mais grave dessas obras, devido às suas consequências, foi a sedução mentirosa que induziu o homem a desobedecer a Deus.

§395: Contudo, o poder de Satanás não é infinito. Ele não passa de uma criatura, poderosa pelo fato de ser puro espírito, mas sempre criatura: não é capaz de impedir a edificação do Reino de Deus. Embora Satanás atue no mundo por ódio contra Deus e seu Reino em Jesus Cristo, e embora a sua ação cause graves danos – de natureza espiritual e, indiretamente, até de natureza física – para cada homem e para a sociedade, esta ação é permitida pela Divina Providência, que com vigor e doçura dirige a história do homem e do mundo. A permissão divina da atividade diabólica é um grande mistério, mas "nós sabemos que Deus coopera em tudo para o bem daqueles que o amam" (*Rm* 8,28).

§399: A Escritura mostra as consequências dramáticas desta primeira desobediência. Adão e Eva perdem de imediato a graça da santidade original[293]. Têm medo deste Deus[294], do qual fizeram uma falsa imagem, a de um Deus enciumado de suas prerrogativas[295].

---

[289] Cf. CA 25.

[290] Cf. *1Pd* 5,8

[291] GS 37,2.

[292] Cf. *Mt* 4,1-11.

[293] Cf. *Rm* 3,23.

[294] Cf. *Gn* 3,9-10.

[295] Cf. *Gn* 3,5.

§2851: Neste pedido, o Mal não é uma abstração, mas designa uma pessoa, Satanás, o Maligno, o anjo que se opõe a Deus. O "diabo" ("*diabolos*") é aquele que "se atira no meio" do plano de Deus e de sua "obra de salvação" realizada em Cristo.

2852: "Homicida desde o princípio, mentiroso e pai da mentira" (Jo 8,44), "Satanás, sedutor de toda a terra habitada" (*Ap* 12,9), foi por ele que o pecado e a morte entraram no mundo e é por sua derrota definitiva que a criação toda será "liberta da corrupção do pecado e da morte"[296]. "Nós sabemos que todo aquele que nasceu de Deus não peca; o gerado por Deus se preserva e o Maligno não o pode atingir. Nós sabemos que Somos de Deus e que o mundo inteiro está sob o poder do Maligno" (*1Jo* 5,18-19).

> O Senhor, que arrancou vosso pecado e perdoou vossas faltas, tem poder para vos proteger e vos guardar contra os ardis do Diabo que Vos combate, a fim de que o inimigo, que costuma engendrar a falta, não vos surpreenda. Quem se entrega a Deus não teme o Demônio. "Se Deus é por nós, quem será contra nós?" (*Rm* 8,31)[297].

11) Origem do mal e Significação e etimologia da palavra "diabo"

§397: O homem, tentado pelo Diabo, deixou morrer em seu coração a confiança em seu Criador[298] e, abusando de sua liberdade, *desobedeceu* ao mandamento de Deus. Foi nisto que consistiu o primeiro pecado do homem[299]. Todo pecado, daí em diante, ser uma desobediência a Deus e uma falta de confiança em sua bondade.

§413: *"Deus não fez a morte, nem tem prazer em destruir os viventes... Foi pela inveja do Diabo que a morte entrou no mundo"* (Sb 1,13,2,24).

§1707: "Instigado pelo Maligno, desde o inicio da história o homem abusou da própria liberdade."[300] Sucumbiu à tentação e praticou o mal. Conserva o desejo do bem, mas sua natureza traz a ferida do pecado original. Tornou-se inclinado ao mal e sujeito ao erro:

---

[296] MR, Oração Eucarística IV.
[297] Cf. *Jo* 14,30.
[298] Cf. *Gn* 3,1-11.
[299] Cf. *Rm* 5,19.
[300] GS 13,1.

O homem está dividido em si mesmo. Por esta razão, toda a vida humana, individual e coletiva, apresenta-se como uma luta dramática entre o bem e o mal, entre a luz e as trevas[301].

§2583: Depois de ter aprendido a misericórdia em seu retiro á margem da torrente do Carit, ensina à viúva de Sarepta a fé na palavra de Deus, fé que ele confirma por sua oração insistente: Deus devolve à vida o filho da viúva[302].

Por ocasião do sacrifício no monte Carmelo, prova decisiva para a fé do povo de Deus, foi por sua súplica que o fogo do Senhor consumiu o holocausto, "na hora em que se apresenta a oferenda da tarde": "Responde-me, Senhor, responde-me!", são as mesmas palavras de Elias que as Liturgias orientais repetem na Epiclese eucarística[303].

Por fim, retomando o caminho do deserto para o lugar em que o Deus vivo e verdadeiro se revelou a seu povo, Elias se escondeu, como Moisés, "na fenda do rochedo", até que "passasse" a Presença misteriosa de Deus[304]. Mas somente na montanha da Transfiguração se revelará Aquele cuja Face buscam[305]; o conhecimento da Glória de Deus está na face de Cristo crucificado e ressuscitado[306].

§2851: Neste pedido, o Mal não é uma abstração, mas designa uma pessoa, Satanás, o Maligno, o anjo que se opõe a Deus. O "diabo" ("*diabolos*") é aquele que "se atira no meio" do plano de Deus e de sua "obra de salvação" realizada em Cristo.

Pe. Pedro Paulo Alexandre

DOCUMENTO: ESTUDO FÉ CRISTÃ E A DEMONOLOGIA*

Sagrada Congregação para a Doutrina da Fé
Roma, 26 de junho de 1975

A Sagrada Congregação para a Doutrina da Fé encomendou um especialista na preparação deste estudo, que é altamente recomendado como uma base segura para reafirmar o ensinamento do Magistério sobre o tema "Fé cristã e demonologia*.

As múltiplas formas de superstição, a preocupação obsessiva com Satanás e os demônios, os diversos tipos de culto e de apego a eles foram sempre reprovados pela Igreja[307]. Seria, portanto, injusto pretender que o cristianismo, olvidando o senhorio universal de Cristo, tenha algum dia feito de satanás o objeto privilegiado de sua pregação, transformando em mensagem de pavor a Boa Nova do Senhor ressuscitado. "Certamente não nos dá prazer entreter-vos a respeito do diabo, dizia a seu tempo São João Crisóstomo aos cristãos de Antioquia, mas a doutrina que a ele se refere é de grande utilidade para vós"[308]. De fato, seria um erro funesto fazer como se, considerando a história já concluída, a Redenção tivesse obtido todos os seus efeitos, sem que haja ainda necessidade de continuar a luta de que falam o Novo Testamento e os mestres da vida espiritual.

Um mal-estar atual

Esse menosprezo bem poderia ser o nosso hoje. De fato, de muitas partes vem a pergunta, se não seria o caso de revisar a esse respeito a nossa doutrina, a começar pela Escritura. Alguns acreditam ser impossível uma tomada de posição, observando que os Livros sagrados não permitiriam pronunciar-se nem a favor, nem contra a existência de Satanás e dos demônios: como se a questão pudesse ficar suspensa. Mais vezes, porém, essa existência é francamente posta em dúvida. Certos críticos, julgando poder identificar a posição própria de Jesus, pretendem que nenhuma de suas palavras garantiria a realidade do mundo demoníaco. A afirmação de sua existência refletiria antes, onde ela se encontra, as ideias dos escritos judaicos, ou dependeria de tradições neotestamentárias, mas não de Cristo. Por não pertencer à mensagem

---

[308] "De diabolo tentatore, Homil." II, 1; PG 49, 257-258.

evangélica central, ela não comprometeria mais a nossa fé atual; deixar-nos-ia livres para abandoná-la. Outros, mais objetivos e mais radicais, aceitam com seu senso do óbvio as afirmações da Escritura a respeito dos demônios, mas acrescentam igualmente que no mundo de hoje eles seriam inaceitáveis até mesmo para os cristãos. Portanto, também esses os descartam. Ainda outros, finalmente, sustentam que a ideia de Satanás, seja qual for sua origem, teria perdido sua importância. Atendo-nos ainda a querer justificá-la, nosso ensinamento perderia todo o crédito: ele faria sombra ao discurso sobre Deus, que, só ele, merece o nosso interesse. Para uns e para outros, enfim, os nomes de satanás e do diabo não seriam mais que personificações míticas ou funcionais, sem outro sentido que sublinhar, com traços dramáticos, o influxo do mal e do pecado sobre a humanidade. Simples expressão que caberia à nossa época decifrar, com o encargo de encontrar uma outra maneira de inculcar nos cristãos o dever de lutar contra todas as formas do mal no mundo.

Tais propostas, repetidas com grande alarde de erudição e difundidas por revistas e certos dicionários teológicos, não podem deixar de perturbar os espíritos. Os fiéis, habituados a tomar a sério as advertências de Cristo e dos escritos apostólicos, têm a sensação de que tais discursos pretendem formar opinião nesse campo. E quem entre eles tem formação bíblica e religiosa se pergunta aonde levará o processo de desmitização tão engajado em nome de determinada hermenêutica.

Ante tais postulados, e para responder ao seu processo mental, é ao Novo Testamento – para ser breve – que é preciso de início recorrer para invocar o seu testemunho e a sua autoridade.

O NOVO TESTAMENTO E SEU CONTEXTO

Antes de lembrar com que independência de espírito Jesus sempre se comporta em relação às opiniões de Seu tempo, importa destacar que Seus contemporâneos não tinham todos, no tocante aos anjos e demônios, a crença comum que alguns parecem hoje atribuir-lhes e da qual ele mesmo dependeria.

Uma observação do livro dos *Atos dos Apóstolos*, esclarecendo uma disputa ocorrida entre os membros do sinédrio a respeito de uma declaração de São Paulo nos mostra que, com efeito, diversamente dos fariseus, os saduceus não admitiam "nem ressurreição, nem anjo, nem espírito", isto é, como o entendem bons intérpretes, não acreditavam nem nos anjos e demônios, nem

na ressurreição[309]. Assim, quanto a satanás e aos demônios, como em relação aos anjos, a opinião contemporânea de então parece ter sido partilhada entre duas concepções diametralmente opostas. Como então sustentar que Jesus, exercendo e outorgando o poder de expulsar os demônios, e que, seguindo-o, os escritores do Novo Testamento adotaram isso, tenham assumido, sem o menor espírito crítico, as ideias e práticas de seu tempo? É certo que Jesus, e com mais forte razão os apóstolos, pertenciam ao seu tempo e partilhavam a sua cultura. Jesus, em todo o caso, em razão de Sua natureza divina e da revelação que vinha comunicar, ultrapassava o Seu ambiente e o Seu tempo; Ele se livrava de Sua pressão. A leitura do Seu sermão da montanha basta, aliás, para nos convencer de Sua liberdade de espírito, mas também de Seu respeito pela tradição[310]. Por isso, quando Ele revelou o significado da Sua redenção, precisou evidentemente tomar em consideração os fariseus, que acreditavam como Ele no mundo futuro, na alma, nos espíritos e na ressurreição, mas também os saduceus que não aceitavam essas crenças. Também na hora em que os primeiros O acusaram de expulsar os demônios com a cumplicidade de seu príncipe, Ele teria podido escapar-lhes, aliando-se ao postulado saduceu. Mas, assim fazendo, ele teria traído tanto a sua missão quanto o seu ser. Era preciso então, sem negar a fé nos espíritos e na ressurreição – que Ele tinha em comum com os fariseus – dessolidarizar-se destes não menos que opor-se aos saduceus.

Pretender então hoje que o discurso de Jesus a respeito do diabo seria apenas uma doutrina de empréstimo, sem importância para a fé universal, pareceria, inicialmente, uma opinião pouco informada a respeito da época e da personalidade do Mestre. Se Jesus usou essa linguagem, se, sobretudo, a traduziu em atos por Seu ministério, é porque expressava uma doutrina, necessária – ao menos em parte – à noção e à realidade da salvação que trazia.

---

[309] *At* 23,8. No contexto das crenças judias nos anjos e nos espíritos malignos, nada obriga a restringir o sentido do termo "espírito", empregado sem especificação, à significação exclusiva dos espíritos dos mortos; isto se aplica também aos espíritos do mal, isto é, aos demônios. Esta é a opinião de dois autores hebreus (G. F. Moore, "Judaism in the First Centuries of the Christian Era", vol. I, 1927, p.68; M. Simón, "Les sectes juives au temp.de Jésus", París, 1960, p.25) e de um autor protestante (R. Meyer, "TWNT", VII, p.54).

[310] Quando Jesus declara: "Não penseis que eu vim abolir a Lei e os Profetas; não vim para abolir, mas para cumprir" (*Mt* 5,17), expressava claramente seu respeito pelo passado; e os versículos seguintes (19-20) confirmam esta impressão; porém sua condenação do divórcio (*Mt* 5,31), da lei do talião (*Mt* 5,38) etc., sublinham sua total independência mais que o desejo de assumir o passado e completá-lo. A mesma coisa, com maior razão, se deve dizer de sua condenação do apego exagerado dos fariseus à tradição dos antigos (*Mt* 7,1-22).

O próprio testemunho de Jesus

Acresce que as curas principais de possuídos foram realizadas por Cristo em momentos que se apresentam como decisivos nos relatos de Seu ministério. Seus exorcismos colocavam e direcionavam o problema de Sua missão e de Sua Pessoa: as reações que suscitavam provam-no cabalmente[311].

Sem jamais colocar satanás no centro de Seu Evangelho, Jesus não fala n'Ele, entretanto, senão em momentos aparentemente cruciais e com declarações importantes. É aceitando ter sido tentado pelo diabo no deserto que Ele começa o Seu ministério público: a narração de *Marcos*, em razão mesmo de sua sobriedade, é tão decisiva quanto as de *Mateus* e *Lucas*[312]. É também contra esse adversário que ele alerta no seu Sermão da Montanha e na oração que ensina aos Seus, o Pai Nosso, como o admite hoje um bom número de comentaristas[313], apoiados no testemunho de várias liturgias[314].

Em Suas parábolas, Ele atribui a Satanás os obstáculos encontrados pela Sua pregação[315], como também a presença do joio no campo do pai de família[316]. A Simão Pedro Ele anuncia que "o poder dos infernos" procuraria prevalecer contra a Igreja[317], que Satanás o passaria ao crivo, bem como aos apóstolos[318]. No momento de deixar o cenáculo, Cristo declara que era iminente a vinda do "príncipe deste mundo"[319]. No *Getsêmani*, quando os soldados puseram as mãos n'Ele para prendê-l'O, Ele declara que era chegada a hora do "poder das

---

[311] *Mt* 8,28-34; 12,22-45. Mesmo admitindo variações no significado atribuído por cada um dos Sinóticos aos exorcismos, deve-se reconhecer sua ampla convergência.

[312] *Mc* 1,12-13.

[313] *Mt* 5,37; 6, 13; cfr. Jean Carmignac, *Recherches sur le "Notre Pére"*, Paris, 1969, pp.305-319. Além disso, esta é a interpretação dos Padres gregos e de muitos ocidentais (Tertuliano, S. Ambrósio, Cassiano); porém Santo Agostinho e o "Libera nos" da missa latina se orientaram para uma interpretação impessoal.

[314] E. Renaudot, "Liturgiarum orientalium collectio", 2 vols., "ad locum Missae"; H. Denzinger, "Ritus Orientalium", 1961, 2 t. II, p.436. Esta parece ser também a interpretação seguida por Paulo VI no discurso da audiência geral de 15 de novembro de 1972, porque se fala do mal como princípio vivente e pessoal (*L'Osservatore Romano*, 16 de novembro de 1972).

[315] *Mt* 13,19.

[316] *Mt* 13,39.

[317] *Mt* 16,19, assim entendido por P. Joun, M. Lagrange, A. Médebielle, D. Buzy, M. Meinertz, W. Trillinng, J. Jéremias etc. Não se entende, pois, porque hoje em dia alguém se descuida de *Mt* 16,19, para deter-se em 16,23.

[318] *Lc* 22,31.

[319] *Jo* 14,30.

trevas"[320]: Ele já sabia, e o havia confirmado no cenáculo, que "estava agora condenado o príncipe deste mundo"[321].

Esses fatos e essas declarações – bem colocadas, repetidas e concordes – não são resultados do acaso. Não é possível tratá-los como dados fabulosos a serem desmitizados. Ou então seria preciso admitir que nessas horas críticas a consciência de Jesus – cuja lucidez e domínio de si diante dos juízes os relatos atestam – era uma presa de fantasmas ilusórios, e Sua palavra era privada de qualquer firmeza, o que contradiria a impressão dos primeiros ouvintes e dos leitores atuais dos evangelhos. Assim, a conclusão se impõe: Satanás, que Jesus havia enfrentado nos Seus exorcismos, encontrado no deserto e na Sua Paixão, não pode ser o simples produto da faculdade humana de fabulação e de projeção, nem o vestígio aberrante de uma linguagem cultural primitiva.

Os Escritos Paulinos

É verdade que São Paulo, resumindo em grandes traços, em sua epístola aos *Romanos*, a situação da humanidade antes de Cristo, personifica o pecado e a morte, mostrando o seu temível poder. Mas isso não é, na sua doutrina, mais que um momento, não é o efeito de um jogo de palavras, mas de sua consciência clara da importância da Cruz de Jesus e da necessidade da opção de fé que exige.

Por outro lado, Paulo não identifica o pecado com Satanás. No pecado, com efeito, ele vê o que esse é essencialmente: um ato pessoal do ser humano, como ainda o estado de culpabilidade e de cegueira em que Satanás procura efetivamente lançá-lo e mantê-lo[322]. Ele assim distingue bem um do outro, Satanás e o pecado. O mesmo apóstolo que, diante da "lei do pecado que sente em seus membros", confessa sua impotência sem a graça[323], é o mesmo que, com forte decisão, convida a resistir a Satanás,[324] a não lhe dar ganho de causa[325], e a calcá-lo aos pés[326]. É que Satanás é para ele uma grandeza pessoal, "o

---

[320] *Lc* 22,53; cf. *Lc* 22,3; sugere, como se tem reconhecido, que o evangelista entende de maneira pessoal este "poder das trevas".

[321] *Jo* 16, 11.

[322] *Ef* 2,1-2; *2Tes* 2,11; *2Co* 4,4.

[323] *Gl* 5,17; *Rm* 7,23-24.

[324] *Ef* 6,11-16.

[325] *Ef* 4,27; *1Co* 7,5.

[326] *Rm* 16,20.

lugar deste mundo"³²⁷, um adversário atento, igualmente distinto de nós e do pecado que ele sugere.

Como no Evangelho, o apóstolo o vê agir na história do mundo, no que ele chama "o mistério da iniquidade"³²⁸; na incredulidade que recusa conhecer o Senhor Jesus³²⁹, na aberração idolátrica³³⁰, na sedução que ameaça a fidelidade da Igreja a Cristo, seu Esposo³³¹, enfim, no desvio escatológico que conduz ao culto da pessoa colocada no lugar de Deus³³². Ele certamente conduz ao pecado, mas se distingue do mal que faz cometer.

O Apocalipse e o Evangelho de São João

O *Apocalipse* é, sem dúvida, o grandioso afresco, em que resplandece a força de Cristo ressuscitado nos testemunhos de Seu Evangelho: Ele proclama o triunfo do Cordeiro Imolado. Erraríamos, entretanto, totalmente quanto à natureza dessa vitória, se não víssemos aí o final de um longo combate, no qual intervêm, através das forças humanas que se opõem ao Senhor Jesus, Satanás e seus anjos, distintos uns dos outros e de seus agentes históricos. É, com efeito, o *Apocalipse* que, revelando o enigma dos nomes e dos símbolos diversos de Satanás na Escritura, o desmascara definitivamente na sua identidade[333]. Sua ação se desenvolve em todos os séculos da história humana ante o olhar de Deus.

Não surpreende, pois, que no Evangelho de São João Jesus fale do diabo, e que o apresente como "o príncipe deste mundo"[334]. Sua ação sobre a pessoa é certamente interior. Entretanto, é impossível ver na sua figura somente uma personificação do pecado e da tentação. Jesus reconhece que pecar é ser "escravo"[335], mas nem por isso ele identifica com o próprio Satanás nem essa escravidão, nem o pecado que nela se manifesta. O diabo exerce somente uma influência moral sobre os pecadores, na medida, aliás, da acolhida que cada

---

[327] *2Co* 4,4.

[328] *2Tes* 2,7.

[329] *2Cor* 4,4, evocado por Paulo VI na alocução citada acima.

[330] *1Cor* 10,19-20; *Rm* 1,21-22. Esta é, com efeito, a interpretação sugerida pela Lumen Gentium, n. 16: "Mas, muitas vezes, os homens, enganados pelo demônio, desorientam-se em seus pensamentos e trocam a verdade de Deus pela mentira, servindo a criatura de preferência ao Criador".

[331] *2Cor* 11,3.

[332] *2Tes* 2,3-4.9-11.

[333] *Ap* 12,9.

[334] *Jo* 12,31; 14 30; 16 11.

[335] *Jo* 8,34.

qual dá à sua inspiração[336]: livremente eles executam seus desejos[337] e praticam sua obra[338]. Nesse sentido, e somente nessa medida, ele é "seu pai"[339]. Pois entre Satanás e a consciência pessoal permanece sempre a distância espiritual, que separa a sua "mentira" do assentimento que lhe podemos dar ou recusar[340], do mesmo modo como entre Cristo e nós existe sempre o intervalo entre a "a verdade" que ele revela e propõe, e a fé que nos cabe acolher.

Por isso, os Padres da Igreja, convencidos pela Escritura de que Satanás e os demônios são os adversários da Redenção, não deixaram de lembrar aos fiéis sua existência e sua ação.

A DOUTRINA GERAL DOS PADRES

No segundo século de nossa era, Melito de Sardes tinha escrito uma obra: "Sobre o demônio"[341], e seria difícil citar um único dos padres que tivesse guardado silêncio sobre esse assunto. Obviamente, os mais atentos em focar sobre a ação do diabo foram os que, dentre eles, ilustraram o desígnio de Deus na história, nomeadamente Santo Irineu e Tertuliano, que confrontaram sucessivamente o dualismo gnóstico e Marcion; mais tarde, Vitorino de Pettau, e, finalmente, Santo Agostinho. Santo Irineu ensina que o diabo é um "anjo apóstata"[342], que Cristo, recapitulando em si mesmo a guerra que nos movia esse inimigo, teve que afrontá-lo no início de Seu ministério[343]. Mais amplamente e com mais força, Santo Agostinho o apresenta empenhado na luta das "duas cidades", que têm início no Céu, no momento em que as primeiras criaturas de Deus, os anjos, se declararam fiéis ou infiéis a seu Senhor[344]; na sociedade dos pecadores, ele discerniu um "corpo" místico do diabo[345], de que falará mais tarde, nas *Moralia in Job,* também São Gregório Magno[346].

---

[336] Jo 8,38.44.

[337] Jo 8,44.

[338] Jo 8,41.

[339] Ib.

[340] Jo 8,38. 44.

[341] J. Quasten, "Initiation aux Pères de l'Église", I, Paris, 1955, p.279 ("Patrology", vol. I, p.246).

[342] "Adv. Haer.", V, XXIV, 3; "PG" 7, 1188 A.

[343] Ib., XXI, 2; "PG" 7, 1179 C, 1180 A.

[344] "De Civitate Dei", Lib. XI, IX; "PL" 41 323-325.

[345] "De Genesi ad litteram", lib, XI, XXIV, 31; "PL" 34, 441-442.

[346] "PL" 76, 694; 705, 722.

Evidentemente, a maioria dos padres, abandonando com Orígenes a ideia de um pecado carnal dos anjos decaídos, viram no orgulho – isto é, no desejo de elevar-se acima de sua condição, de afirmar sua independência, de se fazer passar por Deus – o princípio de sua queda. Mas, além desse orgulho, vários sublinharam também sua malícia em relação ao ser humano. Para Santo Ireneu, a apostasia do diabo teria começado no dia em que invejou a nova criatura de Deus e procurou levá-la também a revoltar-se contra seu autor[347]. Segundo Tertuliano, para contrariar o plano do Senhor, Satanás teria plagiado nos mistérios pagãos as instituições sacramentais de Cristo[348]. Os ensinamentos patrísticos fizeram eco, portanto, substancialmente fiel à doutrina e às orientações do Novo Testamento.

O MAGISTÉRIO DA IGREJA

O IV Concílio de Latrão (1215) e seu enunciado demonológico

É certo que no curso de vinte séculos de história, o Magistério não dedicou à demonologia senão poucas declarações propriamente dogmáticas, e isso porque a ocasião não se apresentou senão raramente, apenas para duas retomadas. A mais importante se situa no início do século XIII, quando se manifestou um ressurgimento do dualismo maniqueu e priscillianista, com o aparecimento dos cátaros ou albigenses. Mas o enunciado dogmático de então, formulado num quadro doutrinal familiar, se aproxima muito da nossa preocupação atual, pois aí se trata do universo e de sua criação por Deus:

"Nós cremos firmemente e professamos com simplicidade... um princípio único do universo, criador de todas as coisas visíveis e invisíveis, espirituais e corporais: por sua força onipotente, desde o início dos tempos, ele criou do nada juntamente uma e outra criatura, a espiritual e a corporal, a saber, os anjos e o mundo, e depois a criatura humana, que possui de alguma forma uma e a outra, pois se constitui de espírito e de corpo. Porque o diabo e os outros demônios foram criados por Deus naturalmente bons, mas foram eles que, por si mesmos, se tornaram maus; quanto ao ser humano, ele pecou por instigação do diabo"[349].

---

[347] Santo Irineu, "Adv. Haer.", IV, XI, 3; "PG" 7, 13 C.

[348] "De praescriptionibus", cap.XI; "PL" 2, 54; "De ieiuniis", cap.XVI; ibid., 977.

[349] "Firmiter credimur et simpliciter confitemur... unum universorum principium, creator omnium invisibilium et visibilium, spiritualium et corporalium, qui sua omnipotenti virtute simul ab initio temporis, utramque de nihilo condidit creaturam, spiritualem et corporalem, angelicam, videlicet

O essencial desta exposição é sóbrio. Sobre o diabo e os demônios o Concílio se contenta com afirmar que, criaturas do Deus único, eles não são substancialmente maus, mas assim se tornaram por seu livre arbítrio. Nem seu nome, nem seu pecado, nem a extensão de seu poder se definem: essas questões estranhas ao problema dogmático em jogo são deixadas às discussões escolásticas. Mas a afirmação conciliar, por sucinta que seja, permanece de capital importância, porque emana do maior dos Concílios do século XIII, que a destaca na sua profissão de fé, precedida historicamente de pouco por aquelas impostas aos cátaros e aos valdenses[350], e se ligava às condenações proferidas contra o priscilianismo de vários séculos antes[351].

O primeiro tema do Concílio:
Deus, criador dos "seres visíveis e invisíveis"

Essa profissão de fé merece, pois, ser considerada com atenção. Ela adota a estrutura habitual dos Símbolos dogmáticos e encontra lugar facilmente na série formada após Niceia. Como acabamos de ver, ela se resume, do nosso ponto de vista, em dois temas conexos, igualmente importantes para a fé: o enunciado relativo ao diabo, ao qual nos devemos ater particularmente, seguindo-se uma declaração a respeito do Deus criador de todas as coisas "visíveis e invisíveis", isto é, dos seres corporais e angelicais.

Essa afirmação concernente ao Criador e a fórmula que a exprime têm aqui uma importância particular para o nosso tema, por serem tão antigas que têm sua raiz na doutrina de São Paulo. Com efeito, glorificando o Cristo ressuscitado, o Apóstolo havia afirmado que ele exerce o império sobre todos os seres "na terra e nos infernos"[352], "neste mundo e no mundo por vir"[353]. Afirmando a seguir sua pré-existência, ele ensina que "ele criou todas as coisas nos céus e na terra, os seres visíveis e invisíveis"[354]. Semelhante doutrina da criação teve,

---

et mundanam, ac deinde humanam quasi communem ex spiritu et corpore constitutam. Diabolus enim et daemones alii a Deo quidem natura creati sunt boni, sed ipsi per se facti sunt mali. Homo vero diaboli suggestione peccavit..." ("C. Oe. D. = Conciliorum Oecumenicorum Decreta", editorial I. S. R. Bologna, 1973, 3, p.230; Denz-Sch., "Enchiridion symbolorum", n. 800).

[350] A primeira, em ordem cronológica, é a profissão de fé do Sínodo de Lião (aa. 1179-1181), pronunciada por Valdés (edic. A. Dondaine, "Arch. Fr. Pr.", 16 (1946), depois imposta a Durando de Huesca diante do bispo de Tarragona em 1208 ("PL" 215, 1510-1513) e finalmente, a de Bernardo Primo em 1210 ("PL" 216, 289-292). Denz-Sch., 790-797 coleciona estes documentos.

[351] No Concílio de Braga (560-563), em Portugal (Denz-Sch., 451-464).

[352] *Flp* 2,10.

[353] *Ef* 1,21

[354] *Col* 1,16.

sem tardar, sua importância para a fé cristã, pois a gnose e o marcianismo tentaram logo, antes do maniqueísmo e do priscilianismo, fazê-la vacilar. E os primeiros Símbolos da Fé especificaram regularmente que "os (seres) visíveis e invisíveis" foram todos criados por Deus. Afirmada pelo Concílio de Niceia--Constantinopla[355], depois pelo de Toledo[356], a mesma doutrina se expressava nas profissões de fé das grandes Igrejas que os usavam nas suas celebrações do batismo[357]. Ela entrou também na grande Prece Eucarística de S. Tiago em Jerusalém[358], de São Basílio na Ásia Menor e em Alexandria[359], e outras Igrejas do Oriente[360]. Entre os Padres gregos, ela aparecia desde Santo Irineu[361], e na *Expositio fidei* de S. Atanásio[362]. No Ocidente encontra-se com Gregório de Elvira[363], Santo Agostinho[364], S. Fulgêncio[365], e outros.

No momento em que os cátaros do Ocidente, seguindo os bogomilos da Europa oriental, restauravam o dualismo maniqueu, a profissão de fé do IV Concílio do Latrão não podia fazer coisa melhor do que retomar essa declaração e sua fórmula, que se vestiram desde então de uma importância definitiva. Com efeito, repetidos logo pelas profissões de fé do segundo Concílio de Lyon[366], de Florença[367] e de Trento[368], eles reapareceram finalmente na Constituição *Dei Filius* do I Concílio do Vaticano[369] nos mesmos termos do IV Concílio do Latrão, em 1215. É, portanto, uma afirmação primordial e constante

---

[355] "C. Oe. D.", pp.5 e 24; Denz-Sch., 125-150.

[356] Denz-Sch., 188.

[357] Em Jerusalém (Denz-Sch., 41), em Chipre (referido por Epifânio de Salamina: Denz-Sch., 44), em Alexandria (Denz-Sch., 46), em Antioquia (Ib., 50), em Armênia (Ib., 48) etc.

[358] "PE" ("Prex Eucharistica", ed. Hänggl-Pahl, Fribourg, 1968), p.244.

[359] "PE", pp.232 y 348.

[360] "PE", pp.327, 332 y 382.

[361] "Adv. Haer.", II, XXX, 6; "PG" 7, 888 B.

[362] "PG" 25, 199-200.

[363] "De fide orthodoxa contra Arianos": nas obras atribuídas a S. Ambrósio ("PL" 17,549) e a Febádio ("PL" 20, 49).

[364] "De Genesi ad litteram liber imperfectus", I, 1-2; "PL" 34, 221.

[365] "De fide liber unus", III, 25; "PL" 65, 683.

[366] Esta profissão de fé, pronunciada pelo imperador Miguel Paleólogo, conservada por Hardouini e Mansi nas atas deste Concílio, encontra-se em Denz-Sch., 851. O "C. Oe. D." de Bolonha a omite sem indicar a razão (no Concílio Vaticano I o relator da "Deputatio fidei", no entanto, fez alusão oficialmente, Mansi, t. 52,. 1113 B).

[367] Sess. IX: "Bulla unionis Coptorum, C. Oe. D.", p.571; Denz-Sch., 1333.

[368] Denz-Sch., 1862 (falta em "C. Oe. D.").

[369] Sess. III: Constituição "Dei Filius", capítulo I: "C. Oe. D.", pp.805-806; Denz-Sch., 3002.

da fé que esse Concílio sublinhou providencialmente, para aí fixar seu enunciado concernente a satanás e os demônios. Significava ao mesmo tempo que o seu caso, já importante em si mesmo, se inseria num contexto mais geral, formado pela doutrina da criação universal e da fé nos seres angélicos.

Segundo Tema do Concílio: o diabo

1. O texto

Quanto a este enunciado demonológico, ele está longe de se apresentar como uma novidade acrescentada pela circunstância a modo de uma consequência doutrinal ou de uma dedução teológica: ao contrário, ele aparece como um ponto firme, adquirido desde longo tempo. A própria formulação do texto já o indica. De fato, uma vez afirmada a criação universal, o documento não passa a referir-se ao diabo e aos demônios como sendo uma conclusão logicamente deduzida. Ele não escreve: *"Por conseguinte*, Satanás e os demônios foram criados naturalmente bons...", como teria sido preciso, se a declaração tivesse sido nova e tirada da precedente. Ao contrário, o caso de satanás é apresentado como uma prova dessa afirmação precedente, a título de argumento contra o dualismo. Ele reza efetivamente: "Porque satanás e os demônios foram criados naturalmente bons...". Em suma, o enunciado que a eles se refere se propõe como uma afirmação indiscutida da consciência cristã: e um ponto forte do documento. Nem poderia ser de outra forma, tomando-se em conta a história.

2. A Preparação: as formulações positivas e negativas (séculos IV – V)

*Ef*etivamente, desde o século IV a Igreja tinha tomado posição contra a tese maniqueísta de dois princípios coeternos e opostos[370]. No Oriente e no Ocidente ela ensinava firmemente que satanás e os demônios foram criados e feitos naturalmente bons. "Crê, declarava São Gregório de Nazianza ao neófito, que não existe uma essência do mal, nem de um reino (do mal), isento de início ou subsistindo por si mesmo ou criado por Deus"[371].

---

[370] Mani, fundador da seita, viveu no século III de nossa era. A partir do século seguinte se afirmou a resistência dos padres ao maniqueísmo. Epifânio consagrou a esta heresia uma ampla exposição, seguida de uma refutação ("Adv. Haer.", 66; "PG" 42, 29-172). Santo Atanásio fala dela ocasionalmente ("Oratorio contra gentes", 2; "PG" 25, 6 C). São Basílio compôs um pequeno tratado: "Quod Deus non sit auctor malorum", "PG" 31,330-354. Dídimo de Alexandria é o autor de um "Contra Manicheos" ("PG" 39, 1085-1110). No Ocidente, Santo Agostinho, que em sua juventude havia aceitado o maniqueísmo, depois da conversão o combateu sistematicamente (cf. "PL" 42).

[371] "Oratio, 40. In sanctum Baptisma", número 45; "PG" 36, 424 A.

O diabo era considerado como uma criatura de Deus, inicialmente boa e luminosa; infelizmente, ela não permaneceu na verdade, na qual havia sido estabelecida (*Jo* 8,44); ela se voltou contra o Senhor[372]. O mal não estava, pois, na sua natureza, mas num ato livre e contingente da sua vontade[373]. Semelhantes afirmações – que se encontravam equivalentes em São Basílio[374], São Gregório Nazianzeno[375], São João Crisóstomo[376], Dídimo de Alexandria[377], no Oriente, e em Tertuliano[378], Eusébio de Verceil[379], Santo Ambrósio[380] e Santo Agostinho[381], no Ocidente – podiam tomar na ocasião uma forma dogmática firme. Elas se encontravam assim tanto na forma de condenação doutrinal, quanto na forma de profissão de fé.

O *De Trinitate*, atribuído a Eusébio de Verceil, o expressava vigorosamente em termos de anátemas sucessivos:

> "Se alguém professa que na natureza em que foi feito o anjo apóstata não é obra de Deus, mas que ele existe por si mesmo, até o ponto de atribuir-lhe o achar em si mesmo o seu principio, que seja anátema".
>
> "Se alguém professa que o anjo apóstata foi feito por Deus com uma natureza má, e não diz que ele concebeu o mal por si mesmo e sua própria vontade, seja anátema".
>
> "Se alguém professa que o anjo de satanás fez o mundo – longe de nós tal crença – e não declara que todo pecado foi inventado por ele, seja anátema"[382].

---

[372] Os padres interpretaram neste sentido *Is* 14,14, e *Ez* 28,2, onde os profetas tratam de desacreditar o orgulho dos reis pagãos de Babilônia e de Tiro.

[373] "Não me digam que a malícia tenha existido sempre no diabo; no princípio não a teve; trata-se de um acidente de seu ser, que lhe sobreveio depois" (São João Crisóstomo, "De diabolo tentatore, homil." II, 2; "PG" 49, 260).

[374] "Quod Deus non sit autor malorum", 8; "PG" 31, 345 C-D.

[375] "Oratio 38. In Theophania", 10; "PG" 36, 320 C, 321 A; "Oratio 45. In sanctum Pascha", ibid., 629 B.

[376] Cf. Supra, n. 67.

[377] "Contra Manicheos", 16: interpreta neste sentido *Jo* 8, 44 ("In veritate non stetit"); "PG" 39, 1105 C; cf. "Enarratio in epist. B. Judae", no v. 9, ibid., 1814 C, 1815 B.

[378] "Adversus Marcionem", II, X; "PL" 296-298.

[379] Ver no parágrafo seguinte o primeiro dos cânones do "De Trinitate".

[380] "Apologia proph. David.", I, 4; "PL" 14, 1453 C-D; "In Psalmum" 118, 10; "PL" 15, 1363 D.

[381] "De Genesi ad litteram", lib. XI, XX-XXI, 27-28; "PL" 34, 439-440.

[382] "Si quis confitetur angelum apostaticum in natura, qua factus est, non a Deo factum fuisse, sed ab se esse, ut de se illi principium habere adsignet, anathema sit. Si quis confitetur angelum apostaticum in mala natura a Deo factum fuisse et non dixerit eum per voluntatem suam malum concepisse, anathema illi. Si quis confitetur angelum Satanae mundum fecisse, quod absit, et non indicaverit (iudicaverit) omne peccatum per ipsum adinventum fuisse" ("De Trinitate", VI 17, 1-3,

Uma redação semelhante, em forma de anátemas, não era um caso único naquele tempo; é também encontrada no *Commonitorium* atribuído a Santo Agostinho, que era previsto para a abjuração dos maniqueístas. Essa instrução condenava, com efeito, ao anátema "aquele que crê que há duas naturezas emergindo de dois princípios diversos, uma boa, que é Deus, e a outra má, não ciada por ele"[383].

De preferência, entretanto, esse ensinamento se expressava sob a forma direta e positiva de uma afirmação de fé. Assim dizia Santo Agostinho na introdução ao seu *De Genesi ad litteram*:

> "O ensinamento católico ordena crer que esta Trindade é um só Deus, que fez e criou todos os seres que existem, na medida em que existem; de modo que toda criatura, tanto intelectual quanto corporal, ou, para falar mais brevemente de acordo com os termos das divinas escrituras, seja visível, seja invisível, não pertence à natureza divina, mas foi feita do nada por Deus"[384].

Na Espanha, o primeiro Concílio de Toledo professou igualmente que Deus é Criador de "todos os seres visíveis e invisíveis", e que fora dele "não existe natureza divina, de anjo, de espírito ou de qualquer poder que pudesse ser tomada como Deus"[385].

Assim, desde o IV século, a expressão da fé cristã – ensinada e vivida – apresentava a esse respeito as duas formulações dogmáticas, positivas e negativas, que se reencontram oito séculos mais tarde no tempo de Inocêncio III e do IV Concílio de Latrão.

São Leão Magno

Nesse intervalo de tempo, contudo, as expressões dogmáticas não caíram em desuso. No século V, a carta do Papa São Leão Magno a Turíbio, bispo de Astorga – cuja autenticidade não pode mais ser posta em dúvida – falava no mesmo tom e com a mesma clareza. Entre os erros priscilianistas que ele reprovava encontram-se os seguintes:

> "A sexta anotação[386] sinaliza que eles entendem que o diabo nunca foi bom e que sua natureza não é obra de Deus, mas que ele saiu do caos e das trevas,

---

ed. V. Bulhart, "CC, SI.", 9, pp.89-90; "PL" 280-281).

[383] "CSEL", XXV, 2, pp.977-982; "PL", 42, 1153-1156.

[384] "De Genesi ad litteram liber imperfectus", I, 1-2; "PL" 34, 221.

[385] Denz-Sch., 188.

[386] Isto é, a sexta anotação do memorial dirigido ao Papa pelo bispo de Astorga, seu interlocutor.

pois, com efeito, ele não tem ninguém como autor de seu ser, mas é ele mesmo o princípio e a substância de todo mal. No entanto, a fé verdadeira, a fé católica, professa que a substância de todas as criaturas, tanto espirituais como corporais, é boa, e que o mal não é uma natureza, sendo que Deus, o criador do universo, não fez nada que não fosse bom. É por isso que o próprio diabo seria bom, se tivesse permanecido no estado em que foi feito. Infelizmente, ele usou mal sua excelência natural e não permaneceu na verdade (Jo 8,44); ele, sem dúvida, não se transformou numa substância contrária, mas separou-se do supremo bem, ao qual deveria ter aderido..."[387].

A afirmação doutrinal que se acabou de ler (a partir das palavras "a verdadeira fé, a fé católica professa..." até o final) foi considerada tão importante que reapareceu literalmente nas adições feitas no VI século no *Livro dos dogmas eclesiásticos*, atribuído a Gennade de Marseille[388]. E enfim, o mesmo tom magisterial se fará ouvir para apoiar a mesma doutrina na *Règle de foi à Pierre*, obra de São Fulgêncio. É preciso "reter principalmente", "reter bem fortemente", e será escrito, que tudo o que não é Deus é criatura de Deus, o que é o caso de todos os seres "visíveis e invisíveis"; "que uma parte dos anjos se revoltaram e se afastaram voluntariamente de seu Criador", e "que não há uma natureza do mal"[389].

Não surpreende, portanto, que, em contexto histórico semelhante, os *Statuta Ecclesiae antiqua*, composição canônica do V século, tenham introduzido

---

[387] "Sexta annotatio indicat eos dicere quod diabolus numquam fuerit bonus, nec natura eius opificium Dei sit, sed eum. ex chao et tenebris emersisse: quia scilicet nullum sui habet auctorem sed omnis mali ipse sit principium atque substantia: cum fides vera, quae est catholica, omnium creaturarum sive spiritualium, sive corporalium bonam confiteatur substantiam, et mali nullam esse naturam: quia Deus, qui universitatis est conditor nihil non bonum fecit. Unde et diabolus bonus esset, si in eo quod factus est permaneret. Sed quia naturali excellentia male usus est, et in veritate non stetit (Joan VII, 44), non in contrariam transit substantiam, sed a summo bono, qui debuit adhaerere, descivit..." ("Epist.", 15, cap.VI; "PL" 54, 683; cf. Denz-Sch., 286; o texto crítico editado por V. Vollmann, O. S. B., tem somente variantes de pontuação).

[388] Cap.IX: "Fides vera, quae est catholica, omnium creaturarum sive spiritualium, sive corporalium bonam confitetur substantiam, et mali nullam esse naturam: quia Deus, qui universitatis est conditor, nihil non bonum fecit. Unde et diabolus bonus esset, si in eo quod factus est permaneret. Sed quia natural excellentia male usus est, et in veritate non stetit, non in contrariam substantiam transiit, sed a summo bono, cui debuit adhaerere, discessit" ("De ecclesiasticis dogmatibus", "PL" 58, 995 C-D). Mas a recensão primitiva desta obra publicada como apêndice das obras de Santo Agostinho não tem este capítulo ("PL" 42, 1213-1222).

[389] "De fide seu de regula fidei ad Petrum liber unus", "PL", 65, 671-706. "Principaliter tene" (III, 25, col. 683 A); "Firmissime tene..." (IV, 45, col. 694 C). "Pars itaque angelorum quae a suo Creatore Deo, quo solo bono beata fuit, voluntaria prorsus aversione discessi..." (III, 31, col. 687 A); "nullamque esse mali naturam" (XXI, 62, col. 699 D-700 A).

entre as interrogações destinadas a verificar a fé católica dos candidatos ao episcopado a seguinte questão: "se o diabo é mau por condição ou se assim se tornou por livre vontade"[390], fórmula que se reencontra nas profissões de fé impostas por Inocêncio III aos valdenses[391].

O primeiro Concílio de Braga (século VI)

A doutrina era, portanto, comum e firme. Os numerosos documentos que a expressam, e dentre as quais lembramos as principais, constituem o pano de fundo doutrinal sobre o qual se debruça o primeiro Concílio de Braga, na metade do século V. Assim preparada e apoiada, o capítulo 7 desse sínodo não aparece como um texto isolado, mas como resumo do ensinamento do IV e V séculos a respeito dessa matéria, notadamente da doutrina do Papa São Leão Magno:

> "Se alguém diz que o diabo não foi anteriormente um anjo bom feito por Deus e que a sua natureza não foi obra de Deus, mas diz que ele saiu do caos e das trevas e que não há quem o tenha criado, sendo ele mesmo e o princípio e também a substância do mal, como o disseram Maniqueu e Priciliano, seja anátema."[392]

3. A incidência "cátara" (Séculos XII e XIII)

Assim, a condição de criatura, e o ato livre pelo qual o diabo se perverteu, pertenciam de há muito à fé explícita da Igreja. O IV Concílio Lateranense não precisou, portanto, aduzir prova documentada para introduzir essas afirmações no seu Sínodo, já que eram crenças claramente professadas. Essa inserção, dogmaticamente possível desde muito antes, tornara-se então necessária, porque a heresia dos cátaros havia retomado por sua conta um certo número dos erros maniqueístas de outrora. Na passagem do XII ao XIII século, muitas profissões de fé tiveram que apressar-se em reafirmar que Deus é criador dos seres "visíveis e invisíveis", autor dos dois Testamentos, e especificar que o diabo não é mau por natureza, mas por escolha[393]. As antigas proposições dualistas, enquadradas em muitos movimentos doutrinais e espirituais,

---

[390] "Concilia Gallica (314-506), (CC, SL", 148, ed. Ch. Munier, p.165, 25-26; também no apêndice do "Ordo", XXXIV, em: M. Andrieu, "Ordines Rommani", t. III, Lovanii, 1951, página 616.

[391] "PL" 215, 1512 D; A. Dondaine, "Arch. Fr. Pr.", 16 (1946), 232; Denz-Sch., 797.

[392] Denz-Sch., 457.

[393] Cf. mais acima, n. 44.

constituíam então um verdadeiro perigo para a fé na França meridional e na Itália setentrional.

Na França, Ermengaudo, de Béziers, teve que escrever um tratado contra esses hereges "que dizem e creem que este mundo e todos os seres visíveis não foram criados por Deus, mas pelo diabo"; existiriam assim dois deuses, um bom e todo-poderoso, o outro mau, o diabo[394]. No norte da Itália, um ex-cátaro, convertido, Bonacurso, havia lançado um grito de alarme e indicado as diversas escolas da seita[395]. Pouco após a sua intervenção, a *Summa contra haereticos*, por muito tempo atribuída a Prévostin de Cremona, sublinha melhor para nós o impacto da heresia dualista no ensinamento da época. Ele começa assim, tratando dos cátaros:

> "Deus todo-poderoso somente criou os seres invisíveis e incorporais. Quanto ao diabo, que esse herético chama o deus das trevas, ele criou os seres visíveis e corpóreos. Isso dito, o herege acrescenta que há dois princípios das coisas: o princípio do bem, a saber, Deus todo-poderoso; o segundo, o princípio do mal, a saber, o diabo; e acrescenta que existem duas naturezas, uma boa, a dos incorpóreos, criada por Deus onipotente; a outra, má, dos seres corpóreos, criada pelo diabo. O herege que assim se expressa chamava-se outrora Maniqueu, e hoje Cátaro"[396].

Apesar da sua brevidade, esse resumo já é significativo pela sua densidade. Hoje pode-se completá-lo com a referência ao *Livro dos dois princípios*, escrito por um teólogo cátaro pouco após o Lateranense IV[397]. Entrando nos

---

[394] "PL" 204, 1235-1272. Cfr. E. Delaruelle, "Dict. Hist. et Géogr. Eccl.", vol. XV, colección 754-757.

[395] "PL" 204, 775-792. O contexto histórico da Itália setentrional é bem descrito por Pe. Ilarino de Milão, "Le eresie medioevali" (ss. XI-XV), na "Grande Antologia filosófica», vol. IV, Milão, 1954, pp.1599-1689. A obra de Bonacursus é estudada pelo mesmo Pe. Ilarino de Milão: "La manifestatio heresis Catarum quam fecit Bonacursus" segundo o cod. Ottob. lat. 136 dea Biblioteca Vaticana, Aevum. 12 (1938), 281-333.

[396] "Sed primo de fide. Contra quam proponit sententiam falsitatis et iniquitatis dicens Deum omnipotentem sola invisibilia et incorporalia creasse; diabolum vero, quem deum tenebrarum appellat, dicit visibilia et corporalia creasse. Quibus predictis addit hereticus duo esse principia rerum: unum boni, scilicet Deum omnipotentem: alterum mali, scilicet diabolum. Addit etiam duas esse naturas: unam bonam, incorporalium, a Deo omnipotentem creatam: alteram malam, corporalium, a diabolo creatam. Hereticus autem qui hoc dicit antiquitus Manicheus, nunc vero Catharus appellatur" ("Summa contra haereticos", cap.I, EDC. Josephi N. Garvin y James A. Corbett, University of Notre-Dame, 1958, p.4).

[397] Este tratado, que foi descoberto e editado pela primeira vez por Antoine Dondaine, O. P., foi publicado recentemente em sua segunda edição: "Livre des deux principes. Introduction. Texte critique, traduction, notes et índex", por Christine Thouzallier, S. Chr., 198, París, 1973.

detalhes da argumentação e apoiando-se nas Escrituras, essa pequena súmula dos militantes da seita pretendia refutar a doutrina do único Criador e estabelecer sobre textos bíblicos a existência de dois princípios opostos[398]. Ao lado do Deus bom, escrevia ele, "é necessário reconhecer a existência de um outro princípio, o do mal, que age perniciosamente contra o verdadeiro Deus e contra a sua criatura"[399].

Valor da decisão do Concílio de Latrão

No início do século XIII, essas declarações estavam longe de serem somente teorias de intelectuais iluminados. Elas correspondiam a um conjunto de crenças falsas, vividas e espalhadas por uma multidão de grupos ramificados, organizados e ativos. A Igreja teve que intervir, renovando firmemente as afirmações doutrinais dos séculos anteriores. Foi o que fez o Papa Inocêncio III, introduzindo os dois enunciados dogmáticos assinalados mais tarde na *profissão de fé* do IV Concílio ecumênico do Latrão, a qual, lida oficialmente diante dos bispos, foi por eles aprovada. Interrogados em alta voz: "Credes nessas (verdades) em todos os pontos?", responderam com uma aclamação unânime: "Cremos"[400]. O conjunto do documento conciliar é, portanto, de fé. E em razão de sua natureza e de sua forma, que são as de um Símbolo, cada um de seus pontos principais tem igualmente valor dogmático.

*Ef*etivamente, seria um erro manifesto pretender que cada parágrafo de um Símbolo de fé contivesse somente uma afirmação dogmática; isso seria aplicar à sua interpretação uma hermenêutica válida, por exemplo, para um decreto de Trento, em que cada capítulo ensina ordinariamente apenas um tema dogmático: necessidade de preparar-se para a justificação[401], verdade da presença real na Eucaristia[402], etc. O primeiro parágrafo do Lateranense condensa, ao contrário, em igual número de linhas que o capítulo de Trento falando so-

---

[398] *L. c.* n. 1, pp.160-161.

[399] *Ib.*, n. 12, 190-191.

[400] "Dominus papa, summo mane missa celebrata et omnibus episcopis per sedes suas dispositis, in eminentiorem locum cum suis kardinalibus et ministris ascendens, santae Trinitatis fidem et singulis fidei artículos recitari facit. Quibus recitatis quesitum est ab universis alta voce: Creditis haec per omnia?' Responderunt omnes: 'Credimus'. Postmodum damnati sunt omnes heretici et reprobate quorumdam sententiae, Joachim videlicet et Emelrici Parisiensis. Quibus recitantis iterum quasitum est: 'An reprobatis sententias Joachim et Emelrici?' *At* illi magis inalescebant clamando: 'Reprobamus'" ("A new eyewitnes Account of the the Fourth Lateran Council", publicado por St. Kuttner y Antonio García y García, em "Traditio", 20 [1964], 115-128, especialmente pp.127-128).

[401] Sess. VI: "Decretum de iustificatione", capítulo V, "C. Oe. D.", p.672; Denz-Sch., 1525.

[402] Sess. XIII, cap.I, "C. Oe. D.", p.693; Denz-Sch., 1636-1637.

bre "o dom da perseverança"⁴⁰³, uma série de afirmações de fé, a maior parte já definidas, sobre a unidade de Deus, a trindade e igualdade das Pessoas, a simplicidade de sua natureza, as procedências do Filho e do Espírito Santo. O mesmo vale para a criação, notadamente a respeito das nossas duas passagens relativas aos seres espirituais e corporais criados por Deus, como também da criação do diabo e de seu pecado. Tratava-se de outros tantos pontos que, já desde os séculos IV e V, como demonstramos, pertenciam aos ensinamentos da Igreja. Inserindo-os no seu Símbolo, o Concílio não fez mais que consagrar a sua pertença à regra universal da fé.

Entretanto, a existência da realidade demoníaca e a afirmação de seu poder não repousam somente sobre esses documentos mais específicos, eles encontram uma outra expressão, mais geral e restrita, nos enunciados conciliares, cada vez que se descreve a condição do ser humano sem o Cristo.

O ensino comum dos Papas e dos Concílios

Na metade do V. século, às vésperas do Concílio de Calcedônia, lembrando a vitória sobre a morte e sobre o diabo, que a tinha em seu poder, segundo a Carta aos Hebreus, o Tomo do Papa S. Leão Magno a Flaviano destacou um dos fins da economia da salvação⁴⁰⁴. Mais tarde, quando o Concílio de Florença falou da Redenção, apresentou-a biblicamente como uma libertação do domínio do diabo⁴⁰⁵. Trento, resumindo a doutrina de São Paulo, declara que o pecador "está sob o poder do diabo e da morte"⁴⁰⁶. Em nos salvando, Deus "nos livrou do poder das trevas e transferiu-nos para o reino de seu Filho bem-amado, em que temos a redenção, a remissão dos pecados"⁴⁰⁷. Cometer pecado depois do batismo é novamente "entregar-se ao poder do demônio"⁴⁰⁸. Essa é, com efeito, a fé primitiva e universal da Igreja. Desde os primeiros séculos ela se refere na liturgia da iniciação cristã ao momento em que os catecúmenos, prontos para serem batizados, renunciavam a satanás, professavam a fé na Santíssima Trindade e aderiam a Cristo, seu Salvador⁴⁰⁹.

---

⁴⁰³ Sess. VI, cap.XIII, "C. Oe. D.", página 676; Denz-Sch., 1541.

⁴⁰⁴ Denz-Sch., 291. A fórmula será novamente tomada na sess. V, cap.1 do Concílio de Trento ("C. Oe. D.", p.666; Denz-Sch., 1511).

⁴⁰⁵ Sess. XI: "Bulla unionis Coptorum", ("C. Oe. D.", pp.675-676; Denz-Sch., 1347-1349.

⁴⁰⁶ Sess. VI, cap.I: "C. Oe. D.", p.671; Denz-Sch., 1541.

⁴⁰⁷ Col. 1,13-14, citado no mesmo decreto, cap.III: "C. Oe. D.", p.671; Denz-Sch., 1523.

⁴⁰⁸ Sess. XIV: "De poenitentia", cap.I, "C. Oe. D.", p.703; Denz-Sch., 1668.

⁴⁰⁹ Este rito aparece já no século III na "Traditio Apostolica" (ed. B. Botte, cap.21, pp.46-51) e no século IV, na liturgia das "Constitutiones Apostolorum", VII, 41 (ed. F. X. Funk, "Didascalia et

Por isso, o II Concílio Vaticano, que toma posição mais frequente acerca do presente da Igreja que da criação, não deixa também de admoestar contra a atividade de Satã e dos demônios, Novamente, como em Florença e Trento, ele lembra, do mesmo modo que o Apóstolo, que Cristo nos "libertou do poder das trevas"[410]. Reassumindo a Escritura a modo de São Paulo e do Apocalipse, a Constituição *Gaudium et spes* afirma que a nossa história, a história universal "é um duro combate contra o poder das trevas, o qual, iniciado desde as origens, perdurará, como disse o Senhor, até o último dia"[411]. Em outro lugar, o Vaticano II repete as advertências da *Carta aos Efésios* de "vestir a armadura de Deus para proteger-se contra as insídias do demônio"[412]. A mesma Constituição lembra aos leigos que "temos que lutar contra os dominadores deste mundo de trevas, contra os espíritos do mal"[413]. Não admira, pois, constatar que o mesmo Concílio, querendo apresentar a Igreja como o reino de Deus que já está iniciado, lembra os milagres de Jesus, e nesse sentido apela precisamente a seus exorcismos[414]. Foi nessa ocasião que foi pronunciada a famosa palavra: "*profecto pervenit in vos regnum Dei*"[415].

O argumento litúrgico

Quanto à liturgia, já lembrada ocasionalmente, ela traz um testemunho particular, porque é a expressão concreta da fé vivida. A ela não pedimos, entretanto, que responda à nossa curiosidade a respeito da natureza dos demônios, suas categorias e seus nomes.

Basta que ela insista quanto à sua existência e à ameaça que constituem para os cristãos. É esse o seu papel. Fundada sobre os ensinamentos do Novo Testamento, a liturgia lhe faz eco diretamente, lembrando que a vida dos batizados é um combate, travado com a graça de Cristo e a força do Espírito Santo, contra o mundo, a carne e os seres demoníacos[416].

Constitutiones Apostolorum", t. I, 1905, pp.444-447).

[410] *Ad gentes*, nn. 3 y 14 (note-se a citação de *Col* 1,13, e o conjunto da nota 19 do número 14).

[411] *Gaudium et Spes*, n. 37, b.

[412] *Ef*, 6, 11-12, assinalado pela *Lumen Gentium*, 43, d.

[413] *Ef*, 6, 12, também assinalado pela *Lumen Gentium*, 35, a.

[414] *Lumen Gentium*, 5, a.

[415] *Lc.*, 11,20; cf. *Mt* 12,28.

[416] C. Vagaggini, O. S. B., "Il senso teologico della liturgia. Saggio di teologia liturgica generale", Roma, 1965, 4, cap.XIII, "Le due città, la liturgia e la lotta contro Satana", pp.346-427; Egon von Petersdorff, "De daemonibus in liturgia memoratis. Angelicum", (1942), pp.324-339; "Daemonologie", I. "Daemonen im Weltplan", II. "Daemonen am Werk", Munich, 1956-1957.

O significado dos novos rituais

Hoje, entretanto, o argumento litúrgico deve ser empregado com cautela. De sua parte, os rituais e sacramentais orientais, tendo conhecido ao longo dos séculos menos supressões que complementações, correm o risco de nos desviar: suas demonologias são exuberantes. Quanto aos documentos litúrgicos latinos, muitas vezes remanejados no decorrer dos séculos, também pedem conclusões prudentes, em razão mesmo de suas muitas mudanças.

Nosso antigo ritual de penitência pública expressava fortemente a ação do demônio sobre os pecadores, mas, infelizmente, esses textos, que sobreviveram até os nossos dias no Pontifical Romano[417], deixaram há muito tempo de estar em uso. Antes de 1972, podiam-se citar também as preces de encomendação da alma que evocavam o horror do inferno e os últimos assaltos do demônio[418], mas essas passagens significativas hoje desapareceram. Em nossos dias, o ministério caraterístico do exorcista, sem ter sido radicalmente abolido, é apenas um serviço eventual, que não subsiste senão a pedido dos bispos[419]. Não existe, de fato, nenhum rito para o seu exercício. Tal medida evidentemente não significa que o padre não tenha mais o poder de exorcizar, nem que não deva mais exercê-lo. Isso obriga a constatar que a Igreja, deixando de fazer desse ministério uma função específica, não reconhece mais os exorcismos com a importância que tinham nos primeiros séculos. Essa evolução merece certamente ser tomada em consideração.

Não vamos, entretanto, concluir que haja uma recessão ou uma revisão da fé no campo litúrgico. O Missal Romano de 1970 expressa sempre a convicção da Igreja quanto às intervenções demoníacas. Hoje, como antigamente, a liturgia do primeiro domingo da Quaresma lembra aos fiéis como Jesus venceu o tentador: as três narrações sinóticas de sua provação são reservadas aos três

---

[417] Leia-se o "Ordo excomunicandi et absolvendi", e especialmente a longa amonição "Quia N. diabolo suadente...", "Pontificale Romanum", segunda ed. Ratisbona, 1008, pp.392-398.

[418] Da oração "Commendo te...": "Ignores omne, quod horret in tenebris, quod stridet in flammis, quod cruciat in tormentis, cedat tibi teterrimus satanás cum satellitibus suis...".

[419] Assim está estabelecido no n. IV do *motu proprio* "Ministeria quaedam": "Ministeria in tota Ecclesia latina servanda, hodiernis necessitatibus accomodata, duo sunt, 'Lectoris' nemp.et 'Acolythi'. Partes quae hucusque Subdiacono commissae erant, Lectori et Acolythae concreduntur, ac proinde in Ecclesia Latina ordo maior Subdiaconatus non amplius habetur. Nihil tamen obstat, quominus ex Conferentiae iudicio, Acolythu alicubi etiam Subdiaconus vocari possit" (AAS, 64 [1972], p.532). Deste modo se suprime o exorcistado e não está previsto que os relativos poderes possam ser exercidos pelo leitor ou pelo acólito. O *motu proprio* declara somente (p.531) que as conferências episcopais poderão solicitar para sua região os ministérios do "hostiário", do "exorcista" e do "catequista".

ciclos A,B,C das leituras quaresmais. O protoevangelho anunciando a vitória da descendência da mulher sobre a da serpente (*Gn* 3,15) lê-se no X domingo do ano B e no sábado da V semana. A festa da Assunção e o Comum de Nossa Senhora fazem ler *Apocalipse* 12,1-6, isto é, a ameaça do dragão à mulher que vai dar à luz. Marcos 3,20-35, que relata a discussão de Jesus e os fariseus a respeito de Belzebu, faz parte das leituras do X domingo do ano B, como já visto. A parábola do joio e do bom grão (*Mt* 13,23-43) aparece no XV domingo do ano A, e sua explicação é lida na terça-feira da XIII semana. O anúncio da derrota do príncipe deste mundo (*Jo* 12,20-33) lê-se no V domingo da Quaresma, ano B. *João* 14,30 lê-se em dia de semana. Entre os textos apostólicos, *Efésios* 2, 1-10 é marcado para a segunda-feira da XXIX semana; *Efésios* 6,10-20 lê-se no Comum dos santos e santas, como também na quinta-feira da XIII semana. *Primeira João* 3,7-10 lê-se no dia 4 de janeiro. A festa de São Marcos propõe a *Primeira Carta de Pedro*, mostrando o diabo rodeando sua presa para devorá-la. Essas amostras, que seria preciso multiplicar para serem completas, atestam que as passagens bíblicas mais importantes sobre o diabo sempre fazem parte da leitura oficial da Igreja.

É verdade que o ritual da iniciação cristã dos adultos teve suas modificações. Ele não interpela mais o diabo com apóstrofos imperativos, mas, com o mesmo fim, se dirige a Deus em forma de preces[420]. O tom é menos espetacular, mas igualmente expressivo e eficaz. Não é verdade, então, achar que os exorcismos tenham sido eliminados do novo ritual do batismo. O erro é tão manifesto que o novo ritual do catecumenato instituiu, antes dos exorcismos comumente chamados "maiores", outros "menores", distribuídos por toda a extensão do catecumenato, mas desconhecidos no passado[421].

Os exorcismos subsistem, pois. Hoje como ontem eles pedem a vitória sobre Satã, o diabo, o príncipe deste mundo e o poder das trevas. E os três "escrutínios" habituais, onde eles tomam lugar como antigamente, têm o mesmo objetivo negativo e positivo como então: "livrar do pecado e do diabo", bem como "fortalecer no Cristo"[422]. A celebração do batismo das crianças conserva também, malgrado o que se tenha dito, um exorcismo[423]. Certamente não é

---

[420] A passagem para a forma deprecativa se realizou somente depois de "experimentos", seguidos por sua vez de reflexões e discussões no "Consilium".

[421] "Ordo initiationis christianae adultorum", ed. typ., Roma, 1972, nn. 101, 109-118, pp.36-41.

[422] *Ibid.*, n. 25, p.13; e nn. 154-157, p.54.

[423] Assim foi desde a primeira edição: "Ordo Baptismi parvolorum", ed. typ.Roma, 1969, p.27, n. 49 e p.85, n. 221. A única novidade consiste em que este exorcismo é deprecativo, "Oratio exorcismi", e que lhe segue imediatamente a "unctio praebaptismalis" (ib. n. 50); porém os dois ritos, exorcismo

que a Igreja considere esses pequeninos como possuídos, mas ela crê que eles têm também necessidade de todos os efeitos da Redenção de Cristo. Antes do batismo, com efeito, toda pessoa, criança e adulta, traz em si o sinal do pecado e da ação de Satã.

Quanto à liturgia da penitência privada, ela hoje fala menos do diabo do que antigamente. Mas as celebrações penitenciais comunitárias retomaram tal oração antiga, lembrando a influência de satanás sobre os pecadores[424]. No ritual dos enfermos – como já lembrado – a oração da encomendação da alma não sublinha mais a presença inquietante de Satã. No curso do rito da unção, o celebrante pede que o enfermo "seja libertado do pecado e de toda tentação"[425]. O óleo santo é considerado uma proteção do corpo, da alma e do espírito[426]. E a oração *Commendo te,* sem mencionar o inferno ou o demônio, evoca, entretanto, a sua existência, quando pede a Cristo que salve o moribundo e o inclua no número de Suas ovelhas e Seus eleitos. Essa linguagem quer claramente evitar traumatizar o enfermo e sua família, mas não trai a fé no mistério do mal.

CONCLUSÃO

Em resumo, quanto ao que concerne a demonologia, a posição da Igreja é clara e firme. É verdade que no curso dos séculos a existência de Satã e dos demônios não foi nunca objeto de uma afirmação explícita de seu Magistério. A razão é que a questão nunca se pôs nesses termos: os hereges e os fiéis, apoiados igualmente nas Escrituras, eram concordes em reconhecer a sua existência e seus principais malefícios. Hoje, quando se põe em dúvida a sua realidade, é à fé constante e universal da Igreja e à sua fonte maior, o ensinamento de Cristo, que é preciso apelar, como aqui exposto. É, com efeito, no ensinamento bíblico e no coração da fé vivida que se revela como um dado dogmático a existência do mundo demoníaco. O mal-estar contemporâneo que denunciamos no início não questiona, pois, um elemento secundário do pensamento cristão; trata-se aí de uma fé constante da Igreja, de sua

---

e unção, têm cada qual a própria conclusão.

[424] No novo "Ordo Paenitentiae", ed. typ.Roma, 1974, note-se, no apêndice II a oração "Deus humani generis benignissime conditor" (pp.85-86), que, apesar de ligeiros retoques, é idêntica à "Oratio reconciliationis poenitentium" da Quinta-feira santa ("Pontificale Romanum", Ratisbona, 1908, p.350).

[425] "Ordo unctionis infirmorum eorumque pastoralis curae", ed. typ.Roma, 1972, p.33, n. 73.

[426] *Ib.*, p.34, n. 75.

concepção da Redenção e, como ponto de partida, da própria consciência de Jesus. Por isso, falando (recentemente) dessa "realidade terrível, misteriosa e tremenda" do mal, o Papa Paulo VI pôde afirmar com autoridade: "Cai fora do quadro do ensinamento bíblico e eclesiástico quem se recusa a reconhecê-la existente; ou quem a vê como um princípio existente em si mesma, não tendo, como toda criatura, sua origem em Deus; ou ainda quem a explica como uma pseudo-realidade, uma personificação conceitual e imaginária das causas desconhecidas de nossas misérias"[427]. Nem os exegetas nem os teólogos poderiam negligenciar essa advertência.

Repetindo: Ao sublinhar ainda hoje a existência da realidade demonológica, a Igreja não busca voltar às especulações dualistas e maniqueístas de antigamente, nem propor uma substituição racionalmente aceitável. Ela quer somente permanecer fiel ao Evangelho com as suas exigências. É claro que ela jamais permitiu que a pessoa abdique de sua responsabilidade, atribuindo aos demônios as próprias culpas. Ante tal escapatória, caso ela venha a acontecer, a Igreja não hesitaria em levantar a voz e dizer com São João Crisóstomo: *"Não é o diabo, mas o descuido próprio das pessoas que causa todas as quedas e todos os males de que elas se queixam"*[428].

A esse respeito, o ensinamento cristão, pelo vigor com que defende a liberdade e grandeza do ser humano, pondo em evidência a onipotência e a bondade do Criador, não apresenta nenhuma falha. Ele condenou no passado e condenará sempre a excessiva facilidade em pretextar uma incitação demoníaca. Ele proscreveu tanto a superstição quanto a magia e rechaça toda capitulação doutrinal ante o fatalismo e toda renúncia à liberdade ante o esforço. Mais ainda, desde que se fale de uma possível intervenção diabólica, a Igreja sempre deixa espaço, como no caso de milagres, a uma exigência crítica. Reserva e prudência são requisitos. É fácil ser iludido pela imaginação, deixar-se desviar por narrações inexatas, torpemente transmitidas ou abusivamente interpretadas. Em casos assim, é indispensável o discernimento. Importa deixar espaço à pesquisa e a seus resultados.

Não obstante, fiel ao exemplo de Cristo, a Igreja considera que a admoestação do apóstolo Pedro "à sobriedade" e à vigilância é sempre atual[429]. Em

---

[427] "Padre nostro... liberaci dal male". Alocução na audiência geral de 15 de novembro de 1972 (Paulo VI, "Enseñanzas al pueblo de Dios", 1972, pp.183-188). O Santo Padre havia manifestado a mesma inquietude na homilia de 29 de junho precedente: "Ser fuertes en la fe» (*L'Osservatore Romano*, edição em língua espanhola, de 09 de julho de 1972, pp.1-2).

[428] "De diabolo tentatore", homil. II, "PG" 49, 259.

[429] *1P* 5,8.

nossos dias há, de fato, uma nova "embriaguez" que é preciso evitar. Mas o saber e o poder técnicos também podem embriagar. As pessoas hoje se orgulham de suas descobertas, e com muita razão, em geral. Porém, no nosso caso, será seguro que suas análises tenham esclarecido todos os fenômenos característicos e reveladores da presença do demônio? Não há mais nenhum problema nesse campo? A análise hermenêutica e o estudo dos Padres terão aplainado todas as dificuldades de todos os textos? Nada menos seguro. Houve antigamente, sem dúvida, uma certa ingenuidade no crer encontrar algum demônio nas encruzilhadas de todos os nossos pensamentos. Mas, não seria ingênuo também postular que nossos métodos dirão em breve a última palavra sobre as profundezas da consciência, onde interferem as relações misteriosas da alma e do corpo, do sobrenatural, do preternatural e do humano, da razão e da revelação? Porque essas questões sempre foram tidas como vastas e complexas. Quanto aos nossos métodos atuais, eles têm, como os de outrora, seus limites que não podem ultrapassar. A modéstia, que é também uma qualidade da inteligência, deve manter seus direitos e manter-nos na verdade. Porque essa virtude – mesmo em vista do futuro – concede ao cristão desde agora o direito ao aporte da revelação, em suma, da fé.

Na verdade, é à fé que São Pedro nos reconduz, convidando-nos a resistir ao demônio, "fortes na fé". A fé nos ensina que a realidade do mal "é um ser vivo, espiritual, pervertido e corruptor"[430]. Ela nos inspira confiança, garantindo-nos que o poder de Satanás não pode infringir os limites que Deus lhe impôs. Ela garante também que, se o diabo pode tentar, não pode, porém, arrancar-nos o consentimento. Sobretudo, a fé nos abre o coração à oração, em que encontra sua vitória e sua coroa, e assim nos faz triunfar sobre o mal pelo poder de Deus.

Continua seguramente o fato de que a realidade demonológica, atestada concretamente pelo que chamamos o mistério do mal, permanece um enigma que envolve a vida dos cristãos. Nós não sabemos, como não sabiam também os apóstolos, por que o Senhor o permite, nem como o faz servir ao seu desígnio. Poderia, entretanto, ser que, na nossa civilização permeada de horizontalismo secular, as explosões inesperadas desse mistério encontrem um sentido menos refratário ao entendimento. Elas levam a pessoa a olhar mais longe e mais para o alto, para além de suas evidências imediatas. Pela sua ameaça e a prepotência do mal, que interceptam nosso caminho, elas nos permitem

---

[430] Paulo VI, ibid.

discernir a resistência a um além a decifrar, e nos fazem voltar-nos para Cristo, para aprender d'Ele a boa notícia de uma salvação oferecida como graça.

NORMAS GERAIS SOBRE O EXORCISMO

Rituale Romanum de 1952
Titulus XII – Capítulo I[431]

SOBRE OS EXORCISMOS DOS POSSUÍDOS PELO DEMÔNIO

Normas a serem observadas a respeito dos que devem ser exorcizados

1. O sacerdote que, com peculiar e expressa permissão do Ordinário, vai exorcizar os atormentados pelo demônio, deve ser dotado da conveniente piedade, prudência e integridade de vida. Confiando não na própria força, mas na força divina, alheio a toda cobiça das coisas humanas, realize constante e humildemente este ofício, movido pela caridade. Convém que seja de idade madura, e seja respeitado não só pelo seu encargo mas também pela gravidade dos costumes.

2. Para exercer devidamente seu ofício, esforce-se por conhecer, tanto outros muitos documentos, de autores aprovados, que lhe sejam úteis e que aqui, por motivo de brevidade, não são mencionados, como observar cuidadosamente estas poucas orientações mais necessárias.

3. Primeiro, não acredite facilmente que alguém esteja possuído pelo demônio, mas tenha conhecimento daqueles sinais pelos quais um possesso se distingue daqueles que sofrem de alguma doença, especialmente psíquica. Podem ser sinais de possessão do demônio: falar várias palavras de língua desconhecida ou entender quem as fale; desvendar coisas distantes e ocultas; mostrar forças acima da natureza da idade ou da condição; e coisas semelhantes que, quando acontecem em maior número, são indícios maiores.

4. Para reconhecer melhor estas coisas, interrogue o possesso, depois de alguns exorcismos, o que ele tenha sentido na mente, ou no corpo, para também saber com quais palavras os diabos mais se perturbem, para que a seguir mais as inculque e repita.

5. Esteja atento aos artifícios e enganos que os demônios usam para enganar o Exorcista: pois eles muitas vezes costumam responder enganosamente, e

---

[431] Trad. do Latim: Pe. Ney Brasil Pereira. *O Ritual de Exorcismos de 1614, foi reformado em 1752, 1925 e 1952.*

com dificuldade se manifestam, para que o Exorcista, enfim exausto, desista, ou o enfermo pareça não ser atormentado pelo demônio.

6. Às vezes, depois que se manifestaram, escondem-se, e deixam o corpo quase livre de todo incômodo, para que o enfermo pense que está totalmente liberto: mas o Exorcista não deve parar, enquanto não vir sinais de libertação.

7. Às vezes, também, os demônios põem todos os obstáculos que puderem, para que o enfermo não se submeta aos exorcismos, ou tentam persuadir que a enfermidade é natural; algumas vezes, durante o exorcismo, fazem que o enfermo adormeça, e fazem que tenha alguma visão, retirando-se, para que o enfermo pareça estar liberto.

8. Alguns mostram o malefício feito, e por quem tenha sido feito, e o modo de o desfazer: mas tome cuidado para que, por isso, não recorra aos mágicos, ou às mágicas, ou a outros que não os ministros da Igreja, ou se utilize de alguma superstição ou de outro expediente ilícito.

9. Algumas vezes, o diabo permite que o enfermo se acalme e receba a Santíssima Eucaristia, para que pareça ter-se afastado. Enfim, inumeráveis são as artes e fraudes do diabo para enganar o ser humano, e o Exorcista deve precaver-se para não ser por elas enganado.

10. Por isso, lembrado de que Nosso Senhor disse que há uma espécie de demônios que não se expulsa a não ser pela oração e o jejum (*Mt* 17,20), ele, por si ou por outros, a exemplo dos Santos Pais, quanto for possível, procure de preferência usar estes dois remédios para alcançar o auxílio divino e expelir os demônios.

11. O energúmeno seja exorcizado depois de conduzido a uma igreja, se possível, ou a outro lugar religioso e decente, longe da multidão; se for doente, ou por outro motivo razoável, poderá ser exorcizado em casa particular.

12. Admoeste-se o próprio possesso, se estiver são de mente e de corpo, a orar por si mesmo a Deus, e jejuar, e mais vezes se fortaleça com a confissão e a comunhão; e, ao ser exorcizado, se recolha totalmente e se volte para Deus e com firme fé peça a ele a saúde com toda a humildade. E ao ser atormentado mais violentamente, suporte com paciência, não desconfiando do auxílio de Deus.

13. Tenha nas mãos ou ante os olhos o Crucifixo. Também as relíquias dos Santos, onde se puder tê-las, reunidas decentemente e cobertas, sejam aproximadas reverentemente do peito ou da cabeça do possesso; cuide-se, porém, de não manusear de forma indigna as coisas sagradas ou que nenhum dano lhes seja feito pelo demônio. Quanto à Santíssima Eucaristia, não seja colocada

sobre a cabeça do possesso, nem de outra forma seja aproximada do seu corpo, pelo perigo de irreverência.

14. O exorcista não se demore em palavreado ou em inúteis ou curiosas interrogações, especialmente sobre coisas futuras e ocultas, que não digam respeito ao seu ofício; mas ordene que o espírito imundo se cale, e responda só ao que for interrogado; e não acredite nele, se o demônio simular ser a alma de algum Santo, ou de um defunto, ou um Anjo bom.

15. Perguntas necessárias, porém, são, por exemplo, sobre o número e o nome dos espíritos que estão atacando, sobre o tempo em que entraram, o motivo, e perguntas semelhantes. Quanto a outras frivolidades do demônio, risadas e impertinências, o Exorcista as coíba ou menospreze, e advirta aos presentes, que devem ser poucos, que não se preocupem com isso e eles mesmos não interroguem o possesso; mas antes humilde e fervorosamente roguem a Deus por ele.

16. Quanto aos exorcismos, ele os faça e leia com firmeza e autoridade, com grande fé e humildade e fervor; e vendo que o espírito está sendo muito atormentado, tanto mais inste e insista. E sempre que vir o possesso mexer-se em alguma parte do corpo ou ferir-se, ou algum tumor aparecer, faça ali o sinal da cruz e borrife com água benta, que então deve ter à disposição.

17. Observe também a que palavras os demônios mais reajam e repita-as mais vezes; e quando chegar à cominação [ameaça solene], profira-a mais vezes, sempre aumentando os castigos; se vir que vai tendo resultado, persevere na cominação por duas, três e quatro horas, e mais ainda, quanto puder, até conseguir a vitória.

18. Guarde-se, porém, o Exorcista, de dar ou aconselhar algum remédio ao doente possesso; deixe esse cuidado para os médicos.

19. Exorcizando uma mulher, tenha sempre consigo pessoas honestas, que segurem a possessa enquanto ela é agitada pelo demônio; essas pessoas, se possível, sejam parentes próximas da paciente; e o Exorcista, lembrado da modéstia, guarde-se de dizer ou fazer alguma coisa que seja ocasião de mau pensamento para si ou para os outros.

20. Enquanto exorciza, profira antes as Palavras da Sagrada Escritura que as suas próprias ou alheias. E mande o demônio dizer se está naquele corpo por algum artifício mágico, ou se vomitar sinais ou instrumentos maléficos que o possesso tiver ingerido pela boca; ou se estiverem em alguma parte, fora do corpo, que as revele; e quando encontrados, sejam queimados. Advirta-se também o possesso para que revele todas as suas tentações ao Exorcista.

21. Se o possesso for libertado, seja advertido para que diligentemente se guarde dos pecados, e não dê ocasião ao demônio para que volte a ele, a fim que o último estado desse homem não se torne pior que o anterior [cf. *Mt* 12,45].

INTRODUÇÃO DO NOVO RITUAL DE EXORCISMO

Conferência Episcopal Portuguesa
Ritual Romano: Celebração dos Exorcismos[432]

DECRETO[433]

Entre os sacramentais, a Igreja providenciou, já desde os tempos antigos, seguindo o exemplo da oração do Senhor, que os cristãos fossem libertados, por meio de piedosas súplicas, de todos os perigos e especialmente das ciladas do diabo. De modo peculiar foram constituídos na Igreja os exorcistas, para que, imitando a caridade de Cristo, curassem os possessos do Maligno, ordenando em nome de Deus aos demônios que se afastassem e não causassem dano algum às criaturas humanas.

Para o nosso tempo, pareceu oportuno rever as normas e as orações, bem como as fórmulas do título XII do Ritual Romano, de modo que o rito correspondesse aos decretos da Constituição *Sacrosanctum Concilium* do Concílio Vaticano II, particularmente ao artigo 79.

O presente rito renovado do Exorcismo, aprovado pelo sumo Pontífice João Paulo II no dia 1 de Outubro de 1998, é promulgado Poe esta Congregação, para ser utilizado em substituição das normas e fórmulas até agora contidas no título XII do Ritual Romano.

Logo que a edição latina for publicada, pode ser utilizada por aqueles a quem de direito compete. As Conferências Episcopais, porém, terão o cuidado de submeter à confirmação da Sé Apostólica as edições em língua vernácula preparadas e adaptadas segundo a norma do direito.

Nada obste em contrário.

---

[432] Ritual Romano: Celebração dos Exorcismos *(Decreto, Proemio e Preliminares)* aprovada pela Conferencia Episcopal Portuguesa, em Junho de 2000. Apresento a introdução deste ritual como uma excelente síntese da Igreja sobre o tema que aqui vem sendo tratado; esta introdução é também um conteúdo formativo.

[433] Sagrada Congregação para o Culto Divino e a Disciplina dos Sacramentos, Prot. n. 1280-98/L.

Sede da Sagrada Congregação para o Culto Divino e Disciplina dos Sacramentos, 22 de Novembro de 1998, solenidade de Nosso Senhor Jesus Cristo, Rei do Universo.

† Jorge Card. Medina Estévez
Prefeito

† Gerardo, M. Agnello
Arcebispo Secretário

PROÊMIO

As criaturas angélicas estão presentes ao longo de toda a história da salvação: umas permanecem ao serviço do desígnio divino e prestam continuamente a sua proteção ao mistério da Igreja; outras, decaídas da sua dignidade – e chamadas diabólicas –, opõem-se a Deus e à sua vontade salvífica e à obra redentora de Cristo e esforçam-se por associar o homem à sua rebelião contra Deus.[434]

Na Sagrada Escritura, o Diabo e os demônios são designados por vários nomes, alguns dos quais indiciam a sua natureza e a sua ação.[435] O Diabo, que é chamado Satanás, serpente antiga e dragão, é quem seduz o mundo inteiro e combate contra os que observam os mandamentos de Deus e dão testemunho de Jesus (cf. *Ap* 12,9.17). É denominado adversário do homem (*1Pd* 5,8) e homicida desde o início (cf. *Jo* 8,44), pois, pelo pecado, tornou o homem sujeito à morte. Porque, pelas suas insídias, provoca o homem a desobedecer a Deus, o Maligno é chamado Tentador (cf. *Mt* 4,3 e 26,36-44), mentiroso e pai da mentira (cf. *Jo* 8,44), atuando astuta e falsamente, como testemunham a sedução feita aos primeiros pais (cf. *Gn* 3,4.13), a tentativa de desviar Jesus da missão que o Pai Lhe confiou (cf. *Mt* 4,1-11; *Mc* 1,13; *Lc* 4,1-13) e finalmente a sua transfiguração em anjo de luz (cf. *2Cor* 11,14). É também chamado príncipe deste mundo (cf. *Jo* 12,31;14,30), isto é daquele mundo sobre o qual o Maligno exerce domínio (cf. *1Jo* 5,19) e não conheceu a Luz verdadeira (cf. *Jo* 1,9-10). Finalmente, o seu poder é designado poder das trevas (cf. *Lc* 22,53; *Col* 1,13), porque odeia a Luz que é Cristo e atrai os homens às suas próprias trevas. Mas os demônios que não aceitaram a soberania de Deus (cf. *Jud* 6) foram condenados (cf. *2Pd* 2,4) e constituem os espíritos do mal (*Ef* 6,12), pois são espíritos criados que pecaram, e são denominados anjos de Satanás (cf. *Mt* 25,41; *2Cor*

12,7; *Ap* 12,7.9), o que pode também significar que lhes foi confiada determinada missão pelo seu chefe maligno.[436]

As obras de todos estes espíritos imundos, maus, sedutores (cf. *Mt* 10,1; *Mc* 5,8; *Lc* 6,18; 11,26; *At* 8,7; *1Tm* 4,1; *Ap* 18,2) são destruídas pela vitória do Filho de Deus (cf. *1Jo* 3,8). Embora "durante toda a história humana se trave uma dura batalha contra o poder das trevas", que "durará até o último dia",[437] Cristo, pelo mistério pascal da sua morte e ressurreição, "livrou-nos da escravidão do diabo e do pecado",[438] derrubando o seu domínio e livrando todas as coisas dos contágios malignos. Contudo, dado que a maléfica e adversa ação do Diabo e dos demônios afeta pessoas, coisas e lugares, manifestando-se de diversos modos, a Igreja, sempre consciente de que "os dias são maus" (*Ef* 5,16), orou e ora para que os homens sejam libertos das ciladas do diabo.

PRELIMINARES

I. A vitória de Cristo e o poder da Igreja contra os demônios

1. A Igreja crê firmemente que há um só Deus, Pai, Filho e Espírito Santo, único princípio de todo o universo: criador de todas as coisas visíveis e invisíveis.[439] Com a Sua providência, Deus protege e governa tudo o que criou (cf. *Col* 1,16),[440] e nada fez que não fosse bom.[441] Também "o diabo (...) e os outros demônios foram por Deus criados bons na sua natureza, mas por si próprios tornaram-se maus".[442] Por isso também eles seriam bons, se permanecessem como tinham sido criados. Contudo, porque usaram mal da sua natural excelência e não permaneceram na verdade (cf. *Jo* 8,44), não se transformaram numa substância contrária, mas afastaram-se do sumo Bem, ao qual deviam aderir.[443]

---

[436] Cf. *ibidem*, n. 394.

[437] Cf. Conc. Vat. II., Const. past. sobre a Igreja no mundo contemporâneo, Gaudium et spes, n. 37.

[438] Cf. *ibidem*, n. 22.

[439] Cf. Conc. Lateran. IV, cap.I, De fide catholica, Denz.-Schönm. 800; cf. Paulo VI, Professio fidei: A.A.S. 60 (1968) 436.

[440] Cf. Conc. Vat. I, Const, dogm. Dei Filius, sobre a fé católica, cap.I, De rerum omnium creatore, Denz.-Schönm. 3003.

[441] Cf. S. Leão Magno, Epistula Quam laudabiliter ad Turribium, c. 6, De natura diaboli, Denz.-Schönm. 286.

[442] Conc. Lateran. IV,cap.I, De fide Catholica, Denz.-Schönm. 800.

[443] Cf. S. Leão Magno, Epistula Quam laudabiliter ad Turribium, c. 6, De natura diaboli, Denz.-Schönm. 286.

2. O homem foi criado à imagem de Deus "na justiça e santidade verdadeiras" (*Ef* 4,24), e a sua dignidade requer que atue segundo a sua escolha consciente e livre.[444] Mas abusou gravemente do dom da sua liberdade, por persuasão do Maligno; pelo pecado da desobediência (cf. *Gn* 3; *Rm* 5, 12) ficou sujeito ao poder do diabo e da morte, tornando-se servo do pecado.[445] Por isso "se trava ao longo de toda a história humana uma dura batalha contra o poder das trevas, que começou no princípio do mundo e durará, como diz o Senhor, até ao último dia" (cf. *Mt* 24,13; 13,24-30 e 36-43).[446]

3. Deus Pai omnipotente e misericordioso enviou o seu amado Filho ao mundo, para libertar o homem do poder das trevas e o transferir para o seu reino (cf. *Gal* 4,5; *Col* 1,13). Por isso, Cristo, "o primogênito de toda a criatura" (*Col* 1,15), para renovar o homem velho, revestiu-Se da carne pecadora, "para destruir pela morte aquele que detinha o poder da morte, isto é, o diabo" (*Hb* 2,14) e pela sua morte e ressurreição transformar a natureza humana numa nova criatura, com o dom do Espírito Santo.[447]

4. Nos dias da sua vida mortal, o Senhor Jesus, vencedor da tentação no deserto (cf. *Mt* 4,1-11; *Mc* 1,12-13; *Lc* 4,1-13), expulsou pela sua própria autoridade Satanás e outros demônios, impondo-lhes a sua divina vontade (cf. *Mt* 12,27-29; *Lc* 11,19-20). Fazendo o bem e sarando todos os que eram oprimidos pelo diabo (cf. *At* 10,38), manifestou a obra da Sua salvação, para libertar os homens do pecado e dos seus sequazes, bem como do seu primeiro autor, homicida desde o princípio e pai da mentira (cf. *Jo* 8,44).[448]

5. Ao chegar a hora das trevas, o Senhor, *"obediente até à morte"* (*Fl* 2,8), repeliu o último ataque de Satanás (cf. *Lc* 4,13; 22,53) pelo poder da Cruz,[449] vencendo a soberba do inimigo antigo. Esta vitória manifestou-se pela gloriosa ressurreição de Cristo, porque Deus O ressuscitou dos mortos e O colocou à Sua direita nos Céus, submetendo tudo a Seus pés (cf. *Ef* 1,21-22).

6. No exercício do Seu ministério, Cristo deu aos apóstolos e aos Seus discípulos o poder de expulsar os espíritos impuros (cf. *Mt* 10,1.8; *Mc* 3,14-15;6,7.13; *Lc* 9,1;10,17.18-20). Prometeu-lhes o Espírito Santo Paráclito, procedente do

---

[444] Cf. Conc. Vat. II., Const. past. sobre a Igreja no mundo contemporâneo, Gaudium et spes, n. 17.

[445] Cf. Conc. Trid., Sessio V, Decretum de peccato originali, nn. 1-2, Denz.-Schönm. 1511-1512.

[446] Conc. Vat. II., Const. past. sobre a Igreja no mundo contemporâneo, Gaudium et spes, n. 37; cf. ibidem, n. 13; 1 *Jo* 5, 19; Catecismo da Igreja Católica, nn. 401, 407, 409, 1717.

[447] Cf. *2Cor* 5, 17.

[448] Cf. Catecismo da Igreja Católica, nn. 517, 549-550.

[449] Missal Romano, Prefácio I da Paixão.

Pai pelo Filho, o qual havia de arguir o mundo do juízo, porque o príncipe deste mundo já foi julgado (cf. *Jo* 16,7-11). E, entre os sinais que haviam de seguir os que acreditassem, enumera-se no Evangelho a expulsão dos demônios (cf. *Mc* 16, 17).

7. Por isso a Igreja, já desde o tempo apostólico, exerceu o poder recebido de Cristo, de expulsar demônios e repelir a sua influência (cf. *At* 5,16;8,7;16,18;19,12). E assim ela ora continuamente com toda a confiança "em nome de Jesus" para que seja livre do Mal (cf. *Mt* 6,13).[450] Também no mesmo nome, pela força do Espírito Santo, de vários modos ordenou aos demônios que não impedissem a obra da evangelização (cf. *1Tes* 2,18) e restituíssem ao "mais Forte" (cf. *Lc* 11,21-22) o domínio de todas as coisas e de cada homem. "Quando a Igreja pede publicamente e com autoridade, em nome de Jesus Cristo, que uma pessoa ou um objeto sejam protegidos contra a ação do Maligno e subtraídos ao seu domínio, isso chama-se exorcismo".[451]

II. Os exorcismos na função santificadora da Igreja

8. Desde a mais antiga tradição da Igreja, observada sem interrupção, o itinerário da iniciação cristã ordena-se de tal modo que a luta espiritual contra o poder do diabo (cf. *Ef* 6,12) seja claramente significada e comece de fato a realizar-se. Os exorcismos na forma simples que se fazem sobre os eleitos, no tempo do catecumenato, ou seja, os exorcismos menores,[452] são preces da Igreja, para que, instruídos sobre o mistério de Cristo, libertador do pecado, os candidatos ao Batismo sejam libertos das consequências do pecado e da influência do diabo, se fortaleçam no seu itinerário espiritual e abram o coração para receber os dons do Salvador.[453] Finalmente, na celebração do Batismo, os batizandos renunciam a Satanás e às suas forças e poderes e opõem-lhe a sua fé em Deus uno e trino. Também no Batismo das crianças se faz a prece do exorcismo sobre essas crianças, que "hão-de experimentar as seduções do mundo e lutar contra as ciladas do diabo", para que sejam protegidas pela graça de Cristo "no caminho da sua vida".[454] Pelo banho da regeneração, o homem participa na vitória de Cristo sobre o diabo e o pecado, quando passa "do estado em que (...) nasce como filho do primeiro Adão ao estado de

---

[450] Cf. Catecismo da Igreja Católica, nn. 2850-2854.

[451] Catecismo da Igreja Católica, n. 1673.

[452] Cf. Rituale Romanum, Ordo Initiationis christianae adultorum, n. 101; cf. Catecismo da Igreja Católica, n. 1673.

[453] Cf. ibidem, n. 156.

[454] Cf. Rituale Romanum, Ordo Baptismi parvulorum, nn. 49, 86, 115, 221.

graça e 'de adoção de filhos' de Deus por intermédio do segundo Adão, Jesus Cristo",[455] e é liberto da escravidão do pecado, porque Cristo nos libertou para sermos verdadeiramente livres (*Gl* 5,1).

9. Os fiéis, embora renascidos em Cristo, experimentam, contudo, as tentações do mundo e, por isso, devem estar vigilantes na oração e sobriedade da vida, porque o seu adversário *"o diabo anda à sua volta como leão que ruge procurando a quem devorar"* (*1Pd* 5,8). Devem resistir-lhe, perseverando fortes na fé, fortalecidos "no Senhor e na força do seu poder" (*Ef* 6,10) e confortados pela Igreja, que reza para que os seus filhos vivam em segurança, livres de toda a perturbação.[456] Pela graça dos sacramentos, e especialmente pela repetida celebração da penitência, renovam as forças, para chegarem à plena liberdade dos filhos de Deus (cf. *Rm* 8,21).[457]

10. O mistério da piedade divina, porém, torna-se para nós mais difícil de entender,[458] quando, com a permissão de Deus, acontecem, por vezes, casos duma peculiar opressão ou possessão da parte do diabo, que atinge algum homem agregado ao povo de Deus e iluminado por Cristo para caminhar, como filho da luz, para a vida eterna. Então se manifesta claramente (cf. *Ef* 6,12) o mistério da iniquidade que atua no mundo (cf. *2Tes* 2,7), embora o diabo não possa ultrapassar os limites impostos por Deus. Esta forma de domínio do diabo sobre o homem difere daquela que atingiu o homem pelo pecado original, que é realmente pecado.[459] Dadas estas circunstâncias reais, a Igreja implora a Cristo Senhor e Salvador e, confiada no seu poder, proporciona ao fiel atormentado ou possesso vários auxílios, para que seja liberto da opressão ou possessão diabólica.

11. Entre estes auxílios salienta-se o exorcismo solene, também designado grande exorcismo[460] ou exorcismo maior, que é uma celebração litúrgica. Por este motivo, o exorcismo, que "tem por fim expulsar os demônios ou libertar da influência diabólica, e isto em virtude da autoridade espiritual que Jesus confiou à sua Igreja", é uma súplica[461] do gênero dos sacramentais, portanto

---

[455] Cf. Conc. Trid., Sessio VI, Decretum de iustificatione, cap.IV, Denz.-Schönm. 1524.

[456] Missal Romano, Embolismo depois da Oração dominical.

[457] Cf. *Gal* 5, 1; Rituale Romanum, Ordo Paenitentiae, n. 7.

[458] Cf. João Paulo II, Exortação Apostólica Reconciliatio et paenitentiae, nn. 14-22: A.A.S. 77 (1985) 206-207; e Encíclica Dominum et vivificantem, n. 18: A.A.S. 78 (1986) 826.

[459] Cf. Conc. Trid., Sessio V, Decretum de peccato originali, cann. 4 e 5: Denz.-Schönm. 1514-1515.

[460] Cf. Catecismo da Igreja Católica, n. 1673.

[461] Cf. *ibidem*.

um sinal sagrado pelo qual "se significam realidades, sobretudo de ordem espiritual, que se obtêm pela oração da Igreja".[462]

12. Nos exorcismos maiores, a Igreja, unida ao Espírito Santo, suplica que Ele venha em auxílio da nossa enfermidade (cf. *Rm* 8,26), para afastar os demônios, de modo que não causem danos aos fiéis. Confiada naquele sopro pelo qual o Filho de Deus lhe concedeu o Espírito Santo depois da ressurreição, a Igreja atua no exorcismo, não em seu próprio nome, mas unicamente em nome de Deus ou Cristo Senhor, a quem todas as coisas, inclusive o diabo e os demônios, devem obedecer.

III. O ministro e as condições para realizar o exorcismo maior

13. O ministério de exorcizar os possessos é atribuído por licença peculiar e expressa do Ordinário do lugar, que normalmente é o Bispo diocesano.[463] Esta licença deve ser concedida somente a um sacerdote dotado de piedade, ciência, prudência e integridade de vida[464] e especificamente preparado para esta função. O sacerdote a quem tal função é atribuída de modo estável ou ocasionalmente exerça esta obra de caridade com toda a confiança e humildade sob a orientação do Bispo diocesano. Neste livro, quando se diz "exorcista" deve entender-se sempre o "sacerdote exorcista".

14. O exorcista, no caso de se falar de alguma intervenção diabólica, antes de mais proceda necessariamente com a maior circunspecção e prudência. Em primeiro lugar, não creia facilmente que seja possesso do demônio alguém que sofra de alguma doença, especialmente psíquica.[465] Também não aceite imediatamente que haja possessão quando alguém afirma ser de modo peculiar tentado, estar desolado e finalmente ser atormentado; porque qualquer pessoa pode ser iludida pela própria imaginação. Esteja ainda atento, para se não deixar iludir pelas artes e fraudes que o diabo utiliza para enganar o homem, de modo a persuadir o possesso a não se submeter ao exorcismo, sugerindo-lhe que a sua enfermidade é apenas natural ou do foro médico. Examine exatamente, com todos os meios ao seu alcance, se é realmente atormentado pelo demônio quem tal afirma.

15. Distinga retamente entre os casos de ataque do diabo e aquela credulidade com que algumas pessoas, mesmo fiéis, pensam ser objeto de malefício,

---

[462] Conc. Vat. II., Const. sobre a sagrada Liturgia, Sacrosanctum Concilium, n. 60.
[463] Cf. C. I. C., can. 1172, § 1.
[464] Cf. *ibidem*, § 2.
[465] Cf. Catecismo da Igreja Católica, n. 1673.

má sorte ou maldição, que terão sido lançados sobre elas ou seus parentes ou seus bens. Não lhes recuse o auxílio espiritual, mas de modo algum recorra ao exorcismo; pode, contudo, proferir algumas orações apropriadas, com elas e por elas, para que encontrem a paz de Deus. Também não deve ser recusado o auxílio espiritual aos crentes que o Maligno não atinge (cf. *1Jo* 5,18), mas são por ele fortemente tentados, quando querem guardar a sua fidelidade ao Senhor Jesus e ao Evangelho. Isto pode ser feito por um presbítero que não seja exorcista, e mesmo por um diácono, utilizando preces e súplicas apropriadas.

16. O exorcista não proceda à celebração do exorcismo antes de confirmar, com certeza moral, que o exorcizando está realmente possesso do demônio[466] e, quanto possível, com o seu assentimento. Segundo a prática comprovada, consideram-se como sinais de possessão do demônio: dizer muitas palavras de língua desconhecida ou entender quem assim fala; revelar coisas distantes e ocultas; manifestar forças acima da sua idade ou condição natural. Estes sinais podem fornecer algum indício. Como, porém, os sinais deste gênero não são necessariamente atribuíveis à intervenção do diabo, convém atender também a outros, sobretudo de ordem moral e espiritual, que manifestam de outro modo a intervenção diabólica, como p. ex. a aversão veemente a Deus, ao Santíssimo Nome de Jesus, à Bem-aventurada Virgem Maria e aos Santos, à Igreja, à palavra de Deus, a objetos e ritos, especialmente sacramentais, e às imagens sagradas. Finalmente, por vezes é preciso ponderar bem a relação de todos os sinais com a fé e o combate espiritual na vida cristã, porque o Maligno é principalmente inimigo de Deus e de tudo o que relaciona os fiéis com a ação salvífica.

17. Sobre a necessidade de utilizar o rito do exorcismo, o exorcista julgará com prudência depois de diligente investigação, guardando sempre o segredo de confissão, e consultando, na medida do possível, peritos em ciência médica e psiquiátrica, que tenham a sensibilidade das realidades espirituais.

18. Nos casos que afetam um não católico e outros mais difíceis, entregue-se a solução ao Bispo diocesano, que, como medida de prudência, pode pedir a opinião a alguns peritos antes de tomar a decisão acerca do exorcismo.

19. O exorcismo deve realizar-se de modo que se manifeste a fé da Igreja e não possa ser considerado por ninguém como ação mágica ou supersticiosa. Tenha-se o cuidado de não fazer dele um espetáculo para os presentes. Todos os meios de comunicação social estão excluídos durante a celebração do exorcismo e também antes dessa celebração; e concluído o exorcismo, nem o

---

[466] Cf. Bento XIV, Ep.Sollicitudini, 1 Out. 1745, n. 43; cf. C. I. C., a. 1917, can. 1152 § 2.

exorcista, nem os presentes divulguem qualquer notícia a seu respeito, mas observem a devida discrição.

IV. O rito a seguir

20. No rito do exorcismo, além das fórmulas do próprio exorcismo, dê-se especial atenção aos gestos e ritos que têm a maior importância pelo fato de serem utilizados no tempo de purificação do itinerário catecumenal. Tais são o sinal da cruz, a imposição das mãos, o soprar e a aspersão de água benta.

21. O rito começa com a aspersão de água benta, pela qual, como memória da purificação recebida no Batismo, se protege o atormentado contra as ciladas do inimigo. A água pode benzer-se antes do rito ou no próprio rito antes da aspersão e, se parecer oportuno, com a mistura de sal.

22. Segue-se a prece litânica, na qual se invoca para o atormentado a misericórdia de Deus pela intercessão de todos os Santos.

23. Depois da ladainha, o exorcista pode recitar um ou vários salmos, que imploram a proteção do Altíssimo e exaltam a vitória de Cristo sobre o Maligno. Os salmos dizem-se de modo direto ou responsorial. Terminado o salmo, o próprio exorcista pode acrescentar a oração sálmica.

24. Em seguida proclama-se o Evangelho, como sinal da presença de Cristo, que cura as enfermidades do homem pela proclamação da sua própria palavra na Igreja.

25. Depois o exorcista impõe as mãos sobre o atormentado, a invocar o poder do Espírito Santo para que o diabo saia daquele que pelo Batismo se tornou templo de Deus. Ao mesmo tempo pode soprar para a face do atormentado.

26. Recita-se, então, o Símbolo ou renovam-se as promessas do Batismo com a renúncia a Satanás. Segue-se a oração dominical, na qual se implora a Deus, nosso Pai, que nos livre do Mal.

27. Depois disso, o exorcista mostra ao atormentado a cruz do Senhor, que é a fonte de toda a bênção e graça, e faz o sinal da cruz sobre ele, a manifestar o poder de Cristo sobre o diabo.

28. Finalmente diz a fórmula deprecativa, na qual se roga a Deus, bem como a fórmula imperativa, na qual se ordena diretamente ao diabo, em nome de Cristo, para que se afaste do atormentado. Não se utilize a fórmula imperativa senão depois de se dizer a fórmula deprecativa. Por seu lado, a fórmula deprecativa pode ser utilizada sem fazer a imperativa.

29. Tudo o que foi descrito pode repetir-se, quantas vezes for necessário, quer na mesma celebração, atendendo ao que adiante se diz no n. 34, quer noutro tempo, até que o atormentado seja totalmente liberto.

30. O rito conclui-se com um cântico de ação de graças, a oração e a bênção.

V. Adições e adaptações

31. O exorcista, lembrando-se de que certo gênero de demônios só podem ser expulsos pela oração e o jejum, busque recorrer, principalmente, a estes dois remédios para implorar o auxílio divino, a exemplo dos Santos Padres, quer por si, quer por outros, na medida do possível.

32. O cristão atormentado, de modo especial antes do exorcismo, se possível, deve orar a Deus, praticar a mortificação, renovar frequentemente a fé do Batismo recebido e acorrer muitas vezes ao sacramento da reconciliação, bem como fortalecer-se com a sagrada Eucaristia. Podem também ajudá-lo na oração os parentes, os amigos, o confessor ou diretor espiritual, para que lhe seja mais fácil a oração pela presença e caridade de outros fiéis.

33. O exorcismo, se for possível, celebre-se num oratório ou noutro lugar apropriado, separado da multidão, onde esteja patente a imagem de Jesus crucificado. Também deve haver nesse lugar uma imagem da Bem-aventurada Virgem Maria.

34. Tendo em conta a condição e as circunstâncias do fiel atormentado, o exorcista use livremente as faculdades propostas no rito. Mas observe a estrutura da celebração, organize-a e escolha as fórmulas e orações que forem necessárias, adaptando tudo às circunstâncias de cada pessoa.

a) Atenda em primeiro lugar ao estado físico e também psicológico do atormentado e às variações possíveis no seu estado durante o dia ou a hora.

b) Quando não há nenhum grupo de fiéis presente, nem sequer um grupo pequeno, – que é uma situação também recomendada pela prudência e a sabedoria fundada na fé – recorde o exorcista que em si mesmo e no fiel atormentado já está a Igreja, e lembre isso ao próprio fiel atormentado.

c) Procure sempre que o fiel atormentado, durante o exorcismo, se possível, se mantenha em total recolhimento, se volte para Deus e lhe peça a sua libertação com firmeza de fé e grande humildade. E, se for atormentado com mais veemência, suporte-o pacientemente, sem perder de modo algum a confiança no auxílio de Deus, pelo ministério da Igreja.

35. Se algumas pessoas escolhidas forem admitidas à celebração do exorcismo, sejam exortadas a orar instantemente pelo irmão atormentado, quer privadamente quer do modo indicado no rito, abstendo-se, porém, de utilizar qualquer forma de exorcismo, quer deprecativa quer imprecativa, que só o exorcista pode proferir.

36. Convém que o fiel liberto da opressão diabólica dê graças a Deus pela paz recuperada, quer individualmente quer juntamente com os seus familiares. Além disso, seja aconselhado a perseverar na oração, sobretudo inspirada

na Sagrada Escritura, a frequentar os sacramentos da Penitência e da Eucaristia, e a fortalecer a sua vida cristã com obras de caridade e amor fraterno para com todos.

VI. Adaptações que competem ás Conferências Episcopais

37. Compete às Conferências Episcopais:

a) Preparar as versões dos textos, com rigorosa integridade e fidelidade.

b) Adaptar os sinais e gestos do próprio rito, se se considerar necessário ou útil, tendo em conta a cultura e índole do povo, com consentimento da Santa Sé.

38. Além da tradução dos Preliminares, que deve ser feita integralmente, pode acrescentar-se, se parecer oportuno às Conferências Episcopais, um Diretório pastoral sobre o uso do exorcismo maior, para que os exorcistas não só entendam mais profundamente a doutrina dos Preliminares e apreendam mais plenamente o significado dos ritos, mas também se reúnam ensinamentos de autores comprovados sobre o modo de agir, de falar, de julgar. Tais Diretórios, que podem ser compostos com a colaboração de sacerdotes dotados de ciência e experiência comprovada por longo exercício no ministério do exorcismo em cada região e cultura, devem ser aprovados pela Sé Apostólica, segundo a norma do direito.

INSTRUÇÃO SOBRE O EXORCISMO

Sagrada Congregação para a Doutrina da Fé

24 de Setembro de 1985

Excelentíssimo Senhor,

Há alguns anos, certos grupos eclesiais multiplicam reuniões para orar no intuito de obter a libertação do influxo dos demônios, embora não se trate de exorcismo propriamente dito. Tais reuniões são efetuadas sob a direção de leigos, mesmo quando está presente um sacerdote.

Visto que a Congregação para a Doutrina da Fé foi interrogada a respeito do que pensar diante de tais fatos, este Dicastério julga necessário transmitir a todos os Ordinários a seguinte resposta:

1. O *cânon* 1172 do Código de Direito Canônico declara que a ninguém é lícito proferir exorcismo sobre pessoas possessas, a não ser que o Ordinário do lugar tenha concedido peculiar e explícita licença para tanto (1º). Determina também que esta licença só pode ser concedida pelo Ordinário do lugar a um presbítero dotado de piedade, sabedoria, prudência e integridade de vida (2º). Por conseguinte, os Srs. Bispos são convidados a urgir a observância de tais preceitos.

2. Destas prescrições, segue-se que não é lícito aos fiéis cristãos utilizar a fórmula de exorcismo contra Satanás e os anjos apóstatas, contida no Rito que foi publicado por ordem do Sumo Pontífice Leão XIII; muito menos lhes é lícito aplicar o texto inteiro deste exorcismo. Os Srs. Bispos tratem de admoestar os fiéis a propósito, desde que haja necessidade.

3. Por fim, pelas mesmas razões, os Srs. Bispos são solicitados a que vigiem para que – mesmo nos casos que pareçam revelar algum influxo do diabo, com exclusão da autêntica possessão diabólica - pessoas não devidamente autorizadas não orientem reuniões nas quais se façam orações para obter a expulsão do demônio, orações que diretamente interpelem os demônios ou manifestem o anseio de conhecer a identidade dos mesmos.

A formulação destas normas de modo nenhum deve dissuadir os fiéis de rezar para que, como Jesus nos ensinou, sejam livres do mal (cf. *Mt* 6,13). Além disso, os Pastores poderão valer-se desta oportunidade para lembrar o que a Tradição da Igreja ensina a respeito da função própria dos Sacramentos e a propósito da intercessão da Bem-Aventurada Virgem Maria, dos Anjos e dos Santos na luta espiritual dos cristãos contra os espíritos malignos.

Aproveito o ensejo para exprimir a Vossa Excelência meus sentimentos de estima, enquanto lhe fico sendo dedicado no Senhor.

† Joseph Card. Ratzinger
Prefeito

APRESENTAÇÃO DO RITUAL ITALIANO*

Conferência Episcopal Italiana
Roma, 17 de maio de 2001

1. **A Conferência Episcopal Italiana, publicando o "Rito dos exorcismos", tradução integral do** *De exorcismis et supplicationibus quibusdam,* promulgado com decreto da Congregação para o Culto Divino e a Disciplina dos Sacramentos, em 22 de novembro de 1998, está consciente de oferecer aos pastores de almas e, em particular, aos exorcistas um livro litúrgico que, na atual situação do nosso país, responde a uma exigência advertida.

O CONTEXTO CULTURAL E RELIGIOSO ITALIANO

2. O novo "Rito dos exorcismos" vem à luz numa situação cultural marcada por uma larga difusão de práticas cultuais desviadas ou abertamente supersticiosas.

    A falta em muitas pessoas de uma incisiva experiência de fé e de sólidas convicções religiosas, a perda de alguns importantes valores cristãos e o obscurecer-se do sentido profundo da vida concorrem para criar um clima de incerteza e precariedade, o qual, por sua vez, favorece o recurso a formas de adivinhação, a práticas religiosas jaspeadas de superstições, a expressões rituais de magia e por vezes mesmo a ritos extremamente aberrantes, como os do culto a satanás.

3. Da experiência pastoral resulta que, em alguns ambientes, a superstição e a magia convivem com o progresso científico e tecnológico: a coisa já não surpreende de tanto que se considera que a ciência e a técnica não têm condições de dar resposta aos problemas últimos da existência, não tendo competência sobre os fins, mas somente sobre os meios. Nem mesmo se exclui que a eficiência científica e técnica, estimulando a cobiça de sucesso, possa em certos casos predispor o espírito a buscar a eficiência mágica, conferir às práticas supersticiosas uma pátina de

---

* Trad. do italiano: Irmã Clea Fuck.

cientificidade e respeitabilidade, sugerindo ligações com a medicina, a psicologia, a psiquiatria, a informática e, enfim, oferecer mesmo à magia o suporte para um desenvolvimento empreenditorial, com um movimento de conspícuos capitais.

4. No atual clima cultural encontra-se um difuso e malsão interesse pela esfera do demoníaco, ao qual os meios de comunicação social contribuem a dar ressonância e suporte. Por outro lado, em muitos setores da cultura contemporânea é muitas vezes subestimada ou negada a presença e ação de satanás na história e na vida pessoal. Muitas vezes se usa como pretexto a linguagem, imaginativa e mítica, de que tanto se servem a Escritura, a Tradição e a pregação popular para refutar, sem o necessário discernimento, junto com o invólucro verbal também o conteúdo real da Revelação e da doutrina da Igreja.

A VIGILÂNCIA CRISTÃ

5. O discípulo de Cristo crê, à luz do Evangelho e do ensinamento da Igreja, que o Maligno e os demônios existem e agem na história pessoal e comunitária dos homens. De fato, o Evangelho descreve a obra de Jesus como uma luta contra Satanás (cf. *Mc* 1,23-28.32-34.39; 3,22-30 e passim). Também a vida dos seus discípulos comporta uma batalha que "não é contra criaturas de carne e sangue, mas contra os Principados e as Potestades, contra os dominadores deste mundo de trevas, contra os espíritos do mal" (*Ef* 6,12).

6. Jesus Cristo venceu Satanás e rompeu definitivamente o domínio do espírito maligno (cf. *Col* 2,15; *Ef* 1,21; *Ap* 12,7-12), ele é "o mais forte" que venceu "o forte (cf. *Lc* 11,22). Nele, o vencedor, também nós vencemos. Para quem está enraizado em Cristo, o medo do demônio, esse estado de espírito que paralisa a vida e a torna sombria, não tem razão de existir. A luta contra o mal empenha incessantemente a pessoa que crê, mas já não pode constituir motivo de desespero, por causa da certeza de que o mal já foi vencido e de que o seu poder é limitado. Faz-se mister uma atitude de contínua vigilância, conforme à admoestação do apóstolo Pedro: "Sede sóbrios e vigiai. O vosso inimigo, o diabo, vai ao redor como leão que ruge, procurando a quem devorar. Resisti-lhe firmes na fé" (1 *Pd* 5,8-9).

7. A vigilância deve ser exercida sobretudo em confronto com a ação ordinária de satanás, com a qual ele continua a tentar as pessoas ao mal. A tentação é justamente o perigo mais grave e daninho, uma vez que se opõe diretamente ao desígnio salvífico de Deus e à edificação do Reino. Satanás consegue apoderar-se de fato das pessoas naquilo que elas têm de mais íntimo e precioso, quando elas, num ato livre e pessoal, se submetem ao seu poder pelo pecado. Por isso, o crente vigia para não ser enganado e reza cada dia com as palavras sugeridas por Jesus: "Pai, não nos deixeis cair em tentação, mas livrai-nos do mal" (*Mt* 6,13).

8. São possíveis os casos diabólicos da **possessão**, da **obsessão**, da **opressão** e da **infestação**, mas, de acordo com os especialistas, são raros. Provocam certamente grande sofrimento, mas, por si, não afastam de Deus e não têm a gravidade do pecado.

Seria, portanto, uma estultice dar tanta atenção à eventual presença do Maligno em alguns fenômenos incomuns e não se preocupar de fato com as realidades cotidianas da tentação e do pecado, em que Satanás, "homicida desde o início" e "pai da mentira" (*Jo* 8,44), está certamente à obra.

ATENÇÕES PASTORAIS

9. A atual difusão das manifestações supersticiosas, da magia e do satanismo requer uma certa solicitude pastoral, a serviço da qual pode contribuir a publicação e uso adequado do próprio Rito. A esse respeito é necessário da parte dos pastores de alma:

- exortar, com sabedoria e prudência, os fiéis a não procurarem o sensacional e evitarem tanto a estulta credulidade que enxerga intervenções diabólicas em qualquer anomalia e dificuldade, quanto o racionalismo preconcebido que exclui a priori qualquer forma de intervenção do Maligno no mundo;

- acautelar os fiéis em relação a livros, programas televisivos, informações dos meios de comunicação que, em vista de lucro, se aproveitam do interesse muito difundido pelos fenômenos insólitos ou malsãos;

- exortar os fiéis a nunca recorrerem a quem pratica a magia ou se confessa detentor de poderes ocultos ou mediúnicos ou presumem ter recebido poderes particulares. Na dúvida quanto à presença de um influxo diabólico, é preciso recorrer antes de tudo ao discernimento do padre exorcista e à força da graça oferecida pela Igreja, sobretudo nos sacramentos;

- apresentar a significação autêntica da linguagem usada pela Sagrada Escritura e pela Tradição e fazer amadurecer nos cristãos uma atitude correta em relação à presença e ação de satanás no mundo;

- lembrar na catequese e na pregação que a superstição, a magia e, com maior razão, o satanismo são contrários à dignidade e racionalidade do ser humano e à fé em Deus Pai onipotente e em Jesus Cristo, nosso Salvador.

10. A genuína vida cristã é abandono confiante ao amor paternal e providente de Deus (cf. *Lc* 12,22-31), obediência à sua vontade. Ela se fundamenta no batismo, se alimenta com a leitura assídua da Palavra de Deus e a frequente participação na Eucaristia; se restaura com o sacramento da Reconciliação; recebe ulterior sustento e especificação dos outros sacramentos, não esquecendo também os sacramentais, ritos de bênção instituídos pela Igreja para louvar a Deus e invocar a sua proteção nas diversas situações da vida. O discípulo de Cristo, para superar a dificuldade e realizar desejos e projetos honestos, une à confiança em Deus seu próprio empenho previdente e responsável, recorrendo oportunamente aos meios disponíveis do progresso científico e tecnológico. Ele sabe que a fé cristã é incompatível com a superstição, a magia e o satanismo, mas que essa fé é a melhor aliada do empenho responsável da pessoa.

O RITO DO EXORCISMO

11. Na luta contra satanás, a Igreja acompanha os fiéis com a oração e a invocação eficaz de Cristo. É essa a tradição pastoral ordinária da Igreja que prevê Rito de exorcismo na celebração do batismo. Nos casos previstos, ela o faz de modo específico com o sacramental do exorcismo, mediante o qual pede ao Senhor a vitória sobre satanás.

12. Ministro do Rito do exorcismo é exclusivamente um sacerdote que, por sua piedade, ciência, prudência e integridade de vida seja considerado pelo Ordinário idôneo para tal ministério e por ele expressamente autorizado a exercê-lo.

13. O sacerdote exorcista procederá à celebração do exorcismo na forma imperativa somente depois de ter alcançado a certeza moral a respeito da real possessão diabólica do sujeito. No discernimento servir-se-á antes de tudo de critérios tradicionalmente seguidos para individuar os casos de possessão diabólica (cf. *Premesse generali,* n. 16) e poderá valer-se do confronto com sacerdotes exorcistas de consolidada experiência e, em alguns casos, do conselho de pessoas especializadas em medicina e em psiquiatria.

Diante de distúrbios psíquicos ou físicos de difícil interpretação, o sacerdote não procederá ao Rito do exorcismo maior, mas acolherá igualmente a pessoa que sofre com caridade, recomendá-la-á ao Senhor e a convidará a servir-se das orações previstas do "Rito dos exorcismos" para uso particular (cf. Apêndice II, *Preghiere ad uso privato dei fedeli*).

14. O exorcismo deve desenvolver-se num clima de fé e de oração humilde e confiante, de modo a evitar toda impressão de eficácia automática: a libertação do influxo diabólico acontece se e quando Deus quiser. Se, como indicado no n. 35 das Premissas, estiverem presentes também alguns fiéis, esses sejam convidados a rezar intensamente segundo o que consta no Rito.

Muito oportunamente, numa visão de fé, o "Rito dos exorcismos" dispõe que a fórmula deprecativa ou invocativa (nn. 61. 81. 83) seja considerada prioritária em relação à imperativa (nn. 62. 82.84). A prescrição reza: "O exorcista recita a fórmula invocativa do exorcismo maior. Se julgar oportuno, acrescente também a fórmula imperativa" (n. 60).

15. É conveniente que os exorcistas da mesma diocese se encontrem alguma vez entre si e com o bispo, para partilhar suas experiências e refletirem juntos. Parece oportuno que tais encontros aconteçam por vezes também em nível interdiocesano e nacional.

16. O "Rito dos exorcismos" propõe no Apêndice uma série de celebrações e orações, diferentes das do exorcismo mesmo, as quais podem ser usadas pelos fiéis, seja pessoalmente, seja comunitariamente sob a direção de um sacerdote. É preciso que as pessoas assim sofridas sejam acompanhadas da ajuda orante da comunidade cristã, mas em tais encontros de oração deve ser cuidadosamente evitado todo abuso e ambiguidade. É por isso importante fazer referência às orientações da Congregação para a Doutrina da Fé (*Instrução a respeito da oração para obter de Deus a cura*).

17. Apesar da reserva com que normalmente é celebrado, o Rito do exorcismo não é um fato privado, mas um evento que diz respeito a toda a comunidade. O exorcista é um membro da comunidade, age em nome de Cristo e, em nome da Igreja, exerce um ministério específico. Também o fiel que pede o exorcismo é um membro da comunidade, um membro que a comunidade deve amar com amor de preferência: quando está sob o poder do Maligno, ele é mais pobre que os pobres, necessitado de ajuda, de compreensão e de consolo. O ministério do exorcista, por isso, além de ser de libertação, é também de consolação.

18. O auspício é que este novo livro litúrgico, instrumento precioso para a oração e estímulo apara uma iluminada ação pastoral, possa alimentar uma vizinhança repleta de caridade junto a muitas pessoas oprimida pelo sofrimento, de modo de se dê testemunho da presença de Cristo Salvador, que venceu todo poder inimigo da vida.

Capítulo 4

Aspectos pastorais e espirituais

"A luta contra o demônio, que é a tarefa principal de São Miguel Arcanjo, é travada ainda hoje, porque o demônio está vivo e atuante no mundo." (São João Paulo II)

"A paz de Jesus é fruto de uma luta constante contra o mal. A batalha que Jesus decidiu travar não é contra pessoas ou forças humanas, mas contra o inimigo de Deus e do ser humano, Satanás." (Papa Emérito Bento XVI)

Os exorcistas manifestam "o amor e o acolhimento da Igreja a quantos sofrem por causa da obra do Maligno." (Papa Francisco, aos participantes do XII Congresso Internacional da Associação Internacional de Exorcistas, outubro de 2014)

Pe. Pedro Paulo Alexandre

NOTA PASTORAL A RESPEITO DE SUPERSTIÇÃO, MAGIA, SATANISMO[467]

Conferência Episcopal de Campana
Napoli, 02 de abril de 1995

"*Chamar a atenção das nossas comunidades sobre um fenômeno complexo e muito difundido; fornecer critérios de avaliação da superstição, da magia e da demonologia (I); repropor o juízo moral da Igreja (II) e indicar pistas de ação pastoral comum (III)*"(n. 7). É o objetivo dessa Conferência expresso na *Nota Pastoral a respeito de Superstição, Magia, Satanismo* difundida em abril passado.

Numa região em que amuletos e feitiços são fortemente enraizados na cultura popular, reaparecem, em ordem crescente de gravidade, as formas mais difusas de desvios: superstição, magia (branca, vermelha, negra), adivinhos, satanismo e demonologia, todas "em antítese radical com a fé cristã" (n. 37). Segundo os bispos, no "impressionante recrudescimento das práticas mágicas" assumem particular relevo os meios televisivos que fomentam a credulidade e sugestionamentabilidade do público. A Igreja deve insistir na evangelização, vigilância, acolhida e catequese; quanto ao exorcismo, extrema prudência.

"EU SOU O SENHOR VOSSO DEUS" (1995)

Introdução

1. O compromisso de guiar o povo de Deus e de anunciar o Evangelho faz-nos experimentar continuamente a fecundidade da Palavra de Deus, a qual, através da pregação, suscita a fé nos corações humanos e gera as testemunhas do nome de Jesus, o Salvador do mundo.

Como bispos das Igrejas particulares da Região Campana, sentimos a responsabilidade de vigiar sobre o rebanho do Senhor e de alertá-lo contra ideologias e práticas religiosas que tendem a adulterar, ou mesmo desenraizar, a fé cristã, oferecendo substitutivos que afastam de Cristo e da sua Igreja.

---

[467] "*Io sono il Signore, vostro Dio*". *Nota Pastorale A proposito di superstizione, magia e satanismo*. Trad. do italiano: Irmã Clea Fuck.

2. De modo particular, a nossa atenção e preocupação se volta ao impressionante recrudescimento das práticas mágicas. Pesquisas recentes informam que o fenômeno está assumindo dimensões muito vastas, tanto no exterior quanto na Itália.

Os italianos que acreditam, ou que, com frequência, recorrem aos magos, contam-se aos milhões. As cifras que tentam indicar o número de magos e clientes são impressionantes.

3. A ignorância religiosa é, sem dúvida, a causa principal dos desvios nesse campo, infelizmente tanto entre jovens quanto idosos, entre pessoas mais ou menos instruídas, e mesmo, não raro, entre fiéis que frequentam regularmente as nossas igrejas.

4. Há os que são clientes fixos dos magos, quiromantes e "videntes", dos quais se espera a resposta não só para as grandes interrogações da vida, mas também a solução dos problemas mínimos e diários de dinheiro, emprego, afetos, sucesso, esperando prever, sem riscos demasiados, o próprio futuro.

5. Além disso, aumentou nos últimos decênios, também na Itália, o fenômeno das "novas religiões", ou, como se diz, "dos novos movimentos e seitas", aos quais acorrem nossos irmãos e irmãs que abandonam totalmente a fé cristã e buscam, nesses grupos, a solidariedade e o calor de uma comunidade fraterna. Uma *Nota pastoral* recente (maio de 1993) da Conferência Episcopal Italiana alertou nesses termos a nossa vigilância: "o fenômeno das seitas, dos novos movimentos religiosos e as tendências sincretistas que os mesmos veiculam, junto com o clima de relativismo que caracteriza a nossa sociedade, deve alertar todos os cristãos, especialmente os que têm a responsabilidade da guia e do ensinamento na comunidade eclesial – bispos, presbíteros, diáconos, teólogos e catequistas – para aderir, testemunhar e anunciar a autêntica e integral verdade cristã"[468].

6. Não é raro que os operadores do ocultismo criam ligação entre as suas práticas e as ciências, como: medicina, astrologia, psicologia, psiquiatria e forças paranormais.

Esses aspectos, que não entram na atenção da presente nota, certamente contribuem para tornar mais apaixonante o mundo do ocultismo e lhe conferem, ante a consideração do público, uma "respeitabilidade" que compete tão só às ciências experimentais.

---

[468] Conferência Episcopal Italiana, Secretariado para o ecumenismo e o diálogo, *L'impegno pastorale della chiesa di fronte ai nuovi movimenti religiosi e alle sette*, n. 18.

7. A intenção desta nota, que se dirige aos presbíteros, aos diáconos, aos catequistas e a todos os agentes pastorais de nossas comunidades, é chamar a atenção das comunidades sobre um fenômeno complexo e difuso, e oferecer critérios de avaliação para as superstições, a magia e a demonologia (I); repropor o julgamento moral da Igreja (II) e indicar pistas de ação pastoral comum (III).

Na parte final da nota considera-se também a ação pastoral da Igreja através do rito do exorcismo: poder confiado à Igreja pelo Senhor ressuscitado para difundir no mundo o seu reino de verdade e vida.

8. No contexto da evangelização e da promoção humana e cristã dos nossos irmãos e irmãs propomo-nos alcançar juntos a meta de um cristianismo adulto e feliz na fé, dando uma mão fraterna aos membros mais frágeis das nossas comunidades, talvez provados pela angústia do sofrimento, vacilantes nos princípios éticos e não bastante ancorados nas certezas da fé.

É, sobretudo, a essas pessoas que queremos propor a experiência de que a Igreja é instrumento e sinal de salvação para todos no mundo[469].

I. Superstição e ocultismo

9. Não é difícil constatar como os desvios mais comuns das nossas populações do verdadeiro senso religioso entram geralmente na categoria do "excesso perverso da religião"[470]: a fé cristã autêntica aparece adulterada, bem como o senhorio do único Senhor que se revelou ao seu povo. Não se nega formalmente a onipotência de Deus, mas ela aparece esvaziada, porque criaturas ou outros "poderes" lhe tomam o lugar ou constituem alternativas.

Destacamos as formas mais difusas de alienação da fé cristã, em ordem crescente de gravidade e de implicações negativas para os fiéis.

A superstição

10. Superstição é crer que possam existir nas coisas materiais poderes sobrenaturais que influem na vida das pessoas e que devem ser conhecidos, mantidos propícios ou aplacados por pessoas especiais, tais como: astrólogos, quiromantes, cartomantes, magos. A essas pessoas se dirigem os supersticiosos para obter proteção contra as adversidades, ajuda e favores para a segurança pessoal, meios para uma vida tranquila, informações acerca do futuro.

---

[469] Cf. LG 1; GS 43.
[470] CIC, n. 2110.

A magia

11. Com a prática ritual da magia "se pretende submeter as potências ocultas ao próprio serviço e obter poder sobrenatural sobre o próximo"[471]. A magia assume várias formas e pode ser direcionada a diferentes finalidades.

O pressuposto comum é a visão que crê na existência de forças ocultas que influam na vida das pessoas e sobre as quais os magos pensam poder exercer controle por meio de práticas rituais capazes de produzir efeitos automáticos; a referência à divindade, se existe, é meramente funcional, subordinada a essas forças e aos efeitos buscados.

A magia não admite, de fato, nenhum poder superior a si mesma; ela se dá o poder de obrigar os "espíritos" ou "demônios" evocados a se manifestarem e cumprirem o que ela determina[472].

O exercício da magia se baseia na convicção de poder agir sobre forças ocultas impessoais, sobre-humanas e sobremundanas, que comandam ou interferem na vida das pessoas e os eventos da história e do cosmos.

12. Um papel essencial é atribuído ao operador (mago, cartomante, médium, astrólogo, radiestesista), ao qual se reconhecem poderes superiores para interferir no curso dos eventos e modificá-los segundo o desejo do cliente por meio de ritos apropriados.

13. A *magia branca* é um rito em favor da saúde, da gravidez, do trabalho, dos estudos, do jogo, da casa, das atividades comerciais e dos animais. O rito é eficaz para combater a desgraça, qualquer tipo de feitiço, mau olhado, para ajudar os drogados e alcoólatras para saírem do vício, para proteger-se de vizinhos invejosos, das fofocas e maledicências e libertar casas invadidas por bruxos, demônios e rumores estranhos.

14. A *magia vermelha, ou rosa*, refere-se exclusivamente à esfera sexual. Busca conquistar sexualmente a pessoa desejada, a reconquistar a pessoa amada, propiciar um casamento, aumentar o desejo sexual entre os cônjuges, noivos e casais do mesmo sexo.

15. A *magia negra* é praticada com a intenção de prejudicar os outros, invocar os espíritos malignos sobre os próprios inimigos, causar distúrbios psíquicos aos rivais, causar forte negatividade, mau olhado e feitiços, provocar brigas, vinganças, causar doenças e a morte.

---

[471] CIC 2117.

[472] Conferência Episcopal de Toscana, *A proposito di magia e di demonologia. Nota pastorale*, n. 6; Firenze 1994, p.6.

16. Cada um desses ritos tem o seu oposto, que pode ser pedido ao mago ou praticado pessoalmente com o material e os formulários adequados. Em todo o caso, há uma despesa considerável, que pode chegar a dezenas de milhões de *liras*[473*].

A adivinhação

17. Muito difusa é também a prática da adivinhação, i. é, a tentava de querer prever o futuro com base em sinais da própria natureza ou interpretando presságios, consultando os horóscopos, a astrologia, a quiromancia, ou recorrendo a pessoas que dizem poder desvendar o futuro graças aos seus pretensos dons de vidência. Há pessoas que não fazem uma viagem, não assumem uma atividade econômica ou não tomam decisões (familiares, de trabalho ou de negócios) sem antes consultar o mago, a feiticeira, o horóscopo.

18. Mais grave é que a adivinhação recorre à evocação dos mortos através do médium ou de pessoas sensitivas, ou satanás e os demônios. As "mensagens" são transmitidas por fitas magnéticas que registrariam vozes de defuntos, "escrita automática", quadrantes com letras e frases. Formam-se por vezes grupos esotéricos ou ocultistas que reúnem durante anos os adeptos em sessões periódicas.

"A consulta aos horóscopos, à astrologia, à quiromancia, à interpretação dos presságios e das sortes, os fenômenos de vidência, o recurso aos médiuns escondem a vontade de ter domínio sobre o tempo, a história, as pessoas, com o desejo de tornar-se propícias as forças ocultas e contradizem a honra e o respeito, o temor amoroso que se deve somente a Deus"[474].

O satanismo e a demonologia

19. A forma mais blasfema é representada pela invocação, frequentação e culto a Satanás e aos demônios, com ritos através dos quais os adeptos colocam sua vida sob o domínio do Maligno, renunciando – ao menos implicitamente – à fé batismal e à pertença à Igreja.

O demônio passa a ser visto não como a personificação do mal, sob o controle de Deus, mas como um deus autônomo, onipresente, onipotente e, obviamente, maligno; não como uma força a combater, mas como um aliado poderoso ao próprio favor ou uma divindade a adorar.

[473*] *Esta Nota Pastoral foi escrita antes do euro.*
[474] CIC, n. 2116.

20. Nos ritos satânicos ocorrem as chamadas "missas negras", com profanação de hóstias consagradas obtidas furtivamente, e com pagamento, das nossas igrejas.

Aliás, todo o aparato ritual mágico prevê um amplo uso de objetos do culto católico: paramentos, cruzes, velas, incenso, monogramas, água benta, sal, campainha, lâmpadas, coroas e outros símbolos da liturgia. Nas telas de televisão particular aparecem magos vestidos de casulas, estolas e cruzes vistosas que proferem orações e exorcismos tirados dos livros litúrgicos.

É fácil compreender quanta desorientação pode-se criar nos fiéis com menos capacidade crítica, especialmente quando os operadores do ocultismo se apresentam como ministros ordenados, ou mesmo como "sacerdotes de rito oriental...", gerando ainda mais confusão.

21. Concluindo, não se pode deixar de refletir, com grande preocupação, sobre o efeito ainda mais devastador da propaganda da magia através da televisão. Muitas pessoas são levadas a crer mais facilmente numa mensagem porque trazida pela televisão.

Em todos os horários, as tvs privadas oferecem espaço a quiromantes e videntes, deixados à vontade para propagar sua falsidade nas casas, manipulando a consciência das pessoas mais sugestionáveis. Essas formas de difusão de mensagens de fundo mágico ou esotérico, típicas da civilização da imagem em que vivemos, deve tornar-nos ainda mais conscientes da exigência de uma decidida intervenção pastoral; deve ao mesmo tempo solicitar às autoridades competentes a elaboração de códigos de vigilância, para evitar que pessoas sem escrúpulos se aproveitem das transmissões televisivas, um bem público, para lucrar maciçamente em cima da credulidade de outros.

II. "ADORARÁS O SENHOR TEU DEUS E SÓ A ELE PRESTARÁS CULTO" (*DT* 6,13; *LC* 4,8)

O preceito da Escritura

22. A superstição, a idolatria, a magia e a adivinhação são severamente condenadas desde o Antigo Testamento: *Levítico* 19,31;20,6-7; a constante tentação do sincretismo religioso e moral (*Dt* 13,6); uma grave apostasia da fé (*"o Senhor abomina quem se entrega a tais práticas"* Dt 18,12).

23. O Novo Testamento, em estreita continuidade com o Antigo Testamento, afirma a unicidade e o senhorio absoluto de Deus Pai e a salvação universal

no nome de Jesus. O apóstolo Paulo lista "idolatria, feitiçaria, adivinhação" entre as "obras da carne": "os que praticam essas coisas não herdarão o Reino de Deus" (*Gl* 5,21-22).

O juízo da Igreja

24. Ao longo de todo o curso da história, a Igreja, de acordo com o que ensina a Escritura, sem entrar nos detalhes dos fenômenos acima referidos, de modo inequívoco e constante os tem condenado.

As principais razões da fé para refutar as práticas mágicas se baseiam no fato de que elas pecam contra a santidade e unicidade de Deus: tais atos contradizem o primeiro e maior mandamento acerca do senhorio absoluto de Deus; são enganosos e falsos; favorecem a imoralidade; esvaziam os conteúdos da fé cristã sobre a redenção e salvação operada por Cristo.

25. As práticas ocultistas, sob qualquer forma, são incompatíveis com a fé cristã. Contradizem "a honra e o respeito devidos somente a Deus"; objetivamente são atos "gravemente contrários à virtude de religião"[475]. Magia e feitiçaria são, em si, pecados graves, embora fatos subjetivos possam atenuar a responsabilidade das pessoas. São pecados contra Deus, criador e Senhor de todas as coisas, a quem pertencem o passado, o presente e o futuro, e somente Ele pode conhecer a fundo o significado de todos os acontecimentos.

A Ele pertencem todas as coisas criadas, todas em si mesmas boas, porque obra de Suas mãos, mas nenhuma pode ter em si a divindade. A superstição e a magia desconhecem a providência e bondade de Deus Pai, o amor infinito com que, em Cristo, foi revelado tudo o que é necessário para a nossa salvação e felicidade.

26. São moralmente abomináveis, porque nascem da tentativa de satisfazer toda necessidade ou capricho humanos; de querer fazer frente a toda crise existencial; de acautelar-se perante os sempre possíveis riscos do futuro; de imoderados desejos materiais e prazeres puramente terrenos – pecados contra a sabedoria, a bondade e a providência divinas.

27. São também graves ofensas contra a dignidade da própria pessoa, renúncia à dignidade e liberdade humana, um ato de medo diante da vida, que se deve enfrentar com coragem.

A superstição ataca a pessoa no mais fundo do seu ser, o sentido de sua vida, a dimensão autêntica dos seus atos, que são humanos quando fruto de sua liberdade e vontade.

---

[475] CIC, nn. 2110-2117.

Fenômenos Preternaturais

Razões culturais e sociais do fenômeno

28. As crendices e práticas mágicas constituem fenômenos muito complexos por razões históricas, psicológicas e sociais.

A história das religiões traz à luz o ato de que, em muitas regiões, a mentalidade mágica provém de um fundo cultural pagão, não inteiramente penetrado pela pregação do Evangelho e a cristianização.

29. Em nosso século surgiram também ideologias cientistas e materialistas que tentam esvaziar a fé, considerada incompatível com o direito da pessoa de construir sozinha o próprio futuro, sem ajuda de Deus. A cultura aberrante dos "poderes" (mágico, demoníaco) seria, ao seu modo, uma reação ao racionalismo cientista e uma fuga ao irracional favorecida pelo esoterismo e as religiões orientais.

30. Destaque especial assume o fenômeno dos novos movimentos religiosos e das seitas, que encontram um terreno favorável em "comunidades cristãs que não exprimem em plenitude a potencialidade de vida e de testemunho que o evangelho propõe"[476].

31. As pessoas de hoje estão vivendo um período de enfraquecimento da razão. De um lado, a vida e a fé cristã lhes parecem soberanas, porque o evangelho é exigente, e a revelação de um Deus santo postula uma "santidade" difícil para quem é pecador, mas de outro lado não se envergonham de mendigar dos magos e "iluminados" as respostas para as interrogações sobre o sentido da vida.

32. O recurso à magia pode ser interpretado ainda como uma busca de segurança para superar situações de frustração diante de insucessos.

33. A pessoa tem necessidade de uma concepção totalizante da vida, capaz de dar razão ao mistério que a envolve; quer ser libertada da dor, do mal e do medo da morte. O recurso aos magos e à intervenção de satanás denota sempre uma grave deficiência do conhecimento e da prática da fé cristã.

Um mundo de fraude e de imortalidade

34. Destacamos, em primeiro lugar, o significado religioso e moral do fenômeno da magia. Os danos, entretanto, gravíssimos, não se limitam à esfera da vida interior e da fé.

É preciso dar-se conta de que a atividade ocultista representa também uma enorme fraude, orientada a esvaziar os bolsos dos adeptos após ter-lhes

---

[476] Conferência Episcopal Italiana, *L'impegno pastorale della chiesa di fronte ai nuovi movimenti*, n. 11.

esvaziado o coração, tornando-os escravos de uma superstição sem fundamento algum. Nesse sentido pode-se dizer que os magos são muito hábeis em construir a própria "fortuna", especulando sobre a credulidade do próximo. Sessões, ritos, talismãs, amuletos, pós, livros e revistas, cursos por correspondência, trajes, atestados, etc, representam uma verdadeira "indústria" muito rentável. Aproveitando-se de uma fácil sugestionabilidade de quem se deixa envolver nesse tipo de experiências e usando truques difíceis de desmascarar, os magos, astrólogos, quiromantes, cartomantes, médiuns e "curadores" conseguem atrair a atenção e a confiança de quem se dispõe a tudo para conseguir sair de situações de dor e fracasso. Em geral, os clientes saem moralmente em péssimas condições, tanto psíquicas quanto econômicas, com danos dificilmente reparáveis.

35. O testemunho de muitos mal-sucedidos põe em evidência um outro aspecto degradante de toda a atividade dos magos: as práticas, os ritos, os interesses têm muitas vezes um fundo sexual. Prestações desse gênero são pedidos ou oferecidos no interior das "sessões de libertação". A libertinagem sexual e a homossexualidade são avaliadas, favorecidas e cultivadas como paraísos de felicidade, a gozar-se sem remorso moral e sem respeito algum pela dignidade própria e alheia.

36. Há ainda uma eventualidade não menos dramática: o vidente, ou mago (geralmente dotado de personalidade forte) consegue subjugar completamente, ou quase, os próprios adeptos, induzindo-os a um estado de dependência psicológica muito semelhante à escravidão.

As crônicas demonstram que semelhantes casos não são raros: há casos de jovens que abandonavam a própria família e se submetiam completamente ao querer do "santão" de turno, ou de pessoas que foram convencidas, não se sabe com que sistema, a deixarem todos os seus bens ao mago.

A justiça penal tem intervindo em tais casos, mas, evidentemente, é necessária uma ação preventiva, não só repressiva. Essa prevenção exige das agências educativas – escola, família, Igreja – um esforço suplementar no plano formativo, sobretudo nas áreas sociais menos favorecidas.

III. PISTAS DE AÇÃO PASTORAL

37. Também na nossa Região [da Conferência Episcopal Campana] a propaganda de atividades mágicas é maciça: em outdoors, na lista telefônica, nos jornais, na televisão e no rádio, nos quiosques e nas livrarias.

Diante de um fenômeno de tal proporção, que ameaça a fé autêntica dos cristãos a nós confiados no empenho pastoral, parece-nos imperioso intensificar o trabalho de informação, de sensibilização e de educação a esse respeito.

Sem dúvida, os frequentadores dos magos e ocultistas são, na grande maioria, cristãos das nossas comunidades, cuja fé é tão fraca e pobre que não percebem que a superstição, a magia e o satanismo são radicalmente antagônicos à fé cristã.

Evangelizar

38. Nosso primeiro dever é de incrementar a evangelização dos fiéis de todos os estratos sociais e de todas as idades, porque a mentalidade mágica prospera mais facilmente onde há um vazio no conhecimento da fé.

O Evangelho faz conhecer a Deus que, com um ato soberanamente livre, se revelou com amor gratuito no Seu Filho Jesus Cristo. *"Cristo, redentor do mundo, é o único mediador entre Deus e os homens, e não há outro nome debaixo dos céus em que possamos ser salvos"* (At 4,12). *"Em Jesus Cristo*, Deus não só fala ao homem, mas procura-O. [...] É uma busca que *nasce no íntimo de Deus* [...]. Se Deus vai à procura do homem, criado à Sua imagem e semelhança, fá-lo porque o ama eternamente no Verbo, e em Cristo quer elevá-lO à dignidade de filho adotivo. Portanto, Deus procura o homem, que é *Sua particular propriedade* [...]"[477].

Em Cristo, Deus Pai nos deu tudo e nos disse tudo. Da parte de Deus não se esperam mais outras revelações excepcionais. A vida de fé não precisa de surtos miraculísticos e de irrupções do sobrenatural baratos. A fé nos leva a entregar a própria existência a Deus, recebendo dele a "luz verdadeira" (Jo 1,9) que penetra nas nossas trevas e nos capacita a irmos adiante.

39. O nosso dever é responder ao chamado de Deus, sabendo ler Seus apelos nos acontecimentos vividos, nas pessoas que encontramos, nas situações do cotidiano.

A fé cristã implica essa "definitividade" das palavras e dos gestos divinos na pessoa de Cristo Jesus, único "caminho" e "porta" para o mundo de Deus. *"Em nenhum outro somos salvos"* (At 4,12).

40. O anúncio da doutrina e da fé autêntica, a experiência viva da salvação nos sacramentos, uma forte comunhão fraterna e solidária na comunidade, o empenho generoso no serviço da caridade são os antídotos mais eficazes

---

[477] João Paulo II, *Carta Apostólica Tertio Millennio Adveniente*, nn. 4.7.

contra os substitutivos da religião. Ao mesmo tempo recomenda-se aos professores de religião desenvolver uma sólida ação educativa, para impedir que as seduções do ocultismo desviem a consciência dos jovens.

Vigiar

41. É nosso compromisso também vigiar sobre o sentimento religioso e as práticas com as quais os fiéis exprimem a sua fé cristã. A mentalidade supersticiosa é capaz de corromper também os atos de "culto que prestamos ao Deus verdadeiro quando se atribui uma importância de algum modo mágica a certas práticas, em si legítimas e necessárias. Atribuir à simples materialidade das orações ou dos sinais sacramentais a sua eficácia, prescindindo das disposições interiores que requerem, é cair na superstição"[478].

Exigem vigilância, particularmente, as formas de piedade popular e as peregrinações, sobretudo a lugares de supostas aparições ou de fenômenos extraordinários.

42. Apelamos também aos grupos e movimentos que se encontram para momentos de espiritualidade ou de oração que evitem gestos que possam parecer ambíguos e exaltar a materialidade das formas rituais (imposição de mãos, fórmulas de libertação, etc.), com atenção ao clima psicológico resultante de um certo modo de estar juntos.

Acolher

43. As pessoas que gravitam em torno do mundo da superstição e da magia não são somente os pobres de cultura e de fé. Muitas vezes, a sua pobreza é ainda mais radical, porque lhes faltam pontos de referência diante de instâncias humanas fundamentais. A dor, o mal, o insucesso, a morte não podem ser enfrentados com buscar refúgio no mundo oculto através dos magos ou aderindo a comunidades sincretistas de inspiração "oriental".

Essas pessoas, desnorteadas diante do mistério da existência, têm necessidade, antes de mais nada, de serem ouvidas, escutadas, iluminadas, sustentadas pela solidariedade e pelo interesse de uma comunidade, para superar situações de ansiedade, de medo e da incerteza do futuro.

Catequizar

44. Convidamos as nossas paróquias a se habilitarem também a esse tipo de acolhimento, oferecendo às pessoas envolvidas com experiências de magia

---

[478] CIC, n. 2111.

um forte testemunho de todos os meios de salvação que se encontram na Igreja: a Palavra de Deus, os sacramentos (particularmente a Penitência e a Eucaristia), a oração, a comunhão fraterna, o serviço da caridade.

45. É de especial importância a catequese e a exposição orgânica da fé cristã, destacando: a bondade original de toda a criação, o senhorio absoluto de Deus criador e Pai, o espírito das bem-aventuranças, a redenção e a restauração através do sacrifício e da vitória pascal de Cristo sobre o pecado e o Maligno, a perspectiva cristã do Reino que virá e ao qual devem submeter-se as pessoas e as coisas, para que ele seja tudo em todos.

46. A dor física e moral é que leva muitas vezes as pessoas a buscarem alívio nas práticas ocultistas; por isso, é preciso esclarecer os fiéis a respeito do valor da cruz em vista da salvação total.

"Toda pessoa se indaga a respeito do sentido do sofrimento e busca uma resposta a essa pergunta no nível humano. E certamente dirige essa pergunta também a Deus, a Cristo... Mas Cristo de fato não responde diretamente, nem em abstrato a essa interrogação humana. A pessoa escuta a sua resposta pouco a pouco, à medida que ela mesma participa do sofrimento de Cristo"[479].

Santificar

47. A cura espiritual da pessoa pecadora acontece pela misericórdia que o Pai derramou sobre nós através de seu Filho.

A graça de Cristo se comunica às pessoas pelo poder do Espírito Santo através dos sacramentos da iniciação cristã (Batismo, Confirmação, Eucaristia), os sacramentos da "cura" (Penitência e Unção dos Enfermos) e os sacramentos "sociais" (Ordem e Matrimônio).

Através da Palavra e dos sacramentos, a Igreja cumpre a sua missão de "sacramento universal de salvação para o gênero humano"[480]. Em qualquer comunidade do mundo, onde Cristo é anunciado e servido, cumpre-se a obra da nossa redenção.

Abençoar

48. No âmbito do agir sacramental da Igreja, os ritos de bênçãos "manifestam o esplendor da salvação do Ressuscitado presente na história como um princípio novo de transfiguração da vida do ser humano e do cosmo.

---

[479] João Paulo II, *Carta Apostólica Salvifici doloris*, n. 26.
[480] LG 1.

'Abençoar' é, na verdade, um ato sacramental da Igreja, no qual se manifesta a fé na presença operante de Deus no mundo e a vitória pascal do Senhor Jesus"[481].

O novo livro litúrgico de bênçãos apresenta uma riquíssima série de formulários para abençoar pessoas, grupos familiares, lugares e as atividades humanas.

O *Ritual de Bênçãos* não entendido corretamente poderia, porém, favorecer também a mentalidade mágica e supersticiosa.

Por isso, é preciso entender o seu espírito e seguir com cuidado os ritos, destinados a fazer crescer a fé e a certeza de que Deus Pai nos é propício e nos abençoa.

A prática dos exorcismos

49. Não é raro o caso de pessoas se dirigirem aos magos e ocultistas para serem libertados de supostos influxos demoníacos, de malefícios e feitiços.

O resultado é que os problemas acabam por complicar-se e agravar-se. Os maus olhados, os feitiços e os malefícios são atos devidos à ingenuidade e fraqueza da fé, mesmo se constituem desvios graves no plano objetivo.

São extremamente perigosos os pedidos de interferência demoníaca, porque satanás é de fato capaz de influir no ser humano com a tentação e com ação extraordinária, em certos casos permitida por Deus.

Certamente não será pelo fato de confiar-se aos magos que se obterá de Deus a libertação dos influxos demoníacos. Jesus disse que "Satanás não expulsa Satanás! (*Mt* 12,26).

Libertar os oprimidos

50. São sempre mais frequentes os casos em que alguém se dirige ao sacerdote com o pedido de um exorcismo, por vezes após experiências deletérias com magos e feiticeiros.

A ação pastoral do sacerdote acontecerá na convicção de que a Igreja torna presente e operante a vitória de Cristo sobre o pecado e o demônio.

A força salvífica de Cristo atinge o seu cume não no exorcismo, mas nos sacramentos. Por outro lado, o influxo mais deletério do demônio na pessoa não tem lugar na possessão, mas no pecado.

---

[481] Conferência Episcopal de Toscana, *A proposito di magia e di demonologia. Nota pastorale*, n. 18.

Contra a influência demoníaca, o exorcismo não é nem o primeiro nem o mais poderoso remédio; será certamente uma vida espiritual empenhada, a vida fraterna na comunidade eclesial, a assídua frequência dos sacramentos, a oração fervorosa e incessante, a escuta dócil da Palavra de Deus.

51. A relação benévola e paciente com as pessoas que se julgam possessas do demônio deve fazer entender se existem formas de presença diabólica (infestação, possessão), ou se se trata de doenças psíquicas (exaustão nervosa, psicolabilidade, desvios, tara, dissociação mental, esquizofrenia, epilepsia).

Para fazer com segurança essa distinção, é preciso recorrer à colaboração de médicos e especialistas, psiquiatras, que possam colaborar com o sacerdote e que "tenham o senso das realidades espirituais"[482].

A intervenção da Igreja

52. "Cristo deu aos seus apóstolos e aos outros discípulos, no exercício de seu ministério, o poder de expulsar os espíritos imundos" (*Mc* 3,13-15; *Mt* 10,1; *Mc* 6,7; *Lc* 9,1;10,17). Prometeu-lhes o Espírito Santo Paráclito que procede do Pai, dizendo: "Ele convencerá o mundo quanto ao juízo, porque o príncipe deste mundo já está julgado" (*Jo* 16,7-11). Entre os sinais que acompanharão aqueles que creem, o evangelho enumera a expulsão dos demônios (*Mc* 16,17; *At* 5,16;8,6-7;16,18;19,12).

Desde então, a Igreja sempre exerceu o poder recebido de Cristo de expulsar os demônios e de desfazer a sua influência. Por isso, ela reza continuamente e com confiança "em nome de Jesus" para obter a libertação do maligno (cf. *Mt* 6,13)[483].

53. O exercício desse ministério, na sua forma pública, é reservado exclusivamente aos bispos e aos presbíteros delegados pelo ordinário do lugar[484]. "O exorcismo tem em vista expulsar os demônios ou libertar da influência demoníaca, mediante a autoridade espiritual que Cristo confiou à sua Igreja!"[485].

54. Difunde-se atualmente a mentalidade segundo a qual "cada batizado é um exorcista". Em alguns grupos eclesiais multiplicam-se as reuniões para rezar com o objetivo de obter a libertação da influência dos demônios. A Santa Sé lembra que essa prática não é legítima e "nem mesmo é lícito usar a fórmula do exorcismo contra satanás e os anjos rebeldes, extraída daquela publicada

---

[482] *Rito degli esorcismi ad interim*, n. 16.

[483] *Rito degli esorcismi ad interim*, nn. 6-7.

[484] Cf. CDC, can. 1172.

[485] CIC 1673.

por ordem do Sumo Pontífice Leão XIII, e muito menos é lícito usar o texto integral desse exorcismo"[486].

55. O Código de Direito Canônico declara que ninguém pode proferir legitimamente exorcismos sobre possessos, se não recebeu do ordinário do lugar uma licença especial e expressa (can. 1172, § 1), e estabelece que essa licença deva somente ser concedida a um sacerdote que se distinga pela piedade, ciência, prudência e integridade de vida (§ 2).

56. A Igreja procede com extrema prudência em relação a exorcismos, os quais, por sua natureza e seu significado, são reservados unicamente aos casos de possessão diabólica suficientemente comprovados. Tais casos são os mais graves, mas também os mais raros. "Se não consta com suficiente certeza que se trata de sinais de intervenção diabólica, (o presbítero) não cumpra o exorcismo"[487].

57. O ministério do exorcista deve ser exercido no contexto da pastoral global da diocese. Para atender aos fiéis que sofrem de distúrbios espirituais dessa natureza, é oportuno que haja no território da diocese um ou mais sacerdotes estavelmente delegados pelo bispo para esse ministério, especialmente junto aos santuários e igrejas muito frequentadas.

É desejável que a diocese ou as metrópoles constituam centros de consulta e de escuta, onde sacerdotes ou profissionais possam oferecer um ponto de referência espiritual e de discernimento às pessoas necessitadas nesse sentido.

Não havendo a possibilidade de cada diocese ter seus próprios exorcistas, os bispos poderão concordar em confiar a alguns sacerdotes um ministério interdiocesano ou metropolitano. Em todo o caso, devem ser vedadas atividades exorcísticas a quem "não tenha recebido especial e expressa licença do ordinário do lugar"[488].

Aos presbíteros delegados aos exorcismos pede-se que apresentem periodicamente uma relação escrita a respeito da sua atividade e que respeitem os livros litúrgicos aprovados e em uso na Igreja. Além disso, cada ano, sob a guia de um bispo, organize-se um encontro regional para uma necessária verificação, troca de experiências e uma pastoral unitária.

---

[486] Congregação para a Doutrina da Fé, *Instrução sobre o Exorcismo*, 24 de setembro de 1985.
[487] *Rito degli esorcismi ad interim*, n. 16.
[488] CDC, can. 1172, § 1.

Conclusão
"Jesus é o Senhor" (1Cor 12,3)

58. Concluindo essa nota, que confiamos aos presbíteros e a todos os agentes pastorais da nossa região, queremos confirmar a importância da evangelização, da catequese sistemática, da intensa vida sacramental nas comunidades paroquiais, e do testemunho de fraterna solidariedade em relação aos irmãos e irmãs fracos na fé, que buscam a solução dos seus problemas recorrendo aos operadores do ocultismo.

Sendo-nos fraternalmente próximos, possam esses irmãos e irmãs sentir toda a força vencedora de Deus e toda a ternura de Cristo bom samaritano (cf. Lc 10,29-37), que derramou 'o óleo da consolação e o vinho da esperança"[489] nos membros feridos de quem caiu no meio dos ladrões.

Conferência Episcopal Campana

† Card.. Michele Giordano, *Arcebispo de Napoli (Presidente da Conferência Episcopal Campana)*

† Gerardo Pierro, *Arcebispo de Salerno – Campagna – Acerno (Vice Presidente)*

† Felice Cece, *Arcebispo de Sorrento – Castellammare (Secretário)*

† Antonio Riboldi, *Bispo de Acerra*

† Nicola Comparone, *Bispo de Alife – Caiazzo*

† Beniamino de Palma, *Arcebispo de Amalfi – Cava dei Tirreni*

† Eduardo Davino, *Bispo de Ariano Irpino – Lacedonia*

† Antonio Forte, *Bispo de Avellino*

† Lorenzo Chiarinelli, *Bispo de Aversa*

† Serafino Sprovieri, *Arcebispo de Benevento*

† Luigi Diligenza, *Arcebispo de Capua*

† Raffaele Nogaro, *Bispo de Caserta*

† Mario Paciello, *Arcebispo de Cerreto Sannita – Telese – S. Agata dei Goti*

† Antonio Pagano, *Bispo de Ischia*

† Ciriaco Scanzillo, *Bispo Auxiliar de Napoli*

† Agostino Vallini, *Bispo Auxiliar de Napoli*

---

[489] Prefácio Comunhão VIII.

† Gioacchino Illiano, *Bispo de Nocera Inferiore – Sarno*
† Umberto Tramma, *Bispo de Nola*
† Francesco Saverio Toppi, *Arcebispo Prelado de Pompei*
† Silvio Padoin, *Bispo de Pozzuoli*
† Mario Milano, *Arcebispo de Sant'Angelo de Lombardi – Conza- Nusco- Bisaccia*
† Antonio Napoletano, *Bispo de Sessa Aurunca*
† Francesco Tommasiello, *Bispo de Teano – Calvi*
† Bruno Schettino, *Bispo de Teggiano – Policastro*
† Giuseppe Rocco Favale, *Bispo de Vallo della Lucania*
† Francesco Pio Tamburrino, *Abate Ordinario de Montevergine*

NOTA PASTORAL MAGIA E DEMÔNIOS[490]

Conferência Episcopal da Toscana
Revisada em 2014

PREMISSA

Os Bispos toscanos se manifestaram em 1994 com uma Nota pastoral "A proposito di magia e demonologia" para confirmar o "absoluto e insubstituível Senhorio de Cristo" e sustentar a fé dos fiéis na vitória que Cristo já conquistou sobre o maligno" (a *Nota* anexa ao presente texto). "Vitória que deve livrar do medo e da procura de meios mágicos para enfrentar as dificuldades da vida que, especialmente em uma sociedade como a nossa, às vezes se apresenta como resultado de um drama e sofrimento muito intensos (Critérios para uma leitura correta da Nota p.14). Com referência particular para a situação sócio-cultural de nossa terra toscana, os Bispos quiseram "propor novamente a doutrina tradicional da Igreja sobre o tema da magia e demonologia. O fizeram para possibilitar às suas comunidades progredirem e viverem aquela pobreza do espírito na qual resplandece uma fé luminosa e uma humanidade livre e resplandecente" (Critérios... p.15).

Os Bispos toscanos pretendem reafirmar hoje quanto já afirmaram naquela Nota e, sob a luz do convite que o Santo Padre Bento XVI fez à Igreja inteira anunciando o ano da fé e sustentado pelo magistério do Papa Francisco desde seu primeiro sermão (Capela Sistina, 14 de março de 2013), querem oferecer algumas indicações pastorais sobre os exorcismos e as orações e Missas para obter a cura, de forma que tudo aconteça no respeito às leis da Igreja e sirva para aumentar e confirmar a caminhada na fé dos membros de nossas comunidades. Nisto somos guiados pelas palavras iluminadas do Papa Francisco que em sua Exortação apostólica "Evangelii Gaudium" lembra que "A alegria do Evangelho enche o coração e a vida inteira de todos os que se encontram com Jesus. Essas pessoas que se deixam salvar por Ele são libertadas do pecado, da tristeza, do vazio interior, do isolamento. Com Jesus Cristo sempre nasce e renasce a alegria" (EG 1).

Bispos de Toscana

---

[490] *Nota Pastorale A Proposito di Magia e Demonologia*. Trad. do italiano: Pe. Décio Luiz da Silva Santos; Trad. do espanhol: Simão Cardoso.

EXORCISMO E ORAÇÃO DE CURA

Indicações pastorais e normas dos Bispos da Toscana (2014)

A – Observemos o contexto...

- É grande o número de pessoas que procuram a magia e a quiromancia na intenção de obter benefícios de várias naturezas e a cura de doenças e sofrimentos, porém, não raramente, também para tentar agredir e fazer mal a outras pessoas por meio de malefícios.
- Há um número considerável de fiéis que procuram sacerdotes e, às vezes, também leigos, à procura de serem libertados das possessões e infestações diabólicas de vários gêneros causadas, dizem eles, por malefícios e feitiços;
- À crescente demanda da parte dos fiéis procuram responder alguns sacerdotes, animados de boa vontade e do desejo de levar conforto e assistência aos necessitados, e se mostram disponíveis e acolhedores para recebê-los, acolhê-los e abençoá-los e, às vezes, até mesmo para exorcizá-los, porém de modo não permitido, irregular e desordenado;
- Em alguns casos fiéis leigos dirigem orações de libertação com a presunção de estarem realizando verdadeiros e próprios exorcismos completos, com imposição das mãos e bênçãos;
- Muitas vezes as orações de libertação são feitas na igreja em reuniões públicas, diante da Eucaristia solenemente exposta, podendo perigosamente se transformar num grande espetáculo expondo perigosamente os fiéis mais simples à desorientação. Não raro, durante tais celebrações, o sacerdote passa entre os fiéis abençoando um por um com o Santíssimo Sacramento, e quase sempre ocorre reações como gritos, palavras vulgares, blasfêmias e coisas do gênero que incomodam muito os fiéis presentes e especialmente as crianças e os mais fracos;
- Outras vezes, tais orações acontecem em casas particulares dirigidas por leigos, ocasionalmente assistidas por sacerdotes, frequentemente em reuniões públicas de oração tornadas espetáculos e com gestos e rituais que alimentam a superstição e o fanatismo;
- Não raro, durante essas reuniões, são apresentadas fotografias de pessoas ausentes pedindo orações de libertação e obtendo "diagnósticos" de possessões diabólicas ou presença de malefícios.

...Compreensão da missão da Igreja

A missão da Igreja é liderar o povo de Deus e anunciar o Evangelho levando a experimentar a fecundidade da Palavra de Deus que, mediante a pregação, desperta a fé no coração dos homens e gera testemunhas do Nome de Jesus, Salvador do mundo. Particularmente a Igreja é chamada a:

- Acolher as pessoas que pedem a cura e a libertação do maligno ou de suas armadilhas, pois são sempre pessoas necessitadas de ajuda. Às vezes essas pessoas são pobres de fé e cultura, outras vezes são pessoas tocadas pela dor e pelo sofrimento físico e psicológico. A Igreja tem um dever permanente para com eles nascido da caridade, de acolhê-los, ouvi-los, iluminá-los, apoiá-los e ajudá-los, para serem efetivamente libertos da ansiedade e medo, do sofrimento e da escravidão.

- Anunciar o Evangelho, que faz conhecer Jesus, único Salvador do mundo, a doutrina autêntica, a exposição sistemática e orgânica da fé cristã, destacando em particular a bondade original da criação, o absoluto Senhorio de Deus, Pai de Misericórdia, a vitória de Cristo sobre o pecado e sobre o Maligno, a experiência viva da salvação pelos sacramentos, pelos quais a frágil e pecadora humanidade entra em contato com a obra da redenção recebendo cura e salvação, um forte laço fraterno e solidário na comunidade e nos generosos compromissos com o serviço da caridade... são o antídoto mais eficaz contra os substitutos da religião.

- Abençoar por meio da ação sacramental da Igreja, manifestando o esplendor da salvação do Ressuscitado presente na história como um novo princípio de transfiguração da vida humana e do cosmos. Bênção é de fato um ato sacramental no qual se manifesta a fé na presença operante de Deus no mundo e a vitória pascal do Senhor Jesus.

- Libertar os oprimidos pela força salvífica de Jesus, que se transmite, sobretudo, na frequência aos sacramentos e numa vida espiritual empenhada, na oração fervorosa e incessante, na escuta dócil da Palavra de Deus e nas obras de caridade. Em alguns casos especiais, a Igreja é chamada a libertar os oprimidos também através das orações de cura e da prática do exorcismo, depois de haver atentamente verificado tratar-se de uma presença diabólica real ou de uma doença psíquica.

- Zelar pelo sentimento religioso e pelas práticas que exprimem a fé cristã dos fiéis, para evitar erros e desvios em relação à fé autêntica e genuína.

B – Disposições normativas

E face de tanto sofrimento, muitas vezes de confusão e falta de clareza, os Bispos têm o dever de oferecer orientações precisas que ajudem os féis realmente necessitados, com propostas e meios aprovados pela Igreja em acordo com o seu ensinamento e a sua tradição. Portanto, temos o seguinte:

1. Exorcismo

1.1. Pode exercer o ministério do exorcistado somente o sacerdote que obteve licença especial e expressa da parte do próprio Bispo diocesano e limitada ao território da diocese (CDC 1172, §1). Qualquer intervenção fora do território diocesano deve ter a aprovação explícita tanto do próprio Bispo do exorcista, quanto do Bispo do território onde seja necessário celebrar o exorcismo.

1.2. Podem receber esta licença somente os sacerdotes de provada piedade, ciência, prudência, integridade de vida e preparados de modo especial a exercer tal ofício (CDC 1172, §2).

1.3. É expressamente proibido aos leigos, como também aos sacerdotes sem a devida licença, proferir a oração de exorcismo.

1.4. Sacerdotes aos quais é confiado o ministério do exorcistado, de modo estável ou "ad actum", o exerçam com confiança, humildade e sempre sob a orientação do Bispo diocesano. Portanto, deverão se reportar regularmente ao Bispo sobre o exercício de seu ministério.

1.5. Os exorcistas da diocese se encontrarão regularmente entre eles e com o Bispo diocesano para compartilhar suas experiências e refletir juntos.

1.6. O ministério de exorcista não pode ser delegado pelo exorcista a outro sacerdote. Portanto, é vetado a quem é exorcista de estender a sua faculdade a outras pessoas, inclusive sacerdotes.

1.7. Para a oração de exorcismo se deverá seguir o novo "Ritual de exorcismo e outras súplicas", promulgado pelo Decreto da Congregação para o culto divino e a Disciplina dos Sacramentos de 22 de novembro de 1998 e aprovado na versão italiana a 25 de novembro de 2001 (CEI, Rito degli Exorcismi e preghiere per ciscortanze particolari, LEV 2001 = RE), com particular atenção aos números 13-19.

1.8. O sacerdote exorcista procederá à celebração do exorcismo na sua forma imperativa somente depois de ter alcançado a certeza moral sobre a possessão diabólica real do sujeito. No discernimento se servirá antes de tudo de critérios tradicionalmente seguidos para identificar os casos de possessão diabólica (cf. RE nº 16) e poderá valer-se da experiência consolidada de sacerdotes indicados pelo Bispo e, se considerar apropriado, conselhos de especialistas em medicina e psiquiatria indicados e aprovados pelo Bispo.

1.9. Deve-se evitar culpar terceiros pela situação que se está enfrentando durante o processo de discernimento e do próprio rito e, de modo algum, emitir julgamentos que se assemelhem a diagnósticos médicos, ou pôr em dúvida o diagnóstico e o tratamento médico. Mesmo nestes casos, abstenha-se decididamente de fazer ações impróprias como a bênção de medicamentos, fotografias, árvores genealógicas e objetos variados, mas siga com precisão as indicações dos rituais aprovados.

1.10. Na presença de distúrbios físicos ou psíquicos de difícil interpretação, o sacerdote não procederá ao *Ritual do Exorcismo Maior*, mas acolherá as pessoas que sofrem com a mesma caridade e as recomendará ao Senhor em sua oração. A este respeito é bom esclarecer que, se uma pessoa está sofrendo de distúrbios psíquicos, praticar-lhe oração de exorcismo seria puramente ilusório e danoso. O mesmo se aplica se permanece a dúvida sobre a presença de tais distúrbios. Em tais casos não se aconselha a oração de exorcismo ou libertação, porque isso tornaria ambíguo o significado e o papel dessas orações.

1.11. As ações que podem ser realizados durante o exorcismo sejam caracterizadas pela sobriedade e façam referência às ações que são realizadas no pequeno exorcismo, ou seja, nos ritos do percurso catecumenal para o Batismo. Em particular, devem ser excluídas todas as ações que não têm ligação com a liturgia e que possam ser confundidas com gestos mágicos.

1.12. "O exorcismo seja conduzido de maneira que se manifeste a fé da Igreja e não seja interpretado como um ato de magia ou superstição" (RE, n. 19). Os gestos permitidos são: o sinal da Cruz, a imposição das mãos apenas na cabeça, o sopro e aspersão com água benta (cf. RE, n. 20).

1.13. Pela particularidade desses atos celebrativos e o respeito das pessoas envolvidas, a presença de meios de comunicação social é expressamente proibida durante o rito do exorcismo, assim como fotografar e filmar, mesmo para uso pessoal.

1.14. É permitido a alguns leigos auxiliarem o exorcista, sobretudo com suas próprias orações. A eles, porém, é proibido recitar as orações de exorcismo, seja na sua forma deprecativa ou imperativa, mas são exortados, como indicado no n. 35 das Premissas gerais do RE, a rezar intensamente segundo o que prevê o Rito.

1.15. A Santa Missa deve ser sempre separada do Rito de exorcismo, como consequência é expressamente proibido inserir o exorcismo na celebração da Missa. O mesmo vale para as outras orações litúrgicas: celebrações dos Sacramentos, da Liturgia das Horas e da Adoração Eucarística.

2. Orações de libertação elevadas ao Senhor por leigos

Recordando o já estabelecido pela Congregação para a Doutrina da Fé (Instrução sobre as orações para alcançar de Deus a cura, 14 de setembro de 2000), "a todos os fiéis é lícito elevar a Deus orações para obter a cura" (art. 1), exortamos e encorajamos todos os fiéis leigos a "rezar incessantemente todos os tipos de orações e de súplicas no Espírito" (Ef 6,18), pois o Senhor cura os enfermos e os oprimidos no corpo e no espírito.

Por último, a fim de corrigir abusos e desvios da reta e genuína fé, estabelecemos quanto segue:

2.1. Os fiéis leigos evitem absolutamente emitir opinião sobre eventuais malefícios, possessões, obsessões e infestações diabólicas de quaisquer gêneros;

2.2. Os fiéis leigos não abençoem objetos ou pessoas, senão dentro dos limites e nos termos previstos pelas disposições da Igreja (Cf. CEI, Ritual de Bênçãos, premissas gerais, n. 18);

2.3. Principalmente não imponham as mãos e não imitem ações normalmente reservados aos ministros sagrados;

2.4. Evite-se cuidadosamente que fiéis leigos organizem e dirijam "celebrações públicas" de orações de cura (ou "libertação"), mesmo que na presença de ministros ordenados.

3. Orações de libertação elevadas ao Senhor e bênçãos por clérigos

3.1. A todos os sacerdotes recordamos o direito-dever de acolher sempre com generosidade e amor os necessitados em busca de apoio, conselho e ajuda. Muitas vezes a falta de acolhida leva essas pessoas sofridas a procurar ajuda em outro lugar, correndo sério risco de abandonar a verdadeira fé e sofrer danos muito mais sérios, tanto psicofísicos, quanto espirituais.

3.2. Ao acolher essas pessoas, recomenda-se a todos os sacerdotes privilegiar a obra de evangelização e catequese e lhes recordem que Jesus Cristo Redentor do mundo, único Mediador entre Deus e os homens e que não existe outro nome debaixo do céu pelo qual possamos ser salvos (cf. At 4,12).

3.3. Nesse indispensável caminho de acompanhamento, o sacerdote é chamado a um cuidadoso discernimento e, se a sua obra de evangelização e catequese, unida à sua bênção e à sua oração, não mostrar resultado, deverá encaminhar o fiel a um sacerdote exorcista indicado pelo Bispo para uma eventual oração de exorcismo.

3.4. Para as orações conduzidas por um presbítero para alcançar a cura, estabelecemos as seguintes normas ulteriores a serem observadas:

a) É proibido, em todo o território da diocese, organizar celebrações comunitárias para alcançar a cura sem a explícita autorização por escrito da parte do Bispo diocesano;

b) Nos lugares sagrados, esse tipo de oração pode ser elevada ao Senhor somente sob a orientação de um ministro ordenado e em conformidade com os livros aprovados;

c) Essas orações devem sempre ser recitadas com grande discrição e sobriedade, a fim de evitar qualquer espetacularização, artificialidade e teatralidade;

d) Salvo as celebrações pelos enfermos previstas nos livros litúrgicos e as intenções de oração pela cura dos enfermos na Oração Universal, ou "dos fiéis", é absolutamente proibido introduzir orações de cura, litúrgicas ou não, na celebração da Santíssima Eucaristia, dos Sacramentos e da Liturgia das Horas;

e) É expressamente proibido abençoar individualmente os fiéis com o Santíssimo Sacramento da Eucaristia, a fim de obter a cura ou a libertação do maligno.

4. Uma expressão imprópria: "Missa de libertação ou de cura"

Considerando-se que cada vez mais se ouve falar de "Missa de libertação ou de cura", se faz necessário esclarecer e estabelecer o seguinte:

4.1. Cada Santa Missa, como tal, é sempre uma fonte de libertação, pois não existe no Missal, uma forma específica de "libertação" ou "cura". Para as celebrações Eucarísticas atenha-se, portanto, ao que estava previsto no Missal, evitando cuidadosamente expressões como "Missa de libertação ou cura" que poderia induzir os fiéis a entender que a Santa Missa é geralmente incapaz de produzir uma libertação.

4.2. Em vez disso, pode-se aplicar a Santa Missa pela cura ou libertação de uma ou mais pessoas atacadas ou possuídas pelo maligno. Neste caso se utilize o formulário "Por várias necessidades" do Missal Romano reiterando o supramencionado no ponto 3.4. d).

5. A gratuidade dos dons do Senhor

É necessário que toda ação pastoral seja desvinculada de toda forma de ligação com oferta em dinheiro, para que a gratuidade do Senhor apareça como absoluta, principalmente nestes momentos de desconforto e sofrimento. Nenhum fiel deve ser impedido de acessar os benefícios da Graça, tampouco sentir-se obrigado a pagar uma "compensação" pela acolhida recebida. As eventuais ofertas, sinal de partilha e caridade, não só devem ser absolutamente livres, como devem ser rigorosamente recebidas conforme as indicações das leis da Igreja (CDC 848) e das disposições da CEI (Instruzione in materia amnistrativa, Roma 2005, n. 31).

6. Desvela-te por estas coisas... (1 Tm 4,15)

A intervenção do Bispo Diocesano se fará necessária conforme prescreve a lei da Igreja, no que diz respeito a tudo o que é tratado nesta Nota e caso se verifique abusos e se descubra situações que possam causar escândalo para a comunidade dos fiéis ou quando houver sérias violações das normas litúrgicas e disciplinares.

Conclusão

A solicitude de toda a Igreja, especialmente para com aqueles que sofrem e são oprimidos de qualquer forma, se expresse sempre pela força da palavra e das ações sacramentais, pelas quais o Senhor continua a sua obra de salvação em qualquer momento e em qualquer lugar. A vigilância deve ser extrema para que a arrogância, a presunção e o engano não enfraqueçam e inutilizem tal obra. Tal preocupação gerou a nota dos Bispos toscanos e a recomendação de segui-la fielmente para a nova evangelização, que anuncia sempre e somente que Jesus Cristo é o Senhor.

Card. Giuseppe Betori — Arcivescovo di Firenze

+ Antonio Buoncristiani — Arcivescovo di Siena Colle V.E. Montalcino
+ Benvenuto Italo Castellani - Arcivescovo di Lucca
ı Giovanni Paolo Benotto - Arcivescovo di Pisa
+ Riccardo Fontana — Arcivescovo Vescovo di Arezzo Cortona Sansepolcro
+ Giovanni De Vivo - Vescovo di Pescia
ı Mario Meini - Vescovo di Fiesole
+ Giovanni Santucci — Vescovo di Massa Carrara Pontremoli
+ Mansueto Bianchi - Vescovo di Pistoia
ı Rodolfo Cetoloni — Vescovo di Grosseto
 e amministratore apostolico di Montepulciano-Chiusi-Pienza
+ Franco Agostinelli — Vescovo di Prato
+ Fausto Tardelli - Vescovo di San Miniato
+ Alberto Silvani - Vescovo di Volterra
ı Simone Giusti - Vescovo di Livorno
+ Guglielmo Borghetti — Vescovo di Pitigliano Sovana Orbetello
+ Carlo Ciattini - Vescovo di Massa Marittima-Piombino
ı Claudio Maniago - Vescovo Ausiliare di Firenze
+ Diego Gualtiero Rosa — Abate di Monte Oliveto Maggiore

APRESENTAÇÃO

Mons. Angelo Scola apresentará mais detalhadamente as motivações para uma segunda edição da Nota Pastoral dos Bispos toscanos sobre *magia e demonologia*.

Limito-me a observar que o fato de que, apenas após um mês, a necessidade de reemitir a Nota, demonstra como são graves esses temas em nossa comunidade.

A "nova evangelização" à qual o Santo Padre nos exorta continuamente passa, a partir daqui, a reafirmar o "absoluto e insubstituível senhorio de Cristo" sobre o universo e sobre nossa vida.

Com lembra a Nota, "quem encontrou Jesus Cristo não precisa buscar a salvação em outro lugar. Ele é o único Redentor do homem e do mundo".

É, pois, uma mensagem de esperança e de alegria que gostaríamos de apresentar para as nossas comunidades e, de maneira especial, a quantos que, provados pela dor e pelo sofrimento na mente e no corpo, procuram alívio percorrendo caminhos que, na realidade apenas adicionam mais sofrimento, enquanto está longe de Cristo.

Minha esperança é que este documento seja aceito na sua totalidade por nossas comunidades e, em especial, por aqueles que têm responsabilidades pastorais, favorecendo também um maior equilíbrio de julgamento sobre a possibilidade da ação extraordinária do Maligno, evitando ao mesmo tempo tanto o prejuízo do racionalismo, quanto da credulidade fácil.

† Card. SILVANO, *Arcebispo de Firenze*
Presidente Conferência Episcopal da Toscana
Firenze, 01 de junho de 1994

PREFÁCIO

> *"E não há salvação em nenhum outro [Jesus Cristo], pois não há debaixo do céu qualquer outro nome, dado aos homens, que nos possa salvar"* (At 4,12)

Ainda em Roma, e muito antes da nomeação e ordenação episcopal, aceitei o desafio da Faculdade de Teologia, no Centro Regional do Porto da Universidade Católica Portuguesa, para lecionar o curso *Dependências do mal e libertação*, do âmbito do doutoramento em Teologia *Fé, cura e capacitação frente ao Mal*.

O referido curso, além do *status quaestionis*, articulou-se em três grandes seções: 1. O mal e as suas dependências (a magia e as suas formas; demonologia; incompatibilidade entre fé e magia e demonologia); 2. Libertação e cura (aspetos doutrinais; a oração e o carisma da cura; grupo interdisciplinar); 3. Os exorcismos (significado teológico; breve história; disposições canônicas; celebração litúrgica).

Este *iter* beneficiou-se da preciosa *Nota Pastorale a proposito di magia e demonologia* da Conferência Episcopal Toscana, publicada a 23 de fevereiro de 1997. Trata-se de uma Nota Pastoral, de caráter teológico-pastoral, por meio da qual se faz compreender a todos, especialmente aos cristãos, que a magia é abominada pelo Senhor e culpada de tanto mal-estar que invade a nossa sociedade atual. Pela sua importância e interesse, o Simão Cardoso e a Gemma Manau, em feliz ocasião, decidiram-se pela tradução para língua portuguesa.

A nota pastoral recorda o que J. Ratzinger afirmou: "a cultura ateia do Ocidente moderno vive (todavia) graças à libertação do medo dos demônios trazida pelo Cristianismo. Mas se esta luz redentora de Cristo tivesse de extinguir-se, apesar de toda a sua sabedoria e toda a sua tecnologia, o mundo voltaria a cair no terror e no desespero. Já há sinais desse retorno de forças obscuras, enquanto crescem no mundo secularizado os cultos satânicos."

Para compreender o que é o exorcismo, deve-se partir de Jesus Cristo e da Sua ação. Ele veio para anunciar e inaugurar o Reino de Deus no mundo e aos homens. O termo *"exorcismo"* é a transcrição do grego, que significa *"esconjuro"*, ou seja, o ato de obrigar com juramento a fazer algo; O termo adquiriu o significado de imposição aos espíritos de deixar as pessoas possuídas por eles, que pode significar fazer jurar, no sentido de *"invocar a alguém insistentemente e induzi-lo a fazer algo"* (*Mt* 26,63; *Mc* 5,7; *At* 19,13) e, por isso, pode referir-se a pessoas e aos espíritos bons e maus.

Em latim, *exorcizare* tem o significado fundamental de *"esconjurar"*, para que uma pessoa seja purificada do demônio. A palavra *"esconjurar"* tem mais significados, como estes: livrar de alguém; pedir ardentemente algo; impetrar, implorar, rogar, suplicar; invocar, evitar, vencer, superar, esquivar, derrotar.

Dos atuais livros litúrgicos e dos documentos do Magistério se deduz que se trata de um rito, de um sacramental, que a Igreja usa; está estruturado de maneira que apareça a sua índole de bênção invocativa sobre o batizado, adulto ou criança, com finalidade catequética, formativa, de disposição à Iniciação Cristã, assim como, da libertação do influxo diabólico.

Ninguém pode legitimamente exorcizar os possessos, a não ser com licença especial e expressa do Bispo diocesano. Esta licença somente é concedida a um presbítero dotado de piedade, ciência, prudência e integridade de vida (cf. Cân. 1172).

Jesus, durante a Sua vida pública, expulsava os demônios e libertava os homens das possessões dos espíritos malignos para habitar o coração do homem. A Igreja, no desenvolvimento do seu ministério, na luta contra Satanás, acompanha os fiéis com a oração e a invocação da presença eficaz de Cristo. Desde logo, é esta a tradição pastoral ordinária da Igreja que prevê ritos de exorcismo na celebração do Batismo. Nos casos previstos, fá-lo de uma maneira específica com o sacramental do exorcismo, mediante o qual pede ao Senhor a vitória sobre Satanás. Em todos os seus ritos, a Igreja tem sempre presente, em formas e símbolos diversos, o tema da luta entre a luz e as trevas, entre a salvação e a perdição, entre Cristo, Luz do mundo, e Satanás, príncipe das trevas.

No número 11 dos *Preliminares* do novo Ritual dos Exorcismos, lê-se: *"Entre estes auxílios salienta-se o exorcismo solene, também designado grande exorcismo ou exorcismo maior, que é uma celebração litúrgica. Por este motivo, o exorcismo, que 'tem por fim expulsar os demônios ou libertar da influência diabólica, e isto em virtude da autoridade espiritual que Jesus confiou à sua Igreja', é uma súplica do gênero dos sacramentais, portanto um sinal sagrado pelo qual 'se significam realidades, sobretudo de ordem espiritual, que se obtêm pela oração da Igreja'."*

† José MANUEL CORDEIRO
Bispo de Bragança-Miranda

CRITÉRIOS PARA UMA CORRETA LEITURA DA NOTA[491]

Esta nova edição da Carta Pastoral dos Bispos da Toscana, intitulada *Magia e Demonologia*[492] oferece a oportunidade para esclarecer melhor o objetivo que levou os bispos a falar sobre esse tema. Certamente não foi para satisfazer a curiosidade sobre essas questões, ou dar-lhes mais visibilidade do que elas já têm. O seu desejo está bem sintetizado no título do último parágrafo da nota: "O absoluto e insubstituível senhorio de Jesus Cristo."

Os bispos pretendem sustentar a fé de todos os fiéis na vitória que Cristo alcançou sobre o Maligno. Uma vitória que deve libertar do medo e da procura de meios mágicos para enfrentar as dificuldades da vida, que se apresentam com o aspeto de dramatismo e sofrimento muito intensos, especialmente numa sociedade como a nossa.

O Senhor Jesus, e somente Ele, tem o poder de derrotar o acusador dos homens para tornar vitoriosos os seus irmãos. E isso através de uma vida normal, diária, vivida na grande família da Igreja. Uma vida de fé, aumentada dia a dia pela oração a Deus Pai, pela frequência dos sacramentos, pela comunhão com os seus irmãos; uma fé vivida e testemunhada nas várias situações da vida a que todo o cristão é sujeito. Jesus ama-nos e liberta-nos do pecado, podemos realmente, dirigir-nos a Ele com o coração de filhos em qualquer situação de necessidade. Essa é a essência da Nota. Por isso, acho que vale a pena destacar alguns critérios para a sua leitura e gostaria de enumerá-los brevemente.

Em primeiro lugar, esta Nota deve ser considerada na sua totalidade. O leitor não deve extrapolar, a partir dela, qualquer frase ou passagem, talvez

---

[491] Este ponto "Critérios...", publicado na reedição revista de 1997, não consta da tradução em Espanhol (de 1996), pelo que é traduzido diretamente do original italiano. [Nt. trd.]

[492] Em Português, a exemplo do Espanhol, a Carta Pastoral tem como título *Magia e Demónios*, no respeito integral pelo conteúdo da mesma. [Nt. trd.]

relativa a problemas levantados pela comunicação social, como os relacionados com as técnicas de magia ou posse demoníaca. Pelo contrário, é preciso estudo e paciência para levar em conta todos os conteúdos apresentados segundo uma hierarquia que encontra exatamente no último parágrafo a sua chave. O cristão sentir-se-á, então, encorajado a não encontrar, senão em Cristo, a sua própria salvação e, quando se sentir necessitado e na provação, saberá voltar-se para Cristo segundo os preceitos normais que a Igreja coloca à disposição para a nossa vida quotidiana.

Um segundo critério para a leitura é oferecido especialmente aos sacerdotes. São aconselhados a não cair num preconceito racionalista perante fenômenos extraordinários relacionados com a possibilidade da ação do maligno e a reconhecer que essa possibilidade, embora extrema, existe. Eles sabem que o Maligno atua, normalmente, fazendo com que o homem caia no pecado. No entanto, como pastores humildes e sábios, não podem negar a possibilidade da sua ação extraordinária que os ajudará a discernir com prudência e discrição. Isso é recomendado, de modo especial, aos exorcistas, que exercem na dependência dos bispos, com a consciência de estarem investidos de uma missão, que é uma missão da Igreja, a qual têm de servir e de que, em qualquer momento, devem estar preparados para dar conta aos seus Pastores. Aos sacerdotes, expressamente, se recomenda que evitem, a si e aos fiéis, o risco oposto: o de uma credulidade fácil, que impele a ver, sempre e em qualquer caso, a ação extraordinária do maligno, esquecendo que ela, comumente, é, de longe, a mais maciça e insidiosa. Será, todavia, seu cuidado estar atento ao sofrimento daqueles que se lhes dirigem por causa desses problemas, ajudando-os a encontrarem o sentido cristão da existência que a sua provação encerra.

Surge, assim, o terceiro critério. Ele é oferecido às comunidades cristãs, para que, por serem verdadeiramente missionárias, saibam proclamar com clareza o acontecimento da morte e ressurreição de Cristo como a figura na qual todos os aspetos da existência encontram explicação. A comunidade cristã é chamada a tornar-se local do encontro visível com Cristo, das relações renovadas em seu nome e da partilha com todos aqueles que se encontram tanto em necessidade material, como espiritual. Deve ser uma célula viva na qual o homem de hoje, muitas vezes, presa do pânico e da ansiedade, apesar das tecnologias sofisticadas da nossa civilização, pode encontrar a paz em Cristo Senhor.

Os bispos da Toscana quiseram, com particular referência à situação sociocultural da sua terra, repropor o ensino tradicional da Igreja sobre o tema da magia e demonologia. Fizeram-no para permitir às suas comunidades caminharem mais seguras. Estão certos de que a entrega a Maria ajudará o seu povo a viver aquela pobreza de espírito na qual resplandece uma fé luminosa e uma humanidade libertada.

Os bispos da Toscana desejam que aqueles que, mesmo os de fora da sua região, ao tomarem contato com esta Nota, cumpram as intenções profundas que animaram esse seu ato do Magistério.

† Angelo Scola
Bispo de Grosseto

INTRODUÇÃO

"Quando entrares na terra que o SENHOR, teu Deus, te há de dar, não imites as abominações daquelas gentes. Ninguém no teu seio faça passar pelo fogo o seu filho ou a sua filha; ou se dê a encantamentos, aos augúrios, à adivinhação, à magia, ao feiticismo, ao espiritismo, aos sortilégios, à evocação dos mortos, porque o SENHOR abomina todos os que fazem tais coisas." (Dt 18,9-12)[493]

"O Senhor abomina todos os que fazem tais coisas"

A advertência bíblica é hoje mais atual que nunca. Como bispos da Toscana sentimo-nos na obrigação de o recordar com clareza aos nossos fiéis. Assistimos a um retorno impressionante das práticas mágicas. O fenômeno tende a impor-se na vida coletiva e pessoal de milhões de indivíduos, inclusivamente entre os cristãos. Segundo os dados mais recentes, os que "recorrem à magia"[494], na Itália, atingem quase a cifra de 12 milhões de pessoas[495]. Esse fenômeno preocupa-nos, como sinal de uma grave situação de perturbação existencial, mas também pelos pressupostos de pensamento e pelos comportamentos práticos que engloba.

---

[493] Seguimos, nas transcrições bíblicas, a tradução da *Bíblia Sagrada*, Difusora Bíblica, Franciscanos Capuchinhos, Lisboa/Fátima, texto da 4.ª edição revista sob a direção de Herculano Alves, janeiro de 2003, reimpressão janeiro de 2005. [*Nt. trd.*]

[494] Uso de aspas ".." e *itálicos* de acordo com o original. [*Nt. trd.*]

[495] Convém ter em conta que, em meados da década de 1990, a Itália contava com uma população perto de 60 milhões de habitantes. [*Nt. trd.*]

A difusão atual da magia

À magia de origem agrícola e pré-industrial, enraizada na história dos nossos povos, sobrepõem-se, hoje, formas de adivinhação disfarçadas, numa miscelânea de culturas, de "psicologia selvagem" e referências esotéricas.

Magos e mistificadores, falsos profetas e iluminados presunçosos, atraem e enfeitiçam adeptos, arrebatam-lhes o seu dinheiro, ao apresentar como "revelações" e "verdades secretas" conceitos de vida de uma pobreza assombrosa e – o que é pior – que se afastam da verdade da fé.

Os mágicos, que atribuem a si próprios o poder de resolver problemas de amor, de saúde e de riqueza, ou ainda os que pretendem libertar do "mau--olhado", de "feitiços", são indivíduos que fazem a sua própria publicidade através de anúncios pagos nos jornais diários de grande circulação, exibem diplomas, ou outros comprovativos universitários, e chegam mesmo a aparecer nos meios audiovisuais, sobretudo na televisão. Não é exagero falar de uma "indústria da magia"[496].

As razões do fenômeno

Como é possível explicar que numa época que se caracteriza por um desenvolvimento tão rico e vasto do pensamento científico e racional se constate uma difusão tão ampla de atividades do tipo mágico-ocultistas? O incremento do fenômeno, pelo menos em termos gerais, pode estar ligado a questões existenciais, como a necessidade de concepções englobantes ou totalizantes da vida, capazes de justificar o mistério que a rodeia; a procura de libertação da dor, do mal e do medo da morte; a procura de seguranças que permitam ultrapassar situações de angústia e de temor; as incertezas do amanhã; e a necessidade de encontrar pontos de referência, sobretudo depois da queda do mito (das *Luzes*) do progresso e do derrube das ideologias populistas e burguesas. Questões reais e dramáticas que levam alguns a tomar o atalho recorrendo a estruturas ou pessoas que se apresentam sob a aparência do "sobrenatural", esperando destas a solução para as interrogações e as dificuldades do momento atual. Também se dirige para aqui a procura confusa de "fatos extraordinários e milagrosos" que, inclusivamente, encontram-se em meios cristãos: uma procura que recorre, por vezes, a um falso misticismo

---

[496] No ano de 2012 houve, em Portugal, dois programas, em duas televisões privadas, sobre o que podemos designar "espiritismo", onde se fazia a evocação dos mortos com a intervenção de *médiuns* estrangeiros como solução para os males que afligiam as pessoas, normalmente os familiares dos falecidos (alguns de morte violenta). [*Nt. trd.*]

ou a fenômenos de "revelações privadas" e que chega até a transmutar-se em referências demonológicas, sem qualquer comprovação racional e fora de uma autêntica maturidade da fé. Entre as causas da difusão da magia há que considerar, certamente, uma grave carência de evangelização, que não possibilita aos fiéis assumir uma atitude crítica perante propostas que não apresentam senão um sucedâneo do sentido religioso e uma triste mistificação do conteúdo autêntico da fé.

Gravidade do fenômeno

Por outro lado, o fenômeno da magia apresenta-se sob aspectos notavelmente diversificados e complexos. Isso abrange desde formas gerais de superstição a práticas mágicas de diferentes níveis, desde a adivinhação até o espiritismo, chegando, inclusivamente, a grupos e seitas satânicas que organizam reuniões e missas negras. Como lucidamente observou o cardeal J. Ratzinger (Papa Bento XVI)[497]: "A cultura ateia do Ocidente moderno vive ainda graças à libertação do medo e dos demônios trazida pelo Cristianismo. Porém, se a dita luz redentora de Jesus Cristo chegar a extinguir-se, pese embora toda a sua sabedoria e tecnologia, o mundo mergulhará no terror e no desespero. Já existem sinais que indicam o retorno de forças obscuras, enquanto no mundo secularizado os cultos satânicos estão a aumentar"[498].

O sentido desta Nota

Como bispos a quem foi confiada a responsabilidade das Igrejas particulares da região toscana, sentimo-nos na obrigação de intervir nesse tema para prevenir os fiéis e as nossas comunidades contra a invasão de orientações de pensamento e de comportamento que abalam as próprias raízes da fé e o seu verdadeiro significado. Nesta Nota ocupamo-nos dos fenômenos que dizem respeito à ciência, desde a medicina à psiquiatria, à parapsicologia, certas investigações científicas sobre astrologia ou sobre fatos de curas de distintas naturezas, ou sobre relações entre o paranormal e a religião. A nossa intervenção é exclusivamente de natureza *teológica e pastoral*. Analisamos o fenômeno da magia nas suas distintas formas (primeira parte); recordamos a posição doutrinal da Igreja (segunda parte); detemo-nos sobre os problemas específicos do "malefício" e da "possessão diabólica", indicando o sentido e as condições de intervenção da Igreja (terceira parte). A conclusão insiste sobre

---

[497] À data desta Nota Pastoral, Prefeito da Congregação para a Doutrina da Fé (1994). [*Nt. trd.*]

[498] J. Ratzinger, *Raport sur la foi*, 1985.

a necessidade de uma nova evangelização, indicando a prevenção dos fenômenos denunciados e propondo de maneira positiva um cristianismo adulto, capaz de discernimento baseado na sabedoria de um anúncio do autêntico "Evangelho da Salvação", de caridade, e de oração perante situações de sofrimento. A consciência que fundamenta a nossa intervenção surge da fé na vitória do Senhor ressuscitado sobre o mal e sobre o Maligno: uma vitória que leva os cristãos a compreenderem a sua existência em termos de uma nova vida em Jesus Cristo, de luz e de graça.

1) A MAGIA E AS SUAS FORMAS

Distinção objetiva entre religião e magia

O problema de uma definição de magia é, em si mesmo, difícil, dada a diversidade de fenômenos. Contudo, parece que há um dado fundamental aceite pelos peritos: a distinção objetiva que se deve fazer, no plano antropológico e cultural, entre "religião" e "magia". A distinção deriva da forma em que ambas as experiências se referem ao que é transcendente:

- A religião refere-se diretamente a Deus e à sua ação, de tal maneira que não existe, nem pode existir, nenhuma experiência religiosa sem esta referência.
- A magia implica uma visão do mundo que crê na existência de forças ocultas que exercem uma influência sobre a vida do homem e, sobre as quais, quem a pratica (ou o seu "beneficiário") pensa poder exercer um controle mediante práticas rituais capazes de produzir automaticamente resultados; o recurso à divindade – quando existe – é meramente funcional, ficando subordinado a essas forças e aos efeitos desejados.

Certamente a magia não admite nenhum poder superior a ela própria; afirma que pode forçar os próprios "espíritos" ou "demônios" invocados para que se apresentem e cumpram o que se lhes pede. Contudo, hoje, quem recorre à magia não pensa em dirigir-se primeiramente a Deus – ao Deus pessoal da fé e à sua Providência sobre o mundo –, mas antes a forças ocultas impessoais, sobre-humanas ou que vagueiam sobre o mundo, que reinam sobre a vida do cosmo e do homem. Pensa que deve defender-se contra essas forças recorrendo a gestos, para as esconjurar, e a amuletos, ou, ainda, pressupõe que pode obter algum benefício mediante fórmulas de encantamento, poções, ou ações relacionadas com os astros, a criação ou a vida humana.

É nesse contexto que se insere o caráter produtor do ato mágico, que não admite – uma vez ativado segundo as modalidades requeridas – nenhuma possibilidade de fracasso. Isto apresenta-se sob distintas formas. Existe a magia *imitativa:* segundo ela, o semelhante produz o semelhante: verter água sobre a terra trará chuva; perfurar os olhos de uma boneca provocará, na pessoa que esta representa, cegueira ou morte. Existe a magia *contagiosa:* para ela, o contíguo atua sobre o contíguo ou uma parte sobre o todo de tal maneira que basta pôr em contato duas realidades, animadas ou inanimadas, para que uma força maléfica ou benéfica se transmita de uma a outra: desta forma "tocar ferro", ou "atirar sal", afastará as influências negativas ou "feitiços", em virtude dos poderes especiais que os ditos elementos contêm. Finalmente, existe uma magia *encantadora:* que atribui um poder especial a fórmulas ou ações simbólicas considerando-as capazes de produzir os efeitos invocados ou indicados pelas ditas fórmulas.

Seja qual for a forma pela qual se expresse, a magia representa um fenômeno que não tem nada que ver – *no plano objetivo* – com o autêntico sentido da religião e do culto a Deus. Pelo contrário, é sua inimiga e antagonista. Com redobrada lógica, a razão científica contemporânea (ou simplesmente a razão essencial) considera a magia como uma forma de irracionalidade, seja com respeito a concepções pré-lógicas que se atribui, seja em relação aos meios que ativa ou aos objetivos que procura. Entre os peritos existem diferentes opiniões sobre a origem da magia. Alguns situam a sua origem numa autossugestão ou numa "neurose obsessiva" do indivíduo ou da sociedade. Outros explicam-na como uma reação de defesa contra – ou uma deformação de – a ideia da Divina Providência. Alguns, indo mais além, veem na magia a expressão de uma vontade de poder do homem, orientada para a realização do seu sonho arquetípico: ser Deus. De fato, seja qual for a explicação da qual se parta, através da crença mágica, manifesta-se uma espécie de reedição desta tentação das origens que foi a raiz do primeiro pecado, presente no coração do homem como uma tendência ou sugestão encapotada do Tentador.

Possibilidades de influência do pensamento mágico
sobre o comportamento religioso

Deve observar-se, por outro lado, que, embora religião e magia representem objetivamente dois fenômenos distintos, por vezes, *subjetivamente,* podem convergir em certos aspectos, e isso pode acontecer na própria vida dos cristãos.

O pensamento mágico caracteriza-se por duas atitudes essenciais: o *sentimento do desejo* de obter algo que não se possui, ou o sentimento do temor que leva a pensar que se podem colocar poderes ocultos ao serviço de um só; e a *separação nítida entre o rito e a vida*. Para poder responder a tais requisitos, a magia, baseando-se na crença em forças misteriosas capazes de alcançar para lá das forças físicas naturais, organiza rituais aos quais atribui uma eficácia direta, independentemente de Deus e da sua ação, para alcançar o efeito esperado ou ansiado pelo desejo. O caráter operatório dos ditos rituais não tem nada a ver, na percepção da pessoa, com a sua atitude ética e as suas opiniões existenciais. Com efeito, devido à sua estrutura fundamental, a magia não implica, *per se*, nenhum vínculo com as opções morais da pessoa nem com os seus deveres: um indivíduo pode ter um comportamento repreensível, ou viver em situações de falta, egoísmo e ódio, que nada disso, pelo menos em princípio, poderá resultar num impedimento, uma vez que o ritual mágico realizado com exatidão, ou repetido infatigavelmente, pretende produzir os efeitos que se lhe atribuem.

É evidente que o verdadeiro significado da religião e, sobretudo, a noção cristã da liturgia nada têm que ver com esses componentes do pensamento mágico. Apesar disso, *subjetivamente*, podem criar-se sobreposições e mesmo colisões. Precisamente porque a origem da magia não se encontra na razão, mas no plano do sentimento. É possível encontrar também num crente uma dissociação do mesmo tipo: através da razão torna-se claro que apresenta atos cristãos nos quais sabe que Deus e a sua graça estão presentes; mas no plano do sentimento, o que funciona no cristão pode ser uma atitude de tipo mágico, ligada unicamente ao desejo de obter algo, ou de fugir a uma força impessoal que teme. Considerações análogas também são válidas para o conceito do gesto sacramental, quando o entendemos de modo automático e "coisificado", fora de um correto conceito de Deus e do próprio sacramento, ou quando se separa do estabelecido pela fé e da resposta de vida que exige. O rito sacramental, pelo qual age a graça de Cristo, exige o compromisso pessoal do crente e a adequação da vida ao que se proclama mediante o ato celebrativo e que se recebe como um dom de Deus. Queremos advertir os nossos fiéis sobre esses perigos e convidá-los a uma redescoberta permanente do autêntico sentido do "rito" da Igreja referente a uma verdadeira maturidade da fé e a uma real correspondência entre o que se crê, o que se celebra e o que se vive. Na verdade, existe uma relação inseparável entre a fé, o culto e a vida cristã.

O objetivo desta Nota, contudo, não é examinar primeiro o perigo de uma interferência do pensamento mágico com o comportamento dos cristãos, mas, antes, denunciar o fenômeno da magia em si mesma e sob as suas diferentes formas, embora nunca se deve esquecer as consequências que pode ter sobre a vida e a prática litúrgica dos fiéis.

"Magia branca" e "magia negra"

Tradicionalmente, distingue-se a "magia branca" da "magia negra". Essa diferença tem um sentido, particularmente no que toca ao diferente nível de responsabilidade moral que encerra.

A expressão "magia branca" pode relacionar-se com duas práticas muito distintas. Pode entender-se como a arte de realizar prodígios através de meios naturais; neste sentido, equivale aos jogos de prestidigitação ou aos fenômenos de ilusionismo. É evidente que semelhante arte, por não utilizar elementos ilícitos e não ter objetivos desonestos, em si mesma é inofensiva e legítima.

Não nos referimos a isso na nossa Nota. Mas é totalmente diferente se, por "magia branca", se entendem formas de intervenção que pretendem alcançar objetivos, ainda que sejam aparentemente benéficos, como o restabelecimento de uma relação sentimental, a cura de uma doença, a resolução de problemas econômicos, etc, recorrendo ao uso de meios inadequados, como talismãs, amuletos e poções, crenças na existência de laços entre o deitar de cartas e pessoas e acontecimentos, ou, ainda, recorrendo a práticas médicas centradas em artes ocultas ou poderes pretensamente "sobre-humanos". É claro que, nesse caso, entram em jogo tanto formas de superstição quanto burlas e atitudes enganosas, contrárias à própria natureza da fé e, portanto, ilícitas e inaceitáveis, quando não resultam mesmo perigosas para a própria integridade psicofísica e a vida moral daqueles que são vítimas de tais práticas.

Contudo, mais grave é a "magia negra". De forma direta ou indireta, recorre a poderes diabólicos, ou, de qualquer maneira, pretende atuar sob a sua influência. Como regra geral, a "magia negra" persegue fins maléficos (provocar doenças, desgraças, morte), ou influenciar o curso dos acontecimentos para seu próprio interesse, especialmente para tirar proveito pessoal, tais como honras, riquezas ou coisas semelhantes. Chama-se "magia negra" devido aos métodos a que recorre e aos objetivos que visa alcançar. Esta forma de magia é uma verdadeira expressão do anticulto que procura que os seus seguidores se transformem em "servidores de Satanás". Compreende todos esses ritos esotéricos, com fundo satânico, que tem o seu ponto culminante no que se denomina por "missas negras". Certamente, semelhante forma de magia não se explica sem uma influência do "pai da mentira" (*Jo* 8,44), que, como ensinam as Escrituras, tenta por todos os meios desviar o homem da verdade e conduzi-lo ao erro e ao mal (cf. *1Pd* 5,8), apesar da derrota que sofreu com a chegada do Filho de Deus (cf. *Lc* 10,18) e o triunfo glorioso da sua ressurreição (cf. *Fl* 2,9).

Adivinhação e espiritismo

À magia, sob essas duas formas, liga-se a adivinhação: uma prática que, em sentido estrito, constitui uma tentativa de querer predizer o futuro partindo de signos tirados da natureza, ou, ainda, utilizando a interpretação de presságios ou de malefícios de diferentes origens; num sentido mais amplo, normalmente entre gente mais simples, representa uma mistura de credulidade e de intenções ingênuas que se baseiam no conhecer por antecipação, mediante o uso de meios ou artes especiais, algum fato que sobrevirá. Fazem parte da adivinhação: a *astrologia* (pretender circunscrever o futuro livre dos homens, nos astros ou no ordenamento das estrelas), a *cartomancia* (predizer o futuro mediante as cartas, os "tarots"), a *quiromancia* (decifrar as linhas das mãos), e formas parecidas. A pior expressão da adivinhação, e a mais grave, é a *necromancia* ou *espiritismo*, isto é, recorrer aos espíritos dos mortos para entrar em contato com eles e revelar o futuro ou algum dos seus aspectos. As sessões de espiritismo pertencem a esse tipo de magia. Durante essas sessões os participantes e os *médiuns* (versão moderna dos antigos nigromantes) tratam de invocar as almas dos defuntos (por exemplo, supostas gravações de vozes de além-túmulo): na realidade introduzem uma forma de alienação referente ao presente e uma mistificação da fé no que está para o além, geralmente mediante artimanhas, atuando de fato como instrumentos das forças do mal, que utilizam frequentemente com objetivos destruidores, destinados a confundir o homem e a afastá-lo de Deus.

Interagindo nesses diferentes tipos de adivinhações, encontramos grupos *esotéricos* e *ocultistas* de origem antiga ou surgidos recentemente (da teosofia à antroposofia, até à *New Age*), que pretendem "abrir a porta" e penetrar no conhecimento de verdades ocultas e adquirir poderes espirituais especiais. Tais grupos engendram uma enorme confusão no espírito das pessoas, especialmente dos jovens, e conduzem a comportamentos extremamente discutíveis e graves do ponto de vista cristão. Também não se pode esquecer esse grande movimento, por sua vez iniciador e mágico, que é a maçonaria. Pelo menos em alguns desses grupos e em formas que derivam deles. Na maioria dos casos trata-se de uma reedição de cultos gnósticos que voltam a propor a antiga ideia de magia como vontade de poder, esforçando-se por colocar as forças ocultas (boas ou más), que se pensa que estão ativas no mundo, ao serviço da causa própria. Esses grupos apresentam-se como "caminhos de salvação" (daí o seu carácter secreto, os rituais desenvolvidos e o recurso à figura de um líder dotado de poderes excepcionais), por vezes, utilizando o próprio nome de Jesus Cristo ou recorrendo a ritos que pretendem ser "sacramentais".

É evidente que não se podem aceitar esses grupos nem as suas práticas. No lugar do sentimento religioso, da busca de Deus e da vida sacramental, introduzem práticas mágicas, sistemas de pensamento e de vida totalmente incompatíveis com a verdade da fé.

Inclusivamente, encontram-se grupos onde ocorrem abusos de tipo sexual, com consequências preocupantes para as pessoas envolvidas, quer a nível moral, quer psíquico. Nunca nos cansaremos de advertir os fiéis contra o perigo dessas seitas e dos seus erros, repetindo a exortação de Paulo a Timóteo: *"Virão tempos em que o ensinamento salutar não será aceite, mas as pessoas acumularão mestres que lhes encham os ouvidos, de acordo com os próprios desejos. Desviarão os ouvidos da verdade e divagarão ao sabor das fábulas"* (2Tm 4,3-4), ou ainda a advertência de João: *"Caríssimos, não deis fé a qualquer espírito, mas examinai se os espíritos são de Deus, pois muitos falsos profetas apareceram no mundo"* (1Jo 4,1).

O conhecimento integral do Evangelho e o encontro vivido com Cristo na Igreja, Sua Esposa, representa o melhor antídoto para essas formas de neopaganismo. No entanto, é necessário que os crentes sejam convenientemente evangelizados quanto aos fundamentos na fé no Senhor ressuscitado, recebam a sua Palavra e os seus sacramentos, façam a experiência autêntica da oração e da vida eclesial.

2) JUÍZO DOUTRINAL DA IGREJA

"Eu sou o Senhor, teu Deus"

No geral, a Igreja não se preocupou muito com uma abordagem analítica do fenômeno da magia; no entanto, a condenação desta foi constante e inequívoca, segundo o que ensinam as Sagradas Escrituras. Conhece-se a extrema dureza do Antigo Testamento contra quem pratica a magia (cf. *Ex* 22,17; *Lv* 20,27). A razão de tanta severidade reside no fato de a magia ser uma recusa do Deus único e verdadeiro: "Não vos volteis para o espírito dos mortos nem consulteis os adivinhos. Não vos contamineis com isso. Eu sou o SENHOR, vosso Deus" (*Lv* 19,31). "Se alguém se voltar para os espíritos dos mortos e adivinhos, entregando-se a essas práticas, voltarei o meu rosto contra esse homem e suprimi-lo-ei do meio do seu povo. Santificai-vos e sede santos, porque

Eu sou o SENHOR, vosso Deus" (*Lv* 20, 6-7). Segundo a *Bíblia*, a magia representa um ato de apostasia para com o Senhor, único salvador do seu povo (cf. *Dt* 13,6), e equivale a um gesto de rebelião contra Deus e a sua Palavra (cf. *1Sm* 15,23). "Eu e só Eu é que sou o SENHOR. Não há outro salvador além de mim. Eu é que predisse e salvei. Eu é que anunciei, e não há nenhum outro no meio de vós. Vós sois as minhas testemunhas – oráculo do Senhor. Eu é que sou Deus." (*Is* 43,11-12). Uma coisa é a profecia, anunciadora da salvação do Senhor, e outra coisa os presságios de adivinhos e magos, portadores de falsidade e engano (cf. *Jr* 27,9;29,8; *Is* 44,25;47,12-15). Entregar-se à magia é como entregar-se à prostituição. "O meu povo consulta o seu pedaço de pau, e o seu cajado faz-lhe revelações, porque o espírito de prostituição o perde: eles prostituíram-se, afastando-se do seu Deus" (*Os* 4,12; cf. *Is* 2,6;3,2-3). O Livro da *Sabedoria* põe em destaque, ironicamente, o modo como os ritos mágicos, em vez de salvar, conduzem a uma situação ainda pior. "Os artifícios da magia mostravam a sua impotência, e a sua pretensão de inteligência conhecia um fracasso humilhante, pois os que prometiam afugentar os medos e as perturbações da alma doente, esses mesmos eram vítimas de um pânico ridículo" (*Sb* 17,7-8).

O Novo Testamento segue a mesma linha quando, ao pedir a fé no único Senhor Jesus e o batismo em seu nome, exige recusar todo o pensamento e todo o comportamento mágico (cf. *At* 8,9-13;19,18-20). Existe, por certo, uma oposição nítida entre o anúncio da fé e a magia (cf. *At* 13,6-12;16,16-24). Os verdadeiros crentes devem confiar no único profeta, o Senhor Jesus, o Filho encarnado do Pai (cf. *Mc* 1,11) e nas Escrituras dadas pelo Espírito Santo à sua Igreja (cf. *2Pe* 1,16-21). A "bruxaria", seja qual for a forma sob a qual se manifeste, faz parte das obras que afastam do Reino de Deus (cf. *Gl* 5,20), tanto assim é que o *Apocalipse* exclui da Jerusalém celeste os mentirosos e os "bruxos" de todo o tipo (*Ap* 9,21;18,23; 21,8;22,15). Com certeza a magia substitui Deus por criaturas e representa uma repetição dessa tentação diabólica à qual o próprio Jesus quis submeter-se, triunfando: "*O demônio disse-lhe: 'dar-te-ei todo este poderio e a sua glória, porque me foi entregue e dou-o a quem me aprouver. Se te prostrares diante de mim, tudo será teu.' Jesus respondeu-lhe: 'Ao Senhor, teu Deus, adorarás e só a Ele prestarás culto'.*" (*Lc* 4,6-8).

A incompatibilidade entre magia e fé

Esse é o ensino constante da fé cristã. E a *Didakê*, entre os caminhos que conduzem à morte, coloca ao lado da idolatria a magia e os encantamentos[499]. Taciano, por volta dos finais do séc. II, trava uma dura polêmica contra o fatalismo astral, no qual vê uma forma de poder do demônio sobre a humanidade[500]. Hipólito, na *Tradição Apostólica*, exclui do batismo os magos, astrólogos e adivinhos[501]. Tertuliano pronuncia palavras muito duras contra todos aqueles que praticam magia:

> "De astrólogos, bruxos, charlatães de toda a espécie, não deveria sequer falar-se. No entanto, recentemente, um astrólogo, que se diz cristão, cometeu a imprudência de fazer a apologia do seu ofício! Portanto, é necessário recordar, ainda que sucintamente, a esse homem e aos colegas de ofício, que ofendem a Deus colocando os astros sob a proteção dos ídolos e fazendo depender deles a sorte dos humanos. A astrologia e a magia são invenções abjetas dos demônios"[502].

Esse é um juízo partilhado pela maioria dos Padres da Igreja. Segundo Agostinho, a magia é demoníaca; pelo contrário, a religião cristã é a vitória sobre o poder do demônio e a ruptura completa com semelhante mundo.[503]

Perante as dificuldades dos recém-convertidos em abandonar as antigas práticas mágicas, a condenação torna-se tão forte e intensa que acaba por atribuir ao demônio toda a magia, sob todas as suas formas, identificada com a possessão diabólica. Se a posição de São Tomás de Aquino se mostra extremamente equilibrada[504], numerosos textos, especialmente na Idade Média tardia, atingem acentuações excessivas, chegando a desenvolver a ideia do "malefício" como um poder que os seres humanos, especialmente as mulheres, podem exercer sobre os outros, depois de ter negociado com o demônio a venda da sua alma a troco de poderes preternaturais que poderiam exercer durante toda a sua vida. Uma ideia que levou, nos sécs. XV ao XVIII, à triste história das perseguições levadas a cabo contra os bruxos e os magos. Esses acontecimentos, mesmo levando em conta o contexto da dificuldade de um juízo

---

[499] *Didakê*, 1,5.

[500] Taciano, *Oratio ad graecos*, 8.11 e 16-19.

[501] Sto. Hipólito, *Traditio apostolica*, 41, 1, 5

[502] Tertuliano, *De idolatria*, IX, 1.

[503] Sto. Agostinho, *De doctrina christiana*, II, 35-36.

[504] São Tomás de Aquino, *Suma teológica*, II-III Q. 95, A 1-8.

histórico *a posteriori*, são humilhantes para o cristianismo ocidental. Não devemos esquecer, por outro lado, que, nas mesmas circunstâncias, houve homens de coragem como Cornelius Loos e o jesuíta F. von Spes, na Alemanha, que em nome da fé se opuseram a semelhantes excessos.

Em todo caso, os acontecimentos que se desenrolaram no decurso destes séculos devem levar a que os cristãos sejam prudentes para julgar que a magia é um efeito direto – sempre e em toda a circunstância – do demônio. Além disso, do ponto de vista teológico, não se pode reduzir, racionalmente, a realidade das práticas mágicas, especialmente as da magia negra, unicamente a um fenômeno psíquico desviante ou a um simples ato pecaminoso do homem. Não se pode excluir que exista nessas práticas uma ação ou uma dependência de Satanás, o adversário declarado do Senhor Jesus e da sua salvação. O diabo – como no-lo ensina o *Apocalipse* – empregará, até o fim dos tempos, todos os seus poderes e a sua sagacidade para enganar os batizados e opor-se à plena realização do projeto de salvação de Deus para o mundo. "Um duro combate contra os poderes das trevas atravessa, com efeito, toda a história humana; começou no princípio do mundo e, segundo a palavra do Senhor, durará até o último dia. Inserido nesta luta, o homem deve combater constantemente, se quer ser fiel ao bem, e só com a ajuda de Deus conseguirá realizar a sua própria unidade" (*Gaudium et spes*, 37)[505].

A magia como ato moralmente ilícito

O cristão não pode aceitar a magia, porque não pode aceitar que Deus passe a um segundo plano perante as falsas crenças. Nem, tão pouco, pode aceitar pensar que a sua vida está dominada por forças ocultas manipuláveis à vontade por ritos mágicos, ou que o seu futuro esteja escrito antecipadamente nos movimentos dos astros ou em outras formas de presságio. "Deus – diz o CATECISMO DA IGREJA CATÓLICA (CIC) – pode revelar o futuro aos seus profetas ou a outros santos. Mas a unidade certa do cristão consiste em pôr-se com confiança nas mãos da Providência, em tudo quanto se refere ao futuro, e em pôr de parte toda a curiosidade malsã a tal propósito. A imprevidência, no entanto, pode constituir uma falta de responsabilidade"[506].

---

[505] Transcrição de acordo a tradução oficial do documento em Português [*Nt. trd.*].

[506] CIC, n.º 2115. [Nas transcrições dos artigos do CIC seguimos a versão portuguesa do texto aprovado pela Conferência Episcopal Portuguesa – *Nt. trd.*].

A "magia negra", mais especificamente, representa uma falta muito grave para o crente. Equivale – sob uma forma distinta – à adivinhação e ao espiritismo.

"Todas as formas de *adivinhação* devem ser rejeitadas: recurso a Satanás ou aos demônios, evocação dos mortos ou outras práticas supostamente 'reveladoras' do futuro. A consulta dos horóscopos, a astrologia, a quiromancia, a interpretação de presságios e de sortes, os fenômenos de vidência, o recurso aos 'médiuns', tudo isso encerra uma vontade de dominar o tempo, a história e, finalmente, os homens, ao mesmo tempo que é um desejo de conluio com os poderes ocultos. Todas essas práticas estão em contradição com a honra e o respeito, penetrados de temor amoroso, que devemos a Deus e só a Ele"[507].

Reconhecendo-se chamado por Deus para viver a sua própria existência como resposta livre ao seu projeto de amor através da graça, o batizado afasta toda a forma de práticas mágicas na medida em que constituem um desvio da verdade revelada, na medida em que são contrárias à fé em Deus Criador e ao culto exclusivo que lhe é devido, opostas ao reconhecimento de Jesus Cristo como único Redentor do homem e do mundo, e ao dom do seu Espírito e, por isso, estão em contradição com a integridade da profissão da fé e são perigosas para a salvação.

> "Todas as práticas de magia ou de feitiçaria, pelas quais se pretende domesticar os poderes ocultos para os pôr ao seu serviço e obter um poder sobrenatural sobre o próximo – ainda que seja para lhe obter a saúde – são gravemente contrárias à virtude de religião. Tais práticas são ainda mais condenáveis quando acompanhadas da intenção de fazer mal a outrem ou quando recorrem à intervenção dos demônios. O uso de amuletos também é repreensível. O *espiritismo* implica muitas vezes práticas divinatórias ou mágicas; por isso, a Igreja adverte os fiéis para que se acautelem dele. O recurso às medicinas ditas tradicionais não legitima nem a invocação dos poderes malignos, nem a exploração da credulidade alheia"[508].

A procura de fenômenos paranormais ou de poderes "excecionais", como as visões à distância, as "viagens" ao além ou a produção de "fluido", também pode ser um extravio e ser perigosa para o justo equilíbrio humano e para a vivência autêntica da fé do batismo. Muitos desses fenômenos pertencem ao domínio da parapsicologia e, portanto, da ciência, ainda que explicá-los

---

[507] *Idem*, 2116.
[508] *Idem*, 2117.

seja sempre tarefa árdua e difícil. Por vezes, apresentam uma certa dose de mistério que pode desencadear perguntas sobre o sentido da vida e da morte. Mas, em geral, utilizam-se para fins ambíguos e enganadoramente religiosos, ou ainda com propósitos lucrativos, como acontece em certos casos na nossa própria região. Advertimos os fiéis para que não se deixem levar por formas parecidas de exploração e nos perigos que isso engloba. O autêntico sentido da fé não necessita desse tipo de referências. Ser discípulo de Cristo, segundo o que nos diz o Evangelho, requer um encontro simples e autêntico com Jesus Cristo Senhor e Mestre, colocando de lado todas as demais maneiras de procurar o "extraordinário". Crer em Jesus, converter-se à Sua Palavra e segui-lO, em comunhão com toda a Igreja, é o paradigma de referência essencial para procurar e prosseguir, como o fizeram milhões e milhões de crentes, desde as origens até os nossos dias, sem se deixar desviar e seduzir por falsos conceitos e vãos comportamentos na procura do milagre.

3) MALEFÍCIOS, POSSESSÕES DIABÓLICAS E INTERVENÇÕES DA IGREJA

O malefício e o seu caráter inaceitável

Uma forma especial de magia, que visa prejudicar o próximo, representa-se pelo que se designa *malefício*. São Tomás de Aquino enumera-o no conjunto dos pecados mortais[509].

Chamamos-lhe vulgarmente "mau-olhado" (o mal que se faz com o olhar) ou "feitiço" (fazer algo simbólico com intenção de desejar o mal ou o prejuízo de alguém). Trata-se de formas grosseiras e populares de magia, umas vezes, ativadas por ignorância ou por ingenuidade, outras vezes, com uma verdadeira intenção de provocar dano. Quem faz disso uma profissão deve o seu nome, *sortiarius*[510], a uma prática muito comum durante a Idade Média, que consiste em prever e orientar a sorte por meio dos seus sortilégios. Por sua vez, o *sortiarius* não é nem mais, nem menos, que o herdeiro ocidental dos magos da antiga Pérsia e Assíria, que começaram, oficialmente, por estudar os astros e acabaram por recorrer a métodos ocultos procurando assegurar vinganças particulares: teve por seguidores diferentes grupos, na Baixa Idade Média, até

---

[509] São Tomás de Aquino, *Suma Teologica*, II-II, q. 76, a. 3.

[510] "Vidente"; "Astrólogo"; "Mago", em Português. Na linguagem popular: "adivinho"; "bruxo"; "feiticeiro" [Nt. trd.].

aos modernos "bruxos" ou "feiticeiros" de tipo popular ou com um perfil profissional mais elevado.

Encontra-se entre o nosso povo a ideia do "mau-olhado" feito contra alguém. Entendemo-lo, geralmente, como um ato de maldição, um gesto de condenação, ou um fenômeno de sugestão capaz de provocar dano a quem é dirigido, sem pensar – pelo menos de uma forma direta ou explícita – num ato de natureza demoníaca. Pese o seu caráter de ingenuidade, esse ato deve ser considerado como inaceitável do ponto de vista cristão, na própria medida em que se apresenta como uma ação contrária à virtude da religião, à justiça ou à caridade. Não é aceitável que alguém se esforce para fazer mal a outra pessoa. Contudo, mais grave ainda é a "maldição" de quem tem a presunção de submeter a quem é alvo desta (elementos inanimados, animais e sobretudo pessoas) ao poder ou ao menos à influência do demônio. Nesses casos, não obstante o realize com a dita presunção específica, reveste a forma de "magia negra" e constitui um ato pecaminoso muito grave. Alguns fiéis interrogam-se: Existe o "mau-olhado"? Tem efeitos reais? O demônio pode utilizar pessoas más e, portanto, atos, como o "mau-olhado" ou a "maldição", para causar dano a alguém? A resposta é, certamente, difícil para julgar casos particulares, mas não se pode excluir, em práticas deste tipo, uma certa participação do ato maléfico no mundo endemoninhado, e vice-versa. Por esta razão, a Igreja sempre recusou e continua a recusar o *maleficium* e todo e qualquer ato que a ele se assemelhe.

Ação de Satanás e possessão

A possibilidade de submeter alguém às forças do mal e, inclusivamente, a Satanás é um dado provado, de diferentes formas, na experiência e na consciência da fé da Igreja. Há que recordar que Satanás pode interferir na vida do homem num duplo nível: através de uma ação ordinária, tentando o homem para que provoque dano (o próprio Jesus aceitou ser tentado), e isto atinge todos os fiéis; e através de uma ação extraordinária permitida por Deus em certos casos por razões que só Ele conhece. Este segundo nível de ação manifesta-se sob duas formas:

– como perturbações físicas ou externas, como se pode constatar em certos fenômenos que se produzem na vida dos santos, ou prejuízos locais provocados em casas, objetos ou animais;
– como obsessões pessoais, quer dizer, pensamentos ou impulsos que assumem um estado de prostração, de desespero, ou de tentação de suicídio;

- como ações diabólicas, devidas a perturbações e enfermidades que chegam a fazer perder o conhecimento, a praticar atos ou a pronunciar palavras de ódio contra Deus, Jesus, o seu Evangelho, Maria e os Santos;
- como uma possessão diabólica, quer dizer, como um tomar posse do corpo do indivíduo pelo demônio, que o faz falar ou atuar como quer, sem que a vítima possa resistir-lhe; esta é claramente a situação mais grave.

O Evangelho fala da possibilidade de uma presença diabólica no homem: o sujeito que a sofre transforma-se numa espécie de "morada" que o inimigo tomou (cf. *Mc* 3,22-27); descreve intervenções de libertação de situações deste tipo operadas por Jesus. Embora seja difícil interpretá-las, não se pode pensar que intervenções parecidas devam ser compreendidas, todas e sempre, como uma resposta a situações de dissociação psicológica ou de histeria. A menos que pensemos que Jesus foi vítima de uma superstição primitiva, não parece que se possa aceitar que o "tu" que utiliza nos seus exorcismos (p. ex., em *Lc* 4,35; 8,30-33) seja uma expressão puramente abstrata que não designa "nada". Para além disso, há que ter sempre em consideração que Jesus intervém não sobre a possessão de ordem física, mas também sobre a de ordem moral.

As formas de influência demoníaca, ainda que misteriosas, não podem ser interpretadas unicamente como situações com fundamento patológico: devem receber uma avaliação teológica na própria medida em que se apresentem como antítese ao projeto de salvação de Deus para as suas criaturas. A pessoa humana, criada à imagem e semelhança do Criador e redimida por Cristo, é chamada à comunhão com Deus e à participação na sua vida trinitária. Este é o acontecimento da graça do Batismo e o dom do Espírito Santo difundido nos nossos corações. O trabalho de Satanás, nas suas distintas expressões, opõe-se objetivamente à vida de Deus. Por isso, a Igreja não pode permanecer indiferente perante semelhantes casos; sente-se autorizada para intervir. Como sacramento da salvação de Cristo, sabe que recebeu o mandato de discernir e esforçar-se, opondo-se a toda a forma de mal ou a toda a força daninha que conduz o homem para o erro e que se oponha à realização da Redenção de Cristo na vida dos crentes. Embora seja difícil discernir quais são os limites entre situações psicóticas e situações de influência endemoninhada efetiva, não pode – em nenhum caso – subavaliar a gravidade do sofrimento dos fiéis que se sentem vítimas de tais fatos. Tão pouco limitar-se a condenações gerais ou expeditivas. A Igreja compreende o sofrimento desses irmãos e dessas irmãs, e esforça-se por tomar – na pessoa dos seus ministros – uma atitude de compreensão humana e de ajuda, evitando tanto qualquer excesso de racionalismo e de frio desapego quanto toda a forma de fideísmo ou de ingênua credulidade.

A liberdade do cristão e a vitória de Cristo

Há que esclarecer que a ação de Satanás, inclusive sobre a forma mais grave, que é a possessão, não pode abranger o domínio sobre a alma, mas unicamente a utilização do corpo, como o recorda São Tomás, expressando a esse respeito a posição tradicional da reflexão teológica: "Por causa da sua sutileza ou espiritualidade, os demônios podem penetrar nos corpos e residir neles; por causa do seu poder, podem convulsioná-los ou perturbá-los. Portanto, os demônios podem, em virtude da sua sutileza e poder, introduzir-se no corpo do homem e atormentá-lo, a menos que os impeça um poder superior. É o que se chama possuir, *assediar*... Mas penetrar no íntimo da alma fica reservado à substância divina"[511].

Quanto aos motivos pelos quais Deus pode permitir a possessão, podem-se enumerar alguns, sem pretender desvendar o mistério das justas deliberações divinas: 1) Para manifestar a sua glória (obrigando o demônio, pela boca do possuído, a confessar a divindade de Cristo ou a glória de Deus); 2) Para castigar o pecado ou corrigir o pecador; 3) Para nos instruir e recordar a luta contra Satanás, a necessidade da oração e da conversão.

Ajuntemos que, não podendo exercer o domínio da alma, o demônio não pode utilizar a liberdade humana tal como utiliza os órgãos corporais para os fazer agir segundo a sua vontade[512]. Todos os meios que é capaz de acionar para induzir o homem a querer o que ele quer, são o medo, o terror e o fascínio do espírito perante o poder extraordinário que se manifesta por meio dos efeitos produzidos sobre o corpo. Consequentemente, a perda da liberdade do homem não pode desembocar senão numa recusa voluntária da sua parte. O cristão sabe que conserva nele a capacidade de resistir às influências do demônio: nele, por certo, a verdade da fé é o princípio de uma nova liberdade (cf. *Jo* 8,32-36; *Gl* 5,1-13). A vitória de Jesus, mediante a Cruz e a Ressurreição, implica o fracasso definitivo de Satanás (cf. *Jo* 12,31-32). O cristão deve estar consciente que Jesus o fez participante desta vitória (cf. *Jo* 16,33). A sua confiança frente aos ataques do diabo baseia-se na graça de Deus que confere à livre vontade do homem o poder de participar de maneira eficaz na luta

---

[511] São Tomás de Aquino, *In sent.*, dist. VIII, part. II a 1, q. 1 e 2.

[512] Sto. Agostinho, *De Spiritu et anima*, 27; *De eclesiasticis dogmatibus*, 50; São Tomás de Aquino, in *IV Sent.*, 1, II dist. VIII, q. 1, a 5, ad 6; *Suma teologica*, I, q. 114, a. 1-3.

vitoriosa de Cristo: "O Senhor é fiel, Ele os libertará do Maligno" (*2Ts* 3,3; cf. *At* 20,32). 'Se Deus está conosco, quem estará contra nós?" exclama São Paulo. E conclui: 'Porque estou certo que nem a morte, nem a vida, nem os anjos, nem os principados, nem o presente, nem o futuro, nem as potestades, nem a altura, nem a profundidade, nem qualquer outra criatura poderá separar-nos do amor de Deus, que está em Cristo Jesus, Nosso Senhor" (*Rm* 8,31 e 38-39). Ali se encontra a certeza indestrutível do cristão. Está consciente do trabalho de Satanás no mundo e do perigo que representa (cf. *Ef* 6,11-12) mas de nenhuma maneira vive em temor porque está certo de que em Cristo, seu Senhor e Mestre, esse trabalho está definitivamente vencido. Professa a sua esperança, cheio de alegria e de confiança, na plena manifestação da glória de Deus e daqueles que se redimirão na Jerusalém celeste. Nesta espera, esforça-se por estar atento como o dono da casa ou a donzela da parábola que espera o Esposo (cf. *Mt* 24,37-44;25,1-13) e por multiplicar os talentos que recebeu como dom, a fim de ser reconhecido como um "servidor bom e fiel", quando o Senhor vier para terminar a sua obra (cf. *Mt* 25,14-30).

Discernimento e níveis de intervenção da Igreja

O tempo da Igreja é um tempo de *crise*, de eleição e de combate contra as forças do mal, os "principados" e os "poderes" (*Ef* 3,10). Apesar da sua derrota, o Tentador continua a colocar obstáculos à realização plena do projeto de salvação de Deus na história. A Igreja está comprometida "na primeira linha", em nome de Cristo e mediante o poder do Espírito Santo, nesse "Teodrama", segundo a feliz expressão de um teólogo contemporâneo[513].

A missão fundamental da Igreja, nesse "entretempo", é *discernir* a realidade da ação de Satanás dos fenômenos de outro tipo, reconhecer caso por caso essa ação satânica. Pode, certamente, ocorrer, num campo tão vigorosamente marcado pela polivalência de formas de pensamento mágico, ocultista e supersticioso, que uma pessoa que sofre uma psicopatologia mais ou menos grave pense que é vítima de influências ou inclusivamente de possessões satânicas, sem que exista um motivo real, mas unicamente sugestão.

O *Ritual dos Exorcismos* convida os pastores a usarem da maior prudência para distinguirem "de maneira justa os casos de assaltos diabólicos, e uma certa credulidade que leva algumas vezes os fiéis a pensar que são objeto de malefícios, bruxedos ou maldições, que lhes seriam infligidos por outros. Não se lhes deve negar ajuda espiritual, mas de maneira nenhuma se deve proceder

---

[513] H. Urs von Balthasar, *Theodramática*, 5 vols.

a exorcismos. Convém, contudo, rezar com eles e por eles para que encontrem a paz de Deus"[514]. O próprio *Ritual*, no número 67, dá indicações muito valiosas a este respeito. É evidente que esse tipo de situações requer *um grande cuidado e uma enorme sabedoria pastoral*. Todo o pedido de intervenção não quer dizer que nos encontremos perante um caso de influência demoníaca. Há que recordar que, assim como existem múltiplas formas de intervenção de Satanás sobre o homem, também existem distintos níveis de intervenção da Igreja. O exorcismo por si mesmo reserva-se apenas para os casos de possessão diabólica suficientemente provados; esses casos são os mais graves, mas também os mais raros. Em todas as outras situações, desde a manifestação local até à obsessão e as ações diabólicas, será oportuno recorrer a outras formas de intervenção conhecidas como:

- escutar a Palavra de Deus e o espírito de penitência e de conversão;
- oração pessoal prolongada e jejum, como nos convida a fazer o Evangelho (*Mc* 9,29);
- orações especiais de libertação, segundo as formas previstas pelo Ordinário, feitas em grupo ou por pessoas que se encarregam disso;
- celebrar os sacramentos e sacramentais, valorizados segundo o seu significado absoluto.

Essas formas distintas de intervenção são outras tantas formas de atuar da Igreja que intercede pelos seus filhos e derrama a graça de salvação do Ressuscitado no mundo. "Isso deve ser feito em especial nos casos de ações praticadas pelo diabo contra os batizados, nos quais o mistério de misericórdia parece obscurecer-se de certa forma. Quando se encontram situações deste tipo, a Igreja implora a Cristo e, confiando no seu poder, ajuda os fiéis para que se libertem dessas ações diabólicas"[515]. Ao fiel, vítima dessas ações diabólicas deve-se exortá-lo, tanto quanto for possível, a rezar a Deus, a praticar atos de mortificação, a renovar frequentemente a sua fé batismal, a celebrar o sacramento da Reconciliação e a fortificar-se na celebração da Eucaristia[516]. Essas mesmas exortações devem recomendar-se ao mesmo tempo aos seus parentes e aos seus amigos, do mesmo modo à própria comunidade cristã, de modo que a oração e a vida de graça de numerosas pessoas o ajudem e lhe sirvam de exemplo.

---

[514] *Ritual dos exorcismos* (RE), n.º 14.

[515] RE, 10.

[516] RE, 18.

Os exorcismos

Só depois de ter utilizado todos os meios que a Igreja nos oferece podemos pensar em recorrer aos exorcismos. Trata-se nesse caso de um verdadeiro sacramental. "A Igreja sempre se preocupou em regulamentar, especialmente se é realizado sob a forma litúrgica. Nos exorcismos, com certeza, exerce-se o poder e autoridade da Igreja sobre os demônios"[517]. Esse ministério – na sua forma pública – reserva-se exclusivamente aos bispos e sacerdotes a quem o bispo delegou esse poder.

"O exorcismo consiste em expulsar os demônios e em libertar da influência demoníaca, e isso mediante a autoridade espiritual que Jesus confiou à sua Igreja. Muito distinto é o caso das enfermidades, sobretudo psíquicas, cujo tratamento pertence ao campo da ciência médica. Portanto, é importante assegurar-se, antes de celebrar o exorcismo, que se trata de uma presença do Maligno, e não de outra enfermidade"[518].

Este trabalho de discernimento deve fazer-se com todo o cuidado, mas o próprio exorcismo cumpre em parte essa função em relação aos símbolos que o precedem, que o acompanham e que o seguem. "Segundo a prática reconhecida, consideram-se como símbolos específicos: proferir inúmeras palavras num idioma desconhecido ou compreender o que fala; fazer coisas manifestamente estranhas ou escondidas; demonstrar forças superiores à natureza da sua idade ou da sua condição física"[519]. Além do mais, estes sinais apenas constituem os primeiros indícios. Devem relacionar-se com os sinais de caráter moral, como a repulsa pelas realidades religiosas; a relação entre o comportamento do sujeito no que respeita à fé e à vida cristã; e o fracasso de todas as outras práticas. Note-se que estes sinais devem ser interpretados caso por caso. No plano da catequese, deverá cuidar-se para que os crentes não procurem no exorcismo uma espécie de magia que "serve": há que instruí-los o mais corretamente possível. No plano litúrgico, fazemos nossa a recomendação do ritual que diz que "o exorcismo deve realizar-se de forma que manifeste a fé da Igreja e que nada possa racionalmente ver nele um ato mágico ou supersticioso. Além disso, há que evitar que se transforme num espetáculo para as pessoas presentes ou que se divulgue através dos meios de comunicação social"[520].

---

[517] RE, 11

[518] Cf. *Código do Direito Canônico*, can. 1172; *Carta da Congregação para a Doutrina da fé aos Bispos*, 29 de setembro de 1985; RE, 12; CIC, n.º 1673.

[519] RE, 15.

[520] RE, 20

As bênçãos

No quadro da ação sacramental da Igreja, as bênçãos têm um significado muito especial. Se os exorcismos expressam a luta da Igreja contra os poderes do mal, as bênçãos manifestam o esplendor da salvação do Ressuscitado, sempre presente na história como um novo princípio de transfiguração da vida do homem e do cosmo. "Benzer" é por certo um ato sacramental da Igreja, no qual se manifesta a fé na presença ativa do Senhor Jesus. Neste sentido deve valorizar-se o novo *Ritual das Bênçãos*, que oferece uma rica série de fórmulas de bênção das pessoas, dos grupos familiares, das casas e das atividades do homem, para as diversas circunstâncias e situações da vida. Unicamente interessa que o conceito da bênção e que o recorrer a ela seja adequadamente compreendido, evitando a sobreposição ou a colisão entre o pensamento da Igreja e uma mentalidade marcada pela superstição, que pode levar a reduzir a oração de bênção a um ato mais ou menos mágico[521].

Segundo o conceito bíblico, retomado e recordado na "Introdução" do *Ritual das Bênçãos*, o ato de bênção articula-se num duplo movimento: ascendente e descendente. Deus é Aquele a Quem se bendiz e Aquele que abençoa. O primeiro movimento é o do louvar a Deus, um louvor cheio de reconhecimento e de ação de graças pelas obras admiráveis que realizou para nós, tanto na ordem da criação quanto na da redenção; e é, certamente, Quem primeiro, com toda a serenidade, "*nos abençoou em Cristo com toda a classe de bens espirituais no céu*" (*Ef* 1,3). Desta consciência surge o segundo movimento da bênção, o movimento descendente: Deus é que abençoa, a Quem se invoca para que nos dê a sua graça e a sua proteção nas múltiplas situações pessoais, familiares e sociais da vida.

Como diz o *Ritual das Bênçãos*: "Deus abençoa, por certo, comunicando e anunciando a sua bondade. Os homens bendizem a Deus proclamando os Seus louvores, dando-Lhe graças, rendendo-Lhe o culto e o respeito da Sua devoção. Quando se abençoa os outros, invoca-se a ajuda de Deus sobre cada um e sobre todos aqueles que se reúnem em assembleia"[522]. Como sacramental, a bênção supõe uma atitude fundamental de fé para que opere o seu significado e exige uma resposta de vida em relação ao que se celebra por seu intermédio[523]. "Bendizer: dizer bem" (*bene-dicere*), como o nome o invoca, tanto em hebraico (*baraj*) como em grego (*eu-lo-gein*), significa "dizer coisas boas"

---

[521] *Ritual das Bênçãos*, 8-14.
[522] RB, 5.
[523] Veja-se mais detalhadamente: *CIC*, n.º 1667-1770 para os sacramentais e 1671-1672 para as Bênçãos.

sobre Deus para que, reconhecendo e implorando a Sua ajuda e a intercessão de Maria e todos os Santos, possa dar-nos os Seus dons, na vivência concreta da nossa existência cristã. Que os sacerdotes, pois, recebam com muita alegria e gosto aqueles que solicitam bênçãos especiais sobre as pessoas e as coisas, mas que tenham a preocupação em cada oportunidade de explicar, minuciosa e claramente, que nenhuma bênção é eficaz sem as disposições requeridas por quem as recebe, começando por renunciar ao pecado. Caso contrário, a bênção corre o perigo de ser esvaziada do seu autêntico sentido, inclusivamente existe o perigo de se assemelhar a um amuleto ou a outros objetos parecidos, ou que se reduza a um gesto contrário à fé e à coerência de vida exigida pelo Evangelho[524].

A Urgência de uma Nova Evangelização

Magia e nova evangelização

A problemática tratada neste documento relaciona-se, em última análise, com a exigência desta "nova evangelização" da qual o Santo Padre, nestes últimos anos, tem sido o testemunho e a voz infatigável. A busca do "mágico", sob as suas diferentes formas, surge de uma carência de sentido e de respostas que hoje a sociedade não é capaz de dar, especialmente no aspecto de uma necessidade, em situações de insegurança e de fragilidade crescentes. Recorrer à magia e às práticas de adivinhação é uma compensação do vazio existencial que caracteriza a precariedade da nossa época. É nesse vazio – que inclusivamente diz respeito aos cristãos que não cresceram numa fé adulta – que se apresenta a urgência de um anúncio cristão e entusiasta do Evangelho e da graça de Cristo. Só uma redescoberta capilar e ampla do verdadeiro sentido da religião e da fé em Deus, Pai, Filho e Espírito Santo, permite responder de maneira adequada à expansão da magia, sob as suas formas antigas ou recentes, e que se faça luz sobre temas referentes ao discernimento da ação de Satanás no mundo. Há que proclamar novamente, com um vigor renovado, como nos alvores da Igreja, que só Jesus, o Ressuscitado que vive eternamente, é o Salvador. *"E não há salvação em nenhum outro, pois não há debaixo do céu qualquer outro nome dado aos homens que nos possa salvar"* (At 4,12).

Os "autores de atos de ocultismo" só encontram terreno fértil onde existe ausência, vazio, de evangelização. Devemos recordar-lhes, do mesmo modo que às suas vítimas, como o afirmamos reiteradas vezes nesta Nota, que as suas ações estão desviadas e em contradição absoluta com a verdade e a

---
[524] RB, 15.

consistência da fé. Propondo a plenitude da existência cristã, a nova evangelização não deve deixar de fazer um exame de consciência crítico e denunciar essas formas de magia que – a diversos títulos, quer se trate de magia branca quer de magia negra – se opõem ao conteúdo da fé e a um enfoque da vida que corresponde à revelação de Deus confiada à Igreja. Neste campo é necessária uma grande atenção pastoral e uma clareza absoluta dos princípios. De maneira positiva, há que voltar a dar o lugar que lhe corresponde a escutar a Palavra de Deus, à celebração dos sacramentos como atos de Cristo e da Igreja, e símbolos eficazes da graça pascal, sobretudo a Eucaristia, fonte e cume de toda a vida dos cristãos. "Na Santíssima Eucaristia está contido todo o tesouro espiritual da Igreja, isto é, o próprio Cristo, a nossa Páscoa e o pão vivo que dá aos homens a vida mediante a sua carne vivificada e vivificadora pelo Espírito Santo; assim são eles convidados e levados a oferecer, juntamente com Ele, a si mesmos, os seus trabalhos e todas as coisas criadas" (*Presbyterorum ordinis*, 5).

Nova evangelização e demonologia

No campo da evangelização não se deve de modo absoluto subestimar o primado do mistério de Cristo, da sua morte e da sua ressurreição. A demonologia e os problemas que coloca, ainda que sejam graves, como o destacamos, não representam um *primum* numa visão adulta e integral da fé, e no interior de um conceito correto da hierarquia cristã das verdades. O primado pertence a Deus, à confiança incondicional que lhe é devida, a seu Filho Jesus e ao Espírito Santo que Ele derrama na vida da Igreja, seja mediante a escuta da Palavra de Deus, seja através da celebração dos gestos sacramentais. O primado pertence a Deus e à sua revelação salvadora. Satanás e os demônios não são mais que criaturas, não são um princípio equivalente a Deus, ou paralelo a Ele, ou contrário a Ele. Como seres criados, são absolutamente seres do Criador, submetidos ao seu poder, e não podem de nenhuma maneira dominar a alma do homem e privá-lo da sua liberdade.

O fenômeno da ação de Satanás sobre o homem, atingindo a grave situação da possessão, continua a ser um ato complexo e sempre difícil de interpretar, especialmente no que se refere à sua real identificação. Nesse sentido pensamos que é útil dar algumas indicações a respeito da ação da Igreja e à caridade pastoral dos sacerdotes:

– que os sacerdotes se ocupem com benevolência das pessoas que se declaram «possuídas» e procurem distinguir as diferentes situações que se lhes apresentam com grande prudência e espírito de sabedoria, na

oração e na invocação da luz do Espírito Santo sobre o seu ministério e para esses fiéis;
- nos casos mais graves ou dificilmente compreensíveis, que se dirijam ao seu bispo, que nomeará um delegado, particularmente competente para discernir os sinais da verdadeira possessão e capaz de celebrar a eventual intervenção do exorcismo.

Como sugere o *Ritual do Exorcismo*, nos casos em que não se está completamente seguro que se encontra perante uma situação real de possessão, que não se faça o exorcismo, limitando-se a outras formas de intervenção, como dissemos atrás. Em todo o caso, deve socorrer-se de especialistas em medicina ou em psiquiatria, preparados cientificamente e profissionalmente considerados. A este propósito seria oportuno pensar em instituir em cada diocese – se ainda não existe – um grupo interdisciplinar de especialistas que colabore, de maneira estável, com o bispo e os sacerdotes do seu presbitério, como um grupo de competência, de conselho e de ajuda no discernimento de cada caso.

Agentes pastorais e nova evangelização

A problemática estudada nesta Nota não diz só respeito a certos casos ou a determinadas pessoas; diz respeito a todos os fiéis e a todos os agentes pastorais. Como tivemos a oportunidade de demonstrar, o fenômeno da magia é mais amplo que o único ato da possessão diabólica e provoca a discussão sobre a própria identidade do Cristianismo e do anúncio aos homens de hoje. Considerando a expansão destas práticas mágicas, tanto sob o aspeto do ocultismo e do esoterismo, quanto o do sincretismo religioso e dos novos grupos sectários, pede-se aos agentes pastorais que tenham uma consciência real da magia, das tendências de pensamento e das práticas que derivam dela, e das deformações mentais que induz nas próprias pessoas a evangelizar.

A este respeito desejamos:
- que os agentes pastorais, convenientemente formados, façam nos distintos níveis uma obra de evangelização inteligente que previna e prepare os fiéis e os ilumine para os perigos de um conceito errado do Cristianismo, desenvolvendo ao máximo a dimensão positiva e a riqueza do anúncio evangélico em relação com as aspirações e as inquietações dos homens de hoje;
- que os sacerdotes, em particular, tanto na homilia dominical como no exercício do seu ministério de confessores e diretores espirituais, advirtam os fiéis contra o perigo de uma busca imoderada do que é

"extraordinário" na fé, e contra uma compreensão infantil da demonologia no conjunto hierárquico das verdades da fé;
- que se preste uma especial atenção à tendência de alguns se deixarem atrair por "aparições privadas" e por fenômenos carismáticos de origem duvidosa: que se lembre que eventuais "manifestações" do Senhor, da Virgem Maria e dos Santos, não cabem nas verdades "fundamentais" da fé e que, de todos os modos, devem avaliar-se com extrema prudência: essas experiências conservam um caráter privado e jamais é permitido publicitá-las massivamente ou substituí-las pelo autêntico conteúdo do Credo.

O absoluto e insubstituível senhorio de Jesus Cristo

Ao terminar esta Nota, queremos reafirmar o absoluto e insubstituível senhorio de Cristo não só na vida da Igreja, mas também na própria história do Cosmo e da Humanidade: "Ele é a imagem do Deus invisível, o Primogênito de toda a criação, porque nele foram criadas todas as coisas, nos Céus e na Terra, as visíveis e as invisíveis, ... tudo foi criado por Ele e para Ele. Ele existe antes de todas as coisas e todas têm nele a sua subsistência" (*Cl* 1,15-17). Só o Senhor Jesus Cristo é o Alfa e o Ômega, o princípio e o fim (cf. *Ap* 1,8). Ele, e só Ele, tem o poder e a glória pelos séculos dos séculos (cf. *Ap* 11,15-18), derrubou o Acusador dos homens e levou a vitória a seus irmãos (cf. *Ap* 12,10-12). Ele, e só Ele, proclamou o dom gratuito da água da vida a todos aqueles que obtêm a vitória sobre o mal e sobre toda a forma de "feitiçaria" (cf. *Ap* 21,6-8). Aquele que encontrou Jesus Cristo não necessita de procurar a salvação noutro lugar. Ele é o único e autêntico Redentor do homem e do mundo. Desta certeza surge a alegria da nossa fé. Como João, ao longo do caminho da vida, podemos proclamar a doxologia do povo dos redimidos, na esperança de entrar definitivamente na pátria gloriosa: "Àquele que nos ama e que com o seu sangue nos lavou dos nossos pecados, e nos fez reis e sacerdotes para Deus, seu Pai, glória e poder para todo o sempre. Amém!" (*Ap* 1,5-6).

† Card. Silvano, *Arcebispo de Florença*
† Gaetano, *Arcebispo de Sena-Colle Val d'Elsa-Montalcino*
† Alessandro, *Arcebispo de Pisa*
† Bruno, *Arcebispo de Lucca*
† Alberto, *Bispo de Livorno*
† Alberto, *Bispo de Montepulciano-Chiusi-Pienza*
† Giovanni, *Bispo de Arezzo-Cortona-Sansepolcro*
† Simone, *Bispo de Pistoia*

† Luciano, *Bispo de Fiesole*
† Eugenio, *Bispo de Massa Carrara-Pontremoli*
† Vasco Giuseppe, *Bispo de Volterra*
† Edoardo, *Bispo de S. Miniato*
† Giacomo, *Bispo de Pitigliano-Sovana-Orbetello*
† Angelo, *Bispo de Grosseto*
† Gastone, *Bispo de Prato*
† Vincenzo, *Bispo Auxiliar de Livorno*
† Giovanni, *Bispo de Pescia*
† Michelangelo, *Abade de Monteoliveto*

NOTA PASTORAL A IGREJA E O ALÉM[525]

Conferência Episcopal Emilia-Romagna
Bologna, 23 de abril de 2000, Páscoa do Senhor, Ressurreição

"O silêncio dos crentes (cristãos) a respeito da morte, da vida depois da morte, do mistério do além é tanto mais injustificado e inoportuno quanto mais se encontram pessoas que se questionam a respeito da morte, do que nos aguarda depois dela, da possibilidade de ver de fato o rosto de Deus e de rever o rosto das próprias pessoas queridas. Essa interrogação é especialmente comum hoje nas famílias que sofrem a morte violenta de algum parente". *A partir desse silêncio, afirma o episcopado da Emília Romagna ... pode-se compreender por que* "se multiplicam comportamentos e movimentos de pensamento que buscam a possibilidade de um contato com os próprios defuntos e que encontram acolhida também entre os cristãos", *um fenômeno* muito difuso na Itália e também na nossa região". *A Igreja deve voltar a pregar sobre a* "verdade [...] em relação à esperança cristã e à visão cristã do além", *o que em outros tempos* "bastava para sustentar a fé e dar razões à esperança". *Deve valorizar* "as formas da pastoral ordinária", *entre as quais a própria celebração fúnebre, e acompanhar as pessoas atingidas pelo luto* "nos dias que seguem imediatamente após os funerais", que são "os momentos do desconforto, da dúvida, da solidão. [...] Daí que se torna necessário em nossas comunidades um novo ministério: *o ministério do consolo*". *(Opúsculo, EDB, Bologna 2000)*

INTRODUÇÃO

Um problema novo

1. A família, hoje, muitas vezes não está preparada para enfrentar momentos difíceis como a morte de um ente familiar, e ainda menos diante de uma doença inesperada ou uma morte trágica, como por acidente de trânsito.[526]

---

[525] *Pastorale La Chiesa e l'aldilà*. Trad. do italiano: Irmã Clea Fuck.

[526] Bibliografia: Commissione teologica internazionale, *Problemi attuali di escatologia*, (16 de novembro de 1991), in EV 13/448-572. G. Danneels, *Oltre la morte: reincarnazione o risurrezione?*, ED, Roma 1996. Id., *Dire addio*; *Regno-doc.* 15,1995,478-487. G. Biffi, *Linee di escatologia cristiana*, Jaca Book, Milano 1990. J. Vernette, *Si può comunicare con l'aldilà*, Paoline, Milano 1993. A. Pavese, *Comunicazioni con l'aldilà*, Piemme, Casale Monferrato (AL) 1997. *Conferenza episcopale toscana, nota pastoral A proposito di magia e di demonologia*, Firenze 1994; *Regno-doc.* 17,1994,528.

Não só despreparada diante de uma morte, mas parece que mais inconformada do que no passado com o que lhe parece mesmo um absurdo. A família moderna, especialmente no meio urbano, parece ter-se reduzido a um espaço não só logístico muito estreito, mas também no plano espiritual, incapaz quase de aceitar um fato tão desmedido quanto a morte.

2. A dificuldade de conversar sobre um evento tão inaceitável para muitas famílias existe também entre os cristãos. É um assunto que hoje apresenta mais confusão, obscuridade, dúvida e reticência, tanto entre os não crentes como até mesmo entre os crentes praticantes. O silêncio dos cristãos a respeito da morte, da vida depois da morte, do mistério do além é tanto mais injustificado e inoportuno quanto mais se encontram pessoas que se questionam a respeito da morte, do que nos aguarda depois dela, da possibilidade de ver de fato o rosto de Deus e rever o rosto das próprias pessoas queridas. Essa interrogação é especialmente comum hoje nas famílias que sofrem a morte violenta de algum parente. É o caso de uma mãe atingida pela morte trágica de um filho, que não consegue ver nisso um sentido e quereria comunicar-se com ele, receber uma explicação, saber como está.

Respostas diversas

3. Ou calar ou falar sobre a morte, sobre a vida depois dela e sobre a nossa relação com os defuntos? As respostas são diversas na cultura contemporânea.

A primeira é muito breve: "Nada". Depois da morte não há mais nada. Com isso se afirma que a morte é o fim último e definitivo e que nada permanece da pessoa, não sabemos nada e nada podemos dizer a respeito. A descrença total ou um prudente agnosticismo têm em comum uma coisa: respondem com um vazio.

À censura de um interrogar-se sobre a vida depois da morte corresponde a tendência de afirmar uma escatologia inter-mundana. É uma tendência bem conhecida na história do pensamento ocidental, com o surgimento e a difusão de movimentos críticos em relação ao cristianismo e à religião em geral, porque "alimentando a esperança da pessoa numa vida futura e falaz, ela se descuidaria da edificação da cidade terrena" (*GS* 20; *EV* 1/1377). Desse modo, a pessoa entra na perspectiva de um "horizontalismo messiânico", que é uma das expressões mais radicais da secularização do reino de Deus.

4. É preciso reconhecer que, em nossos dias, a fé dos cristãos é sacudida não só por influências a serem consideradas externas, mas também por uma espécie de fraqueza da esperança cristã na própria Igreja. Existem de fato algumas

novas interpretações das verdades tradicionais a respeito do além que os fiéis percebem como se nelas fosse posta em dúvida até mesmo a singularidade de Jesus Cristo e a realidade da sua ressurreição. É como se as luminosas verdades cristãs a respeito de Jesus ressuscitado, a ressurreição dos mortos, a comunhão dos santos caíssem numa espécie de "penumbra teológica" aos olhos de tantos contemporâneos nossos. Tudo isso desorienta o povo cristão, que não reconhece mais o próprio vocabulário e as noções mais familiares da própria experiência.

Nessa situação, os cristãos devem assumir uma grande responsabilidade, pois somos chamados a ser pessoas da verdadeira esperança, como lembra o apóstolo Pedro: "Estai sempre prontos a responder para vossa defesa a todo aquele que vos pedir a razão de vossa esperança. (*1Pd* 3,15), aprendendo a caminhar "alegres na esperança", como exorta o apóstolo Paulo (*Rm* 12,12). A nossa fé deve ter o rosto da esperança. Nosso ser cristão se mede não só pela pergunta: "O que crês?", mas também por essa outra: "O que esperas?" Num mundo que perdeu o senso da esperança, os cristãos são significativos e comunicativos somente se forem "testemunhas da esperança". No fundo, o mundo pertence a quem lhe oferece a melhor esperança.

O nosso objetivo

5. O intento desta *nota pastoral* é de oferecer um quadro de referência para um trabalho conjunto, em plena comunhão, seguindo uma praxe comum entre as várias dioceses da região. Comportamentos divergentes favoreceriam movimentos que pretendem comunicar-se com o além, provocando incerteza e mal-estar nos fiéis deixados em dúvida e insegurança.

Apela-se à missão dos bispos, cujo dever é assim indicado pelo Concílio Vaticano II: "No exercício do seu múnus de ensinar, anunciem o Evangelho de Cristo aos homens, que é um dos principais deveres dos Bispos, chamando-os à fé com a fortaleza do Espírito ou confirmando-os na fé viva. Proponham-lhes na sua integridade o mistério de Cristo, isto é, aquelas verdades que não se podem ignorar sem ignorar o mesmo Cristo" (cf. *CD* 12; *EV* 1/596).

AS ESQUECIDAS VERDADES DA ESPERANÇA CRISTÃ

Jesus Cristo, nossa esperança

6. Por que o cristão espera? Qual é o segredo da nossa esperança? Em que se fundamenta essa esperança? O apóstolo Pedro escreve aos cristãos do seu tempo, postos à prova na sua fé pelo clima de incompreensão ou mesmo de

hostilidade em relação a eles: "Bendito seja Deus, o Pai de nosso Senhor Jesus Cristo. Em sua grande misericórdia, pela ressurreição de Jesus Cristo dentre os mortos, ele nos fez nascer de novo para uma esperança viva, para uma herança que não se desfaz, não se estraga nem murcha, e que é reservada para vós nos céus. Graças à fé, e pelo poder de Deus, estais guardados para a salvação que deve revelar-se nos últimos tempos" (*1Pd* 1,3-5).

Aqui, de imediato, a esperança não se identifica logo com a virtude da esperança, como virtude relativa à atitude do cristão, ou virtude teologal, mas com um acontecimento que lhe serve de base. O evento "esperança viva" é a afirmação da "ressurreição de Jesus Cristo dos mortos". A nossa esperança tem, portanto, um nome: Jesus Cristo Ressuscitado.

À ressurreição de Jesus é estreitamente ligada a nossa ressurreição. Jesus não ressuscita somente por Ele mesmo, mas como "primícias dos ressuscitados" (cf. *1Cor* 15,20-23), como cabeça da humanidade que deve ser renovada. O apóstolo Paulo, que intuiu com extrema lucidez e expressou com força apaixonada a interdependência dos dois mistérios diante dos cristãos de Corinto, que começavam a sentir uma certa dúvida e perplexidade, escreve: "Pois, se os mortos não ressuscitam, então Cristo também não ressuscitou. E se Cristo não ressuscitou, a vossa fé não tem nenhum valor e ainda estais nos vossos pecados. Então, também pereceram os que morreram em Cristo. Se é só para esta vida que pusemos a nossa esperança em Cristo, somos, dentre todos os homens, os mais dignos de compaixão. Mas, na realidade, Cristo ressuscitou dos mortos como primícias dos que morreram" (*1Cor* 15,16-20).

7. A ressurreição não é uma verdade fácil de aceitar. Não por nada, essa Revelação levou muitos séculos na *Bíblia* para preparar-lhe a comunicação e vencer a tradicional desconfiança hebraica a respeito de uma ressurreição depois da morte. Essa doutrina se torna explícita na época do profeta Daniel (cf. *Dn* 12,2) e dos irmãos Macabeus, quando a fé na ressurreição dos mortos é indicada como o fundamento da piedade em relação aos mortos: "De fato, se ele não tivesse esperança na ressurreição dos que tinham morrido na batalha, seria supérfluo e vão, orar pelos mortos" (*2Mc* 12,44).

Fora do mundo hebraico, a dificuldade de acolher a ressurreição era ligada à cultura grega, que encontrava sua expressão mais forte na doutrina platônica sobre a imortalidade da alma, acompanhada de uma forte desestima pela matéria e por tudo o que é corpóreo. Era difícil pensar que a alma libertada da carne retornasse à sua prisão, e mais difícil ainda ver essa volta como razão de glória e de alegria. Paulo mesmo experimenta a hostilidade grega contra essa verdade da ressurreição dos corpos, o que lhe significou um clamoroso insucesso: "Quando ouviram falar da ressurreição dos mortos, alguns caçoavam. Outros diziam: 'Nós te ouviremos falar disso também de outra vez'" (*At* 17,32).

Assim, a fé cristã a esse respeito é provocadora e não pode ser aceita facilmente por todos sem um renovado anúncio. Chama atenção que a fórmula do Credo "Creio na ressurreição da carne" entrou no Símbolo apostólico, e depois em outros símbolos, para evitar uma interpretação espiritualista da ressurreição dos mortos. Mesmo que os cristãos que participam da Santa Missa todos os domingos repitam: "Creio na ressurreição dos mortos", não significa que todos entendam conscientemente, a fundo, a autenticidade dessa verdade e seu último conteúdo.

O ser humano chamado à ressurreição

8. Todos são chamados à ressurreição. A expectativa da feliz ressurreição, baseada no evento de Cristo ressuscitado, era tão viva entre os primeiros cristãos que alguns a acreditavam mesmo iminente, com a parusia do Senhor, isto é, com a sua volta na glória, como lembra Paulo (*2Ts* 2,1-3). Alguns se preocupavam com a sorte dos que, nesse meio tempo, eram colhidos pela morte antes da parusia do Senhor, mas o apóstolo destaca que o chamado à ressurreição vale para todos, vivos e mortos: "Irmãos, não queremos deixar-vos na ignorância a respeito dos mortos, para que não fiqueis tristes como os outros, que não têm esperança. Com efeito, se cremos que Jesus morreu e ressuscitou, cremos também que Deus, por meio de Jesus, levará com ele os que adormeceram" (*1Ts* 4,13-14).

Ante a eventualidade de sua própria morte antes da vinda do Senhor, Paulo não esconde dos cristãos filipenses o seu desejo de morrer para estar com o Senhor: "Para mim, de fato, o viver é Cristo e o morrer, lucro. Ora, se, continuando na vida corporal, eu posso produzir um trabalho fecundo, então já não sei o que escolher. Estou num grande dilema: por um lado, desejo ardentemente partir para estar com Cristo — o que para mim é muito melhor —; por outro lado, parece mais necessário para o vosso bem que eu continue a viver neste mundo" (*Fl* 1,21-24).

Já antes de Paulo, amadurecera a convicção de que a morte dos justos não era o fim de tudo, mas era como que uma morte aberta à vida, como lembra a leitura da Sabedoria prevista para a liturgia fúnebre. Depois de lembrar que a morte entrou no mundo pela inveja do diabo, o autor afirma: "As almas dos justos, porém, estão na mão de Deus, e nenhum tormento os atingirá. Aos olhos dos insensatos parecem ter morrido; sua saída do mundo foi considerada uma desgraça e sua partida do meio de nós, uma destruição, mas eles estão na paz" (*Sb* 3,1-3).

A morte certamente continua sendo um fato dramático. Nem para Jesus ela foi um acontecimento sereno. Ele experimentou "temor, tristeza, angústia" (cf. *Mt* 26,37 e *Mc* 14,33). Jesus chorou por seu amigo Lázaro que havia morrido (*Jo* 11,35). Então é natural também que os cristãos chorem pela morte das pessoas amadas. Iluminada, porém, pela esperança da comunhão com o Senhor Jesus, a morte não é mais somente um fato que desperta medo, mas é uma porta aberta, é um ser acolhido na casa do Pai, como o diz o vocabulário cristão, chegando a dizer: *"Felizes os que morrem no Senhor"* (*Ap* 14,13). Na tradição espiritual é até frequente a ideia da bondade da morte como condição e caminho para a futura ressurreição.

A nossa comunhão com os defuntos

9. A constituição conciliar sobre a Igreja afirma: "[...] Seus discípulos, uns peregrinam sobre a terra, outros, passada esta vida, são purificados, outros, finalmente, são glorificados e contemplam 'claramente Deus trino e uno, como Ele é'; todos, porém, comungamos, embora em modo e grau diversos, no mesmo amor de Deus e do próximo, e todos entoamos ao nosso Deus o mesmo hino de louvor. Com efeito, todos os que são de Cristo e têm o Seu Espírito, estão unidos numa só Igreja e ligados uns aos outros n'Ele (cf. *Ef* 4,16). E assim, de modo nenhum se interrompe a união dos que ainda caminham sobre a terra com os irmãos que adormeceram na paz de Cristo, mas antes, segundo a constante fé da Igreja, é reforçada pela comunicação dos bens espirituais" (*LG* 49; *EV* 1/419).

Há, portanto, uma real comunhão entre os vivos e os defuntos: uma comunhão que se concretiza numa troca de bens espirituais. Os vivos podem ajudar os falecidos nas formas diversas com que a tradição configurou a solidariedade cristã em relação aos mortos: oração, obras de caridade e, principalmente a celebração da Santa Missa, memorial da Páscoa de Jesus. Santo Agostinho rezava assim, em suas *Confissões,* no dia seguinte à morte de sua mãe, Mônica: "Inspira, meu Senhor ... a quantos me lerão, a se lembrarem de Mônica, tua serva, e de Patrício, um tempo seu esposo, por cuja carne me introduziste nesta vida" (*Confissões* 9,11,13).

À ajuda oferecida pelos vivos aos defuntos corresponde, então, em virtude da mesma solidariedade, a ajuda desses àqueles, sobretudo quando a solidariedade é motivada pelo parentesco, a amizade, a afinidade espiritual: ajuda que faz parte sempre da "comunhão nos bens espirituais", de que fala a LG, e é análoga à intercessão dos santos junto de Deus.

10. Rezar pedindo a ajuda dos defuntos, como também invocar a intercessão dos santos é bem outra coisa do que evocar os espíritos. Já no Antigo Testamento Deus tinha proibido a evocação dos espíritos dos defuntos (*Dt* 18,10-14; cf. *Ex* 22,17; *Lv* 19,31; 20,6.27). É bem conhecida a passagem em que o rei Saul, contra a sua própria disposição, tinha querido consultar uma necromante (cf. *1Sm* 28,3-25). Também os apóstolos mantiveram essa proibição no Novo Testamento, refutando todas as artes mágicas (*At* 3,6-12;16,16-18;19,11-21).

O Concílio Vaticano II, que recomenda a invocação das almas dos falecidos, lembra também repetidamente que o magistério da Igreja se declarou contra qualquer forma de evocação dos espíritos (cf. *LG* 49, n. 148; *EV* 1/419).

No Concílio Vaticano II, a comissão doutrinal explicou o que se deve entender com o termo "evocação": qualquer método "com que se procura provocar com técnicas humanas uma comunicação sensível com os espíritos ou as almas dos defuntos para obter notícias e diversos auxílios" (cf. Comissão Teológica Internacional, *Problemi attuali di escatologia*, 16 de novembro de 1991; *EV* 13/531).

Também o recente CATECISMO DA IGREJA CATÓLICA refuta a evocação dos espíritos dos mortos nas várias formas e imagens compreendidas normalmente sob o nome de espiritismo, e contesta particularmente o recurso aos *médiuns,* como "vontade de exercer poder sobre o tempo, a história, o ser humano, enfim" (*CIC* 2116), enquanto a Nota Pastoral da Conferência Episcopal de Toscana fala da evocação das almas dos defuntos como de "uma forma de alienação do presente e uma mistificação da fé no além" (Firenze, 15 de abril de 1994).

OS MOVIMENTOS QUE PRESUMEM COMUNICAR-SE COM O ALÉM

11. Até pouco tempo atrás, as verdades acima lembradas a respeito da esperança cristã e a visão cristã do além bastavam para sustentar a fé e dar razão à esperança. E não se pode excluir que um retorno a destacar essas verdades esquecidas nas homilias, na catequese e no estilo de vida dos cristãos possa ainda hoje ser de ajuda diante das dificuldades, dúvidas e incertezas em que se movem pessoas crentes e não crentes, especialmente quando provadas pela experiência de morte trágica de um membro da família.

Acontece, porém, sobretudo em nossos dias, que se multiplicam comportamentos e movimentos de pensamento que projetam a possibilidade de um encontro com os próprios defuntos e que são acolhidos também entre os cristãos. O fenômeno da busca de comunicação com o além é muito difundido na Itália. A Igreja, guardiã da verdade do Evangelho e da sã doutrina, é chamada a um sério discernimento em relação a esses movimentos. Quais os fatores que sustentam hoje o desejo e a esperança de conseguir comunicar-se com os defuntos? E quais os problemas que esses fenômenos suscitam para a consciência cristã?

As mortes violentas

12. Vivemos numa civilização cheia de perigos, em que as mortes por causa violenta, muitas vezes em jovem idade, são cada vez mais frequentes. É pensar nas vítimas da estrada, sobretudo nos "massacres" de sábado de noite, nas vítimas do trabalho ou do esporte perigoso, nas vítimas da droga e no suicídio de jovens. Perder um filho, um pai ou mãe, um parente, um amigo em alguma dessas trágicas situações deixa a pessoa num estado de desconforto, sentimento de culpa, solidão, senso de impotência e de absurdo.

Não admira que, além do conforto que pode vir da vizinhança, dos outros parentes, da solidariedade dos amigos e das consoladoras verdades da fé e da esperança cristã, as pessoas assim provadas experimentem a necessidade de ter notícias que não tiveram mais, de sentir próxima a pessoa que perderam, de ouvir-lhe a voz. Essa busca de contato com os falecidos, que sempre se viveu como um desejo, hoje encontra acolhida no fenômeno tão difuso dos movimentos que presumem comunicar-se com o além.

A comunicação com o além

13. São já diversos os movimentos e grupos que surgiram com o expresso intento de colocar os vivos em comunicação, seja diretamente, seja através dos *médiuns,* com os próprios falecidos. Com esse objetivo multiplicam-se convênios, seminários de estudo, encontros com temas particulares, sempre ligados a uma espiritualidade dirigida ao contato com o além, e sempre mais pessoas, no seu luto, vão ouvir conferencistas que tratam da esperança de comunicações ultra-terrenas.

Não se trata de um fato novo, como mostra uma ampla literatura a respeito; práticas de comunicação com os defuntos enchem a história das crenças da humanidade desde os séculos mais antigos até o nosso. O fenômeno das comunicações com os defuntos tornou-se mais visível nos séculos dezoito e dezenove, com o surgimento do espiritismo e das práticas mediúnicas, que na sua ideologia de fundo positivista e sincretista já foram condenadas pela Igreja.

14. À crise ideológica do espiritismo parece seguir-se hoje, ao menos na Itália, uma forma de evocação dos espíritos considerada mais compatível com a religião, menos polêmica com a própria Igreja, até mesmo em busca de diálogo e consenso da parte da hierarquia eclesiástica. Para confirmar a presumida ortodoxia, considera-se o fato de que aderem a tais movimentos e neles atuam, além de leigos e leigas de clara vivência cristã, também religiosos e sacerdotes, alguns conhecidíssimos pela atividade que exercem na comunidade cristã. Em alguns desses encontros tem sido mesmo celebrada a Missa. Mas não basta, para garantir a legitimidade dessas iniciativas, a presença de sacerdotes, os quais devem pedir autorização ao bispo, e não se entende como ela possa ser dada.

De fato, surgem ideias, comportamentos e técnicas que levantam sérios questionamentos a respeito da ortodoxia de tais movimentos, sobretudo em relação à fé. O sentido da morte, a certeza de uma vida depois da morte – e não só da alma, mas também do corpo, na ressurreição final – e o conforto pela morte de uma pessoa querida se baseiam, para o cristão, na Palavra de Deus. São um ato de fé naquele que *"não é Deus dos mortos, mas dos vivos"* (*Lc* 20,38). Pedir mensagens dos mortos para nossa segurança é não confiar na Palavra de Deus, ou, ainda mais grave, confiar mais em mensagens humanas – posto que sejam verdadeiras e reais – do que na mensagem do Deus da vida.

Emergir do mundo virtual

15. A dar mais credibilidade a tais movimentos contribui o progresso tecnológico, do qual se servem as atuais formas de comunicação com o além. Trata-se do recurso aos sofisticados meios tecnológicos (registrador, computador, telefone, rádio, TV...) e a métodos particulares de contato com os defuntos, como escrita automática, mensagens em código, sinais diversos.

O uso desses métodos causa apenas a ilusão de comunicação. Na verdade, a pessoa se comunica consigo mesma, ou melhor, com a imagem do filho ou do falecido como está no próprio inconsciente. É preciso, sim, compreender e respeitar a dor de quem se encosta nesses métodos, mas o cristão deve encontrar em Cristo o fundamento da sua esperança, a certeza da sua consolação. Se Cristo, nossa esperança, não basta, acaba-se caindo em movimentos que assumem contornos de uma seita – derivada do cristianismo –, mas que levam para fora do cristianismo. De outro lado, tanto o cristão como qualquer pessoa de bom senso não são dispensados do dever de um discernimento crítico em relação aos meios que pretendem evocar uma comunicação com os defuntos.

16. Não se exclui também, quando o uso desses métodos de comunicação com ajuda dos *mass media* é assumido em grupos que se dizem de Igreja, que se institua uma espécie de "igreja virtual", análoga ao modelo de utilização dos meios de comunicação difundidos nos Estados Unidos da América e na América Latina. Configura-se assim uma espécie de "igreja eletrônica", ou simplesmente virtual, em que comunicadores religiosos, recorrendo às mais refinadas técnicas publicitárias, estabelecem verdadeiras redes de comunicação com um público de usuários-fiéis e a pregação de um protagonista. Calculam-se em milhões os americanos que exprimem – com ofertas e declarações de conversão – a sua conversão a uma "igreja" que consiste somente num emitente televisivo, uma igreja "virtual".

Essa constatação certamente não deve levar à recusa sistemática do recurso aos meios técnicos, mas, antes, levar a reconhecer-lhes os limites. Os canais privilegiados da evangelização, da catequese e de qualquer outra comunicação cristã permanecem os do encontro pessoal com a Palavra de Deus e com a comunidade cristã, a qual jamais poderá reduzir-se a uma reunião em torno de um rádio, uma televisão ou um livro.

Vozes e mensagens do além são consideradas uma verdadeira confirmação das verdades da fé, quando, de fato, não é de excluir-se uma interpretação que lê esses fenômenos como expressões do inconsciente. Também a necessidade humanamente compreensível de comunicação com um familiar defunto, alimentando a ilusão de continuidade física com ele, no fim das contas leva a uma espécie de fuga da realidade da morte, que passa a ser vista quase como morte apenas aparente. São fenômenos que buscam forçar a tradição cristã, a qual, ao contrário, promove a comunhão espiritual com os próprios falecidos na oração recíproca, na memória dos exemplos de vida que deixaram, na vigilante espera da feliz ressurreição. Do contrário, a fé em Jesus Cristo e a esperança na ressurreição sem querer se esvaziam do seu verdadeiro significado.

O fascínio do Oriente

17. Muitos dos nossos contemporâneos aqui no Ocidente, por influência também dos frequentes contatos com países como a Índia e o Tibete, sucumbem ao fascínio da visão oriental das coisas e buscam nas suas técnicas um bálsamo para a própria alma sofrida. Assim não admira que na espiritualidade dos movimentos que propõem alguma forma de comunicação com o além,

junto a elementos da espiritualidade cristã, se mesclem elementos estranhos ou mesmo contrários, como seja a doutrina da reencarnação.

Por vezes tem-se a impressão de entrar num grande mercado comum de crenças religiosas, como um *self-service*, onde cada qual se serve segundo o que lhe convém. Alguns cristãos se convencem até mesmo de que a doutrina da reencarnação possa ser um feliz complemento para a sua fé na ressurreição.

Com a palavra reencarnação marca-se uma doutrina segundo a qual a alma humana, após a morte, assume um outro corpo, e assim se encarne de novo. No modo de pensar de muitas pessoas do nosso tempo, a vida terrena é percebida como breve demais para permitir que uma pessoa possa usar todas as suas possibilidades ou mesmo reparar as suas falhas. Seria então possível refazer uma vida.

18. Se, porém, assim fosse, na pluralidade das vidas diminuiria a consciência da seriedade da vida presente e o senso de responsabilidade pessoal. E é de se perguntar como então a pessoa, hoje viva, não lembre nada do eventualmente vivido na vida anterior. Na base dessa teoria, que não tem nenhuma contraprova, encontra-se a ideia de que a pessoa não é capaz de decidir o seu destino com verdadeira consciência nesta existência.

Como se terá percebido, a reencarnação não é um artigo vendido separadamente. Na verdade, vem com ela toda uma visão diversa de Deus, do ser humano, da história e da salvação.

A incompatibilidade da doutrina da reencarnação com a visão cristã da vida presente fica evidente ao confrontá-la com o caráter pessoal do encontro da pessoa com Deus e, daí, da própria ressurreição dos corpos. O próprio Cristo ressurgiu, não se reencarnou.

FORMAS E FIGURAS DE ACOMPANHAMENTO

19. A proliferação desses movimentos mostra de modo convincente a urgência da "nova evangelização" de que o Papa se tem feito testemunha e incansável porta-voz nos últimos anos. Os movimentos de comunicação com o além, as práticas de evocação dos defuntos, a busca de mensagens consoladoras do outro mundo são sinal de uma necessidade de significados e de respostas que a sociedade hodierna não é capaz de oferecer, especialmente no quadro de uma crescente insegurança e fragilidade.

Procura-se, em outros termos, com esses movimentos compensar o vazio existencial que caracteriza a precariedade do nosso tempo. Nos espaços desse vazio – que envolve também os cristãos que não têm uma fé amadurecida – aparece a urgência de um renovado anúncio, autêntico e entusiasmante, do evangelho e da graça de Cristo. Quais serão então as atenções pastorais e as sugestões concretas que essa situação pede à nossa Igreja, aos fiéis, aos presbíteros e ao magistério dos bispos?

Evangelizar

20. Antes de tudo é preciso evangelizar o senso cristão da morte, da ressurreição, da comunhão espiritual com os defuntos, as verdades que fundamentam e compõem o conjunto dos conteúdos da esperança cristã. Trata-se de ajudar os cristãos a reporem a sua esperança em Cristo e não em improváveis mensagens do além.

É preciso valorizar, antes de mais nada, as formas da pastoral ordinária – pregação, catequese, celebrações de Missas pelos defuntos –, que são capazes, quando adequadamente iluminadas pela Palavra de Deus e da tradição espiritual da Igreja, de oferecer como viva e atual a mensagem cristã sobre o além e sobre a nossa relação com os defuntos. Não basta demonstrar solidariedade com os familiares em luto.

21. Ocasião privilegiada para anunciar o evangelho da esperança cristã é ainda a celebração da liturgia fúnebre, que geralmente reúne familiares, parentes, amigos da pessoa falecida, mesmo se nem todos praticantes. Alguns põem os pés na igreja somente nessas ocasiões, outros retornam após períodos de ausência, tocados pela experiência da morte. Normalmente se mostram favoráveis ao acolhimento da mensagem cristã, e seria de fato uma ocasião perdida, se essa liturgia não se tornasse uma escola de fé.

Muitas vezes, também a catequese, adequando-se à tendência da sociedade atual que considera tabu ou de mau gosto falar da morte, evita mesmo o tema da morte, da vida eterna, da ressurreição.

22. Núcleo central da pregação é sempre o primado da ressurreição de Cristo. Como ensina São Paulo, "Se Cristo não ressuscitou, a nossa pregação é sem fundamento, e sem fundamento também é a vossa fé" (*1Cor* 15,14). A centralidade da ressurreição de Jesus revela que essa é a Palavra última e definitiva de Deus ao ser humano, e é palavra de vida, não de morte. Não se pode esquecer, pois, que a pregação na celebração eucarística não se limita a anunciar, mas dá também possibilidade de participar dela. Quem crê, participa do que aconteceu na Páscoa do Senhor.

A verdade da ressurreição exige, portanto, o ato de fé. Jesus mesmo o reclama do Apóstolo Tomé: *"Creste porque me viste? Bem-aventurados os que não viram, e creram"* (Jo 20,29). Jesus Ressuscitado não deixou de aparecer aos apóstolos, às mulheres e aos primeiros discípulos, a Tomé, chamado a ser testemunha ocular da Páscoa do Senhor. Mas, em relação à natureza da fé de todos aqueles que haveriam de crer no testemunho apostólico, Jesus elogiou a fé no Ressuscitado sem precisar do sinal.

Vigiar

23. O convite à vigilância é frequente no Evangelho e em toda a Sagrada Escritura. Vigiar sobretudo contra as insídias de Satanás, que pode também servir-se da dor e do desconsolo pela morte imprevista ou violenta de pessoas caras para desviar da fé. É sempre atual a exortação do Apóstolo Pedro: *"Sede sóbrios e vigilantes. O vosso adversário, o diabo, anda em derredor como um leão que ruge, procurando a quem devorar"* (1Pd 5,8). É oportuno que em algum momento da evangelização, os cristãos sejam alertados discretamente do perigo à sua fé vindo da parte de movimentos que oferecem uma esperança não fundada na Palavra de Deus, mas sobre experiências e técnicas humanas.

Vigiar, porque não sabemos nem o dia e nem a hora em que o Senhor baterá para convidar-nos *"a passar à outra margem"* (cf. Mc 4,35). Para estimular-nos a essa vigilância, Jesus não hesitou em comparar-se ao ladrão que entra na casa sem o dono saber: *"Ficai certos: se o dono de casa soubesse a que horas da noite viria o ladrão, vigiaria e não deixaria que sua casa fosse arrombada. Por isso, também vós, ficai preparados! Pois na hora em que menos pensais, virá o Filho do Homem"* (Mt 24,43-44). Atrás de cada morte improvisa há um forte apelo a estar prontos *"com o cinto amarrado e as lâmpadas acesas"* (Lc 12,35).

Vigiar para acolher a mensagem que fica de uma morte violenta. Quando levaram a Jesus a notícia de uma morte violenta, aliás, de uma carnificina (uma revolta de galileus sufocada no sangue pelo governador romano), ele comentou: *"Pensais que esses galileus eram mais pecadores do que qualquer outro galileu, por terem sofrido tal coisa? Digo-vos que não. Mas se vós não vos converterdes, perecereis todos do mesmo modo"* (Lc 13,2-3). A morte violenta retoma e repete – mais com o sangue do que com palavras – a mensagem com que Jesus abriu sua missão: *"Convertei-vos e crede no Evangelho"* (Mc 1,15). Se a morte violenta ajuda a nos convertermos, a mudar de mentalidade, a tomar mais a sério o Evangelho, para afirmar no mundo o valor da vida e a força do amor, até ela adquire um sentido, porque entra no projeto de Deus, porém sempre respeitando a liberdade humana.

24. Vigiar e orar. É o convite que Jesus dirigiu com insistência aos seus ao enfrentar a morte, na última tarde de sua vida: *"Vigiai e orai"* (Mt 26,41). Vigiar é a atitude que toda a comunidade cristã revive na noite da Páscoa, rezando e meditando, à espera da feliz ressurreição de seu Senhor. Reunir-se na casa do falecido, com os familiares, os amigos e vizinhos, e vigiar em oração, cantando, meditando a Palavra de Deus é a genuína tradição cristã. Com uma boa escolha de leituras bíblicas, a Palavra de Deus ouvida e rezada pode levar a abrir os corações às grandes verdades da fé: é a proclamação da vitória de Cristo sobre a morte, infunde a esperança de reencontrar os próprios falecidos no reino de Deus, aviva a oração pelos defuntos e desperta para a exigência de uma vida mais marcada pelo Evangelho.

É recomendável, nos casos de morte repentina ou violenta, que essa tradição se desenvolva em mais encontros, também de forma comunitária: visitas periódicas às famílias, grupos de escuta e de oração, retiros espirituais diretamente orientados para consolo de pessoas com dificuldades.

Acompanhar

25. Deveria constituir-se, sob a ação do Espírito, um grupo de pessoas dotadas de particular sensibilidade humana e espiritual – mais facilmente encontrável entre quem já fez uma experiência dolorosa –, com a missão de ficar do lado de quem foi atingido por um grave luto familiar, para ajudar a viver esse momento de prova à luz da fé e com a coragem da esperança. Os tempos e a modalidade dessa missão devem ser estudados a partir das pessoas atingidas pelo luto, a sua situação familiar, seu nível de fé, as circunstâncias concretas em que se deram os fatos. Algumas propostas indicativas:

- não só visitar as pessoas em luto, mas acompanhá-las, estar-lhes próximo, com máxima discrição, mas com a coragem que vem do Espírito, para fazer sentir o conforto da fé e a solidariedade da comunidade cristã;
- preparar e propor encontros de fé e de oração comunitária (vigílias de oração, grupos de escuta, retiros espirituais específicos...), em que se chegue a viver a comunhão dos santos, no sentido mais profundo da palavra, e fazer vibrar a fé na ressurreição de Cristo;
- fazer confluir a morte da pessoa falecida na "corrente da caridade", de modo que a pessoa que partiu repentinamente ou foi violentamente arrebatada continue a viver em iniciativas ou obras (caritativas, culturais,

sociais, recreativas...) que levem seu nome e assim a tornem presente na força da caridade;
- valorizar as pessoas atingidas por grave luto, convidando-as a colocarem a serviço na comunidade a sua experiência, para ajudar a quem passa por igual sofrimento, ou mesmo só para sensibilizar a comunidade e as famílias no sentido da dor, da doença e da morte.

CONCLUSÃO

Na Carta Apostólica *Salvifici doloris,* sobre o sentido do sofrimento cristão, João Paulo II indicou como modelo para quem deve exercer o ministério do consolo o Bom Samaritano. "Bom samaritano é toda pessoa que se põe do lado de outra pessoa que sofre, quem quer que seja. Estar ao lado não significa curiosidade, mas disponibilidade. É como um abrir-se do coração que tem também uma expressão emotiva. Bom samaritano é toda pessoa sensível ao sofrimento alheio, alguém que se 'comove' ante a desgraça de outrem... Mas o bom samaritano do Evangelho não se limita só à comoção e compaixão. Esses sentimentos estimulam à ação que visa a dar ajuda de qualquer natureza que seja. Ajuda, quanto possível, eficaz. Nisso se coloca o coração, mas também os meios materiais. É como dizer que é um dar-se a 'si' mesmo, abrindo o seu próprio eu ao outro... Bom samaritano é a pessoa capaz de tal dom de si mesma" (*Salvifici doloris* 28; EV 9/677-678).

Os Arcebispos e Bispos de Emilia-Romagna

NOTA PASTORAL RELIGIOSIDADE ALTERNATIVA, SEITAS, ESPIRITUALISMO[527]

DESAFIO CULTURAL, EDUCATIVO E RELIGIOSO

Conferência Episcopal Emilia-Romagna
Bolonha, 29 de junho de 2013, Solenidade dos Santos Apóstolos Pedro e Paulo

INTRODUÇÃO

Quando, sendo bispo de San Marino-Montefeltro, recebi a delegação da Conferência Episcopal da Emilia-Romagna para o setor pastoral Ecumenismo e Diálogo, logo me dei conta que um dos fatores que podiam criar sérios problemas a uma correta praxe ecumênica e dialógica era a difusão, na sociedade hodierna em geral e portanto também na Região Emilia-Romagna, de movimentos religiosos alternativos, de fenômenos, concepções, crenças e comportamentos que estavam em contraste com uma correta praxe e doutrina católica.

Daqui nasceu a exigência de esclarecer, em particular dentro do mundo católico, para conseguir limpar o campo, de equívocos e más interpretações do dado e do fato cristão. E a ideia que surgiu imediatamente foi a de preparar um documento de apoio à formação dos fieis católicos em geral, e em particular a dos catequistas e dos professores de religião, mas que, não se limitando exclusivamente a uma formação *ad intra*, fosse dirigida também ao exterior do mundo católico, enquanto as temáticas abordadas tinham uma visão e uma valência social mais ampla.

A *Conferência Episcopal da Emilia-Romagna* fez sua essa proposta e hoje, depois de um sério trabalho de estudo, reflexão e redação, chegamos à publicação deste documento. Pensamos que ele pode responder de modo sintético mas eficaz às perguntas que se fazem não só os fieis católicos, mas também quem se reconhece em outras visões religiosas e filosóficas, em particular às perguntas que com insistência emergem das jovens gerações.

Já a *Gaudium et Spes* nos recordava, com visão de futuro, que as mudanças de mentalidade, sobretudo entre os jovens, questionavam os valores

---

[527] *Pastorale Religiositá alternativa, sete, spiritismo.* Trad. do italiano: Pe. Ney Brasil Pereira.

tradicionais, trazendo dificuldades aos pais e educadores no cumprimento de sua tarefa (GS, 7). Hoje, estas dificuldades se tornaram agudas por causa de solicitações que vêm de todo lado; especificamente os jovens são muito atraídos por aquilo que lhes fala ao espírito, de instâncias religiosas, infelizmente também das instâncias mágicas e ocultas.

Parece-me oportuno citar aqui a primeira encíclica de João Paulo II, na qual o Pontífice, falando da religião, afirmava:

> Quanto à religião, trata-se, antes de mais, da religião como fenómeno universal, conjunto com a história do homem desde o início; depois, das várias religiões não cristãs e, por fim, do próprio cristianismo. O documento do Concílio dedicado às religiões não cristãs é, em particular, um documento cheio de estima profunda pelos grandes valores espirituais, ou melhor, pelo primado daquilo que é espiritual, e que encontra na vida da humanidade a sua expressão na religião e, em seguida, na moralidade, que se reflete em toda a cultura[528].

Mas a abertura a estes grandes valores espirituais e ao diálogo entre eles está hoje prejudicada por más representações da religiosidade e da espiritualidade, por caricaturas da religião, às vezes acompanhadas de violência e por caídas no âmbito mágico e ocultístico: ambas destorcem o verdadeiro sentido religioso, afastando a pessoa humana não só da religião mas também de um correto uso da razão.

Este documento está subdividido em seis capítulos, que procurarei apresentar sinteticamente.

No primeiro capítulo é ilustrada a difusão da religiosidade alternativa e do espiritualismo com as diversas problemáticas que lhes dão origem e com as concepções, as crenças, os fenómenos e as consequências que esta realidade mutável e com diversas modalidades traz consigo e contribui a gerar.

No segundo, fala-se dos grupos e movimentos alternativos em geral e dos motivos da sua difusão, junto com as modalidades que apresentam.

No terceiro, tocam-se, com breves acenos, algumas problemáticas jurídicas, políticas e sociais.

No quarto, afrontam-se, de modo bem detalhado, temas como a formação, a pastoral, a vigilância e o diálogo.

---

[528] JOÃO PAULO II, *Redemptor Hominis*, 11.

O quinto é dedicado às considerações antropológicas e teológicas, com um parágrafo conclusivo sobre a unicidade da salvação em Jesus Cristo e na Igreja.

Enfim, o sexto capítulo contém sugestões práticas para as Igrejas da Emilia-Romagna e algumas considerações conclusivas. – O conjunto se fecha com uma rica bibliografia de escritos e documentos do Episcopado italiano e de outros.

Temos consciência de que, com este documento, não tratamos de todas as amplas temáticas ligadas ao fenômeno dos movimentos religiosos alternativos, das seitas e do espiritualismo, e que tanta outra coisa se deveria dizer e aprofundar, mas seguramente traçamos uma pista de reflexão que poderá levar as pessoas a um maior conhecimento e consciência daquilo que está emergindo em nossa sociedade para uma avaliação mais ampla e correta, dotada de ulteriores instrumentos culturais.

Conhecereis a verdade, e a verdade vos tornará livres (*Jo* 8,32). Estas palavras de Jesus Cristo nos fazem entender que só o conhecimento da Verdade, isto é, o conhecimento do próprio Cristo, é o caminho que conduz à liberdade completa. É a verdade que torna o ser humano livre de pressões e condicionamentos indevidos, solicitações desonestas, coerções, afrontas, violências, injustiças, delírios, enganos e mentiras, em todos os âmbitos do agir humano. "Também hoje, depois de dois mil anos, Cristo aparece a nós como Aquele que traz ao ser humano a liberdade fundada na verdade"[529]. É exatamente o espírito de serviço a esta verdade que levou os Bispos da Emilia-Romagna a oferecer aos fieis e a todos os homens de boa vontade, claras indicações para discernir um fenômeno complexo dos nossos tempos.

† Luigi Negri
Arcebispo de Ferrara-Comacchio

CAPÍTULO I

Difusão de um espiritualismo à escolha e esvaziamento da realidade

1. Boa pergunta e más respostas

Por detrás da difusão de cada espiritualismo contemporâneo temos a presença simultânea de uma boa pergunta e de más respostas. A boa pergunta é a

---

[529] Id., ibid., 12.

do sentido: da vida, da fadiga quotidiana, da alegria e da dor, do bem e do mal, do destino do ser humano, da realidade percebida na sua totalidade como mistério pluriforme mas logicamente estruturado.

A pergunta é às vezes expressa com uma violência e um desespero que são um sinal peremptório da "*fome de sentido*" que assalta o homem contemporâneo, fome aliás que é causada pelo progredir da modernidade e da sua cultura. Além disso, exprimindo-se dentro de um contexto social e de coordenadas culturais que permanecem marcadas por um radical individualismo e uma mentalidade consumística, foge do confronto com qualquer limite objetivo: é a mentalidade do "*quero tudo e logo*", e do "*tudo o que é possível é lícito*". A consequência é que a boa pergunta pelo sentido cruza inevitavelmente com respostas erradas, entre as quais a do sectarismo e do espiritualismo, que são a marca da tentativa de responder com a intenção de pôr em discussão aqueles fundamentos culturais e espirituais que estão na origem da própria pergunta.

Escrevia o papa João Paulo II aos jovens, sobre as ilusões do espiritualismo:

> "Há profetas enganadores e falsos mestres de vida. Há antes de tudo mestres que ensinam a sair do corpo, do tempo e do espaço, para poder entrar na 'vida verdadeira'. Eles condenam a criação e, em nome de um espiritualismo enganador, conduzem milhares de jovens pelas estradas de uma impossível libertação, que no fim os deixa mais sozinhos, vítimas da própria ilusão e do próprio mal"[530].

A sacralização das sensações pessoais, o individualismo religioso, a relação pessoal direta com o divino e entre o indivíduo e Deus sem mediação institucional, são aspetos fundamentais de todo espiritualismo e, entre outras coisas, geram confusão entre o psíquico e o espiritual. De fato, a alma vem a compreender de modo forçadamente indiferenciado a emocionalidade, a razão, a vontade, as experiências extracorpóreas, a experiência mística e a intuição intelectual. Em outras palavras: uma espiritualização da psique humana, das suas sensações e dos seus instrumentos de pesquisa, com a consequente manipulação do real.

Esta fragilidade psíquica e metafísica explica, por exemplo, o contínuo mudar vertiginoso das formas do neoespiritualismo; e ainda a duração sempre menor dessas formas sobre as estantes do chamado "*supermercado das religiões*", que mesmo articulando-se em uma grande variedade de grupos, movimentos e escolas de pensamento, têm um fundo comum que se reconhece de

---

[530] Id., Mensagem pela VIII JMJ em Denver, USA, 1993: Roma 15-08-1992, 3.

um lado na divinização do eu e de outro lado em toda uma série de práticas, como sejam: a astrologia, danças e ginásticas particulares, magia, remédios e terapias alternativas ou suaves, meditação, desenvolvimento do potencial humano etc.

2. O papel da globalização e da glocalização

Também a globalização, com o impacto dos meios de comunicação, poderíamos dizer que por certos aspetos esteja tentando redesenhar os hábitos espirituais das pessoas, induzindo-as a escolher a religião como se se encontrassem diante de um cardápio *à la carte*. Como nos restaurantes *à la page* está crescendo a tendência a uma redução das porções do mesmo prato, que se tornam sempre menores, embora mais complexas, heterogêneas e custosas, mas não excessivamente comprometedor para o próprio metabolismo, assim, no que diz respeito à fé religiosa se tende a escolher algo de exótico, eclético, que, mesmo se custoso, não seja porém excessivamente comprometedor para a própria razão e para a própria consciência.

De modo ainda mais apropriado é possível fazer referência ao fenômeno da *glocalização*, termo com o qual se pode indicar a tentativa de coordenar os assuntos globais para que possam vir ao encontro das necessidades da comunidade local. Desse modo se daria poder às comunidades locais, enquanto ligadas aos recursos globais, facilitando diversas iniciativas e oferecendo-lhes as ocasiões para dirigir a mudança social nas zonas que mais diretamente lhes interessam.

O fenômeno da glocalização em âmbito religioso se pode mostrar por um lado como tentativa de dar aparência de amadurecimento ao consumidor do produto visto como sujeito ativo que faria uma escolha informada e consciente, e por outro lado como uma espécie de atalho tomado por quem fornece e promove o produto ao procurar ocupar os chamados nichos de mercado com as suas ofertas. Tudo isso pode ser visto como fruto de um movimento de recíproca abertura das realidades locais e globais, para fazer com que o local se imponha à atenção global e, vice-versa, explorando os circuitos comunicativos da sociedade globalizada.

São estas premissas de encruzilhada entre o global e o local que levam ao nascimento contínuo de formações religiosas e para-religiosas que propõem novas doutrinas e praxes elaborando ideias e esboços tomados de agregações anteriormente existentes e difundidas em nível global. Isto conduz a uma progressiva degradação da religião e do sentido religioso, porque inevitavelmente tende a diluir na incerteza e indefinição as várias propostas, que, em outras palavras, chegarão a ser consideradas de valor igual. Dessa maneira reduz-se a qualidade da religião que se encontra em âmbito social, e faz-se com que ela entre no interior de um mercado no qual se tende a tratá-la como qualquer outro produto que, se não mais satisfaz, pode ser tranquilamente trocado.

Tanto o contexto italiano, como o da nossa região, visto através do espelho dos meios de comunicação, parece doente de esquizofrenia espiritual; de um lado transmissões e artigos que cantam loas ao pluralismo religioso, sem desdenhar de amplas quedas no relativismo; por outro lado, a religião que vem sendo acusada de causa de instabilidade e perigo, como uma espécie de enfermidade social a ser debelada para que se viva finalmente livres e sem problemas.

Como dizia o Cardeal Ratzinger:

> "Cada dia nascem novas seitas e se realiza o que diz São Paulo sobre o engano das pessoas, sobre a astúcia que tende a atrair para o erro (cf. *Ef* 4,14). Ter uma fé clara, segundo o Credo da Igreja, é muitas vezes etiquetado como fundamentalismo"[531].

Estes fenômenos, que se encontram num presente abertamente permeado de laicismo e racionalismo, demolidores da experiência religiosa, e em particular permeado de virulência anticatólica, por um lado são a evidente consequência da aceleração dos tempos e a demonstração da debilidade estrutural do sectarismo e do espiritualismo, de outro lado devem impelir a fornecer respostas adequadas à fome profunda e inelimin ável de sentido que devora a pessoa humana.

3. Algumas concepções, crenças, fenômenos e consequências inaceitáveis

Uma das características fundamentais do espiritualismo contemporâneo é a de apresentar-se muitas vezes de maneira ambígua e esvaecida, disfarçando frequentemente a necessidade de organizar-se em formas maiores difundidas em nível nacional ou internacional. Neste sentido pode falar-se de uma "rede" ou "galáxia", na qual confluem realidades aparentemente diversas entre si, mas convergindo nas concepções e crenças que conduzem a fenômenos e consequências não aceitáveis do ponto de vista cristão.

---

[531] J.RATZINGER, Homilia na Missa *pro Eligendo Romano Pontifice*, 18-04-2005.

CONCEPÇÕES E CRENÇAS

A – Esoterismo

Amplamente difundida é a concepção esotérica que faz referência a um grau superior de conhecimento, a doutrinas e ensinamentos reservados a um círculo restrito de eleitos ou iniciados, aos quais é concedida a revelação de uma doutrina que explica os mistérios do universo e seus fins, de uma verdade de significado escondido, entendida de duas maneiras: segredo inacessível aos próprios iniciados que o veneram mas não o compreendem ou não o possuem plenamente; ou segredo que se realiza no mútuo pacto dos iniciados de não revelar tal verdade aos profanos. A revelação esotérica, transmitida de modo iniciático pelo mestre ao discípulo, se divide em dois níveis de saber, o transmitido oralmente e o transmitido por escrito.

O termo esoterismo faz referência também ao conjunto daquelas disciplinas e técnicas iniciáticas como a alquimia, o hermetismo, a cabala. Elas pretendem elevar o adepto a estados superiores, ou sobre-humanos, ontológicos e psicológicos.

Sem dúvida, a Maçonaria constitui a mais poderosa e pluriforme *"agência"* de esoterismo. Seja os primeiros três Graus fundamentais (Aprendista, Companheiro, Mestre), como os vários ritos e altos Graus, são essencialmente caracterizados pelo esoterismo, no qual encontramos o entrelaçado indissolúvel de *"conhecimento e rito"*, ou *"gnose e magia iniciática e ritual"*. Embora sendo tantas as Maçonarias (Grandes Lojas, Grandes Orientes, Ritos...), podemos falar da Maçonaria no singular, considerando a sua substancial convergência e unidade em ao menos três elementos: humanismo sobre-dogmático, esoterismo, ritualidade.

O esoterismo não se concilia com o cristianismo. A propósito, é suficiente considerar o que foi afirmado por Jesus Cristo, depois da Sua prisão, durante o interrogatório que lhe foi feito pelo Sumo Sacerdote: *"Jesus respondeu: Eu falei ao mundo abertamente. Sempre ensinei na sinagoga e no Templo, onde todos os judeus se reúnem, e nada eu disse ocultamente"* (Jo 18,20).

Aliás, ele aconselhava também os seus discípulos, aos quais se dirigia de modo mais confidente e reservado, a divulgarem abertamente e a quem quer que seja tudo o que lhes era comunicado: *"Não os temais, portanto, pois não há nada de escondido que não deva ser revelado, e nada de secreto que não deva ser manifestado. O que vos digo nas trevas dizei-o à luz do dia, e aquilo que escutais ao ouvido, proclamai-o sobre os telhados"* (Mt 10,26-27).

B – Gnosticismo

Nos diversos rostos da religiosidade desviada encontramos o núcleo histórico de todo gnosticismo: o ser humano imaginado como um deus, cujo espírito está encarcerado pela carne, pela matéria e pela história, que o enganam com uma realidade ilusória. O gnosticismo exprime uma crença fundamentalmente dualística, que formula uma clara separação entre Deus e a matéria; de fato, o que é material é estranho ao mundo espiritual e não pode conduzir o espírito do ser humano à sua elevação. Além disso, confunde alma e espírito (*neshamá* e *ruah*).

Para o gnosticismo a salvação não provém da Graça de Deus, mas depende de um conhecimento superior (*gnose*) obtido através de um percurso experiencial de busca da verdade por parte de uma classe de pessoas que se consideram iluminadas, e superiores àquelas que não possuem tal conhecimento.

Desde os tempos da Igreja apostólica, os diversos filões do gnosticismo sustentam que, por meio de uma revelação esotérica, exclusiva de poucos eleitos, ou pela transmissão de uma técnica salvífica, o iniciado se torna capaz de libertar-se dos laços do mundo ilusório, para tornar a ser aquele deus que era no princípio. Refletindo, é possível constatar que nos encontramos de frente à perversa tentativa de trazer o divino ao nível humano.

O gnosticismo caracteriza em particular o teísmo ou deísmo (conforme as interpretações) maçônico. Vários estudiosos, entre os quais expoentes da Maçonaria, evidenciaram o conteúdo gnóstico do pensamento e da ritualidade maçônica, especialmente nos Altos Graus (por exemplo, o *Rito Escocês Antigo e Aceito, Ritos "egípcios" de Memphis e de Mitsraim*).

C – Milenarismo

O milenarismo ou quiliasmo é uma crença que afunda suas raízes no âmbito do médio judaísmo (desenvolvida sobre tradições messiânicas) e que se estendeu depois em âmbito cristão, com diversas variantes e nuanças. A sua difusão no cristianismo remonta aos primeiros tempos da história da Igreja. Com ela se faz referência geralmente à instauração, mais ou menos próxima, do Reino de Cristo sobre a terra, caracterizado por justiça, paz e prosperidade, durante um período de mil anos, reservado aos que forem salvos dos precedentes acontecimentos apocalípticos: pessoas eleitas que creram na mensagem transmitida pelo agrupamento religioso ao qual pertencem. Só depois de tal período se assistirá ao fim do mundo e ao juízo universal.

Especialmente no âmbito evangélico se fala também de pré-milenarismo, conforme o qual a segunda vinda de Cristo se verificará antes do reino de mil anos, e de pós-milenarismo, o qual pensa que a segunda vinda de Cristo, de caráter escatológico, virá depois do milênio que não necessita ser interpretado literalmente como de mil anos.

No correr do tempo, sob o termo "milenarismo" começou-se a incluir também aqueles movimentos sociais e políticos animados de uma visão revolucionária, a qual se considerava capaz de conduzir os povos para uma era futura na qual reinaria a justiça humana e as condições de vida se comparariam com a idade de ouro do bem-estar social.

O Catecismo da Igreja Católica refere-se ao milenarismo com estes termos:

> "Esta impostura anticrística se delineia já no mundo cada vez que se pretende realizar na história a esperança messiânica que não pode ser levada a seu cumprimento senão além da história, através do julgamento escatológico; também sob a sua forma mitigada, a Igreja tem rejeitado esta falsificação do Reino futuro sob o nome de "milenarismo", sobretudo sob a forma política de um messianismo secularizado 'intrinsecamente perverso'"[532].

A própria Sagrada Escritura, usada por movimentos milenaristas, ajuda a compreender como interpretar corretamente a referência que o *Apocalipse* de João faz aos mil anos (*Ap* 20,2-7).

Já no Antigo Testamento o salmista diz: *"Aos teus olhos, mil anos são como o dia de ontem que passou, como um turno de vigília à noite"* (Sl 90,4).

No Novo Testamento, o apóstolo Pedro afirma: *"Uma coisa não deveis perder de vista, caríssimos: diante do Senhor, um dia é como mil anos, e mil anos como um só dia"* (2Pd 3,8).

D – *Panteísmo*

Termo que deriva das palavras gregas *pân* (tudo) e *Theós* (Deus) e se aplica todas aquelas doutrinas que identificam em modos diversos Deus e o mundo natural. A crença panteísta se apresenta sob diversas modalidades e significados: há quem veja o mundo como pura manifestação de deus e reconhece o divino no íntimo das coisas, por exemplo na alma, a qual, libertando-se do corpo, torna-se ela mesma Deus, identificando o que é criado com o Criador; ou quem considera o divino como uma energia vital imanente que anima o

---

[532] Catecismo da Igreja Católica, 676.

mundo por dentro, para quem *"tudo é divino"*; ou então quem pensa que Deus se revela e se realiza nas coisas, e então *"Deus é tudo"*, ou *"tudo é Deus"*, ou *"tudo em Deus"* (panenteísmo). As crenças, que identificam estreitamente divindade e natureza, são típicas visões difundidas na *New Age*, no neoespiritualismo e no neopaganismo. Os chamados pagãos modernos ou contemporâneos se definem como panteístas, enquanto veem o divino em todas as coisas e pensam que os deuses nos quais creem se encontram presentes na natureza, a qual é então considerada como manifestação divina.

Para os cristãos, porém, a natureza foi criada por Deus, que a outorgou como dom precioso ao ser humano, o qual deve respeitá-la, amá-la e servir-se dela inteligentemente para o próprio sustento e progresso. Deus não é imanente à criação mas a transcende, embora esteja nela presente[533], e a conserva e governa. Deus está presente em todo lugar, como o expressou o salmista: *"Onde andarei longe do teu espírito, onde fugirei da tua presença?"* (Sl 139,7).

E – Reencarnação

É uma crença bastante difundida (conhecida também com os termos gregos equivalentes de *metempsichôsis* ou *metemsômatôsis*), muito enraizada em algumas religiões orientais e teosofias, que tem várias formulações. A mais conhecida é a que apresenta o corpo como mero instrumento da alma, a qual se purifica de suas culpas até atingir a perfeição e tornar-se independente do corpo, em toda uma série sucessiva de encarnações que, segundo as diversas interpretações, podem ser em um nível mais nobre ou mais humilde, segundo o comportamento mantido na vida terrena, ou em nível exclusivamente mais evoluído (neste último caso, deve-se perguntar em base a que justiça, comportamentos que sejam bons ou maus devam receber uma recompensa). A doutrina da reencarnação obviamente não contempla a ressurreição final dos corpos.

> "A revelação cristã exclui a reencarnação e fala de um completamento que o ser humano é chamado a realizar no decurso de uma única existência sobre a terra"[534].

---

[533] De fato, Deus está presente nos seres criados por *"imensidade"* e não por *"composição"*: diferença substancial, que no curso da história nem todos compreenderam corretamente.

[534] JOÃO PAULO II, carta apostólica *Tertio Millennio Adveniente*, 9. Também o aristotelismo, através da doutrina *hilemórfica*, afirma a impossibilidade de acolher no pensamento ocidental este dado incompatível com a lógica do pensador macedônio.

Uma primeira reflexão, à qual esta crença conduz, é a que se refere à identidade da pessoa humana. Se a alma se reencarna em outros seres vivos, é oportuno perguntar-se não só quem somos na realidade como pessoas, mas também quem são os nossos entes queridos. Tal crença enfraquece o laço físico entre os familiares, enquanto o laço espiritual entre eles poderia mesmo revelar-se inexistente e também poderia tornar-se impróprio falar de familiares. Estas questões não se levantam se cada ser humano é visto como pessoa única e irrepetível, composto de uma alma imortal e de um corpo corruptível e mortal, que no fim dos tempos se vestirá de incorruptibilidade e de imortalidade (*1Cor* 15,52-53).

Uma segunda reflexão está ligada à responsabilidade humana. Se a pessoa pudesse sempre tentar alcançar certos objetivos numa vida futura e não se decidisse todo o seu destino em uma única vida, poderia adiar certas decisões ou mesmo optar por algumas escolhas discutíveis e negativas, só porque se tornam mais cômodas em uma perspectiva de breve duração, ligada às futuras possibilidades de recuperação. Diversa, porém, é a perspectiva de quem considera que as próprias escolhas incidem de modo irreversível na economia da própria vida; em tal caso, o aspecto da desresponsabilização não encontra justificativa.

Enfim, ulteriores reflexões oferece a Comissão Teológica Internacional:

> "No campo escatológico, o reencarnacionismo refuta a possibilidade de uma condenação eterna e a ideia da ressurreição da carne. Mas seu erro principal consiste na negação da soteriologia cristã. A alma se salva através do próprio esforço. Deste modo sustenta uma soteriologia *auto-redentora*, totalmente oposta à soteriologia *hétero-redentora* cristã. Ora, suprimindo-se a hétero-redenção, não se pode falar de modo algum em Cristo Redentor. [...] Quanto ao ponto específico, afirmado pelos reencarnacionistas, da repetibilidade da vida humana, é conhecida a afirmação da carta aos hebreus: "*Está decidido que os humanos morrem uma só vez, e depois vem o julgamento*" (*Hb* 9,27)."[535]

F – Relativismo

A concepção relativística, pela qual não são admitidos nem princípios absolutos nem verdades últimas em qualquer campo do conhecer, do julgar e

---

[535] COMISSÃO TEOLÓGICA INTERNACIONAL, "Algumas questões atuais de escatologia", in *La Civiltà Cattolica*, 07 de março 1992, p. 488.

do agir, põe no mesmo plano a própria posição e as convicções dos outros, considerando que uma não é mais verdadeira que a outra.

No campo religioso, o relativismo[536] pode ser concebido como a simples possibilidade de que a religião se dilua na incerteza e na indefinição avaliativa, isto é, que uma concepção ou fé religiosa valha tanto como a outra. Além disso, o diálogo interreligioso passa a ser concebido como uma troca entre posições relativas, colocadas portanto no mesmo nível, com o escopo de conseguir a mais ampla integração entre as várias ideias e convicções religiosas.

Em última análise, se poderia dizer que a essência do relativismo é a absolutização do ser humano, isto é, o absoluto humano chega a substituir o Absoluto divino.

Sobre esta concepção assim se exprimia o Cardeal Ratzinger:

> "O relativismo, isto é, o deixar-se levar 'cá e lá por qualquer vento de doutrina', aparece como a única atitude à altura dos tempos hodiernos. Vai-se constituindo uma ditadura do relativismo que nada reconhece como definitivo e que deixa como última medida só o próprio eu e as suas vontades"[537].

É oportuno evidenciar que é contraditório sustentar a impossibilidade de qualquer certeza, porquanto se dá por demonstrada a certeza de que não há certezas.

Em particular, pode-se trazer como exemplo a Maçonaria, enquanto portadora de certa concepção relativística, não obstante vários de seus expoentes defendam que o pensamento e o método maçônico não se fundam no relativismo, nem evidenciam aspectos relativísticos. As diversas vias do caminho iniciático maçônico são afrontadas com um método que regula os percursos e indica as metas graduais a atingir. Mais em geral o método maçônico se funda sobre o esoterismo dos rituais e dos símbolos. Oficialmente, a Maçonaria não adota uma crença determinada mas as considera todas transitórias e subordinadas ao lento progresso da razão, e além disso as concepções entre si contrárias são vistas na realidade como complementares. O *"livre pedreiro"* segue um percurso de aperfeiçoamento na constante busca da *"verdade"* e da *"luz"*, acompanhado da consciência de não ter certezas nem seguranças (isto é, da assim chamada *"dúvida metódica"*). Os aspectos relativísticos, que têm

---

[536] É oportuno recordar que, antes de ser um problema para a religião, o relativismo é um problema filosófico. Por exemplo, as filosofias pós-hegelianas não têm no seu estatuto epistemológico a possibilidade metafísica de poder evitar este desvio do pensamento contemporâneo.

[537] J.RATZINGER, Homilia na missa *Pro Eligendo Romano Pontifice*, Roma, 18-04-2005.

seu correspondente no interior de particulares rituais, levaram a Santa Sé a sustentar:

> "Mesmo se se afirma que o relativismo não é tomado como dogma, todavia propõe-se de fato uma concepção simbólica relativística, e portanto o valor relativizante de tal comunidade moral-ritual longe de poder ser eliminada, resultando ao contrário determinante.
> Em tal contexto, as diversas comunidades religiosas, à qual pertence cada um dos membros das Lojas, não podem ser consideradas se não como simples institucionalizações de uma verdade mais ampla e inatingível O valor destas institucionalizações aparece, portanto, como inevitavelmente relativo, a respeito desta verdade mais ampla, a qual se manifesta ao invés antes na comunidade da boa vontade, isto é, na fraternidade maçônica.
> Para um cristão católico, todavia, não é possível viver a sua relação com Deus em uma dupla modalidade, dividindo-a uma forma humanitária – supraconfessional, e numa forma interna – cristã. Ele não pode cultivar relações de duas espécies com Deus, nem exprimir a sua relação com o Criador através de formas simbólicas de duas espécies. [...].
> Também quando, como já se disse, não houvesse uma obrigação explícita de professar o relativismo como doutrina, todavia a força relativizante de uma tal fraternidade, pela sua própria lógica intrínseca tem em si a capacidade de transformar a estrutura do ato de fé de modo tão radical, que não pode ser aceitável da parte de um cristão, 'ao qual é cara a sua fé' (Leão XIII)"[538].

À luz destas afirmações, é oportuno precisar que a Maçonaria, por mais que promova uma atitude relativística (em particular em relação aos dogmas católicos), todavia guarda rigidamente os próprios *"princípios"* ou *"dogmas"* iniciáticos. Tal *"processo"* maçônico (intelectual e moral) se compreende melhor à luz das contínuas referências á *"Alquimia esotérica"* (por exemplo, *"morte-renascimento simbólico"*, *"solve et coagula"*), que se encontram na literatura de Mestres maçons (3º grau) mais entendidos em temáticas esotéricas e iniciáticas.

---

[538] CONGREGAÇÃO PARA A DOUTRINA DA FÉ, "Reflexões um ano depois da Declaração da Congregação para a Doutrina da Fé. Inconciliabilidade entre fé cristã e maçonaria", in L'Osservatore Romano, 23-02-1985, p.1.

A atitude relativística é também o instrumento que pode levar os maçons a ulteriores pesquisas e experiências, especialmente no âmbito mágico-esotérico e gnóstico.

G – Sincretismo

Com o termo sincretismo geralmente se indicam aquelas concepções que derivam da aproximação e da fusão de elementos tomados de formas religiosas diversas e não convergentes. A crença sincretística se funda em geral sobre uma interpretação dos sistemas de pensamento e das correntes religiosas, das quais tira os aspectos fundamentais, que em alguns casos tende, de modo eclético, a minimizar ou a eliminar os elementos de divergência existentes nas realidades originárias e a sublinhar as suas afinidades. Em outros casos, tende a aproximar e misturar elementos inconciliáveis ou incompatíveis, destacados nas mesmas realidades. Desse modo, o sincretismo põe-se em atitude redutivista no confronto com as formas doutrinais originárias, porque, ou reduz a sua substância a um denominador comum mínimo, ou então esvazia sua força de conteúdo diluindo o seu significado pela via da fusão indevida de elementos profundamente heterogêneos, derivados de sistemas estranhos entre si.

A consequência de ajuntar elementos muitas vezes inconciliáveis é a de fabricar para si uma religião para uso e consumo próprio.

FENÔMENOS

H – Adivinhação, magia, ocultismo, espiritismo

Com estas práticas, procura-se fazer entrar em jogo forças ou entidades desconhecidas ou misteriosas, de origem não natural, para influenciar os eventos ou ter um domínio sobre a realidade física e psíquica. Ou então obter notícias e informações sobre o futuro e sobre situações desconhecidas do presente ou do passado, interpretando eventos, mensagens, presságios, sinais, símbolos, utilizando uma ampla variedade de técnicas e artes mânticas. É possível falar de tentativa de instrumentalizar potências extranaturais para uso próprio, saindo do campo da racionalidade e da utilização de forças naturais. Para esse fim serve-se de gestos, ações, fórmulas e ritos adequados.

Um fenômeno que entra dentro desta ampla categoria e tem visto uma retomada da sua difusão nos últimos anos, fomentado por uma vasta literatura, por licores, jogos, produções cinematográficas e televisivas, é o do vampirismo, que envolve particularmente jovens, atraídos pelo *horror*.

Também grupos maçônicos, chamados *"de franja"*, estão fortemente empenhados na magia. Todavia, mesmo a ritualidade das Maçonarias *"regulares"* e *"oficiais"* (seja no nível dos primeiros três Graus, como no dos Altos Graus), constitui, de persi, uma forma peculiar de magia iniciática (p.ex.: ritual de *"criação da Loggia"*; ritual de *"morte iniciática ou simbólica"*, *"iluminação iniciática"*, contato com o *"divino sobre-dogmático"*)

Do ponto de vista da teologia católica, os rituais maçônicos podem ser definidos como uma espécie de magia, enquanto pretendem atuar efeitos *"espirituais"* ou *"sobre-humanos"* na assembléia iniciática, independentemente de dogmas e pertenças religiosas, particularmente prescindindo de uma relação de fé pessoal no único Deus[539].

Outro fenômeno, bastante difundido em nossa sociedade, é o recurso às previsões astrológicas, feito também por não poucas pessoas que manifestam não reconhecer-se em qualquer fé religiosa. Não é racionalmente plausível não crer em Deus, na Providência divina, recusando ver que a imensidão do Universo, a maravilha da natureza, a complexidade da vida, falam com assombro de Deus ao ser humano, e ao mesmo tempo crer que os astros, que, mesmo na sua majestade e beleza existiriam casualmente, possam influenciar de modo decisivo a vida mesmo quotidiana da pessoa humana até nas suas escolhas mais íntimas. Com grande clareza, São Basílio Magno (329-379), nas suas homilias sobre a *Criação segundo o Gênesis* (*Hexâmeron*), traz à luz várias contradições do horóscopo e das influências astrais, definindo esta prática como imaginária[540]. Para compreender a sua irracionalidade e ineficácia, é suficiente, por exemplo, constatar que os eventos catastróficos atingem de repente, sem levar em conta o signo zodiacal ou o horóscopo pessoal, também aqueles para os quais as previsões astrológicas prospectavam eventos futuros e felizes.

A Igreja não aceita tudo isso, nem a tentativa de entrar em contato com o além, em particular com pessoas falecidas, *"espíritos guias"* ou outras

---

[539] Recordemos que, na Sagrada Liturgia, diversamente da magia, é Cristo que, celebrando a divina liturgia no céu, sob sua ordem específica e com sua autoridade, associa a si os sacerdotes da Nova Aliança, cooptando-os ao seu único sacerdócio. A pretensão mágica, ao contrário, é a possibilidade que o homem teria, seguindo com a máxima precisão a disciplina do segredo com os seus rituais, de mudar a natureza a seu bel prazer e catalisar sobre elementos naturais forças ocultas e, precisamente, mágicas.

[540] BASILIO DE CESAREIA, *Sulla Genesi (Omelie sull'Esamerone),* Mondadori Editore, Milano 2001, pp.179-191.

entidades, através de técnicas particulares (*"metafonia"*, *"escrita automática"*, *"sessões espíritas"*, *"channeling"* e outras).

Esta ampla e proteiforme casuística faz entender como às vezes o ser humano, em vez de adorar o único Deus criador de tudo o que existe e de submeter-se a Ele, procure dominar a realidade usando poderes ocultos, para sentir-se o verdadeiro dominador.

A propósito, eis o que afirma o Catecismo da Igreja católica sobre fenômenos e práticas adivinhatórias e mágicas:

> "Todas as formas de adivinhação devem ser repelidas: recurso a Satanás ou aos demônios, evocação dos mortos ou outras práticas que sem razão se pensa que "revelem" o futuro (cf. *Dt* 18,10; *Jr* 29,8). A consulta aos horóscopos, a astrologia, a quiromância, a interpretação dos presságios e das sortes, os fenômenos de vidência, o recurso aos médiuns, manifestam uma vontade de domínio sobre o tempo, sobre a história e enfim sobre as pessoas, e ao mesmo tempo um desejo de tornar propícios em proveito próprio os poderes ocultos. Estão em contradição com a honra e o respeito, junto com o temor amoroso, que devemos somente a Deus[541].
>
> [...] Também trazer amuletos é censurável. O espiritismo implica muitas vezes práticas adivinhatórias e mágicas. Também dele a Igreja acautela os fieis"[542]

I – Curandeiros, santões, videntes

Na religiosidade alternativa e no novo espiritualismo assume certo relevo a difusão de curandeiros, santões, videntes, que atraem por fenômenos não reproduzíveis naturalmente, p. ex.: curas prodigiosas, visões e mensagens do além, viagens fora do corpo. O fenômeno está difundido seja em ambientes declaradamente não cristãos, seja em ambientes cristãos e, através de um pseudo-misticismo, também entre os fieis sinceramente católicos. Os indivíduos, os grupos ou movimentos que visam desenvolver o próprio poder e a sua clientela particularmente em âmbito católico, além de chamarem a atenção a aspectos que atingem a imaginação das pessoas e a sua sede de extraordinário, muitas vezes propõe crenças que evidenciam aspectos sincretísticos não compatíveis com uma autêntica fé cristã. Alguns fazem referência a mensagens que teriam recebido diretamente do mundo sobrenatural, mostrando não raramente cultores e difusores de profecias de teor milenarístico e apocalíptico.

---

[541] CIC, 2116.
[542] Id., 2117.

Entre os fieis da Igreja Católica formam-se, com frequência, grupos que fazem orações e ritos de cura e/ou libertação, ou que fazem referência a visões e mensagens particulares. As atividades que se encontram em tais ambientes poderiam às vezes manifestar atitudes, convicções ou mensagens, não aceitáveis do ponto de vista católico. Portanto, mesmo não se configurando como celebrações litúrgicas, devem submeter-se á vigilância do Ordinário do lugar[543]:

> "É necessário, além disso, que, na sua prática, não se chegue, sobretudo da parte daqueles que as guiam, a formas semelhantes ao histerismo, à artificiosidade, à teatralidade ou ao sensacionalismo"[544].

J – Halloween

É uma festa que se celebra à noite de 31 de outubro e pretende referir-se a tradições da cultura céltica e anglo-saxã, entradas em contato e influenciadas pela mensagem cristã e sua cultura. De fato, o termo *Halloween* ou *Hallowe'en* (de *All-Hallows'Eve*) significa literalmente "*Vigília de todos os Santos*". Entretanto, quem a celebra hoje, em vez de predispor seu coração a festejar os santos, pessoas positivas e exemplares que viveram realmente neste mundo, prefere festejar um imaginário *Jack-o'-lantern*, representado por uma cabaça vazia iluminada por dentro, ou fantasmas e diabinhos, monstros imaginários, bruxas e vampiros, enfim, símbolos do oculto, do mal. Hoje, *Halloween* é uma festa importante para os satanistas e corresponde à vigília do Ano novo segundo o "*calendário das bruxas*".

O cristão não pode aceitar tal festa, assim como está hoje proposta, enquanto ligada estreitamente a atitudes supersticiosas e é contrária à autêntica vocação cristã, para a qual "todos os fieis, de qualquer estado ou condição, são chamados pelo Senhor, cada um a seu modo, para a santidade, cuja perfeição é a mesma do Pai celeste"[545]. O cristão bem sabe que a morte não tem a última palavra sobre a vida e que a Igreja, na festa de *Todos os Santos* e na comemoração dos *Fieis Defuntos*, é chamada a testemunhar a consciência da vida que continua como Vida Eterna, na comunhão dos santos.

---

[543] CONGREGAÇÃO PARA A DOUTRINA DA FÉ, *Instrução sobre as orações para obter de Deus a cura*, "*Ardens felicitatis*", Roma, 2000, art. 5, 1.

[544] Id., ibid., art. 5, 3.

[545] CONCÍLIO VATICANO II, *Lúmen Gentium*, 11.

K – New Age

Na segunda metade do século passado, desenvolveu-se aquele particular conúbio entre esoterismo, ocultismo, ideias de algumas escolas psicológicas e do potencial humano ou de desenvolvimento da evolução pessoal, que levou à formação da *New Age* como é agora percebida. É um fenômeno cultural, de tendências espiritualistas e misticistas, com conotações gnósticas, bem simbolizado por uma corrente sem limites aparentes, que tende a englobar, no seu fluir, elementos diversos e heterogêneos[546].

Alguns de seus conceitos-chave:

- Advento da era astrológica de *Acquarius*, que substituirá a bimilenária era dos peixes, caracterizada pelo cristianismo.
- Visão holística do mundo, introduzida pelo conúbio entre certa ciência e algumas ideias de tipo espiritualístico. A terra é vista como criatura viva e inteligente, assim como o cosmo. Na ideia de *"consciência cósmica"* se entrevê o divino e a concepção relativa da divindade.
- Superação de uma visão materialística para abrir-se a um mundo espiritualístico, com o qual é possível entrar em contato direto através de técnicas particulares (p. ex. *channeling*) e experiências meditativas e paranormais.
- Interesse pelo salutismo e o bem-estar psicofísico através do recurso a remédios ou terapias alternativas, a particulares técnicas psicológicas, a ginásticas de vários tipos.
- Criação de uma religiosidade e espiritualidade intimista e pessoal com forte conotação sincretista e relativista, unida a uma áspera crítica da religião institucional e dogmática.
- Consideração do Cristo como energia divina particular (fala-se de *"Cristo cósmico"*, *"espírito crístico universal"*, *"energia crística"*) que se teria encarnado em vários mestres (Krishna, Buda, Jesus, Maomé, e outros).

Para a *New Age* a salvação é dada pela fusão do próprio Eu com a *"consciência cósmica"*. É a descoberta do próprio potencial divino que permite à pessoa humana chegar á iluminação, fazendo a experiência de ser como Deus. A salvação é obra exclusiva do próprio ser humano. De fato, na *New Age* não há concepção de pecado nem necessidade de redenção.

---

[546] Cf, PONTIFICIO CONSELHO DA CULTURA, PONTIFICIO CONSELHO PARA O DIÁLOGO INTERRELIGIOSO, *Jesus Cristo, portador da água viva. Uma reflexão cristã sobre* a New Age. Livr. Edit. Vaticana, 2003.

Para os cristãos, porém, encontrar Deus não se reduz a uma espécie de viagem dentro do próprio *Eu* mas significa encontrar um *Outro*, um *Ser* pessoal e não um fluxo de energia cósmica e impessoal. De fato, a salvação é libertação do pecado que está dentro do ser humano, graças ao sacrifício redentor de Jesus Cristo. Com esta salvação o ser humano pode cooperar com a consciência de ser pecador e necessitado da misericórdia e da graça de Deus e com o propósito de converter-se, vencer o pecado e não pecar ulteriormente.

Também o papa João Paulo II manifestou-se a respeito da *New Age* no livro "*Transpor o limiar da esperança*":

> Uma questão à parte é o *renascimento das antigas ideias gnósticas na forma da chamada New Age*. Ninguém se iluda que ela conduza a uma renovação da religião. É somente um novo modo de praticar a *gnose*, isto é, aquela atitude do espírito que, em nome de um profundo conhecimento de Deus, acaba por retorcer a Sua Palavra, substituindo-a por palavras somente humanas[547].

L – *Salutismo*

É bom não esconder a periculosidade para a saúde das pessoas, causada pelo seguimento de cursos que preveem o uso de técnicas emprestadas da psicoterapia, do *yoga*, do treinamento autógeno, aplicadas de maneira espúria e desordenada por pessoas incompetentes, sem controles adequados, violando assim as leis vigentes sob tutela das profissões médico-psicológicas.

Entre outras coisas, o elemento egocêntrico-narcisista, introduzido pelo uso impróprio de certas técnicas, pode incidir sobre o equilíbrio psicoafetivo e provocar certas patológicas e distúrbios.

As técnicas ou místicas orientais instáticas de fusão consigo mesmo ou mônada energética, muitas vezes apresentadas no Ocidente como inócua ginástica ou como terapia natural, podem levar a uma experiência radical do puro existir e não a uma comunhão com o ser infinito de Deus.

Não reconhecendo o *abismo ontológico* da distinção real entre criatura e Criador, acaba-se por dissolver Cristo no animismo pagão que faz do ser humano um improvável deus em autodesenvolvimento, enquanto o divino, de sujeito transcendente ou Espírito a ser invocado, torna-se objeto ou energia manipulável a ser evocada. As místicas "*naturais*" orientais – canhestras em

---

[547] JOÃO PAULO II, "*Varcare la soglia della speranza*", A. Mondatori Editore, Milano 1994, p.99. Deste livro há tradução em português.

comparação com a mística extática de comunhão, própria do cristianismo – têm a pretensão de estarem além de todas as verdades dogmáticas reveladas, em relação a Cristo e à Igreja, tomando de empréstimo crenças como reencarnação, karma, monismo, panteísmo, animismo etc, e prometendo experiências místicas que na realidade se revelam como artificiosamente espirituais.

Também o uso indiscriminado de remédios e terapias alternativas sem adequados controles e verificações de sua eficácia e da confiabilidade de quem os ministra, cria expectativas ilusórias, trazendo consigo, entre outras coisas, concepções de tipo holístico, com consequentes recaídas num espiritualismo que tem pouco a ver com a correta antropologia cristã como também com uma legítima praxe médica.

O movimento de *"saúde holística"* surgiu independentemente da *New Age*, mas no decurso do tempo uniu-se inevitavelmente a ela, a ponto de assimilar-lhe a ideologia. Embora tal união crie interferências, a eficácia e a aceitação ou não das diversas práticas salutísticas, sejam elas remédios, terapias, ginásticas, danças, culturas particulares etc, deve ser aprofundada e avaliada detalhadamente, seja no campo da experimentação científica, seja no da avaliação ética e espiritual.

Tomemos como exemplo o *Reiki*, prática atualmente muito difundida em âmbito holístico. Eis o que dizem a seu respeito os bispos dos Estados Unidos:

> A terapia *Reiki* não encontra suporte nem nos resultados das ciências naturais nem na fé cristã. Para um católico, crer na terapia *Reiki* apresenta problemas insolúveis. Em termos de cura da própria saúde física ou da saúde dos outros, utilizar uma técnica que não tem apoio científico, ou alguma plausibilidade, não parece prudente.
> Em termos de cura, para a própria saúde espiritual, há importantes perigos. Para usar o *Reiki* se precisaria aceitar, ao menos de modo implícito, elementos centrais da visão do mundo subentendida pela teoria do *Reiki*, elementos que não pertencem nem à fé cristã nem às ciências naturais. Não há justificativas nem por parte da fé cristã nem pelas ciências naturais, pelo que, um católico que põe sua confiança no *Reiki* estaria agindo no âmbito da superstição, a terra de ninguém que não é fé nem ciência. A superstição corrompe o culto de Deus, orientando numa falsa direção o sentimento religioso e a prática[548].

---

[548] COMISSÃO DE DOUTRINA DA CONFERENCIA NACIONAL DOS BISPOS DOS EE.UU., *Orientações para avaliar o Reiki como uma terapia alternativa*. Washington, 2009, p.10-11.

M – Satanismo e Luciferismo

Na sociedade hodierna está assumindo uma dimensão inesperada a adesão ao satanismo e à afirmação de ideias e crenças provenientes do ambiente satanista, no qual entre outras coisas, se tende ao envolvimento dos jovens, mesmo menores, nas atividades de algumas seitas.

Com o termo "satanismo" referimo-nos a pessoas, grupos ou movimentos que, de um modo isolado ou mais estruturado e organizado, praticam em qualquer forma o culto (p. ex.: adoração, veneração, evocação) daquela entidade mencionada na *Bíblia* com os nomes de demônio, diabo, ou satanás. Tal entidade é geralmente entendida pelos satanistas como ser ou força metafísica, ou misterioso elemento inato no ser humano, ou energia natural desconhecida, que evoca sob diversos nomes próprios, por exemplo, Satanás ou Lúcifer, através de particulares práticas rituais.

Um tipo particular de satanismo, o luciferismo, vê no demônio, isto é, em Lúcifer, uma figura boa e positiva que se opõe à ignorância, ou à ação do Deus da tradição judeu-cristã, vista como malvada e negativa.

Além disso, encontramos *"simpatias"* gnósticas e esotéricas para com Satanás ou Lúcifer também em agregações que não se declaram satânicas ou luciferianas e que nas classificações não são incluídas no mundo do satanismo. Nas mencionadas agregações, a *"reabilitação"* de Satanás/Lúcifer acontece costumeiramente assumindo a cultura gnóstica e mediante a teoria esotérica da *"união-harmonia-coincidência dos opostos"* (Luz + trevas, Masculino + Feminino, Deus + Diabo, culto do *Baphomet*, ou seja, do Andrógino hermético que une os opostos divino-demoníaco, masculino-feminino), pelo que os Dois opostos seriam na realidade Um. O encontro de tal luciferismo ou satanismo *"filosófico"* ou *"intelectual"* (de característica gnóstico-esotérica e/ou racionalista) faz logicamente pensar na possível existência de formas mais reservadas ou elitistas de satanismo ou luciferismo *"ritual"*.

N – Ufologismo

Com tal termo pretendemos fazer referência àqueles cultos ufológicos que, diversamente de quem se ocupa de verificar seriamente se no universo estejam presentes formas de vida fora da Terra, têm ao contrário a convicção de que existem seres extraterrestres, mais perfeitos que os seres humanos. Eles contactariam pessoas encarregadas de transmitir novas revelações que geralmente difundem doutrinas permeadas de messianismo e milenarismo. Eles vêem os seres humanos criados não pelo único Deus[549] mas por extraterrestres capazes de salvá-los de iminentes eventos catastróficos e apocalípticos, conduzindo-os a uma nova era de prosperidade e bem-estar. Doutrinas desse tipo, unidas a uma boa dose de fanatismo e levadas às extremas consequências, em alguns casos conduziram a homicídios/suicídios coletivos.

A Igreja não aceita tais doutrinas e as doses de apreensão e des-responsabilização que trazem consigo.

A Igreja sabe que o único Filho de Deus encarnou-se em uma humilde Mulher e nasceu numa pequena aldeia de uma pequena nação pertencente a um planeta que se move em torno de uma das inumeráveis estrelas que fazem parte uma das milhões e bilhões de galáxias que existem no universo, criado por aquele Deus que ama as suas criaturas até o ponto de oferecer por elas a sua vida humana a fim de que possam participar da sua vida divina (cf. *Rm* 8,17; *2Pd* 1,4). Tudo isso faz com que Jesus Cristo seja considerado como o único Salvador universal.

O – Wicca

A *Wicca* (de *Witchcraft* = Bruxaria) é hoje provavelmente a mais difundida das correntes neopagãs, politeístas, mistéricas e iniciáticas, e a sua origem podemos remontá-la à primeira metade do século passado.

O falso mito fundador: Aradia, rainha das bruxas, filha de Lúcifer, teria sido encarregada de trazer a bruxaria para a Terra a fim de restaurar a *"velha religião"*. Mas não existe nenhuma ligação histórica entre o paganismo, a *"velha religião"* e a *Wicca*. É um culto centrado na natureza e baseado na experiência e na prática iniciática. Celebra os ciclos da natureza e a imanência do divino considerado presente no mundo sob diversas formas. Em particular, se apropria dos conceitos do divino feminino (deusa) e masculino (deus), cuja relação e união está na base da fertilidade e do contínuo devir do mundo. Por esse motivo, o ato sexual entre *"sacerdotes wiccan"*, homens e/ou mulheres, é visto como ato sagrado e como potente ato mágico, além de celebração do deus e da deusa.

Cada *"coven"* ou reunião de bruxas/bruxos cria o seu próprio livro de magia: *Grimório* ou *Livro das Sombras*, no qual são transcritos rituais, práticas

---

[549] Muitas vezes o termo bíblico *Elohim* ("Deus no plural", cf. *Gn* 1,1) é identificado com um impreciso Panteão dos irmãos celestes, nossos criadores. O próprio Cristo é por alguns identificado como um ou mesmo o chefe destes *Elohim*.

cultuais e potências a evocar com o fim de obter poder e controle sobre a realidade.

No entanto, sabemos bem que o meio mágico, em si mau, mesmo quando se usa para um fim bom, não é jamais aceitável:

> Todas as práticas de magia e de bruxaria com as quais se pretende submeter as potências ocultas para colocá-las ao próprio serviço e obter um poder sobrenatural sobre o próximo – mesmo que fosse para conseguir-lhe a saúde – são gravemente contrárias à virtude da religião[550].

CONSEQUÊNCIAS

P – Confusão antropológica

No nosso tempo manifesta-se uma confusão antropológica, que mostra múltiplos e sérios sintomas. Entre esses, a confusão de identidade, o desconforto existencial e a perda de sentido do homem moderno, frente à ausência de razões que deem um autêntico e profundo significado ao seu ser e à sua existência, o que não lhe é dado certamente por tantos lugares comuns que infelizmente se impõem como senso *comum*.

Notamos além disso a difusão de um certo tipo de reducionismo que aprisiona a pessoa dentro do esquema dualístico mente-corpo, hoje recusado pelas próprias ciências naturais; de fato, se mente e corpo são ontologicamente separados e contrapostos e não têm possibilidade de interação, como é possível explicar racionalmente aquilo que nossos sentidos experimentam?

Pelo contrário, a antropologia cristã se distingue pela tripartição *espírito-alma-corpo* (cf. *1Ts* 5,23): uma imagem na qual há distinção mas não contraposição.

A Igreja sabe que uma resposta à atual confusão antropológica requer orientações claras e é sua missão transmitir ao mundo o esplendor da verdade sobre o ser humano, sobre sua natureza, sobre seu destino, anunciando-a e propondo-a com métodos novos, criativos e compreensíveis.

Q – Confusão entre psíquico e espiritual

Facilmente o psíquico é assumido como espiritual: de fato, à esfera espiritual são referidos objetivos de *"expansão da consciência"*, auto-realização,

---

[550] CIC, 2117.

experiências de *"viagens astrais"*, *"channeling"* (forma moderna do espiritismo), busca de experiências paranormais. Mas tudo isso diz respeito proeminentemente à vida psíquica da pessoa e cria a ilusão de uma espiritualidade que em verdade demonstra ser falsa, envolvendo e desviando aqueles que procuram os chamados *"poderes"*, fenômenos mais ou menos extraordinários, ou particulares *"estados de iluminação"*.

Espiritual e espiritualidade genericamente fazem referência a uma realidade imaterial: no Antigo Testamento, o Espírito é identificado como o *"sopro"* de Deus, que cria e dá vida aos seres humanos e dá a possibilidade de observar fielmente a lei de Deus (*Ez* 36,27).

No âmbito cristão o termo *"espiritual"* toma como referente a ação própria do Espírito Santo (cf. *Rm* 8), que se distingue pela sua contraposição às obras da carne: mais vezes a teologia paulina apresenta a vida segundo a carne e seus desejos como oposta à vida segundo o Espírito de Deus que habita no ser humano.

A Teologia espiritual é a ciência que estuda a santidade cristã, como finalidade e termo do desenvolvimento da vida de graça do homem novo em Cristo, sob a ação do Espírito Santo. A experiência espiritual, que se verifica sobretudo na apropriação pessoal do dado cristão, pode gerar equívocos, se for mal interpretada e mal vivida. Veja-se, a propósito, o que é afirmado pela carta *Orationis formas*:

> Alguns exercícios físicos produzem automaticamente sensações de repouso e distensão, sentimentos gratificantes, talvez mesmo fenômenos de luz e de calor que se assemelham a um bem-estar espiritual. Considerá-los como autênticas consolações do Espírito Santo seria um modo totalmente errôneo de conceber o caminho espiritual[551].

R – Preconceito individualístico

Com tal expressão quer-se indicar a atitude de quem antepõe o próprio desenvolvimento pessoal e a própria auto-realização a qualquer outra coisa. A constante que prevalece é a des-responsabilização: a família, os afetos e até o ambiente e as pessoas com quem se trabalha são vividos como limite e obstáculo. De fato, o individualismo tende a opor uma obstinada resistência a qualquer interferência externa que possa impor limites aos interesses

---

[551] CONGREGAÇÃO PARA A DOUTRINA DA FÉ, *Orationis formas. Carta aos Bispos da Igreja Católica sobre alguns aspectos da meditação cristã*. Roma, 15 de outubro de 1989, 28.

pessoais, enquanto afirma a autonomia e o valor proeminente dos direitos do indivíduo em relação aos da coletividade ou do grupo social a que se pertence.

A Igreja responde ao individualismo promovendo uma ótica social de comunhão, de solidariedade e de subsidiariedade, na qual seja central o papel da família, célula primária da sociedade, a qual põe em campo o liame de pertença que se instaura entre os sujeitos que a compõem: o homem e a mulher, e seus filhos, e os liames entre as gerações: avós, genitores, filhos.

CAPÍTULO II

Tipologia dos Grupos e Movimentos Alternativos

Não pretendendo fazer um elenco detalhado das diversas associações presentes na Emilia-Romagna, pensamos que possa ter alguma utilidade assinalar as duas "*categorias gerais*" e as "*subcategorias específicas*", no conjunto das quais colocaríamos os diversos grupos e movimentos[552] que se inspiram nas realidades, ou possuem características, indicadas nas respectivas subcategorias.

A – Associações que se inspiram ou se originam em religiões históricas ou tradicionais

- Religião judaica, cristã, islâmica.
- Religiões orientais: induísmo, budismo, taoismo, confucionismo, shintoísmo, giainismo, zoroastrismo, sikhismo.
- Religiões tradicionais ou tribais ou étnicas, da África, da América, da Ásia, da Europa, da Oceania.

B – Associações com características particulares

- Esotéricas, gnósticas, mágicas, naturistas, ocultistas, panteístas, politeístas, espiritistas, ufológicas.
- Reduzíveis ao fenômeno *New Age*.
- Salutistas, de formação e desenvolvimento pessoal ou profissional, do potencial humano, psico-espiritualistas.
- Satânicas.

---

[552] Com o termo "grupo" entendemos uma associação de pessoas menor e menos espalhada que um movimento. A maioria dos grupos ou movimentos nascem ou se consolidam em torno à proposta ou à figura de um líder, reconhecem-se em doutrinas ou práticas que os caracterizam, e pedem uma adesão vital e não formal ao próprios membros.

MOTIVOS E MODALIDADES DE DIFUSÃO

1. O que parecem oferecer

Um dos principais canais de difusão das seitas, do novo espiritualismo e da religiosidade alternativa, podemos identificá-lo exatamente na tentativa de dar resposta às diversas necessidades e aspirações do ser humano contemporâneo. Além da necessidade fundamental de dar respostas à pergunta sobre o "*sentido*", acompanha-se hoje um acentuado desejo de pertença, de identidade e saída do anonimato, de afeto, de participação e empenho, de certezas, de segurança, de transcendência e espiritualidade, de direção espiritual[553].

Os diversos grupos e movimentos, oferecendo um pacote (tudo incluído) de presumidas respostas imediatas, dão à pessoa a sensação de pertença a um grupo especial, somente o qual pode garantir proteção, ajuda, respostas às perguntas existenciais e às próprias necessidades.

Nota-se ao contrário, nas seitas mágicas, ocultistas ou satânicas, outras motivações, entre as quais:
- a convicção de obter vantagens materiais mesmo com prejuízo de outros;
- a aquisição de poderes particulares;
- o intento de contestar de modo excêntrico e agressivo a sociedade;
- a atração pelo que é hórrido, violento e gera pavor;
- a emulação de alguns cantores e grupos de rock que convidam expressamente ao envolvimento no satanismo;
- a satisfação de desvios sexuais.

2. Técnicas de recrutamento

Em geral, o envolvimento do adepto parte de uma abordagem bem estudada, que acentua os aspectos positivos e atraentes, e só depois emergem os elementos mais desagradáveis e negativos a serem aceitos.

Aqui não se pretende fazer referência a grupos ou movimentos particulares, mas apenas elencar algumas dessas técnicas:
- bombardeamento de afeto: fazer a pessoa sentir-se amada, apreciada, no centro das atenções; em alguns casos é usado também o engodo sexual;

---

[553] Cf. SECRETARIADO PARA A UNIÃO DOS CRISTÃOS – SECRETARIADO PARA OS NÃO-CRISTÃOS – SECRETARIADO PARA OS NÃO-CRENTES – PONTIFÍCIO CONSELHO DA CULTURA, *O fenômeno das seitas ou novos movimentos religiosos. Desafio pastoral*. Cidade do Vaticano, 03 de maio de 1986, 2.

- intervenções com aparência de solidariedade por ocasião de desastres ou calamidades naturais;
- oferecimento de cursos bíblicos ou de leitura e aprofundamento de textos considerados sagrados;
- oferecimento de cursos com técnicas particulares de relaxamento ou meditativas, músicas, danças, ginásticas;
- oferecimento de cursos para desenvolver as próprias potencialidades psicofísicas ou de cursos de formação profissional para dependentes, dirigentes e proprietários, com o fim de incidir sobre as políticas profissionais chegando em alguns casos à tomada de controle da empresa;
- oferecimento de sustentação econômica, promessa de trabalho ou de várias vantagens, miragem de sucesso e de fáceis ganhos econômicos;
- participação em conferências e encontros realizados junto a academias de ginástica, centros de bem-estar, naturistas ou agriturísticos, centros de remédios ou terapias alternativas;
- participação em encontros coletivos nos quais é posta ênfase em curas e fatos extraordinários;
- participação em encontros coletivos nos quais é posta ênfase em técnicas para melhorar a própria condição econômica, social, profissional ou empresarial;
- promessa de entrar em contato com pessoas queridas defuntas;
- promessa de resolução dos próprios problemas com recurso à magia;
- respostas simplistas mas prontas às questões mais variadas;
- aplicação de testes de personalidade que evidenciam carências consideradas resolvíveis só recorrendo aos serviços propostos pela organização que propôs o teste;
- tentativa de envolver jovens, especialmente menores, em atividades satânicas, atraindo-os através de amizades, companhias de escola, redes sociais e outros usos da internet;
- utilização de canais radiofônicos e televisivos próprios ou de outros proprietários;
- utilização de internet como meio para a criação de verdadeiros grupos pseudo-religiosos virtuais;
- utilização de subsídios, livros e revistas publicados por editoras de algum grupo ou movimento;

- visitas domiciliares, em particular durante circunstâncias pessoais de luto ou de situações difíceis.

3. *Procedimentos de formação, doutrinação e manutenção*

É possível elencar diversos. Obviamente, cada associação utiliza aqueles que considera mais aptos às próprias finalidades. A seguir elencam-se alguns entre os mais problemáticos:
- mudança de dieta; interrupção do sono;
- censura de leituras que não sejam as propostas pelo grupo ou movimento;
- citações falsificadas e manipuladas de fatos históricos passados ou contemporâneos, produzindo desestabilização cultural;
- conselho de não ter filhos porque seriam impedimento a uma atividade mais profícua dentro do grupo ou movimento;
- difamação ou pelo menos crítica acesa de todas as outras associações, mesmo daquelas idealmente mais vizinhas;
- dependência financeira por ter doado os próprios bens ao grupo ou movimento;
- descrédito e difamação dos egressos;
- forte concentração sobre o líder ou a figura do fundador ou sobre a organização e sua exaltação contínua;
- isolamento nos confrontos de quem critica ou faz perguntas particulares;
- manutenção de um estado de empenho físico e mental prolongado, unido a uma formação contínua, com escopo de chegar a um estado de exaltação;
- ameaça de castigos, desgraças e graves desventuras que aconteceriam a quem decidisse abandonar o grupo ou movimento;
- neutralização de informações e influências externas, em particular as provenientes da família e dos amigos;
- exigência de abandono dos estudos ou pelo menos conselho para não prossegui-los;
- exigência de revisão e avaliação da própria vida com a revelação de elementos e fatos ciosamente guardados entre os quais eventuais segredos profissionais, com pressões para conhecer comportamentos pessoais desviados com o fim de acentuar sentimentos de culpa e medo, exagerando a importância das ações individuais erradas;

- exigência de remoção dos valores anteriormente adquiridos e sua substituição por aquilo que é proposto pelo grupo ou movimento;
- remoção da privacidade, a ponto de nunca deixar as pessoas sozinhas;
- uso de lugares comuns e de sistemas lógicos fechados que limitam o recurso ao pensamento reflexivo e crítico;
- uso de uma linguagem críptica mirando uma doutrinação reservada aos sequazes;
- uso de técnicas hipnóticas e de fórmulas ou mantras a serem continuamente recitados;
- visão do mundo exterior negativa e irremediável, para gerar desconfiança e medo nos aderentes, a fim de que se sintam protegidos e tutelados apenas permanecendo no interior do grupo ou movimento.

4. *Fontes de financiamento*

Aqui se trazem só alguns exemplos de financiamentos, normalmente lícitos, mas que em certos casos podem gerar fortes perplexidades ou tornar-se ilícitos pelas modalidades como são efetivados, ou pela duvidosa proveniência dos fundos originários. A propósito, seria desejável que o Estado controlasse a legalidade da formação de alguns capitais que permitem o acúmulo de ingentes patrimônios da parte de algumas associações.

- gestão de atividades comerciais características, por exemplo, alimentação naturista, vegetariana, biológica, centros de bem-estar e *fitness*, academias, livrarias, utensílios variados;
- empenhos de pagamento, da parte dos aderentes, que se protraem por longo tempo;
- trabalho gratuito, ou quase gratuito, para o grupo ou movimento;
- oferta de cursos sempre mais caros, para melhorar as potencialidades pessoais ou a produtividade profissional;
- coleta pelas ruas em busca de dinheiro para financiamento da organização;
- pedidos reiterados e persistentes de ofertas, doações, bens confiados à administração, testamentos em favor da associação;
- espiritualidade medida em termos de rendimento econômico derivado da venda de produtos e das horas dedicadas ao proselitismo;
- transferência de dinheiro de ou para países diversos através de somas não relevantes enviadas a certo número de pessoas;

- utilização de pessoas, às vezes psicologicamente frágeis ou débeis, como "laranjas" para atividades comerciais ou financeiras;
- venda de produtos editoriais (pagos antecipadamente pelos aderentes).

CAPÍTULO III

Problemáticas Jurídicas, Políticas e Sociais

1. Leis especiais para as seitas e os movimentos religiosos alternativos?

O não recurso a leis particulares, para impugnar eventuais atividades ilícitas de algumas seitas e de alguns movimentos religiosos alternativos, é estreitamente ligado ao fato de que as legislações correntes são idôneas para afrontar os problemas que poderiam surgir do cumprimento de tais atividades. No momento, na Itália não parece necessário introduzir neste campo novas leis, mas é oportuno lembrar que o *corpus* legislativo de qualquer país não é algo de estático ou imutável e deve levar em conta as situações sociais que continuamente mudam. Trata-se, portanto, de ver no decurso do tempo, se é o caso ou não de acrescentar correções, modificações ou introduzir novas normas, marcando sempre tudo com um profundo senso de Justiça. Será por isso fundamental continuar a avaliar a efetiva necessidade de introduzir novas leis e, em caso afirmativo, é ainda mais importante preocupar-se de avaliar a equidade ou não dessas leis, empenhando-se a fazer com que sejam o mais possível justas.

2. A tutela da liberdade de religião

Entre os diversos problemas que o fenômeno das seitas, da religiosidade alternativa e do novo espiritualismo pode trazer aos legisladores e às autoridades judiciárias e à polícia, está a possibilidade de que alguns grupos e movimentos, particularmente ambíguos ou perigosos, procurem obter facilitações de modo diverso ou reconhecimentos jurídicos para agir sob o abrigo da liberdade religiosa e desfrutar as possibilidades que podem ser-lhes concedidas pelas leis vigentes.

Para afrontar seriamente este problema, deve-se ter, como referência central, a tutela da liberdade religiosa não só das minorias como também de cada pessoa. A propósito, a Declaração Conciliar *Dignitatis Humanae* sobre a liberdade religiosa, afirma:

> A liberdade religiosa que compete a cada pessoa, compete obviamente a elas quando agem de forma comunitária. [...] Os grupos religiosos têm também o direito de não ser impedidos de ensinar e de testemunhar publicamente a

própria fé, a viva voz e por escrito. Porém, ao difundir a fé religiosa e ao introduzir práticas religiosas, deve-se evitar todo modo de proceder no qual haja impulsos coercitivos ou solicitações desonestas ou estímulos menos retos, especialmente nos confrontos de pessoas sem cultura ou sem recursos: tal modo de agir deve ser considerado como abuso do próprio direito e como lesão do direito alheio[554].

A tutela da liberdade de religião das minorias não deve portanto prescindir do respeito da liberdade religiosa de cada indivíduo da parte de cada minoria; se isso não acontece na prática, é lícito pensar que a associação que não respeita a pessoa humana, com mais facilidade pode ser levada ao envolvimento em atividades não suficientemente transparentes, se não claramente ilícitas.

3. Os reconhecimentos jurídicos das associações religiosas

O caminho a percorrer para tais reconhecimentos é o de estabelecer critérios precisos para determinar com clareza a natureza e os fins de religião e de culto de cada uma das associações religiosas.

O Estado deve pretender, de cada uma delas, suficientes garantias relativas à individuação da respectiva natureza e finalidade religiosa, para tutelar as justas exigências da moral, da ordem pública, e do bem-estar social.

Um Estado que respeita a liberdade religiosa deve abster-se de assumir medidas fundamentadas em juízos de valor, referentes às diversas crenças religiosas[555]; ao mesmo tempo, porém, deve estar consciente de que quem pratica ações lesivas à liberdade e à dignidade da pessoa humana, muitas vezes, são pessoas que tiram convicções e força de ideias e práticas tiradas de dentro de organizações ou ambientes particulares ou da assimilação autônoma e prévia de conteúdos de diversa proveniência[556]. Portanto, pode-se dizer que o impulso para praticar atos ilícitos ou criminosos, mesmo em âmbito religioso, provenha primariamente das ideias adquiridas em determinados ambientes. Isto pode fazer entender que, se por um lado não se deve legislar sobre várias crenças religiosas, por outro lado é oportuno o conhecimento delas, junto

---

[554] CONCÍLIO VATICANO II, Declaração *Dignitatis Humanae*, 4.

[555] A *Recomendação 1412*, de 22 de junho de 1999, do Conselho da Europa, no ponto 2: "reconhece o pluralismo religioso como natural consequência da liberdade religiosa [...] e requer às autoridades estatais que se abstenham de assumir medidas baseadas em juízos de valor em relação às diversas crenças".

[556] A periculosidade do terrorista diletante que se move no âmbito do chamado "terror sagrado" é bem descrita no artigo de BRUCE HOFFMAN, "Holy terror; na Act of Divine Duty", in *The World Today*, Royal Institute of International Affairs, London, março 1996.

com a vigilância dos órgãos dedicados à segurança do estado e à manutenção da ordem pública, sobre eventuais organizações que introduzem práticas discutíveis inspiradas e alimentadas também por crenças religiosas particulares. As crenças, portanto, não podem ser postas, todas elas, no mesmo plano, nem consideradas de igual valor.

CAPÍTULO IV
Considerações Eclesiais e Pastorais

Na segunda metade do século passado, a Igreja Católica, mas de modo geral toda a sociedade, foi colhida de surpresa por um fenômeno que estava claramente na contramão em relação às previsões daqueles, e não eram poucos, que preanunciavam o funeral ou pelo menos o eclipse da religião por parte do secularismo, considerado irrompente e impossível de parar. Essas previsões não souberam levar em conta um fermento religioso que havia anos parecia submerso, mas cujos desenvolvimentos tiveram uma incidência social de grande relevo.

Um erro de perspectiva, que, dentro da Igreja, foi provavelmente ditado pela escolha de prioridades pastorais ligadas a fatores contingentes, como p. ex. a tendência da sociedade ao afastamento da religião e da espiritualidade, enquanto atraída por aspectos materialistas, que por um lado se fundavam sobre utopias coletivistas e por outro lado sobre impulsos mercantis e consumistas.

Este e outros erros não permitiram que se desenvolvesse com eficácia uma correta abordagem da Igreja ao pluralismo religioso e, em consequência, uma válida resposta ao desafio das seitas, da religiosidade alternativa e do espiritualismo. Aqui gostaríamos de levar em consideração só alguns âmbitos nos quais se evidenciaram de modo especial certas carências pastorais.

1. A formação dos padres, dos religiosos e dos leigos

Na *Optatam Totius*, a respeito dos estudos filosóficos e teológicos, se afirma:

> O ensino da história da filosofia se desenvolva de tal modo que os alunos, enquanto aprendem os princípios fundamentais dos vários sistemas, sejam capacitados a reter o que neles há de verdadeiro, e a descobrir as raízes dos erros e refutá-los. O próprio modo de ensinar desperte nos alunos o desejo de buscar rigorosamente a verdade, de penetrá-la e de demonstrá-la, junto com o honesto reconhecimento dos limites do conhecimento humano. [...] Sejam também introduzidos no conhecimento das outras religiões mais di-

fundidas nas diversas regiões, a fim de que melhor reconheçam o que, por disposição de Deus, nelas há de bom e de verdadeiro, aprendam a refutar-lhes os erros e sejam capazes de comunicar a plenitude da verdade àqueles que não a possuem[557].

Nas instituições destinadas à formação presbiteral, o mais das vezes, e por vários anos, não têm sido consideradas as mudanças sociais induzidas pelo fenômeno do pluralismo religioso, com o qual a Igreja deveria logo confrontar-se. Quando, depois, nas mesmas instituições, se começou a afrontá-lo de modo mais sério e sistemático, apareceram também posições teológicas arriscadas e de eficácia duvidosa para uma correta abordagem da Igreja a esse fenômeno. Hoje, porém, torna-se cada vez mais difundida a consciência de que o pluralismo religioso não é um fenômeno passageiro mas que a sua existência e aceitação é um dos mais importantes desafios do novo milênio para a sociedade e consequentemente também para as ciências teológicas.

No campo da formação[558], os presbíteros devem também aprender a distinguir e refutar os erros filosóficos doutrinais, teológicos, antropológicos, históricos e de interpretação bíblica, como uma obrigação agora improrrogável, enquanto as seitas e os movimentos religiosos alternativos se difundem em âmbito católico, aproveitando-se não só das necessidades e aspirações das pessoas, mas com sistemáticas falsificações da história, com manipulações ou equivocadas interpretações da Sagrada Escritura, com a introdução de inaceitáveis teses teológicas, de doutrinas discutíveis e teses filosóficas arriscadas.

A nova apologética não deverá ser tanto de contraposição, mas de abertura ao diálogo e ao confronto, profunda, lúcida e flexível, voltada para a caridade na verdade; saberá relacionar-se com os diversos saberes: teológicos, filosóficos, históricos, científicos, econômicos, artísticos... e deverá iluminar com a verdade os vários problemas humanos oferecendo ao ser humano de hoje as fundamentadas razões da esperança cristã (cf. *1Pd* 3,15).

---

[557] CONCILIO VATICANO II, Decreto *Optatam Totius,* 15-16.

[558] Na formação dos presbíteros é oportuno acentuar uma formação filosófica capaz de apoiar a doutrina e a dogmática católica. Nem todas as filosofias, especialmente as pós-kantianas, parecem suficientemente idôneas a apoiar o dado revelado, tornando-se, pois, necessário recuperar a metafísica, utilizando-a através de categorias do pensamento consentâneas à razão e à verdade da qual a Igreja é guarda e mestra. De fato, a doutrina da fé, revelada por Deus, não foi proposta como um sistema filosófico aperfeiçoável, mas como um depósito divino confiado à Igreja para que ela o guarde, o interprete e o proclame (cf. CONCILIO VATICANO I, Constituição dogmática *Dei Filius,* cap.IV: *De fide et ratione*; PIO XII, Carta encíclica *Humani Generis,* 22 de agosto de 1950).

Outro aspecto que pode ser levado em consideração é o de valorizar a formação do clero integrando sempre mais a que é feita nos seminários com a das paróquias, através do envolvimento de presbíteros com o carisma da formação. Dessa forma, os candidatos ao presbiterado teriam um conveniente tempo de formação pastoral *in loco*, conduzidos por guias iluminados a conhecer e enfrentar diretamente as diversas problemáticas, incluindo a realidade da difusão das seitas e dos movimentos religiosos alternativos, que assim não se reduziriam apenas a um tema de estudo no nível acadêmico.

Às indicações feitas é oportuno acrescentar mais uma. Passar os futuros presbíteros ao crivo de uma equilibrada e profunda formação teológica, filosófica, moral e espiritual poderá reduzir consideravelmente o perigo de ter que lidar com presbíteros não suficientemente preparados e motivados, que, teimando com experimentações pastorais ou litúrgicas de duvidoso valor ou eficácia, correm o risco de fazer afastar os fieis da Igreja.

Uma situação que a difusão de uma religiosidade alternativa, mágica e supersticiosa, contribuiu para gerar, é a procura sempre mais premente de padres que deem bênçãos para anular os efeitos negativos de supostos malefícios, ou exerçam o ministério de exorcista no confronto de presumidos possessos do demônio. Os pedidos em tal sentido, sempre mais numerosos, criam notáveis problemas ao clero e às dioceses, dependentes o mais das vezes do fato de que sobre esta temática a formação presbiteral tem sido muito escassa, para não dizer inexistente. Também para esta lacuna é oportuno trazer remédio. Uma das estradas mestras a seguir não é só a de nomear algum exorcista (que ficaria depois sobrecarregado de pedidos dos quais mal conseguiria dar conta), ou alguma comissão diocesana composta de peritos em alguns campos (p.ex. o teológico-pastoral, o médico, o psicológico e legal), mas também formar sobre o tema específico um grande número de presbitérios, com oportunos cursos ministrados em Universidades Pontifícias ou Faculdades Teológicas[559].

O mesmo problema da escassa preparação para afrontar o desafio do pluralismo religioso com todas as várias questões conexas com ele, pode-se encontrar na formação dos religiosos. Também para os consagrados, como para os presbíteros, é fundamental uma sólida formação teológica que forneça os

---

[559] A propósito, desejaríamos assinalar a iniciativa promovida pelo GRIS (*GruLcdi Ricerca e Informazione Socio-religiosa*) e pelo Ateneu Pontifício Regina Apostolorum em colaboração com o Instituto *Veritatis Splendor*, com o patrocínio da Congregação para o Clero, de um curso, chegado já à VIII edição, sobre "Exorcismo e Oração de Libertação", orientado à formação dos presbíteros, com o escop.de oferecer-lhes uma abordagem teórico-prática ao ministério de exorcista. Sobre a formação permanente, cf. CONCILIO VATICANO II, Decreto *Optatam Totius*, 22.

elementos necessários a responder adequadamente a tal desafio, junto com uma profunda formação moral e espiritual. Devem evitar-se assim desvios de diverso tipo, que poderiam criar dúvidas e desconcerto entre os fieis, afastando pessoas da Igreja por causa de testemunhos não condizentes ou não adequados à dignidade da vida consagrada.

Também a formação dos leigos é uma das prioridades pastorais, porque em tantos ambientes só os leigos poderão dar a conhecer, valorizar e amar a mensagem evangélica. Mas, a fim de que o seu testemunho seja eficaz, em uma sociedade marcada pelo pluralismo religioso, que com facilidade difunde em seu âmbito concepções sincretistas e relativistas, deverão ser adequadamente formados para tornar-se autênticos evangelizadores das realidades temporais, testemunhando com vigor e coragem a própria fé no ambiente no qual vivem, trabalham, passam o seu tempo livre[560].

Leigos devidamente formados, seja intelectualmente, seja moralmente, seja espiritualmente, poderão ser rebentos numerosos da grande primavera cristã de que fala a *Redemptoris Missio*[561], enquanto tiverem convicções profundas e motivadas , não se deixando facilmente confundir ou enredar por propostas de proveniência e orientação diversa.

Obviamente, também no campo da formação dos leigos, não deverão ser negligenciados os aspectos apologéticos para responder com conhecimento de causa às várias contestações feitas à Igreja e à doutrina católica. Mas esta formação deverá ter modalidades diversas em relação à dos padres e dos consagrados. Deverá de fato insistir, na maioria dos casos, mais do que no aprofundamento teológico, no conhecimento da Sagrada Escritura[562] e no amor por ela, e no conhecimento do Catecismo da Igreja Católica, como particularmente recomendou o Papa Bento XVI:

> O *Ano da Fé* deverá exprimir um empenho coral na redescoberta e no estudo dos conteúdos fundamentais da Fé que encontram no *Catecismo da Igreja Católica* a sua síntese sistemática e orgânica. [...] Neste *Ano*, portanto, o *Catecismo da Igreja Católica* poderá ser um verdadeiro instrumento para sustentação da Fé, sobretudo para todos os que se empenham pela formação dos cristãos, tão importante no nosso contexto cultural[563].

---

[560] Cf. BENTO XVI, Exortação Apostólica pós-sinodal *Verbum Domini*, 2010, 84, 94, 97.
[561] Cf. JOÃO PAULO II, Carta Encíclica *Redemptoris Missio*, 1990, 86.
[562] Cf. BENTO XVI, Exortação Apostólica pós-sinodal *Verbum Domini*, 30 de setembro de 2010, 75.
[563] BENTO XVI, Motu Próprio *La porta della fede*, 11 de outubro de 2011, 11-12.

2. A pastoral das paróquias

Como afirmado no XII Sínodo dos Bispos, a paróquia é a presença primeira da Igreja num território, o lugar e o instrumento da vida cristã, que oferece ocasiões de diálogo entre as pessoas, o anúncio e a escuta da Palavra de Deus, uma catequese orgânica, a formação na caridade, a oração, a adoração e jubilosas celebrações eucarísticas. Os Padres sinodais, depois de terem convidado as paróquias a se orientarem para uma ênfase maior na evangelização, relevaram como as paróquias, as associações, os movimentos e outras realidades eclesiais são chamados a tornar visível a comunhão da Igreja particular reunida em torno ao Bispo[564].

Estas considerações podem fazer compreender o porquê da carente resposta da Igreja à difusão das seitas, da religiosidade alternativa e do espiritualismo, que fundamentalmente depende da não valorização de dois aspectos: de um lado, o não ter considerado suficientemente a paróquia como casa comum, na qual todos os carismas autênticos e todas as especificidades do particular povo de Deus deveriam encontrar acolhida, sustento, formação e promoção, unidos a uma adequada catequese, oração, adoração e celebração eucarística; de outro lado, o não ter suficientemente promovido o seu zelo missionário para com os afastados.

Outro elemento a não esquecer é a possibilidade de uma errada impostação pastoral, que poderia tornar fundada a opinião daqueles que querem fazer considerar a instituição paroquial como uma mera dispensadora de serviços. Vários grupos ou movimentos religiosos alternativos, enquanto de uma parte buscam a conversão das pessoas às suas doutrinas e convicções, por outro lado têm a tendência de fazer com que o católico seja considerado como aquele que vai em busca não da pessoa a evangelizar mas da praticante, isto é, daquela que deverá tornar-se uma fruidora dos serviços oferecidos pela *"agência paroquial"*. Assim fazem crer que a Igreja funda toda a sua influência sobre aspectos ligados primeiramente à gestão de um certo poder econômico e que não se preocupe prioritariamente com a salvação espiritual da pessoa.

A paróquia não deve constituir só o ponto de chegada, isto é, de desembarque, do evangelizado, mas também o de partida para o anúncio evangélico. Deve além disso ter em particular consideração o envolvimento e a formação da família, a qual, sendo a célula fundamental da sociedade, o é consequentemente também da comunidade paroquial. A família, e especialmente

---

[564]Cf. XIII ASSEMBLEIA GERAL ORDINÁRIA DO SÍNODO DOS BISPOS, *A nova evangelização para a transmissão da fé cristã. Elenco final das proposições.* 27 de outubro de 2012, 26.

os grupos de famílias, como também outras realidades associativas, poderão revelar-se de grande utilidade em levar a mensagem evangélica às zonas mais expostas ao sucesso da ação proselitista das seitas e dos movimentos religiosos alternativos.

3. **A vigilância dos bispos sobre o povo de Deus**

Não obstante os esforços profusos por parte da Igreja, não se têm visto, na sociedade contemporânea, significativos resultados em relação ao problema moral; antes, o conceito de moralidade foi assumindo interpretações e valores diversos e discutíveis. De fato, quando a filosofia hoje dominante nivela ontologicamente em meros aspectos fenomenológicos a escolha entre o bem e o mal (isto é, o bem e o mal são vistos como duas diversas mas possíveis opções da razão natural), veicula uma ambígua e velada forma de relativismo ético[565], com consequentes recaídas no pensamento e no comportamento social e infelizmente ás vezes eclesial.

O problema da difusão de concepções relativistas, nós o percebemos hoje em diversos contextos com notáveis reflexos sobre o modo de pensar e agir de muitas pessoas. Por exemplo, grupos ou movimentos esotéricos, o que se inspiram em religiões e tradições orientais, ou que se reconhecem no fenômeno *New Age*, veiculam uma praxe sincretista e um pensamento relativista que tendem a colocar a mensagem cristã no nível de um conjunto qualquer de ideias e opiniões religiosas. Não só, a *New Age* alcança certo sucesso também entre as pessoas que anteriormente estavam atraídas pela ideologia comunista. De fato, não faltaram análises, sobre a queda do comunismo, que atribuíram essa queda não tanto ao fato de que o sistema coletivista não funcionasse, mas ao fato de que ele não tinha levado em conta os aspectos espirituais do indivíduo. Eis porque não poucos órfãos do materialismo histórico e dialético viram na ideologia da *New Age* um porto no qual fariam confluir as suas instâncias sociais junto com as espirituais. Por outro lado, a divinização cósmica típica da *New Age* não é outra senão a introdução daquilo que poderíamos definir como uma espécie de espiritualismo materialista (ou materialismo espiritualista).

Não quereríamos dizer que certa atitude de adaptação a mentalidades correntes, certo modo de *"pensar relaxado"*, o conhecido *"vive e deixa viver"*, tenha tomado posse também de alguns pastores do rebanho de Deus, que,

---

[565] O relativismo ético e particularmente o risco da sua aliança com a democracia já foi estigmatizado com antecipação pelo PAPA JOÃO PAULO II, na sua Carta encíclica *Veritatis Splendor*, 06 de agosto de 1993, 101.

adaptando-se a uma difusa mentalidade relativista, embora não concordando explicitamente com ela, não fazem um correto discernimento e não tomam posições oportunas, claras e bem motivadas, como deveriam, no confronto de realidades que penetram subrepticiamente no mundo católico, começando dos simples fiéis até às paróquias e conventos, criando primeiro perplexidade e depois adaptação a certas ideias ou praxes da parte daqueles que entram em contato com elas.

Estas realidades, sejam elas mais ou menos próximas do catolicismo, procuram apresentar-se como católicas ou como compatíveis com a fé católica. O resultado final que conseguem é o de afastar as pessoas da Igreja depois de tê-las envolvido nas suas atividades, ou, no melhor dos casos, depois de gerar desconfiança em confronto com a hierarquia eclesiástica e sucessivamente com a Igreja, e de introduzir uma fé que evidencia aspectos espiritualistas de tipo experiencial, intimista e às vezes miraculista que, de certa maneira, induz a desconfiar das mediações institucionais, a respeito das quais se chega a preferir o assim chamado contato direto com o divino.

Para afrontar os problemas citados deve-se levar na devida conta o que foi afirmado por dois documentos: a encíclica *Fides et Ratio* e a exortação apostólica *Pastores Gregis*:

> Não é tarefa nem competência do Magistério intervir para preencher as lacunas de um discurso filosófico carente. É sua obrigação, porém, reagir de maneira clara e forte quando teses filosóficas discutíveis ameaçam a reta compreensão do dado revelado e quando se difundem teorias falsas e parciais que semeiam graves erros, confundindo a simplicidade e a pureza da fé do povo de Deus.
> O magistério eclesiástico, portanto, pode e deve exercitar autoritativamente, à luz da fé, o próprio discernimento crítico no confronto das filosofias e das afirmações que colidem com a doutrina cristã[566].
> Sempre que for oportuno, os Bispos defendam com firmeza a unidade e a integridade da fé, julgando com autoridade o que é conforme ou não à Palavra de Deus[567].

4. Que diálogo é possível

A sociedade de hoje, na sua extrema articulação e na simultânea presença de várias opções culturais e sociais, apresenta certamente o problema da

---

[566] JOÃO PAULO II, Carta encíclica *Fides et Ratio*, 14 de setembro de 1998, 49-50.
[567] Id., Exortação apostólica *Pastores Gregis*, 16 de outubro de 2003, 29.

eventual relação, no plano prático-social, entre católicos e aderentes a grupos e movimentos que se reconhecem na religiosidade alternativa e no novo espiritualismo. Quereríamos de um lado esclarecer que se trata de diálogo e eventuais confrontos práticos, mas por outro lado sublinhar que o diálogo é tanto mais efetivo e de algum modo eficaz quanto mais for expressão de uma forte identidade. Será, pois, tanto mais real e apto a contribuir a um amadurecimento positivo da sociedade, quanto mais os cristãos se empenharem, por força da própria originalidade de fé, sem correr o risco de posições teóricas e práticas concordistas e irenistas. Não é indo à procura de uma presumida visão comum que se age positivamente pelo bem da sociedade.

Consideramos que tal diálogo, como também o diálogo com expoentes de qualquer outra visão antropológica ou religiosa, possa ser um fator positivo para o incremento da vida social, com a condição que não ponha entre parênteses a irrenunciável originalidade do evento cristão que assinala, de modo indelével, a consciência e o coração de todos os que seguem o mistério de Cristo no mistério da Igreja. Não se pode negar (e também aqui o magistério dos últimos papas é extraordinariamente pontual) que para os cristãos o perigo esteja hoje em pretender encontrar a própria identidade através do diálogo e do compromisso com as forças mundanas.

Um diálogo assim imposto destrói a Igreja e não dá uma contribuição significativa à vida e às problemáticas da sociedade. Os critérios e as regras do diálogo entre os católicos e os aderentes às outras posições culturais e religiosas não são fixados, para os seus fieis, se não pela própria Igreja, na sua irrenunciável tarefa de ser responsável pela verdade e pela caridade. No seu magistério, Bento XVI recorda que uma verdade sem caridade corre o risco da ideologia, mas uma caridade sem a verdade é somente um ilusório emotivismo. Também no diálogo este ensinamento deve ser mantido presente, e além disso não se deverá enfatizar positivamente o diálogo nem também deprecá-lo, mas consentir que a missão dos católicos na sociedade, em obediência à Igreja e às suas diretrizes, saiba assumir a responsabilidade e o risco de diálogos e de colaborações que se revelem úteis para a vida social.

CAPÍTULO V

Considerações Antropológicas e Teológicas

> Tu sabes que as coisas imortais as tendes em dois passos. Não é difícil sabê-lo. Tocá-las é difícil [...] o sagrado e o divino acompanham também a vós

[...]. Dia e noite, não tendes um instante, nem mesmo o mais fútil, que não jorre do silêncio das origens[568].

Se por um lado podemos constatar vitalidade e laboriosidade de nosso povo, por outro não podemos calar – mas antes, denunciar – quando as pessoas são feitas alvo de calculadas, pesadas e invasivas incursões que minem as suas peculiaridades racionais afetivas e espirituais.

Assim se intoxica o clima cultural que permite a captura – na rede dos falsos mestres ou pseudoprofetas – daqueles que sofrem uma mais marcada debilidade moral e cultural, e ainda uma difícil situação laborativa ou social. Esses estão maiormente expostos à sedução de uma oferta pronta e fácil ao uso para resolver a necessidade salvação e felicidade.

Para delimitar melhor o que estamos tratando, não se deve esquecer que na nossa sociedade podem ser geradas condições de fragilidade e dramas existenciais em pessoas de variada extração cultural e religiosa, por exemplo também em não crentes abertos ao mistério da Revelação divina, como o era o escritor Cesare Pavese, acima citado.

Victor Frankl, fundador da logoterapia, afirmava que o ser humano, tendo hoje perdido em grande parte valores e tradições está exposto a dois perigos principais: o conformismo, isto é, faz o que fazem os outros; e o totalitarismo, isto é, faz o que os outros desejam ou mandam. Tudo isso pode causar uma verdadeira doença e emergir o vazio existencial: a *"nevrose noogene"*[569].

Perscrutando o mundo juvenil, facilmente notamos como temos sempre mais jovens aflitos pelo tédio (incapacidade de ter qualquer interesse) e apatia (incapacidade de tomar iniciativas). Tudo isso nos preocupa muito.

Pode-se identificar alguns agentes sociais culpados de produzir ou favorecer – com formas diversamente operativas no nível local – o precipitar do ser humano, como afirmado por Bento XVI, "na *zona da dissimilitude*" – em um afastamento de Deus no qual ele não se espelha mais e assim se torna dissímil não somente de Deus, mas também de si mesmo, do próprio ser humano"[570].

1. O edonismo

Temos uma presença sobre o território da Emilia-Romagna de uma bem consolidada indústria do prazer, com uma relativamente copiosa produção

---

[568] CESARE PAVESE, *Dialoghi com Leucó*, Mondadori, Milano 1972, pp.202-203.
[569] Cf VICTOR FRANKL, *Senso e valori per l'esistenza*, Città Nuova, Roma, 1994, pp.95-109.
[570] BENTO XVI, *Encontro com o mundo da cultura no Collège des Bernardins*, Paris, 2008.

que parece ignorar a atual crise econômica e que impele à formação daquele fenômeno social chamado *"sballo"* e também do desenfreado consumismo. Comer, beber, divertir-se são contínua e incessantemente oferecidos – incentivados muitas vezes por uma enganadora publicidade – para depois serem lautamente consumados. Infelizmente está sob nossos olhos o aumento do alcoolismo, especialmente entre os mais jovens, com seus devastadores efeitos ainda mais quando associado ao uso de drogas.

O cristianismo por certo não condena o prazer em si mesmo, mas o regulamenta e o moraliza. É verdade que o instinto impele, o apetite exige e a paixão grita, mas é também verdadeiro que a razão levanta a voz e impõe as suas normas para não trocar o fim com o meio. Escrevia São Tomás de Aquino:

> A vida não nos é dada para divertir-nos continuamente. A vida é algo muito sério e justamente por isso é justo dar ao divertimento só aquela parte moderada que lhe convém[571].

Por esse motivo, é preciso descobrir e convidar a praticar, segundo o ensinamento aristotélico, a virtude da eutrapelia: ou seja, a moderação do prazer, que faz evitar os excessos.

O edonismo corrói as disponibilidades econômicas das pessoas (veja-se o aumento perigoso da dependência dos jogos de azar), provoca graves problemas nas famílias e também, como já vimos, danos ao corpo e à mente. O prejuízo mais devastador é aquele que atinge a alma: neste caso, temos um mal qualificado que arrisca fechar ou tornar complicado o caminho do ser humano rumo à salvação eterna, como no-lo faz entender a doutrina referente aos vícios capitais.

Verifica-se hoje, na nossa sociedade globalizada e tecnotrônica, o antigo aforisma de Juvenal: *Panem et circenses*. Esta indústria do prazer a todo custo está sobretudo radicada nos lugares de veraneio junto ao mar, mas também nos pequenos, médios e grandes centros urbanos, com extremos de vergonhosa libertinagem.

Ensina-nos o CATECISMO DA IGREJA CATÓLICA que o prazer pode tornar-se um ídolo, porque diviniza o que não é Deus e repele sua única soberania[572]. Bento XVI, por sua vez, explica:

---

[571] SÃO TOMÁS DE AQUINO, *Summa Theologiae*, II-II, q. 168.
[572] Cf. CATECISMO DA IGREJA CATÓLICA, 2113.

A palavra *"ídolo"* deriva do grego e significa *"imagem"*, *"figura"*, *"representação"*, mas também *"espectro"*, *"fantasma"*, *"vã aparência"*. O ídolo é um engano, porque afasta da realidade quem o serve, para confiná-lo no reino da aparência"[573].

Quando os apetites e os desejos se tornam soberanos, vê-se a atualidade das palavras do grande filósofo grego Platão:

> Acabam por ocupar a rocha da alma do jovem, encontrando-a vazia de doutrinas e bons costumes e de raciocínios verdadeiros, que são excelentes sentinelas e guardas nos intelectos dos seres humanos[574].

Muitas manifestações e festas também populares têm em si traços paganizantes: veja-se a versão americana truculenta e danosa de *Halloween*, celebrada com descuido nas praças, nas escolas e até em algumas de nossas paróquias!

2. Os mass media

Na sociedade atual os *mass media* adquiriram notável importância, a tal ponto que contribuíram para modelar a cultura e a mentalidade das pessoas; no entanto, um seu correto uso, sábio e previdente, pode contribuir em modo substancial a formar uma *mens sana* sobre a qual se poderá depois construir-se o *homo religiosus*.

O Concílio Vaticano II reconheceu o papel dos *media* afirmando que "exercem hoje uma enorme influência na vida privada e pública dos cidadãos de qualquer categoria social"[575]. A utilização muitas vezes desviada e banal que é feita da imprensa, da publicidade, da televisão, da internet e também do rádio, provocaram o juízo negativo dos bispos italianos, os quais afirmam que "antes que fazer amadurecer convicções racionalmente motivadas, faz-se apelo aos instintos e às emoções para impor opiniões e comportamentos"[576].

Registramos de fato o crescimento exponencial da vulgaridade, da violência e da atração pelo *horror*, o oculto, a pornografia. O *gossip*, neologismo inglês que significa tagarelice, ou "fofoca", encontra interesse de tantos pelos personagens envolvidos – às vezes, de dúbia moralidade – com prejuízo daquilo que verdadeiramente pode edificar um cidadão nas virtudes. Isto não é um fenômeno a não levar em conta, porque incita à curiosidade, característica

---

[573] BENTO XVI, *Homilia na celebração eucarística na esplanada des Invalides*, Paris, 13 de setembro de 2008.

[574] PLATÃO, *A República*, VIII, 560 A.

[575] CONCILIO VATICANO II, Decreto *Inter mirifica*, 8.

[576] CONFERENCIA EPISCOPAL ITALIANA, *Catecismo dos adultos. A verdade vos libertará*, 1162.

que São Bernardo coloca como primeiro degrau na descida para o vício da soberba. Por curiosidade, o doutor da Igreja entende a cobiça dispersiva e o ensimesmamento em valores alienantes[577].

Um dos objetivos dos *mass media* deve ser a educação e o estímulo a um seu correto uso que consinta desenvolver, nos que os usam, adequadas capacidades críticas. Muitas vezes, ao contrário, difundem-se concepções errôneas sobre a pessoa humana e modelos ambíguos e falsos de família e vida familiar. Nota-se também o sensacionalismo em difundir os fatos de crônica, às vezes com o intento de desacreditar indevidamente as pessoas, especialmente quando pertencem ao mundo católico, muitas desqualificado no seu agir social.

As dimensões individual e familiar são lugares privilegiados que devem ser fornecidos de todos os elementos que formam uma identidade completa, através da qual cada um poderá refletir e julgar a realidade sem que esta seja distorcida e voltada a uma homologação relativista, niilista e sincretista.

Estas considerações fornecem uma primeira explicação de como, bem determinados setores laicistas e ateus, concebem a pessoa humana: isto é, quase exclusivamente como fruidora e consumadora de produtos, e isto com a precisa intenção de criticar e desagregar as instituições da família tradicional e da Igreja Católica.

Logo que vários *mass media*, com fins mais ou menos declarados, chegassem a realizar o projeto de uma aculturação global e informal, desautorizariam logo os tradicionais órgãos de instrução e educação. Assumiriam assim eles mesmos, com um consenso adquirido, as funções hoje exercidas pela escola, a família e a Igreja, tornando mais difícil a solução da emergência educativa. De fato, dessa maneira, encontrariam facilmente direito de cidadania pseudo-valores, contrastando com os verdadeiros valores da sacralidade e da transcendência da vida humana, agredidos assim na sua raiz.

Não se deve esquecer o papel e a responsabilidade da política e dos governantes, assinalados por João Paulo II no discurso aos Bispos da região Emilia-Romagna na visita *ad limina* em 1991:

> Na vossa sociedade altamente complexa, as decisões políticas permeiam cada setor da vida e concorrem muitas vezes a impulsionar para estilos de vida sempre mais afastados do senso cristão[578].

---

[577] Cf. SÃO BERNARDO DE CLARAVAL, *De gradibus humilitatis et superbiae*, X, 28.
[578] JOÃO PAULO II, *Discurso aos bispos da Emilia-Romagna em visita ad limina Apostolorum*, 01 de março de 1991, 6.

3. O ser humano reduzido a massa

O edonismo, os *mass media* e o poder político, podem interagir até o ponto de se fazerem seduzir por duas ações e atitudes opostas à vontade de Deus:

> Por um lado, a ânsia exclusiva do profeito e, por outro, a sede do poder com o propósito de impor aos outros a própria vontade. A cada uma dessas atitudes pode-se acrescentar, para caracterizá-las melhor, a expressão: "a qualquer preço"[579].

A consequência direta é que os povos perdem progressivamente a sua identidade para transformar-se em massas. Este termo em Teologia moral "indica uma multidão de pessoas que não possui uma estruturação bem definida, mas apresenta, ao contrário, dada a existência de motivos comuns primordiais e instintivos, uma modalidade de comportamento relativamente unitária"[580]. O conceito de pessoa reduzida a massa pode-se distinguir em dois modos: *"conceito quantitativo"*, quando o ajuntamento de pessoas num certo lugar apresenta rapidez e mutabilidade; e *"conceito qualitativo"*, isto é, mentalidade de um vasto ajuntamento de pessoas que tende a exercer pressões externas mais ou menos dissimuladas. O julgamento que disso faz a teologia é negativo: de um lado, porque a finalidade para a qual as pessoas são impelidas é muitas vezes duvidosa e desencaminhada; de outro lado, porque o indivíduo é facilmente engolido como num sorvedouro, perdendo ou enfraquecendo identidade e autonomia.

A massificação da pessoa a desestrutura constitutivamente, tornando-a depois sujeito facilmente manipulável.

A – Dimensão racional da pessoa massificada

> Volta-te para onde está acesa a luz da razão. E aonde chega quem raciocina corretamente, se não à verdade?[581]

Se o processo cognoscitivo é fortemente solicitado em nível sensorial para satisfazer prevalentemente as necessidade materiais, os sentidos internos têm dificuldade a chegar ao último plano objetivo, isto é, à atividade intelectiva. Ensinava João Paulo II:

---

[579] Id., Carta encíclica *Sollicitudo Rei Socialis,* 30 de dezembro de 1987, 37.
[580] ANSELM GUNTHOR, *Chiamata e risposta*, Paulinas, Roma, 1974, vol. I, p.612.
[581] SANTO AGOSTINHO, *De vera religione*, XXXIX, 72.

Uma filosofia sem a pergunta sobre o sentido da existência incorreria no grave perigo de degradar a razão a funções meramente instrumentais, sem uma paixão pela busca da verdade. Para estar em consonância com a palavra de Deus é necessário, antes de tudo, que a filosofia reencontre a sua dimensão sapiencial de busca do sentido último e global da vida. [...] Esta dimensão sapiencial é hoje tanto mais indispensável quanto o imenso crescimento do poder técnico da humanidade requer uma renovada e aguda consciência dos valores últimos[582].

B – Dimensão moral da pessoa massificada

São Paulo na carta aos romanos fala do *noûs adókimos*, isto é, da mente reprovada, desorientada, inutilizável para a conduta moral e que funciona ao revés (cf. *Rm* 1,28). É a inevitável confusão que se gera quando no núcleo mais secreto da pessoa, que chamamos consciência, não ressoa mais a voz do Deus Trindade que Jesus Cristo nos revelou, em consequência da Verdade que é Ele mesmo e não um conceito ou fórmula qualquer.

Quando a consciência é reta, as escolhas da pessoa são conforme à procura do seu verdadeiro bem. Mas quando ela é impedida de segui-la, torna-se infelizmente muito fácil trocar o bem pelo mal, pelo que cada um possui a sua verdade relativa e não absoluta, portanto variável e modificável. Sabemos que o conhecimento geral do bem e do mal está escrito no coração de cada pessoa (cf. *Rm* 2,15).

C – Dimensão espiritual da pessoa massificada

Para a pessoa nova, renascida *"da água e do espírito"* (*Jo* 3,5), resulta assim difícil exercitar o necessário discernimento que lhe consente encontrar o que é bom, agradável a Deus e perfeito (cf. *Rm* 12,1-2). A vida nova em Cristo que caracteriza a pessoa espiritual, isto é, guiada pelo Espírito Santo, é baseada no dinamismo teologal da Fé, Esperança e Caridade.

Quando a fé no Deus Trindade não é plena adesão da inteligência e da vontade, apresenta-se a superstição nas suas formas mais diversas, pela qual se dá o culto a quem não se deve ou como não se deve.

Quando, depois, se misturam partes de outras religiões que mancham a pureza da fé, junto com doutrinas sectárias, cria-se a *"dúvida voluntária* sobre a fé" que, segundo o CATECISMO DA IGREJA CATÓLICA, "descuida ou recusa

---

[582] JOÃO PAULO II, Carta encíclica *Fides et Ratio,* 14 de setembro de 1998, 81.

reter por verdadeiro o que Deus revelou e que a Igreja propõe a crer"[583]. Isto leva em consequência à heresia, ao cisma, à apostasia.

A esperança, em vez de ser *"um aguardar certo da glória futura"*[584], é raptada pelo desespero, pelo ilusório, pela presunção, pelo confinamento no estreito horizonte terreno, jazendo no caduco e no transitório.

A caridade, vivida não como dom de si total e gratuito, ou se resfria com o primado do individualismo egoísta, que produz indiferença e ingratidão, ou quanto menos é reservada exclusivamente a uma elite ou grupo.

Se o que foi dito até aqui chega a assumir uma forma consistente e duradoura, então se verifica o que afirma o CATECISMO DA IGREJA CATÓLICA:

> Uma impostura religiosa que oferece às pessoas uma solução aparente aos problemas, ao preço da apostasia da verdade [...], um pseudo-messianismo no qual o ser humano glorifica a si mesmo em lugar de Deus e do seu Messias vindo na carne[585].

4. Unicidade e universalidade salvífica de Jesus Cristo e da Igreja

Na sociedade ocidental, secularizada, frágil, desunida, que o sociólogo Zygmunt Bauman definiu como *"líquido-moderna"*, enquanto se apresenta sem regras fortes e sem precisos pontos de referência, na qual os relacionamentos pessoais, como também os de trabalho, se tornaram precários e a educação tornou-se evanescente, na qual se difundem o incerto e o provisório, e o modelo apresentado e oferecido é geralmente o do consumismo, com as pessoas reconhecidas mais pelo que possuem do que pelo que são, existe a tendência a considerar a religião como qualquer coisa que serve mais que tudo a deixar bem psicológica e fisicamente. Nesse contexto, a religião não raramente é vista como qualquer coisa que se pode mudar sem problemas e que mesmo pode ser fruída contemporaneamente em mais versões, aderindo ao mesmo tempo a fés diversas ou a crenças não compatíveis entre si.

Esta nossa sociedade pode reerguer-se somente se for permeada de valores fortes, *"sólidos"*, que a façam sair da sua condição de *"liquidez"*. Tais valores a Igreja os traz consigo na sua missão universal, que "nasce do mandato de Jesus Cristo e se cumpre no curso dos séculos na proclamação do mistério de Deus – Pai, Filho, Espírito Santo – e do mistério da encarnação do Filho,

---

[583] CATECISMO DA IGREJA CATÓLICA, 2008.

[584] DANTE ALIGHIERI, *Divina Commedia*. Paradiso XXV, 67-68, no original: *"uno attender certo de la gloria futura"*.

[585] CATECISMO DA IGREJA CATÓLICA, 675.

como evento de salvação para toda a humanidade[586]. O anúncio missionário da Igreja é hoje contrariado por teorias relativistas que, procurando fundamentar o pluralismo religioso, chegam a por no mesmo plano a fé cristã e as crenças de outras religiões, abrindo de fato o campo á justificação da dupla ou plúrima pertença. Ou então chegam a afirmar a inatingibilidade e a inexprimibilidade da verdade divina, o que em consequência leva a reter que o que é verdadeiro pode sê-lo só para alguns, mas não para outros.

O mesmo Jesus Cristo não é considerado o eterno e unigênito Filho de Deus, da mesma substância do Pai, uma só pessoa divina encarnada (o *Logos*), mas só uma figura histórica, uma pessoa humana, uma das tantas manifestações de Deus à humanidade[587], portadora de uma revelação salvífica não exclusiva mas complementar à de outras figuras históricas. A Igreja, porém, crê e convida a crer firmemente na vontade salvífica universal de Deus Uno e Trino que se revela – como unigênito Deus-*Logos* feito carne – em "Jesus Cristo, Filho de Deus, Senhor e único Salvador, que no seu evento de encarnação, morte e ressurreição, levou a cumprimento a história da salvação, que nele tem a sua plenitude e seu centro"[588].

Como o afirmou o apóstolo Pedro, no sinédrio, diante dos chefes dos sacerdotes, dos anciãos e escribas: *'Em nenhum outro há salvação; de fato, não há, debaixo do céu, outro nome dado à humanidade, pelo qual devamos ser salvos"* (At 4,12). Mas nem por isso a Igreja renuncia a aprofundar o papel das diversas religiões na economia da salvação. De fato:

> Levando em conta este dado da fé, a teologia hoje, meditando sobre a presença de outras experiências religiosas e sobre o seu significado no plano

---

[586] CONGREGAÇÃO PARA A DOUTRINA DA FÉ, *Dominus Jesus. Declaração sobre a universalidade salvífica de Jesus Cristo e da Igreja*, 06 de agosto de 2000, 1.

[587] A tal propósito devemos inevitavelmente fazer referência às teologias hegelianas e pós-hegelianas dos últimos dois séculos, que imanentizam uma *fantomática* personalidade humana de Cristo, exasperando-lhe a historicização e dividindo-a da pessoa divina. Descuidam assim a única pessoa do *Logos* feito carne que transcende a criatura, o temp.e o espaço, operando, nesse sentido, uma revisão teológica inadmissível do Concílio de Calcedônia (cf. GEORG WILHELM FRIEDRICH HEGEL, *Frühe Schriften*, Suhrkamp Verlag, Frankfurt-am-Main, 1971, p.380). Recordamos que foi o próprio Hegel dos primeiros escritos juvenis sobre o cristianismo que definiu a união entre as duas naturezas: "ungeheuere Verbindung", isto é, "tremenda união" (ibid., p.410; GEORG WILHELM FRIEDRICH HEGEL, *Lo spirito del cristianesimo e il suo destino*, a cura di Edoardo Mirri, Japadre, L'Aquila, 1970, p.174). Sobre as interpretações erradas do Concílio de Calcedônia, cf. PIO XII, Carta encíclica *Sempiternus Rex*, in AAS 43 (1951), 638.

[588] CONGREGAÇÃO PARA A DOUTRINA DA FÉ, *Dominus Jesus*. Declaração sobre a universalidade salvífica de Jesus Cristo e da Igreja, 06 de agosto de 2000, 13.

salvífico de Deus, é convidada a investigar se e como também figuras e elementos positivos de outras religiões reentrem no plano divino da salvação. Neste emprenho de reflexão, a pesquisa teológica tem um vasto campo de trabalho sob a guia do Magistério da Igreja[589].

Uma outra tendência errônea que aflora, além da de considerar Jesus Cristo um dos tantos mediadores entre Deus e a humanidade e não o único e universal Salvador, é a considerar a Igreja como uma das tantas vias de salvação, equivalente às outras, segundo uma mentalidade indiferentista que leva a considerar que uma religião vale como a outra. Tal mentalidade, que procura fornecer motivações também ao conceito da dupla ou plúrima pertença, não pode ser aceita pelos fieis católicos. De fato, a *Dominus Jesus* afirma:

> A Igreja é "sacramento universal de salvação" porque, sempre unida em modo misterioso e subordinada a Jesus Cristo Salvador, sua Cabeça, no desígnio de Deus tem uma imprescindível relação com a salvação de cada pessoa humana. [...] Acerca do modo como a graça salvífica de Deus, que é sempre dada por meio de Cristo no Espírito e tem uma relação misteriosa com a Igreja, chega a cada um dos não cristãos, o Concílio Vaticano II limitou-se a afirmar que Deus a concede "por caminhos a Ele conhecidos"[590].

Dito isto, é oportuno acrescentar que, quando se fala da necessidade da Igreja para a salvação, entende-se isso em dois sentidos:

> a necessidade da pertença à Igreja para aqueles que creem em Jesus, e a necessidade para a salvação, do ministério da Igreja, que, por encargo de Deus, deve estar ao serviço da vinda do reino de Deus[591].

CAPÍTULO VI

O Que Fazer

Algumas propostas para a nossa região Emilia-Romagna.
1) Informar os presbíteros, iniciando desde o percurso formativo no Seminário, para assegurar-lhes uma adequada atualização teológica.
2) Os presbíteros não deverão omitir, nas homilias e na catequese, os acenos a um confronto doutrinal com outras realidades religiosas e ao mesmo

---

[589] Id., *ibid.*, 14.
[590] Id., *ibid.*, 20-21.
[591] COMISSÃO TEOLÓGICA INTERNACIONAL, *O cristianismo e as religiões*, 1997, 65.

tempo deverão evidenciar uma vida e um comportamento quotidiano que os faça identificar como autênticos homens de Deus e testemunhas de Cristo.

3) Cuidar da formação de catequistas e professores de religião.
4) Abrir uma janela mediática nos instrumentos diocesanos de comunicação social.
5) Retomando o que foi pedido pela Congregação para a Doutrina da Fé por ocasião do *Ano da Fé*, convidamos a "preparar, com a ajuda de teólogos e autores competentes, subsídios divulgativos de caráter apologético (cf. *1Pd* 3,15). Cada fiel poderá assim melhor responder às perguntas que se fazem nos diversos âmbitos culturais, em relação ora com os desafios das seitas, ora com os problemas relacionados com o secularismo e o relativismo"[592].

Outras iniciativas a serem levadas adiante em colaboração com o GRIS, associação reconhecida pela CEI, que se ocupa há mais de 25 anos com estes fenômenos, com a presença em diversas dioceses italianas.

1) Organização de conferências, encontros, cursos, seminários, pesquisas etc, da parte dos secretariados diocesanos e regionais de pastoral juvenil, catequese, ensino da religião católica, pastoral dos migrantes, comunicações sociais, ecumenismo e diálogo inter-religioso, e da FTER (Faculdade Teológica da Emilia-Romagna).
2) Abertura, possivelmente em cada diocese, de um centro de acolhida para apoiar, com a apropriada assistência de padres, médicos, psicólogos, advogados e estudiosos do fenômeno, pessoas que vivem experiências difíceis e dolorosas, em relação com a adesão pessoal ou de algum familiar a grupos ou movimentos particulares.
3) Promoção de encontros e momentos de agregação para os familiares de pessoas envolvidas em grupos ou movimentos particulares, para o intercâmbio de experiências e informações sobre o comportamento a ter com os próprios parentes.
4) Criação, na região, de uma estrutura que se ocupe de acolhida, solidariedade, recuperação e formação para os ex aderentes a grupos ou movimentos particulares, sempre com a assistência de padres, psicólogos, médicos, advogados e estudiosos do fenômeno.

---

[592] CONGREGAÇÃO PARA A DOUTRINA DA FÉ, *Nota com indicações pastorais para o Ano da Fé*, 06 de janeiro de 2012, II, 8.

CONCLUSÕES

> *"Virá o dia, em que não se suportará a sã doutrina, mas pelo prurido de ouvir novidades, as pessoas se rodearão de mestres segundo suas próprias vontades, recusando dar ouvido à verdade para voltar-se para as fábulas"* (2Tm 4,3-4).

O eco das palavras do apóstolo Paulo ressoa atualíssimo, e os bispos italianos se põem em guarda contra este grave desafio da "crescente difusão de seitas e novos movimentos religiosos, que se apresentam aos cristãos como alternativos para a fé que lhes foi transmitida pelos antepassados mas são tais que lhe alteram a natureza e a identidade. A sua expansão semeia confusão e constitui um perigo para a Igreja Católica[593].

É oportuno estar conscientes de que as seitas e os movimentos religiosos alternativos se difundem mais facilmente onde é escasso o conhecimento da Sagrada Escritura e da própria fé por parte dos católicos; onde a comunidade eclesial se exprime através de comportamentos pastorais burocráticos e massificantes; onde não é dado justo relevo à dimensão sacramental da própria prática religiosa; onde não se encontra uma devoção teologicamente fundada à Virgem Maria e respeitosa do Magistério; onde a comunidade eclesial não vive momentos de oração e de adoração eucarística.

No Consistório Extraordinário, convocado pelo Papa em abril de 1991 para tratar também do anúncio de Cristo, único Salvador, e o desafio das seitas, os cardeais, em sua declaração conclusiva, afirmaram perceber na difusão das seitas "um dos maiores desafios que a Igreja deve afrontar com caridade evangélica e coragem apostólica, tratando-se de um dos fenômenos do nosso tempo, que se opõe ao anúncio da Boa Nova á humanidade"[594].

Além disso, ressaltaram:

> A necessidade de uma nova evangelização que responda às exigências atuais [...], a necessidade de um melhor conhecimento da Sagrada Escritura, radicado na tradição da Igreja [...], a importância de comunidades eclesiais acolhedoras, onde todos sejam respeitados e integrados [...] enfim, será ne-

---

[593] SECRETARIADO PARA O ECUMENISMO E O DIÁLOGO DA CEI, Nota pastoral *O empenho pastoral da Igreja Católica frente aos novos movimentos religiosos e as seitas*, 30 de maio de 1993, 2.

[594] COLÉGIO CARDINALÍCIO, *IV reunião Plenária (Consistório Extraordinário). Comunicado final*, 07 de abril de 1991.

cessário não só prosseguir no estudo do fenômeno das seitas, mas também favorecer uma sã teologia, de modo a promover uma pastoral adequada[595].

O estado permanente de missão das nossas Igrejas não deve temer encontrar obstáculos naquele mundo que não reconheceu o Cristo (*Jo* 1,10) e que põe em ação todas as suas forças para recusá-lo.

Assim, apaixonadamente, os seus discípulos devem gritar com a própria vida a presença de Cristo ressuscitado, Filho de Deus e único Salvador.

No-lo ensinou e a isso nos impulsionou o papa Bento XVI:

> Nós existimos para mostrar Deus à humanidade. Somente lá onde se vê a Deus, começa verdadeiramente a vida. Só quando encontramos em Cristo o Deus vivo, então conhecemos que coisa é a vida. Não somos o produto casual e sem sentido da evolução. Cada um de nós é querido, cada um é amado, cada um é necessário. Não há nada de mais belo do que ser alcançados, surpreendidos pelo Evangelho, por Cristo. Não é nada de mais belo do que conhecer a Ele e comunicar aos outros a amizade com Ele[596].

Por isso, "A santa inquietude de Cristo deve animar o pastor"[597], porque só Cristo "revela plenamente o ser humano ao próprio ser humano"[598].

Conferência Episcopal da Emilia-Romagna[599]

† Card. Carlo Caffarra, *Arcebispo de Bologna (Presidente)*

† Luigi Negri, *Arcebispo de Ferrara-Comacchio e Administrador Apostólico de San Marino-Montefeltro*

† Antonio Lanfranchi, *Arcebispo de Modena-Nonantola*

† Lorenzo Ghizzoni, *Arcebispo de Ravenna-Cervia*

† Francesco Cavina, *Bispo de Carpi*

---

[595] Id., ibid.

[596] BENTO XVI, *Homilia na missa do início do seu ministério petrino em Roma,* 24 de abril de 2005.

[597] Id., ibid.

[598] JOÃO PAULO II, Carta Encíclia *Redemptor Hominis,* 04 de março de 1979, 10.

[599] Como aprofundamento sobre o tema a Nota Pastoral, apresenta no final uma vasta bibliografia: a primeira referência é a de LEÃO XIII, Encíclica *Humanum Genus,* de 20 de abril de 1884, condenando o *"relativismo filosófico e moral da Maçonaria".* Seguem: a) Escritos ou Documentos produzidos por Bispos ou Dicastérios da Santa Sé, pp.113-121; b) Escritos ou Documentos produzidos por Bispos ou Conferências Episcopais da Itália, pp.121-126; c) Escritos ou Documentos produzidos por Bispos ou Conferências Episcopais de outras nações, pp.126-130.

† Douglas Regattieri, *Bispo de Cesena-Sarsina*
† Claudio Stagni, *Bispo de Faenza-Modigliana*
† Carlo Mazza, *Bispo de Fidenza*
† Lino Pizzi, *Bispo de Forlì-Bertinoro*
† Tommaso Ghirelli, *Bispo de Imola (Secretario)*
† Enrico Solmi, *Bispo de Parma*
† Gianni Ambrosio, *Bispo de Piacenza-Bobbio*
† Massimo Camisasca, *Bispo da região Emilia-Guastalla*
† Francesco Lambiasi, *Bispo de Rimini*

NOTA PASTORAL PRINCÍPIOS DE AVALIAÇÃO DO REIKI COMO TERAPIA ALTERNATIVA[600]

Conferência Episcopal dos EUA
Comissão para a Doutrina da Fé
25 de Março de 2009

1. Vez por outra têm surgido questões sobre as diversas formas de terapias alternativas disponíveis nos Estados Unidos. Os bispos deparam-se muitas vezes com questões como: "Qual a posição da Igreja em relação a essas terapias?". Por essa razão, o Comitê Doutrinal da Conferência de bispos Católicos dos Estados Unidos (USCCB) preparou este documento para auxiliar os bispos nas respostas a essas questões.

I. CURA PELA GRAÇA DIVINA E CURA POR RECURSOS NATURAIS

2. A Igreja reconhece dois tipos de cura: a cura pela graça divina e a cura pelos recursos naturais. O primeiro é atribuído ao ministério de Cristo, que realizou muitas curas físicas e legou aos Seus discípulos o poder de levar adiante esse ministério. Fiel ao poder outorgado por Cristo, desde o tempo dos Apóstolos a Igreja intercede pelos doentes, seja através da invocação do nome do Senhor Jesus, pedindo a cura pelo poder do Espírito Santo, seja pela forma sacramental de imposição das mãos e unção com óleo, ou ainda por simples oração para a cura, recorrendo também à intercessão dos santos. Quanto ao segundo, a Igreja nunca excluiu o recurso aos meios naturais para a cura através da medicina[601]. A Igreja tem uma longa história de recurso a meios naturais para cuidar dos doentes. O sinal mais óbvio é o grande número de hospitais católicos existentes no mundo.

3. As duas formas de cura não são mutuamente excludentes. A cura pela graça divina não exclui o uso de recursos naturais. Não cabe a nós decidir se Deus irá curar alguém por meios sobrenaturais. Como o Catecismo da Igreja

---

[600] *Guidelines For Evaluating Reiki As An Alternative Therapy*. Trad. do inglês: Sónia Évora. Texto revisado por Irmã Clea Fuck.

[601] Veja Congregation for the Doctrine of the Faith, *Instruction on Prayers for Healing* (14 Setembro 2000), I, 3: "É óbvio que o recurso à oração não exclui, mas antes encoraja o uso de recursos naturais eficientes para preservação e cuidado da saúde, assim como encoraja os discípulos e discípulas a cuidarem dos doentes, a assisti-los em corpo e em mente e a procurar curá-los".

Católica demonstra, o Espírito Santo por vezes dá a certas pessoas "um carisma especial de cura, em que se manifesta o poder da graça de Cristo Ressuscitado"[602]. Esse poder de cura não está a nossa disposição, pois "nem sempre as orações mais intensas alcançam a cura para todas as doenças"[603], sendo os meios de cura natural mais apropriados por se encontrarem ao dispor de todos. Na verdade, a caridade cristã não permite que se negue o acesso aos meios naturais para curar os doentes.

II. REIKI E CURA

A) As origens e as características básicas do Reiki

4. Reiki é uma técnica de cura inventada no Japão em finais de 1800 por Mikao Usui no decurso do estudo de textos budistas[604]. Segundo os ensinamentos do Reiki, as doenças são causadas por uma espécie de perturbação ou desequilíbrio na "energia vital universal" do doente. O praticante de Reiki efetua a cura colocando as mãos em certas áreas do corpo do paciente, de modo a facilitar o fluir do Reiki, a "energia vital universal", do praticante para o doente. As mãos podem ser colocadas em inúmeras posições, conforme o problema. Os defensores do Reiki garantem que o praticante não é a fonte de cura, mas um canal para a mesma[605]. Para se tornar um praticante de Reiki, deve-se receber uma "iniciação" ou "sintonização" através de um mestre de Reiki. Esse ritual permite ao aprendiz "sintonizar-se" com a "energia vital universal", tornando-o um condutor dessa energia. Fala-se de três níveis diferentes de sintonização (há quem ensine quatro). Nos níveis mais elevados pode-se canalizar a energia Reiki e realizar curas à distância, sem contato físico.

---

[602] CIC 1508.

[603] CIC 1508.

[604] Também foi alegado que ele apenas redescobriu uma antiga técnica tibetana, mas não há evidência para essa afirmação.

[605] Como veremos abaixo, as distinções entre o mundo, eu e Deus tendem a entrar em colapso no pensamento Reiki. Alguns professores de Reiki argumentam que se atinge a percepção de que o eu e a "energia vital universal" são um só, uma "energia vital universal", tudo é energia, incluindo nós mesmos. (Libby Barnett and Maggie Chambers with Susan Davidson, *Reiki Energy Medicine: Bringing Healing Touch into Home, Hospital, and Hospice* [Rochester, Vt.: Healing Arts Press, 1996], p.48; see also p.102).

B) O Reiki enquanto meio de cura natural

5. Embora os defensores do Reiki pareçam concordar que o Reiki não é por si mesmo uma religião, mas uma técnica que pode ser utilizada por pessoas de diversas religiões, a verdade é que ele apresenta vários aspectos de uma religião. O Reiki é muitas vezes descrito como uma espécie de "cura" espiritual, sendo uma alternativa aos procedimentos médicos comuns. Grande parte da literatura sobre Reiki é repleta de referências a Deus, à deusa, ao "poder de cura divina" e à "mente divina". A energia vital é descrita como sendo dirigida por Deus, a "Inteligência Maior", ou a "consciência divina". Assim, as várias "sintonizações" que o praticante de Reiki recebe de um mestre de Reiki são realizadas através de "cerimônias sagradas" que envolvem a manifestação de certos "símbolos sagrados" (que são mantidos tradicionalmente em segredo pelos Mestres de Reiki). Além disso, o Reiki é frequentemente descrito como um "modo de vida", em concordância com uma lista em que se encontram os cinco "Preceitos do Reiki" que estipulam uma ética adequada.

6. Não obstante, existem praticantes de Reiki, nomeadamente enfermeiros, que tentam abordar o Reiki simplesmente como um meio de cura natural. Apesar de existirem meios de cura natural que ainda não foram compreendidos ou reconhecidos pela ciência, é a ela que cabe julgar se se deve ou não confiar num determinado meio de cura. Ao ser denominado como método de cura natural, o Reiki está sujeito às normas da ciência natural.

7. De acordo com essas normas, o Reiki não tem credibilidade científica. Não foi aceito pelas comunidades científicas e médicas como uma terapia eficaz. Não existem estudos científicos que comprovem a eficácia do Reiki, assim como uma explicação científica plausível que prove a sua eficácia. A explicação para o Reiki depende inteiramente de uma visão particular do mundo permeada por essa "energia vital universal" (Reiki), que está sujeita à manipulação do pensamento e da vontade humana. Os praticantes de Reiki afirmam que a sua formação lhes permite canalizar essa "energia vital universal", que está presente em todas as coisas, mas é desconhecida para a ciência natural. Como a presença desse tipo de energia não foi observada por meio da ciência natural, a justificação para tais terapias deve vir de algo que se encontra além da ciência.

C) Reiki e o Poder de Cura de Cristo

8. Tem havido tentativas errôneas de comparar o Reiki à Cura Divina conhecida pelos cristãos[606]. A diferença é evidente: para o praticante de Reiki, o

---

[606] Por exemplo, veja "Reiki e o cristianismo" no http://iarp.org/articles/Reiki_and_Christianity.htm

poder da cura encontra-se à disposição da pessoa (alguns professores querem evitar esta implicação, argumentando que não é o praticante de Reiki que efetua a cura por si mesmo, mas a consciência divina). Para os cristãos, a cura divina é irrefutavelmente realizada pela oração a Cristo como Senhor e Salvador. A essência do Reiki não é uma oração, mas uma técnica que o "mestre de Reiki" transmite ao aluno, uma técnica que, depois de dominada, produzirá os resultados[607]. Alguns praticantes tentaram cristianizar o Reiki, adicionando uma oração a Cristo. Por isso, o Reiki, assim como outras técnicas terapêuticas semelhantes, não pode ser englobado no que os cristãos denominam cura pela graça.

9. A diferença entre o que os cristãos reconhecem como cura pela Graça Divina e a terapia do Reiki também fica evidente nos termos que os proponentes do Reiki utilizam para descrever o que acontece durante a terapia do Reiki, particularmente a "energia vital universal". Nem as Escrituras nem a tradição cristã falam do mundo natural com base na "energia vital universal", sujeita à manipulação do pensamento e da vontade humana. Na verdade, essa visão de mundo tem suas origens nas religiões orientais, com um certo caráter monoteísta e panteísta, nos quais não existem distinções entre mundo, eu e Deus[608]. Fica evidente que os profissionais Reiki não são capazes de diferenciar claramente entre poder da Cura Divina e o poder que está à disposição das pessoas.

III. CONCLUSÃO

10. A terapia Reiki não encontra apoio nem nas descobertas da ciência natural nem na religião cristã. Acreditar na terapia Reiki apresenta problemas

---

e "Reiki Cristão" http://areikihealer.tripod.com/christianreiki.html e a página na internet www.christianreiki.org

[607] Os mestres de Reiki oferecem cursos de formação com vários níveis de progresso, serviços para os quais exigem significativas remunerações financeiras. O aluno tem a expectativa e o Mestre dá-lhe a garantia de que o investimento de temp.e dinheiro vá permitir-lhe dominar uma técnica que irá previsivelmente produzir resultados.

[608] Isto está implícito no ensino de Reiki. Alguns proponentes afirmam explicitamente que não há nenhuma distinção, em última instância, entre o eu e o Reiki. (The Reiki Healing Connection [Libby Barnett, M.S.W.], http://reikienergy.com/classes.htm, accessed 2/6/2008 [emphasis in original]). Diane Stein resume o significado de alguns "símbolos sagrados" usados no ritual de "sintonização" do Reiki como: "A deusa em mim saúda a deusa em ti"; "Homem e Deus tornam-se um" (Essential Reiki Teaching Manual: A Companion Guide for Reiki Healers [Berkeley, Cal.: Crossing Press, 2007], pp.129-31). Anne Charlish and Angela Robertshaw explicam que a sintonização mais elevada do Reiki "marca a transição do ego e do eu para um sentimento de união com a energia vital universal". (Secrets of Reiki [New York, N.Y.: DK Publishing, 2001], p.84).

insolúveis para os católicos. No que diz respeito aos cuidados de saúde física, quer do praticante, quer do paciente, não é prudente empregar uma técnica que não tem nem plausibilidade nem comprovação científica.

11. O Reiki é perigoso para a saúde espiritual. Ao usar o Reiki, aceitam-se, pelo menos de forma implícita, os elementos básicos em que ele se fundamenta, elementos esses que não pertencem nem ao cristianismo nem à ciência natural. Sem justificação nem da Fé Cristã, nem da ciência natural, um Católico que coloca a sua confiança no Reiki entra no reino da superstição, a terra de ninguém, que não pertence nem à fé nem à ciência[609]. A superstição corrompe a adoração a Deus, ao desviar o sentimento e a prática religiosa para uma direção falsa[610]. Por vezes, as pessoas caem no domínio da superstição devido à ignorância; cabe, então, a quem ensina em nome da Igreja combater quanto possível essa ignorância.

12. Sendo a terapia Reiki incompatível com qualquer doutrina cristã ou evidência científica, é inadequado para instituições católicas, como sejam centros católicos de tratamento de saúde ou casas de retiro, ou capelães, e outras pessoas que representam a Igreja, promover ou apoiar essa terapia.

† William E. Lori (Chairman), *Bispo de Bridgeport*
† John C. Nienstedt, *Arcebispo de São Paulo e Minneapolis*
† Leonard P. Blair, *Bispo de Toledo*
† Arthur J. Serratelli, *Bispo de Paterson*
† José H. Gomez, *Arcebispo de Santo Antônio*
† Allen H. Vigneron, *Bispo de Oakland*
† Robert J. McManus, *Bispo de Worcester*
† Donald W. Wuerl, *Arcebispo de Washington*

---

[609] Alguns métodos de ensino do Reiki incentivam a apelar a seres angélicos ou "guias espirituais Reiki", o que introduz o perigo de exposição a forças ou poderes malévolos.

[610] Veja *Catecismo*, 2111; São Tomás de Aquino *Summa Theologiae* II-II, q. 92, a. 1.

APROFUNDAMENTO

A dimensão transcendente da pessoa precisa de um adequado cuidado e desenvolvimento. A relação com Deus, inscrita no coração humano, de conhecê-lo e amá-lo, enche de sentido a própria existência e fundamenta a fraternidade humana e o desenvolvimento de uma sociedade e um mundo mais justo e solidário. A indiferença religiosa pode fazer com que não se valorize adequadamente a formação religiosa e não se entenda que a matéria de Religião, livremente assumida não é um elemento discordante na tarefa educativa, mas constitui um bem e faz parte de uma educação verdadeiramente integral. Assistimos à proliferação de novas formas de espiritualidade. Algumas variedades de yoga, zen ou meditação oriental e outras propostas análogas de harmonização entre meditação cristã e técnicas orientais "deverão ser continuamente filtradas com cuidadoso discernimento de conteúdos e de métodos, para evitar que se caia num perigoso sincretismo" (cf. Congregação para a Doutrina da Fé, *Carta aos Bispos da Igreja Católica acerca de alguns aspectos da meditação cristã*, 15 de outubro de 1989, n. 12). O reiki, o xamanismo, o tarô e a vidência, a nova era e similares são incompatíveis com a autêntica espiritualidade cristã, e por isso é preciso distinguir claramente essas realidades de uma genuína experiência cristã. Na sociedade plural e secularizada em que vivemos, e a partir da concepção cristã da pessoa em que cremos entendemos que o mistério do ser humano encontra seu sentido no mistério de Deus e é iluminado pelo acontecimento de Jesus de Nazaré. Esse mistério e esse acontecimento iluminam a tarefa de educar pessoas responsáveis, competentes, compassivas e comprometidas.[611]

Documentos:

– *Jesus Cristo portador da água viva. Uma reflexão cristã sobre a "New Age" [Nova Era]*[612]

– *Carta aos Bispos da Igreja Católica acerca de alguns aspectos da meditação cristã*[613]

---

[611] **Carta Pastoral Conjunta de Pentecostés 2017**, "Me Enseñarás El Camino de La Vida" (Sl 15,11), Desafíos contemporáneos de la educación, nº 19, 04 de junho de 2017 (Dom Francisco Pérez González, Arcebispo de Pamplona e Bispo de Tudela; Dom Mario Iceta, Bispo de Bilbao; Dom José Ignacio Munilla, Bispo de San Sebastián; Dom Juan Carlos Elizalde, Bispo de Vitoria; Dom Juan Antonio Aznárez, Bispo Auxiliar de Pamplona e Tudela). Trad. do espanhol: Irmã Clea Fuck.

[612] Conselho Pontifício para a Cultura e Conselho Pontifício para o Diálogo Inter-religioso, 2003.

[613] Congregação para a Doutrina da Fé, 15 de Outubro de 1989.

NOTA PASTORAL PECADO GERACIONAL E CURA INTERGERACIONAL

Conferência Episcopal Polonesa
Comissão para a Doutrina da Fé
Varsóvia, 05 de outubro de 2015

Problemas Teológicos e Pastorais

Entre o fim do século XX e o início do XXI, em alguns grupos carismáticos e em ambientes ligados às celebrações das santas Missas com a oração para a cura ou celebrações para a cura, surgiu uma teoria na qual se fala sempre mais dos assim chamados "pecados geracionais" ou de "cura intergeracional".

Na Internet apareceram tantas informações e artigos sobre a "cura intergeracional" e sobre a sua prática (cfr. Fronda, Adonai, Egzorcysta, Apologetyka. Katolik, Syjon). Comumente o ponto de partida é o livro de Robert

De Grandis, SSJ, intitulado "Cura intergeracional" (Łódź 2003), o autor pertence à Sociedade de S. José e com o seu conhecimento é referência para as comunidades carismáticas em todo o mundo.

As opiniões do clero e dos leigos interessados ao problema do "pecado geracional" e da "cura intergeracional" são muito diversas e contraditórias. Enquanto isso, as celebrações organizadas com a oração pela cura intergeracional reúnem multidões nas nossas igrejas.

Ademais, por causa da vagueza dos conceitos utilizados: "pecado geracional" e "cura intergeracional" existe uma urgente necessidade de uma explicação clara e de dar um juízo sobre os mencionados fenômenos do ponto de vista do ensinamento da Igreja.

Na base da reflexão sobre o pecado geracional está a convicção de que os pecados dos ancestrais têm um impacto sobre a vida dos membros vivos da sua família. Esta influência pode ter uma dimensão espiritual e carnal, e exprimir-se, por exemplo, na forma de alguma doença, pode também causar problemas no campo da psique e falências na vida conjugal e familiar. A carga do pecado herdado dos ancestrais, segundo os que sustentam esta teoria, pede a libertação do homem, que se dá através da oração pela cura ou o exorcismo. A cura intergeracional é uma oração especial, que deveria incluir os ancestrais da pessoa sofredora, retrocedendo no passado até à décima quinta ou décima sexta geração. Tal oração inclui a recitação dos exorcismos, a oração de intercessão e a Santa Missa. Daqui as orações e as celebrações pela cura intergeracional ou santas Missas por esta intenção.

A ideia de "cura intergeracional" deriva do Dr. Kenneth McAll (19/10/2001), médico terapeuta e missionário anglicano. Nascido na China, McAll estudou medicina em Edimburgo no Reino Unido. Sob o influxo do pensamento chinês chegou à conclusão que existe uma ligação entre algumas doenças e as forças do mal. Na terapia unia o conhecimento das tradições do Oriente e a prática médica. Chegou à conclusão que os espíritos dos ancestrais desenvolvem um papel significativo nas doenças somáticas dos descendentes. O Dr. Kenneth McAll sofria de um distúrbio mental. O seu trabalho deu início à pesquisa sobre a cura nas gerações passadas. A ele se reporta Pe. Robert De Grandis, SSJ, o autor do livro supra mencionado.

A prática da "cura intergeracional" deriva da tradição radicada nas crenças das religiões orientais e que circundam de um particular culto aos ancestrais e creem na reencarnação. Isso significa que esta prática é o resultado de um sincretismo religioso, que desenvolveu um novo fenômeno chamado "reencarnação de pecado".

As razões de fundo da popularidade deste fenômeno podem ser encontradas no fenômeno do desaparecimento do senso do pecado, como já disse o Papa Pio XII (Discurso, Roma 26.10.1946). Com a perda do senso do pecado, se enfraquece também a compreensão daquilo que é autêntica liberdade. Deus deu a nós a capacidade de realizar a sua vontade (cfr. 1Tes 4,3) e faz com que o homem responda diante d'Ele pelas suas ações e pelas suas consequências. Quem faz o mal, abusando da liberdade e desperdiçando os dons recebidos, cai na escravidão e ofende o amor do Criador. Com a responsabilidade pelas suas desgraças e as falências se prova a dar culpa aos ancestrais, falando de pecados geracionais (E.C. Merino, R. Garcia de Haro, Teologia moral fundamental, Cracóvia 2004, p. 459-460). O homem de hoje, escreveu K. Rahner, tem principalmente a impressão de que Deus deva ser justificado e não que ele mesmo tem necessidade de ser transformado, diante e através de Deus, da criatura injusta à criatura justificada (K. Rahner, Curso fundamental sobre a fé, Varsóvia 1987, p. 80). Nesta perspectiva a cura intergeracional é uma forma da justificação da fraqueza e da busca de uma fácil explicação e do perdão do mal cometido.

Os que sustentam o conceito de "pecado geracional" se apelam à Sagrada Escritura afirmando que já no Antigo Testamento se fala deste tipo de crime. Esses indicam na Sagrada Escritura as passagens que, segundo eles, falam diretamente da punição pelos pecados dos ancestrais: "O Senhor, teu Deus, que pune a culpa dos pais nos filhos até a terceira e a quarta geração" (Ex 20,5); "O Senhor... castiga a culpa dos pais nos filhos e nos filhos dos filhos até a terceira e a quarta geração" (Ex 34,7); "castiga a culpa dos pais nos filhos até a terceira e a quarta geração" (Nm 14,18); "sou um Deu ciumento, que pune a culpa dos pais nos filhos até a terceira e a quarta geração" (Dt 5,9).

Todavia, na Bíblia, às vezes também nos mesmos livros, encontramos outras declarações dos autores inspirados, que negam as teses da responsabilidade geracional pelo pecado. No livro do profeta Jeremias lemos: "Naqueles dias não se dirá mais: Os pais comeram uva acerba e os dentes dos filhos se embotaram, mas cada um morrerá pela sua própria iniquidade; se embotarão os dentes só de quem come uva acerba" (Jer 31, 29-30). O profeta Ezequiel fala de responsabilidade pessoal pelo pecado: "Como é verdade que eu vivo, oráculo do Senhor Deus, vós não repetireis mais este provérbio em Israel. Eis, todas as vidas são minhas: a vida do pai e aquela do filho é minha; quem peca morrerá. [...] Quem peca morrerá; o filho não descontará a iniquidade do pai, em o pai a iniquidade do filho. Sobre o justo permanecerá a sua justiça e sobre o malvado a sua malvadeza" (Ez 18, 3-4.20). O mesmo princípio da responsabilidade pessoal ressoa também no Deuteronômio (24,16): "Não se meterão à morte os pais por uma culpa dos filhos, nem se meterão à morte os filhos por uma culpa dos pais. Cada um morrerá pelo próprio pecado".

Todavia, na interpretação dos textos citados precedentemente, a exegese moderna explica que não se trata de uma literal "iniquidade" ou "vício" dos pais, no sentido do pecado pessoal deles, que cometeram e pelos quais a responsabilidade será imputada aos seus filhos, mas o mau exemplo deles, que teve um impacto sobre a educação dos seus filhos, que agindo exatamente como os seus pais morrerão "pelo próprio pecado".

Citados pelos que apoiam a "cura intergeracional" os passos da Bíblia que confirmariam suas teses sobre o pecado geracional e as suas consequências na vida das próximas gerações, têm seu desenvolvimento e completamentos. Resulta que esses são um pouco mais longos do que aqueles citados nos livros. Às vezes os textos são assim manipulados para poder confirmar a tese sobre o pecado geracional ou sobre a necessidade de cura intergeracional.

Por exemplo, uma passagem do livro do Êxodo: "O Senhor, teu Deus, que pune a culpa dos pais nos filhos até a terceira e a quarta geração", tem o seu sucessivo desenvolvimento e completamento: "mas que demonstra a sua bondade até mil gerações, para aqueles que me amam e observam os meus mandamentos" (Ex 20,5). Uma outra passagem do mesmo livro, na qual Deus é descrito como aquele que manda as punições pela iniquidade dos pais sobre os filhos e netos até a terceira e a quarta geração, fala contemporaneamente de Deus – na sucessiva frase – que é "misericordioso e piedoso, lento à ira e rico de amor e de fidelidade, que conserva o seu amor por mil gerações" (Ex 34,7).

De fato, no Antigo Testamento era presente a convicção que se a alguém andava mal ou estava doente, isto fora causado pela sua má vida ou por aquela de alguém da sua família. Assim se pensava, entre outras coisas, da infertilidade. Assim também da desabilidade ou outras doenças. Quando alguém adoecia ou era portador de uma desabilidade, acreditava-se que ele ou alguém na sua família tivesse cometido um pecado. A expressão de tal convicção são as palavras dos discípulos dirigidas a Jesus: "Rabi, quem pecou, ele ou os seus pais?" A resposta de Jesus é muito clara: "Nem ele pecou nem os seus pais, mas é assim para que nele sejam manifestadas as obras de Deus" (Jo 9,1-3). Deste modo, o Senhor Jesus se dissocia nitidamente do ligar a doença da criança com o pecado dos pais ou dos avós, com uma tal "tara geracional".

"O Pecado geracional" contradiz a verdade sobre a Misericórdia de Deus e sobre Seu Amor que perdoa. Se mesmo o povo da Antiga Aliança via em várias desgraças a punição divina pelos pecados dos ancestrais, a Povo da Nova Aliança tal convicção é estranha. Esta relevante mudança de ótica se conecta com a missão do Filho de Deus Encarnado, que realizou perfeitamente a Lei e os Profetas, anunciando o amor e a misericórdia de Deus. Em precedência, tendo por base o legalismo hebraico, via-se em Deus, sobretudo, um Juiz, pronto a dar uma punição. A imagem de Deus como Pai misericordioso não permite tais pensamentos; abre o homem à possibilidade de obter o perdão de Deus, a justificação em cada situação.

A Igreja desde o início ensina que o pecado é sempre algo de pessoal e requer a decisão do livre arbítrio. Do mesmo modo, a pena pelo pecado. Cada um paga pessoalmente a pena pelo próprio pecado. Sobre isto S. Paulo escreve claramente na Carta aos Romanos: "cada um de nós prestará conta de si mesmo a Deus" (Rm 14, 12).

Na Exortação Apostólica *Reconciliatio et Paenitentia* (n. 16) S. João Paulo II, sustenta que "o pecado, no sentido verdadeiro e próprio, é sempre um ato da pessoa, porque é um ato de liberdade de um único homem e não propriamente de um grupo ou de uma comunidade".

No Catecismo da Igreja Católica (n. 1857), se lê que "para que um pecado seja mortal se requer que concorram três condições: É pecado mortal aquele que tem por objeto uma matéria grave e que, além disso, é cometido com pleno conhecimento e deliberado consentimento (S. Tomás de Aquino, Summa

Theologiae, I-II, 88, 2)". O homem não sofre a punição pelas ações não cometidas, por exemplo, pelo pecado de necessidade. É necessário satisfazer e expiar os próprios pecados (cfr. CEC 1459).

Um outro problema são as estruturas de pecado, ou seja, situações que levam ao pecado.

O único pecado que se transmite de geração em geração é o pecado original, o que claramente sublinhou o Concílio de Trento no decreto sobre o pecado original. No cânon 2 lemos: "Quem afirma que a prevaricação de Adão tenha causado dano somente a ele, e não também à sua descendência; que perdeu para si somente, e não também para nós, a santidade e justiça que recebera de Deus; que ele, corrompido pelo pecado de desobediência, transmitiu a todo o gênero humano só a morte e as penas do corpo, e não também o pecado, que é a morte da alma: seja anátema. Contradiz, de fato, ao apóstolo, que afirma: "Por meio de um só homem o pecado entrou no mundo e, com o pecado, a morte; assim também a morte atingiu a todos os homens, porque nele todos pecaram' (Rm 5, 12)" (Breviarium Fidei, 309).

Todavia, deve-se recordar que o pecado original "em nenhum descendente tem um caráter de culpa pessoal» (CEC n. 405), em quanto de fato «pecado original é chamado *pecado* de modo analógico" (CEC n. 404). Ao contrário, o pecado pessoal e a punição por este pecado, não é jamais transmitida às gerações sucessivas, como erroneamente sustentam os apoiadores dos "pecados geracionais" e da "cura intergeracional".

A teoria do pecado geracional e da cura intergeracional de Robert De Grandis e incluída no seu livro Cura intergeracional, se baseia em grande parte sobre a psicologia de Carl Gustav Jung e sobre os estudos do já citado Dr. Kenneth McAll. Sobre este argumento já se expressou o Pontifício Conselho para o Diálogo Inter-religioso num documento intitulado: *Jesus Cristo Portador da Água Viva - Uma reflexão cristã sobre a 'New Age'* (2003).

Nele foram condenadas as teses errôneas de Jung e adquiridas por De Grandis, p.ex. o caráter transcendente da consciência e a introdução da ideia do inconsciente coletivo, como uma espécie de armazém de símbolos e memórias comuns a pessoas de várias idades e culturas. Segundo o Pontifício Conselho, Jung contribuiu para uma "sacralização da psicologia", introduzindo nessa elementos de especulação esotérica. Ele afirmava que "a psicologia é o mito moderno e que a fé se pode compreender só mediante tal mito" (*Jesus Cristo Portador da Água Viva*, 2.3.2).

"A reencarnação do pecado" ou a "transição" do pecado às próximas gerações, que ensinam os apoiadores da "cura intergeracional", não tem algum fundamento nem na Escritura nem na Tradição e no Magistério da Igreja. Estes tipos de idéias infundadas são muito perigosos para a vida espiritual dos fiéis e para a própria doutrina da Igreja. A sua promoção leva a uma espécie de "calma" ou de "abaixamento" de consciência descarregando a responsabilidade pelos próprios erros, os pecados e o mal cometido sobre gerações precedentes. Isto libera o fiel da atitude de vigilância, isso se torna uma fonte dos seus sucessivos pecados. Entanto, a vida de um cristão deveria caracterizar-se pela atitude de uma constante vigilância, come ensina S. Pedro: "Sede sóbrios, vigilantes. O vosso inimigo, o diabo, como leão rugente vai em giro procurando quem devorar. Resisti-lhe fortes na fé!" (1 Pd 5,8).

A prática da oração ou da santa Missa com uma oração para a cura intergeracional ou para a libertação do pecado geracional evidencia muito claramente uma falta de fé, ou ao menos uma incredulidade na eficácia da graça sacramental, em primeiro lugar do batismo. Neste sacramento somos libertos de todo pecado. Sem, permanecem nos batizados certas consequências temporais do pecado, como o sofrimento, a doença, a morte ou as inseparáveis enfermidades da vida, como a fraqueza de caráter, e também a tendência ao pecado.

Todavia, todo pecado é cancelado. Lemos no Catecismo da Igreja Católica (nº 1263): "Por meio do Batismo são perdoados todos os pecados, o pecado original e todos os pecados pessoais, como também todas as penas do pecado. Naqueles que foram regenerados, de fato, não permanece nada que lhes impeça de entrar no Reino de Deus, nem o pecado de Adão, nem o pecado pessoal, nem as conseqüências do pecado, das quais a mais grave é a separação de Deus".

Conclusão: Levando em conta todas as observações formuladas, se postula que a autoridade da Igreja explicitamente ponha em guarda contra o uso na pregação dos conceitos: "pecado geracional" e "cura intergeracional". Deveria também oficialmente vetar a celebração das Missas e das celebrações com uma oração para a cura dos pecados geracionais e para a cura intergeracional.

Neste contexto, aos pastores seria bom recordar que diversas formas de oração praticadas há séculos para curar os doentes, mesmo dentro da liturgia da Santa Missa, deveriam ser celebradas em conformidade com as disposições dos livros litúrgicos e da instrução da Congregação para a Doutrina da Fé *Ardens Felicitatis Desiderium*.

Na pregação eclesial ocorre cuidar da exposição clara do ensinamento do Magistério da Igreja sobre o pecado original e sobre as suas consequências, a compreensão dos pecados pessoais e as suas consequências sociais, a eficácia da graça sacramental, em particular do batismo e do sacramento da penitência e da reconciliação, problemas de reconciliação com Deus e com os homens, o senso de culpa e de perdão.

Aos fieis se deve recordar quanto seja importante a fé viva na recepção dos sacramentos. Ocorre constantemente encorajá-los a um confiante uso dos sacramentos e das indulgências.

NOTA DOUTRINAL SOBRE A CURA DAS RAÍZES FAMILIARES POR MEIO DA EUCARISTIA

Conferência Episcopal Francesa
Comissão Doutrinal
19 de janeiro de 2007

PREMISSA

A pedido de diversos bispos interessados pela presente proposta nas suas dioceses, a Comissão doutrinal considerou os fundamentos dogmáticos e psicológicos de "A cura da árvore genealógica por meio da oferta eucarística". Parece que esta prática, cujo exercício já busca de per si o empenho do ministério sacerdotal, se difunda nas dioceses da França, depois os Estados Unidos e o Canadá, graças à tradução de alguns livros de autores episcopais ou católicos. A Comissão doutrinal, após haver amplamente estudado a proposta, considerou indispensável a produção de um juízo doutrinal que una os resultados de duas ordens de conhecimento:

1°) enfoque psicológico, porque se trata de um ato de acusação da atual influência dos ancestrais sobre o equilíbrio psico-espiritual de tal sujeito cristão;

2°) enfoque dogmático, porque a doutrina do purgatório é aqui chamada em causa pela aplicação da oferta eucarística a algumas almas de pessoas objetivamente nocivas, segundo a teoria, aos seus descendente vivos.

Além do desejo de cura sobrenatural ou milagrosa que se exprime potentemente em tais práticas, até a resumir sozinho a convicção soteriológica de muitos fieis – às custas do tema da responsabilidade, do pecado e da santidade – pareceu aos bispos da Comissão Doutrinal que um deficit manifesto de escatologia na cultura da fé cristã contemporânea comportava especulações incertas sobre o que diz respeito ao destino dos defuntos e os "Lugares" ontológicos que os acolhem (por exemplo, a literatura fala de "almas prisioneiras" ou "almas errantes"). Juntamente com outros, a morte, a sobrevivência das almas, a hipótese da comunhão delas post mortem com os espíritos demoníacos, são os temas obsessivos de uma produção cinematográfica, histórias em quadrinhos ou literatura que alimentam a fantasia também dos cristãos deste tempo. Infelizmente não é só questão de fantasia mas é a esperança teologal que se mescla, às vezes perigosamente, com representações incompatíveis com a fé cristã. Não era responsabilidade do trabalho técnico e circunscrito desta nota nº 6 tratar todos os campos da escatologia. Se é verdade que "a natureza aborrece o vazio", pareceu-nos mais verdadeiro que a inteligência da fé tinha, com maior razão, horror do vazio e que representações dúbias sempre prosperaram sobre os seus defeitos. O esforço desta reflexão, além do problema limitado que se deu como fim de esclarecer, seria ricamente recompensada se houvesse indicado aos leitores a urgência de relançar no povo de Deus as características e as linhas do mistério escatológico, assim como a Igreja recebeu do seu Senhor. A nossa nota é longa e argumentada. Para quem quer inicialmente ater-se às conclusões dos especialistas, eis os dois juízos que completam a parte 1ª da nota, de teor psicológico, e a parte 2ª, de teor dogmático. Colhemos aqui a ocasião para agradecer de coração tosos os especialistas que contribuíram com a Comissão Doutrinal para afrontar este problema.

Sentença da proposta do ponto de vista psicológico

O enfoque chamado Cura das raízes familiares através da Eucaristia é, do ponto de vista científico da psicologia, um risco muito elevado. Esse se baseia em noções simplicistas de causalidade psíquica. O resultado provável é que se impeça um verdadeiro trabalho de desenvolvimento psíquico. O sujeito é inocente no envolvimento daquilo que lhe acontece. O conceito de inconsciente pessoal não se aplica mais. O fascínio exercido pelas hipóteses genealógicas, ou pelo mediador, pode impedir o doente de levar em consideração as outras dimensões do seu sofrimento. O sofrimento bio-psico-social dos crentes poderia ser identificado e com atenção acompanhado num quadro terapêutico de escuta. Uma escuta de qualidade consente de respeitar o ritmo das pessoas e ajudá-las a aclarar a parte espiritual e a parte bio-psico-social do seu sofrimento. Esse permite, se é o caso, de endereçá-las a ser atendidas por pessoas especializadas. Seria certamente útil expandir amplamente a formação à escuta metódica, porque o seu deficit orienta as pessoas à procura de soluções rápidas e exteriores a elas mesmas. Vice versa, a escuta permite o desenvolvimento da interioridade e da singularidade. Ajuda a gerenciar a dor de modo inteligente e responsável. A liberdade pessoal emerge de uma relação de palavra verdadeira. Longe de todo positivismo como de qualquer sobrenaturalismo, uma tal aproximação requer todavia virtudes espirituais: a modéstia e a paciência.

Sentença da proposta do ponto de vista dogmático

Uma avaliação doutrinal pode estabelecer a sua consistência só sobre a objetividade de um documento e por isto a nossa análise escolheu restringir a sua perspectiva em torno às narrações e aos argumentos desenvolvidos no livro de P. Hampsch: A cura da árvore genealógica através da Eucaristia (1986 Goleta, Califórnia, Estados Unidos da América, trad. francesa 2002). A intenção aqui emersa aparecia em contraste com a doutrina católica do batismo, aquela do Purgatório e das indulgências, e enfim com a intenção, bem compreendida, que preside à caridade sem cálculo que devemos aos nossos irmãos defuntos, aplicando a oferta eucarística em favor deles. Além da idéia de solidariedade no pecado encontrou as suas provas entre as fontes vétero--testamentárias tomadas literalmente, em termos que não reconhecem, em tal âmbito, o desenvolvimento da revelação até o caso exemplar do cego de nascença do Evangelho de São João (Jo 9). É possível que as estruturas de pecado ("pecado social") pesem fortemente sobre a santificação das pessoas como causalidade ou condicionamento. Quem ousaria afirmar o contrário? Que as almas dos defuntos ainda no purgatório possam causar dano de modo atual e decisivo a santidade espiritual dos seus descendentes e que, libertando a eles, se possa curar atualmente os outros, esta apareceria como uma nova verdade na Igreja Católica, mas sem suporte na Tradição. Portanto, não se pode nem reconhecer nem praticar.

† Mons. Pierre-Marie CARRE, arcebispo de Albi, Presidente da Comissão Doutrinal

† Cardial Philippe BARBARIN, arcebispo de Lion

† Mons. Claude DAGENS, bispo de Angoulême

† Mons. Jean-Paul JAMES, bispo de Beauvais

† Mons. Roland MINNERATH, arcebispo de Dijon

† Mons. Albert-Marie de MONLEON, bispo de Meaux

INTRODUÇÃO

Em muitos lugares na Igreja são propostas orações, encontros, liturgias para a cura espiritual. O objeto desta nota examina uma das formas de cura acessíveis aos batizados: a cura da árvore genealógica mediante a aplicação da oferta Eucarística. Com efeito, esta proposta específica empenha conceitos psicológicos e teológicos particulares, envolvendo a prática do "mais venerável sacramento" a Eucaristia, e, portanto, o exercício do ministério sacerdotal, ou ao menos a sua caução. Pela importância atribuída por esta prática ao peso psicoespiritual dos ancestrais, suscitou a análise de especialistas em psicologia e psiquiatria. Encontram-se na primeira parte suas avaliações sobre um fenômeno em crescimento, mesmo na sociedade civil. Pelo emprego que faz de noções dogmáticas bem inseridas na tradição (Purgatório/indulgência/oferta eucarística aplicada aos defuntos), ofereceu também espaço para a análise do teólogo. Isto formará a segunda parte desta nota. Suspeita-se que seja a compaixão que inspire a maior parte daqueles que realizaram o que é apresentado como um método e um "programa". Nenhuma disposição da presente nota quer suspeitar da boa vontade deles. Compraz-se, ao contrário, pelo amor deles pela Eucaristia e a caridade deles para com os defuntos. Mas agora é justo dizer que, em ambos os níveis, a abordagem aqui discutido parecia em contraste com a justa compreensão da alma humana na sua situação natural (a psique), como na sua situação sobrenatural (a relação com Cristo).

PARTE I: PERÍCIA PSICOLÓGICA

Entre as abordagens chamadas "cura espiritual", há uma que é endereçada especificamente à árvore genealógica. A teoria da qual estas práticas recebem a sua legitimidade, seja psicológica que teológica, afirma que o atual sofrimento do sujeito seja a consequência dos erros ou lesões dos seus antepassados. Expressa nestes termos muito genéricos, a situação é um pouco inconcludente. A teoria propõe às pessoas de explorar as vidas daqueles que lhes precederam e rezar para serem libertos de heranças danosas. A Eucaristia, enquanto pode ser aplicada para o bem dos fiéis defuntos, vem utilizada como o lugar privilegiado desta oração por causa da sua eficiência julgada superior, de um ponto de vista católico, enquanto sacramental. Conhecer a história familiar, por diversas gerações, pode certamente produzir efeitos terapêuticos. O fato foi estudado por muitos autores a partir de Freud, mesmo se as causalidades benéficas desenvolvidas nestes processos permanecem bastante misteriosas, não são sempre reproduzíveis e, portanto, constituem o objeto de múltiplas explicações da parte dos cientistas. Neste momento de reflexão, nada nos impede de pensar que as sessões espirituais focalizadas sobre a "cura das raízes familiares "em alguns casos possam produzir efeitos terapêuticos interessantes. A literatura traduzida em francês dá um grande lugar às provas para o testemunho: ao olhar científico, é a recondução de tal efeito a tal causa que, sem querer negar o valor de atualidade do resultado e a honestidade da testemunha, confere à teoria o seu caráter aventuroso. Todavia, esta nota foi tida como necessária, pela razão que a literatura onde se argumenta, nestes campos delicados, não parecia aventurosa na única ordem da coerência científica: aos profissionais da psiquiatria e da psicoterapia consultados, esta abordagem da cura espiritual das raízes familiares através da Eucaristia, na prática e teórica mistura que organiza, parecia comportar perigos. Ainda uma vez não pomos em discussão a boa fé dos autores, nem aquela de todos os praticantes – os sacerdotes antes de tudo - inspirados no Evangelho quando operam para aliviar consciências num estado de dor. Nós exporemos brevemente toda crítica, sublinhando as suas consequências práticas.

1. Uma concepção redutiva da causalidade psíquica

A abordagem que estamos estudando aqui, a cura das raízes familiares (CRF), reside em documentos baseados num conceito de transmissão psíquica entre indivíduos que parece de tipo muito simplicista e também mágico. Essa se baseia sobre as representações mais primitivas da causalidade patogênica. Podemos recordar: a perda da alma, em seguida de um trauma; a violação de um tabu; a bruxaria; a possessão demoníaca. Baseia-se também em algumas teorias dos últimos quatro séculos: o pecado como causa de doenças, a abordagem desenvolvida pelo médico alemão Stahl, no fim do XVII século; patogenicidade dos segredos de família, hipótese eziológica levantada pela primeira vez no XVIII século pelo famoso hipnotizador Puységur; as teorias da degeneração desenvolvidas no XIX século pelos médicos Morel e Magnan. Estas teorias são caracterizadas por uma lógica linear: um agente causal traz consigo uma conseqüência de modo sistemático, proporcional e reversível. A mesma causa produz sempre os mesmos efeitos e na mesma maneira. A remoção da causa elimina o efeito. Esta lógica linear se refere também a um fator causal exógeno, exceto o pecado. Em todos os casos, se joga uma lógica de vitimismo: a pessoa é vítima de um agente externo que rouba a sua alma, a pune, a enfeitiça, esconde-lhe a verdade, ou lhe comunica um patrimônio degradado. Ela é também uma vítima do seu pecado e daquele dos seus ancestrais. Estas teorias constroem um sujeito que não é o ator da sua vida. No máximo se podem identificar as forças que agem sobre ele e pedir a Deus para ser delas liberto. Tal visão de transmissão psíquica terá importantes consequências sobre o modo no qual o sujeito se percebe e se dirige na vida. Espiritualmente, promove sem dúvida um relacionamento com Deus assinalado pela submissão, pelas expectativas mágicas ou sobrenaturalísticas, em condições onde a consistência da natureza humana – a inteligência e a liberdade – è como vacante e suspensa, longe da doutrina católica da graça. Há mais de um século, aprendemos a reconhecer com precisão que a causalidade psíquica é muito mais complexa. Os estudos de Pierre Janet, Ey e Sigmund Freud, em particular, nos ajudaram a sair das concepções simplicistas e de tipo exógeno e vitimista. O ser humano não é concebido como uma tabula rasa sobre a qual viriam a imprimir-se diversas influências, compreendidas aquelas atávicas. O conceito de psique reflete a complexidade do ser humano, a sua unicidade e a sua subjetividade. A psique se forma desde o nascimento até a tarda adolescência. Constitui-se inscrevendo-se na experiência do corpo e nas relações. O sujeito é em interação, em particular com a mãe; sente emoções e bem cedo lhes interpreta. Essas não são impressas nele como um selo sobre a cera. Em resumo, a psique reelabora todas as experiências. Ela cria representações (chamadas também imago) daquilo que é um homem, uma mulher, o sexo, a morte, etc. Organiza estruturas, mecanismos de defesa, diante de situações difíceis, realizando compromissos entre o desejo e o medo. Neste contexto, o sofrimento mental não faz referência fora de si, mas dentro de si mesmo. A influência de fatores externos, como a família, é reconhecida. Todavia, não é absoluta. O processo de libertação pessoal retorna, portanto, ainda uma vez para conhecer e para mudar a psique mediante os seus meios, em base aos próprios recursos. Suposto que o sofrimento mental seja muito grande, a ajuda de um terapeuta especialista, que age num ambiente adequado, pode ser necessária. Esse porá em palavras – verbalizará – as profundas angústias, amolecerá mecanismos de defesa rígidos ao tomar consciência de imagens vinculantes, de renunciar a mentiras inconscientes e a desenvolver relações mais flexíveis com os outros. O sujeito acede assim à sua interioridade nos modos da natureza humana; insere-se num caminho de maturação que respeita o seu próprio ritmo.

2. *Mecanismos de transmissão não definidos.*

Os autores ligados à cura da árvore genealógica não descrevem jamais com clareza os mecanismos de transmissão psíquica. Refere-se, em estilo implícito, ao enfraquecimento da qualidade daquilo que é transmitido, numa ótica próxima das velhas teorias da degeneração. Na maioria das vezes, se evoca uma punição que pode estender-se às gerações futuras ou a influência de uma pessoa malvada, que continua além da morte. Estes mecanismos entram na convicção mais que no conhecimento – se pomos de lado os conhecimentos da fé estritamente ligados ao pecado original, do qual o Concílio Vaticano II deu, por sua vez, uma apresentação (Gaudium et spes, n° 13) na qual o psiquiatra não reconhece o homem numa atitude de vitimismo. Os mecanismos de transmissão psíquicos, mesmo se complexos, não são de ordem mágica. Esses foram amplamente estudados e são modelizados em teorias coerentes com a razão. Ofereceremos uma breve panorâmica, distinguindo a transmissão inconsciente, a transmissão não consciente e a transmissão manifesta.

A transmissão inconsciente

Diz respeito aos mecanismos mais profundos através dos quais se constitui a psique do sujeito. Os genitores e os outros transmitem à criança aquilo que é mais sepulto em si mesmos. A criança integra, transforma este material sem se dar conta e constrói o fundamento da sua personalidade sobre tal base. Esta unidade fundamental não é acessível à história consciente nem a explorações sistemáticas. Baseia-se essencialmente sobre o mecanismo de identificação, "processo psicológico com o qual um sujeito assimila um aspecto, uma propriedade, um atributo do outro e se transforma, no todo ou em parte, sobre o modelo dele. A personalidade se forma e se distingue por uma série de identificações".

A transmissão relativa a questões de paternidade

Os pais podem herdar problemas psicológicos mais ou menos graves, os mesmos ligados às interações com os seus pais. Esses podem ser guiados a utilizar a psique dos seus filhos para as próprias necessidades psicológicas. Façamos um exemplo: uma mulher que experimentou o incesto numa família caótica, se casa com um homem desestruturado: estabelecerão um estilo de relação incestuosa. Não há dúvida de que passem a agir sexualmente sobre os seus filhos. O trauma vivido na geração precedente e não tratado, provoca confusão entre a sexualidade e a ternura. Falam facilmente às crianças acerca da sua vida sexual e das suas fantasias. Perguntam aos seus filhos sobre suas amizades insinuando conotações sexuais. As crianças são, pois, invadidas por estímulos sexuais emanados pelos seus genitores. A criação da sua sexualidade e da sua afetividade é profundamente disturbada por isso, mas inconscientemente. A transmissão psíquica inconsciente é a essência da transmissão psíquica. É inacessível, por definição, a explorações conscientes e às tentativas de curas de tipo catártico ou reabilitantes. Está na própria fonte do psiquismo do sujeito.

A transmissão "desconhecida": o exemplo dos segredos de família

Como a transmissão mental inconsciente, essa não é imediatamente evidente. Todavia, não é profunda como esta última. Pode ser explicada mais facilmente e interfere num nível mais baixo de profundidade na constituição da psique. Conservaremos os segredos a título ilustrativo. Muitas realidades podem permanecer ocultas entre pais e filhos. O agente secreto patógeno aparece quando o conteúdo se refere aos elementos essenciais para a estrutura da criança (como, por exemplo, a identidade dos seus pais, a sua posição real na fraternidade, um trauma precoce ...). A criança percebe um mal-estar difuso na sua origem. A questão é tão importante que ele dedica-lhe todas as suas energias por anos. Se ele não obtém os elementos que faltam, pode desenvolver grave desconforto psicológico ou uma doença mental. Todavia, seria exagerado dizer que um segredo pode sozinho, "tornar esquizofrênico". A esquizofrenia é uma doença complexa, ligada tanto a fatores biológicos quanto a fatores ambientais. Podemos também levantar a questão de realidades familiares, hipotizada por I. Boszormenyi-Nagy, psiquiatra e pioneiro das terapias familiares, ou aquela dita do mito da família, um conceito introduzido em 1963 por Antônio Ferreira. Somos condicionados pelos segredos, da realidade e pelo nosso mito familiar, mas de maneira menos profunda da transmissão psíquica inconsciente. Todavia, não se pode aceder a estas dimensões da transmissão por meio da simples anamnese como o propõem os sustentadores das abordagens psico-genealógicos. Revelar o "desconhecido" não é, depois de tudo, um fim em si mesmo, e este desvelar não age, como muitas vezes se acreditou, ipso facto por eficácia terapêutica. O trabalho sobre o "desconhecido" pode acontecer só num processo terapêutico que compreende o tempo. É terapêutico só quando os elementos de compreensão emergem no momento em que a pessoa está pronta para acolher e no qual esses podem enriquecer o seu trabalho psíquico.

A transmissão manifesta

Os nossos pais e ancestrais explicitamente nos transmitem os seus valores, e não menos os seus problemas de comportamento atuais. Estes elementos são facilmente individuáveis. Nós diremos algo sobre isso. Aqui os valores são transmitidos através do estilo de vida e o diálogo. Os comportamentos dos nossos genitores são ligados à história deles, à sua psique e nós interagimos com eles enquanto são vivos: daqui uma série de influências, tanto mais eficazes quanto mais se trata de comportamentos disfuncionais ou violentos. Esta transmissão manifesta, mesmo se mais individuável por definição, deve ser levada a sério. Às vezes é necessário redefinir as relações com os pais para não se expor excessivamente a interações negativas. O que acabamos de descrever não é um conhecimento exaustivo dos mecanismos de transmissão transgeracional. Vemos que podem ser pensados de modo racional e levar a ações terapêuticas reflexivas, que podem ser explicadas. Ao contrário, a refutação de uma abordagem científica, num âmbito assim delicado como o trabalho sobre a psique, poderia ser perigoso para as pessoas.

3. Os quatro riscos duma falsa medicina de almas

Todos sabem que no registro da medicina biológica o perigo principal ao usar práticas de cura infundadas cientificamente, com uma consideração por demais parcial ou superficial de um distúrbio, de um sintoma, têm como resultado a ignorância geral sobre o processo e o médico não saberá agir sobre todo o corpo. Tal possível terapeuta deixa o paciente num processo de câncer que piora e que foge da sua ignorância médica. As práticas de cura da árvore genealógica apresentam riscos semelhantes na ordem do tratamento do sofrimento mental. Os homens de boa vontade, religiosos, sacerdotes, sob a razão sublime que o sacramento da Eucaristia pode tudo, encorajam algumas almas com esperanças sobrenaturais e as leis da psique humana, queridas pelo Criador, são atravessadas pela ignorância, ou contraditas pela presunção. Podemos resumir os riscos aqui sustentados em quatro principais.

O perigo do fascínio pelos nexos causais estabelecidos pelo genograma

Os trabalhos sobre o genograma é muito delicado. Os psicoterapeutas patenteados sabem que este instrumento pode trazer rapidamente à luz muitas informações importantes, dolorosas e às vezes trágicas sobre a história familiar da pessoa. Esta revelação levanta hipóteses causais muito pertinentes na aparência. Estas, por sua vez, levam o sujeito interessado a uma mudança radical na visão que tinha da sua família de origem, do seu posto na família, e da maior parte dos seus ancestrais. Esta importante reestruturação pode ser terapêutica se é feita de modo profissional e num número suficiente de sessões. Isso consente, portanto, um afastamento da família de origem, uma idealização de certas pessoas ou certas histórias, compreender o comportamento de alguns parentes, etc. Ao contrário, quando se dá de modo rápido e sem uma guia profissional tal modo pode ser danoso. A pessoa ficará profundamente chocada. Aquilo que ela havia construído da sua identidade e das suas raízes familiares é posto em discussão. É provável que essa passe através de uma verdadeira crise de identidade, até o colapso depressivo ou narcisístico. Se ela é entregue a si mesma depois deste choque, pode ser invadida por um pensamento incessante, na busca de uma nova coerência. De fato, as hipóteses causais levantadas pelo genograma são muitas vezes convincentes na aparência. Essas tendem a cegar o sujeito e a evitar o emergir de outros elementos. Estes sofrimentos são inúteis. Sabemos há tempo que a técnica catártica é muito ineficiente. Não é suficiente, como se diz, que "as coisas saiam" para ser delas libertados. É necessário, invés, que emerjam pouco a pouco, no ritmo da pessoa. Depois se devem coligar e dar-lhes um significado. O processo requer tempo. Ademais, não podemos contar só com a oração para realizar este trabalho psíquico.

O perigo de reduzir a multidimensionalidade da pessoa humana

As dificuldades de uma pessoa podem ser ligadas à sua história familiar. Todavia, essas podem ser ligadas a muitos outros fatores. No campo familiar, o sujeito depende da estrutura (caótica, rígida ou funcional), da comunicação e da ética relacional da sua família. O ser humano é também condicionado pela sua psique, pelo seu corpo, pelo comportamento apreendido e pelas funções instrumentais (lógicas, linguísticas, etc.). A atenção sobre a causalidade transgeracional, como concebida pela cura da árvore genealógica pode levar à ignorância de outras causalidades. Esta uni-dimensionalidade pode levar o sujeito a um beco sem saída. Uma pessoa pode sofrer por causa de uma doença psiquiátrica não tratada ou tratada mal, uma outra pode estar sofrendo por causa de interações em curso com os pais, etc. Sem uma prévia avaliação multidimensional, a ajuda proposta não pode afrontar a dimensão na qual se situará a necessidade. Entra-se então numa forma de furto: o religioso que intervém – inocência ou presunção? – usurpa o lugar de um terapeuta que daria uma resposta adequada ao problema.

O perigo de evitar um verdadeiro e próprio trabalho psíquico

A cura da árvore genealógica fornece chaves de leitura rígidas. O espaço psíquico nas histórias e nos testemunhos apresentados por esta literatura é invadido por conceitos de pecado original e pecado pessoal, de diabo, e de influência dos espíritos. Não é questão de refutar a priori a possibilidade de cada uma destas hipóteses, mesmo preternaturais. Mas aqui o sistema explicativo é fechado sobre si mesmo e dificilmente admite hipóteses naturais ou apenas acidentais. Ademais, a pessoa é sempre posta em relação de exterioridade, respeito a si mesma: as suas dificuldade são ligadas aos seus ancestrais e os meios para ser liberta delas lhe virão da ajuda divina, não só no registro dos meios ordinários sobrenaturais, mas também nos registros mistos da graça miraculosa, do efeito carismático, e sobretudo da instrumentalização de um sacramento - a Eucaristia - empregado, por assim dizer, nos seus limites. Ambos os aspectos levam a pessoa a tomar distância de si mesma e este proceder é o oposto do trabalho psíquico que, invés, consiste no estar em sintonia com si mesmo de modo neutro e aberto. Trata-se de deixar emergir os elementos de compreensão e deixá-los associarem-se entre si num espaço de "play" interior. Este desenvolvimento consente uma gradual iluminação dos compromissos inconscientes da pessoa. Ela é conduzida a realizar a sua liberdade e responsabilidade. O "curto circuito" do trabalho psíquico tem o efeito de fazer perder às pessoas a capacidade de agir sobre si mesmas. Muitas vezes encontramos pessoas que sofrem de depressão ou neurose, que já seguiram várias sessões de cura, muito centradas sobre a árvore genealógica. O problema delas mudou pouco. Invés, desenvolveram um comportamento de exterioridade de si mesmas. Essas procuram incansavelmente a técnica que possa resolver o seu problema. A visão delas de fé e da causalidade psíquica, que suspende o valor divino da ordem natural criada, impede-lhes de aderir à psicoterapia clássica de tipo analítico. Presumivelmente estas pessoas têm inicialmente reservas sobre esta aproximação. Todavia, o discurso causal linear da cura lhes reforça nas suas suspeitas, enquanto seriam esperados num percurso impostado sobre a fé que vá na direção da verdade antropológica e da responsabilidade de uma criatura criada à imagem e semelhança de Deus.

O perigo relativo a quem intervém: abuso de poder e de fraude

A ausência de uma base racional da cura a árvore genealógica põe aquele que a pratica, costumeiramente um sacerdote, numa posição de poder por causa dos meios sacramentais da Eucaristia e da Reconciliação. As teses sobre o efeito causado pelo atavismo são inverificáveis. O praticante se torna o único garantidor das próprias interpretações e intervenções. Assim a triangulação, a referência a uma teoria externa convalidada, não é mais possível. A relação se joga em dois, entre o praticante onipotente e a pessoa enfraquecida pelo seu sofrimento e as suas expectativas. As interpretações brilhantemente aparentes, não menos que a sua tempestividade, reforçam esta dupla relação de fascino e de submissão. A sedução em jogo é importante e não regulamentada porque o praticante aparece numa certeza radical. Ele fala de Deus ou "por" Deus e "prescreve" Deus. Muitas vezes ele utiliza técnicas de cura irracionais e confusas, misturando psicologia individual, a psicologia da família, psicologia de grupo, a espiritualidade e a liturgia. Qualquer posição de curante tem certamente um risco de onipotência e de desfrute dos pacientes. O terapeutas competentes e honestos usam modos específicos para prevenir e curar este risco. Citaremos quatro deles: em primeiro lugar, é de haver uma formação aprofundada em psicopatologia. É fundamental, quando se pretende tratar o sofrimento mental, conhecer a gênese do psiquismo e das suas mutações, assim como as várias doenças psiquiátricas. Este aprendizado é longo e complexo. Indica uma boa instrução e a forma correta com os pacientes, sob a supervisão de especialistas. Sem tal formação, podemos propor técnicas individuais a uma pessoa necessitada de curas substanciais e completas. Por exemplo, se podem ver esquizofrênicos suportados pelo trabalho transgeracional, que não são curados e esta abordagem poderia agravar o seu delírio. Um segundo ponto que garante a qualidade das cure psicológicas, que impede a fascinação ideológica, é aquele de ser formado por diversas abordagens psicoterapêuticos, sustentados por diversas teorias. Deste modo, se evita uma rígida adesão a uma visão do mundo. Adquire-se a capacidade de pôr em discussão aquilo que fazemos e de interrogar-se sobre a função do investimento de tal precisa teoria. No caso da GRF, seria oportuno refletir sobre a "fantasia de transmissão". A transmissão psíquica é uma realidade, mas é também uma fantasia. Enquanto tal, a sua função é aquela de desobrigar o sujeito e de pôr à parte todo desafio na causa pessoal. Em terceiro lugar, a qualidade das intervenções psicológicas é garantida pelo trabalho feito pelo praticante em si mesmo. Todo terapeuta, ou aquele envolvido em relação de ajuda, executa esse trabalho por motivos inconscientes, como a busca da gratificação narcisística ou a atualização de uma fantasia repousante. A identificação e a análise desses elementos são essenciais para que o terapeuta ou o praticante religioso não usem a pessoa para suas próprias necessidades psíquicas. Enfim, a qualidade das intervenções psicológicas é assegurada pelo habitual confronto com teorias diversas, seja da abertura aos contributos de outros campos teóricos, seja do desenvolvimento na teoria e na prática. É aconselhável que essa abertura para observar os resultados externos se traduza no fato de ser controlados.

Em conclusão

A abordagem chamado de cura das raízes familiares através da Eucaristia é, do ponto de vista da psicologia científica, um risco muito elevado. Esse se baseia em noções simplicistas de causalidade psíquica. O resultado provável é que se impeça uma verdadeira obra de desenvolvimento psíquico. O sujeito é como desculpado do envolvimento em tudo aquilo que lhe acontece. O conceito de inconsciente pessoal não se aplica mais. O fascínio exercitado pelas hipóteses, também da parte de quem fala, pode impedir o doente de tomar em consideração as outras dimensões do seu sofrimento. O sofrimento bio-psico-social dos fiéis poderia ser identificado e com atenção acompanhado no contexto de escuta. Uma escuta de qualidade consente respeitar o ritmo das pessoas e ajuda-las a clarear a parte espiritual e a parte bio-psico-social do seu sofrimento. Esse permite depois de endereçá-los às apropriadas tomadas de responsabilidade. Seria certamente útil para ampliar a formação à escuta. Porque o seu deficit orienta as pessoas a procurar soluções rápidas e externas a si mesmas. Vice versa, a escuta permite o desenvolvimento da interioridade e da singularidade. Ajuda a gestir a dor de modo inteligente e responsável. A liberdade pessoal emerge dentro de uma relação de palavra verdadeira. Longe de tudo o positivismo como de qualquer sobrenaturalismo, uma tal abordagem requer todavia virtudes espirituais: a modéstia e a paciência.

PARTE II: PERÍCIA TEOLÓGICA

Esta análise é posta nos termos dos critérios da teologia dogmática para dar uma avaliação daquelas que são chamadas práticas de cura da árvore genealógica, em particular através do uso da oferta da Missa aplicada aos defuntos. A variedade de tais práticas parece bastante grande, por isso a nossa análise escolheu confiar-se aos dados de um livro que parece constituir, na França, uma referência doutrinal sobre o argumento. Trata-se de: J. HAMPSCH, C.M.F., A cura das vossas raízes familiares, ... uma solução divina para os problemas difíceis (sic) 1986-1989. Este livro pode depender de muitos outros, entre os quais aquele do Dr. McAll (episcopal, 1910-2001), mas o impacto da Eucaristia nestas práticas sugere a regulação da reflexão sobre a teologia católica da Missa e do purgatório.

1. De que coisa se trata exatamente?

Devemos antes procurar discernir a prática específica de práticas curativas que, por sua vez, tende a confundir muitos níveis, carismático, dos sacramentos, sacramental, para obter o mesmo efeito: um bem-estar das pessoas. A ideia principal é que muitas pessoas sofrem na sua consciência consequências dos pecados cometidos pelos seus ancestrais, e podem usar diversos meios para a cura espiritual para restabelecer o equilíbrio psíquico comprometido por culpas que não são suas. Este livro fala repetidamente dos meios de oração pessoal e comunitária, mas praticam também exorcismos, as orações de libertação (sem que seja conhecido se se trate de ação do exorcista com o mandato do bispo), a prática do sacramento da reconciliação, e, enfim, a aplicação da oferta da Missa pela árvore genealógica do sujeito, até quando a sua dor interior não será aliviada ou curada. Em todos os exercícios espirituais orientados à cura do homem interior, se deterá sobre esta prática limitada, com a exceção de recomendar que estes níveis sejam bem distintos e que em particular não haja alguma mistura de ações de exorcismo com a liturgia eucarística, de modo a não tornar aqui ao conceito de cura espiritual tomada em geral, e sobre as precauções que requer para praticá-la. A Congregação para a doutrina da fé produziu sobre este argumento um documento doutrinal muito preciso. A definição restrita da prática de qual se entende fazer a análise, consiste no modo de considerar a condição sobrenatural dos antepassados mortos e a relação desta situação (o purgatório/felicidade) à situação sobrenatural dos seus descendentes. Brevemente falando, a decisão teológica discutível que pensamos de examinar diz respeito a esta convicção fundamental que os antepassados sejam um trâmite necessário para a constituição de uma personalidade espiritual sadia para quem vive sobre a terra. Segundo a teoria em questão, a aplicação da oferta da Missa pela árvore genealógica seguramente procurará o inteiro acesso à felicidade eterna destas almas, seguindo o movimento autêntico de caridade que a tradição católica sempre aconselhou. Ademais, também os vivos que pedem a celebração de uma intenção de Missa, mirará a um efeito de ricochete, se queremos, de obter em retorno, uma melhora da própria situação sobrenatural, que seria gravemente ligada pelos pecados dos ancestrais. Não parece, entretanto, que esta noção de ricochete tenha da sua parte algum sustento na Tradição.

2. Elemenosi da demonstração

Com efeito, o argumento principal do Pe. Hampsch, como dito pelo Dr. MacAll, é a constatação por experiência que tais ofertas de Missas aplicadas aos defuntos têm desnudado situações espirituais impedidas na pessoa da sua prole. Este livro, além disso, se compraz de citar muitas libertações visualizadas de modo mais concreto, também com efeitos milagrosos, durante a celebração da mesma Missa. Pode-se apenas ficar surpresos pelo fato que as celebrações anglicanas cuja validade não é conhecida entre os católicos, sejam tidas pelo Pe. Hampsch tão eficazes como as missas católicas. O Dr McAll cita ademais, em comparação ao Pe. Hampsch, outros fatos muito mais miraculosos, como aparições de antepassados durante a Missa. É muito difícil contestar frontalmente tais testemunhos sem violar a honestidade intelectual dos autores cuja boa vontade é evidente. Acrescenta-se à dificuldade de receber tais elementos de prova da parte da testemunha, a possibilidade metódica, nas zonas interessadas, de mesclar os registros de intervenção: seria surpreendente, por exemplo, uma pessoa que se sinta curada de tal dor interior, não tenha recebido alívio da própria participação na Eucaristia, ou no sacramento da Reconciliação ao qual se apresentou com todo o coração e invés se atribui à soltura do avô obtido com a aplicação da oferta. Como também examinaremos uma série de argumentos teológicos a serviço da tese. Deixaremos de lado aqui os outros argumentos científicos ou estatísticos, tomados no campo da genética ou da psicologia, também se a sua discriminação poderia remover muito da demonstração do Pe. Hampsch.

O desequilíbrio da prova exegética

A grande parte das citações bíblicas que são tomadas como prova da transmissão da iniquidade como mal objetivo e herdado – se não do próprio pecado como culpa, como culpa subjetiva – são tiradas do Antigo Testamento. Em particular cita Ex 20,5-6: "Eu sou o teu Deus, um Deus ciumento que persegue a culpa dos pais nos filhos até a terceira e quarta geração". Curiosamente se ignora (Hampsch, p. 37) o ensinamento de Ezequiel 18 da ruptura destas solidariedades atávicas reenviando a sua validade aos tempos da libertação escatológica. Em outras palavras, é remetido à diferença entre Êxodo 20 e Ezequiel 18 o valor de um desenvolvimento da revelação acerca do relacionamento entre Deus e a responsabilidade pessoal. É verdade que o mesmo Hampsch (p. 35) havia ignorado o texto mais claro do Novo Testamento em matéria, a história do cego de nascença em Jo. 9,2. A propósito deste texto, o autor não nega as palavras de Jesus ("Nem ele nem os seus pais pecaram") e estranhamente, Hampsch, inverte a maciça verdade do episódio, o qual parece levar o fato da desabilidade a um assunto neutro em relação ao senso de culpa pessoal e, sobretudo, herdado, para designá-lo, em resumo, como uma verdade de exceção no curso presente da história da salvação: «Jesus mostrou-lhes [aos hebreus] que se enganavam generalizando esta conclusão» [ou seja, que a desabilidade vem sempre de um pecado herdado] (Ibidem. p. 35). O livro continua, portanto, a afirmar a verdade estimada mais frequente, se não geral, que Deus permite a transmissão das desgraças de geração em geração.

O desequilíbrio na aplicação da oferta eucarística pelas almas do purgatório

Naturalmente, a nossa análise não pode não notar com gratidão os sinais aqui dados de um grande apego à doutrina tradicional da Igreja, ou seja, que as penas temporais do purgatório podem ser reduzidas ou anuladas para tais defuntos por meio dos méritos de Cristo e dos santos. A prática discutível da cura da árvore genealógica seria já absolvida das suas maiores desvantagens se devesse ter a consequência, entre os fiéis católicos, chamar a atenção para esta verdade de fé e para este gesto de fraterna caridade. Na realidade aqui se evidencia um equívoco muito fastidioso e um verdadeiro desequilíbrio doutrinal: as almas do Purgatório, somos disso confiantes na fé, são almas salvas no que toca o relacionamento da sua liberdade com o Senhor. É um mínimo de contrição dos pecados, no momento da morte, à imitação do bom ladrão, que lhes terá colocado "hoje com Jesus," se não "no céu", ao menos na condição de chegar lá certamente (Lc 23,43). Resta-lhes realizar uma purificação objetiva para a qual somos capazes de intervir com as nossas orações. Todos estarão de acordo que, em relação à hipótese do inferno, a situação sobrenatural delas é claramente da parte do Salvador e da salvação. Compreende-se, portanto, esta insistência do Pe. Hampsch e dos sustentadores da cura da árvore de Família, vendo-os como ancestrais objetivamente danosos para aquelas pessoas vivas, danosos e capazes de impedir, não na superfície ou na periferia, a saúde espiritual de uma pessoa vivente e capaz de fazer-lhe mal em profundidade, até a contradizer o bom propósito para com Cristo de uma pessoa batizada. Mormente, se pergunta este senso atávico de solidariedade que coisa impediria a um presumível ancestral no inferno de comunicar a sua rejeição do Salvador aos seus descendentes... Parece que estas práticas tornam a reduzir ao mínimo a potência da salvação e, sobretudo, sobrenatural do batismo de cada sujeito na sua imediata relação com Cristo.

3. Uma objeção: a relação de salvação com o Salvador é para todo batizado imediata dentro do corpo místico

De todos os meios disponíveis às consciências para ajudá-las nos seus sofrimentos – alguns dos mencionados não são habituais – o autor não cita quase aquele decisivo, o meio inaugural que é o batismo, como se não houvesse bastante poder para libertar uma alma radicalmente (="na raiz"), como se pudesse deixar em condições de morte espiritual, enquanto comunica a vida de Cristo ressuscitado, como se pudesse ainda abandoná-lo ao poder de Satanás, quando também os exorcismos têm o seu lugar, certamente secundário, na celebração da Páscoa do Senhor aplicada a todo sujeito. Deste ponto de vista é muito significativo que uma das poucas menções do batismo sob a pena de Pe. Hampsch (p. 62) fala só de "direitos de batismo", antes que afirmar solidamente o poder da graça batismal: «Dar a vida de Deus às zonas sufocadas da sua árvore genealógica é simplesmente aplicar os nossos direitos batismais». A "Satisfação" (Garrigou-Lagrange) das penas do Purgatório obtém-lhes progressivamente e irreversivelmente uma extensão da vida divina em nome do próprio batismo, antes ainda que a nossa caridade seja envolvida com a "satisfação" das práticas de indulgência; ou, se pomos em dúvida o poder batismal, deveremos desesperar também da potência em nós própria da graça do nosso batismo, antes que as ofertas eucarísticas aplicadas à situação dos nossos ancestrais não venham compensar por rebote a falta de vida divina em nós mesmos. Ora, todas as lesões provocadas pela nossa herança têm a sua sede em nós, e é em nós que o Senhor pode curar todas juntas, suposto que o queira (cf 2 Cor 12,7-15). Como também é possível e desejável que os vivos façam dizer missas por si mesmos, quando se encontram a afrontar os limites objetivos da sua própria carne nas batalhas do Espírito Santo no profundo do seu espírito. Tem-se certamente razão de avaliar a força de condicionamento das "estruturas de pecado" (João Paulo II) entorno a uma pessoa livre criada à imagem e semelhança de Deus, mas o batismo é o sacramento da libertação total, de todas as estruturas de injustiça a partir da estrutura do pecado original. Aquilo que permanece dentro de nós de "Concupiscência" ("fomes peccati"), aquilo que resta da vetustade do '"homem velho", serve só para avisar a pessoa livre e real que a graça trabalha em nós e não para fazer duvidar o "homem novo" da novidade de vencedor na Páscoa que ele revestiu.

O personalismo da causalidade sacramental

O personalismo do Evangelho, assim bem apresentado nos encontros do Cristo joanino, demonstra a imediatez da relação salvífica mediante a humanidade do Verbo encarnado: «Ninguém te condenou? [...] Nem eu te condeno. Vai e não peques mais» (Jo 8,10-11). A causalidade propriamente sacramental, a mais marcante da Nova Aliança, hoje sublinha na vida da Igreja esta verdade cardinal do Evangelho: "[Cristo] está presente com a sua virtude nos sacramentos, de modo que quando um batiza é Cristo mesmo que batiza". Outras causalidades mais mediatas, pensamos às causalidades educativas e dispositivas, jogarão a seu modo e na sua medida entorno aos sacramentos ou para ajudar a construir a personalidade sobrenatural do sujeito e a reconhecer aos ancestrais uma posição de estafetas de heranças necessárias e negativas enquanto não se der uma purificação completa deles. Em todo caso, não somos capazes de dar um "programa de cura", esta frase curiosa recorre sem cessar sob a pena de Pe. Hampsch para resumir a sua teoria em modo um pouco monopolístico, que deveria relegar o primado da relação imediata a Cristo em favor de rebotes improváveis. Ademais, arrisca-se de relegar o registro íntimo da liberdade pessoal ao benefício dúbio das causalidades de condicionamento, já estável no centro da vida da existência cristã. É melhor sem dúvida que a nossa época os avalie melhor. O centro de gravidade do Evangelho de Jesus Cristo é a redenção dos pecadores, mais que a cura dos doentes. O crucificado perdoa: a Ele não lhe importa como primeira coisa desculpar ou curar a saúde, mas é para a sua santidade que nos dirigimos para atingir a felicidade.

Em conclusão

Uma avaliação doutrinal não pode estabelecer a sua consistência senão sobre a objetividade de um documento, e é por isto que a nossa análise escolheu estreitar a sua perspectiva em torno das narrações e dos argumentos desenvolvidos no livro de Pe. Hampsch. O centro da intenção aqui desenvolvida parecia em contraste com a doutrina católica do batismo, do Purgatório e das indulgências e enfim da intenção que preside na caridade sem interesse que devemos aos nossos irmãos defuntos, aplicando a oferta eucarística em benefício deles. Ademais, a idéia de solidariedade no pecado encontrou suas provas entre as fontes vétero-testamentárias levadas ao pé da letra, em termos que não reconhecem, em tal âmbito, o desenvolvimento da revelação até o caso exemplar do cego de nascença do Evangelho de São João. Que as estruturas de pecado ("pecado social") pesem fortemente sobre a santificação do povo a título das causalidades de condicionamento é possível. Quem ousaria pretender o contrário? Que as almas dos mortos ainda no purgatório possam danejar de modo atual e decisivo à saúde espiritual dos seus descendentes, e que, libertando uns, se possa curar os outros, isto apareceria como uma nova verdade na Igreja católica e sem apoio na Tradição: essa não pode nem ser reconhecida nem porta em prática.

INSTRUÇÃO SOBRE AS ORAÇÕES PARA ALCANÇAR DE DEUS A CURA

Sagrada Congregação para a Doutrina da Fé
14 de Setembro de 2000, Festa da exaltação da Santa Cruz

INTRODUÇÃO

O anseio de felicidade, profundamente radicado no coração humano, esteve sempre associado ao desejo de se libertar da doença e de compreender o seu sentido, quando se a experimenta. Trata-se de um fenômeno humano que, interessando de uma maneira ou de outra todas as pessoas, encontra na Igreja particular ressonância. Esta, de fato, vê a doença como meio de união com Cristo e de purificação espiritual e, para os que lidam com a pessoa doente, como uma ocasião de praticar a caridade. Não é só isso porém; como os demais sofrimentos humanos, a doença constitui um momento privilegiado de oração, seja para pedir a graça de a receber com espírito de fé e de aceitação da vontade de Deus, seja, também, para implorar a cura.

A oração que implora o restabelecimento da saúde é, pois, uma experiência presente em todas as épocas da Igreja e, naturalmente, nos dias de hoje. Mas o que constitui um fenômeno, sob certos aspectos, novo é o multiplicar-se de reuniões de oração, por vezes associadas a celebrações litúrgicas, com o fim de alcançar de Deus a cura. Em certos casos, que não são poucos, apregoa-se a existência de curas alcançadas, criando assim a expectativa que o fenômeno se repita noutras reuniões do gênero. Em tal contexto, faz-se, por vezes, apelo a um suposto carisma de cura.

Essas reuniões de oração feitas para alcançar curas põem também o problema do seu justo discernimento sob o ponto de vista litúrgico, nomeadamente por parte da autoridade eclesiástica, a quem compete vigiar e dar as diretivas oportunas em ordem ao correto desenrolar das celebrações litúrgicas.

Achou-se, portanto, conveniente publicar uma Instrução, de acordo com o *Cânon* 34 do Código de Direito Canônico, que servisse, sobretudo, de ajuda aos Ordinários do lugar para melhor poderem orientar os fiéis neste campo, favorecendo o que nele haja de bom e corrigindo o que deva ser evitado. Era, porém, necessário que as disposições disciplinares tivessem como ponto de referência um fundado enquadramento doutrinal que garantisse a sua justa aplicação e esclarecesse a razão normativa. A tal fim, fez-se preceder a parte disciplinar com uma parte doutrinal sobre as graças de cura e as orações para alcançá-las.

I. ASPECTOS DOUTRINAIS

1. Doença e cura: seu significado e valor na economia da salvação

"O homem é destinado à alegria, mas todos os dias experimenta variadíssimas formas de sofrimento e de dor"[614]. Por isso, o Senhor, nas Suas promessas de redenção, anuncia a alegria do coração ligada à libertação dos sofrimentos (cf. *Is* 30,29;35,9; *Bar* 4,29). Ele é, de fato, "aquele que liberta de todos os males" (*Sb* 16,8). Entre os sofrimentos, os provocados pela doença são uma realidade constantemente presente na história humana, tornando-se, ao mesmo tempo, objeto do profundo desejo do homem de se libertar de todo o mal.

No Antigo Testamento, "Israel tem a experiência de que a doença está misteriosamente ligada ao pecado e ao mal"[615]. Entre os castigos com que Deus ameaça o povo pela sua infidelidade, as doenças ocupam espaço de relevo (cf. *Dt* 28,21-22.27-29.35). O doente que pede a Deus a cura reconhece que é justamente castigado pelos seus pecados (cf. *Sl* 37; 40;106,17-21).

A doença, porém, atinge também os justos, e o homem interroga-se sobre o porquê. No livro de *Jó*, essa interrogação está presente em muitas das suas páginas. "Se é verdade que o sofrimento tem um sentido de castigo, quando ligado à culpa, já não é verdade que todo o sofrimento seja consequência da culpa e tenha um caráter de punição. A figura do justo *Jó* é uma especial prova disso no Antigo Testamento. (...) Se o Senhor permite que *Jó* seja provado com o sofrimento, fá-lo para demostrar a sua justiça. O sofrimento tem caráter de prova"[616].

A doença, embora possa ter uma conotação positiva, como demonstração da fidelidade do justo e meio de reparar a justiça violada pelo pecado, e também como forma de levar o pecador a arrepender-se, enveredando pelo caminho da conversão, continua, todavia, a ser um mal. Por isso, o profeta anuncia os tempos futuros em que não haverá mais desgraças nem invalidez, e o decurso da vida nunca mais será interrompido com doenças mortais (cf. *Is* 35,5-6;65,19-20).

---

[614] João Paulo II, Exortação Apostólica Christifideles laici, n. 53, AAS 81(1989), p.498.

[615] Catecismo da Igreja Católica, n. 1502.

[616] João Paulo II, Carta Apostólica Salvifici doloris, n. 11, AAS, 76(1984), p.12.

É, todavia, no Novo Testamento, que encontra plena resposta a interrogação, porque a doença atinge também os justos. Na atividade pública de Jesus, as suas relações com os doentes não são casuais, mas constantes. Cura a muitos deles de forma prodigiosa, tanto que essas curas milagrosas tornam-se uma característica da sua atividade: "Jesus percorria todas as cidades e aldeias, ensinando nas suas sinagogas, pregando o Evangelho do reino e curando todas as doenças e enfermidades" (*Mt* 9,35; cf. 4,23). As curas são sinais da sua missão messiânica (cf. *Lc* 7,20-23). Manifestam a vitória do reino de Deus sobre todas as espécies de mal e tornam-se símbolo do saneamento integral do homem, corpo e alma. Servem, de fato, para mostrar que Jesus tem o poder de perdoar os pecados (cf. *Mc* 2,1-12); são sinais dos bens salvíficos, como a cura do paralítico de Betsaida (cf. *Jo* 5,2-9.19-21) e do cego de nascença (cf. *Jo* 9).

Também a primeira evangelização, segundo as indicações do Novo Testamento, era acompanhada de numerosas curas prodigiosas que corroboravam o poder do anúncio evangélico. Aliás, tinha sido essa a promessa de Jesus ressuscitado, e as primeiras comunidades cristãs viam nelas que a promessa se cumpria entre eles: "Eis os milagres que acompanharão os que acreditarem: (...) quando impuserem as mãos sobre os doentes, ficarão curados" (*Mc* 16,17-18). A pregação de Filipe na Samaria foi acompanhada de curas milagrosas: "Filipe desceu a uma cidade da Samaria e começou a pregar o Messias àquela gente. As multidões aderiam unanimemente às palavras de Filipe, ao ouvi-las e ao ver os milagres que fazia. De muitos possessos saíam espíritos impuros, soltando enormes gritos, e numerosos paralíticos e coxos foram curados" (*At* 8,5-7). São Paulo apresenta o seu anúncio do Evangelho como sendo caracterizado por sinais e prodígios realizados com o poder do Espírito: "não ousaria falar senão do que Cristo realizou por meu intermédio, para levar os gentios à obediência da fé, pela palavra e pela ação, pelo poder dos sinais e prodígios, pelo poder do Espírito" (*Rm* 15,18-19; cf. *1Tes* 1,5; *1Cor* 2,4-5). Não é por nada arbitrário supor que muitos desses sinais e prodígios, manifestação do poder divino que acompanhava a pregação, fossem curas prodigiosas. Eram prodígios que não estavam ligados exclusivamente à pessoa do apóstolo, mas que se manifestavam também através dos fiéis: "Aquele que vos dá o Espírito e realiza milagres entre vós procede assim por cumprirdes as obras da Lei ou porque ouvistes a mensagem da fé?" (*Gl* 3,5).

A vitória messiânica sobre a doença, aliás, como sobre outros sofrimentos humanos, não se realiza apenas eliminando-a com curas prodigiosas, mas também com o sofrimento voluntário e inocente de Cristo na Sua paixão, e dando a cada homem a possibilidade de se associar à mesma. De fato, "o próprio Cristo, embora fosse sem pecado, sofreu na sua paixão penas e tormentos de toda a espécie e fez seus os sofrimentos de todos os homens: cumpria assim quanto d'Ele havia escrito o profeta Isaías (cf. Is 53,4-5)"[617]. Mais, "Na cruz de Cristo não só se realizou a Redenção através do sofrimento, mas também o próprio sofrimento humano foi redimido. (...) Realizando a Redenção mediante o sofrimento, Cristo elevou ao mesmo tempo o sofrimento humano ao nível de Redenção. Por isso, todos os homens, com o seu sofrimento, se podem tornar também participantes do sofrimento redentor de Cristo"[618].

A Igreja acolhe os doentes, não apenas como objeto da sua solicitude amorosa, mas também reconhecendo neles a chamada "a viver a sua vocação humana e cristã e a participar no crescimento do Reino de Deus *com modalidades novas e mesmo preciosas*. As palavras do apóstolo Paulo hão-de tornar-se programa e, ainda mais, a luz que faz brilhar aos seus olhos o significado de graça da sua própria situação: 'Completo na minha carne o que falta à paixão de Cristo, em benefício do seu corpo que é a Igreja' (Cl 1,24). Precisamente ao fazer tal descoberta, encontrou o apóstolo, a alegria: 'Por isso, alegro- me com os sofrimentos que suporto por vossa causa' (Cl 1,24)"[619]. Trata-se da alegria pascal, que é fruto do Espírito Santo. Como São Paulo, também "muitos doentes podem tornar-se veículo da 'alegria do Espírito Santo em muitas tribulações' (1Ts 1,6) e ser testemunhas da ressurreição de Jesus"[620].

2. O desejo da cura e a oração para alcançá-la

Salva a aceitação da vontade de Deus, o desejo que o doente sente de ser curado é bom e profundamente humano, sobretudo quando se traduz em oração confiante dirigida a Deus. O Ben-Sirá exorta a fazê-lo: "Filho, não desanimes na doença, mas reza ao Senhor e Ele curar-te-á" (Sir 38,9). Vários salmos são uma espécie de súplica de cura (cf. Sl 6;37;40;87).

Durante a atividade pública de Jesus, muitos doentes a Ele se dirigem, ou diretamente ou através de seus amigos e parentes, implorando a recuperação da saúde. O Senhor acolhe esses pedidos, não se encontrando nos Evangelhos o mínimo aceno de reprovação dos mesmos. A única queixa do Senhor

---

[617] Rituale Romanum, Ex Decreto Sacrosancti Oecumenici Concilii Vaticani II instauratum, Auctoritate Pauli pp.VI promulgatum, Ordo Unctionis Infirmorum eorumque Pastoralis Curae, Editio typica, Typis Polyglottis Vaticanis, MCMLXXII, n. 2.

[618] João Paulo II, Carta Apostólica Salvifici doloris, n. 19, AAS, 76(1984), p.225.

[619] João Paulo II, Exortação Apostólica Christifideles laici, n. 53, AAS 81(1989), p.499.

[620] Ibid., n. 53.

refere-se à eventual falta de fé: "Se posso? Tudo é possível a quem acredita" (*Mc* 9,23; cf. *Mc* 6,5-6; *Jo* 4,48).

Não só é louvável a oração de todo o fiel que pede a cura, sua ou alheia, mas a própria Igreja na sua liturgia pede ao Senhor pela saúde dos enfermos. Antes de mais, tem um sacramento "destinado de modo especial a confortar os que sofrem com a doença: a Unção dos enfermos"[621]. "Nele, por meio da unção e da oração dos presbíteros, a Igreja recomenda os doentes ao Senhor padecente e glorificado para que os alivie e salve"[622]. Pouco antes, na bênção do óleo, a Igreja reza: "derramai a vossa santa bênção para que [o óleo] sirva a quantos forem com ele ungidos de auxílio do corpo, da alma e do espírito, para alívio de todas as dores, fraquezas e doenças"[623]; e, a seguir, nos dois primeiros formulários da oração após a Unção, pede-se mesmo a cura do enfermo[624]. A cura, uma vez que o sacramento é penhor e promessa do reino futuro, é também anúncio da ressurreição, quando "não haverá mais morte nem luto, nem gemidos nem dor, porque o mundo antigo desapareceu" (*Ap* 21,4). Por sua vez, o *Missale Romanum* contém uma Missa *pro infirmis*, na qual, além de graças espirituais, se pede a saúde dos doentes[625].

No *De benedictionibus* do *Rituale Romanum* existe um *Ordo benedictionis infirmorum* que contém diversos textos eucológicos para implorar a cura: no segundo formulário das Preces[626], nas quatro *Orationes benedictionis pro adultis*[627], nas duas *Orationes benedictionis pro pueris*[628], na oração do *Ritus brevior*[629].

É óbvio que o recurso à oração não exclui, antes, encoraja, o emprego dos meios naturais úteis a conservar e a recuperar a saúde e, por outro lado, estimula os filhos da Igreja a cuidar dos doentes e a aliviá-los no corpo e no

---

[621] Catecismo da Igreja Católica, n. 1511.

[622] Cf. Rituale Romanum, Ordo Unctionis Infirmorum eorumque Pastoralis Curae, n. 5.

[623] Ibid., n. 75.

[624] Cfr. Ibid., n. 77.

[625] Missale Romanum, Ex Decreto Sacrosancti Oecumenici Concilii Vaticani II instauratum, Auctoritate Pauli pp.VI promulgatum, Editio typica altera, Typis Polyglottis Vaticanis, MCMLXXV, pp.838- 839.

[626] Cf. Rituale Romanum, Ex Decreto Sacrosancti Oecumenici Concilii Vaticani II instauratum, Auctoritate Ioannis Pauli II promulgatum, De Benedictionibus, Editio typica, Typis Polyglottis Vaticanis, MCMLXXXIV, n. 305.

[627] Cf. Ibid., nn. 306-309.

[628] Cf. Ibid., nn. 315-316.

[629] Cf. Ibid., n. 319.

espírito, procurando vencer a doença. Com efeito, "reentra, no próprio plano de Deus e da Sua Providência, que o homem lute com todas as forças contra a doença, em todas as suas formas, e se esforce, de todas as maneiras, por manter-se em saúde"[630].

3. O carisma da cura no Novo Testamento

Não só as curas prodigiosas confirmavam o poder do anúncio evangélico nos tempos apostólicos; o próprio Novo Testamento fala de uma verdadeira e própria concessão aos apóstolos e aos outros primeiros evangelizadores de um poder de curar as enfermidades em nome de Jesus. Assim, ao enviar os Doze para a sua primeira missão, o Senhor, segundo a narração de *Mateus* e de *Lucas*, concede-lhes "o poder de expulsar os espíritos impuros e de curar todas as doenças e enfermidades" (*Mt* 10,1; cfr. *Lc* 9,1) e dá-lhes a ordem: *"Curai os enfermos, ressuscitai os mortos, sarai os leprosos, expulsai os demônios"* (*Mt* 10,8). Também na primeira missão dos setenta e dois, a ordem do Senhor é: *"curai os enfermos que aí houver"* (*Lc* 10,9). O poder, portanto, é concedido dentro de um contexto missionário, não para exaltar as pessoas enviadas, mas para confirmar a sua missão.

Os *Atos dos Apóstolos* referem-se de modo genérico a prodígios operados por estes: "inúmeros prodígios e milagres realizados pelos apóstolos" (*At* 2,43; cf. 5,12). Eram prodígios e sinais e, portanto, obras portentosas que manifestavam a verdade e a força da sua missão. Mas, além destas breves indicações genéricas, os Atos referem sobretudo curas milagrosas, realizadas pelos evangelizadores individualmente: Estêvão (cf. *At* 6,8), Filipe (cf. *At* 8,6-7) e sobretudo Pedro (cf. *At* 3,1-10;5,15;9,33-34.40-41) e Paulo (cf. *At* 14,3.8-10;15,12;19,11-12;20,9-10;28,8-9).

Quer a parte final do Evangelho de *Marcos*, quer a *Carta aos Gálatas*, como antes se viu, alargam a perspectiva e não circunscrevem as curas prodigiosas à atividade dos apóstolos e de alguns evangelizadores que tiveram papel de relevo na primeira missão. Neste particular contexto, são de extrema importância as referências aos "carisma de cura" (*1Cor* 12,9.28.30). O significado de carisma é, por si, muito amplo: o de "dom generoso"; no caso em questão, trata-se de "dons de curas obtidas". Estas graças, no plural, são atribuídas a um único sujeito (cf. *1Cor* 12,9) e, portanto, não se devem entender em sentido distributivo, como curas que cada um dos curados recebe para si mesmo; devem, invés, entender-se como dom concedido a uma determinada pessoa de

---
[630] Rituale Romanum, Ordo Unctionis Infirmorum eorumque Pastoralis Curae, n. 3.

obter graças de curas em favor de outros. É dado in uno Spiritu, sem contudo se especificar o modo como essa pessoa obtém as curas. Não seria descabido subentender que o seja através da oração, talvez acompanhada de algum gesto simbólico.

Na Carta de São Tiago, faz-se aceno a uma intervenção da Igreja, através dos presbíteros, em favor da salvação, mesmo em sentido físico, dos doentes. Não se dá, porém, a entender se se trata de curas prodigiosas: estamos num contexto diferente do dos "carismas de curas" (*1Cor* 12,9). *"Algum de vós está doente? Chame os presbíteros da Igreja para que orem sobre ele, ungindo-o com o óleo em nome do Senhor. A oração da fé salvará o doente e o Senhor o confortará e, se tiver pecados, ser-lhe-ão perdoados"* (*Tg* 5,14-15). Trata-se de um ato sacramental: unção do doente com óleo e oração sobre ele, não simplesmente "por ele", como se fosse apenas uma oração de intercessão ou de súplica. Mais propriamente, trata-se de uma ação eficaz sobre o enfermo[631]. Os verbos "salvará" e "confortará" não exprimem uma ação que tenha em vista, exclusivamente ou sobretudo, a cura física, mas de certo modo incluem-na. O primeiro verbo, se bem que nas outras vezes que aparece na dita Carta se refira à salvação espiritual (cf. 1,21;2,14; 4,12; 5,20), é também usado no Novo Testamento no sentido de "curar" (cf. *Mt* 9,21; *Mc* 5,28.34;6,56;10,52; *Lc* 8,48); o segundo verbo, embora assuma por vezes o sentido de "ressuscitar" (cf. *Mt* 10,8;11,5;14,2), também é usado para indicar o gesto de "levantar" a pessoa que está acamada por causa de uma doença, curando-a de forma prodigiosa (cf. *Mt* 9,5; *Mc* 1,31;9,27; *At* 3,7).

4. As orações para alcançar de Deus a cura na Tradição

Os Padres da Igreja consideravam normal que o crente pedisse a Deus, não só a saúde da alma, mas também a do corpo. A propósito dos bens da vida, da saúde e da integridade física, Santo Agostinho escrevia: "É preciso rezar para que nos sejam conservados, quando se os tem, e que nos sejam concedidos, quando não se os tem"[632]. O mesmo Padre da Igreja deixou-nos o testemunho da cura de um amigo, alcançada graças às orações de um bispo, de um sacerdote e de alguns diáconos na sua casa[633].

A mesma orientação se encontra nos ritos litúrgicos, tanto ocidentais como orientais. Numa oração depois da Comunhão, pede-se que "este sacramento

---

[631] Cf. Concilio de Trento, sessão XIV, Doctrina de sacramento extremae unctionis, cap.2: DS, 1696.

[632] Augustinus Ipponiensis, Epistulae 130, VI,13 (PL 33,499).

[633] Cfr. Augustinus Ipponiensis, De Civitate Dei 22, 8,3 (PL 41,762-763).

celeste nos santifique totalmente a alma e o corpo"[634]. Na solene liturgia da Sexta-Feira Santa convida-se a rezar a Deus Pai Todo-Poderoso para que "afaste as doenças... dê saúde aos enfermos"[635]. Entre os textos mais significativos, destaca-se o da bênção do óleo dos enfermos. Nele pede-se a Deus que derrame a sua santa bênção sobre o óleo, a fim de que "sirva a quantos forem com ele ungidos de auxílio do corpo, da alma e do espírito, para alívio de todas as dores, fraquezas e doenças"[636].

Não são diferentes as expressões que se lêem nos rituais orientais da Unção dos enfermos. Citamos apenas alguns dos mais significativos. No rito bizantino, durante a unção do enfermo reza-se: "Pai Santo, médico das almas e dos corpos, Vós que enviastes o vosso Filho unigênito, Jesus Cristo para curar de toda a doença e libertar-nos da morte, curai também, pela graça do vosso Cristo, este vosso servo da enfermidade do corpo e do espírito que o aflige"[637]. No rito copto pede-se ao Senhor que abençoe o óleo para que todos os que com ele forem ungidos possam alcançar a saúde do espírito e do corpo. Depois, durante a unção do enfermo, os sacerdotes, depois de terem mencionado Jesus Cristo, mandado ao mundo "para curar todas as enfermidades e libertar da morte", pedem a Deus "que cure o enfermo das enfermidades do corpo e lhe indique o reto caminho"[638].

5. O "carisma de cura" no contexto atual

No decorrer dos séculos da história da Igreja, não faltaram santos taumaturgos que realizaram curas milagrosas. O fenômeno, portanto, não estava circunscrito ao tempo apostólico. O chamado "carisma de cura", sobre o qual convém hoje dar alguns esclarecimentos doutrinais, não fazia parte, porém, desses fenômenos taumaturgos. O problema põe-se, sobretudo, com as reuniões de oração que os acompanham, organizadas no intuito de obter curas prodigiosas entre os doentes que nelas participam, ou então com as orações de cura que, com o mesmo fim, se fazem a seguir à Comunhão eucarística.

As curas ligadas aos lugares de oração (nos santuários, junto de relíquias de mártires ou de outros santos, etc.) são abundantemente testemunhadas ao

---

[634] Cf. Missale Romanum, p.563.
[635] Ibid., Oratio universalis, n. X (Pro tribulatis), p.256.
[636] Rituale Romanum, Ordo Unctionis Infirmorum eorumque Pastoralis Curae, n. 75.
[637] GOAR J., Euchologion sive Rituale Graecorum, Venetiis 1730 (Graz 1960), n. 338.
[638] DENZINGER H., Ritus Orientalium in administrandis Sacramentis, vv. I-II, Würzburg 1863 (Graz 1961), v. II, 497-498.

longo da história da Igreja. Na antiguidade e na idade média, contribuíram para concentrar as peregrinações em determinados santuários, que se tornaram famosos também por essa razão, como o de São Martinho de Tours ou a catedral de Santiago de Compostela e tantos outros. O mesmo acontece na atualidade, como, por exemplo, há mais de um século com Lourdes. Estas curas não comportam um "carisma de cura", porque não estão ligadas a um eventual detentor de tal carisma, mas há que tê-las em conta ao procurar ajuizar, sob o ponto de vista doutrinal, as referidas reuniões de oração.

No que concerne as reuniões de oração feitas com a finalidade precisa de alcançar curas, finalidade, se não dominante, ao menos, certamente, influente na programação das mesmas, convém distinguir entre as que possam dar a entender um "carisma de cura", verdadeiro ou aparente, e as que nada têm a ver com esse carisma. Para que possam estar ligadas a um eventual carisma, é necessário que nelas sobressaia, como elemento determinante para a eficácia da oração, a intervenção de uma ou várias pessoas, individualmente, ou de uma categoria qualificada, por exemplo, os dirigentes do grupo que promove a reunião. Não havendo relação com o "carisma de cura", é óbvio que as celebrações previstas nos livros litúrgicos, se realizadas em conformidade com as normas litúrgicas, são lícitas e até, muitas vezes, oportunas, como é o caso da Missa pro infirmis. Quando não respeitarem as normas litúrgicas, perdem a sua legitimidade.

Nos santuários são também frequentes outras celebrações que, por si, não se destinam especificamente a implorar de Deus graças de curas, mas que nas intenções dos organizadores e dos que nelas participam têm, como parte importante da sua finalidade, a obtenção de curas. Com esse objetivo, costumam fazer-se celebrações litúrgicas, como é o caso da exposição do Santíssimo Sacramento com bênção, ou não litúrgicas, mas de piedade popular, que a Igreja encoraja, como pode ser a solene reza do Terço. Também estas celebrações são legítimas, uma vez que não se altere o seu significado autêntico. Por exemplo, não se deveria pôr em primeiro plano o desejo de alcançar a cura dos doentes, fazendo com que a exposição da Santíssima Eucaristia venha a perder a sua finalidade; esta, de fato, "leva a reconhecer nela a admirável presença de Cristo e convida à íntima união com Ele, união que atinge o auge na comunhão sacramental"[639].

---

[639] Rituale Romanum, Ex Decreto Sacrosancti Oecumenici Concilii Vaticani II instauratum, Auctoritate Pauli pp.VI promulgatum, De Sacra Communione et de Cultu Mysterii Eucharistici Extra Missam, Editio typica, Typis Polyglottis Vaticanis, MCMLXXIII, n. 82.

O "carisma de cura" não se atribui a uma determinada categoria de fiéis. É, aliás, bem claro que São Paulo, quando se refere aos diversos carismas (*1Cor* 12), não atribui o dom dos "carismas de cura" a um grupo particular: ao dos apóstolos ou dos profetas, ao dos mestres ou dos que governam, ou a outro qualquer. A lógica que preside à sua distribuição é, invés, outra: "é um só e mesmo Espírito que faz tudo isto, distribuindo os dons a cada um conforme Lhe agrada" (*1Cor* 12,11). Por conseguinte, nas reuniões de oração organizadas com o intuito de implorar curas, seria completamente arbitrário atribuir um "carisma de cura" a uma categoria de participantes, por exemplo, aos dirigentes do grupo. Dever-se-ia confiar apenas na vontade totalmente livre do Espírito Santo, que dá a alguns um especial carisma de cura para manifestar a força da graça do Ressuscitado. Há que recordar, por outro lado, que nem as orações mais intensas alcançam a cura de todas as doenças. Assim São Paulo tem de aprender do Senhor que "basta-te a minha graça, porque é na fraqueza que se manifesta todo o meu poder" (*2Cor* 12,9) e que os sofrimentos que se têm de suportar podem ter o mesmo sentido do "completo na minha carne o que falta à paixão de Cristo, em benefício do seu corpo que é a Igreja" (*Col* 1,24).

II. DISPOSIÇÕES DISCIPLINARES

Art. 1 – Todo o fiel pode elevar preces a Deus para alcançar a cura. Quando estas se fazem numa igreja ou noutro lugar sagrado, convém que seja um ministro ordenado a presidi-las.

Art. 2 – As orações de cura têm a qualificação de litúrgicas, quando inseridas nos livros litúrgicos aprovados pela autoridade competente da Igreja; caso contrário, são orações não litúrgicas.

Art. 3 – §1. As orações de cura litúrgicas celebram-se segundo o rito prescrito e com as vestes sagradas indicadas no Ordo benedictionis infirmorum do *Rituale Romanum*[640].

§ 2. As Conferências Episcopais, em conformidade com quanto estabelecido nos *Praenotanda, V, De aptationibus quae Conferentiae Episcoporum competunt*[641] do mesmo *Rituale Romanum*, podem fazer as adaptações ao rito das bênçãos dos enfermos, que considerarem pastoralmente oportunas ou eventualmente necessárias, com prévia revisão da Sé Apostólica.

---

[640] Cf. Rituale Romanum, De Benedictionibus, nn. 290-320.
[641] Ibid., n. 39.

Art. 4 – § 1. O bispo diocesano[642] tem o direito de emanar para a própria Igreja particular normas sobre as celebrações litúrgicas de cura, conforme o can. 838, § 4.

§ 2. Os que estão encarregados de preparar ditas celebrações litúrgicas, deverão ater-se a essas normas na realização das mesmas.

§ 3. A licença de realizar ditas celebrações tem de ser explícita, mesmo quando organizadas por bispos ou cardeais ou estes nelas participem. O bispo diocesano tem o direito de negar tal licença a qualquer bispo, sempre que houver uma razão justa e proporcionada.

Art. 5 – § 1. As orações de cura não litúrgicas realizam-se com modalidades diferentes das celebrações litúrgicas, tais como encontros de oração ou leitura da Palavra de Deus, salva sempre a vigilância do Ordinário do lugar, em conformidade com o can. 839, § 2.

§ 2. Evite-se cuidadosamente confundir estas orações livres não litúrgicas com as celebrações litúrgicas propriamente ditas.

§ 3. É necessário, além disso, que na sua execução não se chegue, sobretudo por parte de quem as orienta, a formas parecidas com o histerismo, a artificialidade, a teatralidade ou o sensacionalismo.

Art. 6 – O uso de instrumentos de comunicação social, nomeadamente a televisão, durante as orações de cura, tanto litúrgicas como não litúrgicas, é submetido à vigilância do bispo diocesano, em conformidade com o estabelecido no can. 823 e com as normas emanadas pela Congregação para a Doutrina da Fé na Instrução de 30 de Março de 1992[643].

Art. 7 – § 1. Mantendo-se em vigor quanto acima disposto no art. 3 e salvas as funções para os doentes previstas nos livros litúrgicos, não devem inserir-se orações de cura, litúrgicas ou não litúrgicas, na celebração da Santíssima Eucaristia, dos Sacramentos e da Liturgia das Horas.

§ 2. Durante as celebrações, a que se refere o art. 1, é permitido inserir na oração universal ou "dos fiéis" intenções especiais de oração pela cura dos doentes, quando esta for nelas prevista.

Art. 8 – § 1. O ministério do exorcismo deve ser exercido na estreita dependência do Bispo diocesano e, em conformidade com o can. 1172, com a Carta

---

[642] E quantos a ele são equiparados em virtude do can. 381, § 2.

[643] Congregação para a Doutrina da Fé, Instrução Il Concilio Vaticano II, Sobre alguns aspectos do uso dos instrumentos de comunicação social para a promoção da doutrina da fé, Cidade do Vaticano [1992].

da Congregação para a Doutrina da Fé de 29 de Setembro de 1985[644] e com o *Rituale Romanum*[645].

§ 2. As orações de exorcismo, contidas no Rituale Romanum, devem manter-se distintas das celebrações de cura, litúrgicas ou não litúrgicas.

§ 3. É absolutamente proibido inserir tais orações na celebração da Santa Missa, dos Sacramentos e da Liturgia das Horas.

Art. 9 – Os que presidem às celebrações de cura, litúrgicas ou não litúrgicas, esforcem-se por manter na assembleia um clima de serena devoção, e atuem com a devida prudência, quando se verificarem curas entre os presentes. Terminada a celebração, poderão recolher, com simplicidade e precisão, os eventuais testemunhos e submeterão o fato à autoridade eclesiástica competente.

Art. 10 – A intervenção da autoridade do Bispo diocesano é obrigatória e necessária, quando se verificarem abusos nas celebrações de cura, litúrgicas ou não litúrgicas, em caso de evidente escândalo para a comunidade dos fiéis ou quando houver grave inobservância das normas litúrgicas e disciplinares.

O Sumo Pontífice João Paulo II, na Audiência concedida ao abaixo assinado Prefeito, aprovou a presente Instrução, decidida na reunião ordinária desta Congregação, e mandou que fosse publicada.

† Joseph Card. RATZINGER, *Prefeito.*

† Tarcisio BERTONE, S.D.B., *Arc. Emérito de Vercelli, Secretário.*

---

[644] Congregação para a Doutrina da Fé, Epistula Inde ab aliquot annis, Ordinariis locorum missa: in mentem normae vigentes de exorcismis revocantur, 29 septembris 1985, in AAS 77(1985), pp.1169-1170.

[645] Cf. Rituale Romanum, Ex Decreto Sacrosancti Oecumenici Concilii Vaticani II instauratum, Auctoritate Pauli pp.VI promulgatum, De exorcismis et supplicationibus quibusdam, Editio typica, Typis Vaticanis, MIM, Praenotanda, nn. 13-19.

O DISCERNIMENTO DOS ESPÍRITOS*

Pe. Françoise Dermine
Professor de teologia moral na Faculdade de Teologia da Emília Romana
Membro da junta executiva do GRIS**

Tratamos aqui um dos problemas mais delicados e fundamentais do ministério do exorcismo, isto é, o problema do discernimento dos espíritos. A presente intervenção será subdividida em dois capítulos: o primeiro dedicado ao discernimento dos espíritos em geral, o segundo ao discernimento dos espíritos do exorcista.

CAPITULO 1

1. O discernimento dos espíritos em geral

Esta parte pretende tratar do discernimento dos espíritos nas Sagradas Escrituras e na Tradição Católica.

A) Sagradas Escrituras

Há que se dizer, desde já, que o discernimento dos espíritos é uma categoria estritamente teológica, por três motivos imprescindíveis. Em primeiro lugar, porque o discernimento dos espíritos provém essencialmente de uma luz espiritual: "O discernimento é uma 'luz' particular que nos leva a ver, em Deus, como estão as coisas. Uma 'luz rezada', que se obtém na oração e se exercita na oração"[646]; ele faz parte do "dom de distinguir os espíritos" (*1Cor* 12,10), que São Paulo reconhece entre os vários carismas.

Em segundo lugar, porque se exercita exclusivamente acerca das realidades, escolhas ou inspirações, acontecimentos ou situações, que comportam uma valência espiritual ou salvífica.

Em terceiro lugar, o discernimento dos espíritos é uma categoria teológica, porque implica a consciência de que a concretização de tais realidades ou

---

* DERMINE, Françoise. *Il discernimento degli spiriti*. In. Esorcismo e Preghiera di Liberazione. Roma, Edizione Art, 2005, pp.79-106. Trad. do italiano: Pe. Luciano José Toller; Paulo Stipp.Schmit. Notas: Pe. Ney Brasil Pereira.
** O GRIS (Grup.de Investigação e Informação Sócio-Religiosa) é uma associação italiana que se dedica à investigação das seitas; é uma das fontes mais fiáveis de investigação sobre o esoterismo e a influência do satanismo nos jovens da Itália (www.gris.org).
[646] M. LA GRUA, *La preghiera di liberazione* [A oração de libertação] Herbita editrice, Palermo 1985, p.70.

situações comporta a intervenção dos espíritos apresentados pela Revelação: Deus, que – não o esqueçamos – continua a ser o primeiro protagonista do exorcismo, e os anjos – bons ou maus (demônios) –. Com justiça se sublinha que "não basta discernir se o homem obedece às próprias inspirações ou então se sofre impulsos vindos de fora; no caso de se verificar a existência destes últimos, será então necessário dar um passo a mais e perguntar-se sobre a sua origem. 'Vêm de Deus ou do demônio?'"[647]. Na verdade, "o homem encontra-se imerso numa tríplice obscuridade: obscuridade de um Deus que se impõe sem se dar a ver; obscuridade de Satanás que se esconde, que faz mais sugestões do que afirmações, que propõe mais do que impõe, que sabe desencadear as fantasias, fazendo esquecer a realidade; obscuridade, por fim, do próprio homem, incapaz de ver com clareza o que vai no próprio coração, incapaz de compreender totalmente a gravidade dos próprios atos e das suas consequências, oscilante entre dois apelos que ele percebe e capazes de suscitar nele um eco. Escolher, para o homem, não é apenas optar por este ou aquele gesto, mas é também identificar as vozes que ele sente; ou seja, é discernir"[648].

Em outras palavras, as escolhas descritas na *Bíblia* não se dão simplesmente entre a virtude e o vício, ou então entre valores de direções opostas, mas têm em conta sobretudo quem os inspira (Deus ou o tentador), sem nada tirar à responsabilidade e à iniciativa humana, sem substituí-la. Os próprios profetas recordam a Israel que os acontecimentos não correspondem "a um jogo de elementos naturais, de forças humanas e políticas e que o que na verdade move toda a história é o conflito entre o desígnio de Deus e as resistências do pecado, [...] o conflito entre os forças do mal e o Espírito de Deus"[649].

É por isso que na *Bíblia* não se fala apenas de ciúme, mas de um verdadeiro espírito de ciúme "que se apodera do marido, a ponto de ele se tornar ciumento em relação a sua mulher" (*Nm* 5,14.30). O próprio Saul também se deixa levar pelo mesmo espírito: "um espírito maligno sobre-humano apoderou-se de Saul e ele teve um acesso de loucura em sua casa. Davi pôs-se a tocar a cítara. Saul, segurando uma lança na mão, arremessou-a contra Davi, pensando: 'Vou cravar Davi à parede!'. Mas Davi desviou-se por duas vezes" (*1Sm* 18,10-12).

---

[647] *Dictionnaire de spiritualité* [Dicionário de espiritualidade] verbete "discernement des esprits" [discernimento dos espíritos], col. 1405.

[648] Ibid., col. 1222-3.

[649] Ibid., col. 1228.

Também a discórdia é atribuída a um espírito: *"Deus colocou um espírito mau entre Abimélec e os senhores de Siquém; os senhores de Siquém se rebelaram contra Abimélec"* (Jz 9,23). Os príncipes do Egito arruínam o seu país, porque *"o Senhor colocou no meio deles um espírito de confusão"* (Is 19,14). Os falsos profetas enganam os israelitas, *"porque o Senhor vos mergulhou num espírito de sonolência"* (Is 29,10). É ainda famosa a visão de Miquéias sobre o espírito encarregado de enganar o Rei Acab e os seus falsos profetas: "O Senhor disse: 'Quem seduzirá Acab, a fim de que ele suba e morra em Ramot de Guilead?' [...] Apresentou-se, então, um espírito diante do Senhor e disse: 'Eu irei seduzi-lo.' O Senhor perguntou-lhe: 'Como?' Ele respondeu: 'Irei, e serei um espírito de mentira na boca de todos os seus profetas'. Disse-lhe pois o Senhor: 'Enganá-lo-ás e conseguirás seduzi-lo; vai e faz como disseste'". (1Rs 22,10-22; cf. também Jz 9,23; 2Rs 19,7).

Pelo contrário, outros espíritos são benévolos, como o que Deus concedeu a Moisés e aos anciãos, seus colaboradores: *"Tomarei do espírito que está sobre ti para o pôr sobre eles"* (Nm 11,17). Do mesmo modo, aquele que dá a Saul a força para corresponder à tarefa que lhe fora confiada: *"Quando Saul ouviu isto, o espírito do Senhor apoderou-se dele. E Saul ficou enfurecido"* (1Sm 11,6); ou então o que produz em Davi o mesmo efeito: *"Samuel tomou o chifre de óleo e ungiu-o na presença dos seus irmãos. E, a partir daquele dia, o espírito do Senhor apoderou-se de Davi"* (1Sm 16,13).

No que diz respeito ao Novo Testamento, "a expressão 'discernimento dos espíritos' aparece nas epístolas (1Cor 12,10; 1Jo 4,1), mas não nos evangelhos. Não quer dizer que estes últimos o ignorem: estando tão absorvidos a contar as palavras e os feitos de Jesus, eles preocupam-se pouco em elaborar uma doutrina. Já as epístolas, por sua vez, diante dos problemas existentes nas comunidades cristãs, dispensam um maior espaço aos princípios e à teoria. Falando de modo aproximativo, pode dizer-se que o discernimento dos espíritos se encontra como vivência nos evangelhos e como reflexão nas epístolas"[650]. Os evangelhos, na verdade, são um convite a discernir na pessoa e na ação de Jesus o poder do Espírito de Deus contraposto ao do espírito maligno: *"O Filho de Deus manifestou-se para destruir as obras do diabo"* (1Jo 3,8). Tal discernimento exercita-se, inicialmente e não sempre de modo fácil, (cf. por exemplo Lc 2,50) em Maria, José, Isabel, nos Magos, em Simeão e em Ana; depois, em João Batista, nos apóstolos e em todos os que, de algum modo, chegam ao conhecimento do Messias. É, por outro lado, também significativo

---

[650] Ibid., col. 1231.

que o primeiro gesto deixado por Jesus, depois da sua investidura batismal, consista em "ser conduzido pelo Espírito ao deserto, para aí ser tentado pelo diabo" (*Mt* 4,1): ao confrontar-se com este personagem que ninguém, exceto ele, jamais viu a olho nu, desmascarando-o a ele e aos seus projetos (desfrutar, brilhar, dominar) e contrapondo-lhe as vias do espírito que virão a transparecer essencialmente nas Bem-aventuranças. Ele mesmo exercita o discernimento dos espíritos com lucidez, determinação e momento a momento, ou seja, sem nunca se fechar em juízos esquemáticos; tal atitude permite-lhe que individue na confissão de Pedro em Cesaréia de Filipe (*Mt* 16,17) uma clara manifestação da ação do Pai e, logo a seguir, de assignar a Satanás a recusa da Paixão eminente por parte do mesmo apóstolo: *"Afasta-te, Satanás! Tu és para mim um escândalo; teus pensamentos não são de Deus, mas dos homens!"* (*Mt* 16,23). A própria pessoa de Jesus torna-se sinal de contradição; os seus milagres e os seus exorcismos não bastam para fazer que ele seja, aos olhos de todos, um sinal da presença do Reino.

E nem aqui, nem no Antigo Testamento, se trata de discernir entre os valores, estados de ânimo, modos de pensar ou de agir contrapostos e meramente humanos, quer dizer, separados das intervenções preternaturais (anjos bons e maus) ou mesmo sobrenaturais (Deus). Por exemplo, os fariseus do Sinédrio, quando chamados a pronunciar-se sobre o apóstolo Paulo, afirmam: *"Não encontramos nada de mau neste homem. E se um espírito lhe tivesse falado ou mesmo um anjo?"* (*At* 23,9). O próprio Paulo atribui a eficácia das suas palavras não às suas artes oratórias, mas à intervenção do Espírito: 'A minha palavra e a minha pregação nada tinham dos argumentos persuasivos da sabedoria humana, mas eram uma demonstração do poder do Espírito" (*1Cor* 2,4). Também a capacidade de julgar remete para o Espírito: *"se porventura um homem for apanhado nalguma falta, vós, que sois espirituais, corrigi essa pessoa com espírito de mansidão"* (*Gl* 6,1). As ideias devem ser valorizadas em base a um discernimento espiritual: *"O Espírito diz abertamente que, nos últimos tempos, alguns hão de apostatar da fé, dando ouvidos a espíritos enganadores e a doutrinas diabólicas"* (*1Tm* 4,1). As próprias contraposições humanas tornam-se como que o cenário de uma luta das dimensões cósmicas: *"não é contra homens de carne e sangue que temos de lutar, mas contra os principados e potestades, contra os príncipes deste mundo tenebroso, contra as forças espirituais do mal [espalhadas] nos ares"* (*Ef* 6,12). Num outro quadrante, as artes divinatórias de uma jovem escrava não remetem para dotes naturais, mas para "um espírito de adivinhação" que o próprio Paulo desmascara e exorciza (cf. *At* 16,16ss). Não raro a própria doença é atribuída a um espírito maligno e a cura atribuída a uma libertação: é o caso da filha de uma mulher cananéia (*Mt* 15,22ss). Um homem recupera o uso da palavra depois de ter sido perseguido por um demônio mudo (*Mt* 9,32); um possesso cego e mudo é "curado" mediante um exorcismo (*Mt* 12,22ss); do mesmo modo, através de um exorcismo, também um rapaz epilético (*Mt* 17,14ss); e também *"uma mulher que, havia dezoito anos, era possessa de um espírito que a detinha doente: andava curvada e não podia absolutamente erguer-se"* (*Lc* 13,11ss).

A própria fé em Jesus Cristo não é uma obra humana, semelhante a uma mera escolha ideológica, mas deve atribuir-se a Deus, enquanto que a recusa deve ser remetida para o diabo: *"não compreendeis a minha linguagem? É porque não podeis ouvir a minha palavra. Vós tendes como pai o demônio e quereis fazer os desejos de vosso pai. Ele era homicida desde o princípio e não permaneceu na verdade, porque a verdade não está nele. Quando diz a mentira, fala do que lhe é próprio, porque é mentiroso e pai da mentira"* (*Jo* 8,43-44; cf. também 8,47). Por conseguinte, o autor humano da mentira é como que movido pelo espírito de mentira: *"Quem é mentiroso senão aquele que nega que Jesus é o Cristo? Esse é o Anticristo, que nega o Pai e o Filho"* (*1Jo* 2,22). O mesmo conceito encontra-se em (*1Jo* 4,2-3) e no conjunto dos ensinamentos paulinos: *"por isso, eu vos declaro: ninguém, falando sob a ação divina, pode dizer: Jesus seja maldito e ninguém pode dizer: Jesus é o Senhor, senão sob a ação do Espírito Santo"* (*1Cor* 12,3).

Tanto o Antigo Testamento como o Novo Testamento oferecem-nos critérios de discernimento espiritual: Paulo apresenta provas morais, opondo os desejos da carne aos do espírito (*Gl* 5,17): *"as obras da carne são estas: fornicação, impureza, libertinagem, idolatria, superstição, inimizades, brigas, ciúmes, ódio, ambição, discórdias, partidos, invejas, bebedeiras, orgias e outras coisas semelhantes. [...] Ao contrário, o fruto do Espírito é caridade, alegria, paz, paciência, afabilidade, bondade, fidelidade, brandura, temperança"* (*Gl* 5,19-23). São João, como se acabou de ver, fornece, por seu lado, critérios doutrinais.

Torna-se, assim, claro que toda nossa pesquisa de campo se refere a algo de último, ou seja, que remete para a instância superior e última tanto na ordem do bem (Deus) como do mal (o demônio), e Deus constringe cada um a perguntar-se por qual espírito se deixa inspirar. *"Caríssimos, não deis fé a qualquer espírito, mas examinai se os espíritos são de Deus"* (*1Jo* 4,1).

B) O discernimento dos espíritos na Tradição Católica

As afinidades entre os Padres da Igreja, acerca do discernimento dos espíritos, são tantas que "se torna natural perguntar-se se estes ensinamentos remetem para uma origem comum ou se são o fruto normal da reflexão cristã"[651]: pelo Oriente, o *Pastor de Hermas*, Orígenes e Santo Antão como nos é apresentado por Santo Atanásio, Cirilo de Jerusalém, Evágrio Pôntico, o Pseudo-Macário, Diádoco de Foticéia, João Clímaco; pelo Ocidente, Santo Agostinho, Cassiano, São Gregório Magno. Mas há que dizer que "nestes antigos tratados sobre o discernimento dos espíritos, vemos atribuídos sem qualquer hesitação a uma influência diabólica ou angélica muitos fenômenos que, hoje, graças ao progresso dos estudos de psicologia, e sobretudo de psicopatologia, sabemos, sem dúvida, que tem origem puramente natural ou, pelo menos, não supomos necessariamente nenhuma intervenção preternatural. As regras deixadas por estes autores, geralmente excelentes para ajudar-nos a discernir os movimentos *bons* a seguir e os movimentos *maus* a rejeitar, deverão ser usadas com muita prudência para resolver a questão, frequentemente insolúvel, de uma origem puramente natural ou preternatural"[652].

Os autores espirituais e os teólogos da Idade Média ocuparam-se com gosto daquilo que chamaram a *discretio spirituum*. São Bernardo, depois de ter enumerado os três espíritos suscetíveis de intervir, ou seja, Deus, o anjo bom e o demônio, admite: "não creio, contudo, que seja fácil discernir quando é o nosso próprio espírito a falar e quando sentimos a voz de um dos três espíritos precedentes (*Sermão 23*, intitulado *De discretione spirituum*, 4). Em todo o caso, o importante consiste em saber se, no final, se deve ou não prestar atenção a essa voz. Como regra geral, entregue por Deus no *Diálogo da Divina Providência*, de Santa Catarina de Sena, há "a alegria que deixo na alma depois da minha visita e o desejo da virtude, especialmente da virtude da humildade autêntica, junto com o ardor da divina caridade". Se bem que o demônio também possa "fazer-se escutar, antes de mais, com a alegria", depois vem "a tristeza, os remorsos de consciência, e nenhum desejo da virtude [...] temperada pela humildade" (c. 106).

Ficou famoso o caso de Santa Catarina de Bolonha, enganada durante algumas semanas pelo demônio que ela imprudentemente desafiou e que se apresentou sob as aparências de Cristo crucificado ou então da Bem-Aventurada Virgem Maria, semeando assim na alma da monja o germe de uma perigosa confusão.

---

[651] Ibid., col. 1250.

[652] J. DE GUIBERT, *Leçons de théologie spirituelle* [Lições de teologia espiritual], Toulouse, 1943, p.303. Citado em *Dictionnaire de spiritualité*, verbete "discernement des esprits" [cf. Nota 2], col. 1254.

Pierre d'Ailly († 1420) e Guerson († 1429) dão seguimento ao aprofundamento do discernimento dos espíritos. Mas, mais que todas as outras, mantêm um valor universal as afirmações dos dois grandes autores espirituais: São João da Cruz e Santo Inácio de Loyola. A Igreja, exatamente por não desvalorizar a inteligência do demônio, tem consciência de que a tessitura do engano pode durar anos até que manifeste os seus primeiros frutos podres; assim escreve Santo Inácio de Loyola na quarta regra do discernimento dos espíritos: "É próprio do anjo mau, quando se transfigura em anjo de luz, introduzir-se em conformidade com a alma devota e depois concluir consigo mesmo; insinua, portanto, bons e santos pensamentos conformes à alma piedosa e depois, pouco a pouco, procura tirar o melhor arrastando a alma para os seus enganos ocultos e para as suas intenções perversas"[653].

Como conclusão destes breves acenos sobre o discernimento dos espíritos em geral, podemos afirmar, sem medo de errar, que a visão cristã da vida, dos acontecimentos e dos pensamentos que envolvem o ser humano não tem nada de intelectualista ou de racionalista, considerando como praxe normal interrogar-se sobre a sua origem não apenas humana e natural, mas também, e sobretudo, sobre a eventual intervenção de Deus e dos espíritos na maneira como se concretizam e se manifestam. Deixar de lado esta dimensão reduziria seguramente a vida cristã a moralismo e a ideologia ou, na melhor das hipóteses, a sabedoria humana.

2. O discernimento dos espíritos do exorcista

Se o discernimento dos espíritos faz parte da vida de todo o cristão, a maior título, não seria preciso dizê-lo, de modo ainda mais urgente e óbvio, para não dizer mais clamoroso, faz parte da vida do exorcista encarregado de expulsar o espírito maligno. Em grandes linhas, ele é chamado a pronunciar-se sobre a efetiva intervenção do demônio em algumas situações, a determinar se o que a vítima está a viver, ou diz que está a vivendo, tem alguma conexão com a patologia, sobretudo a psicopatologia, e a compreender se os fenômenos efetivamente paranormais tem uma proveniência preternatural ou sobrenatural.

---

[653] INÁCIO DE LOYOLA, *Exercícios espirituais*, Paoline, Roma, 1984, par. 332. Na nota 29 deste parágrafo são relatadas as seguintes palavras, dirigidas por Inácio a dois dos seus companheiros: "O inimigo entra pela porta do outro e sai pela sua, entra não contradizendo os seus hábitos, antes louvando-os. Entretanto, familiariza-se com a alma, atraindo-a a bons e santos pensamentos e de muita paz para a boa alma; então, pouco a pouco procura sair pela sua [porta], conduzindo-a, sob aparência de bem, a algum engano ou 'ilusão para desembocar sempre no mal'". Contudo: I, 179-181; in Il messaggio, I, 34.

A) O discernimento dos espíritos a respeito das situações

A questão do discernimento é prioritária, tendo em conta que se apresentam ao sacerdote sujeitos que lamentam males que, à primeira vista, não têm qualquer explicação possível a nível natural, por vezes explicitamente atribuídos a uma intervenção do demônio e contra os quais se pede uma bênção direta sobre as pessoas, ou então sobre óleo, água e sal. Trata-se de problemas de saúde, os sintomas são variáveis, recorrentes e, frequentemente alternados: dores de cabeça lancinantes, também noturnas, espasmos estomacais e digestão difícil, insônias, súbitas ondas de angústia que partem do esterno e sobem até à garganta e à cabeça (trata-se de verdadeiros e próprios atos de pânico), sugestões angustiantes de suicídio ou imotivados anseios de morrer. Muitos dão conta que já consultaram especialistas (médicos, psiquiatras, neurologistas, etc.), sem obter resultado, seja a nível diagnóstico, seja a nível terapêutico. Acontece também, por vezes, as primeiras análises resultarem totalmente erradas, com êxitos e percentuais inadmissíveis, a passo que as seguintes atestam surpreendentemente valores normais. Por fim, por vezes até acontece que seja um dos especialistas a encaminhar o paciente para o sacerdote.

Noutros casos, amontoam-se desgraças com uma frequência furiosa: danos na habitação, velhos clientes que, sem motivo aparente, distanciam-se, acidentes em cadeia e tidos como absurdos, comportamentos incompreensivelmente hostis por parte de amigos, parentes, cônjuges, namorados, etc. Num outro quadrante, alguns experimentam repentinamente violentas aversões ao sagrado ou então ondas interiores de blasfêmias, de que se envergonham tremendamente. Não raro, estes casos verificam-se em concomitância com eventuais fenômenos paranormais, isto é, fenômenos cuja explicação não parece reduzível aos parâmetros das leis conhecidas de causa e efeito, precisamente porque se situam *além* delas, isto é, fora do seu âmbito. Por este motivo, há quem viva no medo e na insônia, porque se dá conta de barulhos em casa, a madeira das mobílias que range ou se parte, armários grandes que se deslocam, pegadas de animais no teto, fenômenos luminosos, vozes que se escutam no interior (obsessões) ou no exterior, cheiros nauseantes que surgem e que passam de um quarto para o outro, e por aí afora.

O discernimento dos espíritos em relação a estes casos é relativamente simples, uma vez que, se trata de fenômenos ligados à efetiva ação diabólica, eles têm lugar, normalmente, de forma estranha: por exemplo, nos momentos ligados a escolhas importantes, de modo mais ou menos sistemático. Por vezes há casos de lojas ou empresas que, exatamente no momento em que parecia atingir um bom rendimento, caem de um dia para o outro, sem causas plausíveis.

Geralmente, a melhor prova da ação diabólica consiste no desaparecimento dos "sintomas" de que acima se falou, depois de se conferirem as bênçãos. Também nestes casos, no entanto, a prudência faz parte da regra, uma vez que a libertação pode ser apenas aparente ou, pelo menos, apenas temporária, de modo a desencorajar e levar ao desespero.

Os exorcistas, mesmo os maiores peritos, reconhecem que não têm uma certeza absoluta acerca da presença diabólica ou acerca da distinção entre o que é humano e o que é preternatural, pelo que admitem que se encontram, por vezes, de frente a sinais suficientemente certos ou simplesmente de proveniência duvidosa e que, por vezes, cederam a ilusões ou enganos dos grandes.

Se se trata de fenômenos efetivamente ligados à ação diabólica, a sua "diversidade depende da combinação de três fatores: as características físicas e psíquicas da pessoa afetada; o diferente modo de operar dos magos; a diversidade dos demônios que têm diferentes temperamentos e comportamentos pessoais"[654]. É inútil especificar que não pode faltar um conhecimento das capacidades ou dos poderes dos espíritos. Segundo S. Tomás (II *Sent.*, d.8, p.2), o demônio, apesar de ser incapaz de causar mudanças substanciais e, *a fortiori*, de criar uma substância, pode deslocar uma já existente, suspender, fazer colidir corpos ou penetrá-los, provocar uma ilusão sensível e, com o uso de substâncias adequadas, criar sons, odores nauseantes ou perfumes, luzes, sensações ou representações internas ou externas, etc. O demônio tem também um certo conhecimento dos futuros contingentes (que não dependem da vontade divina ou humana) e tem, portanto, capacidade de enganar com aquilo que poderá parecer uma profecia, sem que na realidade o seja.

Há, no entanto, que reiterar o dado revelado, segundo o qual, Deus permite que o demônio nos coloque à prova e que atue de diferentes modos tanto no nosso corpo como na nossa alma. A sua ação no nosso corpo concretiza-se nas infestações ou nos raríssimos casos de possessão, em que o demônio irrompe despoticamente na vida de um homem, movendo-lhe o corpo como se fosse o seu proprietário.

Quanto a esses fenômenos ligados à experiência diabólica, podemos reduzi-los a estes seis: infestações diabólicas (incidindo em lugares, habitações, ou mesmo animais, objetos); distúrbios exteriores (sofrimentos físicos como batimentos, guinadas violentas); vexações diabólicas (formas ligeiras ou

---

[654] R. SALVUCCI, *Indicazioni pastorali di un esorcista – Parole chiare su una realtà oscura* [Indicações pastorais de um exorcista – Palavras claras sobre uma realidade obscura], Âncora, Milano, 1992, p.131.

ocasionais que podem atingir diretamente a pessoa na saúde, nos afetos, no trabalho, nos negócios, nas relações)[655].

Uma vez que a alma é, contudo, o objeto mais particular da atenção do demônio, ele procura induzi-la ao mal e ao pecado, criando nela obsessão com manifestações externas da sua presença ou com expressões íntimas; a obsessão interior é uma perseguição da vontade e da imaginação humana e difere da forma mais habitual e mais perigosa de ação diabólica, que é a tentação, devido à sua veemência e à sua duração. Trata-se, portanto, de uma forma grave de tormento, em que é atingida, sobretudo a mente e a fantasia com consequências negativas sobre o comportamento: pensamentos obsessivos invencíveis que levam ao desespero e ao suicídio, atos de violência improvisa sem motivações adequadas, bloqueio do cérebro ou estado de confusão que pode chegar ao ponto de induzir uma pessoa a não lembrar-se nem de quem é nem de onde se encontra.

Depois vem a possessão diabólica (é o caso dos endemoninhados: uma entidade estranha introduz-se, como já aqui se acenou, na personalidade do sujeito; exprime-se e move-se através da sua pessoa, falando de coisas ocultas, por vezes, em línguas desconhecidas, torturando-lhe o corpo, desencadeando uma incrível força física).

Que se trate das chamadas almas vagantes parece dúbio, uma vez que as almas, depois da morte, estão destinadas aos três possíveis lugares (Céu, Purgatório, Inferno). Se Deus assim o permite, poderão intervir com uma finalidade pedagógica ou para solicitar orações. Mas aquilo que se diz acerca da intervenção das almas nas sessões espíritas aplica-se também ao pressuposto possesso por parte das mesmas: "A teologia católica admite que os próprios demônios, sendo incapaz de fazer sair do inferno os condenados e muito menos ainda do céu ou do purgatório as almas salvas, substituem-se habitualmente às almas evocadas"[656]. Eis o motivo da exortação dirigida pela Igreja ao exorcista, dissuadindo-o de acreditar *si dæmon simularet se esse animam alicuius sancti vel defuncti*" (*Rituale Romanum*, XII, 1,14: acreditar "que o demônio simule que ele é a alma de algum santo ou defunto"). Avançando, podemos até pensar que quem age sobre nós não são os próprios espíritos dos mortos ou dos antepassados mas, como bem diz M. La Grua, "são um 'quid' deixado

---

[655] Ibid., p.200-201.

[656] FRANÇOIS-MARIE DERMINE, *Mistici, veggenti e medium. Esperienze dell'aldilà a confronto* [Místicos, Videntes e Médiuns. Experiências do além em confronto], Libreria Editrice Vaticana, 2003, p.67.

pelas criaturas humanas, que o espírito do mal pode manipular para causar dano ao homem, ou simulações criadas pelo próprio espírito mau para nos enganar"[657]. São até, por vezes, como que uma relação oculta ou uma tara, que se prolonga no tempo, e das quais só missas ou orações nos podem libertar.

De qualquer forma, o caso mais grave de possessão que pode existir é o da sujeição diabólica voluntária (relação de sujeição a Satanás, feita de um pacto no qual a pessoa aceita o senhorio do demônio sobre si. Pode ser feito através de uma assinatura escrita com o próprio sangue, extraído do corpo com uma seringa; com um batismo de sangue, sempre do próprio corpo, derramado sobre a cabeça com a aceitação do "texto de comando"; com a agregação a seitas satânicas através de rituais apropriados, como missas negras ou ritos semelhantes). É inútil dizer que, destes pactos ou relações de sujeição, é difícil voltar atrás.

B) O discernimento entre a patologia e a ação diabólica

Quando as pessoas se apresentam lamentando alguma intervenção extraordinária do demônio na sua vida, produzem-se fenômenos paranormais (movimentos sobre-humanos, conhecimento de coisas ocultas, etc.), há motivos sérios para se acreditar. A aversão ou a reação diante do sagrado escondido (objetos presentes e benzidos sem que o sujeito o saiba, exorcismo à distância) constitui um sinal quase suficiente da presença do demônio.

Mas no caso em que um eventual possesso não para diante do sinal da cruz ou com a aspersão da água benta, talvez se deva pensar que se trata de um desequilíbrio. E nos casos em que não há estes fenômenos paranormais, é obrigatório ter prudência, devido à facilidade com que este campo – e, sobretudo o da possessão – se presta a sugestões e a simulações. A Igreja desde sempre teve consciência disto, mais do que se possa pensar. Bastará lembrar, a este propósito, uma advertência do Sínodo Nacional de Reims, de 1583, em que se evidencia que, "várias vezes, aqueles que acham que estão sob o domínio do demônio precisam mais de um médico que do ministério dos exorcistas"[658]. Hoje se remete a pseudo-possessão diabólica para um "distúrbio dissociativo simples da personalidade múltipla, à esquizofrenia, delírio paranoide, distúrbio obsessivo-compulsivo, fobias, distúrbio histriónico de personalidade"[659].

---

[657] M. LA GRUA, op.cit., p.27.

[658] Citado in G. ARRIGHI, *Spiriti e spiritismo moderno* [Espíritos e espiritismo moderno], Borla, Torino 1954, p.228.

[659] G. GAGLIARDI, "Stati modificati della coscienza: basi neurofisiologiche della "possessione diabolica" e studio comparativo con generi diversi di trance" [Estados modificados da consciência: bases neurofisiológicas da "possessão diabólica" e estudo comparativo com gêneros diversos de

Neste caso, para discernir, é preciso conhecer bem, na medida do possível, a natureza humana e as suas potencialidades, mesmo em nível da psicologia consciente ou inconsciente, conhecer os temperamentos: por exemplo, as pessoas influenciáveis podem agir como sonâmbulos e produzir fenômenos surpreendentes e à primeira vista sobre-humanos.

"Encontramos muitos distúrbios análogos nos quadros clínicos de muitas doenças neuropsíquicas. Na psicastenia, no histerismo, etc., encontramos distúrbios alucinatórios (alucinações exteriores da visão, da audição, do tato, alucinações cenestésicas e a alucinações psíquicas com presenças de objetos ou de pessoas estranhas). Na epilepsia, na esquizofrenia, etc., encontramos distúrbios impulsivos (atos desconexos ou coagidos, atentados sexuais ou suicídios, lacerações, mordidas, etc.). Na paranoia e noutras psicoses maníaco-depressivas, encontramos ideias delirantes (delírios de exaltação, de depressão, delírios de culpa, delírios de acusação)"[660].

M. La Grua introduz, mesmo no quadro clínico das formas histéricas, além da sintomatologia psíquica, a seguinte sintomatologia somática: "distúrbios motores (paralisias parciais, contrações frequentemente em arco, etc.), distúrbios sensoriais (anestesias e hiperestesias, prego histérico na cabeça, bolo histérico ou corpo estranho que se move no interior), distúrbios neurovegetativos e viscerais (febre, palidez, ruborização, dermografismo, espasmos, dores intestinais, palpitações de coração, vaginismo, comichão, bocejos, etc.)"[661]. Em relação a alguns desses sintomas (penso particularmente no chamado "prego histérico" na cabeça ou no bolo histérico), é, no entanto, difícil que sejam de origem histérica, se o paciente, antes da bênção, nem sequer suspeitava da sua existência, nem admitia a possibilidade das influências diabólicas de que continua inesperadamente a ser vítima. Todavia, é preciso procurar verificar se os fenômenos são de algum modo predispostos ou provocados, mesmo inconscientemente (então são nossos). Ou então se "acontecem", se aparecem *ex abrupto* (do nada), sendo mais difícil que sejam nossos.

Diante de uma fenomenologia tão variada e tão desconcertante, o exorcista apressado ou superficial no que ao discernimento se refere, comete erros não sem consequências tanto para a eventual vítima como para si mesmo. Quantos exorcistas, por exemplo, se encontram, exatamente por falta de discernimento, a perder um tempo preciosíssimo, ocupando-se, e não raramente

---

transe"], in *Rivista italiana di ipnosi clinica e sperimentale* 13/2 [1993] p.40.
[660] M. LA GRUA, op.cit., p.66.
[661] Ibid., p.71.

agravando-os, de casos que não são da sua competência, mas da de médicos, psicólogos ou mesmo de psiquiatras.

Em minha opinião, uma praxe que se deve considerar perigosa a nível psicológico é o uso sistemático do chamado exorcismo "diagnóstico". Neste ponto, dissocio-me fraternamente do Pe. Gabriele Amorth, tão apreciado, que parte do pressuposto, de resto fundamentado, que certas presenças maléficas se manifestam apenas graças ao exorcismo e que este não pode fazer mal, uma vez que se trata apenas de uma oração. Mas mesmo esta última afirmação deveria pelo menos ser redimensionada devido à sua valência potencialmente mórbida e capaz de produzir sugestões que o exorcismo reveste junto das pessoas mentalmente instáveis, dos deprimidos e, sobretudo, dos histéricos, capazes de reproduzir maravilhosamente o papel do endemoninhado[662]. De resto, não será por acaso que o Padre La Grua exorta a "não fazer nenhuma oração de libertação, empregando a autoridade sobre o espírito do mal, se não se estiver moralmente seguros da infestação maligna"[663]. De resto, uma simples e discreta oração com a finalidade de libertar pode ser suficiente para forçar uma presença maligna a manifestar-se, quando houver.

Por isso "nunca se deixará de exortar ao discernimento preliminar: quando se desencadeia o *transe* de possessão, se o sujeito é uma pessoa com distúrbios mentais muito graves, pode correr-se o risco de ensarilhá-lo num estado de confusão, de bloqueio projetual e de sugestão da personalidade. Desenvolver-se-á um estado de dependência do próprio rito, cuja repetição se assemelhará a um condicionamento mental que, no início de uma libertação, será exatamente igual, nem mais nem menos, às técnicas de controle mental utilizadas e colocadas em ato pelo mundo oculto, do qual se pretende libertar o sujeito. Tal condicionamento é conhecido em psicofisiologia como "síndrome da dependência ambiental". O sujeito, com esta disfunção, deixará de ter a capacidade de entender que a oração de libertação ou o exorcismo é apenas o início de um caminho de cura e pretenderá sempre ser libertado ou exorcizado"[664]. Esta

---

[662] Não é de excluir, também, que certos exorcistas, preconcebidamente orientados à explicação preternatural, e também pouco pacatos e essenciais no modo de atuar, possam determinar processos de sugestão tais que induzem os sintomas conforme as suas expectativas e, até mesmo, o próprio *transe* da possessão à qual pretendem dar solução (cf. G. LA PASSADE, *La transe* [O transe], PUF-Que sais-je? [O que eu sei?], Paris 1990, p.20 e 41).

[663] M. LA GRUA, *La preghiera di liberazione* [A oração de libertação], Herbita editrice, Palermo 1985, p.60.

[664] G. GAGLIARE, "Stati modificati della coscienza: basi neurofisiologiche della "possessione diabolica" e studio comparativo con generi diversi di trance" [cf. Nota 14], in *Rivista italiana di ipnosi clinica e sperimentale* 13/2 [1993] p.41.

precisa forma de dependência concilia-se até bem demais com a mentalidade mágica, duas realidades que se reforçam reciprocamente, de modo que se faz recair sobre o demônio a causa de todos os problemas e sobre o exorcismo a possibilidade de deles sair. Trata-se, portanto, de um triste processo de desresponsabilização. Outras vezes, o recurso ao exorcismo torna-se um modo de atrair a atenção dos familiares; isto parece bastante claro nos casos em que o paciente, simulando patologicamente o *trance* de possessão, faz autoelogios com a voz do demônio e procede assim a uma bem verdadeira autocelebração.

À medida que os exorcismos se estendem no tempo, o aparente equilíbrio do paciente simulador degenera, ao passo que o paciente que cresce espiritualmente e moralmente, evitando entre outras coisas fechar-se em si mesmo e nos seus problemas, demonstra que não simulou a interferência diabólica. A este ponto é válido o que se diz sobre os místicos ou sobre os videntes autênticos, que não apresentam as conotações típicas da histeria, ou seja, o egocentrismo e a simulação, seja ela consciente ou não, que "manipula a realidade ambiental e somática só para autoafirmar o próprio suposto lucro narcisístico"[665]. "Encontramo-nos, pelo contrário, diante de sujeitos capazes – contrariamente à personalidade psicopatológica – de sacrificar-se por Deus e pelo próximo, de transmitir paz, consolação e força interior, e de o fazer, apesar dos seus sofrimentos indizíveis, com sentido humorístico e com realismo, até sociopolítico. Estes aspectos, além disso, pouco se conciliam com a imaturidade e a vulnerabilidade neurótica indispensáveis para aflorar doenças psicossomáticas"[666].

Voltando, contudo, aos casos em que se suspeita de uma psicopatologia (sugestão, histeria, alucinações, personalidades múltiplas, etc.), torna-se óbvio que se tem de solicitar o contributo de um especialista na matéria (psiquiatra, psicólogo). É ponto assente, no entanto, que a última palavra compete ao próprio exorcista, não apenas porque a possibilidade de um envolvimento do demônio é sempre verossímil, mas porque, com a maior das facilidades, se descuida da dimensão espiritual da doença. E mesmo se a doença também pode existir regularmente fora de uma ação diabólica, também é verdade que esta última desfruta naturalmente dos estados mórbidos, sobretudo, dos da mente, determinando-os ou acrescentando-os; em geral, é mais comum o demônio a provocar a doença que o contrário. Além disso, "as descobertas científicas não fornecem nenhum argumento válido para negar a realidade do mal...

---

[665] P. M. MARIANESCHI, *La stimmatizzazione somatica. Fenomeno e segno* [A estigmatização somática. Fenômeno e sinal], LEV, Roma 2000, p.36.

[666] FRANÇOIS-MARIE DERMINE. *Mistici, veggenti e medium. Esperienze dell'aldilà a confronto* [cf. Nota 11], Libreria Editrice Vaticana, 2003, p.50-51.

Sem pretender cair em excessos, atualmente nós somos levados a considerar a possibilidade de uma influência maligna seja *como fenômeno acrescentado* (que agrava por vezes uma alteração psíquica em ato), seja *como causa de uma doença psíquica evidente*, que seria apenas o efeito da mesma alteração psíquica. (…) É conveniente examinar a qualidade e a tonalidade dos sintomas. Muitas afeições neuro-psíquicas apresentam sintomas análogos aos da infestação maligna. Alucinações internas e externas podem ser encontradas nos psicasténicos e nos histéricos; delírios, ideias impulsivas podem ser encontradas nos melancólicos e em tantas formas de depressão psíquica; podem também ser encontradas nos infestados" (palavras escritas pelo psicanalista Philippe Madre, no seu livro *Ma liberaci dal male* [REM, Roma, 1980] pp.87-88). E se é verdade que "o mundo inteiro está sob o poder do Maligno" (*1Jo* 5,19), então há que pensar que nos encontramos diante de uma ação do demônio a campo inteiro, que a influência maléfica é mais frequente e difusa do que possa parecer e que não lhe é dada a devida atenção na origem de alguns dos nossos males. São Pio de Pietrelcina – como de resto também o Beato carmelita espanhol Padre Francisco Palau – defendia, por exemplo, que muitos pacientes dos nossos hospitais psiquiátricos na realidade não são doentes, mas vítimas de males preternaturais. Santa Teresa do Menino Jesus não hesitava a imputar ao espírito maligno a doença sofrida na infância: "A doença com que fui atingida vinha certamente do demônio. (…) Não sei descrever uma doença tão estranha: agora estou convencida que era obra do demônio. Mas, durante muito tempo depois da minha cura, acreditei que tinha feito de propósito a ficar doente. E isso foi um verdadeiro martírio para a minha alma" (*Obras Completas* [ed. italiana: LEV, Roma, 1997]; aqui *Manuscrito A*, nn. 86 e 88).

A própria conclusão de algumas doenças suspeitas necessita de discernimento diagnóstico do exorcista, uma vez que se pode tratar de um engano do demônio: "a sua superior inteligência das leis naturais permite-lhe que ele reanime um ser aparentemente morto ou que produza nos cadáveres movimentos que podem ser tomados como um regresso à vida; ele, de acordo com Tertuliano, pode simular curas milagrosas, simplesmente suspendendo a influência maléfica que tinha provocado as doenças ou enfermidades sem lesão orgânica"[667]. Ou então, "pode deste modo curar doentes em tempos breves: ele conhece doenças, conhece os remédios e o seu uso. E assim se explica como talvez os magos, que com ele se relacionam, conheçam as doenças e possam

---

[667] FRANÇOIS-MARIE DERMINE, *op.cit.*, p.73.

obter curas"⁶⁶⁸. Por vezes, trata-se apenas de uma suspensão ou de uma pausa, antes de provocar um mal maior.

C) Médiuns e sensitivos

Há exorcistas, também renomados (por exemplo, os próprios La Grua e Salvucci) que reconhecem a existência e a utilidade dos chamados "sensitivos", capazes de "individuar as negatividades" ou mesmo de eliminá-las, por vezes tocando determinados pontos do corpo correspondentes – como se diz – a outros tantos espíritos, ou então tocando as feridas infligidas durante eventuais ritos *vudu*: a confirmação aconteceria quando o toque provoca alívio de dores. Outros exorcistas (e quem escreve é um deles) não apenas não os considera instrumentos de confiança, como também suspeitam mesmo que eles sejam mais *médiuns* que sensitivos. A diferença entre os dois é que os primeiros se colocam em contato com uma outra dimensão e precisam da intervenção dos espíritos; Allan Kardec declara a justo título que "o médium [...] é o instrumento de uma inteligência estranha; ele é passivo, e o que diz não vem dele. Em síntese, o sonâmbulo exprime o próprio pensamento, ao passo que o médium exprime o de um outro"⁶⁶⁹.

Com a mediunidade parece que se abre a possibilidade de fugir aos limites de espaço e de tempo característicos da nossa condição humana, aos limites dos instrumentos não apenas operativos, mas, sobretudo cognoscitivos, predispostos por Deus (os sentidos, a razão, eventuais revelações sobrenaturais) e de aceder, portanto, ao conhecimento das coisas futuras ou ocultas com o auxílio de entidades ultraterrenas; reencontramos aqui a tentação de Saul que pede à vidente de Endor: "Prediz-me o futuro, evocando um espírito/morto, e faz-me aparecer quem eu te designar" (*1Sm* 28,8). A adivinhação é uma falta de resignação com o fato de que "as coisas ocultas pertencem ao Senhor, nosso Deus, mas aquilo que Ele revelou é para nós e para os nossos filhos eternamente" (*Dt* 29,28), ao fato de que só Deus "revela o que é profundo e oculto, e conhece o que se esconde nas trevas" (*Dn* 2,22)⁶⁷⁰.

---

⁶⁶⁸ M. LA GRUA, *op.cit.*, p.36.

⁶⁶⁹ A. KARDEC, *Le livre des médiums* [O livro dos médiums], p.2, c. 14, par. 172.

⁶⁷⁰ Cf. também Sir 3,21-24: "Não procures coisas muito difíceis para ti, não perguntes por coisas grandes demais para ti. Cuida do que foi mandado, pois tu não deves ocupar-te das coisas misteriosas. Não te esforces no que transcende tuas capacidades, pois já te foi mostrado mais do que compreende uma inteligência humana. Muitos se perderam pela sua presunção, mísera ilusão fez desviar seus pensamentos".

Os sensitivos, pelo contrário, seriam detentores totalmente naturais de faculdades *psico* ou *para*normais (clarividência ou consciência extrassensorial de objetos ou eventos objetivos, precognição, retro-cognição, telepatia, premonições e sonhos premonitórios, radiestesia, pranaterapia, etc.), sem ter de confiar na intervenção de qualquer espírito. Uma afirmação do gênero não aprece resistir à prova dos fatos, uma vez que a experiência demonstra o desaparecimento destas "faculdades" nos sujeitos que a elas renunciam explicitamente e se submetem a orações de libertação.

Tal afirmação não convence pelo seu aspecto contraditório, ou seja, contraditoriedade (conhecimento natural e extra-sensorial), que elimina a distinção entre normal e paranormal; e se encontra por sua vez contradita, questionada, pela experiência exorcística, que registra o desaparecimento dessas "faculdades" em muitos "sujeitos" (indivíduos, pessoas) que renunciam a elas explicitamente e se submetem a orações de libertação. É o caso de Michel Berrette[671], que "nasceu" com um dom de vidência, incluídas a telepatia, a previdência e a clarividência, um dom que ele inicialmente pensava normal e de todos, e ao qual atribuía uma origem natural. Fato é que, depois de o ter exercido anos a fio e de se ter abandonado a experiências cada vez mais perigosas (como a viagem astral) e à presunçosa paixão por aceder a notícias mais ou menos ocultas, este homem com percepções especiais começou a ser perseguido por ruídos inexplicáveis que o constrangiam a mudar de casa com alguma frequência, por situações precárias de saúde, bem como por angustias tremendas; o degrado interior levou-o também à tentação de suicídio, até que um dia, num momento de lucidez guiado por um exorcista, ele entregou a Deus o seu assim chamado "dom" que desapareceu *ipso facto*. Este episódio mostra o quanto é tênue e imperceptível a linha que demarca o natural do preternatural, o quanto é fácil para o suposto sensitivo confundir o que provém dele com o que, na realidade, provém de um outro (mediunidade).

Por quanto nos diz respeito, tenderemos, portanto, a remeter ao preternatural (ou seja, a um espírito de mediunidade ou de adivinhação) o conjunto dos fenômenos paranormais, – como já se disse – avulsos de toda e qualquer utilidade salvífica e espiritual e aparentemente provocados pelo homem: aludimos, por certo, às várias práticas de magia, ingenuamente distinguidas entre branca e negra (astrologia, cartomancia, quiromancia, etc.) e às

---

[671] Cf. M. BERRETTE, *J'étais voyant... Maintenant je vois* [Eu era vidente... Agora vejo], Le Sarment-Fayard, Paris 1992.

comunicações espíritas, mas também, exatamente, às já mencionadas formas de "sensitividade".

Há que desconfiar também das pessoas que já sofreram qualquer forma de perseguição diabólica e nas quais parecem aflorar dons carismáticos: há motivos sérios para pensar que se trate antes de mediunidade e, portanto, de um engano, como o é também a ação que o demônio exerce sobre o cérebro, superexcitando-o de modo a determinar um estado de lucidez extraordinária que o sujeito toma, ingenuamente, por uma manifestação, uma aparição ou uma comunicação divina.

Ora, o autêntico dom carismático distingue-se da mediunidade pelo fato de, entre outras coisas, ser uma graça passageira que, quando é concedida, é-o vez por vez, mediante a oração. Não raro, são as próprias vítimas, iluminadas por um caminho de fé, a advertir a diferença: "À medida que progride o lento caminho de aproximação e de confiança no Senhor, as pessoas maleficiadas tornam-se 'peritas', pela facilidade com que conseguem distinguir, com uma clareza surpreendente, nos acontecimentos isolados, quando é que as coisas dependem dos espíritos do mal e quando, pelo contrário, dependem de fatos naturais"[672], ou mesmo do próprio Deus.

Pretendemos agora refletir, por um lado, sobre a atitude dos protagonistas humanos do exorcismo, ou seja, o sacerdote e a vítima, e, por outro lado, sobre a atitude da Igreja universal e local em relação com a mesma realidade.

CAPÍTULO 2

1. A atitude dos protagonistas

Nesta parte, procuraremos individuar as atitudes humanas e espirituais, tanto do exorcista como da vítima, e os riscos e as tentações que ambos devem enfrentar.

A) A atitude do Exorcista

Pode acontecer que o exorcista deixe-se influenciar seja pelo carinho e proximidade que ele nutre nas relações com as pessoas que ele orienta, seja pelo sutil orgulho e complacência de alguém que crê ser objeto ou testemunha habitual de revelações sobrenaturais. Aqui vale recordar o conselho que Ribet dá a todos os guias de almas chamados a percorrer um caminho extraordinário:

---

[672] R, SALVUCCI, *Indicazioni pastorali di um esorcista. Parole chiare su una realtà oscura* [cf. Nota 9], Àncora, Milano 1992, p.164.

"Por isso existem tantas profecias vãs e ridículas no mundo, que preocupam as mentes débeis e algumas vezes, desvirtuam pessoas sérias. É importante não acreditar no primeiro profeta que se apresente. A prudência aconselha esperar as evidências. As contínuas aparências de virtude e santidade, de supostos milagres não controlados, predições que se proclamam já realizadas. Tais situações parecem envolver não somente os simples e impacientes, mas também os mais experimentados. Os primeiros a serem seduzidos são os confessores, pois confiam demasiadamente nas pessoas por eles dirigidas, iludidos de uma enganosa satisfação de ter pessoas extraordinárias sob sua orientação"[673]. Mais do que tudo, revela-se aqui a necessidade do discernimento dos espíritos.

Estas últimas observações nos introduzem no discurso dos numerosos e sutis perigos que recaem sobre o exorcista, seja em nível moral, seja espiritual.

O Exorcista, por causa das funções que exerce, vive uma experiência única. Mesmo que o seu ministério esteja de acordo com a Revelação e com o Magistério Eclesial, ele é frequentemente marginalizado por muitos membros do presbitério ou da sua comunidade religiosa ou paroquial que não suportam o contínuo influxo de pessoas em busca de bênçãos. Além de tudo, ele confronta-se todos os dias com situações tenebrosas e, de vez em quando, quase escabrosas, humanamente desconcertantes e psicologicamente desestabilizantes. Se ajuntamos o elemento ódio da parte do Adversário, que fará de tudo para abater ou desviar o Exorcista, o quadro pode complicar-se e tornar-se insuportável, se este último é vulnerável aos ataques.

Isso pode acontecer de diversos modos. Para iniciar, quando o ministério exorcístico está diante de alguém dominado por um instinto sexual reprimido ou é instrumento de busca de poder e de autoafirmação, é provável que isto não seja inverossímil.

Moralmente, a corrupção do demônio se mostra, sobretudo, na esfera sexual, seja em nível de fantasias ou de situações orquestradas por ele. A questão afetiva referida anteriormente, ajuntada às situações que englobam outros aspectos dramáticos da vítima, pode-se transformar em uma familiaridade excessiva durante os exorcismos. Pode ser que um exorcista se sinta até autorizado a tocar algumas partes dolorosas da vítima. Por isso, aquilo que foi dito a respeito dos falsos místicos cabe também ao exorcista: "Das emoções sensíveis

---

[673] M. J. RIBET, *La mystique divine distinguée de ses contrefaçons diaboliques et des analogies humaines* [A mística divina distinguida de suas falsificações diabólicas e das analogias humanas], 3 vol., Librarie Ch. Poussielgue, Paris 1879-1883. Aqui III, "Les causes des phénomènes mystiques" [As causas dos fenômenos místicos], 497.

da piedade se passa às impressões sexuais; o exorcista pode achar-se livre das precauções comuns a todos os cristãos e, por isso, não se detém às regras dos limites e do bom senso, da experiência e da autoridade"[674]. Não é inútil recordar aqui a advertência do Pontifical aos futuros exorcistas "expulsando o Demônio do corpo de outros, vigie com zelo para expulsar toda a impureza e toda malícia do seu espírito e do seu corpo, para não sucumbir ao poder daqueles que você expulsa com o poder de seu ministério". E permanece sempre válida a observação do ritual antigo de deixar-se ajudar e acompanhar por pessoas honestas quando se trata de exorcizar mulheres, e de "guardar-se de dizer ou fazer alguma coisa que possa ser para si e para outros uma ocasião de pensamentos impuros"[675].

Outra porta pela qual a depravação moral pode insinuar-se é aquela do dinheiro. Em poucas palavras, ditas com clareza e sem rodeios, o exorcista quando lida com casos de pessoas que sofrem muito e estão até desesperadas e dispostas a tudo para sair do mal em que se encontram, corre o risco de comportar-se como um curandeiro que recebe pelo trabalho realizado. Mesmo sendo uma oferta livre, não diminui em nada a gravidade da situação. É uma idiotice, pois como se sabe, pode render mais que uma tarifa fixa. Portanto, com exceção das ofertas de missa e outros gastos necessários envolvidos no caso, o exorcista deve, com firmeza e sem vacilar, desencorajar as pessoas que insistem em dar-lhe dinheiro entregando-lhe nas mãos ou depositando em uma caixa deixada na sala das bênçãos. Deve-se aconselhá-las a depositar a oferta na Igreja, sem que ninguém veja ou precise ficar sabendo.

O modo como o exorcista faz a direção espiritual deve desencorajar as pessoas a criarem um culto de sua personalidade. Ele deve manter um certo recolhimento, evitando qualquer tipo de dispersão espiritual. Não raramente os exorcistas esquecem da oração pessoal, porque boa parte do dia ele passa orando pelos outros. Mas, isso não basta. O Exorcista por causa de seu contato com o tenebroso, como dito acima, precisa de um respiro contemplativo, de fixar seus olhos em Deus e agradecê-l'O. Por outro lado, ele deve reconhecer sua própria fragilidade recordando-se de que expulsar demônios não é sinônimo de santidade: "Naquele dia, muitos vão me dizer: 'Senhor, Senhor, não foi em teu nome que profetizamos? Não foi em teu nome que expulsamos demônios? E não foi em teu nome que fizemos muitos milagres?' Então, eu

---

[674] Ibid., 170-171.
[675] *Rituale Romanum*, X, 1, 19.

lhes declararei: 'Jamais vos conheci. Afastai-vos de mim, vós que praticais a iniquidade'." (*Mt* 7,22-23).

B) A atitude da vítima

O grande risco da parte da vítima consiste em focalizar sua atenção não em Deus e na própria conversão, mas em liberar o mal que sente em si. Ela, a vítima, não se preocupa com o relacionamento com Deus em si, mas na sua cura imediata. Isso mostra uma mentalidade mágica do exorcismo que começa a surgir ou já está consolidada em sua personalidade. Tal mentalidade está em sintonia com a nossa era tecnológica e cria, então, uma engenharia ou técnica de ordem espiritual. "Não se tem insistido o suficiente sobre o fato de que a técnica evoluiu sobre dois binários distintos. Existe a técnica concreta do *homo faber* à qual estamos todos habituados. (...) Existe também a técnica de ordem mais ou menos espiritual que chamamos magia. Pode parecer contestável, mas a magia é uma técnica no sentido estreito da palavra. (...) Esta é uma mediação entre o homem e as 'potências superiores', assim como as outras técnicas fazem uma mediação entre o homem e a matéria. Ela torna-se eficaz porque subordina as potências dos deuses aos homens e garante um resultado predeterminado"[676]. Aplicada ao nosso campo atual de estudo, tal mentalidade reforça essa ideia mágica seja na pessoa do exorcista ou no uso dos sacramentais. Por isso, faça-se uma pesquisa apurada e transparente, sem concluí-la, não do sacerdote enquanto tal, ou seja, do ministro institucionalmente portador dos meios da redenção e da libertação, mas sim do exorcista poderoso, do padre curandeiro tido como santo benzedor, do padre possivelmente sensitivo ou sustentado por um outro sensitivo ou 'vidente', que é capaz de ler fotografias (talvez até mesmo com um pêndulo), de perceber a presença de eventuais malefícios[677], e também de sentir no próprio corpo determinadas

---

[676] J. ELLUL, *The technological society* [A sociedade tecnológica], Vintage Books, New York, 1984, p.24.

[677] O malefício é o mal que é feito por uma pessoa que recorre a uma intervenção diabólica, é a arte de prejudicar os outros com a intervenção do demônio; a sua existência deriva da convicção de que, se se pode pagar um ser humano para fazer o mal ou, mesmo, para assassinar alguém, não se vê por que não se possa recorrer eficazmente ao demônio para infligir o mesmo mal. A realização concreta do malefício vem mediante o chamado feitiço: "com este termo se entende o modo com o qual o objeto fica carregado do poder de fazer o mal. [...] Há verdadeiros 'ritos', isto é, algo como as liturgias que se celebram nas nossas igrejas, mas ao contrário: ao invés de adorar e suplicar o Senhor Deus, adoram-se e invocam-se os espíritos do mal" (R. SALVUCCI, op.cit., 103). É convicção da maior parte dos exorcistas que o demônio tenha a sua pseudo-igreja, os seus sacerdotes, os seus ritos, os seus pseudo-sacramentos, entre os quais se encontrariam exatamente os malefícios, veículos ou sinais eficazes de uma ação maléfica. Quanto ao mau-olhado, ou seja, provocar o mal mediante o olhar, o Padre Salvucci sempre reporta uma opinião do Padre La Grua a favor de sua existência, no sentido "de pessoas que são portadoras de negatividade. Poderiam até sabê-lo, mas, na maioria das

reações ou sensações e passá-las aos outros. Além disso, cria-se uma verdadeira e própria dependência na relação com a vítima, a ponto de precisar estar com ele mais vezes durante a semana talvez somente para buscar mais água benta, sal ou para benzer óleo.

Como já foi acenado, a oração torna-se instrumentalizada exclusivamente para a solução do próprio problema, ora, "a partir do momento em que a oração é usada como uma taxa a ser paga para liberar-se do maligno, para depois voltar a viver como antes, será difícil uma mudança de vida"[678]. Padre Salvucci compara o exorcismo sem a vida sobrenatural como o digestivo amargo que, tomado em jejum, causa dor de estômago[679]. Em um contexto parecido, é desaconselhado a recitação pessoal do exorcismo de Leão XIII, o qual, com suas numerosas injunções contra Satanás, corre-se o risco de criar um monoideísmo (ele seria tão forte como Deus).

Como se sabe, a mentalidade mágica não confia nas moções interiores como nos casos das relações de amizade; típico da magia é o uso mais ou menos sistemático de gestos e ritos exteriores: procura-se o truque ou o caminho mais curto, que permitirá que de resolva o problema sem a fadiga da luta espiritual, sem a perseverança no caminho de fé, de conversão e de obras

---

vezes, nem se dão conta de serem assim. De fato, descarregam presenças más e de perturbação sobre as pessoas que encontram. Não sobre todas, mas sobre aquelas que, por sensibilidade ou fraqueza psíquica, são receptivas".

Sobre estas causas ou eventuais cumplicidades humanas na ação maléfica, a Sagrada Escritura denuncia repetidamente a ação dos feiticeiros (cf. *Ap* 21,8;22,15) e dos bruxos (*Gl* 5,19-21). Por isso, o Catecismo da Igreja declara: "As práticas de magia e de bruxaria são tanto mais condenáveis quando acompanhadas da intenção de prejudicar os outros ou quando nelas se recorre à intervenção do demônio" (n. 2117). Todavia, o Catecismo não se pronuncia sobre a eficácia dos malefícios, amatori, venefícios, diabólicos ou de amarração que sejam, e pelos quais certa gente está pronta a pagar grandes somas, das quais, se se trata de feitiços para a morte de alguém, uma metade se paga logo, e a outra, tendo ocorrido a morte. O novo ritual, referindo-se àqueles que pensam ser objeto de malefício, fala explicitamente de "credulidade" [*Rituale Romanum* (ex decreto sacrosancti oecumenici concilii Vaticani II instauratum auctoritate Ioannis Pauli II pp.Promulgatum [Ritual Romano, restaurado por decreto do Sagrado Concílio Ecumênico do Vaticano II e promulgado pela autoridade do Papa João Paulo II]) de exorcismis et supplicationibus quibusdam [sobre os exorcismos e algumas invocações], Typis Vaticanis, 1998, n. 15] e desaconselha de conceder a bênção; tomada de posição, esta, que se afasta manifestamente dos rituais precedentes e das declarações mais possibilistas de certos organismos eclesiais sobre a eficácia real do malefício, como a da Conferência Episcopal Toscana: "em práticas desse gênero não se pode excluir alguma participação do gesto maléfico no mundo demoníaco e vice-versa" (Nota pastoral de abril de 1994).

[678] R. SALVUCCI, *op.cit.*, p.255.

[679] Cf. R. SALVUCCI, *Le potenze malefiche* [As potências maléficas], Shalom, Camerata Picena 1998, p.138-139.

boas"⁶⁸⁰, acompanhadas da vida sacramental. Se um sacerdote alimenta essa mentalidade, motivará muitos a recorrerem à magia.

Portanto, disciplina espiritual: esse é o único caminho percorrível. Por exemplo, Jesus libera a filha de uma senhora siro-fenícia⁶⁸¹, em resposta à sua fé, e o apóstolo Pedro, por sua vez, dá essa recomendação: "Sede sóbrios e vigiai. Vosso adversário, o demônio, anda ao redor de vós como o leão que ruge, buscando a quem devorar. Resisti-lhe fortes na fé" (*1Pd* 5,8-9).

Nas *Introduções* do novo ritual pode-se ler: "a Igreja, forte na fé, continua a resistir ao demônio rezando para que seus filhos estejam firmes na tribulação. Os fiéis mantenham-se frequentes na celebração da penitência, buscando as forças para alcançar a plena liberdade dos filhos de Deus"⁶⁸². Não é por nada que o Padre Amorth especifica que no processo de libertação, 10 por cento do resultado pertencem ao exorcista e o resto ao caminho de fé da pessoa ajudada⁶⁸³.

É inútil dizer o quanto a mentalidade mágica favorece e aumenta a tentação ao desespero, quando a libertação tarda ou não chega. "O maior esforço, ao lidar com esses sofredores é fazê-los compreender que a solução para o seu mal é muito mais complexa e racional do que pensam"⁶⁸⁴. Padre Salvucci comenta em uma anotação pessoal: "No início do meu ministério pedi com insistência ao Senhor para dar-me o poder sobrenatural de liberar rapidamente e totalmente as pessoas possuídas por Satanás. Agora, olhando para trás, e olhando o grande número de pessoas que lentamente fizeram seu caminho de fé de forma rica e profunda, entendo porque o Senhor não atendeu o meu repetido pedido"⁶⁸⁵.

---

⁶⁸⁰"As boas obras e os atos virtuosos agravam e afligem toda espécie de demônios e toda força adversária" (ORÍGENES, *In Librum Jesu*, hom. 24,1 [homilia *sobre o livro de Josué*]; Migne 12,940; citado in M. LA GRUA, *La preghiera di liberazione* [cf. Nota 1] Herbita editrice, Palermo 1985, p.39).

⁶⁸¹"Então, disse-lhe: 'Por esta tua palavra, vai, o demônio saiu da tua filha'" (*Mc* 8,29).

⁶⁸²N. 9. Esta última admoestação deve ser, obviamente, acolhida e aplicada com prudência pastoral: "Alguns exorcistas não praticam esta bênção se o que a solicita antes não se confessa. De *per si* é uma coisa justa, porque a eficácia do exorcismo se reduz muitíssimo se quem o recebe não está em paz com Deus. Creio, porém, que seja prudente respeitar os tempos. Vêm a nós pessoas que chegam de lugares muito afastados: impondo logo a confissão como condição indispensável, corre-se o risco de que a pessoa aceite confessar-se logo, mas sem ser sincera na acusação dos pecados e, sobretudo, na disposição de mudar de vida" (R. SALVUCCI, *Indicazioni*...[cf. nota 9], p.236).

⁶⁸³Cf. G. AMORTH, *Un esorcista racconta* [Um exorcista relata], Dehoniane, Roma 1992, p.102.

⁶⁸⁴G. CAPRA, "Esorcista a Torino" [Exorcista em Turim], in *Mra. Dossier Gris*, Presenza Cristiana, luglio 1995.

⁶⁸⁵R. SALVUCCI, *Indicazioni*...[cf. Nota 9], p.183-184.

Tal caminho (exorcismo) pressupõe, da parte do sacerdote, um acompanhamento espiritual e uma catequese contínua fundada na Sagrada Escritura sobre a atitude quase ambivalente de Deus no confronto com o Mal e o Maligno.

De uma parte, os escritos vétero-testamentários pertencem ainda a um estágio onde tudo é atribuído a uma causa primeira (Deus). Sem isso, as criaturas, causa segunda, não têm autonomia (as criaturas racionais, humanas ou angélicas, boas ou más que sejam). Como se fosse enfim, Deus, o responsável por tudo, até pelo mal, e como se a ação de todos os espíritos, bons e maus, viesse de Deus, e que, através deles, manifesta seus desígnios de salvação ou leva os adversários à ruína. Por exemplo, "O espírito do Senhor foi retirado de Saul e ele foi tomado de um espírito mau, da parte do Senhor" (*1Sm* 16,14). O mesmo Satanás está inicialmente colocado na corte celeste, na presença de Deus. "Na linguagem hebraica, *Satan*, se usa, sobretudo, em referência aos processos jurídicos, onde *Satan* é o inimigo que acusa o culpado diante do tribunal. Na dimensão celeste, assume uma coloração religiosa, indicando uma posição, que na corte de Deus assume uma função de acusador judicial. (...) Em *Zacarias* 3,1-5, Satanás se apresenta como o acusador público, não por maldade ou engano, mas para fazer prevalecer a justiça da graça divina. Na descrição do episódio ele vem descrito como um ser pessoal e livre, mesmo que seu nome seja precedido do artigo: (O) Satanás! (...) Em *Jó 1,6-12*; *2,1-7*, Satanás aparece na função não somente de um acusador ou de alguém que mostra a Deus as ações humanas, mas também na função de alguém que coloca à prova, para verificar a autenticidade da bondade de *Jó*. Assim, ele assume o papel de *tentador,* se bem que sempre na dependência de JHWH, porque ele precisa da autorização divina para fazer algo contra *Jó*. (...) Essas representações (...) são o fundamento dos aspectos negativos que se criaram em torno da figura de Satanás"[686]. Só no Apocalipse, os Anjos caídos *e* contrários a Deus são finalmente expulsos do Céu: "Houve uma batalha no céu. Miguel e seus anjos tiveram de combater o Dragão. O Dragão e seus anjos travaram combate, mas não prevaleceram. E já não houve lugar no céu para eles. Foi então precipitado o grande Dragão, a primitiva Serpente, chamado Demônio e Satanás, o sedutor do mundo inteiro. Foi precipitado na terra, e com ele os seus anjos" (*Ap* 12,7-9).

---

[686] R. LAVATORI, *Satana. Un caso serio* [Satanás. Um caso sério] , Edizione Dehoniane, Bologna 1994, 62-63.

Este modo de ver a situação sofrerá profundas mudanças quando entrarem em jogo, de maneira mais enfática, a responsabilidade e a liberdade destas criaturas racionais. Isso comporta a vantagem de evidenciar uma verdade profunda e rica de significado espiritual pelo ministério do exorcista e pelas vítimas das ações diabólicas, ou seja, tais ações com seus fenômenos suspeitos que as acompanham, não escapam de maneira nenhuma à Providência Divina, no sentido de que o demônio pode fazer apenas, e exclusivamente, aquilo que Deus lhe permite fazer, e nada mais que isso. E sempre em vista de um bem e, claro de um bem maior em relação ao que ficou comprometido devido à intervenção do espírito maligno.

Também nos casos dos falsos profetas: "a *Bíblia* não cessa de recordar que as sugestões perniciosas (do Maligno) não são um sinal de que Deus abandona a sua criatura, mas que põe à prova a sua fidelidade, e os teóricos cristãos aprenderão essa lição a partir do discernimento dos espíritos"[687]. A permissão divina não corresponde "de modo algum a uma submissão da transcendência às forças do Mal"[688], porque o demônio já foi vencido pelo Filho de Deus e expulso do Céu. Contrário à visão maniqueísta, o demônio não vem aqui apresentado como o deus do mal que tenha o poder de dominar o ser humano, a não ser que este lhe abra a porta voluntariamente.

Por outro lado, veja aqui o outro aspecto da atitude de Deus frente ao Mal no Antigo Testamento. Parece seguro que o episódio dos Anjos caídos sirva, às vezes, para afirmar a Inocência do Criador no confronto com o Mal: "Está em *1Cr* 21,1 onde Satanás (sem o artigo definido) força Davi a contar (recenseamento) o povo de Israel. Também neste caso não se sabe bem se é um Anjo enviado por Deus ou propriamente o diabo, o inimigo do homem. Paralelo a este texto, um mais antigo (*2Sm* 24,1), a figura de Satanás é substituída pela ira de Deus. Isso nos faz entender que nos tempos das Crônicas se buscava salvaguardar a ideia de Deus evitando qualquer contaminação com o Mal. Por isso, evita-se aplicar a Deus o conceito de ira e de atribuir a Ele qualquer origem de males contra o homem. Daí a presença de Satanás como o anjo causador do mal. Torna-se fácil, então, relacionar Satanás com tudo que é mal e contrário ao homem"[689].

A mesma ideia se encontra no livro de *Jó*, onde Satanás tenta o justo: trata-se também de uma manobra provavelmente usada para desviar qualquer

---

[687] *Dictionnaire de spiritualité*, vocábulo "*discernement des esprits*" [cf. nota 2], col. 1225.

[688] R. LAVATORI, op.cit., 80.

[689] Ibid., p.64.

envolvimento de Deus com o Mal, que não depende Dele e implica sempre uma mediação, seja humana ou angélica. Também a morte entra no mundo por esta porta: "Ora, Deus criou o homem para a imortalidade, e o fez à imagem de sua própria natureza. É por inveja do demônio que a morte entrou no mundo, e os que pertencem ao demônio prová-la-ão" (*Sb* 2,23-24).

Aqui estão, pois, as conclusões que podemos tirar da atitude aparentemente ambivalente de Deus no confronto com o Mal, e que podem ser um conforto às vítimas da ação diabólica: não se pode culpar Deus por nenhum mal, e nada passa despercebido aos olhos de Deus. Do mal se pode conseguir um bem maior.

2. A atitude da Igreja universal e local

Os apontamentos que seguem têm por objetivo evidenciar a discrepância entre a prática do ministério do exorcista e o ensinamento oficial da Igreja.

A) A revelação, o magistério eclesial e o ministério do exorcista.

As pessoas que recorrem à Igreja porque se creem vítimas de alguma ação maléfica, encontram um clero totalmente desprovido e até incrédulo, irônico, que leva tudo para a patologia, autossugestão, fantasias ou superstições. Um ou outro se limita a perguntar ao bispo ou a sacerdotes mais "abertos" ou mais "entendidos". Em todo caso, esquece-se com muita facilidade de fazer alguma coisa para ajudar efetivamente essas pessoas sofredoras e até desesperadas do mal concreto ou presumido que as invade. Necessitam, pois, serem escutadas e acolhidas. Sobretudo aquelas pessoas que se encontram em um momento crítico ou delicado da vida. Elas poderiam até aproximar-se da fé, caso a tenham, ou, se não forem orientadas, podem perdê-la de uma vez. Sabe-se, por experiência, que por causa do desinteresse do clero por esses casos, mais de doze milhões de italianos vão por ano consultar curandeiros.

Tudo isso acontece, como dito acima, apesar dos claros ensinamentos tanto da Revelação como do magistério eclesial.

Não se pode negar que a existência do Demônio e sua ação, espiritual ou maléfica, constitui o pressuposto insubstituível para uma plena compreensão da obra salvífica de Deus e, em particular de Jesus Cristo e da Igreja: "Eis por que o Filho de Deus se manifestou: para destruir as obras do diabo" (*1Jo* 3,8)[690], "a fim de destruir, mediante a morte, aquele que tinha o império da morte, isto é, o diabo" (*Hb* 2,14). O fato de estes textos referirem-se, sobretudo,

---

[690] Esta afirmação está quase que idêntica em um documento conciliar: "Mas Deus enviou ao mundo seu Filho, com o fim de subtrair os homens ao poder das trevas e do demônio" (*Ad Gentes* I,3).

à realidade do pecado e por isso à salvação das almas, não exclui em nada o aspecto da luta contra todo tipo de poder diabólico a qual o próprio Salvador confere uma atenção especial. Realmente, "no deserto Jesus começou sua luta contra Satanás e manteve-se nela por toda a vida. Uma atividade típica sua, era propriamente, a de exorcista"[691]. Ao contrário dos outros milagres, Jesus queria que os exorcismos fossem percebidos. Por isso, enquanto curava um surdo-mudo "Jesus levando-o para longe da multidão" (*Mc* 7,33), ao invez, ameaça um espírito mudo e surdo "vendo Jesus que o povo afluía" (*Mc* 9,25). E enquanto recomendava ao leproso curado: "não o digas a ninguém" (*Mc* 1,44), comporta-se de maneira totalmente oposta ao confrontar-se com o endemoniado de Gerasa: "Jesus não o admitiu, mas disse-lhe: Vai para casa, para junto dos teus e anuncia-lhes tudo o que o Senhor fez por ti, e como se compadeceu de ti. Foi-se ele e começou a publicar, na Decápole, tudo o que Jesus lhe havia feito. E todos se admiravam" (*Mc* 5,19-20).

Talvez mais do que as curas, sejam as libertações que impressionaram os contemporâneos de Jesus: "pois com autoridade ordena aos espíritos imundos, e eles lhe obedecem" (*Mc* 1,27); e quando os adversários de Jesus não negam a autenticidade dos seus milagres, eles contestam então a dos seus exorcismos "Ele tem Belzebu, é pelo príncipe dos demônios que expulsa os demônios" (*Mc* 3,22). O próprio Jesus insiste em mostrar seu poder de expulsar os demônios como um sinal messiânico: "Mas, se eu expulso os demônios pelo Espírito de Deus, logo é chegado a vós o Reino de Deus (*Mt* 12, 28). E Pedro, ao descrever o que o Mestre fez ao centurião Cornélio, limita-se a dizer que "andou fazendo bem, e curando a todos os oprimidos do diabo, porque Deus era com ele" (*At* 10,38). Além disso, a primeira missão que Jesus confere aos apóstolos, depois da pregação, é bem aquela de expulsar os demônios imundos: "Designou doze dentre eles para ficar em sua companhia. Ele os enviaria a pregar, com o poder de expulsar os demônios" (*Mc* 3,14-15)[692].

Partindo destes pressupostos bíblicos e magisteriais, percebe-se nitidamente que o peso que a Revelação dá ao papel do demônio na origem de certos males tanto na luta contra ele como no uso do ministério da libertação, não encontra um respaldo proporcional na prática pastoral hodierna. O Papa Paulo VI, em sua famosa audiência geral de 15 de novembro de 1972, dizia que este apelo não foi sequer acolhido: "Quais são as maiores necessidades

---

[691] JOÃO PAULO II, catequese de 3 de junho de 1998.

[692] "Chamou a si os doze discípulos, deu-lhes o poder de expulsar os espíritos imundos e de curar toda sorte de doenças e enfermidades" (*Mt* 10,1).

da Igreja hoje? Não acolham a nossa resposta como superficial ou até supersticiosa ou irreal: umas das necessidades maiores é a defesa daquele mal que chamamos de demônio". Esta afirmação soa como um apelo urgente, antes de tudo um sério exame de consciência, e, depois a realização de uma ação concreta. O clero é chamado a superar uma interpretação reducionista, espiritualista, intelectualista, racional ou sócio-política que seja da Palavra de Deus que proclama: "Exercei o juízo e a justiça, e livrai o espoliado da mão do opressor" (Jr 22,3); aqui se esquece com facilidade que à luz da Revelação, o primeiro dos opressores, em todos os casos, é o demônio.

Se nos dias atuais os exorcismos de um possuído se arrastam por anos, o problema está na apostasia e na paganização, como era nas nações de antiga cristandade. Em todo o caso, deve-se levantar a questão se o problema não vem do fato de o exorcista estar sozinho nesta luta, deixado de lado pelo clero que não acredita mais no demônio e nem menos na sua ação extraordinária sobre as pessoas. Por outro lado, não se poderia explicar como, no passado, bastava um exorcismo para libertar um possuído: "realmente, não é possível, mesmo que o demônio seja selvagem e feroz, que depois daquelas palavras terríveis e da invocação do Senhor de todas as coisas, ele, o demônio, não vá embora com toda a pressa"[693].

Pretendemos, agora, formular algumas propostas que favoreçam uma atitude mais conforme ao ensinamento bíblico e magisterial, e mais responsável frente a este problema, mas que é também, importante sublinhar, uma oportunidade pastoral preciosa para aproximar ou reaproximar tanta gente que espera uma resposta urgente seja das dioceses, seja de cada sacerdote.

B) A aplicação concreta do ensinamento eclesial

A primeira vista, pareceria que a resposta a dar seria aquela de nomear exorcistas em todas as dioceses, o que já aconteceu em algumas, para talvez acabar com o preocupante fenômeno dos exorcistas improvisados, dos "deixa que eu faço", que trabalham na surdina, sem autorização do bispo. Este tipo de coisa é deplorável, não só pelo fato da ausência do espírito eclesial e da obediência, mas também pela falta de responsabilidade de alguém que pretende enfrentar um adversário assim terrível como o demônio, sem ter as costas apoiadas pelo apoio e pela oração da Igreja. É importante refletir que a ação destes pseudoexorcistas cause grande confusão e traga resultados aparentes e

---

[693] JOÃO CRISOSTOMO, *Le catechesi battesimali* [As catequeses batismais], Città Nuova, coleção Testi Patristici, Roma 1982, p.117.

passageiros como aquele dos curandeiros, que o Adversário tolera o quanto lhe agrade.

Por segurança, um olhar na realidade concreta nos ajuda a ter uma visão mais articulada da situação: a presença de um ponto de referência nas dioceses para o ministério da libertação é indispensável, levando em conta, porém, o contexto e o modo de sua prática, considerando as diferenças diversas quando na diocese há um exorcista nomeado.

Atualmente, na verdade, os exorcistas encarregados são bem "desencarregados", encontram-se sós, em um modo inadequado, a enfrentarem tais situações. Há uma maré infindável de pedidos: para ser bem preciso 500.000 apenas na Itália, segundo uma pesquisa da *Associação italiana dos psiquiatras católicos* feita no ano 2000. E, lastimavelmente, é verdade que os males de origem preternaturais são mais difundidos do que se creia. É também verdade que muitas pessoas acometidas nem se dão conta desta origem, e não recorrem à bênção. Segundo um famoso exorcista: "a maior parte das pessoas que buscam libertação são afetadas de distúrbios neuropsíquicos"[694]. Na prática, isso significa que o exorcista acaba dedicando boa parte do seu tempo e da sua energia com aqueles que não têm necessidade de bênçãos, descuidando daqueles que estão realmente doentes. Se o exorcista não tem a possibilidade de realizar o indispensável discernimento e nem menos o lento e exigente trabalho de formação e acompanhamento espiritual, encontra-se forçado a abençoar a todos, mesmo aqueles com problemas psíquicos ou espirituais como analisamos acima.

Esta situação exige, pois, uma postura pastoral que vai além da nomeação de exorcistas oficiais e, sobretudo, que suscite no colégio presbiteral responsabilidade e sensibilidade, de modo que a problemática ligada ao preternatural não seja mais considerada como fato excepcional reservada a poucos especialistas, mas como componente normal do ministério sacerdotal, dentro do qual todo sacerdote esteja munido de recursos. De forma mais precisa, o clero como um todo é chamado a desenvolver, no confronto com estes casos, um trabalho de auxílio filtrante para ajudar o exorcista oficial a encontrar a justa medida na execução de seu ofício e de ajudá-lo a descobrir suas potencialidades. Um trabalho de discernimento entre a escuta dos fatos e sua veracidade, de discernimento espiritual e de introdução aos sacramentos[695]. E, eventualmente, culminando nas orações e bênçãos com objetivo de libertação.

---

[694] M. LA GRUA, op.cit., p.70.

[695] Às vezes, para eliminar alguns fenômenos, como os rumores e as vozes, basta uma simples

A propósito, o novo Ritual de bênçãos[696] traz um excelente subsídio onde apresenta a diferença entre simples oração de libertação e exorcismo, para os casos mais graves de obsessão ou possessão, reservados, pois, a sacerdotes autorizados[697]. No primeiro caso, não de dirige diretamente ao demônio para dar-lhe ordens, mas a Deus para que Ele constrinja o espírito maligno para sair. O exorcismo, por sua vez, distingue-se não só pelo recurso à forma imperativa, mas por sua validade eclesial: "quando a Igreja pede publicamente e com autoridade em nome de Jesus Cristo, que uma pessoa ou um objeto seja protegido da influência do Maligno e libertado de seu domínio, fala-se de *exorcismo*"[698]. O Ritual recorda no n. 11 que o exorcismo maior "é uma celebração litúrgica".

Ideal seria que cada diocese instituísse um pequeno grupo de sacerdotes qualificados para se ajudarem mutuamente no ministério da libertação, como sugere o novo Ritual, de "médicos e psiquiatras que tenham o senso pelas coisas espirituais"[699]. Mais ideal ainda seria, como ponto de referência, que tais práticas não sejam *ad usum fidelium,* mas *ad usum episcopi et presbyterorum,* ou seja, não acessível a todos, mas destinado a resolver problemas específicos: examinar e confrontar somente os casos apresentados pelo bispo ou pelos sacerdotes da diocese, encorajar os padres individualmente e também os párocos os quais têm dificuldade em acolher os pedidos de oração dirigidos a eles, acompanhando-os nas suas primeiras experiências. Aumentar a sensibilidade do seminarista e do religioso em relação ao ministério da libertação, através de uma formação que não se resuma em uma palestra, mas sim em um estudo da demonologia mais aprofundada, uma ampla casuística.

Em uma última análise, seja dito que a participação ativa e mútua neste tipo de ministério pode beneficiar, sobretudo o próprio clero, não somente no senso de um simples incitamento à vida intensa de oração, mas também no

---

confissão, precedida por um aprofundado exame de consciência que leve a descobrir eventuais situações de pecado, com particular atenção para os abortos, rancores ou práticas ocultas nunca antes confessadas.

[696] Conferência Episcopal Italiana, *Benedizionale* [Ritual de Bênçãos], LEV, Roma, 1992.

[697] Deve ficar claro que aos sacerdotes não autorizados e "aos fiéis não é lícito utilizar a fórmula de exorcismo contra Satanás e os anjos rebeldes, extraída da que foi publicada por ordem do sumo pontífice Leão XIII, e muito menos é lícito usar o texto integral desse exorcismo" (Congregação para a Doutrina da Fé, *Norma sobre os exorcismos*, de 29 de setembro de 1985).

[698] Catecismo da Igreja Católica, n. 1673.

[699] N. 17. É decididamente fundamental esta referência ao sentido das coisas espirituais nos especialistas envolvidos. Muito frequentemente, de fato, predomina o mencionado preconceito psicologizante, com o risco de se confiar a ele seja a primeira, seja a última palavra.

senso de um sacerdócio vivido mais plenamente: recuperar a imagem do sacerdote que abençoa comporta, na verdade, que se viva e se transmita uma fé mais concreta, menos intelectualista, inspirando-se na Revelação que ocorre *"gestis verbisque"*[700], ou seja, feita não unicamente de palavras, mas de ações divinas, onde as mesmas palavras, tendo sido pronunciadas por Deus ou em seu nome, ganham um valor cognitivo, formativo ou informativo, uma força operativa e eficiente. Nesta luz, o sacerdote encontra-se em condições de receber, como disse São Paulo, e de aplicar na própria vida: "A minha palavra e a minha pregação longe estavam da eloquência persuasiva da sabedoria; eram, antes, uma demonstração do Espírito e do poder divino, para que vossa fé não se baseasse na sabedoria dos homens, mas no poder de Deus" (*1Cor* 2, 4-5).

---

[700] *Dei Verbum*, n. 2.

ALGUNS CRITÉRIOS DE DISCERNIMENTO DAS SITUAÇÕES EM QUE AS PESSOAS PROCURAM ENCONTRAR UM EXORCISTA[701]

Pe. Alessandro Olivieri Pennesi
Diocese de Roma, Conselheiro da AIE, Conselheiro do GRIS e
Sócio da ACT (Association of Christian Therapists)

Essa comunicação se propõe oferecer, particularmente aos sacerdotes, alguns critérios úteis para avaliar os casos apresentados pelos fiéis e compreender se os sintomas ou sinais que descrevem, ou por vezes apresentam claramente, necessitam da intervenção do exorcista.

A disponibilidade do sacerdote para escutar, nos momentos de dificuldade da vida de quem pede ajuda, é uma preciosa ocasião para alimentar a fé dos próximos e sustentar a dos afastados, favorecendo em todos a prática dos sacramentos e a participação na vida da comunidade.

Para os fiéis que procuram a Igreja, persuadidos de não conseguirem, de outro modo, enfrentar as dificuldades sem recorrer ao exorcista, é necessário um sério discernimento espiritual da parte do padre responsável pela pastoral; se ele suspeitar que haja real necessidade da intervenção de um exorcista, ele mesmo fará o contato e lhe apresentará o caso, encaminhando-lhe a pessoa em questão.

Se o Exorcista, após atento exame, chegar à certeza moral da origem diabólica do caso em questão, a Igreja tem o dever de intervir mediante o sacramental do exorcismo. Esse ato é sinal de caridade para com aquela parte do povo de Deus que vive esse singular e dramático sofrimento provocado pelo Maligno e que é indicado como extraordinário, uma vez que chega a produzir na pessoa estados de alma ou fenômenos que, embora apresentando por vezes sintomatologias semelhantes a algumas patologias, não podem ser tidos como sendo tais, ou não são simplesmente explicáveis pelo recurso à ciência médica. Na presente comunicação queremos, portanto, ater-nos a essa particular ação do mundo demoníaco, que se manifesta nos fenômenos diabólicos extraordinários da possessão, da obsessão, da vexação e da infestação.

---

[701] *Alcuni criteri di discernimento delle situazioni per le quali le persone chiedono di incontrare un exorcista*, Congresso da AIE 2013. Trad. do italiano: Irmã Clea Fuck.

Tal ação tem como meta turvar a fé em Deus a ponto de refutá-lo. Nos casos mais agudos pode levar ao desespero e, mesmo, a atentar contra a própria vida. Essa situação pode acontecer:

– por uma particular permissão de Deus (como com alguns santos);

– por responsabilidade objetiva da pessoa, que foi imprudente ou buscou de fato o favor do príncipe das trevas;

– por intervenção de terceiros.

No último caso, trata-se de vítimas inocentes que, por permissão de Deus, ficaram sujeitas a uma influência extraordinária do demônio por causa de um malefício, o qual pode, de fato, como o confirma a experiência, atingir pessoas que vivem em estado de pecado ou, por vezes também, pessoas moralmente sãs, retas e espiritualmente empenhadas.

O DISCERNIMENTO ESPIRITUAL

Como primeira coisa a fazer, o discernimento espiritual busca apurar a possibilidade de uma ação extraordinária do demônio na pessoa que se apresenta em busca de ajuda. Esse discernimento não é uma técnica e não procura conseguir o resultado de uma cuidadosa pesquisa clínica; embora ele busque, com prudente caridade, adquirir um conhecimento seguro da pessoa em questão, o discernimento espiritual é sobretudo um dom do Espírito Santo, que se deve pedir com humildade e insistência, como sendo necessário para servir aos fiéis. Antes de examinar os fenômenos, tanto espirituais quanto físicos, que levam a pessoa a procurar o sacerdote, deve-se tomar em consideração a *condição espiritual* da pessoa.

Portanto, antes de tomar em consideração esses fenômenos internos ou externos, ligados a pessoas, lugares ou circunstâncias, e que podem facilmente induzir em erro, é importante que as pessoas que pedem ajuda sejam prudente e atentamente examinadas quanto ao seu estilo de vida cristã, não se deixando de verificar os motivos que poderiam justificar uma ação extraordinária do Maligno.

O colóquio dará ao sacerdote a ocasião de uma importante catequese, com o objetivo de sublinhar a vitória definitiva do Senhor sobre o mal e a morte, embora a pessoa tenha ainda que travar uma luta tenaz; por outro lado, será ocasião para corrigir, nas situações analisadas, quaisquer desvios em virtude do desconhecimento dos conteúdos da fé; enfim, e, sobretudo, dará ocasião para intervir, se for constatada a existência de comportamentos e frequentações que, por sua natureza, constituem uma relação direta com o mal e com aquele que obscuramente o instiga.

O pastor poderá ainda exortar à confiança e oração, à prática dos sacramentos e sacramentais, bem como àquelas devoções das quais a experiência do povo cristão reconhece a eficácia para enfrentar o Maligno e a confirmação no caminho do bem. Somente depois desse fundamental discernimento podem-se examinar os eventuais fenômenos que acompanham e influenciam a vida inteira da pessoa atormentada pelo Maligno.

O DISCERNIMENTO DA NATUREZA DOS FENÔMENOS

Esse discernimento, quanto possível, e quando necessário, deve recorrer também aos meios oferecidos pelas ciências humanas. Por fenômenos entendem-se tanto os exteriores à pessoa quanto os interiores e espirituais, mas que exercem influência sobre a mesma.

Na verdade, trata-se de discernir a natureza dos fenômenos relatados, isto é, se, salvaguardada a boa fé de quem os relata, são assim como são percebidos e descritos, e, finalmente, concluir se há uma causa natural ou preternatural.

Por vezes, os fenômenos também podem ser verificados por terceiros, mas geralmente são experiências individuais, pelo que se exige muita atenção para constatar se são coerentes com a situação espiritual vivida pela pessoa. É preciso ter sempre presente que o demônio não pode criar do nada e, se se verificam fenômenos mesmo extraordinários, eles advêm de um uso preternatural (da parte do demônio) de coisas criadas, ou seja, no caso que tais fenômenos são percebidos somente pela pessoa em questão, de "fantasmas", isto é, por sugestão.

O DISCERNIMENTO DAS CAUSAS

A última fase do discernimento se refere à causa próxima dos fenômenos (sejam de natureza física ou espiritual). Trata-se de chegar àquilo que, com certeza ou presumivelmente, causou o mal à pessoa.

Particularmente é útil verificar se:

– houve uma participação ativa em grupos espiritísticos, a sessões espíritas ou uma simples presença aí;

– frequentou magia, cartomantes, médiuns ou exerceu tais práticas em primeira pessoa;

– fez uso de amuletos e talismãs, mormente se os recebeu de magos;

– trouxe do exterior objetos próprios da magia local, como souvenirs, ou assistiu lá a ritos da magia local;

– praticou técnicas ligadas à *New Age* ;

– se submeteu a sessões para receber os chamados fluidos para afastar os males;

– fez parte de assim chamadas "comunidades mágicas" (Damanhur...);

– frequentou movimentos religiosos chamados alternativos;

– participou de seitas, grupos ou associações em que se executam ritos esotéricos ou satânicos.

Tenha-se também presente que os pecados graves nunca confessados ou não suficientemente reparados, graves injustiças cometidas, ódios ou perdões não dados, uma vida moral abertamente desordenada, atos perversos, especialmente se atentam contra a integridade da pessoa e da vida, o prejuízo à fé dos pequenos e os pecados contra o Espírito Santo predispõem e favorecem o perdurar do influxo maléfico.

TIPOLOGIA DAS PESSOAS

A tipologia das pessoas que recorrem ao sacerdote para pedir ajuda poderia ser assim descrita:

– pessoas psiquicamente sadias, mas com distúrbios e males físicos de origem diabólica, que podem chegar a vários graus de possessão: essas só precisam do exorcista;

– pessoas com males físicos e psíquicos, cujas origens não se podem claramente distinguir; nesse caso, tanto as patologias físicas quanto as psíquicas podem ter uma causa natural ou espiritual, que se influenciam reciprocamente: essas precisam seja de um médico, seja do exorcista;

– pessoas com problemas psicológicos ou psiquiátricos, com tendência a somatizar os próprios problemas, necessitam da intervenção do psicólogo ou do psiquiatra, mas não do exorcista.

CONSULTA DE PROFISSIONAIS

A consulta de pessoas especializadas (experts) de medicina e de psiquiatria, competentes também nas realidades espirituais (*cf. Rito dos Exorcismos*) aparece como particularmente útil ao discernimento para os fenômenos em que se evidenciam manifestações que exigem um diagnóstico diferencial, como:

– as alucinações (esp. auditivas);

– a impressão de ser constantemente observado e espiado;

– as reações agressivas (esp. diante de objetos sagrados, sacramentais, e/ou durante a oração);

– as ideias de morte ou suicídio, os impulsos suicidas. Esses últimos são diferentes dos de pacientes depressivo, que são atribuíveis somente a um quadro clínico suscetível de modificação após a prescrição de adequada terapia antidepressiva.

O eventual aparente *desdobramento da personalidade* (distúrbio dissociativo) deve ser considerado com extrema cautela e não confundido com a *substituição temporária*, a qual, na possessão diabólica, apresenta a ação externa de um ser não humano (o Maligno), dotado de vontade e inteligência, que substitui temporariamente a pessoa atingida.

O Dr. Valter Cascioli, da equipe da primeira escuta e discernimento da diocese de Roma, afirma que por meio do *colóquio* e do *exame do estado psíquico*, mas principalmente vendo no seu conjunto as diversas fenomenologias (psiquiátrica e preternatural) e considerando com grande atenção as *modalidades* com que se apresentam, podem-se obter elementos para estabelecer se se trata de um distúrbio psiquiátrico ou de natureza diabólica.

Convém lembrar ainda que na possessão diabólica subsistem modalidades diversas, ou mesmo opostas às que condicionam uma atuação natural dos fenômenos. Não têm, portanto, uma explicação científica. Será então o estudo das modalidades que condicionam o manifestar-se e o repetir-se dos fenômenos que nos ajudará a chegar com suficiente aproximação à definição do caso.

Do médico especialista que colabora com o exorcista esperam-se atitudes e qualidades humanas específicas, tais como: acolhida, respeito, atenção, escuta participativa, disponibilidade humana e profissional, com atenção também às necessidades psicológicas fundamentais do paciente, empatia, intuição, mas também um conjunto de atitudes existenciais e de sentimentos que conseguem o "saber ser", isto é, da *empatia*, que consentem instaurar um relacionamento humano e terapêutico favorável. Enfim, são indispensáveis também a capacidade de observação e extrema prudência diante de uma presumida ou ventilada fenomenologia demoníaca.

O MODO DE PROCEDER

Discernimento na escuta

O primeiro discernimento começa com a escuta, ajudando as pessoas a fazerem um relato fiel e sóbrio, tanto dos motivos próximos que as levaram a pedir ajuda à Igreja, quanto do contexto em que se colocam, verificando com prudência o nível de vida cristã e, particularmente, examinando como vivem as virtudes teologais.

De fato, o Maligno, seja mediante a sua ação ordinária, seja com a extraordinária, tende a desengonçar o dom batismal. As pessoas que conseguiram progredir no caminho do espírito podem, por vezes, ser duramente provadas, mas conservam a serenidade; mesmo se nos momentos de maior provação parecem perdidas e pedem a ajuda e a proximidade da Igreja, logo recuperam a serenidade e demonstram também exteriormente um crescimento na fé, na esperança e na caridade.

Se, pois, se verificam a tristeza, a provação da fé e uma certa fadiga em viver a caridade em pessoas que tendem sinceramente a viver uma vida cristã empenhada, pode-se concluir que experimentam uma provação particular e que, na ausência de causas externas reconhecíveis, ela seja obra do Inimigo da natureza humana.

Tais pessoas, que habitualmente podem dispor do acompanhamento de um diretor espiritual antes de recorrerem ao ministério do exorcista, serão ajudadas com a serena e assídua solidariedade da comunidade orante. Na hora em que se manifestassem evidentes e violentos ataques do demônio, físicos e morais, elas serão sustentadas na luta, também com a intervenção do exorcismo.

É diferente o caso de quem vive com pouca atenção a caridade, não frequenta assiduamente os sacramentos, não pratica a oração: aí pode-se concluir que essa condição encontre a pessoa menos protegida dos ataques do diabo. Se tal pessoa se queixa de mal-estares, especialmente não reduzíveis a uma causa clínica ou física, essa situação seria coerente com uma vida espiritual medíocre ou ausente.

Em resumo, o diálogo com os fiéis busca verificar, além da veracidade dos problemas apresentados, também a plausibilidade teórica de que eles sejam produzidos pelo diabo, com base na sua história pessoal, de frequência e de práticas especificamente contrárias à fé, chegando mesmo à apostasia prática ou teórica.

De modo esquemático, é útil verificar as características dos distúrbios:
- como se manifestam;
- há quanto tempo e em que ocasião começaram;
- como se desenvolveram;
- a causa;
- os remédios usados;
- as reações, tanto interiores quanto exteriores, ao sagrado.

Discernimento na oração

Tendo ouvido a pessoa, pode-se convidá-la para a oração, mesmo silenciosa, e concluir com a bênção que pode ser tomada de uma das fórmulas de *bênção*.

É o primeiro passo para introduzir as pessoas numa devoção simples, como a recitação frequente do Pai-Nosso, do rosário cotidiano, da visita ao Santíssimo, e mesmo a consagração ao Sagrado Coração de Jesus e a Maria.

Se durante ou depois da oração se verificassem na pessoa reações externas ou sensações físicas ou emotivas ocultas, será importante dar-lhe a atenção devida. O mesmo vale no caso de a pessoa afirmar que está bem, mas sentir-se como muito cansada. Em tal caso, o sacerdote poderá consultar o exorcista para ulteriores sugestões.

Raramente pode acontecer que se esteja diante de manifestações violentas durante a primeira entrevista. Em alguns casos, a pessoa parece mudar de personalidade e experimentar um senso de grande opressão, associada à rejeição de coisas, palavras ou lugares sacros (ódio em relação a Deus, à Virgem e aos santos), até o ponto de ficar furiosa, agressiva, embora não o seja por natureza, desprendendo grande força física, com urros e cusparadas.

Em certos casos, a pessoa pode demonstrar conhecimento de coisas desconhecidas, falar línguas que não conhece ou expressar que conhece coisas referentes às pessoas presentes ou fatos que acontecem à distância. Nesses casos importa encaminhá-la ao exorcista, que é o único encarregado de fazer o discernimento final e decidir pelo rito do exorcismo, após ter chegado à certeza moral sobre o influxo extraordinário do demônio.

Acompanhamento por parte do sacerdote cura de almas

Nos casos de autêntica possessão, o exorcismo da Igreja é uma das ações espirituais fundamentais para aliviar a pessoa do próprio sofrimento e fazê-la chegar à libertação.

Importa sublinhar que geralmente não basta só um exorcismo para obter a libertação; é preciso então que os pastores ofereçam aos fiéis uma ajuda espiritual constante, em colaboração e continuidade com o ministério do exorcista.

Em primeiro lugar é preciso tranquilizar as pessoas afetadas, exortando-as a confiarem em Deus e na intercessão de Maria e dos santos. É muito importante favorecer uma inserção ativa da pessoa na comunidade, sobretudo pela participação assídua na vida litúrgica, Missa diária, rosário e adoração. As pessoas assim duramente atormentadas encontram uma grande ajuda na Comunhão e no Culto Eucarístico; é aconselhável favorecer o atendimento a essas pessoas mesmo fora dos horários normais.

Atenção especial também ao Sacramento da Confissão; as pessoas feridas pela ação do Maligno sejam exortadas à Confissão regular, com a ajuda de um bom exame de consciência, perdoando e rezando por quem lhes possa ter feito mal, especialmente se tiverem sido, ou forem, praticantes do ocultismo.

Isso é um dever de caridade cristã e um modo muito eficaz de encontrar proteção contra os efeitos de práticas ocultas que alguém possa continuar a praticar contra a pessoa. Os pastores também ensinem a invocar com fé no coração o Nome de Jesus (*At* 4,12) e de Maria, mesmo durante as ações diárias, bem como a começar o dia com a oração da manhã e um ato de oferecimento a Nossa Senhora.

A leitura e meditação da Palavra de Deus é uma excelente arma defensiva e ofensiva contra o demônio. Jesus nos dá esse exemplo nas tentações no deserto (*Lc* 4,1-13). São úteis também as orações dos salmos e as orações cristãs comuns, inspiradas na Sagrada Escritura. Podem-se aconselhar também, para uso particular dos fiéis, as orações que o novo ritual dos exorcismos traz como apêndice.

O Senhor Jesus também ensina que há uma espécie de demônios "que não se expulsam senão com a oração e o jejum" (cf. *Mt* 17,20; *Mc* 9,29). O termo 'jejum' se entende em sentido amplo, não só "alimentar", mas como prática de penitência a exercer de várias formas.

CONCLUSÃO

A fé cristã é incompatível com a superstição, a magia e o satanismo; ela é a melhor aliada do empenho razoável do ser humano.

Pode ser útil repropor as sugestões da Conferência Episcopal Italiana aos pastores de alma (*cf. Rito dos Exorcismos*):

"– orientar os fiéis, com sabedoria e prudência, a não procurar o sensacional e evitar tanto a estulta credulidade, que enxerga intervenção diabólica em qualquer anomalia e dificuldade, quanto o racionalismo preconcebido que exclui a priori qualquer forma de intervenção do Maligno no mundo;

– prevenir os fiéis contra livros, programas televisivos, informações dos meios de comunicação que, em busca de lucro, aproveitam o interesse muito difundido por fenômenos insólitos ou malsãos;

– exortar os fiéis a não procurar nunca os que praticam a magia ou se declaram detentores de poderes ocultos ou presumem ter recebido poderes particulares. Em caso de dúvida a respeito da presença de um influxo diabólico, é preciso dirigir-se antes de tudo ao discernimento do padre exorcista e ao sustento da graça oferecido pela Igreja, sobretudo nos sacramentos;

– apresentar a significação autêntica da linguagem usada na Sagrada Escritura e na Tradição e fazer amadurecer nos cristãos uma atitude correta em relação à presença e ação do Maligno no mundo."

A IMPORTÂNCIA E URGÊNCIA DA LIBERTAÇÃO E DO EXORCISMO NO MINISTÉRIO SACERDOTAL[702]

Fr. Ernesto Maria Caro Osorio[703]
Sacerdote Exorcista da Arquidiocese de Monterrey, México

Queridos irmãos e irmãs, é para mim um grande prazer e honra ter sido convidado para passar algum tempo com vocês neste retiro e discutir sobre o assunto: A importância e urgência da Libertação e do Exorcismo no Ministério Sacerdotal. Eu espero que o Espírito Santo me ajude a expressar minhas idéias claramente, para que seja de algum benefício para vocês em seus ministérios.

Acho que vocês têm falado sobre exorcismo e libertação o retiro inteiro, e provavelmente alguns dos assuntos a que vou me referir já foram mencionados por outros palestrantes. Por favor, primeiro gostaria de me desculpar, mas alguns problemas em nossas igrejas vêm precisamente porque "nós supomos que vocês já soubessem."

Então, procurando fazer declarações ordenadas, visando que podemos ter pessoas aqui que não têm relação alguma com o assunto em questão, primeiro mencionarei alguns conceitos fundamentais sobre Satanás e Possessão, depois irei recordar como Jesus Cristo desenvolveu seu Ministério de Libertação, e enfim veremos como o Ministério foi assumido pelas primeiras comunidades. Tentarei dar a vocês uma breve descrição de como as igrejas têm assumido este Ministério, e finalizarei com algumas conclusões e recomendações endereçadas especialmente aos meus irmãos no sacerdócio.

---

[702] "The Importance and Urgency of Deliverance and Exorcism in the Priestly Ministry". Tradução e Revisão do inglês: Pe. Ney Brasil Pereira.

[703] Licenciado em Espiritualidade pela Pontifícia Universidade Gregoriana de Roma e Doutorado em Mariología pela Universidade Marianum de Roma.

1. CONCEITOS FUNDAMENTAIS SOBRE A LIBERTAÇÃO DOS ESPÍRITOS

A. Incredulidade (falta de fé)

Começarei salientando que um dos principais problemas para o Cristianismo, e especialmente para os Católicos, é a falta de fé, e em particular, a falta de fé na existência de Satanás.

Embora a *Bíblia* mencione muitas vezes a existência de Satanás, não como um elemento moral para o homem, mas como uma criatura real, como um mal e uma entidade perversa, nós no entanto achamos um grande número de cristãos e não cristãos por todo o mundo que crêem que a existência de espíritos, que podem possuir e atormentar pessoas, e até mesmo a prática do exorcismo, são uma justificada superstição.

Por mais que três séculos tivessem contribuído enormemente para este problema ao redor do mundo, o que é ainda pior é o fato de que um grande numero de estudiosos bíblicos, bispos e padres, descrevem as pessoas possessas na *Bíblia* como simples pessoas com doenças mentais ou, em outros casos, como apenas figuras literárias do autor.

Há quem pense como eles, negando a existência do demônio, e acabam levando muitos a desacreditar nas Escrituras, nas revelações feitas por Jesus Cristo, fonte de toda a verdade, de quem aprendemos os mistérios que nos dão vida. Estes indivíduos não podem portanto ser chamados de cristãos, não importa se foram batizados ou não, porque o nome de cristão é dado a quem acredita e segue Jesus Cristo, e aceita como verdade o que sua palavra nos revelou.

De acordo com a maioria dos mais conhecidos estrategistas militares, a pior coisa que você pode fazer quando está em guerra é ignorar ou não acreditar na existência de seus inimigos, porque, quando o demônio está na escuridão ele pode planejar e realizar seus planos sem ser visto ou incomodado. A melhor estratégia de Satanás é passar desapercebido e, melhor ainda, ser considerado um mito ou uma figura literária, porque desta maneira ele pode agir e infestar todas as áreas da atividade humana, como faz em nossos dias. Falarei mais sobre isso quando analisarmos as situações presentes em nossos dias, relacionadas à nossa sociedade.

B. As realidade dos ataques satânicos

Para nós, que acreditamos que Jesus Cristo é um Deus vivo, está estabelecido que Satanás é um ser real que foi criado por Deus, não com uma natureza má em si, mas em sua rebelião contra Deus tornou-se mau e adquiriu a capacidade de destruir a vida do homem. Se não for detido, ele vai levar o homem à sua condenação eterna, onde Satanás foi colocado para sempre.

Vejamos, porém, como ele se comporta e como podemos enfrentá-lo e derrotá-lo. Deus concedeu a esta criatura maligna poder na terra, não só para tentar e seduzir o homem, como mostrado nos evangelhos sinóticos, quando o próprio Jesus Cristo foi tentado, mas ainda mais este ser maligno tem recebido poder para entrar dentro dos corpos de homens e mulheres para dominá-los, e assim prejudicá-los, amarrá-los ou torná-los doentes de diferente maneiras.

Este tipo de ataque, chamado possessão, é bem documentado por toda a *Bíblia*. Por exemplo, no livro de Tobias (6,7; 8,2-3) onde é mostrado um tipo de ataque de Satanás, e no final podemos ver uma espécie de exorcismo.

Vemos outro tipo de possessão demoníaca no caso de Saul, quando lemos: "O Espírito do Senhor se retirou de Saul, e um espírito maligno, vindo da parte do Senhor, o atormentava. Os servos de Saul lhe disseram: 'Há um espírito maligno mandado por Deus, atormentando-te'" (*1Sm* 16,14-15; Veja também *1Sm* 16,23;18,10-11;19,9-10). Ou considere as palavras de Deus "O homem ou mulher que consultar os mortos ou for a feiticeiro, certamente será morto. Serão apedrejados, e o seu sangue será sobre eles." Então é muito claro que nós podemos ver como o espírito maligno ataca a humanidade.

A literatura judaica extra-bíblica também fala sobre isto. Há importantes referências dadas por Flavius Josephus, o qual pessoalmente foi testemunha de um exorcismo feito segundo um antigo ritual de Salomão em *Antiguidades Judaicas* (8,46-49). Ele afirma que viu como um exorcista, Eliezer, utilizando esse ritual, expulsou um demônio, na presença de muitas pessoas. Isso comprova o texto em *Mateus* 12,27, onde Jesus Cristo diz: *"Se eu expulso os demônios por Belzebu, por quem os expulsam vossos filhos?"*

Assim, podemos ver que isso era algo comum entre os judeus.

C. A Possessão

A fim de entender o que é Possessão, eu gostaria de usar a definição dada pelo Dr. Merril Unger em seu livro, *Demônios no mundo moderno*, onde lemos o seguinte:

> A possessão Demoníaca é uma condição na qual um ou mais espíritos malignos ou demônios habitam o ser humano e obtêm o completo controle de sua vítima e, apagando temporariamente sua consciência, eles podem falar e agir através dela como um escravo e usá-la como uma ferramenta. O

demônio ou os demônios que a habitam vêm e vão, como um proprietário da casa que pode ou não pode estar "em casa".

Dr. Unger diz que, "quando o demônio está 'em casa', ele pode precipitar um ataque. Nesses ataques, a vítima passa de seu estado normal, no qual ela age como outras pessoas, para o estado anormal de uma possessão".

Na possessão, o estado da vítima poderia ser marcado por depressão e profunda melancolia, ou algumas vezes por vaga estupidez, caracterizada por idiotices. As vezes, a vítima pode ficar imóvel, ou mostrar-se extremamente malévola e descontroladamente feroz. Durante a transição do estado normal para o anormal, a vítima frequentemente é jogada em um paroxismo de violência, muitas vezes caindo no chão inconsciente, e espumando pela boca com sintomas semelhantes à epilepsia e histeria.

Esses distúrbios podem incluir surdez, mutismo, cegueira, epilepsia, dificuldade de andar ou loucura, podendo parecer tipos comuns de doença, escondendo sua verdadeira causa. Já apontamos, antes, que muitas pessoas não acreditam na existência do diabo e suas obras, e de fato a *Bíblia* é muito cuidadosa em distinguir entre os dois tipos de fenômenos.

A fim de ajudar-nos na tarefa de discernimento, Kurt Koch, em seu livro *Occult Bondage and Deliverance* ("Escravidão oculta e libertação"), oferece-nos, a partir de *Marcos* 5,1-20, oito sinais que nos mostram os sintomas da posse. Ei-los:

V.2: O homem "tinha um espírito imundo", em outras palavras, era habitado por outra pessoa. Exibia poderes incomuns de força física. Ninguém podia segurá-lo.

V.4: Ele mostrava acessos de raiva. Tinha arrancado os grilhões da corrente, quebrando-os em pedaços.

V.6-7: Mostrava sinais de desintegração, de divisão da personalidade.

V.7: Mostrou resistência ou oposição à fé e às coisas espirituais. Disse a Jesus para deixá-lo sozinho.

V.8: O sexto sintoma é a hiperestesia (sensibilidade excessiva). O possesso tinha poderes de clarividência. Ele soube imediatamente quem era Jesus.

V.9: Aparece também a variação ou alteração da voz. Uma "legião de demônios" falou através dele.

V.13: O oitavo sinal é a transferência oculta. Os demônios deixaram o homem e entraram nos porcos.

Então, seguindo estes sinais, podemos destacar que as características do segundo, terceiro e quarto pontos que acabamos de descrever, são semelhantes em muitos aspectos aos sintomas de certas doenças mentais. No entanto, segundo a minha experiência, nenhum caso é exatamente idêntico.

As cinco características restantes, por outro lado, não podem ser encontradas em qualquer classificação psiquiátrica. Por exemplo, clarividência em si nunca é sinal de doença mental, e um doente mental nunca será capaz de falar com uma voz ou uma língua que não foi previamente aprendida.

Além desses ataques, que se referem à habitação de Satanás, a experiência e a pesquisa nos permitem afirmar que existem algumas manifestações diferentes de posse total, mas que ainda afetam os sentidos e, por vezes, a liberdade, a saúde, economia e outras áreas da vida da pessoa.

D. Como lutar contra isto – O Exorcismo

Para lutar contra este ataque satânico, a Igreja estabeleceu o Ritual do Exorcismo, que utilizamos para expulsar Satanás para fora do corpo ou fora das áreas atacadas.

A palavra EXORCISMO vem do grego, significando literalmente o ato de conjurar, ordenar com autoridade: no caso, ordenar que o diabo saia da pessoa. Durante o exorcismo existe uma luta entre o espírito que tem poder sobre a pessoa e a pessoa que procura libertá-la. Nesta luta, o espírito maligno volta com toda a sua força e tenta enganar o exorcista para permanecer o maior tempo possível no corpo da pessoa por ele possuída, desta forma causando-lhe os piores danos.

É por isso que devemos chamar apenas um Exorcista e não qualquer pessoa, porque é preciso lembrar que esta é uma luta entre um espírito sobre-humano e a natureza humana. Portanto, para ordenar que Satanás saia de uma pessoa, é necessário, de acordo com a Lei Canônica, que isso seja feito por um sacerdote nomeado expressamente pelo Bispo.

Dissemos anteriormente que não temos possessão unicamente quando o demônio habita e controla uma pessoa, mas que existem outros tipos de ataques que o demônio exerce sem possuir a pessoa. Podemos dizer que, nestes casos, os *exorcismos* podem ser feitos por qualquer um, sendo suficiente estar aberto à ação do Espírito Santo através do qual nosso Senhor Jesus Cristo pode trabalhar sobre a pessoa *possuída* e libertá-la. Neste caso é conhecida a ORAÇÃO DE LIBERTAÇÃO.

2. JESUS CRISTO E O MINISTÉRIO DE LIBERTAÇÃO

Se quisermos entender a importância do Ministério de Libertação Sacerdotal, é necessário rever como foi praticado por Jesus Cristo, de quem nós somos discípulos e representantes. Gostaria de começar dizendo que, mesmo com a leitura superficial dos evangelhos e dos relatos das primeiras Comunidades Cristãs, especialmente no Livro dos Atos dos Apóstolos, percebemos claramente que a prática do exorcismo tinha um papel importante na prática de Jesus Cristo e de seus seguidores.

Quanto ao próprio Cristo, podemos dividir seu ministério em três grandes atividades: Pregação, Cura e Libertação. O apóstolo *João* sugere que algo próprio da missão de Jesus Cristo foi libertar-nos do diabo, como vemos em sua primeira carta (*1Jo* 3,8). De fato, não há dúvida de que sua atividade exorcista foi fundamental na sua obra redentora.

Não é por acaso que a palavra "espírito" ou "espíritos", usada para designar um demônio, ocorre duas vezes em *Mateus*, três vezes em *Marcos* e duas vezes em *Lucas*, com a adição do adjetivo "mau", duas em *Lucas*, ou o adjetivo "impuro" uma vez em *Mateus*, onze vezes em *Marcos*, e quatro vezes em *Lucas*. A palavra *demônio*, no singular ou plural, aparece nove vezes em *Mateus*, três vezes em *Marcos*, quatorze vezes em *Lucas* e seis vezes em *João*. A expressão "O espírito imundo de um demônio" aparece uma vez em *Lucas*, enquanto o verbo "ser endemoninhado" aparece em outra forma ou outras sete vezes em *Mateus*, quatro vezes em *Marcos* e uma vez nos evangelhos de *Lucas* e *João*. Resumindo, podemos encontrar 50 versículos nos evangelhos referindo-se à palavra demônio e 14 vezes a palavra Satanás.

A importância do Ministério de Libertação de Jesus já aparece no início do seu ministério na Galiléia, logo depois que Ele chamou os seus discípulos. Assim, o primeiro milagre em *Marcos* é um exorcismo, e precisamente por esta ação, diz o evangelista, a reputação de Jesus se espalhou por toda parte (*Mc* 1,21-23). Além disso, no mesmo dia, segundo *Marcos*, Jesus curou e libertou muitas pessoas oprimidas pelo demônio (*Mc* 1,34).

Outra passagem importante de seu ministério de exorcismo pode ser encontrada em *Mateus* 8,31, que nos remete ao exorcismo dos demônios de Gadara; em *Mateus* 9,33, a cura de um endemoninhado mudo; em *Mateus* 17,14-21, o exorcismo do endemoninhado epiléptico; em *Marcos* 7,26, a importante passagem na qual ele exorciza a filha da mulher siro-fenícia; em *Lucas* 8,1, refere-se que muitas mulheres, libertas e curadas por Jesus, juntavam-se ao grupo dos discípulos. Finalizando, e com um testemunho sobre a relação existente entre a possessão e doença, *Lucas* 13,11 dá testemunho do exorcismo de uma mulher aleijada.

Ao ler com atenção, podemos encontrar muitos ensinamentos sobre como Jesus Cristo realizava esses exorcismos, e até mesmo sobre as conseqüências que uma pessoa pode ter se, após ter sido liberta, ela não segue uma vida espiritual séria (cf. *Lc* 11,24-26).

Finalmente, podemos dizer que a importância da cura e da prática exorcista no projeto de Jesus Cristo é corroborada pelo seu interesse em transmitir aos seus seguidores a capacidade de aplicá-la e relacioná-la de forma indissociável à Boa Nova do Reino. Talvez o texto mais significativo é o de *Marcos* 3,13-15, onde é muito claro que Ele chamou os doze, os chefes da Igreja, a uma missão muito específica: "de proclamar o Evangelho, com o poder de expulsar demônios". Também em *Mateus* 10,7-8 lemos: *"Ele deu-lhes poder sobre os espíritos imundos"*. Além disso, a missão de todos os discípulos será semelhante, como podemos ver em *Marcos* 16,17: *"Estes sinais seguirão aos que crerem: Em meu nome expulsarão os demônios.."* Esse texto indica que o movimento iniciado por Jesus deveria multiplicar o número de exorcistas.

Vemos, portanto, que a prática exorcista de Jesus Cristo não constitui um elemento marginal ou folclórico de sua vida pública, mas um dos fatores mais centrais e significativos do seu ministério.

3. A IGREJA PRIMITIVA E O MINISTÉRIO DE LIBERTAÇÃO

Os depoimentos das primeiras comunidades não deixam dúvida de que os apóstolos receberam esse poder para expulsar demônios, como vimos no envio dos 12 e, depois, dos 72, e que usaram esse poder, mesmo após a ressurreição e ascensão de Jesus Cristo para o Céu.

Só para se ter uma idéia do poder e perseverança que os discípulos tinham na luta contra Satanás, o melhor exemplo pode ser encontrado no livro de *Atos dos Apóstolos*, capítulo 16, onde Paulo expulsa o demônio de uma menina que praticava adivinhação sob o feitiço do demônio (*At* 16,16-19). Por outro lado, em *Atos dos Apóstolos* 19,12 se diz que foi suficiente dispor de um lenço que tinha sido tocado por Paulo para se poder realizar um exorcismo (*At* 19,12).

Além desses testemunhos temos outros, que nos referem o grande poder que os apóstolos tinham sobre os demônios, inclusive para reprimir aqueles que se tinham desviado da vida evangélica ou impediam o crescimento do Reino, como se vê na primeira carta de Paulo a Timóteo (*1Tm* 1,20): *"Eu os entreguei a Satanás, para que sejam ensinados pela disciplina a não blasfemarem".* Podemos ver passagem semelhante em (*1Cor* 5,5): Paulo refere-se a alguém "entregue a Satanás para a destruição da carne, a fim de que o espírito seja salvo no Dia do Senhor".

4. O MINISTÉRIO DE LIBERTAÇÃO NA IGREJA DE HOJE

Podemos dizer que a Igreja, no seu contexto geral, nunca parou de usar a prática do exorcismo, mas seria muito bom refletir sobre a forma como é feito hoje. Em nossos dias, a prática do exorcismo e libertação é feita principalmente por bispos que, através da sucessão apostólica, têm o poder de expulsar demônios, como já vimos nos textos do Novo Testamento. O Código de Direito Canônico estabelece que os bispos podem e devem delegar esta autoridade, que é executada como um "sacramental", a sábios e santos sacerdotes, devidamente escolhidos (cf. cân. 1172).

No entanto, percebemos que há muito poucos bispos e sacerdotes que exercem esse ministério, que é uma parte muito importante do ministério de Jesus Cristo. As razões? Elas poderiam ser várias, mas, entre as mais comuns, encontramos as seguintes:

A. Não é necessário ... por que devemos fazê-lo?

Alguns Bispos e sacerdotes acreditam que hoje este ministério não é tão necessário como era antigamente, porque hoje vivemos em um mundo onde o demônio, em qualquer caso, pode ser enfrentado com uma vida espiritual bem conduzida. Outros, como indiquei anteriormente, acreditam que os exorcismos realizados por Jesus Cristo se justificam por situações do mundo antigo, agora superadas. Por isso, acreditam que nosso mundo está bem e que não há necessidade de exercer este ministério.

Contrariamente a tudo isso, hoje, o mundo abriu suas portas para o demônio. Hoje, as seitas satânicas não precisam se esconder mais. Elas podem até mesmo ser registradas como igrejas em alguns governos, como o do México, onde há um secretário para a "Igreja de Satanás". Temos música com as palavras e elementos claramente satânicos, que não têm qualquer tipo de restrição de ninguém. E poderíamos citar muitos outros elementos que falam de uma presença total de Satanás em nossa sociedade. Como na TV, no cinema e no resto da mídia de massa, encontramos o diabo sendo promovido com liberdade...

Assim, uma pessoa que "brinca" com tábuas de Ouija, lê o horóscopo, é associada com a astrologia, videntes, espíritas e médiuns, esta pessoa está brincando com fogo, pois as chances de ela ficar possuída por um demônio aumentam exponencialmente.

Estamos vivendo em um mundo que se afastou de Deus e introduziu a sua vida inteira nos campos do diabo. Por isso, é evidente a importância e urgência do ministério de libertação e exorcismo, não só na Igreja, mas em toda a nossa sociedade.

Finalmente, a maioria dos sacerdotes que não têm conhecimento desta questão, como já dissemos no início, acreditam que as pessoas que os procuram com sintomas de possessão ou perturbação causada pelo inimigo, realmente só têm problemas psicológicos. Consequentemente, causam-lhe um grande dano espiritual (e às vezes físico e moral), porque muitas delas irão acabar nas mãos daqueles que trabalham justamente para Satanás.

B. O medo de represálias do diabo

Outras pessoas acreditam que o diabo pode retaliar contra aqueles que tomam parte num exorcismo, o que é totalmente falso, e só revela a ignorância sobre a questão do diabo e suas atividades no mundo e especialmente sobre a natureza humana. Se elas tivessem mais informações sobre este problema, saberiam que o diabo não pode exercer o seu poder como desejaria, porque ele estará sempre sujeito à vontade e à soberania de Deus.

Apenas para tornar mais evidente essa ignorância, deixem-me afirmar que o diabo fica furioso sempre que um sacerdote atende uma confissão em profundidade, mais do que quando ele realiza um exorcismo: porque, no primeiro caso, o padre realmente rouba a vítima das mãos do diabo, enquanto no segundo caso, a única coisa que o diabo pode fazer é perturbar essa pessoa durante o seu tempo na terra, e nada mais. Sempre que um padre, com a ajuda de Deus, é capaz de conseguir uma conversão em profundidade, o diabo, se tivesse uma chance, iria destruí-lo. Satanás odeia da pior maneira possível todos os sacerdotes santos, mesmo que não estejam diretamente relacionados com o ministério de libertação.

C. Muito pouco de santidade e vida espiritual

Além das considerações anteriores, temos o fato de uma santidade deficiente em muitos sacerdotes, o que explica sua incapacidade de enfrentar o diabo. Infelizmente, como já foi dito, especialmente por Sua Santidade Bento XVI, muitos dos nossos irmãos sacerdotes vivem em uma situação em que sua santidade não é a esperada ou desejada, não apenas para enfrentar o diabo, mas até mesmo para orientar adequadamente os filhos de Deus. Com a desculpa de uma enorme carga de trabalho, muitos dos nossos padres rezam muito pouco e comprometem seriamente a sua vida espiritual. Certamente, enfrentar o diabo nessas situações seria inútil, ou até mesmo perigoso, para a vida espiritual e moral do sacerdote.

D. Falta de generosidade

Finalmente, também podemos encontrar elementos fortes que falam da falta de generosidade dos sacerdotes, porque o enfrentamento do diabo é uma tarefa difícil, que coloca a vida dos sacerdotes em perigo. Quem está disposto a servir a seus irmãos para superar este problema, nunca terá descanso suficiente. O Evangelho nos diz que havia tanta gente à procura de Jesus Cristo e seus apóstolos, que eles nem sequer tinham tempo para comer (*Mc* 6,31). Hoje, infelizmente, queremos como sacerdotes viver como o resto do povo, com a nossa vida toda programada, e garantindo também o nosso tempo de lazer.

Esta falta de ministros, que poderiam estar prestando esse serviço de uma maneira normal, nos levou a uma situação em que este ministério é às vezes realizado por leigos, com resultados que nem sempre são os melhores. É por isso que a Congregação para a Doutrina da Fé, em 1984, emitiu uma nota a todos os Bispos, solicitando-lhes que prestem mais atenção a estas situações e excessos, para evitar qualquer dano aos fiéis, bem como quaisquer distorções da fé. No entanto, esta nota deixa um vazio na lei canônica, uma vez que não diz nada sobre a urgência de pastores dedicados à prática do Ministério do Exorcismo.

5. CONCLUSÕES

Gostaria de terminar com algumas conclusões, bem como algumas recomendações, para aqueles que já estão envolvidos neste Ministério de Libertação, bem como para aqueles que ainda não estão envolvidos.

É um fato inegável, especialmente para os cristãos, a existência de Satanás no mundo, e que ele está sempre com raiva buscando a destruição de homens e mulheres. Ele faz isso de várias maneiras, especialmente com as tentações e, em casos especiais, por influir na vontade de suas vítimas ou por perturbá-las de fora em seus bens, saúde e relações sociais. Portanto, não podemos ignorá-lo, como tem sido feito ultimamente, porque isso permite ao diabo agir com maior facilidade e veneno em nossa sociedade.

O ministério de Jesus Cristo foi centrado na Pregação e no Exorcismo, como parte do Seu ministério de cura, como está nos evangelhos. A Igreja primitiva testemunha que isto também fazia parte dos primeiros evangelizadores. As afirmações anteriores nos levam a concluir que o ministério de libertação não é opcional para o ministério sacerdotal na Igreja, mas é uma parte fundamental de sua missão. Esta, como a do seu fundador, visa estabelecer o Reino lançando o diabo para fora da vida do ser humano (em todas as suas formas de ataques, doenças e perturbações).

Uma vez que só o sacerdote pode realizar essa atividade, é necessário que haja mais padres nas dioceses que, movidos pela caridade, estejam dispostos a ser instrumento de Deus para libertar nossos irmãos. Estes sacerdotes deveriam aprender mais sobre o inimigo e falar mais e sem medo sobre este mal que está destruindo as famílias. Esconder o problema do povo só vai criar uma grande ignorância, permitindo assim que o inimigo trabalhe em total liberdade.

Tendo em conta que o sacerdote é um *"Alter Christus"*, ele deve aceitar que este ministério não é reservado para poucos, pois é parte do ministério ordenado. Mesmo se é verdade que, a fim de executar um Exorcismo Maior, exige-se o consentimento e autorização do Ordinário, isto não nos impede de praticar o Exorcismo Menor.

Se os sacerdotes não realizam este ministério, as pessoas que estão sob a influência do diabo acabarão indo para os bruxos e outros elementos que dizem que podem ajudá-los. Isso só irá causar situações piores para aqueles que foram perturbados ou mesmo possuídos. Somente o poder de Jesus Cristo, através do ministério da Igreja, pode expulsar o diabo e destruir seus malefícios. Então, se nós não queremos ajudar nossos irmãos, seremos julgados com dureza por tudo aquilo que poderíamos ter feito e não fizemos.

Este ministério deve ser praticado com sabedoria e discernimento, porque, se não o fizermos, em vez de ajudar, podemos prejudicar. Se uma pessoa é afetada por um problema físico ou psicológico, e o sacerdote erroneamente sugere que possa ser uma possessão demoníaca, isso prejudicaria, em vez de ajudar. Por esta razão, a Igreja Católica tornou-se cautelosa ao lidar com este problema. Richard J. Woods escreve: "Assim, a Igreja exige que a decisão final sobre a possessão seja feita só após a consulta a um especialista, o que hoje seria através de exames médicos, psiquiátricos e parapsicológicos".

Por uma questão de fato, o Ritual prevê que o sacerdote, chamado para investigar uma alegação de possessão, "não deve acreditar com demasiada facilidade que a pessoa esteja realmente possuída por um espírito do mal, mas compete-lhe conhecer os sinais pelos quais uma pessoa possuída pode ser distinguida de alguém que sofre de alguma outra doença". Certamente, em casos raros, especialmente quando se lida com situações graves, temos, além da autorização do Ordinário, de preparar-nos espiritualmente para enfrentar o diabo com força e poder.

Finalmente, o sacerdote não deve ter medo de enfrentar o demônio pensando que ele próprio pode ser prejudicado. Isso acontece apenas com aqueles que não estão vivendo uma vida na graça de Deus e na oração e na penitência. Tudo isso nos permite ver que é urgente que os sacerdotes retomem o Ministério do Exorcismo e, junto com nosso Senhor, lutem poderosamente contra as forças de Satanás.

São João diz em sua primeira carta, que o mundo está sob o poder do diabo (*1Jo* 5,19). Mas, enquanto houver um sacerdote generoso, completamente disposto a assumir o ministério de Jesus Cristo, haverá uma luz no do mundo, e esta luz permitirá ao Reino crescer.

Queridos irmãos leigos e religiosos: precisamos de suas orações porque é isso que nos mantém. Temos de lutar com preces, como a que Maria realizou pelo Filho até a luta final na crucificação. Não nos deixem sós. Se trabalharmos como um corpo, com a ajuda de Deus, seremos capazes de devolver o mundo ao seu legítimo proprietário: Jesus Cristo Nosso Senhor, a quem devemos todo o poder, honra e glória. Amém.

Obrigado

Fr. Ernesto María Caro
Congresso da Associação Internacional dos Exorcistas, Junho de 2009

FENÔMENOS PRETERNATURAIS[704]

Pe. Pedro Paulo Alexandre
Sacerdote Exorcista da Arquidiocese de Florianópolis, Brasil

Deus, em seu desígnio de amor, criou o Céu e a Terra[705]. No princípio, o SENHOR revelou-se pedagogicamente ao povo de Israel. Na Plenitude dos Tempos enviou o Seu Filho Eterno a este mundo[706]. Poderíamos sintetizar o Ministério de Jesus Cristo em três grandes atividades: Pregação, Cura e Libertação.

Neste capítulo trataremos dos *Fenômenos Preternaturais*, pois esses estão intimamente ligados à obra redentora de Jesus que vem para nos libertar, Ele vem para destruir as obras do demônio (cf. *1Jo* 3,8).

Existem três tipos de fenômenos:

1) *Fenômenos naturais:* acontecem meramente devido às leis estabelecidas por Deus para a natureza. "Natural: é a atuação que se adequa à ação da natureza. Subentende-se ao falar natureza que nos referimos à natureza do universo material."[707]

2) *Fenômenos preternaturais:* são realizados através da ampliação de algumas leis da natureza[708]. "Preternatural: é a atuação que vai para além da ação da natureza do universo material. O que é fruto da atuação de uma natureza angélica ou demoníaca é preternatural. A palavra provém de *praeter naturam*, para além da natureza."[709]

Adão e Eva no Paraíso participavam, de alguma forma, da Vida Divina, tinham Dons Preternaturais. Esses Dons eram sustentados pela Vida Divina, pela Graça de Deus.[710] Com o pecado original perdemos os dons preternaturais: a) imortalidade, pois a morte é fruto do pecado (*Gn* 2,7;3,3s; *Sb* 2,23; *Rm* 5,12; *Rm* 6,23); b) integridade, ou imunidade de concupiscência (os afetos,

---

[704] Neste capítulo desejo tratar de forma sintética e esquemática os diversos elementos que apresentei ao longo de toda a obra, sendo um auxílio pastoral para todos aqueles que desejam ter uma visão geral sobre o tema da Angeologia e da Demonologia, e as suas mais variadas implicações.
[705] Cf. *Sb* 11,24.
[706] Cf. *Gl* 4,4.
[707] Pe. Fortea, Svmma Daemoniaca, p.45.
[708] Cf. *Mc* 5,1-13; *Lc* 8,27-33.
[709] Pe. Fortea, Svmma Daemoniaca, p.45.
[710] Cf. CIC 376-379.

sentimentos e desejos não eram desordenados, mas submetidos docilmente à razão e à fé, sem conflitos interiores); c) impassibilidade, ou a ausência de sofrimento, fruto do pecado (*Gn* 3,16); d) ciência moral infusa (que tornava o homem apto a assumir suas responsabilidades diante de Deus sem dificuldades). Após a queda, o homem não pôde mais transmitir aos descendentes o "estado de santidade" (participação perfeita na comunhão com Deus) e de "justiça" (harmonia perfeita consigo, com a mulher, com a natureza e com Deus).[711]

3) *Fenômenos sobrenaturais:* estão acima da capacidade de qualquer ser criado [milagre[712]]. "Sobrenatural: é a atuação que vai para além de qualquer natureza criada. Esta forma de ação é própria de Deus."[713]

NOÇÃO DE "PRETERNATURAL"

> Os teólogos designam comumente com o nome de "preternatural" o sobrenatural *relativo* [...]. É aquele que está fora da ordem natural ordinária e normal, porém que não transcende em modo algum a ordem natural absoluta ou *simpliciter*. Ou, de outro modo mais claro: é aquele que excede e transcende as forças *de alguma natureza* criada, porém não as forças de toda natureza criada ou criável, como o sobrenatural absoluto. O entender por simples intuição e sem discurso – que é algo natural no anjo (natural *intelectual*) –, seria preternatural no homem (natureza *racional*).
> O preternatural distingue-se infinitamente do sobrenatural *quod substantiam*, posto que se trata de algo pura e entitativamente [ontologicamente] *natural* em si mesmo, e não excede, por conseguinte, às forças naturais dos anjos ou dos demônios. Também não se deve confundir com o sobrenatural *quoad modum*, porque embora o sobrenatural *quoad modum* seja entitativamente natural – e nisto coincide com o preternatural – excede, ainda, no *modo* as forças naturais, não só do homem, mas também de *toda* natureza criada ou criável, como temos visto acima; e por isso o sobrenatural *quoad modum* constitui uma subdivisão do sobrenatural *absoluto* (cf. o croqui do Pe. Garrigou-Lagrande). O sobrenatural *quoad modum* constitui um verdadeiro *milagre* (ex.: a ressurreição de um morto: algo entitativamente natural, porém realizado de um *modo sobrenatural*, que supera e transcende o poder natural de toda natureza criada ou criável). O preter-

---

[711] Cf. CIC 404s; 385s.
[712] Critérios para que haja um milagre: instantaneidade, involuntariamente, imediataneidade [imediaticidade], cinco anos sem regressão.
[713] Pe. Fortea, Svmma Daemoniaca, p.45.

natural, com variações, não constitui um milagre propriamente dito, posto que, apesar de ser entitativamente natural, não excede às forças naturais de *toda* natureza criada ou criável, senão só as de *alguma natureza* (ex.: a do homem, porém não a dos anjos ou dos demônios). É, pois, uma espécie de sobrenatural puramente *relativo* (com relação às naturezas inferiores) distinto completamente do sobrenatural *absoluto,* seja *quoad substantiam,* seja *quoad modum.*

É preciso ter em conta esta noção de "preternatural" quando tratamos de assinalar as causas dos fenômenos místicos. O preternatural – com relação aos homens – constitui o que é próprio e *natural* nos anjos bons e maus. Não esqueçamos que, fora deste mundo material que conhecemos pelos sentidos, existe outro mundo que escapa absolutamente a esta classe de conhecimento. Esse outro mundo, composto de criaturas inteligentes boas ou más, anjos ou demônios, está em comunicação real, íntima e misteriosa conosco, habitantes deste mundo terrestre. Os habitantes desse outro mundo estão *fora* de nossa ordem natural, em outra esfera distinta, em um plano completamente diferente. É, com relação a nós, o mundo do *preternatural*. Por isso – e o advertimos de uma vez por todas – chamaremos "preternaturais" (isto é, "extranaturais" com respeito a nós) os fenômenos devidos à intervenção dos anjos ou dos demônios, e reservaremos o nome de fenômenos "naturais" para designar os feitos que se produzem, segundo as leis ordinárias da natureza, entre os habitantes deste mundo, do qual nós fazemos parte[714].[715]

O Cardeal Alexis Lépicier (1863-1936), já há muito tempo, falava sobre a necessidade de discernirmos estes diferentes tipos de fenômenos: "Toda gente vê, portanto, a necessidade imperiosa de estabelecer a distinção entre estes fenômenos e os que são devidos a causas preternaturais"[716].

O Magistério da Igreja diversas vezes tem atestado a existência da realidade Preternatural. Cito duas referências que estão muito próximas de nós:

> "Referindo-se à situação da Igreja de hoje, o Santo Padre afirma ter a sensação que 'por alguma fissura tenha entrado a fumaça de Satanás no templo de Deus'. [...] Tantas vezes, no entanto, no Evangelho, nos próprios lábios de Cristo, volta a menção desse inimigo. 'Acreditamos – observa o Santo

---

[714] Cf. Méric, *L`imaginaton et les prodiges* t.2 p.277.

[715] Royo Marin, Antonio. *Teologia de La Perfeccion Cristiana*, pp.884-885. Trad. do espanhol: Pe. Kelvin Borges Konz.

[716] *O Mundo Invisível*, p.192 – esta obra recebeu imprimatur papal.

Padre – em algo de *preternatural* vindo ao mundo exatamente para perturbar, para sufocar os frutos do Concílio Ecumênico, e para impedir que a Igreja prorrompesse no hino da alegria por ter retomado em plenitude a consciência de si." (Papa Paulo VI)[717]

"Não é para excluir que em certos casos o espírito maligno chegue até o ponto de exercer o seu influxo não só nas coisas materiais, mas também sobre o corpo do homem, pelo que se fala de 'possessões diabólicas' (cf. *Mc* 5,2-9). Nem sempre é fácil discernir o que de *preternatural* acontece nesses casos, nem a Igreja condescende ou secunda facilmente a atribuir muitos fatos a intervenções diretas do demônio, mas em linha de princípio não se pode negar que, na sua vontade de prejudicar e de levar para o mal, Satanás possa chegar a essa extrema manifestação da sua superioridade." (Papa João Paulo II)[718]

ANJOS E DEMÔNIOS: UM ASSUNTO QUE CAUSA INCÔMODO

Em nosso tempo há alguns temas na Igreja que são quase como tabus: pecado, inferno, falsas doutrinas, anjos, demônios, exorcismos... O Papa João Paulo II, na Carta Apostólica *Tertio millennio adveniente*, nos chama atenção para três perigos do homem contemporâneo: superficialidade, imediatismo e o minimismo. Sinto que esses perigos estão em todos os âmbitos, também dentro de algumas áreas da teologia.

Tratar sobre *Angeologia* e *Demonologia* em nosso tempo é algo extremamente importante, não só porque foi um dos temas bastante ressaltados no Concílio Vaticano II[719], mas também porque é um dos assuntos que mais têm

---

[717] Homilia na Solenidade dos Santos Apóstolos Pedro e Paulo 29 de junho de 1972.

[718] Audiência Geral, 13 de agosto de 1986.

[719] O Concílio Vaticano II foi um dos Concílios da Igreja que mais fez referência ao demônio. Nos textos do Concílio Vaticano II, o diabo é mencionado 18 vezes [17 vezes nos textos e uma vez em uma das notas]: 7 na Constituição referente à Igreja (Lumen Gentium: 5, 16, 17, 35, 48, 55, 63); 5 na Constituição da Igreja no mundo de hoje (Gaudium et Spes: 2, 13a, 13b, 16, 22, 37); 4 no Decreto referente às Missões (Ad Gentes: 3, 9, 14, 19); 1 no documento referente à Liturgia (Sacrosantum Concilium: 6); 1 na Declaração referente à Liberdade de Consciência (Dignitatis Humanae: 11). Embora existam todas estas referências podemos dizer que o Concílio tratou deste tema de forma bastante sóbria. O Vaticano II trata do tema sempre partindo das Sagradas Escrituras. Supõe claramente a sua existência pessoal. O Concilio tratou do demônio sobretudo considerando a sua ação ativa no interior do mundo e até mesmo da Igreja, como um inimigo com quem ela (a Igreja) deve lutar para cumprir a missão recebida de Cristo, seu fundador. Sublinhou-se a vitória final da parte de Cristo, vitória já em ato e que se opera ao longo da história, mas que será plena somente no

avançado no campo teológico[720]. Se formos a uma livraria encontraremos inúmeros livros que tratam sobre anjos, muitos deles ligados à Nova Era, ao esoterismo, à cabala[721], etc. É fundamental dizer já de início que, nos últimos tempos, a astrologia e o esoterismo têm defraudado e desvirtuado o papel dos anjos, bem como o sentido do seu existir. Aí é perceptível quanto o desconhecimento abre margem para o erro, a superstição, o desvio doutrinal.

Nos anos 70 e 80, o cientificismo e o racionalismo realizaram um grande estrago em todo o mundo. Em nome de uma falsa d*esmitologização das Escrituras* foi se lançando fora tudo o que pertencia ao campo do sobrenatural (Milagres, Sinais, Graça...).

Hoje, muitos cristãos católicos já não sabem mais no que crer, pois cada dia mais o sobrenatural está sendo tirado do seu horizonte. A leitura das Sagradas Escrituras, pura e simplesmente a partir do método histórico-crítico, tem tirado toda a *Inspiração Divina*.

Precisamos ajudar nosso povo cristão a ver em cada texto bíblico os seus dois sentidos: o *sentido literal* e o *sentido espiritual* (com as suas três subdivisões: *o sentido alegórico, o sentido moral, o sentido anagógico*)[722]: "a letra ensina-te os fatos [passados], a alegoria o que deves crer, a moral o que deves fazer, a anagogia para onde deves tender"[723]. A concordância profunda dos quatro sentidos assegura a sua riqueza à leitura viva da Escritura na Igreja. É necessário voltar às fontes, ler as Escrituras como a Igreja sempre leu, no mesmo espírito com que elas foram escritas. Tudo isso é fundamental, pois se cremos em Deus, precisamos crer em tudo o que Ele revelou.

---

fim da história.

[720] Em 1998, Pe. José Fortea defendeu a tese de licenciatura, *"O exorcismo na época atual"*, orientada pelo secretário da Comissão para a Doutrina da Fé da Conferência Episcopal Espanhola. No dia 23 de abril de 2015, ele apresentou em Roma sua tese de doutorado *"Problemas teológicos da prática do exorcismo"*, uma obra com mais de 600 páginas e com uma vastíssima bibliografia.

[721] Cabala: movimento de raízes judaicas, que levou uma certa corrente do judaísmo a trilhar um caminho esotérico e gnóstico, bem distinto da ortodoxia judaica.

[722] Cf. CIC, 115-118

[723] Ibidem, 118.

OS ANJOS E OS DEMÔNIOS EXISTEM?

> Creio em Deus, Pai todo-poderoso, Criador do Céu e da Terra;[724]
> Creio em um só Deus, Pai todo-poderoso, Criador do Céu e da Terra, de todas as coisas visíveis e invisíveis.[725]

Os Anjos e os Demônios existem! O *Catecismo da Igreja Católica* no nº 328 afirma: "A existência dos seres espirituais, não corporais, a que a Sagrada Escritura habitualmente chama anjos, é uma verdade de fé. O testemunho da Escritura a respeito é tão claro quanto a unanimidade da Tradição."[726] Alguns destes anjos, criados bons por Deus, liderados por Satanás, também chamado diabo, "radical e irrevogavelmente recusaram Deus e o Seu Reino"[727], e, portanto, deve-se afirmar que "de fato, o Diabo e os outros demônios foram por Deus criados bons; mas eles, por si próprios, é que se fizeram maus[728].

O grande santo da Igreja, Tomás de Aquino, é conhecido também pela alcunha de "Doutor Angélico" porque, em sua grandeza intelectual, realizou talvez o mais importante estudo acerca dos Santos Anjos e sobre a ação demoníaca. Tal análise constituiu-se num marco teológico justamente por causa da coerência com o dado revelado e a consonância com a própria reflexão filosófica e metafísica dele.

A meditação de Santo Tomás sobre os anjos e os demônios encontra-se na chamada Suma Teológica, sua obra prima, e pode ser localizada na parte em que se refere à Criação (*exitus*). Inicialmente ele se reporta aos anjos para, em seguida, falar sobre os demônios (I, q. 63 e 64).

Hoje, em muitos cursos que abordam temas ligados à Angelologia e Demonologia, Santo Tomás de Aquino passa quase que despercebido, enquanto ele deveria ser tido como guia (cf. *Optatam Totius*, n. 16). Desconsiderar a Suma Teológica nestas questões é algo tremendamente grave. Esta obra prima do Doutor Angélico é um instrumento valiosíssimo porque apresenta a fé de maneira sólida e irrefutável.

---

[724] Símbolo dos Apóstolos.

[725] Símbolo Niceno–Constantinopolitano, resultado dos dois primeiros Concílios Ecumênicos (325 e 381).

[726] Cf. *Suma Teológica*, Parte I, questões 63-64.

[727] CIC, nº 391.

[728] IV Concílio de Latão, Cap.1, *De fide catholica*, DH 800.

O Padre José Antonio Sayés Bermejo, um dos teólogos mais importantes da atualidade, com mais de quarenta obras publicadas de teologia e filosofia, escreveu o livro *"O Demônio: realidade ou mito?"*[729], nessa obra ele nos recorda que o Novo Testamento faz cerca de 511 referências a vocábulos relacionados ao demônio, satanás, possessões, etc. Com Rudolf Bultmann, surgiu uma forte tendência moderna de tentar fazer como que uma espécie de desmitologização das Escrituras[730], na qual se tenta mostrar que Jesus Cristo não combateu verdadeiramente Satanás e seus demônios. Pe. Sayés, desmascara estas construções modernistas e prova a veracidade da luta de Jesus com o diabo, a partir de três critérios:

1) a múltipla atestação: são inúmeras as referências existentes nos Evangelhos que narram a ação de Jesus contra os demônios.

2) a questão da descontinuidade: o povo de Israel esperava um Messias político, que o libertasse da opressão dos romanos, quebrando essa expectativa, Jesus prega a conversão e o Reino dos Céus; o Reinado de Deus está intrinsecamente ligado ao combate contra Satanás, pois Jesus veio para romper a escravidão produzida pelo pecado para que Deus reine.

3) a identidade de Jesus: a luta contra o Diabo está presente em atestações anteriores aos evangelhos, como as cartas de Paulo; Jesus procura tratar da forma mais clara possível para que as pessoas da sua época entendam; a identidade de Jesus e a salvação que Ele veio trazer não se compreendem sem se considerar a existência do Diabo e seus demônios; Jesus veio para livrar o homem do pecado, da morte e do Diabo, e essa realidade é tão presente no Novo Testamento que, se for retirada, tudo perde seu sentido; crer que Jesus Cristo não combateu a Satanás e seus demônios é crer num Jesus diferente daquele narrado nos evangelhos; a missão de Jesus constitui-se principalmente: pregar, curar e libertar.

> "Quando se pergunta se o diabo é uma pessoa, dever-se-ia justamente responder que ele é a não-pessoa, a desagregação, a dissolução do ser pessoa, e, por isso, constitui a sua peculiaridade o fato de apresentar-se sem rosto, o fato que a inconhecibilidade seja a sua verdadeira e própria força" (Joseph Ratzinger).[731]

---

[729] Publicado em português pela Ed. Paulus.

[730] "É impossível usar a luz elétrica e o rádio ou, quando doente, recorrer ao auxílio da medicina ou das descobertas científicas e, ao mesmo tempo, acreditar no mundo de espíritos e milagres apresentados pelo Novo Testamento." (Rudolf Bultmann)

[731] *Dogma e predicazione*, 197.

"A escolha de não acreditar no diabo não o protegerá dele. [...] Um ladrão ou um arrombador acende as luzes quando rouba uma casa? Não! Ele prefere que acreditem que ele não está lá! Assim é o Diabo! Prefere que você acredite que ele não exista."[732]

"O maior erro moderno não é o da tese do Deus morto, mas a fé que o diabo esteja morto" (Nicolás Gómez).[733]

QUESTÕES RELACIONADAS À TERMINOLOGIA

Anjos: "São criaturas de Deus, puramente espirituais, que têm inteligência e vontade. Não são corporais, nem mortais e, normalmente, não são visíveis. Vivem constantemente na presença de Deus e transmitem aos seres humanos a vontade de Deus e a Sua proteção."[734]

Pseudo Dionísio, no livro *"A hierarquia Celeste"*, desenvolve a hierarquia angélica em três ordens, composta cada uma de três coros[735]:

– 1ª Ordem: Três Coros: Serafins; Querubins; Tronos.

– 2ª Ordem: Dominações ou Soberanias; Virtudes; Potestades.

– 3ª Ordem: Principados ou Autoridades; Arcanjos; Anjos.

Demônios: "Um demônio é um ser espiritual de natureza angélica condenado eternamente. Não tem corpo, não existe no seu ser nenhum tipo de matéria subtil, nem nada semelhante à matéria, mas trata-se de uma existência de caráter inteiramente espiritual."[736] Quando nos referimos aos demônios, estamos nos referindo aos seres espirituais malignos em geral.[737]

---

[732] Filme *The Rite*, 2011.

[733] Nicolás Gómez Dávila, Einsamkeiten. *Glossen und Text in einem.* Wien: Karolinger, 1987, p.25.

[734] YouCat, nº 54.

[735] A hierarquia dos anjos provavelmente é segundo a natureza com que foram criados, pois é difícil defini-los segundo a graça.

[736] Cf. Pe. Fortea, *Svmma Daemoniaca*, p.11.

[737] O termo demônio aparece 21 vezes no Novo Testamento; o equivalente a este termo no Antigo Testamento aparece bem poucas vezes. O nome dos demônios expressam a natureza do pecado.

Satanás[738] – Diabo[739]: O Inimigo, o Tentador; o Maligno; o Pai da mentira, o Dragão, a Serpente, o Príncipe deste mundo[740]. Os Santos Padres[741] dizem que o diabo antes de se rebelar, era o mais poderoso, inteligente e belo de todos os anjos.

Lúcifer: É um nome extrabíblico que significa "estrela da manhã"[742]. A imensa maioria dos textos eclesiásticos usa o nome Lúcifer como sinônimo de diabo.

AntiCristo: Segundo o livro do *Apocalipse* é um homem que propagará o ódio, a guerra e o mal; é a cabeça da Besta: um poder político, que leva a guerra aos confins do mundo.

OS ANJOS E OS DEMÔNIOS AGEM NESTE MUNDO?[743]

Os anjos e os demônios têm um certo domínio sobre realidades materiais; por exemplo, podem mover objetos e têm a capacidade de atuar sobre os nossos sentidos externos ou internos.

"Durante a noite, o anjo do Senhor abriu as portas da prisão"[744].

"A potência motora da alma limita-se ao corpo a ela unido, que ela vivifica, e mediante o qual pode mover outros corpos. No entanto, a potência do anjo não é limitada a um corpo, podendo assim mover localmente corpos aos quais não está unida. [...] O anjo, bom ou mal, pode, em virtude da sua natureza, mover a imaginação do homem. [...] O anjo pode agir sobre os sentidos do homem."[745]

---

[738] Satã, Satanás em hebraico, "xatan": significa adversário, acusador, inimigo, opositor ; a sua raiz primitiva significa "atacar", "acusar", "ser um adversário", "resistir". É mencionado 18 vezes no Antigo Testamento e 35 vezes no Novo Testamento.

[739] Satanás em grego, "diábolos", "diabalo": caluniador, acusador. É mencionado 36 vezes no Novo Testamento. O nome Belzebu também é sinônimo de diabo (cf. *2Rs* 1,2).

[740] Só Deus é Senhor e Rei.

[741] Santos Padres: Doutores do início da Igreja, conhecidos pela: antiguidade, santidade, ortodoxia na Doutrina.

[742] Uma referência do Autor Sagrado ao rei da Babilônia, no entanto, passou a ser usada para o anjo decaído – "Como despencaste das alturas do céu, tu, estrela da manhã (a Vulgata traz, novamente, 'lúcifer'), clarão da madrugada?" (*Is* 14, 12) – e o que era simplesmente um astro luminoso se transformou em sinônimo de Satanás.

[743] Cf. Pe. Duarte Lara, p.24.

[744] Cf. *At* 5,19.

[745] Santo Tomás de Aquino, Summa Theologiae, I, q. 110 e 111.

"A amizade dos anjos conosco é um sinal de nosso bom relacionamento com Deus. Se somos merecedores da presença dos anjos bons, estes nos assistem e nos inspiram bons pensamentos e se comunicam com nossa alma." (Orígenes de Alexandria)

Os demônios podem agir somente segundo o poder da sua natureza, natureza angélica[746], não podem sair dos limites que lhes impõem as leis do cosmo. Segundo o Livro do *Apocalipse*, no final dos tempos, Deus permitirá que os demônios executem atos extraordinários[747]. Os inúmeros casos de *poltergeist*[748], relatados por exorcistas durante os exorcismos, são provas mais do que suficientes de que os demônios podem suspender algo no ar ou mover objetos[749].

"O Diabo é um cão amarrado com uma corda comprida; ele não consegue escapar. Já está amarrado e derrotado. Desde que você não se aproxime do território dele, ele não consegue lhe atacar." (Santo Agostinho)[750]

"O Diabo pode latir, mas ele é incapaz de nos morder, desde que nós, por nossa própria vontade, não chegarmos próximo a ele e não nos permitindo de sermos mordidos. [...] Se o diabo tivesse sido capaz de agir do jeito que ele quer, não haveria sequer um único homem na face da terra." (Santo Agostinho)[751]

BATALHA ESPIRITUAL

Refletir sobre a Igreja, esse grande Mistério de Amor da Santíssima Trindade, é mergulhar em uma realidade muito mais invisível do que visível. A *Lumen Gentium 49* nos diz: "*Até que o Senhor venha na sua majestade e todos os seus anjos com Ele*[752] *e, vencida a morte, tudo Lhe seja submetido*[753]*, dos seus discípulos, uns peregrinam na terra, outros, passada esta vida, são purificados,*

---

[746] Ação Preternatural, que como temos visto estão para além das leis naturais que conhecemos.

[747] Cf. *Ap* 13,13-14. O Apocalipse nos alerta também que pessoas farão prodígios por obras do demônio.

[748] Os *Fenômenos de Poltergeist*, ocorridos durante uma ação extraordinária do demônio não se enquadram dentro do que alguns parapsicólogos catalogam como *Psicocinesia Recorrente Expontânea*.

[749] Cf. Pe. Fortea, *Svmma Daemoniaca*, pp.52-54.

[750] Frei Elias Vella, *O Leão que Ruge ao Longo do Caminho*, p.121.

[751] Frei Elias Vella, *O Diabo e o Exorcismo*, pp.34 e 38.

[752] Cf. *Mt* 25,31.

[753] Cf. *1Cor* 15,26-27.

e outros, finalmente, são glorificados e contemplam 'claramente Deus Trino e Uno, como Ele é'[754]*.*" Quando tratamos sobre a Igreja, estamos tratando sobre o "Cristo total" (*Christus totus*)[755]; tendo presente os três estados da Igreja: Igreja Militante, Igreja Padecente, Igreja Triunfante.[756]

Quando nos detemos a pensar sobre os cristãos ainda presentes nesta terra, a Igreja Militante, nos deparamos com uma dimensão essencial da nossa fé: somos peregrinos, militantes, travamos uma constante batalha espiritual.

> "Combate o bom combate da fé, conquista a vida eterna, para a qual foste chamado e pela qual fizeste tua nobre profissão de fé diante de muitas testemunhas." (*1Tm* 6,12)
>
> "Um duro combate contra os poderes das trevas atravessa, com efeito, toda a história humana; começou no princípio do mundo e, segundo a Palavra do Senhor[757], durará até ao último dia. Inserido nesta luta, o homem deve combater constantemente, se quer ser fiel ao bem; e só com grandes esforços e a ajuda da graça de Deus conseguirá realizar a sua própria unidade."[758]
>
> "Esforçamo-nos, [...] por agradar a Deus em todas as coisas (cf. *2Cor* 5,9) e revestimo-nos da armadura de Deus, para podermos fazer frente às maquinações do diabo e resistir no dia perverso (cf. *Ef* 6,11-13). Mas, como não sabemos o dia nem a hora, é preciso que, segundo a recomendação do Senhor, vigiemos continuamente, a fim de que no termo da nossa vida sobre a terra, que é só uma (cf. *Hb* 9,27), mereçamos entrar com Ele para o banquete de núpcias e ser contados entre os eleitos (cf. *Mt* 25,41-46) [...]".[759]
>
> "O caminho da perfeição passa pela cruz. Não existe santidade sem renúncia e sem combate espiritual [cf. *2Tm* 4]. O progresso espiritual envolve ascese e mortificação, que levam gradualmente a viver na paz e na alegria das bem-aventuranças: Aquele que vai subindo jamais cessa de progredir de começo em começo, por começos que não têm fim. Aquele que jamais cessa de desejar aquilo que já conhece."[760]

---

[754] Conc. Florentino, Decretum pro Graecis: Denz. 693 (1305).

[755] Cf. CIC 795.

[756] Cf. CIC 954.

[757] Cf. *Mt* 24,13;13,24-30.36-43.

[758] *Gaudium et Spes*, nº 37.

[759] *Lumen Gentium*, nº 48.

[760] Catecismo da Igreja Católica, nº 2015.

OS TRÊS INIMIGOS DO HOMEM

> "Naquele dia, Jesus saiu de casa e sentou-se à beira-mar. Uma grande multidão ajuntou-se em seu redor. Por isso, ele entrou num barco e sentou-se ali, enquanto a multidão ficava de pé, na praia. Ele falou-lhes muitas coisas em parábolas, dizendo: "O semeador saiu para semear. Enquanto semeava, *algumas sementes caíram à beira do caminho*, e os pássaros vieram e as comeram. Outras caíram em *terreno cheio de pedras*, onde não havia muita terra. Logo brotaram, porque a terra não era profunda. Mas, quando o sol saiu, ficaram queimadas e, como não tinham raiz, secaram. Outras caíram no *meio dos espinhos*, que cresceram sufocando as sementes. Outras caíram em terra boa e produziram frutos: uma cem, outra sessenta, outra trinta. Quem tem ouvidos, ouça!" [...] Felizes são vossos olhos, porque veem, e vossos ouvidos, porque ouvem! Em verdade vos digo, muitos profetas e justos desejaram ver o que estais vendo, e não viram; desejaram ouvir o que estais ouvindo, e não ouviram. "Vós, portanto, ouvi o significado da parábola do semeador. *A todo aquele que ouve a palavra do Reino e não a compreende, vem o Maligno e rouba o que foi semeado em seu coração*; esse é o grão que foi semeado à beira do caminho. O que foi semeado nas pedras é quem *ouve a palavra e logo a recebe com alegria; mas não tem raiz em si mesmo, é de momento*: quando chega tribulação ou perseguição por causa da palavra, ele desiste logo. O que foi semeado no meio dos espinhos é quem ouve a palavra, mas *as preocupações do mundo e a ilusão da riqueza sufocam a palavra, e ele fica sem fruto*. O que foi semeado em terra boa é quem ouve a palavra e a entende; este produz fruto: um cem, outro sessenta e outro trinta." (*Mt* 13,1-9.16-23)

Essa parábola de Jesus nos mostra que a semente cai em diferentes lugares: à beira do caminho; no terreno pedregoso; no meio dos espinhos; e na terra boa. Em três desses lugares há realidades que impedem a semente de se chegar ao seu propósito: se desenvolver e dar frutos.

Esse texto bíblico nos chama atenção para uma dimensão fundamental da nossa vida cristã, que é o *Combate Espiritual*. Tanto os Santos Padres, como depois São João da Cruz nos ajudaram a perceber com bastante clareza que o homem tem três grandes inimigos, três inimigos que fazem guerra e dificultam cotidianamente o caminho que nossa alma deseja trilhar até Deus.[761] *Jó* retratou muito bem esta luta que travamos cotidianamente quando disse: "A vida do homem sobre a terra é uma luta" (*Jó* 7,1).

---

[761] Cântico Espiritual de São João da Cruz, p.614. Ed. Vozes.

"Existem três inimigos da vida cristã: o demônio, o mundo e a carne, ou seja, as nossas paixões, que são as feridas do pecado original." (Papa Francisco)[762]

1) Satanás, o nosso primeiro inimigo

"(...) algumas sementes caíram à beira do caminho... vem o Maligno e rouba o que foi semeado em seu coração." (Mt 13,4.19)

"Sede sóbrios e vigiai. Vosso adversário, o demônio, anda ao redor de vós como o leão que ruge, buscando a quem devorar." (1Pd 5,8)

"Pois a nossa luta não é contra o sangue e a carne, mas contra os principados, as potestades, os dominadores deste mundo tenebroso, os espíritos malignos espalhados pelo espaço. Por isso, protegei-vos com a armadura de Deus, a fim de que possais resistir no dia mau, e assim, empregando todos os meios, continueis firmes." (Ef 6,12-13)

"[...] mas, muitas vezes, os homens, enganados pelo demônio, desorientam-se em seus pensamentos e trocam a verdade de Deus pela mentira, servindo a criatura de preferência ao Criador (cf. Rm 1,21.25)."[763]

"Sai do quadro do ensinamento bíblico e eclesiástico quem se recusa a reconhecer a existência desta realidade [...]." (Papa Paulo VI)[764]

"Não se pode pensar numa vida espiritual, uma vida cristã, – dizia há dias – sem resistir às tentações, sem lutar contra o diabo, sem vestir esta armadura de Deus, que nos dá força e nos defende. Mas a esta geração – e a tantas outras – fizeram acreditar que o diabo fosse um mito, uma figura, uma ideia, a ideia do mal. Mas o diabo existe e nós devemos lutar contra ele. Di-lo Paulo, não o digo eu! A Palavra de Deus di-lo." (Papa Francisco)[765]

Nossa fé não é uma ideologia, sistema de pensamentos... diz respeito ao mistério salvífico. É impossível entender a missão de Jesus sem ter esta dimensão de combate ao demônio (cf. 1Jo 3,8). Mas temos motivos de esperança, porque Cristo o venceu e nada temos a temer, porque a derrota já está consumada. Essa vitória foi alcançada na Cruz: *"A vitória sobre o príncipe deste*

---

[762] Capela da *Domus Sanctae Marthae*, 30 de outubro de 2014.

[763] *Lumen Gentium*, 16

[764] Alocução na Audiência geral de 15 de novembro de 1972; cf: Ensinamentos do Povo de Deus, 1972, pp.183-188; Papa Paulo VI, 29 de Junho de 1972.

[765] Capela da *Domus Sanctae Marthae*, 30 de outubro de 2014.

mundo foi alcançada de uma vez para sempre, na hora em que Jesus se entregou livremente à morte para nos dar a sua vida" (CIC, 2853). Essa luta contra o demônio continuará até o fim dos tempos.

2) Carne, o nosso segundo inimigo

> *"Outras caíram em terreno cheio de pedras... não têm raiz em si mesmo, é de momento." (Mt 13,5.20-21)*

> "São bem conhecidas as obras da carne: imoralidade sexual, impureza, devassidão, idolatria, feitiçaria, inimizades, contenda, ciúmes, iras, intrigas, discórdias, facções, invejas, bebedeiras, orgias e outras coisas semelhantes." (Gl 5,19-21)

> "Não faço o bem que quero, mas faço o mal que não quero. Ora, se faço aquilo que não quero, então já não sou eu que estou agindo, mas o pecado que habita em mim." (Rm 7,19-20)

> "Ignorar que o homem tem uma natureza ferida [pelo pecado original], inclinada para o mal, dá lugar a graves erros no domínio da educação, da política, da ação social e dos costumes." (CIC 407)

Na linguagem bíblica, a carne não é o corpo, o corpo não é mal, é bom, é criação de Deus, carne é o homem que se afastou de Deus. Dentro de cada um de nós existem inconstâncias, fragilidades, fraquezas... existe uma pessoa que ainda não está convertida. Dentro de nós ainda há território de missão, que precisa ser evangelizado, e essa luta existirá enquanto tivermos vida.

3) Mundo, o nosso terceiro inimigo

> *"Outras caíram no meio dos espinhos... as preocupações do mundo e a ilusão da riqueza sufocam a palavra, e ele fica sem fruto." (Mt 13,7.22)*

> "[O Verbo] era a verdadeira luz que, vindo ao mundo, ilumina todo homem. Estava no mundo e o mundo foi feito por ele, e o mundo não o reconheceu. Veio para o que era seu, mas os seus não o receberam." (Jo 1,9-11)

> "Porque tudo o que há no mundo – a concupiscência da carne, a concupiscência dos olhos e a soberba da vida – não procede do Pai, mas do mundo." (1Jo 2,16)[766]

---

[766] Cf. CIC 2514.

"Dei-lhes a tua palavra, mas o mundo os odeia, porque eles não são do mundo, como também eu não sou do mundo. Não peço que os tires do mundo, mas sim que os preserves do mal. Eles não são do mundo, como também eu não sou do mundo. Santifica-os pela verdade. A tua palavra é a verdade." (*Jo* 17,14-17)[767]

"Muitas vezes, o diabo esconde as suas insídias por detrás da aparência da sofisticação, do fascínio de ser 'moderno', de ser 'como todos os outros'. Distrai-nos com a miragem de prazeres efêmeros e passatempos superficiais. Desta forma, desperdiçamos os dons recebidos de Deus, entretendo-nos com apetrechos fúteis; gastamos o nosso dinheiro em jogos de azar e na bebida; fechamo-nos em nós mesmos. Esquecemos de nos centrar nas coisas que realmente contam. Esquecemo-nos de permanecer interiormente como crianças. Na realidade, estas – como nos ensina o Senhor – têm uma sabedoria própria, que não é a sabedoria do mundo." (Papa Francisco)[768]

"A vida cristã é uma luta, uma luta belíssima, porque quando o Senhor vence em cada passo da nossa vida, dá-nos uma alegria, uma felicidade grande: aquela alegria que o Senhor fez vencer em nós com a sua gratuidade de salvação. Mas sim, todos somos um pouco preguiçosos, na luta, e deixamo-nos levar por paixões e por algumas tentações. É porque somos pecadores, todos! Mas não vos desencorajeis. Coragem e força, porque o Senhor está conosco." (Papa Francisco)[769]

GRAUS DE AÇÃO DO DEMÔNIO E ORAÇÕES ESPECÍFICAS

"[...] dado que a maléfica e adversa *ação do Diabo e dos demônios afeta pessoas, coisas e lugares*, manifestando-se de diversos modos, a Igreja, sempre consciente de que 'os dias são maus' (*Ef* 5,16), orou e ora para que os homens sejam libertos das ciladas do diabo." (Ritual de Exorcismos)[770]

---

[767] Cf.: *1Jo* 5,19; *Mt* 6,24.
[768] Homilia Santa Missa em Manila, Filipinas, 18 de janeiro de 2015.
[769] Capela da *Domus Sanctae Marthae*, 30 de outubro de 2014.
[770] Celebração dos Exorcismos, Proêmio. Conferência Episcopal Portuguesa, 2000, p.10.

FENOMENOLOGIA DEMONÍACA[771]

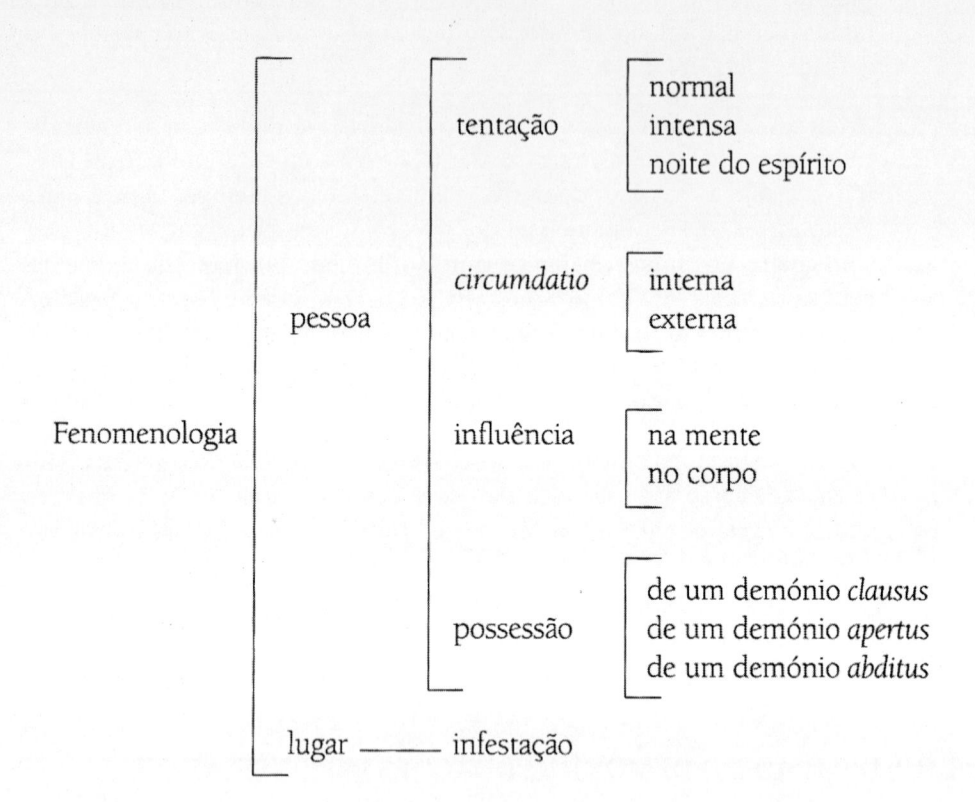

```
                            ┌ tentação ──┬ normal
                            │            │ intensa
                            │            └ noite do espírito
                            │
                            │ circumdatio ┬ interna
                            │             └ externa
              ┌ pessoa ─────┤
              │             │ influência ─┬ na mente
Fenomenologia ┤             │             └ no corpo
              │             │
              │             │              ┌ de um demónio clausus
              │             └ possessão ───┤ de um demónio apertus
              │                            └ de um demónio abditus
              │
              └ lugar ─── infestação
```

A AÇÃO ORDINÁRIA DO DEMÔNIO

A tentação[772] é a ação demoníaca mais comum em nossa vida, a sua finalidade é nos levar para o inferno; o que pode nos levar ao inferno é o pecado. O pecado é o "inimigo número um" de nossa santificação e, na realidade, o inimigo único, já que todos os demais o são enquanto provém do pecado ou a ele conduzem.

---

[771] Pe. Fortea, *Svmma Daemoniaca*, p.183; *Exorcistica*, Questão 259, p.146.

[772] Para uma distinção teológica entre as "tentações", que vêm do demônio, e as "provações", que vêm de Deus, vale a pena ler o Comentário de Santo Tomás de Aquino ao Pai Nosso, n. 78-80, tratado do qual, aliás, se pode tirar grande proveito espiritual.

Como é sabido, o pecado é "uma transgressão voluntária da lei de Deus". Supõe sempre três elementos essenciais: matéria proibida (ou ao menos estimada como tal), advertência por parte do entendimento e consentimento ou aceitação por parte da vontade. Se a matéria é grave e a advertência e o consentimento são plenos, se comete um pecado mortal; se a matéria é leve ou a advertência e o consentimento foram imperfeitos, o pecado é venial.

As três tentações que Jesus, nosso Senhor e Salvador, enfrentou no deserto são as três tentações centrais que todos nós sofremos, pois *Ele foi humano e provado como nós* (cf. Hb 4,15)[773].

É interessante perceber que dois capítulos após as tentações, o Evangelista Mateus nos apresenta auxílios, que no fundo são verdadeiros remédios para combater essas tentações[774]. Tratarei este tema de forma bem sintética, seguindo a tradição dos Santos Padres.

A tentação tem a sua forma de acontecer, se dá em um processo:

a) Primeira Tentação: Gula[775]

> "[...] *manda que estas pedras se transformem em pães*" (cf. Mt 4,3; Lc 4,3).

Jesus é tentado com pães, a tentação da carne. No *Getsêmani*, Jesus mais uma vez dá provas de luta em relação à concupiscência da carne[776]. Em ascética, esta luta em que se resiste a todos os apetites corporais é chamada *Noite dos Sentidos*.

Podemos lutar contra essa tentação com o jejum, a abstinência e a castidade.

b) Segunda Tentação: Seduções do Mundo[777]

> "*Eu te darei tudo isso [todo o poder, os reinos do mundo e sua riqueza], se caíres de joelhos para me adorar*" (cf. Mt 4,8-9; Lc 4,5-6)

---

[773] A ordem de tentações segue a lógica que sofre uma alma que se decide a levar uma vida espiritual.

[774] Cf. Mt 6,1-6.16-18: três práticas de extrema importância na tradição bíblica e cristã; que também inspiram os três conselhos evangélicos.

[775] Esta tentação está profundamente ligada com a tentação da luxúria; o melhor modo de lutar é não dar importância aos pensamentos importunos que nos ocorrem.

[776] Cf. Mc 14,38; Lc 22,44.

[777] Esta tentação está profundamente ligada com a tentação da avareza; o melhor modo de lutar é fugir das ocasiões.

Jesus é tentado com reinos, a concupiscência dos olhos. Mais tarde tentaram Jesus querendo coroá-lo rei[778]. Em ascética, esta luta em relação aos atrativos do mundo é chamada a *Noite do Espírito*.

Podemos lutar contra essa tentação com a esmola, a pobreza e a sobriedade.

c) Terceira Tentação: Soberba[779]

> "Se és Filho de Deus, joga-te daqui abaixo [ponto mais alto do templo]! [...] os anjos te carregarão nas mãos." (cf. *Mt* 4,5-6; *Lc* 4,9-10)

Jesus é tentado com o reconhecimento público, a tentação da soberba, do demônio. O Senhor Jesus trava uma luta direta com o Diabo, pois este tenta colocar Deus a prova. Um dia foram até Jesus e perguntaram: *"que sinais realizas?"*[780]

Podemos lutar contra essa tentação com a oração e a obediência.

> "A quem o demônio mais persegue? Talvez você ache que as pessoas que são mais tentadas, são indubitavelmente, os beberrões, os provocadores de escândalos, as pessoas imodestas e sem vergonha que deitam e rolam na sujeira e na miséria do pecado mortal, que se enveredam por toda espécie de maus caminhos. Não, meu caro irmão! Não são essas pessoas! (...) As pessoas mais tentadas são aquelas que estão prontas, com a graça de Deus, a sacrificar tudo pela salvação de suas pobres almas, que renunciam a todas as coisas que a maioria das pessoas buscam ansiosamente. E não é um demônio só que as tenta, mas milhões de demônios procuram armar-lhes ciladas." (Santo Cura de Ars)[781]

> "Estes são alguns motivos pelos quais Deus não impede que tenhais tentações. Em primeiro lugar, para vos ensinar que vos tornastes muito mais fortes. Depois, para que vos conserveis prudentes, em lugar de vos orgulhardes dos grandes dons recebidos, porque as tentações têm o dom de vos humilhar. Além disso, sereis tentados para que o espírito do mal, perguntando-se se verdadeiramente renunciastes a ele, fique convencido, pela experiência das tentações, de que o abandonastes totalmente. Em quarto lugar, sois tentados para vos fortalecerdes e vos tornardes mais sólidos do

---

[778] Cf. *Jo* 6,15.

[779] Esta tentação está profundamente ligada com a tentação da vanglória e do orgulho; o melhor modo de lutar é recorrer ao Senhor humildemente e invocar a intercessão de Nossa Senhora.

[780] Cf. *Jo* 6,30.

[781] Sermão sobre as tentações, p.9-10.

que o aço. Em quinto lugar, para que tenhais a certeza absoluta de que vos foram confiados tesouros; porque o demônio não vos assaltaria se não tivesse visto que recebíeis uma honra maior." (São João Crisóstomo)[782]

A tentação nunca é maior que a graça de Deus. Deus nos dá forças e as graças necessárias para vencer a tentação, sempre poderemos vencer. O apóstolo Paulo nos fala desta confortante verdade: *"Deus é fiel: não permitirá que sejais tentados além das vossas forças, mas com a tentação ele vos dará os meios de suportá-la e sairdes dela"* (1Cor 10,13b). São Tiago nos diz: *"[...] resisti ao diabo, e ele fugirá de vós"* (Tg 4,7). Deus nos permite a tentação, porque ele quer que sejamos vitoriosos. *"Bem-aventurado é o homem que suporta a tentação, porque ele [...] receberá a coroa da vida que Deus prometeu àqueles que O amam"* (Tg 1,12). Esta luta constante e diária é a forma que temos para manifestar nosso amor por Deus.

AÇÕES EXTRAORDINÁRIAS DO DEMÔNIO

Tratar, hoje, sobre os vários graus das ações extraordinárias do demônio é tratar sobre um tema complexo e bem delicado. Procurarei tratar de forma objetiva, sólida e com bastante discernimento. Terei como horizonte e parâmetro de abordagem uma excelente bibliografia que pode ser consultada no final desta obra. Iniciarei apontando algumas implicações científicas que sempre aparecem quando se trata deste tema.

Em nosso tempo, existem muitas pessoas que, fascinadas com a ciência, acreditam poder explicar todos os fenômenos extraordinários relacionados aos demônios. Não há dúvidas que a ciência tem dado a sua contribuição ajudando a entender a complexidade das mais variadas desordens mentais e comportamentais. Para que se possa compreender tais desordens é fundamental que exista um diálogo sério na compreensão de onde se origina cada uma destas: fisiodoenças (de origem química ou biológica), psicodoenças (de origem psíquica) e pneumodoenças (de origem espiritual)[783]. É difícil, mas a ciência precisa reconhecer que existem limites, que mesmo com todo o avanço científico, nem todos os casos que batem à porta de uma clínica podem ser explicados, nem são possíveis de serem catalogados cientificamente. Existem enfermidades sérias de ordem espiritual.

---

[782] Homilias sobre Mateus.

[783] Pe. Fortea, *Svmma Daemoniaca*, p.303.

Cada dia está mais claro que fenômenos extraordinários diabólicos, como a *influência demoníaca* e a *possessão*, não se encaixam, na sua totalidade, dentro de especialidades psiquiátricas e neurológicas como: transtorno de personalidade (borderline), transtorno bipolar, esquizofrenia, epilepsia (quadro grave), etc.[784] Buscar sempre um diagnóstico de um profissional no campo científico é fundamental. Mas o profissional precisa ser honesto e reconhecer que, entre os transtornos mentais, existem transtornos dissociativos complexos, nos quais acontecem manifestações e fenômenos que ele não conseguirá explicar.

> "Como psiquiatra avalio se seja mais indicado para os pacientes um percurso de psicoterapia, um tratamento psico-farmacêutico, ou eventualmente, os dois. A diferença entre um psiquiatra católico, ateu ou agnóstico está apenas no fato que o primeiro não exclui a verificação dos Fenômenos Preternaturais. Em alguns casos, de fato, verificam-se fenômenos não explicáveis em nível científico." (Dra. Donatella Pace)[785]

O *Manual Diagnóstico e Estatístico de Transtornos Mentais* (DSM) da *American Psychiatric Association*, na quarta (1994) e na quinta edição (2014), no capítulo referente a "Transtornos Dissociativos", trata no n. 300.14 sobre o "Transtorno Dissociativo de Identidade" e no n. 300.15 sobre "Outro Transtorno Dissociativo Especificado". Estes dois transtornos são muito relevantes com o tema aqui tratado. O n. 300.15, faz referência clara à realidade da possessão. Também é muito significativo ver no Apêndice I do DSM-4, a análise que se faz do termo "zar". Pe Fortea, partindo da abordagem que o DSM apresenta, diz que o termo mais adequado psiquiatricamente para expressar a realidade da possessão seria "síndrome demonopática[786] de dissociação da personalidade".[787]

> "É igualmente interessante que, pela primeira vez, no DSM-IV (Manual de Diagnóstico e Estatística das Perturbações Mentais, cuja quarta edição se publicou em 1994) se fale de possessão atribuída à influência de um espírito. Que um livro de nosologia[788] psiquiátrica de indiscutível autoridade a

---

[784] Existe uma variedade literária nesta área, cito apenas as mais acessíveis: *Summa Daemoniaca*, pp.137-142 – 299-308; *Esorcismo e Preghiera di liberazione*, pp.163-189; *Exorcistas e psiquiatras*, pp.91-122; cf. referência bibliográfica no final desta obra.

[785] Especialista em Psiquiatria e em Psicologia Médica. Fonte: aleteia.org, 21 de julho de 2014.

[786] Demonopatia: toda a patologia psiquiátrica que decorre com uma temática demoníaca.

[787] Cf. Pe. Fortea, *Svmma Daemoniaca*, p.141.

[788] Ramos da medicina que estuda e classifica as doenças.

nível mundial contenha semelhante afirmação é uma novidade significativa, impensável há alguns anos." (Pe. Gabriele Amorth)[789]

Um ramo novo e ainda muito recente da ciência que deseja contribuir no discernimento dos fenômenos preternaturais é a *Parapsicologia*. E aqui entramos em um tema bem delicado, pois esse ramo da ciência se propõe estudar com o método científico das ciências experimentais temas e realidades que estão no âmbito da demonologia, da angeologia e da mística (desculpe a comparação, seria como querer enxergar com os ouvidos ou a boca). São realidades distintas, pois ultrapassam a realidade física, natural. A teologia sempre soube explicar esses fenômenos e suas causas, partindo da Palavra de Deus e da experiência mística (constatada na vida de tantos santos e doutores da Igreja). A comunidade científica mundial é extremamente crítica em relação ao valor científico dos métodos e dos resultados obtidos pela parapsicologia.

Por que dedicar algumas breves linhas sobre o tema delicado da parapsicologia? Acho importante alguns apontamentos sobre esse tema, pois a primeira pergunta que muitas pessoas fazem quando abordamos assuntos ligados ao demônio é: você conhece alguma coisa sobre parapsicologia? Apresentarei brevemente alguns elementos que podem contribuir para esse diálogo, para que possamos ver com clareza limites e possibilidades.

> "A parapsicologia é o ramo da ciência que estuda todos os fenômenos extraordinários que não podem ser explicados nem pela ação das leis deste mundo material, nem pela intervenção dos espíritos (Deus, anjos, santos ou demônios)." (Pe. José Fortea)[790]

Pe. José Antonio Fortea[791] utiliza um esquema para ajudar a entender melhor o campo que abarca a parapsicologia[792]:

– a mística: estuda a ação de Deus;

– a demonologia: estuda a ação dos demônios;

– a parapsicologia: estuda todos os eventos extraordinários que se situam entre a ciência e a demonologia;

---

[789] Pe. Amorth. *Exorcistas e Psiquiatras*, p.95.

[790] Pe. Fortea, *Exorcistica*, Questão 199, p.68.

[791] Pe. José Antonio Fortea, é teólogo especializado em Demonologia. Em 1998 ele defendeu sua tese de Licenciatura com o tema: "O Exorcismo na época atual". No dia 23 de abril de 2015, ele apresentou em Roma sua tese de doutorado "Problemas teológicos da prática do exorcismo", uma obra com mais de 600 páginas e com uma vastíssima bibliografia.

[792] Cf. Pe. Fortea, *Exorcistica*, Questão 199, pp.68-69.

– a ciência física: estuda a ação das leis da natureza física.

Infelizmente, a maioria dos centros que se dedicam a estudar parapsicologia caíram em um extremo ceticismo a respeito dos temas relacionados ao demônio, ainda mais quando se tratam de fenômenos e manifestações de origem diabólica. Alguns centros de estudos negam explicitamente a existência do demônio; outros até aceitam que ele exista, mas negam a atuação dele em nosso mundo.

Muitos parapsicólogos apelam para uma leitura das Sagradas Escrituras, partindo meramente para o *método histórico-crítico,* deixando de lado a *Inspiração Divina* e a *Inerrância da Palavra de Deus,* creem que, no fundo, tudo se trata de metáforas, enfermidades psíquicas, que exorcismos poderiam até "curar", mas por sugestão; não creem que de fato possa estar acontecendo algo para além do âmbito natural (sobre-humano).

Negando a ação preternatural, reduzem os fenômenos extraordinários demoníacos, por exemplo, os possíveis sinais de possessão, simplesmente a: *xenoglossia* (falar um idioma diferente ou desconhecido do consciente; o qual a pessoa teria tido algum contato e esse ficou registrado no inconsciente); *faculdade psigamma* (faculdade que ultrapassa tempo e espaço, possibilitando a telepatia – a pessoa captaria psigamicamente pensamentos ou desejos de outra pessoa – e outros fenômenos; também chamada de *percepção extra sensorial*); *hiperestesia indireta do pensamento* (capacidade de "ler" ou de "ouvir" o pensamento à curta distância, permitindo que a pessoa revele coisas distantes e ocultas); *telecinesia* (através da telergia a pessoa poderia mover objetos a uma curta distância); *sansonismo*[793] (manifestação de forças superiores à idade e ao porte) e outros fenômenos relacionados.[794]

Ninguém duvida que muitas dessas hipóteses aqui levantadas pela parapsicologia sejam fenômenos até bem interessantes, podendo chegar até a impressionar alguns. Mas, mais uma vez voltamos a questão do método: não é possível com o método científico das ciências experimentais, abarcar realidades que ultrapassa o âmbito natural, físico. Reduzir a complexidade dos vários fenômenos preternaturais relatados por tantos exorcistas experientes, a essas explicações parapsicológicas é algo muito pobre, para não dizer simplista, ou até forçada. Por mais que um parapsicólogo seja bem intencionado, é essencial ter acesso a especialistas na área de demonologia (e hoje temos tantos), e

---

[793] Os psiquiatras falam em *hiperdinamismo.*

[794] Cf.: *Revista de Parapsicologia,* nº 14, CLAP; Oscar G.-Quevedo. *Antes que os demônios voltem.* 4ª ed. São Paulo: Loyola, 1997.

acompanhar experiências de padres exorcistas que dedicaram toda a sua vida a enfrentar o Mal na linha de frente, pessoas que não dedicaram a sua vida em vão, mas que são, na verdade, testemunhas reais da veracidade do Evangelho, muitos deles têm deixado por onde passam um rastro luminoso de santidade. É difícil, mas é necessário: a parapsicologia também precisa reconhecer que tem os seus limites.[795]

> *"Muitos, ultrapassando indevidamente os limites das ciências positivas,* ou pretendem explicar todas as coisas só com os recursos da ciência, ou, pelo contrário, já não admitem nenhuma verdade absoluta." (Concílio Vaticano II, *Gaudium et Spes*, 19)

Padre Fortea nos ensina que cabe à *demonologia*, em diálogo com os diversos ramos da ciência, estudar os *fenômenos preternaturais*. Os exorcistas de nosso tempo têm uma grande missão, e nessa jornada, conhecimento e discernimento são fundamentais, pois, muitas vezes, transtornos mentais, fenômenos parapsicológicos e fenômenos preternaturais podem coexistir. Por isso, é essencial sempre agir com cautela, prudência e discernimento porque muitas manifestações extraordinárias de origem demoníaca, podem ser bem similares com os transtornos e os fenômenos acima mencionados. Não nos esqueçamos que o demônio pode também se esconder atrás de algum diagnóstico clínico.

> "(...) há uma grande similaridade entre fenômenos psiquiátricos e parapsicológicos de um lado e entre sintomas de intervenção diabólica do outro, é óbvio que a única prova possível e válida de atividade diabólica deve ser baseada na modalidade do fenômeno e não exclusivamente no fenômeno em si. Como acabamos de notar, os fenômenos podem, muito possivelmente, ter uma causa natural e isto deve ser sempre presumido até que se prove o contrário. É, portanto, através da investigação da modalidade do fenômeno, do padrão que regula a manifestação e recorrência do fenômeno, que se pode determinar se um dado caso tem ou não origem diabólica. E, uma vez que a ciência pode investigar, estudar e formular esta modalidade ou padrão, um critério de diagnóstico que use estas dados pode ser considerado certamente um critério científico." (Monsenhor Corrado Balducci)[796]

---

[795] O ministério de exorcista, neste sentido, tem muito a nos ensinar, pois nos faz menos intelectualistas e menos moralistas.

[796] "*O Diabo: ...vivo e atuante no mundo*", pp.141-142.

Diferentes tipos de fenômenos extraordinários dos demônios[797]

"Pode-se cair nos males extraordinários enviados pelo demônio por quatro motivos. Ou porque isso consiste num bem para a pessoa (é o caso de muitos santos)[798], ou pela persistência no pecado de modo irreversível, ou por um malefício que alguém faz por meio do demônio, ou por práticas de ocultismo." (Pe. Gabriele Amorth)[799]

1) Circumdatio: é a situação na qual um demônio assedia de forma continuada uma pessoa. Pode ser de forma externa (ou sensível) ou interna. Na *circumdatio externa* o demônio move coisas no lugar em que se encontra a pessoa ou provoca ruídos ou cheiros; há casos de *vexação*, onde o diabo ataca fisicamente a pessoa[800] ou aos seus bens (cf. *Jó* 1-2). Na *circumdatio interna*[801] o demônio provoca visões[802] ou sensações que só são vistas ou sentidas pela pessoa que sofre. Neste grau de ação algumas pessoas chegam a ir até o suicídio. Na *circumdatio* o demônio está fora da pessoa.[803]

Auxílio: *aumento da vida de oração* – ir a Igreja, participar da Santa Missa, usar água benta, praticar atos piedosos...

2) Influência Satânica[804]: é o fenômeno pelo qual um demônio exerce certa influência sobre o corpo de uma pessoa. A pessoa é incomodada por vozes e sentimentos. Neste grau, de ação o demônio está dentro da pessoa, e pode agir

---

[797] Síntese feita a partir da Obra *Summa Daemoniaca*; e das experiências dos maiores exorcistas da atualidade.

[798] "Pode se tratar de simples permissão de Deus, do mesmo modo como Deus pode permitir uma determinada doença. A finalidade é dar à pessoa uma oportunidade de purificação e de méritos. Poderia apresentar uma longa lista de santos e de bem-aventurados que sofreram períodos de possessão diabólica (Santa Gemma Galgani, a bem-aventurada Ângela de Foligno, o bem-aventurado Padre Calábria...). Pode se tratar apenas de perturbações maléficas, tais como pancadas, quedas ou coisas semelhantes; temos exemplos famosos deste tip.de fenômenos na vida do Santo d'Ars e do Santo Padre Pio." (Pe. Amorth. Exorcistas e Psiquiatras, p.110)

[799] Fonte: catolicismoromano.com.br (acessado no dia 19 de agosto de 2015).

[800] Relatos de golpes físicos (cf. *2Cor* 12,7; Dom Bosco, Cura d'Ars, Padre Pio de Pietrelcina...). A maioria dos santos foram libertos sozinhos das vexações diabólicas, graças à oração e aos sacramentos.

[801] Usava-se o termo *obsessão*, mas as pessoas tendem confundir este termo com obsessão psicológica.

[802] É diferente de um quadro de psicose, pois o núcleo da alma da pessoa continua em paz.

[803] A *circumdatio* está para além da tentação, se distingue pelo grau.

[804] Usava-se o termo *opressão*, esse termo tinha um sentido mais poético, mais amplo (podendo-se referir também à tentação). O termo *influência satânica* é mais preciso, não é usado para se referir à tentação.

sobre a sua mente (ideia persistente, pensamentos obsessivos) ou o seu corpo (causando determinadas doenças).

Auxílio: *oração de libertação* – pedir oração de um padre ou de um grupo de leigos. A oração deve ser sempre dirigida a Deus pedindo que Ele destrua o poder do demônio sobre o sujeito; oração em línguas tem grande eficácia; incrementar a vida de oração; quanto mais se fortalecer na vida espiritual, menos poder o demônio terá sobre ele; em casos mais graves pode-se rezar o *Exorcismus Missionalis*.

3) Possessão: é o fenômeno pelo qual um espírito maligno possui o corpo de uma pessoa e em determinados momentos pode falar e mover-se através do corpo sem que a pessoa possa evitar (o faz gritar, cair no chão...).

> "[...] já encontrei fenômenos de pessoas que durante os exorcismos falavam outras línguas ou línguas estranhas; também presenciei fenômenos de levitação e de força gigantesca. Mas estes fenômenos sozinhos não são suficientes para poder se afirmar se o caso é de possessão diabólica; são necessárias condições especiais e a integração com outros elementos de avaliação. Um exorcista está habituado a ver fenômenos estranhos em grande quantidade e de tal maneira que se não os tivesse visto não acreditaria neles. Como, por exemplo, pessoas que durante os exorcismos cospem pregos, vidros, madeixas de cabelos, as mais variadas coisas. Ou, então, a presença em travesseiros ou colchões, de ferros retorcidos, de cordas com nós, de trançados muito apertados em forma de terço, de animais 'pré-históricos' feitos de material semelhante ao plástico... O caso mais grave que estou acompanhando é o de uma pessoa que [...] já vomitou quase dois quilos de material. Destaco que os objetos vomitados se materializam no instante em que saem da boca. Observei isso claramente num jovem que cuspiu pregos na mão; até o último instante tive sempre a impressão de que cuspia saliva. Assim se explica por que razão a pessoa nunca tem danos físicos, mesmo quando cospe pedaços de vidro grosso e cortante. São fenômenos paranormais? É importante levar em conta a modalidade; certos objetos que encontramos nos travesseiros são sinais evidentes de feitiços, ou seja, são resultados de malefícios." (Pe. Gabriele Amorth)[805]

> "Mais algumas palavras a respeito da possessão, que é a forma mais grave. O demônio é puro espírito, na realidade, é uma força demoníaca que se apodera de uma pessoa e fala ou age servindo-se dos órgãos desta pessoa, mas valendo-se do seu conhecimento e força. Por isso pode revelar coisas ocultas; pode falar todas as línguas ou línguas que desconhecemos; pode

---
[805] Pe. Amorth. *Exorcistas e Psiquiatras*, p.104.

manifestar uma força extraordinária, impossível, humanamente falando. Um amigo, exorcista em Roma há muito tempo, estava exorcizando um jovem numa Igreja. A certa altura, este jovem levantou-se e começou a subir, a subir até que a sua cabeça tocou no teto da Igreja. Imaginem o terror que experimentaram os que presenciaram a cena, o medo de que o seu familiar caísse de repente e se arrebentasse no chão. O exorcista fez um gesto para tranquilizá-los e continuou firme com o exorcismo, como se nada de mais estivesse acontecendo. Mais para o fim das orações, aquele jovem começou a descer lentamente e, no final do exorcismo, já estava de novo sentado. Não percebeu nada. São fenômenos que ocorreram, e que não podem ter explicação natural." (Pe. Gabriele Amorth) [806]

Além desses relatos aqui apresentados pelo Pe. Gabriele Amorth (e tantos outros que ele recorda em seus vários livros), é muito significativo o estudo do "Caso de Marta", que foi acompanhado pelo Pe. Fortea durante mais de 7 anos, 3 horas por semana. Hoje a jovem se encontra bem e leva uma vida completamente normal.

Existem casos excepcionais. Os casos são bem diversos. Na grande maioria são casos bem simples, onde com bastante brevidade as pessoas são libertas.

A possibilidade das possessões

"Por causa da sua subtileza ou espiritualidade, os demônios podem penetrar nos corpos e residir neles; por causa do seu poder, podem convulsioná-los ou perturbá-los. Portanto, os demônios podem, em virtude da sua subtileza e poder, introduzir-se no corpo do homem e atormentá-lo, a menos que os impeça um poder superior. É o que se chama possuir, *assediar*... Mas penetrar no íntimo da alma fica reservado à substância divina"[807] (Nota Pastoral da Conferência Episcopal de Toscana, Magia e demonologia, n. 15)

"Na vitória de Cristo sobre o diabo participa a Igreja: Cristo, com efeito, deu aos seus discípulos o poder de expulsar os demônios (cf. *Mt* 10,1; *Mc* 16,17). A Igreja exerce este poder vitorioso mediante a fé em Cristo e a oração (cf. *Mc* 9,29; *Mt* 17,20), que em casos específicos pode assumir a forma do exorcismo." (Papa João Paulo II)[808]

---

[806] Idem, p.113.
[807] Santo Tomás de Aquino, *In sent., dist. VIII*, part. II a 1, q. 1 e 2.
[808] Audiência Geral, 20 de agosto de 1986.

Como sabemos que uma pessoa está possuída? Essa é uma boa pergunta. Apresentarei a seguir alguns elementos que podem ajudar no discernimento.

Segundo o Ritual Romano de 1952, os fenômenos que acompanham a possessão são:

a) Fenômenos parapsicológicos e/ou preternaturais:
- falar uma língua completamente desconhecida;
- possuir uma força sobre-humana;
- levitação.

b) Fenômenos físicos sobre o corpo:
- mudanças na fisionomia, alteração da voz;
- convulsões e gritos blasfemos.

c) Fenômenos de tipo espiritual (negativos)
- reações furiosas perante objetos sacros;
- blasfêmias e insultos a Deus, aos santos.

* Há períodos de calma e de crise, que geralmente vêm quando há uma alusão ao sacro.

É necessário o devido discernimento para distinguir a possessão de outros fenômenos ou desordens psíquicas como:

– alucinação: percepção de objetos inexistentes, como se fossem verdadeiros;
– ilusão: percepção deformada de algo que existe;
– delírio: percepção falsa da realidade interna ou externa;
– obsessão: pensamentos recorrentes que se impõem de modo invasivo.

Pe. Fortea apresenta sete características essenciais para diagnosticar uma possível possessão:

> 1) Diante do sagrado ou do religioso dá-se uma variedade de sensações que vão, segundo a pessoa, desde o fastio até ao horror, desde a ligeira expressão de moléstia até à manifestação de ira e de fúria.
>
> 2) Nos casos mais extremos, o horror leva a acessos de fúria que costumam ser acompanhados normalmente de blasfêmias ou insultos dirigidos para o objeto religioso que se colocou na proximidade.
>
> 3) O possesso, nos episódios agudos de manifestação de ira furiosa, perde a consciência. Quando volta a si não lembra de nada. A amnésia é total e absoluta. Enquanto tem lugar a crise de fúria, a pessoa sofre uma mudança de personalidade, é como se dela emergisse uma segunda personalidade.

4) Essa segunda personalidade tem sempre um caráter maligno. É frequente que durante esses momentos as pupilas se voltem para cima ou para baixo, deixando os olhos brancos. Os músculos faciais costumam ficar tensos. Também as mãos mostram crispação. Nesses momentos de crise, articula uma voz cheia de ódio e de raiva.

5) Quando a crise furiosa chega ao fim, a pessoa volta lentamente à normalidade, e este percurso de regresso é praticamente similar, quanto ao tempo e ao modo, ao percurso que se observa do estado de hipnose ao estado normal de consciência.

6) À parte das crises furiosas em que emerge a segunda personalidade, a pessoa leva uma vida completamente normal, sem que esta patologia afete em nada, nem o seu trabalho nem as suas relações sociais. O sujeito aparece como uma pessoa perfeitamente cordata. Em qualquer momento distingue sem problemas entre realidade e o mundo intrapsíquico, não mostra nenhuma conduta delirante.

7) Só em alguns casos expõem fatos que parecem surgir de alucinações sensoriais (concretamente, expõem que às vezes veem sombras, sentem uma sensação estranha em alguma parte concreta do corpo ou ouvem estalidos). Pelo contrário, não ouvem vozes internas nem sentem que nada lhes corre debaixo da pele.[809]

O mais comum que vemos é alguém, depois de se envolver com o mundo do ocultismo (esoterismo, invocação a espíritos, etc), começar a se sentir mal, e em um determinado momento sentir que *algo* entra nela. Começa a ter pesadelos, presenças... Quando essa pessoa tem algum contato com o ambiente religioso, se sente mal; quando alguém ora por ela, entra em transe e esse *algo* se manifesta através dela. Esta pessoa procura ajuda, tenta diversos meios: psicólogos, psiquiatras..., não encontra solução. Quando tem a oportunidade de ter acesso a um exorcista, o caso de possessão pode vir a se confirmar. No início de uma simples oração: entra em transe, os olhos ficam brancos, fica furiosa, grita, blasfema, mostra aversão ao sagrado (pessoas, objetos ou palavras), durante a oração tem reações muito violentas. Dependendo da gravidade, a pessoa pode apresentar alguns dos sinais clássicos de possessão: conhecimento telepático, fala idiomas desconhecidos (línguas a que nunca teve acesso como aramaico, latim, etc), mostra uma força anormal, se contorce de forma extraordinária, manifesta uma voz diabólica (cheia de ódio e de raiva), move objeto, levita, etc.[810]

---

[809] Pe. Fortea, *Svmma Daemoniaca*, pp.135-136.
[810] Não é possível catalogar estas realidades todas dentro de um quadro clínico como já mencionamos

É impressionante, em muitos casos, depois de anos de tratamento clínico, com apenas uma sessão de exorcismo a pessoa é curada, é libertada. Se fosse, por exemplo, um caso de esquizofrenia, poderia se fazer 100 exorcismos, a pessoa continuaria esquizofrênica, como no primeiro dia. Com sugestão não se cura a esquizofrenia. Mas quando é de fato possessão, com as orações realizadas durante o exorcismo a pessoa é verdadeiramente libertada.

Antes de prosseguir, creio importante dizer que os sinais manifestados [e requeridos] na possessão são apenas indícios de plausibilidade de uma possessão. Tudo que o demônio pode fazer pode ser encontrado na natureza, pois o demônio não é capaz de milagres[811]. Justamente por este fato é que não existem sinais científicos e irrefutáveis de uma possessão. Tudo o que ele faz pode ser encontrado na própria natureza. Haverá sempre um espaço para a dúvida nas manifestações da pessoa investigada. A maior prova da possessão é a eficácia do próprio exorcismo. Da parte do exorcista, é fundamental sempre prudência e discernimento.

> "É verdade que, antes de atuar, o exorcista interroga a pessoa que sofre ou os seus familiares a fim de determinar se existem condições para administrar o exorcismo. Mas é igualmente verdadeiro que só mediante o exorcismo se pode saber com exatidão se existe uma intervenção diabólica ou não. Todos os fenômenos que se produzem, ainda que sejam estranhos ou aparentemente inexplicáveis podem, com efeito, ter uma explicação natural. Mesmo a associação dos fenômenos psiquiátricos e parapsicológicos não é suficiente para estabelecer um diagnóstico. Só por meio do exorcismo é que se pode ter a certeza de estar perante uma intervenção diabólica ou não. [...] Faz-me rir certos pretensiosos teólogos modernos que afirmam como sendo uma grande novidade o fato de certas doenças se poderem confundir com a possessão diabólica. Certos psiquiatras ou parapsicólogos estão nas mesmas circunstâncias: pensam ter descoberto a América ao proferir tais afirmações. Se fossem um pouco mais instruídos saberiam que as autoridades eclesiásticas foram as primeiras a pôr os teólogos de sobreaviso contra esse possível erro." (Pe. Gabriele Amorth)[812]

Causas da possessão são:[813]

---

acima; não encaixa na sua totalidade, algumas vezes em pequenas partes.
[811] Cf. *Suma Teológica*, I, q. 114, a. 4.
[812] *Um Exorcista Conta-nos*, pp.50 e 54.
[813] Pe. Fortea, *Svmma Daemoniaca*, p.148; cf. Pe. Amorth. *Exorcistas e Psiquiatras*, pp.110-112; catolicismoromano.com.br

1) pacto com o demônio;
2) assistir a sessões espiritistas, a ritos esotéricos ou a cultos satânicos: *adivinhação* (ouija, taro, astrologia...), *magia* (reiki, umbanda, macumba, vudú), etc;
3) um filho ter sido oferecido por sua mãe a Satanás;
4) malefício;
5) persistência no pecado de modo irreversível.

Em fevereiro de 2016, bispos e exorcistas italianos se reuniram na cidade de *Poggio, San Francesco*, localizada na Sicília (Itália), por ocasião do 12º encontro formativo de exorcistas, organizado pelo Centro Regional "João Paulo II" da Conferência Episcopal Siciliana. Neste encontro, os exorcistas explicavam que existem diversas causas pelas quais uma pessoa pode ter problemas relacionados ao demônio, esse costuma agir quando "a pessoa lhe deixa uma porta aberta". Neste sentido, o jornal dos bispos italianos chamado *Avvenire*, nos chama atenção para algumas formas nas quais o demônio entra na vida das pessoas: uma maldição, algumas feridas da infância, a falta de perdão e a recaída em pecados graves como o aborto e o adultério.[814]

Auxílio: *exorcismo*.[815]

Da Influência Satânica à Possessão

Pe. Fortea, depois de examinar centenas de pessoas em diferentes países do mundo, nos apresenta uma escala onde podemos perceber os graus de desenvolvimento da *influência* à *possessão*:

1) Influência externa: a pessoa, quando se reza por ela, sente que lhe tocam, sente calafrios ou presenças, mas nada dentro do seu corpo.

2) Influência interna: a pessoa sente opressão no seu interior (frequentemente no peito ou na cabeça), ou nota que se move algo, ou dor num determinado membro. Isto é, a pessoa, quando o sacerdote reza por ela, nota algo dentro do seu corpo. Porque o nota dentro, dizemos que a influência é interna.

3) Movem-se-lhe só as pálpebras de cima para baixo e com rapidez. Se o sacerdote lhe levanta com cuidado as pálpebras, observa que os olhos, ou estão na sua posição normal ou que, se estão voltados para cima ou para

---

[814] Fonte: http://pt.aleteia.org/, 23 de fevereiro de 2016.

[815] "Exorcismo (*Exorcismus*): rito instituído pela Igreja para afastar de uma pessoa, coisa ou lugar o influxo do demônio." (*Código de Direito Canônico*. 4. ed. Conferência Episcopal Portuguesa: Lisboa, 1983, p.389)

baixo, no momento voltam à posição normal enquanto o sacerdote lhe levanta a pálpebra. A pessoa está consciente.

4) Quando levanta as pálpebras observa que os olhos estão brancos sob as pálpebras. Ao levantar a pálpebra, a pupila não voltará a colocar-se no seu lugar. A pessoa, embora tenha os olhos brancos, está consciente.

5) Quando se apresentam os sinais descritos no grau 4, mas, além disso, a pessoa permanece inconsciente. O exorcista fala-lhe, mas não responde e, ao acabar a oração, não se lembra de nada.

6) Movem-se ligeiramente as mãos, a cabeça ou alguma parte do corpo. Produz-se como que um tremor involuntário desses membros.

7) A pessoa grita, geme ou soluça, mas não fala. Às vezes, agita-se em silêncio, mas sem que haja necessidade de a segurar.

8) A pessoa fala em transe. O espírito pode agitar a pessoa em alguns momentos.

9) A pessoa agita-se fortemente. Se são demônios mudos, podem estar em silêncio, mas o corpo move-se com violência.

10) A pessoa grita com todas as suas forças, uiva. Várias pessoas têm de a segurar.[816]

"(...) a possessão se daria a partir do grau 8. A possessão dá-se apenas quando o espírito pode mover à vontade esse corpo."[817]

4) *Infestação*: é o fenômeno pelo qual um demônio possui um lugar. Nestes casos, o demônio pode mover coisas à vontade ou provocar ruídos ou cheiros.

Auxílio: *exorcismo da casa*

Há casos também de *possessão* de animais (algo um pouco raro), objetos (quando usado em rito de malefício ou feitiço) ou lugares (geralmente onde há práticas frequentes de ritos esotéricos ou satânicos, sessões de espiritismo; crimes). Nestes casos, antes de buscar um exorcista é importante ter ao menos duas testemunhas.[818]

São Francisco de Assis, certa feita, expulsou de uma só vez todos os demônios da cidade italiana de Arezzo:

> "As palavras de Francisco não tinham força só quando ele estava presente: mesmo quando eram transmitidas por outros não deixavam de produzir o seu fruto. Uma vez, chegou a Arezzo e soube que a cidade inteira estava afogada numa luta interna, ameaçada de iminente destruição. Hospedado

---

[816] Pe. Fortea, *Svmma Daemoniaca*, pp.250-253.

[817] Idem, p.252.

[818] Cf. Pe. Fortea, *Svmma Daemoniaca*, pp.165; 182; 192.

numa aldeia fora da cidade, o homem de Deus viu, acima daquela terra, demônios exultantes e cidadãos inflamavam a destruição de seus próprios concidadãos. Chamando Frei Silvestre, um homem de Deus de digna simplicidade, deu-lhe ordem dizendo: "Vai à frente da porta da cidade e, da parte de Deus todo-poderoso, manda aos demônios que saiam da cidade o quanto antes!" Apressou-se a santa simplicidade a cumprir a obediência, piedoso e simples, o frade foi correndo cumprir a ordem e, apresentando-se diante de Deus com hinos de louvor, clamou valentemente diante da porta: "Da parte de Deus e por ordem de nosso pai Francisco, ide embora para longe daqui, demônios todos!" A cidade voltou à paz pouco depois e tratou de preservar com grande tranquilidade os direitos dos cidadãos. Por isso, mais tarde, falando para eles, São Francisco disse, no início da pregação: 'Dirijo-me a vós como a homens antes subjugados pelo diabo e prisioneiros dos demônios, mas sei que fostes libertados pelas preces de um certo pobre.'"[819]

Exorcismos

Exorcismo é um rito pelo qual se ordena ao demônio para sair do corpo de um possesso. O exorcismo é uma oração litúrgica da Igreja. No exorcismo manifesta-se o poder da oração, o poder do sacramento sacerdotal e o poder do nome de Jesus.[820]

> "Jesus o praticou, é dele que a Igreja recebeu o poder e o encargo de exorcizar." (CIC, 1673)

O Evangelho nos apresenta muitos exorcismos realizados por Jesus. Pessoas de todos os lugares acorriam a Jesus, aí a razão de tantos exorcismos.

Jesus exorcizava:

– espíritos imundos, impuros (cf. *Lc* 7,21);
– pessoas atormentadas e oprimidas pelo diabo (cf. *Mt* 4,23-24);
– pessoas possessas: na sinagoga de Cafarnaum (*Mc* 1,21-28), endemoniado de Gerasa (*Mc* 5,1-15).

Os Santos Evangelhos narram uma quantidade tão grande de possessões que seria temerário negar a sua existência.[821] No Novo Testamento, na Pleni-

---

[819] Tomás de Celano, Segunda vida de São Francisco de Assis, 74 (FF, 695).
[820] Cf. CIC, 517 e 1673.
[821] Os Santos Evangelhos nos ajudam a perceber com bastante precisão que cura e libertação, são duas coisas distintas: *Mc* 1,32-34; 16,15-20; *Mt* 4,23-24; *Mt* 10,1; *Lc* 8,1-3; etc.

tude da Revelação, inúmeras possessões aparecem.[822] As possessões não são oriundas da mentalidade judaica, mas sim, da luta de Cristo contra o Diabo. Jesus não errou em questões de fé, ainda mais em uma matéria tão séria e tão grave como a possessão. O estudioso Joachim Jeremias nos mostra que a controvérsia que Jesus teve com os líderes da sua época, onde Ele fala que expulsa os demônios pelo *Dedo de Deus*[823], é uma controvérsia histórica, irrefutável (principalmente pelos semitismos que há no discurso)[824]. A inerrância da *Bíblia* é em matéria religiosa. A possessão é indiscutivelmente uma matéria religiosa. A existência da possessão é algo atestado ao longo de toda a história cristã, principalmente pelos inúmeros relatos dos santos.

Jesus passou o poder de exorcizar aos apóstolos e seus discípulos[825] (cf. *Mt* 10,1; *Mc* 6,7; *Lc* 9,1).

> "O Senhor Jesus disse-lhes: 'Ide pelo mundo inteiro e *anunciai a Boa Nova a toda criatura!* [...] Eis os sinais que acompanharão aqueles que crerem: *expulsarão demônios em meu nome*; falarão novas línguas; se pegarem em serpentes e beberem veneno mortal, não lhes fará mal algum; e quando impuserem as mãos sobre os doentes, estes ficarão curados.' Depois de falar com os discípulos, o Senhor Jesus foi levado ao céu e sentou-se à direita de Deus. Então, os discípulos foram anunciar a Boa Nova por toda parte. *O Senhor os ajudava e confirmava sua palavra pelos sinais que a acompanhavam.*" (*Mc* 16,15.17-20)

> "Sob uma forma simples, o exorcismo é praticado durante a Celebração do Batismo. O exorcismo solene, chamado 'grande exorcismo', só pode ser praticado por um sacerdote, com a permissão do bispo. Nele é necessário proceder com prudência, observando estritamente as regras estabelecidas pela Igreja." (CIC, 1673)

Se um leigo ou um sacerdote, por iniciativa própria, resolver realizar exorcismos (sem a permissão do bispo), este estará travando uma guerra pessoal contra os demônios e certamente perderá. Como vimos acima o "exorcismo solene" só pode ser realizado com a permissão do Bispo.

---

[822] No Antigo Testamento encontramos um possível caso de possessão (cf. *1Sm* 16,14-15.23; 18,10, fala-se de um "espírito mau" que "agitava" e "atormentava" Saul).

[823] Cf. *Mc* 3,22; *Mt* 12,28; *Lc* 11,20.

[824] Cf. Teologia do Novo Testamento: Nova Edição revisada e atualizada, pp.145-159.

[825] Os fieis leigos têm um chamado especial a auxiliarem no combate contra a influência do maligno com orações de libertação.

"O ofício de exorcista existe para ajudar as pessoas que precisam desse ministério. É um serviço. A Igreja não tem nenhum especial interesse em fazer exorcismos e se o faz é porque existem pessoas que necessitam. O exorcismo não é o mais importante dentro da Igreja, mas sob outros aspectos, a evangelização, a ajuda aos pobres, aos doentes. O exorcismo existe apenas para os que necessitam." (Pe. José Fortea)[826]

"O exorcista é, antes de tudo, um evangelizador e um sacerdote, por que qualquer que seja a origem do mal que aflige aos que se aproximam dele – seja ou não uma forma autêntica de ação extraordinária do demônio – se empenha em inculcar a serenidade, a paz, a confiança em Deus e a esperança em sua graça. E ali onde realmente se estabelece um caso de possessão diabólica, acompanhar aqueles irmãos e irmãs que estão sofrendo por causa do maligno, com humildade, fé e caridade, para apoiá-los na luta, para alentá-los no duro caminho da libertação e para reavivar neles a esperança." (Pe. Francesco Bamonte, exorcista da Diocese de Roma e presidente da Associação Internacional de Exorcistas)[827]

"Os exorcistas manifestam o amor e o acolhimento da Igreja a quantos sofrem por causa da obra do maligno." (Papa Francisco)[828]

"O exorcista sabe que o diabo existe, mas também que ele não está em todos os lugares. Eu entendi, acima de tudo, que o exorcismo é um ministério de misericórdia: um ato de amor por uma pessoa que sofre."[829] (Pe. César Truqui, exorcista na diocese de Chur, Suíça)[830]

Hoje de cada 100 pessoas que pedem um exorcismo, 90 são mulheres e só 10 são homens. Segundo o Pe. Gabriele Amorth isso pode acontecer por vários motivos, ele fala de algumas possibilidades do porquê das mulheres buscarem mais um exorcista do que os homens[831]:

– as mulheres são mais curiosas e se atrevem mais: são as que buscam mais aos magos, aos cartomantes, às sessões de espiritismo, são mais assíduas a ritos satânicos, por isso se expõem mais;

---

[826] Fonte: gcn.net.br, 25 de janeiro de 2015.

[827] Fonte: Gaudium Press; arquidiocesecampinas.com – 08 de julho de 2014.

[828] Papa Francisco, aos participantes do XII Congresso Internacional da Associação Internacional de Exorcistas, outubro de 2014.

[829] Cf. *Mc* 5,18-20.

[830] 14 de abril de 2016.

[831] Cf. DVD *Combatiendo al Diablo: Hablan los Exorcistas*, Goya Producciones, 2009.

– o diabo ataca a mulher, porque através da mulher espera chegar ao homem: como o caso de Adão e Eva, foi Eva quem convenceu Adão a fazer o que ela havia feito, a desobedecer a Deus;

– atingir a mulher é uma forma que Satanás tem para vingar-se de Nossa Senhora, a sua inimiga por excelência;

– as mulheres estão mais dispostas a se aproximar de um exorcista para pedir ajuda (algo que para os homens é muito difícil).

Um processo de libertação pode durar anos, dependendo de uma série de fatores: causa; cooperação da pessoa; poder que tenha o demônio (pois pode haver vários demônios, saem primeiro sempre os mais fracos).

Oração de Libertação

> "A Oração de Libertação é um pedido de Graça; ora-se à Virgem Maria ou aos Santos, para que intercedam junto a Deus, para ajudar uma pessoa afetada pelo Maligno. Qualquer um pode fazer esse tipo de oração, precisamente porque é uma oração de intercessão." (Pe. Françoise-Marie Dermine, exorcista canadense)

> "A oração de libertação é a oração que se faz para acabar com a influência do demônio numa pessoa. Costuma realizar-se por um sacerdote ou por um grupo de leigos (com ou sem um sacerdote) que rezam a Deus para que a pessoa seja libertada de toda a Influência Demoníaca. Se no exorcismo se esconjura o demônio, na oração de libertação, pelo contrário, a oração é dirigia a Deus." (Pe. José Fortea)[832]

> "É preciso distinguir bem o Grande Exorcismo, reservado ao bispo ou àquele em que o bispo delegou – porque um exorcista não se improvisa – da oração de libertação que deveria ser normal para todos nós, padres. Trata-se de uma oração pronunciada com a autoridade de Jesus, dos santos e dos anjos, com o fim de interceder por uma pessoa, não possessa, mas infestada, perturbada por ataques do Maligno. É preciso prestar este serviço aos nossos fiéis, pois ele faz parte do nosso mistério de padre." (Cardeal Christoph Schönborn)[833]

---

[832] Pe. Fortea, *Svmma Daemoniaca*, p.187. A Oração de Libertação estaria mais próxima do que chamamos "Oração Deprecativa". Já o exorcismo está profundamente ligado a "Oração Imperativa": ordem direta ao demônio; através do mandato do bispo o exorcista tem toda a autoridade de Jesus, confiada à Igreja.

[833] *La joie d'être prêtre. A la suite du Curé d'Ars*, ouverture par le Papa Benoît XVI, Éditions des Béatitudes, Nouan-le-Fuzelier 2009, p.90.

O Senhor Jesus, no último pedido do "Pai-Nosso", exorta todos os seus discípulos a pedir continuamente ao Pai do Céu a libertação do Mal. Explicando o sentido desse último pedido da oração do Senhor, o Catecismo da Igreja Católica afirma que nele "o Mal não é uma abstração, mas designa uma pessoa, Satanás, o Maligno, o anjo que se opõe a Deus. O 'Diabo' ('diabolos') é aquele que 'se atira no meio' do plano de Deus e de sua 'obra de salvação' realizada em Cristo" (n. 2851). "Ao pedir que nos livre do Maligno, pedimos igualmente que sejamos libertados de todos os males, presentes, passados e futuros, dos quais ele é autor ou instigador" (n. 2854).[834] A Oração de Libertação pode ser rezada pedindo a Deus a libertação do influxo diabólico para si próprio ou intercedendo por outra pessoa.

A Sagrada Congregação para a Doutrina da Fé, na *Instrução sobre o Exorcismo,* do dia 26 de junho de 1975 colocou algumas normas sobre as Orações de Libertação: na oração não dirigir-se ao demônio; não dar-lhe ordens; não fazer-lhe perguntas; os grupos de libertação atuarão em estreita dependência do bispo; e mais algumas orientações que podem ser consultadas nessa *Instrução* também presente nesta obra.

A experiência tem mostrado que a Oração de Libertação dirigindo-se somente a Deus tem os mesmos efeitos. Isso mostra claramente que Deus não tem limites e que na obediência sempre há bênçãos. Deus não se deixa ganhar em generosidade. Deus sempre nos surpreende. Se orarmos com humildade pedindo "Senhor liberta esta pessoa...", se for a hora, a libertação acontecerá.

Sugestão de Roteiro para Orações de libertação[835]

> "Não existe uma oração específica para a libertação. Oramos pela libertação do mesmo modo que o poderíamos fazer para que chova [...]." (Pe. Orfila, Diocese de Gibraltar)[836]

> "Não existe um ritual para se fazer uma oração de libertação. Na essência, na oração de libertação, se pede a Deus que liberte alguém da influência que ali pode haver do Maligno. Para isso se podem improvisar súplicas a Deus, ou ler orações privadas que se tem escritas, uns podem ler os Salmos, cantar cânticos religiosos, rezar o rosário ou rezar em línguas. A oração de libertação pode ser breve ou mais demorada, e pode ser feita por leigos, por

---

[834] Cf. Pe. Duarte Lara, p.30.

[835] Cf. Pe. Fortea, *Svmma Daemoniaca*, pp. 188-191

[836] Cf. Idem, p.188.

leigos e padres, improvisadas ou seguindo algum tipo de esquema." (Pe. José Fortea)[837]

- Pai Nosso (oração principal e que é modelo para todas as orações, pois foi ensinada pelo próprio Senhor Jesus);
- *Salmos:* 34; 67; 90 (pedir a Deus com as suas próprias palavras)[838];
- Sagradas Escrituras: *Lc* 1,46-55; 68-79; *Ef* 6,10-18; *2Cor* 10,4-5;
- Ladainhas: todos os Santos; Santos Anjos; São Miguel Arcanjo;
- Orações de Libertação;
- Orações em Silêncio (pedir discernimento, para que não se caia no erro);
- Orações Espontâneas;
- Santo Terço;
- Ofício Divino: vésperas;
- Oração em Línguas / Glossolalia[839].

---

[837] Pe. Fortea, *Un Dios misterioso*, p. 23 q.38.

[838] "Nunca deixo de rezar os *Salmos*. Não há alma, nem mesmo a mais corrupta e vendida ao Mal, que os Salmos não consigam mudar. Quanto mais os recitais, quanto mais os repetimos, mais penetram – nos os pensamentos, fazendo – nos ver todas as coisas como Deus as vê" (Pe. Gabriele Amoth)

[839] *Três realidades distintas:*
1) *Dom de Pentecostes:* tradução simultânea (cf. *At* 2,4-6).
2) *Dom de Línguas* (*Rm* 8,26) – *Glossolalia* (*1Cor* 12,10;14,2): *jubilatio* (júbilo), na falta de palavras, há um balbuciar.
– Pe. *Mc*Nmara faz uma distinção entre: "orar em línguas" (oração dirigida a Deus) e "falar em línguas" (uma mensagem dirigida à assembleia).
– "Aquele que se enche de júbilo não pronuncia palavras, mas um som de alegria sem palavras: porque é a voz da alma manando em alegria, expressando, até onde lhe é possível, o que sente sem refletir no significado. Enchendo-se de alegria e júbilo, um homem utiliza palavras que não se podem dizer e entender, mas simplesmente deixa que a sua alegria transborde sem palavras; a sua voz então parece expressar uma felicidade tão intensa que a não pode explicar." (Santo Agostinho; En. no *Salmo* 99,4).
– "Encham-se de alegria e falem. Se não podem exprimir a vossa alegria, encham-se de júbilo: o júbilo exprime a vossa alegria se não podem falar. Que a vossa alegria não seja silenciosa." (Santo Agostinho; En. no *Salmo* 97.4).
– "Chamamos-lhe júbilo, quando concebemos tal alegria no coração que não podemos dar-lhe rédea solta pela força das palavras, e contudo o triunfo do coração dá rédea solta com a voz ao que não pode proclamar pela palavra. Agora se diz com toda a razão que a boca está cheia de riso, os lábios de júbilo, como nessa terra eterna, quando a mente do justo é levada em êxtase, a língua se eleva num cântico de louvor." (São Gregório Magno: Moralia, 8.89; cr. 28.35).
3) *Xenoglossia:* do grego xen(o) = estranho, estrangeiro + gloss(o)= língua: consiste no falar, de forma espontânea, em língua ou línguas, que não foram previamente aprendidas; por exemplo, uma pessoa começar a falar alemão fluentemente sem nunca ter aprendido alemão, sem ser alemão ou conviver com alemães. Em resumo, podemos dizer: xenoglossia consiste em falar línguas diferentes ou desconhecidas do consciente.

Ocultismo[840]: *Adivinhação, Magia, Malefício*[841]

> "A superstição é um desvio do culto que rendemos ao verdadeiro Deus. Ela se mostra particularmente na idolatria, assim como nas diferentes formas de adivinhação e de magia." (CIC 2138)

> "Os pecados contra a virtude da religião: idolatria, adivinhação e magia, estabelecem uma aliança com o demônio, abrem a ação extraordinária do demônio." (Pe. Duarte Sousa Lara, exorcista da Diocese Lamego)[842]

Padre Gabriele Amorth[843] no livro "Exorcistas e Psiquiatras", nos fala sobre o perigo do ocultismo:

> "Quem consulta magos, cartomantes, bruxos; quem participa em sessões de invocação de espíritos de mortos ou faz parte de seitas satânicas; quem se dedica ao ocultismo, à necromancia (mesmo sob a forma de psicografia, atualmente muito difundida): todas estas pessoas se expõem ao risco (embora na maior parte das vezes não sofram as consequências) de receber influências maléficas e mesmo a possessão. É evidente nestes casos a plena responsabilidade do indivíduo, por vezes provocada com absurda vontade: por exemplo, no caso do pacto de sangue com o diabo."[844]

Sobre a adivinhação, a Tradição e o Magistério da Igreja têm um ensinamento muito claro:

> "Toda adivinhação é obra dos demônios." (Santo Tomás de Aquino)[845]

> "A adivinhação dá-se quando alguém invoca a ajuda tácita ou explícita dos demônios a fim de conhecer coisas futuras contingentes (não necessárias)

---

[840] Superstição [ocultismo]: divinizar alguma criatura ou força criada; divinizar alguma realidade criada que não é divina; em síntese, divinizar aquilo que não é divino.

[841] Em nosso temp.essas realidades estão interligadas, pois hoje ocultismo abrange: 1) idolatria [cf. Ex 20,2-17]; 2) adivinhação [divinizar uma fonte de conhecimento que não é divina: horóscopos, astrologia, quiromancia, búzios, fenômenos de vidência, invocação dos mortos, etc.]; 3) magia [divinizar uma fonte de força, de poder, de cura que não é divina].

[842] Fonte: cancaonova.com, 15 de novembro de 2013.

[843] Padre Gabriele Amorth foi nomeado oficialmente Exorcista de Roma em 1986. Em 1990 fundou a Associação Internacional dos Exorcistas.

[844] Pe. Amorth. *Exorcistas e Psiquiatras*, p.111. Depois de tantos anos atendendo casos vindos do mundo do ocultismo, Padre Amorth chega a dizer: "Creio que o ocultismo é a verdadeira religião de Satanás, aquilo que mais se opõe ao verdadeiro Deus e à verdadeira religião..." (*Idem*, p.41).

[845] *Summa Theologiae*, II-II, q.95, a.2.; Cf: Agostinho de Hipona, *De divinatione daemonum liber unus*: PL 40.

ou coisas ocultas que não se podem conhecer naturalmente." (Santo Afonso Maria de Ligório)[846]

"A adivinhação é o desejo curioso de conhecer eventos futuros ou desconhecidos – os quais só Deus pode conhecer – através da ajuda explícita ou implícita dos demônios." (Santo Tomás de Aquino)[847]

"Todas as formas de adivinhação hão de ser rejeitadas: recurso a Satanás ou aos demônios, evocação dos mortos ou outras práticas que erroneamente se supõe 'descobrir' o futuro[848]. A consulta aos horóscopos, a astrologia, a quiromancia, a interpretação de presságios e da sorte, os fenômenos de visão, o recurso a médiuns escondem uma vontade de poder sobre o tempo, sobre a história e, finalmente, sobre os homens, ao mesmo tempo que um desejo de ganhar para si os poderes ocultos. Essas práticas contradizem a honra e o respeito que, unidos ao amoroso temor, devemos exclusivamente a Deus." (CIC 2116)

Assim como a adivinhação, a *magia* também envolve realidades sérias e graves:

"Todas as práticas de magia ou de feitiçaria com as quais a pessoa pretende domesticar os poderes ocultos, para colocá-los a seu serviço e obter um poder sobrenatural sobre o próximo – mesmo que seja para proporcionar a este a saúde – são gravemente contrárias à virtude da religião. Essas práticas são ainda mais condenáveis quando acompanhadas de uma intenção de prejudicar a outrem, ou quando recorrem ou não à intervenção dos demônios. O uso de amuletos também é repreensível. O espiritismo implica frequentemente práticas de adivinhação ou de magia. Por isso a Igreja adverte os fiéis a evitá-lo. O recurso aos assim chamados remédios tradicionais não legitima nem a invocação dos poderes maléficos nem a exploração da credulidade alheia." (CIC 2117)

---

[846] Cf. *Theologia moralis*, Tipografia Vaticana, Roma 1905, tom. 1, lib. 3, tract. 1, cap.1, dub. 2, n. 5.
"Um primeiro tip.é aquela forma de adivinhação em que se faz uma invocação ou pacto expresso com o demônio, que se denomina genericamente *necromantia* (invocação dos mortos), e que se dá quando o demônio ensina por meio de adivinhos, [...] sob a aparência de pessoas mortas ou vivas, ou por meio de outros sinais no ar, na água, no fogo ou nos espelhos. A outra forma de adivinhação é aquela na qual existe uma invocação ou um pacto apenas tácito [com o demônio], também designada por adivinhação interpretativa, na qual a partir das linhas do corpo, da voz, dos sons das aves e coisas semelhantes, nas quais o demônio muitas vezes interfere, se busca um conhecimento para o qual tais coisas são desproporcionadas" (cf. *ibidem*, dub. 2, n. 6).

[847] Cf. *Summa Theologiae*, II-II, q.95, a.2.

[848] Cf. *Dt* 18,10; *Jr* 29,8.

"Os anjos prevaricadores [...] conferem à magia todo o poder que essa tem." (Santo Agostinho)[849]

"A magia sempre é magia e tem cumplicidade com o demônio, sempre intervém uma potência externa que não é Deus, e isto não traz nada bom, é contraproducente porque provavelmente a pessoa vai conseguir o que quer, mas há um depois, e o demônio vai cobrar o que lhe foi pedido". (Pe. Françoise-Marie Dermine, exorcista canadense)[850]

"[...] qualquer forma de magia ou adivinhação implica sempre um pacto com o demônio e "de nenhum modo é lícito aos homens recorrer à ajuda dos demônios por meio de pactos tácitos ou expressos'[851]."[852]

"A magia, tal como a adivinhação, é de sua natureza (*ex genere suo*) um pecado mortal. Porque atribui honras divinas às criaturas esperando dessas algo que só de Deus devemos esperar e também porque tenta entrar em pacto com o demônio." (Santo Afonso Maria de Ligório)[853]

"Muitos dos que tinham acreditado iam confessar e declarar as suas práticas. Muitos também daqueles que se tinham dedicado à magia, trouxeram os seus livros e queimaram-nos diante de todos" (cf. *At* 19,18-19).

Em relação ao *malefício* podemos defini-lo da seguinte forma:

"O malefício é o poder de fazer mal a outros, graças a um pacto e com ajuda dos demônios. Distingue-se da magia, a qual tem como objetivo realizar prodígios, enquanto estes vêm direcionados a fazer mal a alguém." (Santo Afonso Maria de Ligório)[854]

"O malefício contém uma dupla malícia. Por um lado, é contrário à Virtude da Religião, pois trata-se de culto ao demônio, por outro lado é contrário à caridade e à justiça, pois causa um dano injusto ao próximo." (D.M. Prümmer)[855]

---

[849] *De Trinitate*, 3,7,12.
[850] 13 de Setembro de 2012, ACI/EWTN Noticias.
[851] Santo Tomás de Aquino, *Summa theologiae*, II-II, q. 96, a. 2, ad 3.
[852] Cf. Pe. Duarte Lara, p.16.
[853] *Theologia Moralis*, Tipografia Vaticana, Roma 1905, tom. 1, lib. 3, tract. 1, cap.1, dub. 4, n. 15
[854] Cf. *ibidem*, dub. 5, n. 23.
[855] D. M. Prümmer, *Manuale theologiae moralis secundum principia S. Thomae Aquinatis*, 7ª ed, Friburgo, Herder, 1928, vol. 2, nº 519.

Segundo o Pe. Ernesto María Caro[856], existem quatro graus de malefício:

1º. para ganhar a saúde;

2º. para ganhar dinheiro;

3º. para ganhar relações (amarrações);

4º. para a morte (para que a pessoa fique mal, enferma, não se alimente mais, etc).

Pe. Gabriele Amorth, a partir da sua experiência, nos chama atenção para quatro formas de malefício:[857]

1ª. *a magia negra,* a feitiçaria, os ritos satânicos (faz-se uso de fórmulas ou ritos, por vezes muito complexos);

2ª. *as maldições* (geralmente existe uma ligação de sangue entre o que maldiz e o maldito);

3ª. *o mau-olhado* (o qual supõe a intenção de prejudicar uma pessoa, com a intervenção do demônio);[858]

4ª. *os bruxedos* [= trabalhos ou despachos] (*modo direto*: bebida ou alimento – ingredientes diversos: sangue de menstruação, ossos de mortos, órgãos de animais, ervas especiais, etc. –; *modo indireto*: objetos que pertencem à pessoa designada como vítima – fotografia, roupas ou outros objetos pessoais –, ou sobre figuras que a representam – bonecos, estatuetas, animais, etc.).

> "[...] não há culpa por parte da vítima, mas existe culpa por parte de quem o provoca. Até mesmo a pessoa mais inocente (por exemplo, um bebê ainda no seio materno) pode ser atingida por um malefício, que é definido como: fazer mal por meio do demônio. E pode ser colocado em prática de muitas maneiras: feitiço, pactos, maldições, mau-olhado, macumba... [...] Limito-me a dizer que Deus criou o homem livre; livre até de fazer mal às outras pessoas. Assim como posso pagar a um assassino para que mate uma determinada pessoa, do mesmo modo posso pagar a um indivíduo ligado ao demônio para que faça um malefício contra alguém. [...] Pode-se cair em malefícios pela persistência, em culpas graves e múltiplas. Creio que é o caso evangélico de Judas, de quem se diz no fim: 'Satanás entrou nele'. Tive casos de jovens usuários de droga e sobretudo culpados de delitos e

---

[856] Sacerdote Exorcista, Licenciado em Espiritualidade pela Universidade Gregoriana de Roma, e Doutorado em Mariologia pela Faculdade Teológica Marianum.

[857] Cf. *Um exorcista conta-nos*, p.133-146.

[858] "O importante é que a vítima não comece a suspeitar desta ou daquela pessoa, mas que *perdoe de todo o coração e reze por aquele que lhe fez mal*, quem quer que tenha sido" (Pe. Gabriele Amorth. *Um exorcista conta-nos*, p.136).

perversões sexuais, culpas graves e persistentes que os tornaram escravos do demônio." (Pe. Gabriele Amorth)[859]

Discernimento dos Espíritos[860]

"A outro é dado pelo Espírito o discernimento dos espíritos." (*1Cor* 12,10)

O Catecismo da Igreja Católica, no nº. 2003, nos fala sobre Carismas. Carismas são graças especiais e significam favor, dom gratuito, benefício; ordenam-se, todos, à graça santificante, ou seja, os recebemos em nosso Batismo, e têm como meta o bem comum da Igreja. Acham-se a serviço da caridade e se esta não estiver sempre viva e presente, vãos serão aqueles[861]. Retratam a graça batismal em ação, impulsionando-nos a servir ao Senhor com prudência e dignidade, visando à edificação do outro, isto é, ao bem dos homens e às necessidades do mundo, não dispensando, quaisquer deles, a reverência e submissão aos Pastores da Igreja.

Trataremos brevemente dos chamados dons paulinos, ou seja, dos carismas elencados por São Paulo em (*1Cor* 12,8-10), acentuadamente exercidos em diversas atividades ligadas a Renovação Carismática Católica[862], pincipalmente

---

[859] Pe. Amorth. *Exorcistas e Psiquiatras*, pp.110-11.

[860] Cf. In. *Dons Carismáticos ou Efusos*. Aprofundamento de Dons, pp.24-44.

[861] cf. *1Cor* 13,1-3.

[862] Movimento que teve sua origem, no dia 18 de fevereiro de 1967, em um retiro de jovens universitários da Universidade de Duquesne. O testemunho da jovem Patti Mansfield sintetiza a experiência que os jovens viveram naquele dia: "Quando entrei na capela, vi algumas pessoas no chão, rezando. Ajoelhei-me, também, na presença do Santíssimo Sacramento. Foi aí que aconteceu uma coisa inesperada. Eu sempre havia acreditado por força do dom da fé que Jesus está presente em Pessoa no Santíssimo Sacramento, mas nunca havia presenciado a sua Glória. No momento em que me ajoelhei, meu corpo tremeu diante da Sua majestosidade e santidade. Em Sua presença fiquei cheia de deslumbramento reverencial. Ele estava lá... O Rei dos reis, o Senhor dos senhores, Altíssimo Deus do universo! (...) E, ao ficar ali ajoelhada diante de Nosso Senhor Jesus Cristo no Santíssimo Sacramento, orei pela primeira vez em minha vida, a oração que eu poderia chamar de 'rendição incondicional'. Na quietude do recôndito do meu coração, orei: 'Pai, eu te entrego minha vida e, o que quer que tu queiras de mim, será a minha escolha. Mesmo se isso significar sofrimento, eu aceitarei. Ensina-me, somente, a seguir até o Teu Filho Jesus, e a aprender a amar como ele ama.' (...) Eu quis dividir essa experiência com outros estudantes, chamei-os à capela e nós todos sentimos a necessidade de rezar com os braços ao alto, sentimos a sensação de fogo nas pontas dos dedos, sentimos uma pressão forte na garganta, vontade de falar com Deus e de rezar, ao mesmo tempo, naquele momento nós todos tivemos a certeza de que fomos batizados no Espírito Santo. (...). Uns sentiram que o amor de Deus por eles era tão intenso que não podiam senão chorar; outros sentiam um imenso calor a passar, como fogo, pelos seus braços e mãos; outros sentiram ruídos na garganta e formigueiros na língua, outros falam de louvores gozosos que saíam dos seus lábios,

nos Grupos de Oração, sendo certo que se tratam dos carismas "extraordinários" numa infindável e criativa gama de carismas "ordinários" dados pelo Espírito Santo aos fiéis para o bem comum e edificação do Corpo Místico de Cristo – a Igreja.

Para fins didáticos, podemos dividi-los em três grupos, a saber: *Dons de Revelação*[863] (Discernimento dos Espíritos, Palavra de Ciência, e Palavras de Sabedoria), *Dons de Inspiração*[864] (Profecia, Línguas, e Interpretação das Línguas) e *Dons de Obras [ou de Poder*[865]*]* (Fé, Cura, e Milagres).

Discernimento dos Espíritos: discernir deriva do latim *discernere* – significa separar, distinguir; dele provém o substantivo *discretio*, o qual designa a capacidade de discernir, a faculdade de distinguir. O substantivo grego: discernir (*diacrisis*) significa perceber claramente, conhecer distintamente entre o bem e o mal, perceber claro por qualquer dos sentidos[866].

Santo Inácio de Loyola desenvolveu com bastante profundidade a doutrina sobre o discernimento. Ele nos convida a observar as disposições interiores, as intenções (os "espíritos"), em circunstâncias bem precisas e ver as reações que essas provocam[867].

> "É próprio do espírito mau vexar, contristar, colocar dificuldades e turbar com falsas razões, para impedir de avançar; ao contrário, é próprio do espírito bom dar coragem e energias, consolações e lágrimas, inspiração e serenidade, diminuindo e removendo qualquer dificuldade, para avançar no caminho do bem." (Santo Inácio de Loyola)[868]

---

de um encontro pessoal com Jesus como Senhor, de júbilo e de alegria intensa, da presença do Espírito como um fogo devorador, de ânsia de oração e de ler a Palavra de Deus." (cf. "Como Um Novo Pentecostes: Relatos do dramático início da Renovação Carismática Católica"; "Como um Vendaval... O Renovamento Carismático"; Programa Globo Repórter, TV Globo, 18/08/92).

[863] *Revelar* significa tirar o véu, deixar vir a claro, mostrar o real, fazer conhecer o que era ignorado ou secreto, manifestar a verdade.

[864] Por *inspiração* entende-se o "estado da alma quando influenciada por uma potência sobrenatural, isto é, divina". Inspirar significa fazer nascer no coração, no espírito; fazer nascer o entusiasmo criador.

[865] Por *obra* entende-se: "construir algo novo, fazer existir ou ver o que não existia, conjunto de atividades com as quais se altera a aparência, reparo de certo vulto, resultado de ação, edificar." Por *poder* entende-se: "a faculdade de exercer autoridade, capacitação para fazer uma coisa, posse do domínio ou da força para agir".

[866] Cf. Philippe Madre. *Discernimento dos Espíritos*. 13ª ed. São Paulo: Ed. Santuário, 2012.

[867] Cf. Exercícios espirituais, quarta semana (ed. BAC, Madri 1963, pp.262 ss.).

[868] Exercícios Espirituais, 315.

"Sabe-se que o que vem do Espírito Santo leva consigo alegria, paz, tranquilidade, doçura, simplicidade, luz. O que provém do espírito do mal, ao contrário, leva consigo tristeza, tribulação, agitação, inquietude, confusão, trevas. O Apóstolo declara contrapondo entre si os frutos da carne (inimizades, discórdias, ciúmes, divisões, invejas) e os frutos do Espírito, que são contudo amor, alegria, paz... (cf. *Gl* 5,19-22). Na prática, as coisas são mais complexas. Uma inspiração pode vir de Deus e, pese a isto, causar uma grande tribulação. Mas isto não se deve à inspiração, que é doce e pacífica como tudo o que provém de Deus; nasce mais da resistência à inspiração. Também um rio sereno, se encontra obstáculos, provoca redemoinhos. Se a inspiração é acolhida, o coração se encontra imediatamente em uma paz profunda. Deus recompensa cada pequena vitória neste campo, fazendo sentir a alma sua aprovação, que é a alegria mais pura que existe no mundo." (Raniero Cantalamessa)[869]

O *Dom do Discernimento dos Espíritos* é uma graça que provém da presença e ação do Espírito Santo, como um carisma de intimidade e sintonia com a Santíssima Trindade, que nos permite examinar, discernir, perceber e identificar, em nós mesmos, nas outras pessoas, em ambientes ou objetos, o que é de Deus, o que é de natureza humana ou o que é do maligno.

O uso do *Dom do Discernimento dos Espíritos* nos ajuda a conhecer claramente o espírito que move uma determinada pessoa, situação ou até nós mesmos, isto é, o princípio animador (*anima* = o que anima, move, movimenta, etc.). Com ele, podemos chegar, com facilidade, à origem de uma inspiração e confirmar de onde essa pode estar vindo: se de Deus (Espírito Santo), da natureza humana (espírito humano), ou do Maligno (espírito do mal).

Padre Robert De Grandis o define como Dom do Espírito Santo através do qual uma pessoa percebe, intuitiva e instantaneamente, quais espíritos estão presentes em uma palavra, ação, situação ou pessoa (santo, demoníaco, humano, ou a mistura desses).

São Bernardo de Claraval[870] nos ajuda a perceber com bastante clareza essas três formas de inspiração.

Vejamos brevemente a ação de cada um destes espíritos:

"O Espírito Divino é a moção interior, que sempre nos indica o verdadeiro, e nos afasta do falso; impele-nos ao bem, e nos aparta do mal; e por isso é sempre santo. Às vezes Deus realiza estas moções por Si mesmo, derra-

---

[869] 07 de dezembro de 2003.
[870] Cf. *Serm. Sept. Spirit.*

mando com suas próprias mãos sobre a nossa mente aquela luz celestial que é apta para acordá-la, e tocando por Si mesmo nosso coração com santos afetos."[871]

"O espírito diabólico é um impulso ou movimento interior que sempre nos conduz ao falso e ao mal, e nos distancia do bem; e por isso é sempre mau. Destes perversos movimentos é sempre autor o demônio, porque, ou os levanta por si mesmo, ou por meio da carne e do mundo, que são seus subordinados e com ele confederados, como diz São Bernardo."[872]

"[...] com o pecado de Adão, nossa natureza foi ferida com aquele golpe mortal e perdeu os dons da graça, especialmente o dom da justiça original e da integridade, ficando gravemente debilitada em seus bens naturais. Então foi quando o entendimento tornou-se obscuro, a imaginação instável, e a vontade débil e fraca; desenfreada ficou a concupiscência, que começou a rebelar-se com todas as suas paixões contra a vontade e contra a razão, recusando-se a aceitar o freio da subordinação."[873]

Como dom do Espírito, não procede das capacidades simplesmente humanas, nem das deduções intelectuais e científicas que possamos ter adquirido. O *Dom do Discernimento dos Espíritos* é intuição pessoal ou comunitária, pela qual sabemos o que é verdadeiramente do Espírito Santo, é o meio pelo qual Deus faz os cristãos tomarem consciência do que está acontecendo. Abre nossos olhos para o mundo invisível, é uma luz sobrenatural. Nesse sentido, o discernimento nos ajuda a distinguir o certo do errado, o verdadeiro do falso e orienta nossas vidas na fé e doutrina, seguindo os critérios a partir da Tradição, das Sagradas Escrituras e do Magistério da Igreja. Acompanhado a eles, o Espírito Santo abre nossa visão espiritual, para tanto é necessário estarmos em intimidade com Deus (oração pessoal, vida sacramental, Palavra de Deus...); sendo um amigo Seu e reconhecendo a direção de Seu Espírito Santo nas situações que nos são apresentadas.

Santa Teresa D'Ávila nos diz que, quando oramos, nos tornamos tão sensíveis ao Discernimento dos Espíritos que qualquer alfinetada, por menor que seja, é percebida e discernida por nós. Quando estamos em estado de pecado e sem oração tornamo-nos insensíveis ao Discernimento dos Espíritos e nos deixamos enganar facilmente por nossos desejos, ou pelo inimigo.

---

[871] Scarameli, p.24.
[872] Idem, p.25.
[873] *Idem*, pp.31-32.

"Cuidado com os falsos profetas: eles vêm até vós vestidos de ovelha, mas por dentro são lobos ferozes. Pelos seus frutos os conhecereis. Acaso se colhem uvas de espinheiros, ou figos de urtigas? Assim, toda árvore boa produz frutos bons, e toda árvore má produz frutos maus. Uma árvore boa não pode dar frutos maus, nem uma árvore má dar frutos bons." (*Mt* 7,15-18)

"Estávamos indo para a oração, quando veio ao nosso encontro uma jovem escrava, possuída por um espírito de adivinhação; fazia oráculos e obtinha muito lucro para seus patrões. Ela começou a seguir Paulo e a nós, gritando: 'Esses homens são servos do Deus Altíssimo e vos anunciam o caminho da salvação'. Isso aconteceu durante muitos dias. Por fim, incomodado, Paulo voltou-se e disse ao espírito: 'Eu te ordeno, no nome de Jesus Cristo, sai desta moça!' E o espírito saiu no mesmo instante." (*At* 16,16-18)[874]

"Na peregrinação de nossa vida, aquela estrada por onde caminhamos – afirma o Sábio em Provérbios[875] – talvez nos pareça reta. Pode na verdade ser enganosa; que pareça conduzir-nos à vida eterna, na realidade pode nos levar à morte e à perdição: *Há caminhos que nos levam ao homem e, contudo, o seu termo é a morte.* E o que é acrescentado num outro Capítulo deve nos deixar ainda mais cautelosos e receosos a respeito de nossas próprias ações: '*Todos os caminhos ao homem parecem puros, mas o Senhor é que pesa os corações*'."[876] [877]

"A vida cristã requer um discernimento perpétuo, uma atenção sempre desperta, na dupla preocupação de guardar-se do pecado, do erro, e de buscar sempre o melhor. Discernir o espírito é discernir concretamente a vontade de Deus acerca do homem, a fim de que faça de toda a sua vida um culto espiritual. A capacidade de discernir cresce ao mesmo tempo que o amor. É o 'tato' do amor e não o julgamento 'frio' da razão. É isso que nos diz a Palavra: 'Que vosso amor cresça cada vez mais em conhecimento e sensibilidade; assim, sabereis discernir o que mais convém'. (*Fl* 1,9-10)" [878]

---

[874] Percepção de Paulo, mesmo numa situação de aparente boa intenção.

[875] *Pr* 16,25.

[876] *Pr* 2.

[877] Scarameli, p.17; cf. Papa Paulo VI, 16 de Junho de 1971.

[878] Anônimo. Monge da Ordem dos Cartuxos. *O Discernimento dos Espíritos*. São Paulo. Ed. Paulinas, 2016, p.29.

O *Dom do Discernimento dos Espíritos* é, portanto, o guardião e protetor de todos os carismas, na medida em que equilibra as ações, esclarece o princípio animador e gera maturidade no exercício dos carismas (dons do Espírito Santo).[879]

Estado de Graça – Guardados por Deus[880]

> "Deus usava de longanimidade, nos dias em que Noé construía a arca. Nesta arca, umas poucas pessoas – oito – foram salvas por meio da água." (*1Pd* 3,20b)

Sempre me encantou muito a história de Noé. Este viveu em tempos bem difíceis, não muito diferentes dos que estamos vivendo hoje. Ele foi levantado no meio do seu povo para chamar as pessoas à mudança de vida. Ninguém o ouvia. Ao contrário, "comiam e bebiam, casavam-se e davam-se em casamento até que veio o dilúvio e os fez perecer a todos" (*Lc* 17,27; cf. *Gn* 6-9). Todos pereceram! Mas, uma família foi salva, pois foi guardada por Deus em uma arca.

Hoje, esta Arca de Deus é a Igreja. "Ela é esse navio que 'navega bem neste mundo ao sopro do Espírito Santo com as velas da Cruz do Senhor plenamente desfraldadas'" (cf. CIC 845). Por maiores que sejam as ondas que se abatam sobre a arca, sabemos que Deus nela está, e que, portanto, essa sempre estará segura (cf. *Lc* 8,22-25). Pois Deus não muda. Ele é o mesmo "ontem, hoje e por toda a eternidade" (cf. *Hb* 13,8).

> "Lançai sobre ele toda a vossa preocupação, pois ele é quem cuida de vós." (*1Pd* 5,7)

> "Cuidemos, pois das coisas de Deus, e Ele por sua vez vai cuidar das nossas." (Santa Catarina de Sena)

Precisamos tomar uma firme decisão: estar nesta barca verdadeiramente. Não podemos ser cristãos mornos (cf. *Ap* 3,16) servindo a dois senhores (cf. *Mt* 6,24), nosso sim precisa ser sim (cf. *Mt* 5,37).

---

[879] Aprofundamento: *Hb* 5,14; *1Jo* 4,1; *Mt* 24, 23-25 (Jesus alertando sobre o perigo das "novidades"); *Mt* 16, 15-17 (Jesus discerniu que a revelação tinha sido dada a Pedro pelo Pai); *Mt* 16, 20-23 (Jesus discerniu o espírito que estava animando Pedro); *2Cor* 11,12-15 (Paulo admoestando a comunidade de Corinto a discernir).

[880] Na *Bíblia* graça tem estes dois significados: indica antes de tudo e primeiramente o favor divino gratuito e imerecido que, em presença do pecado, traduz-se em perdão e misericórdia, mas indica também a beleza que se deriva deste favor divino, o que chamamos de estado de graça.

> "Eu sou o caminho, a verdade e a vida." Cristo parece dizer-nos: 'Por onde queres passar? Eu sou o caminho. Onde queres chegar? Eu sou a verdade. Onde queres ficar? Eu sou a vida.' Caminhemos pois em plena segurança por este caminho; e, fora do caminho, tenhamos cuidado com as armadilhas. Porque dentro do caminho o inimigo não ousa atacar – o caminho é Cristo –, mas fora do caminho monta os seus ardis. [...] Tu não podias ir até ele; por isso, veio Ele até ti. Veio ensinar-te a humildade, que é um caminho de regresso, porque era o orgulho que nos impedia de retornar à vida que o mesmo orgulho nos tinha feito perder." (Santo Agostinho)[881]

Se estivermos vivendo em Estado de Graça, estaremos guardados por Deus, e o Mal não poderá nos atingir. Santa Teresa de Lisieux dizia: "[...] uma alma em estado de graça nada tem que temer dos demônios, que são covardes, capazes de fugir diante do olhar de uma criança"[882].

> "Muitas almas dizem: não tenho força para fazer tal sacrifício. Deus não nega nunca a primeira graça que dá a força para agir; depois o coração fortifica-se, e vai-se de vitória em vitória." (Santa Teresinha do Menino Jesus)[883]

> "Se o mundo conhecesse ou visse a beleza de uma alma em estado de graça, imediatamente se converteria." (São Padre Pio de Pietrelcina)

> "Nós devemos ter medo somente de não estar na graça de Deus, o que significa confessar-se, participar da Santa Missa, receber a comunhão e, além disso, fazer adoração eucarística e rezar, especialmente com os salmos e o rosário; todos estes são, entre outros, os melhores remédios contra a atividade extraordinária do demônio: se permanecermos na graça de Deus, estamos blindados." (Pe. Gabriele Amorth)[884]

Oração

São Padre Pio de Pietrelcina, um santo tão próximo de nós, nos recorda da importância da oração: "Reze, espere e não se preocupe. Deus é misericordioso e ouvirá a sua oração!"; "Lembre-se de que não se vence batalhas sem a oração"; "A oração é a melhor arma que temos: ela é a chave que abre o coração de Deus".

---

[881] Sermão 142.
[882] *História de uma Alma*, capítulo I.
[883] *Obras Complestas*, últimas conversas, 8-VIII
[884] *Vade Retro, Satanás!*, p.66.

"Quando não rezamos, fechamos as portas ao Senhor para que Ele não possa fazer nada. Pelo contrário, diante de um problema, de uma situação difícil, de uma calamidade, a oração abre as portas ao Senhor, para que Ele venha. Ele refaz as coisas, Ele sabe arranjar as coisas, colocá-las no lugar. Rezar é isso: abrir as portas ao Senhor. Se as fecharmos, Ele não pode fazer nada." (Papa Francisco)[885]

"A oração é para mim a primeira tarefa e é como o primeiro anúncio; é a primeira condição do meu serviço à Igreja e ao mundo." (Papa João Paulo II)[886]

Eucaristia

"Para os crentes, a oração e os sacramentos são fonte invisível, diária e poderosa de correção desses aspectos da nossa natureza mental que se pudessem desviar. E entre todos os meios com que a Igreja conta, sem dúvida, a comunhão diária, a recepção do Corpo de Cristo, é a medicina maior que existe para a saúde mental de qualquer pessoa, seja qual for a sua doença. Se o contato de Jesus curava todo tipo de doentes, também estes doentes, os mentais, devem aproximar-se de Jesus em busca da saúde da sua mente. Ainda que a doença tivesse uma origem química, Jesus é médico de toda a doença." (Pe. José Fortea)[887]

"A Eucaristia é a oração mais perfeita que existe. Na verdade, ela 'contém e exprime todas as formas de oração' (CIC 2643)." (Pe. Duarte Lara)

"[...] na Missa, o Céu e a Terra se entrelaçam misteriosamente, permitindo, assim, que a Eterna Oferenda de Cristo se torne presente e atuante aqui e agora." (Tomás Nahs)

"Todas as boas obras reunidas não igualam o valor do sacrifício da Missa, porque aquelas são obras de homens, enquanto a Santa Missa é obra de Deus." (Santo Cura d'Ars)

"Vale mais assistir devotamente uma Missa do que jejuar o ano inteiro de pão e água!" (São Leonardo)

"Uma Missa bem assistida em vida será mais útil à sua salvação do que tantas outras que mandarem celebrar por você após sua morte." (Santo Padre Pio de Pietrelcina)

---

[885] Capela da Domus Sanctae Marthae, 08 de outubro de 2013.

[886] Alocução em 07 de outubro de 1979.

[887] Pe. Fortea, *Svmma Daemoniaca*, p.302.

"Se conhecêssemos o valor da Missa, morreríamos. Para celebrá-la dignamente, o sacerdote deveria ser santo. Quando estivermos no Céu, então veremos o que é a Missa, e como tantas vezes a celebramos sem a devida reverência, adoração, recolhimento." (Santo Cura d'Ars)[888]

"A Santa Missa é, em uma palavra, a essência de tudo o que há de bom e de belo na Igreja de Deus" (São Leonardo de Porto Maurício).

Confissão

"Muitas vezes escrevi que se causa muito mais raiva ao demônio confessando-se, ou seja, arrancando do demônio a alma, do que exorcizando e arrancando-lhe assim o corpo... A confissão é mais forte que o exorcismo." (Pe. Gabriele Amorth)[889]

"A experiência ensina que dificilmente satanás consegue penetrar em uma alma que se lava frequentemente com o Sangue preciosíssimo de Jesus. Este sangue torna-se a verdadeira couraça contra qual satanás pode forçar, porém não consegue abrir nenhuma brecha. A frequência assídua e constante desse sacramento é necessária, seja para quem faz o exorcismo, seja para quem dele tem necessidade... É verdadeiramente este sacramento do qual satanás tem medo... Cristo venceu satanás com o próprio sangue. E o apocalipse explicitamente nos diz: 'Estes são aqueles que venceram satanás com o sangue do Cordeiro.'" (Pe. Pellegrino Ernetti)[890]

"Nós, seres humanos, somos como meninos, e nos maravilhamos com o que é mais espetacular a nossos olhos. A confissão é menos espetacular, sua obra é mais discreta, mais silenciosa. No entanto, a confissão é um dom divino bem maior que o Exorcismo. O Exorcismo só retira o demônio do corpo, a confissão retira o mal de nosso espírito. A confissão destrói nossas ataduras com a iniquidade. E não é só isso, nos concede a graça santificante. A confissão não só perdoa, mas corrige nossa alma e enche-a de luz." (Pe. José Fortea)

São Padre Pio de Pietrelcina, nos recorda da necessidade, em meio às lutas, de termos o nosso coração voltado para Deus: "É a Deus que você deve recorrer face aos assaltos do demônio"; "A alma que confia em Deus nada precisa temer!"; "Nunca imponha limites a Deus. Peça sempre a grande graça."; "A

---

[888] Papa Bento XVI, 16 junho de 2009.

[889] *Un esorcista rancconta*, pp.63 e 86.

[890] *Lá Catechesi di Satana*, p.251.

luta com o demônio não deve assustá-lo. Quanto mais Deus estiver no seu espírito, mais inferior o adversário se tornará. Portanto, coragem!".

Gostaria de sugerir a você um *itinerário para a sua vida espiritual*:

1) reze o Santo Terço todos os dias;
2) dedique todos os dias 15 minutos à leitura das Sagradas Escrituras;[891]
3) comungue semanalmente (se possível diariamente);
4) faça semanalmente um momento de Adoração ao Santíssimo Sacramento[892];
5) confesse-se a cada mês[893], no mais tardar a cada três meses;[894]
6) no seu dia-a-dia seja generoso, pratique atos de misericórdia e de caridade;[895]
7) tenha uma atenção especial pelos sacramentais, especialmente a água benta;[896]
8) tenha uma devoção especial à Virgem Maria[897], ao seu Anjo da Guarda[898], e aos Santos;

---

[891] "O meu povo se perde pela falta de conhecimento" (Os 4,6).

[892] São João Bosco dizia: "Quereis que o Senhor vos dê muitas graças? Visitai-o muitas vezes. Quereis que Ele vos dê poucas graças? Visitai-o raramente. Quereis que o demônio vos assalte? Visitai raramente a Jesus Sacramentado. Quereis que o demônio fuja de vós? Visitai a Jesus muitas vezes. Não omitais nunca a visita ao Santíssimo Sacramento, ainda que seja muito breve, mas contanto que seja constante." (Livro "Eucaristia, nosso tesouro" de monsenhor Jonas Abib).

[893] "Psicólogo, psicologia, psicanálise não perdoa pecado. Quem perdoa pecado é a misericórdia de Deus. O que perdoa pecado é aquela mão sacerdotal levantada sobre você quando se confessa, quando o sacerdote diz 'pela misericórdia de Deus eu perdoo os teus pecados...' E você vai e os seus pecados estão perdoados." (Frei Patrício Sciadini, Curso de Pedagogia da Direção Espiritual)

[894] Se cometer algum pecado grave busque a confissão imediatamente. Os quatro "C" da Confissão: 1) concisa (breve); 2) concreta (ir ao assunto); 3) clara (como as coisas são); 4) completa (íntegra) [cf. São José Maria Escrivá]. Subsídio que pode auxiliar no seu exame de consciência: http://santidade.net/folhetos/Exame_adultos.pdf

[895] Cf. *Mt* 5,1-12; 25,31-46.

[896] Persignar com água benta: atrai a graça divina (pela oração da Igreja), purifica a alma (principalmente dos pecados veniais), afasta o demônio (pois para ele esta é uma cruz de fogo).

[897] "Nossa Senhora é mais poderosa do que todos os seus inimigos e do que todo o inferno" (São Padre Pio de Pietrelcina). Conheça o *Tratado da Verdadeira Devoção à Santíssima Virgem*, de São Luís Grignion de Montfort; e a Devoção Reparadora dos Cinco Primeiros Sábados; cf. *Dever de reparação* de Reginald Garrigou-Lagrange, O.P.

[898] "Cada crente tem, ao seu lado um anjo como pastor, para o conduzir na vida" (São Basílio Magno, ca. 330-379, doutor da Igreja). "Recorre ao teu Anjo da Guarda na hora da provação, e ele te protegerá contra o demônio e te dará santas inspirações" (São Josemaría Escrivá, Caminho nº 567). "Nosso

9) redescubra o tesouro que a Penitência[899]: Jejum[900], Abstinência[901], Mortificação[902];
10) tenha um Diretor Espiritual[903].

> "Ninguém será beneficiado pelo exorcismo sem oração, jejum e sacrifícios." (Pe. Amorth)

> "O demônio suscita ansiedades e trepidações por malvadeza em atormentar as almas que estão no caminho certo." (São Padre Pio de Pietrelcina)

> "Se as pessoas soubessem quão proveitoso é o sofrimento, quereriam ser também pregadas à Cruz!" (São Padre Pio de Pietrelcina)

"A Igreja é (...) um Mistério ao mesmo tempo humano e divino"[904]. A Obra da Salvação realizada por Cristo (cf. SC 5), é continuada pela Igreja e se realiza na Liturgia (cf. SC 6). Para levar a efeito obra tão importante, Cristo continua

---

Anjo da Guarda nunca nos abandona. Ele é nosso mais sincero e fiel amigo, mesmo quando o entristecemos com nosso mau comportamento" (São Padre Pio de Pietrelcina).

[899] "As penitências exteriores se fazem principalmente para três efeitos: primeiro, para satisfação dos pecados passados; segundo, para vencer-se a si mesmo, a saber, para que a sensualidade obedeça à razão e todas as partes inferiores estejam sujeitas às superiores; terceiro, para buscar e achar alguma graça ou dom que a pessoa quer e deseja, como, por exemplo, se deseja ter interna contrição de seus pecados, ou chorar muito sobre eles ou sobre as penas e dores que Cristo nosso Senhor passava na sua Paixão, ou para solução de alguma dúvida em que a pessoa se acha" (Santo Inácio de Loyola, Exercícios Espirituais, 87).

[900] "Todos os fiéis, cada qual a seu modo, estão obrigados por lei divina a fazer penitência; mas, para que todos estejam unidos mediante certa observância comum da penitência, são prescritos dias penitenciais, em que os fiéis se dediquem de modo especial à oração, façam obras de piedade e caridade, renunciem a si mesmos, cumprindo ainda mais fielmente as próprias obrigações e observando principalmente o jejum e a abstinência, de acordo com os cânones seguintes. Os dias e tempos penitenciais, em toda a Igreja, são todas as sextas-feiras do ano e o tempo da quaresma. Observe-se a abstinência de carne ou de outro alimento, segundo as prescrições da Conferência dos Bispos, em todas as sextas-feiras do ano, a não ser que coincidam com algum dia enumerado entre as solenidades; observem-se a abstinência e o jejum na Quarta-feira de Cinzas e na sexta-feira da Paixão e Morte de Nosso Senhor Jesus Cristo." (Código de Direito Canônico, Cân. 1249 – 1251).

[901] Com referência ao cânon 1251, a CNBB afirma que o fiel católico brasileiro pode substituir a abstinência de carne, às sextas-feiras, por uma obra de caridade, um ato de piedade ou comutar a carne por um outro alimento.

[902] "O demônio só tem uma porta para entrar na nossa alma: a vontade. Não há nenhuma porta secreta." (São Padre Pio de Pietrelcina)

[903] "É uma grande – imensamente grande – graça de Deus ter um diretor espiritual. Sinto agora que eu não saberia caminhar sozinha na vida espiritual. Grandioso é o poder do sacerdote. Dou graças a Deus sem cessar por me ter dado um diretor espiritual." (Diário de Santa Faustina, n. 721)

[904] YouCat 124.

presente na Liturgia (cf. SC 7). Tudo isso continua, terá a sua dimensão plena na Liturgia Celeste, da qual a nossa liturgia terrena, já participa (cf. SC 8). "É pelos Sacramentos da Igreja que Cristo comunica aos membros do seu Corpo o seu Espírito Santo e Santificador" (CIC 739). A ação do Espírito Santo em nós "é que vivamos a vida de Cristo Ressuscitado" (CIC 1091); "une a Igreja à vida e à missão de Cristo" (CIC 1092); "cura e transforma aqueles que O recebem, conformando-os com o Filho de Deus" (CIC 1129).

Poder fazer parte deste mistério de amor é uma graça, um verdadeiro privilégio.

> "Igreja não satisfaz expectativas, celebra mistérios." (Cardeal Carlo Maria Martini)

> "Não temas, respondeu Eliseu; os que estão conosco são mais numerosos do que os que estão com eles." (*2Rs* 6,16)

> "Pois a vitória na guerra não depende do tamanho do exército mas da força que vem do céu." (*1Mc* 3,19)

Querido leitor, gostaria de fazer um convite especial a você. Quero convidá-lo a ir além na sua vida espiritual, a mergulhar "em águas mais profundas" (cf. *Lc* 5,4). Busquemos juntos a santidade. Deus nos acompanhará a todo instante, nos dando todos os auxílios e graças necessárias.

> "A santidade não está ligada aos cargos na Igreja. Quem esteve ao lado da cruz quando Jesus estava no calvário? As mulheres amavam mais que os apóstolos. Quando veio a tempestade elas ficaram mais firmes que os apóstolos. O que importa de verdade é estarmos unidos a Cristo. [...] Precisamos estar centralizados no altar com Cristo sobre ele no altar. Amando a nossa Igreja Católica, centralizamos no essencial. Hoje, agora estaremos na última ceia. Jesus está dizendo: Vinde, eis-me aqui, quero me dar a todos vós." (Pe. José Antonio Fortea)[905]

> "A Igreja 'prossegue a sua peregrinação no meio das perseguições do mundo e das consolações de Deus'[906], anunciando a cruz e a morte do Senhor até que Ele venha (cf. 1Cor 11,26). Mas é robustecida pela força do Senhor ressuscitado, de modo a vencer, pela paciência e pela caridade, as suas afli-

---

[905] Fonte: cancaonova.com, 16 de novembro de 2012.
[906] Santo Agostinho, De Civ. Dei, XVIII, 51, 2: PL 41, 614.

ções e dificuldades tanto internas como externas, e a revelar, velada mas fielmente, o seu mistério, até que por fim se manifeste em plena luz."[907]

---

[907] *Lumen Gentium*, nº 8.

PERFEIÇÃO CRISTÃ

Fr. Antonio Royo Marín, O.P.

Professor emérito de Teologia Moral e Dogmática da Universidade de San Esteban (Salamanca)

O DESENVOLVIMENTO NORMAL DA VIDA CRISTÃ[908]

Examinados os *grandes princípios* da vida cristã, se impõe agora o estudo sobre o processo de seu desenvolvimento, ou seja, a *prática* dessa. Contemplaremos esse objeto nesta terceira parte de nossa *Teologia da Perfeição Cristã*.

O enfoque desta parte, de amplitude vastíssima, é muito variado entre os autores. Alguns dividem a matéria em base de três vias tradicionais: *purgativa*, *iluminativa* e *unitiva*, e em torno a elas vão descrevendo os estados e principais características das almas na medida em que as vão passando. Outros consideram esses três períodos primeiro na ascética e depois na mística, fazendo de cada uma delas um caminho distinto, que conduz igualmente – dizem – ao cume da perfeição. Outros descrevem todo o processo da vida espiritual em torno da vida de oração. Outros, finalmente, prescindem mais ou menos da ordem cronológica em que podem produzir os fenômenos, para agrupar em seções homogêneas os principais meios de santificação.

Todos esses procedimentos – se prescindimos do segundo, que nos parece de todo inadmissível – têm suas vantagens e inconvenientes. A vantagem principal dos que seguem o processo das *três vias* tradicionais é que se aproximam mais aos atos, tal como frequentemente acontece na realidade. Porém tem o sério inconveniente de isolar demasiadamente esses três aspectos da vida espiritual que na prática nunca formam departamentos impermeáveis e irredutíveis, mas que se compenetram e complementam de tal modo que em qualquer momento ou etapa da vida espiritual se encontram aspectos de purificação, iluminação e união. Daí as repartições inevitáveis e toques contínuos de atenção sobre pontos já tratados a que se vêm obrigados esses autores.

Os que fazem girar todo o processo da vida espiritual em torno dos graus de oração se apoiam na experiência – que assim o confirma – e em um texto de São Pio X em que expressamente se declara que há uma relação íntima

---

[908] ROYO MARIN, Antonio. *El desarrolho normal de la vida cristiana: introdução*. In.Teologia de La Perfeccion Cristiana. 6ª ed. Madri: BAC, 1988, pp.271-279. Trad. do espanhol: Pe. Kelvin Borges Konz.

entre os grandes progressos de oração da qual fala Santa Teresa e o crescimento em toda a vida espiritual. Porém tem o inconveniente de deixar sem resolver muitos problemas concomitantes que vão surgindo a direita e esquerda ou de perder de vista os graus de oração sem querer preencher essas lacunas.

Os que preferem agrupar os assuntos por seções homogêneas procedem com muita clareza e evitam enjoativas repetições. Porém se vêm necessitados de estudar por parte coisas que na vida real vão intimamente unidas.

> Em resumo: não há nem nos pareça que se possa haver um método que reúna todas as vantagens e evite todos os inconvenientes. A vida espiritual é muito misteriosa e complexa, e oferece em seu desenvolvimento tão variados matizes ao combinar-se a ação divina com a especial psicologia de uma determinada alma, que empreende pouco menos que impossível de tratar de reduzi-la a esquemas e categorias humanas. O Espírito Santo sopra onde quer (*Jo* 3,8) e leva cada alma por caminhos muito distintos até ao cume da perfeição. Na realidade pode-se dizer que cada alma tem seu próprio caminho, que nunca se repete de todo em nenhum caso.
>
> De qualquer forma, algum método tem que ser seguido para proceder com certa ordem e sobretudo com máxima clareza possível nessas intrincadas questões. Por isso, ainda reconhecendo seus inconvenientes e lamentando ter que incorrer neles por ser absolutamente inevitável, vamos seguir o procedimento de estudar os assuntos por seções homogêneas. Tendo em conta a índole de nossa obra e sua finalidade pedagógica, nos parece que esse procedimento é o mais adequado para pôr ordem e clareza nestas difíceis matérias.

Temos aqui nosso plano: depois de uma olhada rápida e esquemática de todo processo da vida espiritual, dividiremos esta terceira parte de nossa obra em três grandes livros:

1º Aspecto negativo da vida cristã

2º Aspecto positivo

3º A perfeição cristã nos diversos estados de vida.

IDEIA GERAL DO DESENVOLVIMENTO DA VIDA CRISTÃ

Cada alma – acabamos de recordar – segue seu próprio caminho para a santidade sob a direção e impulso do Espírito Santo. Não há duas fisionomias inteiramente iguais no corpo nem na alma. Contudo, os mestres da vida espiritual têm tentando diversas classificações atendendo as disposições predominantes das almas, que não deixam de ter sua utilidade ao menos como ponto de referência para precisar o grau aproximado de vida espiritual em que se encontra uma determinada alma. Esse conhecimento tem muita importância na prática, já que a direção que tem que dar a uma alma que caminha pelos primeiros graus de vida espiritual é muito diferente da que convém a almas mais adiantadas e perfeitas.

Três são, nos parece, as principais classificações que se tem proposto ao longo da história da espiritualidade cristã: a clássica de três vias: purgativa, iluminativa e unitiva; a do Doutor Angélico, a base dos três graus principiantes, aproveitados e perfeitos, e a de Santa Teresa de Jesus em seu genial *Castelo interior* no livro das *Moradas*.

Reunindo essas três classificações em uma só, parece-nos que se pode propor o seguinte quadro esquemático de toda a vida cristã:

AO REDOR DO CASTELO

a) Ausência total de vida cristã

São as almas dos pecadores endurecidos, que vivem habitualmente em pecado, sem preocupar-se em sair dele. A maioria deles pecam por *ignorância* ou *fragilidade*, porém não faltam os que se entregam ao pecado por *fria indiferença* e até por *obstinada* e *satânica malícia*. Em alguns casos, ausência total de remorsos e voluntária supressão de toda oração ou recurso a Deus.

b) Verniz cristão

Pecado mortal – Considerado de pouca importância ou facilmente perdoável, se põe imprudentemente em toda classe de ocasiões perigosas e sucumbem a qualquer tentação com a maior facilidade.

Práticas de piedade – Missa dominical, omitida frequentemente com pretextos fúteis; confissão anual – omitida às vezes – feita rotineiramente, sem espírito interior, sem ânimo de sair definitivamente do pecado. Às vezes, algumas orações vocais sem atenção, sem verdadeira piedade e pedindo sempre coisas temporais: saúde, riquezas, bem-estar...

Via purgativa: caridade incipiente

> Quando a alma começa a desejar com toda sinceridade viver cristãmente, entra na vida purgativa, o primeiro grau de caridade. Suas disposições fundamentais, descrevem-nas, Santo Tomás, com as seguintes palavras: Em

primeiro grau, a preocupação fundamental do homem é de afastar-se do pecado e resistir às suas concupiscências, que se movem contrárias à caridade. E isso pertence aos *incipientes*, nos que a caridade há de ser alimentada e fomentada para não se corrompa.

Vejamos agora os graus em que pode subdividir-se.

1. *As almas crentes (primeira morada de Santa Teresa)*

Pecado mortal – Debilmente combatido, porém sincero arrependimento e verdadeiras confissões. Com frequência, ocasiões perigosas voluntariamente buscadas.

Pecado venial – Nenhum esforço para evitá-lo. Concede-lhe pouca importância.

Práticas de piedade – As preceituadas pela Igreja. Algumas omissões. Às vezes, algumas práticas além do comum.

Oração – puramente vocal, poucas vezes e com muitas distrações. Petições humanas, de interesses temporais, raramente de tipo espiritual.

2. *As almas boas (segunda morada)*

Pecado mortal – Sinceramente combatido. Às vezes, porém, ocasiões perigosas, seguidas de alguma caída. Sincero arrependimento e pronta confissão.

Pecado venial – Às vezes, plenamente deliberado. Luta débil, arrependimento superficial, recaídas constantes na murmuração, etc.

Práticas de piedade – Frequência de sacramentos (primeiras sextas-feiras, festas principais, etc.). Às vezes, Missa diária, porém com pouca preparação. Rosário familiar, omitido com facilidade.

Oração – Em geral, orações vocais. Às vezes, algum minuto de meditação, porém com pouca fidelidade e muitas distrações voluntárias.

3. *As almas piedosas (terceira morada)*

Pecado mortal – Raríssimas vezes. Vivo arrependimento, confissão imediata, precauções para evitar as recaídas.

Pecado venial – Sinceramente combativo. Exame particular, porém com pouca constância e escasso fruto.

Práticas de piedade – Missa e comunhão diárias, porém com certo espírito de rotina. Confissão semanal, com escassa emenda dos defeitos. Rosário em família. Visita ao Santíssimo. Via Sacra semanal, etc.

Oração – Meditação diária, porém sem grande empenho em fazê-la bem. Muitas distrações. Omissão fácil, sobretudo quando surgem aridez ou ocupações, que se poderia ter evitado sem faltar aos deveres do próprio estado. Com frequência, *oração afetiva*, que tende a simplificar-se cada vez mais. Começa a *noite do sentido*, como trânsito para via iluminativa.

Via iluminativa: caridade proficiente

> Quando a alma se decidiu empreender uma vida solidamente piedosa e adentrar no caminho da virtude, entrou na *via iluminativa*. Sua principal precaução, segundo Santo Tomás, é escrever e adentrar na vida cristã, aumentando e corroborando a caridade.

E aqui os graus se subdividem:

4. *As almas fervorosas (quarta morada)*

Pecado mortal – Nunca. Em suma, algumas surpresas violentas e imprevistas. Nesses casos, pecado mortal duvidoso, seguido de um vivíssimo arrependimento, confissão imediata e penitências reparadoras.

Pecado venial – Séria vigilância para evitá-lo. Raramente deliberado. Exame particular dirigido seriamente a combatê-lo.

Imperfeições – A alma evita examinar-se demasiado sobre isso para não se ver obrigada a combatê-las. Ama a abnegação e a renúncia de si mesmo, porém até certo ponto e sem grandes esforços.

Práticas de piedade – Missa e comunhão diárias com fervorosa preparação e ação de graças. Confissão semanal diligentemente praticada. Direção espiritual encaminhada a adentrar na virtude. Terna devoção a Maria.

Oração – Fidelidade a ela apesar dos momentos de aridez da *noite do sentido*. Oração de *simples olhar*, como transição às orações contemplativas. Em momentos de particular intensidade, oração de *recolhimento infuso* e de *quietude*.

5. *As almas relativamente perfeitas (quintas moradas)*

Pecado venial – Deliberadamente, nunca. Alguma vez por supressa ou com pouca advertência. Vivamente chorado e seriamente reparado.

Imperfeições – reprovadas seriamente, combatidas de coração para agradar a Deus. Alguma vez deliberadas, porém rapidamente deploradas. Atos frequentes de abnegação e de renúncia. Exame particular encaminhado a aperfeiçoamento de uma determinada virtude.

Práticas de piedade – Cada vez mais simples e menos numerosas, porém praticadas com ardente amor. A caridade vai tendo uma influência cada vez mais intensa e atual em tudo o que faz. Amor à solidão, espírito de destacamento, ânsias de amor a Deus, desejo do céu, amor à cruz, zelo desinteressado, fome e sede de comunhão.

Oração – Vida habitual de oração, que vem a constituir como a respiração da alma. Oração contemplativa de união. Com frequência, purificações passivas e epifenômenos místicos.

Via unitiva: caridade perfeita

> Quando a vida de oração constitui como o fundamento e a respiração habitual de uma alma, ainda em meio de suas ocupações e deveres do próprio estado, que cumpre fidelissimamente; quando a íntima união com Deus e o chegar ao cume da perfeição cristã constitui a ilusão suprema de sua vida, entrou na vida *unitiva*. Sua preocupação fundamental, segundo Santo Tomás de Aquino, é unir-se a Deus e gozar d'Ele.

Aqui estão os dois principais graus que a constituem:

6. *As almas heroicas (sexta morada)*

Imperfeições – deliberadas, nunca. Às vezes, impulsos quase advertidos, porém rapidamente rechaçados.

Práticas de piedade – Cumprem com fidelidade refinada todas as que levam consigo seu estado e condição de vida, porém não se preocupam senão de unir-se cada vez mais intimamente com Deus. Desprezo de si mesmo até o ouvido; sede de sofrimento e tribulações ("padecer ou morrer"): penitências duríssimas e ânsias de total imolação pela conversão dos pecadores. Oferecimento como vítimas.

Oração – Dons sobrenaturais de contemplação quase habitual. Oração de união muito perfeita, com frequência extática. Purificações passivas, noite do espírito. Casamento espiritual. Fenômenos concomitantes e graças dadas livremente.

7. *Os grandes santos (sétima morada)*

Imperfeições – apenas aparentes.

Práticas de piedade – Na realidade se reduzem ao exercício do amor: "Meu exercício já é somente amar" (São João da Cruz). Seu amor é de uma intensidade incrível, porém tranquilo e sossegado; não tem chama crepitante, porque se converteu em brasa. Paz e serenidade inalterável, humildade profundíssima, unidade de olhar e simplicidade de intenção: "Só mora neste monte a honra e glória de Deus" (São João da Cruz).

Oração – Visão intelectual – por certa maneira de representação da verdade (Santa Teresa) – da Santíssima Trindade na alma. União transformante. Matrimônio espiritual. Às vezes, confirmação em graça.

***

O Pe. Garrigou-Lagrange propõe o seguinte esquema do desenvolvimento da vida espiritual a base dos três graus fundamentais de principiantes, proficientes e perfeitos:

Principiantes

(via purgativa, vida ascética)

Virtudes iniciais. Primeiro grau da caridade, temperança, castidade, paciência; primeiro grau de humildade.

Dons do Espírito Santo. Mais bem latentes. Inspirações a raros intervalos. Pouca atenção a ainda aproveitar, pouca docilidade. A alma tem consciência, sobretudo, de sua própria atividade.

Purificação ativa do sentido e do espírito, ou seja, mortificações externas e internas.

Oração adquirida: oração vocal, oração discursiva, oração afetiva, que se simplifica cada vez mais, chamada oração adquirida de recolhimento.

Moradas de Santa Teresa. Primeiras e segundas.

Proficientes

(Via iluminativa, umbral da vida mística)

Virtudes sólidas. Segundo grau da caridade, obediência, humildade mais profunda; espírito de conselho.

Dons do Espírito Santo. Começam a manifestar-se, sobretudo, os três dons inferiores *de temor, ciência* e *piedade.* A alma, mais dócil, aproveita mais as inspirações e iluminações internas.

Purificação passiva do sentido, baixo o influxo especialmente dos dons de temor e de ciência. Provas concomitantes.

Oração infusa inicial. Atos isolados de contemplação infusa no curso da oração adquirida de recolhimento. Depois, oração de *recolhimento sobrenatural* e de *quietude*. Influência manifesta do dom de piedade.

Moradas de Santa Teresa. Terceira e quarta.

Perfeitos

(Via unitiva, vida mística)

Virtudes eminentes e heroicas. Terceiro grau da caridade, perfeita humildade, grande espírito de fé, abandono, paciência quase inalterável.

Dons do Espírito Santo. Os dons superiores se manifestam mais visível e frequentemente. A alma está como que *dominada* pelo Espírito Santo. Grande passividade, que não exclui a atividade da virtude.

Purificação passiva do espírito, sob a influência especialmente do dom de entendimento. Provas concomitantes nas que se manifestam os dons de fortaleza e conselho.

Oração infusa de união simples, de união completa (às vezes estática) e de união transformante, sob o influxo cada vez mais intenso do dom de sabedoria. Graças concomitantes.

Moradas de Santa Teresa. Quinta, sexta e sétima.

***

Tal é, em suas linhas fundamentais, o caminho que geralmente percorrem as almas em sua ascensão à santidade. Dentro dele cabem uma infinidade de matizes – não há duas almas que se pareçam inteiramente –, porém o diretor atento que se fixe cuidadosamente nas características gerais que acabamos de descrever poderá averiguar com muita proximidade o grau de vida espiritual alcançado por uma determinada alma.

Royo Marin, em seguida, na sua preciosa obra *Teologia de La Perfeccion Cristiana*, examina em detalhes os dois aspectos fundamentais da vida cristã: o negativo, ou seja, o que deve evitar ou combater, e o positivo, ou seja, o que deve praticar ou fomentar. Recordamos que ambos aspectos na prática caminham juntos e resultam de feitos inseparáveis; porém por necessidade pedagógica e interesse, sobretudo, de clareza e precisão, o autor examina-os separadamente nos dois livros que constituem a terceira parte da Obra *Teologia da Perfeição*.

CONSEQUÊNCIAS DO PECADO VENIAL

Pe. Reginald Garrigou-Lagrange [909]

Para compreender mais plenamente a seriedade do pecado venial, especialmente se for deliberado, devemos considerar suas consequências, isto é, ver todo o mal que ele produz em nossas almas no tempo presente e o que ele prepara para o futuro, suas consequências aqui embaixo e depois da morte.

No presente, no momento exato em que é cometido, o pecado venial priva a alma de uma graça preciosa. Naquele instante, uma graça nos foi oferecida para progredirmos na perfeição, para sermos caridosos, fervorosos e diligentes. Se tivéssemos correspondido, nosso mérito teria aumentado e, por toda a eternidade, poderíamos contemplar Deus face a face com maior intensidade. Nós teríamos a capacidade de amá-lo mais. Agora, no entanto, esta graça foi perdida por causa de nossa negligência, de nossa preguiça e de nossa caridade limitada.

Você poderá dizer: "Mas eu posso encontrar o momento, a ocasião para recuperar o bem que perdi". Pelo contrário, a resposta é "não". Você não poderá recuperar o quarto de hora desperdiçado. Nem mesmo Deus, com todo o Seu poder, seria capaz de restaurá-lo. Esta graça, mil vezes mais preciosa do que o universo, foi perdida para sempre. É verdade que a graça santificante em você não foi diminuída, que ela permanece no mesmo grau. O pecado venial, no entanto, limita sua liberdade de ação e pode preparar sua ruína.

O pecado venial não destrói a caridade, mas paralisa sua atividade e seu crescimento, torna-a fria e dificulta sua manifestação. Não mata a alma, mas a deixa sem força e sem energia para o bem. Diminui o fervor do amor divino, escurece os olhos da alma e obscurece a visão de Deus, assim como uma paralisia parcial, sem tirar a vida, algumas vezes pode dificultar consideravelmente a liberdade de movimento do corpo.

O pecado venial geralmente nos priva de graças preciosas no futuro. Será que a partir de então Deus será menos bondoso e menos generoso? Não, fomos nós quem mudamos. As graças que nós recusamos através de nossa falha retornam ao seio de Deus ou, para ser mais exato, elas são derramadas de novo sobre outras almas. Nosso talento será dado a outras pessoas que saibam dar frutos. As luzes divinas, portanto, tornam-se menos vivas para nós, os convites da graça menos frequentes, menos intensos e menos vitoriosos.

---

[909] Reginald Garrigou-Lagrange, The last writings, New City Press, 1969, pp. 23-25.

Se hoje, por exemplo, nós perdermos tempo em conversas vãs, ou se nos deixarmos tomar pela ira sem motivo algum, amanhã Deus nos privará de Sua luz no momento da oração. As luzes e a energia que nos teriam santificado serão tiradas por causa de nossas faltas veniais deliberadas e repetidas. Por exemplo, se deliberada e repetidamente aderirmos ao julgamento precipitado, nossa caridade perde lentamente sua vitalidade. Às vezes repetidos pecados veniais nos arrastam indiretamente para o pecado mortal. Ao mesmo tempo que as graças tornam-se mais raras, as más inclinações tomam a dianteira e a graça santificante que mora na alma perde lentamente sua liberdade. A inteligência é oprimida pela escuridão, a vontade é debilitada, o coração é endurecido e nos ficamos cada vez mais afundados na tibieza. As tentações do inimigo tornam-se cada vez mais sérias e frequentes. Nós vamos nos afastando de uma pessoa por causa de repetidos juízos temerários. Um dia ou outro, a inveja e os ciúmes assumirão tais proporções que a caridade será gravemente ferida.

"Nós encontramos nestas moradas", diz Santa Teresa de Ávila, "algumas cobras venenosas que podem causar a morte. Nestes pântanos há febres que enfraquecem incrivelmente a alma e são capazes de causar sua morte"[910]. De fato, nós caímos na perigosa letargia da tibieza e, em tal estado, o pecado mortal pode nos surpreender. Nós podemos cometê-lo quase sem perceber. Do morno está escrito: "Conheço as tuas obras. Não és frio, nem quente. Oxalá fosses frio ou quente! Mas porque és morno, nem frio nem quente, estou para vomitar-te de minha boca" (Ap 3, 15-16). (Sobre a tibieza dos religiosos, cf. Santa Catarina de Sena em Diálogo, "Trato sobre a Obediência", cap. 162, de 1 a 5.)

Embora compreendamos que a misericórdia divina pode nos deter na descida mais ou menos consciente que leva ao pecado mortal, ainda assim, o pecado venial, não expiado aqui embaixo, tem algumas consequências após a morte que são tão temerosas quanto inevitáveis, isto é, um purgatório possivelmente muito longo e terrível.

---

[910] "Aunque haya entrado en el castillo, porque entre cosas tan ponzoñosas, una vez u otra es imposible dejarle de morder" (Moradas Primeras, 2, 14).

CAPÍTULO 5

Testemunho de um exorcista

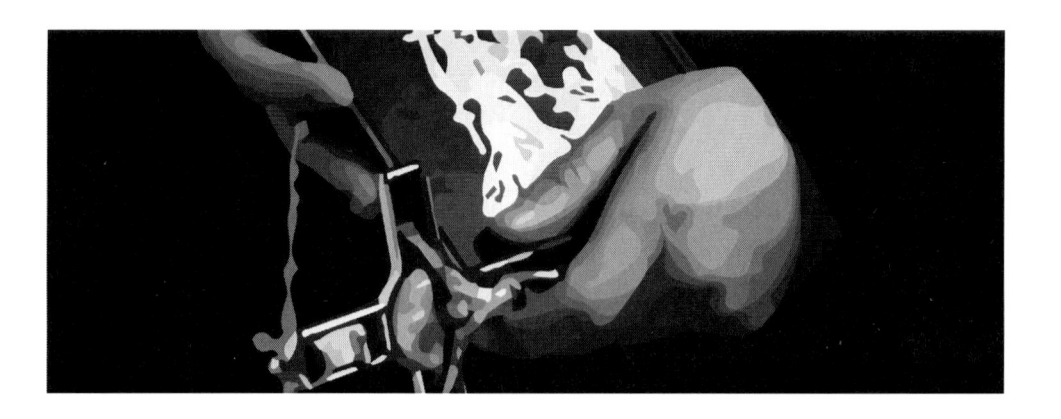

"O demônio existe também no Século XXI e nós devemos aprender do Evangelho como lutar contra ele para não cair na armadilha. Não devemos ser ingénuos." (Papa Francisco, 11 de Abril de 2014)

"Não se pode pensar numa vida espiritual, cristã, sem resistir às tentações, sem lutar contra o diabo. E pensar que nos queriam fazer crer que o diabo era um mito, uma figura, uma ideia do mal! Ao contrário, o diabo existe e nós devemos lutar contra ele." (Papa Francisco, 30 de Outubro de 2014)

MINISTÉRIO DOS EXORCISMOS

Um testemunho[911]

Pe. Duarte Sousa Lara[912*]
Sacerdote Exorcista da Diocese de Lamego, Portugal

Em 1998, cheguei a Roma para começar a minha formação como candidato ao sacerdócio da Diocese de Lamego (Portugal). Morei por sete anos no Colégio Eclesiástico *Sedes Sapientiae,* que é dirigido pelos padres da prelatura do Opus Dei, e frequentei a Pontifícia Universidade da Santa Cruz para os estudos eclesiásticos de filosofia e teologia. Foram anos muito fecundos em todos os níveis – humano, acadêmico e espiritual –, uma graça que agradeço de coração ao bom Deus.

Poucos meses após a minha chegada a Roma recebi o chamado de uma senhora, minha amiga de muitos anos, que havia traduzido para o português o primeiro livro do Pe. Gabriele Amorth: *Um Exorcista Conta-nos.* Ela se encontrava em Roma para um encontro com o padre a respeito do livro traduzido e me convidava para ir com ela. Eu, que já havia ouvido falar do Pe. Amorth e me interessava vivamente pelo tema dos exorcismos, aceitei com prazer a sua proposta. Como já falava italiano, aproveitei bem o encontro e, ao final, pedi ao Pe. Gabriele permissão para assistir aos seus exorcismos. Ele consentiu, e comecei a acompanhá-lo.

Na primeira vez em que estive presente aos exorcismos do Pe. Amorth impressionou-me o seu pessoal senso de humor e a serenidade com que os leigos que o assistiam ajudavam as pessoas possuídas. Era um ambiente de oração e de paz, até mesmo de alegria, que me atraía. Fiquei impressionado também por constatar que as pessoas atormentadas por distúrbios diabólicos eram

---

[911] *Ministero degli esorcismi. Un testimonianza.* Congresso da Associação Internacional de Exorcistas, 20 a 25 de outubro de 2009. Trad. do italiano: Irmã Clea Fuck.

[912*] Nasceu em Lisboa em 15 de julho de 1975. Licenciou-se em Gestão e Administração de Empresas na Universidade Católica Portuguesa. Doutorou-se em Teologia na Pontifícia Universidade da Santa Cruz (Roma), onde colabora como docente desde 2005. Em 2002, criou o site www.santidade.net, com o intuito de promover a vocação universal à santidade. De 2008 a 2011, foi professor no Instituto Superior de Teologia Beiras e Douro (Portugal). Atualmente, é pároco das paróquias de Folgosa do Douro, Valença do Douro e Desejosa, assistente espiritual da Comunidade Servos de Maria do Coração de Jesus e presidente da Comissão para a Missão e Nova Evangelização da Diocese de Lamego. Depois de ter acompanhado o Padre Gabriele Amorth durante dez anos (1998-2008) no ministério dos exorcismos, foi também nomeado exorcista em 20 de março de 2008. Desde 2008 é membro da Associação Internacional dos Exorcistas.

pessoas bastante normais, o que me fez refletir sobre como, em geral, se tem uma ideia longe da verdade. Depois desse primeiro encontro, voltei a assistir aos exorcismos do padre sempre que podia, durante os 10 anos que passei em Roma.

Inícios do ministério

Depois da minha longa permanência em Roma reentrei estavelmente na diocese e, em 2008, entre vários outros trabalhos, meu bispo nomeou-me exorcista junto com o pároco da catedral e pediu-nos que trabalhássemos em conjunto. Naquela ocasião, quase não havia exorcistas em Portugal, e os que havia não dedicavam muito tempo, por vários motivos, a esse ministério. Havia, sim, alguns padres que acompanhavam as pessoas atormentadas pelo demônio e faziam as orações de libertação. Os bispos das vinte dioceses de Portugal dizem, em geral, que preferem avaliar os casos um a um e depois nomear um exorcista *ad casum,* o que depois, na prática, quase nunca acontece. Na verdade, havia alguns deles que negavam a existência do demônio; mas, graças a Deus, a maioria crê que ele existe, mesmo achando que os casos de distúrbios diabólicos são raríssimos e por isso bastam as nomeações *ad casum.*

A Providência de Deus logo me fez encontrar um lugar excelente para os exorcismos. Uma saleta reservada ao lado de um grande santuário de Nossa Senhora, nos fundos de um convento de freiras, cuja superiora se tornou uma fiel colaboradora no ministério dos exorcismos. Depois formou-se também, pouco a pouco, um pequeno grupo de leigos que ainda me ajudam. Organizei as coisas como vira com o Pe. Amorth: a poltrona, o leito, as imagens santas, a água benta, o óleo dos catecúmenos, o crucifixo, copos plásticos, lencinhos, cestinha com uma sacola de plástico, etc.

Os casos graves apareceram imediatamente, ainda antes de eu ter recebido a licença permanente para exorcizar, quando o bispo me dava a necessária permissão caso por caso. Nos primeiros tempos eu recebia no mesmo dia tanto os que tinham necessidade dos exorcismos quanto os que vinham pela primeira vez; depois, pela grande quantidade de pedidos de atendimento, decidi receber os que vinham pela primeira vez na segunda-feira e os que deviam voltar para os exorcismos na sexta-feira. Atualmente recebo em geral seis pessoas na segunda e seis casos graves de exorcismo cada sexta-feira.

Como administrar os pedidos de ajuda

Uma das cruzes mais pesadas para nós, exorcistas, é como gerir os pedidos de ajuda que chegam. De um lado, temos muitas vezes outras responsabilidades pastorais, de outro, há um número crescente de pessoas que pedem ajuda. Após várias tentativas, houve um tempo em que recebi todas as pessoas que quisessem num mesmo dia determinado, sem marcar hora. A intenção era boa, mas não durou muito tempo. Eram cada vez mais pessoas, de modo que eu chegava a atender, sem interrupção, por mais de doze horas seguidas. Até surgiam conflitos entre as pessoas que esperavam a própria vez. Muitas, exaltadas, chegavam a discutir mesmo comigo, e alguns, após longa espera, tinham que voltar para casa sem terem sido atendidas. Precisei mudar o sistema.

Obviamente, não é fácil satisfazer a todos nem a todas as perguntas, mas creio que seja muito importante que todos os que se aproximam de nós pedindo ajuda se sintam amados e ajudados de algum modo. Acontece também que muitas dessas pessoas, além do sofrimento que têm de suportar, não encontraram nenhuma acolhida ou compreensão da parte de outros sacerdotes ou mesmo bispos, o que as deixam ainda mais feridas. Jesus nos pede que as ajudemos da melhor forma possível, e vejo que, em não poucos casos, se chega a um verdadeiro caminho de conversão e retorno à fé.

Para responder a essa grande demanda, liberei o meu número de celular na *internet*; portanto, é agora de domínio público. Quem me chama, escuta uma resposta registrada, com uma simpática mensagem de boas-vindas e o pedido de contatar-me por escrito através do meu site (www.santidade.net), terminando com uma bênção. Desse modo, tento encaminhar as pessoas ao meu site, que já contém muita coisa que possa ajudá-las, e, ao mesmo tempo, levá-las a escrever brevemente o objeto do seu pedido, elencando os distúrbios que as atormentam. Esses e-mails que chegam são lidos por uma colaboradora de grande confiança, que responde por escrito ou oralmente a todos, buscando encaminhá-las aos sacramentos e à oração. Quando lhe parece que os sintomas descritos possam ser distúrbios diabólicos extraordinários, então, como fiz entender, toma nota dessas pessoas as quais recebo na segunda-feira.

Às pessoas que não têm acesso à *internet* sugiro, em geral, que me escrevam uma breve carta em que elenquem os distúrbios dos quais padecem. Mas também esse é ainda um grupo numeroso, e assim muitas vezes me encontro diante de uma bela montanha de cartas a ler. Após lê-las, marco um encontro com aquelas pessoas que me parecem vítimas de distúrbios diabólicos extraordinários e as recebo nas segundas-feiras. Quando me pedem ajuda na estrada, sugiro que vejam o meu site e convido-as para o Grupo de Oração que tenho todas as sextas-feiras de tarde. Esse convite mostra-se tantas vezes uma proposta muito eficiente. No Grupo de Oração, além do terço e da Adoração Eucarística, com uma oração por cura interior e os cantos, dou sempre uma breve catequese para adultos. Cria-se aí um ambiente muito agradável, com breves testemunhos, às vezes de alguma cura extraordinária ou algum caso prodigioso. Veem-se assim pessoas de todas as idades que professam alegremente sua fé em Jesus.

No Grupo de Oração, muitas pessoas que me procuram encontram um ambiente adequado e iniciam um verdadeiro caminho de fé. Sendo oferecida a ocasião, surge, cedo ou tarde, o desejo de confessar-se. Para ajudá-los a fazer um bom exame de consciência, preparei um folhetinho com perguntas diretas. Encorajo as pessoas à confissão mensal, à Missa diária e ao terço em família, também diário. Além disso, organizo de vez em quando, para os grupos da sexta-feira, momentos de convivência, como passeios e jogos diversos que reforçam os laços de amizade entre todos. Nos tempos de Advento e Quaresma organizo também semanas inteiras de Adoração Eucarística por turnos, e muitas pessoas fazem, assim, uma primeira experiência de intimidade com o Senhor na oração.

Com o passar dos anos, o Grupo de Oração tornou-se uma grande família, e isso me ajuda muitíssimo no acolhimento de todas as pessoas que sofrem e me procuram em busca de alívio. Também as pessoas que vêm habitualmente para os exorcismos, e que moram perto, convido-as a frequentarem o Grupo de Oração, e vejo que isso também é uma grande ajuda no caminho em busca da libertação total dos distúrbios diabólicos. Muito raramente acontece que haja alguma manifestação diabólica durante a oração. Em tais casos, alguns leigos conduzem as pessoas possuídas numa saleta mais reservada, para não assustar as crianças, que são muitas, e para não nos distraírem na oração. No fim da oração vou vê-las então e vejo como estão as coisas.

Atitudes de outros sacerdotes

No início, quando comecei a praticar o ministério dos exorcismos, houve diversas reações negativas da parte de alguns sacerdotes. Um, por exemplo, me escreveu uma carta, dizendo que quem precisava de um exorcismo era eu. Como sabemos, alguns sacerdotes não creem na existência do demônio e procuram explicar todos os distúrbios estranhos que observam pela psicologia e parapsicologia.

Como pode ser que alguns sacerdotes duvidem da existência do demônio? A resposta a essa pergunta não é simples. Creio que essa dúvida tenha raízes profundas que vêm desde o famoso "século das luzes" (XVIII). Com o sucesso da Física de Newton e do método experimental das ciências positivas, desenvolveu-se uma confiança sempre maior na capacidade da razão de conhecer a verdade. Começou-se mesmo a crer que o método experimental seja a única via *segura* de acesso à verdade. Nessa linha, Rudolf Bultmann afirmava que "a fé nos espíritos e nos demônios fica liquidada pelo conhecimento das forças e das leis da natureza. [...] Não se pode usar a luz elétrica e o rádio, servir-se de modernos instrumentos médicos e químicos nos casos de doença, e ainda crer no mundo dos espíritos e dos milagres do Novo Testamento"[913]. A excessiva confiança no método das ciências experimentais e na pura razão produziu pouco a pouco uma crise de fé, à qual não são imunes nem mesmo os eclesiásticos. Para alguns deles, a ciência explica tudo e o Evangelho passa a ser lido nessa ótica. A palavra da ciência é então mais confiável que a Palavra de Deus. E diante de temas sobre os quais a ciência experimental não consegue dizer nada, aceitam-se de bom grado os resultados das pseudo-ciências, como a parapsicologia, em lugar da fé que a Igreja sempre professou ao longo dos séculos.

Hoje, infelizmente, em muitos seminários e centros teológicos são propostas as heresias de Bultmann e se fazem cursos de parapsicologia. Muitos ignoram que, na realidade, a parapsicologia é uma falsa ciência, que se propõe, com o método experimental, estudar realidades espirituais, como os fenômenos de clarividência ou de telepatia. Esses fenômenos espirituais são realidades que, por sua natureza, não se podem estudar com o método experimental, seria como se alguém se esforçasse por escutar um som abrindo bem os olhos. Não faz sentido, porque não existe adequação entre o método que se usa e o objeto que se quer estudar. Não é por acaso que a comunidade científica é unânime na crítica negativa que faz dos métodos e dos resultados da parapsicologia. A esse erro metodológico fez referência explícita a Const. Conciliar *Gaudium et Spes*, quando diz que hoje: "muitos, ultrapassando indevidamente os confins das ciências positivas, pretendem explicar tudo somente desse ponto de vista científico" (n.19). Entretanto, a Teologia, partindo da Palavra de Deus, soube sempre explicar os assim chamados fenômenos paranormais, chamando-os *preternaturais*, servindo-se sobretudo da angelologia. Em teologia costuma-se distinguir entre fenômenos preternaturais e sobrenaturais. Os preternaturais

---

[913] R. Bultmann. *Nuovo Testamento e mitologia. Il manifesto della demitizzazione*. Bescia 1970, pp.109-110.

são os próprios das potestades angélicas, boas ou más; os sobrenaturais exigem sempre, por sua vez, a intervenção direta de Deus mesmo.

Um outro fator que, creio, tenha reforçado o ceticismo de tantos em relação aos exorcismos parece-me que seja o fato de esse ministério ter sido abandonado na *práxis* pastoral dos últimos séculos. Por que por algum tempo não houve mais exorcismos nem exorcistas? Seriam duas razões principais: de um lado, não havia tanta necessidade de exorcismos porque havia na Europa um ambiente mais cristão e menos paganizado que hoje; de outro lado, como já acenei, aconteceu uma significativa mudança no modo de olhar a realidade e se formou uma cultura racionalística e cética que tende a negar tudo que ultrapassa o fenômeno, e portanto nega, ou, ao menos, olha com grande ceticismo o preternatural e o sobrenatural.

Como disse antes, quando comecei a dedicar-me aos exorcismos de modo habitual, encontrei a oposição de certos irmãos de sacerdócio. Uma vez que – segundo eles – o demônio não existe, o bispo deveria impedir-me de induzir as pessoas em erro. Outros, menos radicais e talvez mais numerosos, creem na existência do demônio, mas pensam que os casos de exorcismo seriam extremamente raros e daí não faria sentido que alguém fizesse tantos.

Graças a Deus, o meu bispo sempre conservou sua confiança a meu respeito, e a Providência Divina fez com que aos poucos se dissolvesse a hostilidade que encontrei na diocese.

Lembro que uma vez um pároco, já de certa idade, veio procurar-me; ele era um cético quanto aos exorcismos, mas como uma jovem da sua paróquia se sentia mal e queria vir ver-me, ele me contatou, e eu recebi os três: a mulher, seu marido e seu pároco. Terminada a conversa com a senhora, fiz uma oração de libertação, como faço em quase todos os casos. Manifestou-se a presença diabólica, e eu prossegui com o Exorcismo Maior diante do marido e do pároco, que, agora, perplexo, acreditava. A moça tinha reagido com violência ao exorcismo. No fim, como eu estava partindo para Roma, onde ficaria por dois meses, propus ao pároco fazer ele mesmo o exorcismo na paróquia, dando-lhe a faculdade de exorcizar nesse caso. Na minha nomeação como exorcista, meu bispo me havia dado explicitamente a faculdade de subdelegar *ad casum* a um outro sacerdote que eu avaliasse idôneo. O pároco havia visto como se desenvolvia o rito e aceitou fazer os exorcismos para sua paroquiana. Na minha volta, ele veio contar-me que, após poucos exorcismos, a moça ficou bem. O padre estava contentíssimo e se tornou um defensor convicto da eficácia dos exorcismos. A notícia se difundiu rapidamente entre o clero da diocese, porque ele era amigo de muitos padres, e assim as atitudes de crítica e resistência foram-se dissolvendo.

Em outra ocasião veio encontrar-me um padre de uma diocese vizinha. Ele se dedicava muito à confissão e havia encontrado casos estranhos. Era um pouco cético quando aos exorcismos e me fez muitas perguntas. Respondi e convidei-o a assistir a algum exorcismo. Ele aceitou e começou a vir. Acompanhou-me nos exorcismos por mais de um ano. Enquanto isso, aconteceu um caso grave com uma moça da sua diocese. O bispo chamou-me pedindo ajuda. Penso que o próprio bispo tenha presenciado um ataque, pois parecia muito convencido. Recebi a moça com a família, e era de fato um caso bastante grave. Após alguns meses de exorcismos, a moça se libertou totalmente. Depois que aquele padre me havia assistido por mais de um ano no ministério, fiz saber ao bispo daquela diocese que o padre estava em condições de exercer o ministério de exorcista na diocese. O bispo lhe deu licença, agora ele tem muito trabalho no ministério de exorcismo. Ele havia começado meio cético, e tornou-se um exorcista ele mesmo.

Muitas vezes, os sacerdotes e seminaristas me fazem perguntas a respeito, e eu os convido a acompanhar-me em algum caso. Estou convencido de que é uma experiência bem formativa e útil para a pastoral em geral. O povo espera, com justiça, que os padres entendam as coisas espirituais, o que inclui o conhecimento dos distúrbios de origem diabólica. Certamente nem todos os padres devem estar preparados para serem exorcistas, mas todos devem saber fazer um primeiro discernimento e saber dar alguns conselhos fundamentais. Também, além dessa experiência que acho útil para o ministério de todos os eclesiásticos, há o problema dos futuros exorcistas. Nesse caso, direi que, além da idoneidade prevista no *Código de Direito Canônico*, convém que o futuro exorcista faça uma experiência prática, acompanhando por um certo período um exorcista com mais experiência. Há muitas particularidades importantes no ministério que não se encontram no ritual ou nos livros dos exorcistas, mas que se aprendem na prática. Comparo muitas vezes com a cirurgia médica: quem quer ser cirurgião não pode limitar-se a estudar muito, mas deve, por algum tempo, fazer experiências práticas, assistindo ao cirurgião enquanto esse opera o doente.

Na segunda-feira, como falei acima, recebo pela primeira vez aqueles casos que, pela leitura dos fatos, como os descreveram, deduzo que sejam possíveis vítimas de distúrbios diabólicos extraordinários. Após alguns anos desse ministério, como creio que acontece também com quem o exerce já há algum tempo, adquire-se uma certa capacidade de reconhecer os distúrbios diabólicos, considerando os sintomas manifestados na vida das pessoas. Por isso peço para quem me escreve, fazer uma lista dos sintomas e conte brevemente a sua história.

O primeiro encontro

Todas as segundas-feiras recebo seis novos casos. Geralmente as pessoas vêm acompanhadas da família, e, além disso, eu tenho também ao menos um assistente. Isso é importante por diversos motivos. Por vezes é preciso segurar firme as pessoas durante as orações. Especialmente quando vêm mulheres sozinhas é prudente recebê-las com outra pessoa junto. Além disso, ainda temos mais um intercessor na oração durante todo o encontro. Enfim, um assistente é necessário para algum pequeno serviço a prestar ao sacerdote e à pessoa sofrida durante todo o encontro.

Após o cumprimento e uma cordial acolhida, que considero importante, começo a fazer perguntas introdutórias para entender a quem tenho diante de mim. Em geral, pergunto a todos se fizeram a Crisma, depois se são casados na Igreja, se vão à Missa todos os domingos, se rezam o terço em família todos os dias, se se confessam com frequência, etc. Infelizmente, na grande maioria dos casos, a pessoa precisa fazer uma boa confissão, pois muitas vezes se trata de católicos pouco ou não praticantes. Muitas vezes sugiro fazer uma Confissão geral e proponho um longo exame de consciência. Às vezes, de acordo com o lugar onde moram, sugiro um bom confessor que pode também dar um acompanhamento espiritual.

Muitas vezes aparecem situações irregulares, como uniões de fato, ou divorciados "casados" em segunda união, no civil. Nesses casos explico que, para ir para o Céu, devemos converter-nos do pecado e viver na graça de Deus, senão não iremos. Explico que existem, por assim dizer, o "mínimo olímpico" para a vida eterna, os dez mandamentos; abaixo deles estamos em pecado, e se voluntariamente permanecemos no pecado grave, as orações e os exorcismos não produzirão o efeito desejado. Em geral, embora isso possa espantar a muitos, as pessoas se dispõem a deixar o pecado e a lutar por viver na graça de Deus, talvez, num primeiro momento, não tanto por amor a Deus, mas porque se encontram em muito sofrimento do qual querem livrar-se. E isso significa por vezes fazer grandes mudanças, como ter que mudar de casa ou de emprego.

Uma pergunta que considero útil e por isso a faço muitas vezes é: "Quer ir para o Céu?" Geralmente a pessoa não espera tal pergunta. Vivemos num mundo que perdeu o sentido do pecado, e muitos creem que, no fim, vamos todos para o Céu, porque Deus é bom e misericordioso. Graças a Deus, quase todos respondem que querem ir para o Céu. Então procuro fazê-los entender que, para isso, devemos fazer o que Jesus nos ensinou, isto é, converter-nos do pecado e viver na graça de Deus. Sem essa explicação é difícil entender por que devemos lutar com todas as forças contra o pecado. Uma vez que alguém decidiu lutar pelo céu, será mais fácil dizer não ao pecado.

Outra pergunta que faço muitas vezes é essa: "Amas a Jesus?" Quase todos respondem que sim, e eu acrescento logo uma outra pergunta: "E Jesus te ama?" Aqui costuma seguir um momento de silêncio, depois timidamente: "penso que sim". Pergunto por que não estão seguros do amor de Jesus. Alguns duvidam porque lhes pesa a consciência dos seus pecados, outros porque estão sofrendo muito e parece que Deus não escuta a sua oração. Então eu os faço olhar a cruz que têm na mão e pergunto por quem Jesus morreu. Respondem "por nós", e eu acrescento que "então morreu também pelos maus!", e eles confirmam; depois pergunto: "e por que Jesus morreu pelos pecadores?" Então o silêncio se torna meditação, muitas vezes. Falo então do grande amor de Jesus por cada um de nós; que nunca devemos duvidar desse amor, mesmo se estivermos no maior pecado ou no maior sofrimento. E repito a pergunta: "Jesus te ama?", e agora a resposta é um alegre "sim".

Terminadas as perguntas iniciais, peço que me contem os seus problemas. Geralmente são distúrbios diabólicos, pois já fiz uma primeira seleção, como explicado acima. Pergunto se procuraram um médico, um psicólogo ou psiquiatra. Por vezes eu mesmo os mando a psicólogos ou psiquiatras de confiança, os quais, porém, não é sempre fácil encontrar. Os sintomas que relatam são os que conhecemos bem e podem ser vários. Acontece que, além dos distúrbios diabólicos, há também certo desequilíbrio mental. Nesses casos, encorajo-os a não abandonar o seu médico e que lhe digam que têm também um distúrbio diabólico e que recebem exorcismos.

Feito o primeiro diagnóstico dos distúrbios diabólicos extraordinários, começo a fazer perguntas para descobrir suas causas, buscando entender quando começaram os distúrbios. Por vezes – a experiência o ensina – não é fácil estabelecê-lo. Em alguns casos que tive, há distúrbios diabólicos que vêm da família e se manifestam em diversos membros dela. Estando claro quando começaram, importa descobrir a sua causa, que é frequentemente a de serem vítimas de um malefício. Mas acontece também, em muitos casos, que as próprias pessoas que, explicita ou implicitamente, entraram num pacto com o demônio por meio de pecados de idolatria, adivinhação ou magia. As pessoas vítimas de malefício procuram muitas vezes ajuda nas diversas formas de magia branca, e assim, em vez de livrar-se do domínio do demônio, agravam a sua situação. É preciso então determinar bem com quais práticas ocultas tiveram contato, para ajudá-las a fazer uma renúncia explícita a elas. A renúncia verbal, explícita, a todas as formas de idolatria, adivinhação ou magia em que se incorreu é extremamente importante para romper o pacto diabólico, o que não a dispensa, obviamente, da Confissão Sacramental bem feita.

Nem sempre se consegue determinar a causa do distúrbio no primeiro encontro. Às vezes, o máximo que se pode obter são suspeitas ou indícios. O exorcista deve ser prudente para não cair em julgamentos apressados ou juízos temerários, afirmando o que ainda não sabe de certeza. É necessária especial prudência, porque facilmente se pode errar e induzir em erro os fiéis envolvidos.

Determinada a causa do distúrbio diabólico extraordinário, encerro o interrogatório e começo uma oração de libertação que desenvolvi e retoquei, inspirando-me na oração do Pe. Amorth, e pela qual também recebi a aprovação eclesiástica. Em geral começo com as renúncias batismais que desenvolvi particularmente e peço explicitamente que renunciem às formas de adivinhação ou magia que apareceram no diálogo precedente. Creio, como já falei acima, que seja importante ajudar as pessoas a renunciarem explicitamente a tudo o que, de alguma forma, as mantêm ligadas ao maligno. Por exemplo, quando uma pessoa, atingida por um malefício, busca a cura através do reiki, então nesse momento a faço renunciar explicitamente ao reiki e a faço compreender como esse pecado contra o primeiro mandamento implica um pacto, ao menos implícito, com o demônio e é incompatível com a profissão de fé batismal. Após as renúncias segue a tríplice profissão de fé, que fazemos todos juntos. Em seguida, começamos a oração de libertação com o Pai Nosso, continuando, todos juntos, com a oração de libertação, que eu uso como última etapa do processo de discernimento. Em alguns casos, as manifestações diabólicas já aparecem antes, quando nos encontramos e durante as perguntas. Na maior parte dos casos, porém, a presença diabólica se manifesta durante a oração de libertação, que tem uma eficácia muito semelhante, senão igual, ao exorcismo. Durante a oração, os demônios reagem mais a certas palavras, as quais por vezes repito por algum tempo.

Terminada a oração, invoco o Sangue de Jesus sobre os diversos aspectos da vida da pessoa: a saúde, o corpo, a alma, o momento da concepção, o matrimônio, os filhos, o pai, a mãe, os avós, os antepassados, os sogros, os familiares, os vizinhos, os companheiros de trabalho, os amigos e os inimigos. E vejo muitas vezes que os demônios reagem a uma ou mais dessas invocações.

Quando isso acontece, insisto na repetição dessa invocação. Terminada a oração, retomo o colóquio com a pessoa, detendo-me mais sobre aqueles aspectos da vida aos quais os demônios haviam reagido mais. Se for, por exemplo, quando invoquei o Sangue de Jesus sobre os colegas de trabalho, então faço mais perguntas a respeito desse aspecto da vida cotidiana, e, às vezes, aparecem então informações importantes que ajudam a descobrir a causa dos distúrbios. Sublinho que as reações diabólicas tomadas em si são ainda, acho, muito ambíguas, pois o demônio é o pai da mentira; por isso, evito conclusões precipitadas, pois as conclusões devem ser fundadas sobre fatos concretos. Infelizmente vejo que alguns exorcistas são pouco prudentes nesse âmbito e facilmente chegam a juízos conclusivos.

Terminada a invocação do Sangue de Jesus, rezo em geral em latim um versículo do salmo 53. *"Retorque malum inimici eius et pro fidelitate tua destrue illos"*, que o Pe. Amorth usava muitas vezes e ao qual os demônios, especialmente nos casos de malefício, costumam reagir com violência. Depois acrescento a ordem: *"Recede!"*, que parece eficaz e que também aprendi com o Pe. Amorth.

Quando se manifestou a presença diabólica, após a oração de libertação, rezo o Exorcismo Maior em português segundo o novo ritual. Faço-o em português por duas razões principais: primeiro porque não vejo uma substancial diferença na eficácia em relação ao latim, que também sei bem, graças aos dez anos em que acompanhei o Pe. Amorth; segundo, porque me interessa mostrar às pessoas atormentadas que não se trata de uma espécie de oração mágica. É uma oração feita no nome de Jesus e com a autoridade recebida da Igreja, que não tem nada a ver com magia. Creio que todos sabemos que muitas vezes chegam pessoas que nos pedem o exorcismo com uma mentalidade mágica. Acham que temos "poderes" sobre-humanos, como os teriam os magos. Não entendem, por exemplo, que nós somos instrumentos do poder de Jesus, enquanto os magos o são do demônio. Para eles, todos se curam do mesmo modo. Não entendem que se requer a conversão do pecado e a vida na graça de Deus, para que uma pessoa seja liberta do domínio diabólico por meio dos exorcismos. Creem mesmo que, uma vez que pagam, têm direito à libertação. No fundo instrumentalizam a Deus que deveria servi-los a seu gosto, como presumem os magos. Muitas vezes as pessoas, com essa mentalidade, se não veem mudanças significativas após o primeiro exorcismo, deixam de vir e vão procurar um mago. Como vejo que esse é um problema frequente, creio que, além da necessária catequese, usar o rito em português os ajude a entender que não se trata em absoluto de magia. Isso não impede que seja bom o uso do latim nos exorcismos, tido por importantes exorcistas como mais eficaz do que as línguas vulgares e usado por tantos em todo o mundo e com grandes frutos. A mim parece que seja decisiva a catequese, para ajudar as pessoas a entender que o exorcismo não é magia, mas uma oração litúrgica feita em nome de Cristo e da Igreja por um bispo diocesano ou um acerdote por ele expressamente delegado.

Durante o exorcismo peço aos familiares para rezarem em silêncio pela pessoa, para não distrair o exorcista. Por vezes, durante o exorcismo o demônio se faz passar por um defunto ou uma pessoa viva que eles conhecem e os engana muito facilmente, com o objetivo de suscitar neles sentimentos de ódio e desejo de vingança. Acontece que os familiares, movidos por essas paixões, começam a falar com os demônios enquanto eu rezo o exorcismo. Nesses casos, eu me calo de súbito e os proíbo de o fazerem e lhes explico como o demônio os está facilmente enganando. Depois, durante o exorcismo vejo que o demônio procura de muitos modos distrair-nos a todos da oração, e por isso me esforço, e convido a todos a nos concentrarmos na oração, ignorando o que o demônio diz ou faz.

Terminado o primeiro exorcismo, ofereço um pouco de água à pessoa atormentada, deixo-a descansar um pouco, e lhe marco um outro encontro para a sexta-feira, o dia em que tenho os casos mais graves que estou acompanhando. Nesse dia, o diálogo é mais breve, e mais longo o tempo que dedico ao exorcismo. No fim, peço à pessoa atormentada e aos familiares presentes fazerem quatro coisas que considero o mínimo necessário para o bom êxito dos exorcismos: 1. Confissão mensal bem feita; 2. Missa e Comunhão diária; 3. Rosário em família todo dia; 4. Rezar a oração de libertação juntos depois do terço. O retorno, geralmente, consigo marcar uma vez por mês, por causa dos muitos casos. Quando a pessoa retorna na sexta-feira indicada, pergunto de saída se conseguiu ser fiel aos 4 pontos que pedi. Notando que há descuido ou pouco empenho, dou um "cartãozinho amarelo" de admoestação, como no futebol, e lhes explico que desse jeito não se chegará à desejada libertação.

Os outros casos não graves

Além dos casos de distúrbios diabólicos extraordinários graves, há, nas segundas-feiras, também casos de distúrbios diabólicos extraordinários sem origem diabólica e outros desses distúrbios de origem diabólica leves e que não reagem à oração. Essas pessoas não devem ser desprezadas. Todos devem ser ajudados por nós a progredir na sua vida cristã. No primeiro caso, sugiro a Confissão mensal, Missa e terço diários e lhes digo claramente que eles não têm necessidade de exorcismos. Quando digo isso, alguns parecem ficar tristes e desencorajados, porque tinham a esperança de que suas dificuldades tivessem origem diabólica. Fazendo-os entender que a causa dos seus problemas não se resolve com exorcismos, ficam decepcionados. Vejo muitas vezes que a solução dos seus problemas passa antes pela própria conversão pessoal e o progresso nas virtudes cristãs, mas isso é um compromisso muito mais empenhativo e fatigante do que receber bênçãos e exorcismos. Compete-nos nesse caso ajudá-los a alegrar-se pelo fato de não serem vítimas de nenhum distúrbio diabólico e de poderem, com a graça de Deus, crescer nas virtudes e superar os obstáculos que no momento encontram.

Um número significativo de pessoas que recebo todas as segundas e que, segundo o que relatam, parecem ser vítimas de distúrbios diabólicos extraordinários, de fato não reagem no momento da oração. Aqui vejo duas possibilidades: ou se trata de um distúrbio leve, ou é um distúrbio grave em que os demônios são ainda tão fortes que conseguem esconder bem a sua presença. Nesses casos costumo aconselhar quatro coisas: Confissão, Missa, rosário e oração de libertação, e que me deem notícias em dois ou três meses. A maoiria são geralmente casos leves, mas há casos em que uma pessoa tem distúrbios graves, e quando começa a empenhar-se nos sacramentos e na oração, o demônio logo aparece. Em tal caso, dou-lhe uma consulta para a sexta-feira.

Em todos esses casos, como já dito, procuro envolver ao máximo todos os familiares no caminho da libertação. Quando então se chega à libertação, essas famílias marcadas por essa forte experiência tornam-se, muitas vezes, muito apostólicas e atentas a outros casos semelhantes àquele que presenciaram.

Algum caso de dissimulação

Um caso realmente raríssimo é o de simulação de distúrbios diabólicos extraordinários. De fato, nos seis anos em que exerço esse ministério tive somente três casos desse tipo, que sem dúvida nos deixam perplexos. Como é que uma pessoa poderia fazer-se passar por possuída pelo demônio? Um aspecto comum que observei nos três casos é que eram pessoas inteligentes e tinham bom conhecimento a respeito do tema do exorcismo. Davam todas as respostas justas, a ponto de induzir o exorcista a crer que havia um malefício, e simulavam muito bem as reações diabólicas durante a oração. O que me provocava dúvidas a respeito da real origem diabólica de tais reações eram pequenos detalhes que levantam suspeitas num exorcista com um pouco de experiência. À medida que se sucediam os encontros, eu me convencia sempre mais de que aquelas pessoas não eram sinceras e estavam fingindo. Depois me veio a ideia de usar água não benta em vez da água benta, sem ninguém perceber. Esse teste me deu a confirmação definitiva, porque reagiam como se fosse água benta. Depois, refletindo sobre esses casos, parece-me que no fundo a intenção dessas pessoas seria a de chamar atenção de algum membro da família sobre si e provocar uma relação de dependência. Fazer os próprios familiares crerem que fossem atormentados do demônio, projetava-as no centro das atenções e assim todos que estavam a seu lado deviam viver em função delas. Ao descobrir tais casos, importa endereçar a pessoa a um bom psicólogo.

Prudência com o diagnóstico e trabalho em equipe

Cada par de meses eu me encontro com sacerdotes que se dedicam à ajuda a pessoas atingidas por distúrbios diabólicos extraordinários, alguns como exorcistas, outros que fazem a oração de libertação. Quando partilhamos nossas experiências, dou-me conta de que com frequência o demônio procura induzir-nos em erro e em juízos precipitados, fazendo-nos crer demais no que ele diz durante os exorcismos ou as orações de libertação. Isso me parece uma imprudência. O demônio não é nada confiável, e nem é o nosso catequista, embora algumas vezes diga coisas verdadeiras, como sabemos. Isso, porém, não conta, como afirma a Nota Pastoral da Conferência Episcopal de Toscana: *A propósito de magia e demonologia*, um documento difundido em 1994: *Deus pode por vezes permitir a possessão diabólica para manifestar a sua glória no constringir o demônio, por boca do endemoninhado, a confessar a divindade de Cristo ou a glória de Deus"* (par. 15.1).

O Pe. Francesco Belmonte afirma nas suas publicações sobre esse argumento:

> Quando, por exemplo, no curso do exorcismo, o fiel é aspergido com água benta, o demônio manifesta através da pessoa um enorme desapontamento, chegando a reagir com violência. O demônio, obrigado pela força de Deus, é forçado a testemunhar a função da água benta, e assim, sem querer, está fazendo uma catequese que confirma a verdade da nossa fé católica. Quando reage com irritação a uma relíquia, por exemplo, e mostra saber a que santo pertença, quer dizer que é levado a testemunhar a santidade daquela pessoa e a origem divina da própria santidade. Também nesse caso, sem querer, está fazendo uma catequese. Quando, durante um exorcismo, o sacerdote recita um texto evangélico ou recita o Credo, e o demônio treme de raiva e reage de modo furioso, é obrigado a testemunhar a luz e a força salvífica que para nós fluem da Palavra de Deus e da Profissão de Fé. Geralmente, durante os exorcismos, os demônios se voltam para Maria com indizível ódio, e sem ousar chamá-la pelo nome, a não ser raríssimamente,

investem contra ela verbalmente, com tom de desprezo, dizendo "aquela" e acrescentando blasfêmias e um cúmulo de vulgaridades e de injúrias contra a sua pessoa. Mas a santidade e o esplendor de Maria colocam-na tão acima de todas as criaturas humanas e angélicas que acontece por vezes que os demônios são constrangidos a louvá-la pela grandeza, o poder e o fulgor divino que nela resplandece. Esses momentos são extraordinariamente comoventes, porque os demônios, deslumbrados de tanto esplendor, que lhes é dolorosíssimo, são obrigados a testemunhar a dignidade extraordinária da Mãe de Deus e a confirmar toda a verdade acerca dela, admitindo sua completa impotência diante do querer dela, e que Deus, onipotente por natureza, tendo-a proclamado Rainha do universo, a tornou "onipotente por graça".

Isso, naturalmente, não acrescenta nada ao que já sabemos e cremos, mas é muito consolador e edificante constatar de maneira tão evidente a validade e a força da verdade de nossa fé. Tais exemplos confirmam ulteriormente a capacidade da providencial sabedoria divina de mudar o mal em bem. Assim, também e sobretudo a respeito da Virgem Maria, da sua santidade e dos dogmas referentes a ela, os demônios nos fornecem confirmações involuntárias. Isso certamente não significa que podemos ou devemos receber a nossa instrução religiosa também do demônio, o que seria errado admitir. Se, por força divina, as verdades da nossa fé podem por vezes ser afirmadas mesmo pelos demônios, isso não significa que vamos aprendê-las deles: a verdade se busca somente em Cristo.

Até aqui as citações do Pe. Francesco Bamonte. É verdade então que por vezes o demônio, durante os exorcismos, é obrigado a confessar as verdades da nossa fé cristã; mas é preciso ter presente que o demônio é o pai da mentira, e portanto, não podemos confiar nas suas palavras, sobretudo quando fala de fatos, acontecimentos ou de outras pessoas. O que ele diz durante os exorcismos poderia até ser argumento para uma ulterior verificação com a pessoa e a família, mas suas afirmações em si, e sem ulterior confirmação, não têm valor algum. Vejo também que o demônio procura fazer-nos desviar da atitude de fé, sugerindo mesmo, durante o exorcismo, ações que em si parecem boas, mas feitas com atitude supersticiosa; estaríamos buscando nelas a libertação em vez de concentrar-nos nos sacramentos e no exorcismo segundo as normas que a Igreja propõe e não começar a ter ideias estranhas e agir por conta própria. O nosso ministério exige muita humildade e prudência, se não o demônio facilmente nos prega uma peça.

Um ponto em que estou em desacordo com alguns exorcistas é o recurso a assim chamados "sensitivos", que teriam carismas especiais de discernimento.

É fora de dúvida que existem na Igreja carismas ordinários e extraordinários, mas creio que seja uma imprudência fiar-se cegamente no juízo de um "sensitivo", ou encorajar outros a recorrerem a ele. Jamais, nesses dois mil anos de exorcismo, a Igreja nos aconselhou isso. Seria arriscar facilmente cair na adivinhação. É certo que devemos estar atentos às inspirações divinas. Se alguém no contexto do exorcismo teve alguma inspiração, coisa que também a mim acontece, essa inspiração deve depois ser verificada, em diálogo com a pessoa atormentada e a sua família, e deve ser confirmada pelos fatos, para não construir o discernimento sobre areia.

Um outro aspecto prático que vale a pena ser visto e que vejo como muito útil e conveniente é que os exorcistas formem pequenas equipes de ao menos dois, de modo que, quando um adoece ou tiver um imprevisto ou impossibilidade, haja um outro já preparado para substituí-lo, para não mandar a pessoa para casa. O ideal seria que houvesse equipes bem mais numerosas, como acontece em algumas dioceses. É também muito útil poder fazer o discernimento dos casos, refletindo com outros colegas de ministério. No meu caso, a faculdade de subdelegar concedida pelo bispo tem-se revelado muito útil, seja para formar novos exorcistas, seja para exercermos o ministério juntos.

Superstições e pactos diabólicos

Um fato que nós exorcistas constatamos com frequência é a ligação muitas vezes causal entre o ocultismo e os distúrbios diabólicos extraordinários. As práticas ocultas, como se vê na prática, dão ao demônio a possibilidade de causar distúrbios extraordinários. Surge a pergunta: Por que é assim? O que há de especial nesses pecados para que deem ao demônio essa possibilidade? Encontrei a resposta numa pesquisa teológica, aprofundando o tema da superstição.

Hoje, na Itália, em Portugal e em outros países, o significado do termo "superstição" se empobreceu a ponto de ser entendido simplesmente como "crenças de natureza irracional". Mas a superstição é uma coisa séria. Trata-se de um vício que se opõe à virtude moral da religião "por excesso", pela qual uma criatura ou uma força criada passa a ser divinizada e posta no lugar de Deus. Por isso, o *Catecismo da Igreja Católica* afirma que "a superstição é um desvio do culto que prestamos ao verdadeiro Deus. Sua máxima expressão se encontra na idolatria e nas várias formas de adivinhação e magia" (n. 2138).

Pode-se pecar contra a virtude da religião tanto por *omissão*, não fazendo os atos religiosos devidos à glória divina e convenientes à natureza humana, quanto por *comissão*, isto é, cometendo atos que vão objetivamente contra os fins da virtude da religião. Esses últimos costumam ainda ser subdivididos em atos que afastam do fim da virtude da religião por excesso ou por defeito. O vício que nos afasta da virtude moral da religião por excesso costuma ser chamado de *superstição*, com a qual se diviniza indevidamente o que na realidade não é divino. A superstição compreende a idolatria, a adivinhação e a magia; o que nos afasta por falta implica em não tratar com o devido respeito a realidade divina ou outras realidades conexas, é chamado de *irreligião* e compreende a blasfêmia, as imprecações, o sacrilégio, a simonia e o ateísmo.

Hoje o que é menos claro para muita gente não é tanto a maldade da idolatria, mas da adivinhação e da magia, pecados graves, como sabemos. O *Catecismo* afirma que "todas as práticas de magia e de feitiçaria, com as quais se procura submeter as potências ocultas ao próprio serviço e obter poder sobrenatural sobre o próximo – fosse mesmo para conseguir-lhe a saúde – são *gravemente* contrárias à virtude da religião" (n.2117), e num outro número encontramos que "*todas* as formas de adivinhação devem ser banidas" (n. 2116).

O que acabamos de dizer, embora importante, não responde ainda à nossa pergunta: "Por que esses pecados de superstição dão tantas vezes ao demônio a possibilidade de ferir as pessoas com distúrbios extraordinários?" Encontrei a resposta em Santo Agostinho, S. Tomás e S. Afonso de Ligório, os quais afirmam clarissimamente que esses pecados de superstição, em todas as suas formas – idolatria, adivinhação e magia – *implicam sempre um pacto, explícito ou implícito, com o demônio*. Os textos que o afirmam são abundantes, mas não é esse o momento para examiná-los.

O fato de os pecados de idolatria, adivinhação e magia implicarem sempre num pacto com o demônio me parece que os distinga de outros vícios, mesmo mais graves; aqui é algo peculiar. E é esse fato que explica, acho, por que há uma relação tão clara entre ocultismo e distúrbios diabólicos extraordinários. Quando alguém comete esses pecados – portanto entra livremente num certo pacto com os demônios -, está voluntariamente se confiando a eles e pedindo a sua ajuda. Tal comportamento da parte de uma pessoa permite de fato aos demônios alargarem seu raio de ação, e assim eles podem interferir na vida das pessoas num modo e num nível em que não o podiam antes; exercem sobre a pessoa não somente a ação ordinária, que é a tentação, mas também, em vários graus, a extraordinária, que pode ser segundo os diversos casos: a obsessão diabólica, a vexação diabólica, a possessão diabólica e, para os lugares, a infestação diabólica. Por isso creio que, além da confissão sacramental, seja oportuno ajudar as pessoas que cometeram esses pecados a renunciarem explicitamente a esses pactos implícitos ou explícitos, formalizando expressamente um divórcio com aqueles demônios aos quais antes se era associado, de certo modo.

Fatores que condicionam o processo de libertação

Um último ponto: "Como alguns dos casos que acompanhamos se resolvem mais rapidamente, e outros não parecem mudar muito ao longo do tempo?" Por trás desse fenômeno existe a questão das causas que condicionam a libertação total dos distúrbios. É uma questão importante, e ao mesmo tempo difícil de responder.

Partindo da minha experiência, creio que existam três grandes causas que incidem sobre a duração do processo de libertação: 1. A sinceridade da conversão; 2. O empenho na vida cristã; 3. A vontade divina.

Quanto à sinceridade da conversão, observo mais vezes que nos casos que se resolvem mais depressa há por trás uma sincera mudança de vida da pessoa atormentada. São pessoas que se arrependem sinceramente dos seus pecados, que os confessaram bem e que renunciaram explicitamente a todas as práticas ocultas a que recorriam, e de fato mudaram de vida. Quando vejo que num determinado caso os exorcismos não parecem produzir substanciais efeitos, começo a ajudar a pessoa a verificar se não há algum pecado não arrependido nem confessado. Constatei que, além dos pecados graves de adivinhação e magia, muitas pessoas caem em pecados contra a castidade. Acontece que se torna difícil para um casal abandonar o pecado da contracepção e abrir-se à vida como Deus quer, ou destruir livros, amuletos, pinturas ou imagens que têm em casa e que são ligados ao mundo do ocultismo. Quando isso acontece, os exorcismos não têm muita eficácia por causa da falta de sincero arrependimento de determinados pecados por parte da pessoa. Cabe então a nós ajudá-la a identificar o que está impedindo Deus de agir na sua vida até o fundo e de converter-se ao Senhor de todo o coração.

Lembro dois casos emblemáticos dessa falta de arrependimento integral e sincero. Eram duas senhoras católicas praticantes, uma até catequista, que se tinham em conta de boas cristãs e que acreditavam ter um "dom" de Deus para ajudar outras pessoas. Não pediam dinheiro e gozavam de certa fama de santidade, ambas reagiam com violência aos exorcismos. Rezavam muito, e punham em prática, sem dificuldade, minhas recomendações de oração, mas não estavam dispostas a deixar de usar as inspirações que consideravam de origem divina, que na realidade eram de origem diabólica, como também não estavam dispostas a renunciar a fazer as curas aparentemente prodigiosas para ajudar pessoas sofridas. Com muita paciência eu as acompanhei por alguns anos. Dizia-lhes que o poder que lhes parecia um dom de Deus vinha do demônio e, por isso, deviam renunciar a ele para serem libertadas dos distúrbios diabólicos extraordinários que sofriam. Aparentemente elas aceitavam os meus conselhos, mas no fundo não abandonavam suas práticas. Através de outras pessoas que elas me encaminhavam ficava sabendo que continuavam a fazer uso do presumido "dom" divino; um dia então proibi explicitamente a uma delas de continuar a usar esse dom diabólico. Daí por diante ela não veio mais aos exorcismos. Optou por continuar a "trabalhar", como elas dizem. Através de uma sua amiga vim a saber que cada vez que procurava não usar mais esse dom, o demônio a atormentava mais, mas quando o usava, os tormentos diabólicos cessavam. Esses casos me fizeram refletir como os melhores aliados do demônio são as pessoas boas que acreditam ter um dom divino, que na realidade é diabólico, e como é difícil ajudá-las a abandonar esse pecado.

A segunda grande causa que pode ser obstáculo no processo de libertação é o pouco empenho na vida cristã. Há pessoas que, graças a Deus, deixaram os pecados graves e se confessaram bem, mas não têm muito amor a Deus e, portanto, têm pouco zelo pelas coisas do Senhor, não buscam a santidade, não rezam muito, não evangelizam, têm interesses muito mundanos; custa-lhes cumprir aquele mínimo dos quatro pontos já elencados: "Confissão mensal, Missa, rosário e oração de libertação todos os dias". A essas pessoas é preciso ajudar com firmeza e paciência, fazendo-as compreender que, se se deixam levar pela preguiça e tepidez, jamais chegarão à libertação total. Há casos, poucos, em que, após tentativas sem grande sucesso de viver os quatro pontos, deixo de fazer os exorcismos, dizendo-lhes que devem empenhar-se por alguns meses e só depois eu retomarei os exorcismos. Graças a Deus, com muita fadiga, alguns desses casos se resolvem.

A última causa que arrisco entrever no atraso da desejada libertação total dos distúrbios é a vontade divina. Quando não acho outros motivos que possam ser um impedimento para a libertação, começo a suspeitar que talvez para esse prolongamento dos exorcismos haja um escopo particular de Deus para aquela alma. Pode ser a intercessão pela conversão de algum parente ou outra pessoa em perigo de condenação, a reparação pelos pecados cometidos, a preparação daquela alma para uma missão particular, ou outros. Os motivos podem ser tantos. Nesses casos, que são os menos evidentes, procuro ajudar a pessoa a viver essa cruz com fé, sem revoltar-se contra o plano de Deus, mas aceitando com serena confiança a sua santa vontade, sem deixar de pedir humildemente a libertação total.

Apêndices

ARTIGOS, ENTREVISTAS E TEXTOS DIVERSOS

DECIFRANDO O ESPIRITISMO

PARTE 1: FÉ CRISTÃ E ESPIRITISMO[914]

Pe. Pedro Paulo Alexandre

"Pois vai chegar um tempo em que muitos não suportarão a sã doutrina, mas conforme seu gosto se cercarão de uma série de mestres que só atiçam o ouvido. E assim, deixando de ouvir a verdade, eles se desviarão para as fábulas." (2Tm 4,3-4)

"Estai sempre prontos a responder para vossa defesa a todo aquele que vos pedir a razão de vossa esperança." (1Pd 3,15)

Neste texto desejo refletir brevemente sobre alguns aspectos essenciais da fé cristã. Trataremos sobre realidades como a Revelação Divina, a Encarnação, a Ressurreição, a Vida Eterna. Todos esses elementos são fundamentos onde se assenta todo o edifício cristão. A fé cristã tem um compromisso com a Verdade. Isso está gravado em nosso coração desde que o nosso Divino Salvador nos disse: "[...] *e conhecereis a verdade, e a verdade vos tornará livres*"

---

[914] Como aprofundamento dos diversos temas que aqui serão tratados, sugiro a leitura de alguns textos do Bispo *Dom Frei Boaventura Kloppenburg, O.F.M.*: A Psicografia de Chico Xavier; Por que a Igreja condenou o Espiritismo; Material para Instruções sobre a Heresia Espírita – Primeiro e Segundo Ciclo; Por que o católico não pode ser espírita; Resposta aos Espíritas; O Espiritismo no Brasil; Ação pastoral perante o espiritismo: orientação para sacerdotes; Espiritismo – orientação para católicos; Espiritismo e Fé; O Livro Negro do Espiritismo; O livro negro da evocação dos espíritos; A Reencarnação – Exposição e Crítica; O Reencarnacionismo no Brasil; Astrologia, Quiromancia e Quejandos; Nossas Superstições; As Sociedades Teosóficas; O Círculo Esotérico da Comunhão do Pensamento; Fuerzas Ocultas; La Reencarnación; A Umbanda no Brasil; Ou católico, ou maçon; Creio na Vida Eterna. Sugiro também a leitura de alguns artigos do saudoso teólogo e monge beneditino *Dom Estevão Tavares Bettencourt, OSB*: O que é paranormalidade?; Os mortos falam aos vivos?; Os espíritos intervêm em nossa vida?; O que é psicografia?; Chico Chavier e a psicografia; Reencarnação; Por que rezar pelos mortos?; O espiritismo; Os mortos nos falam?; A Umbanda; A Superstição. *Outras sugestões de leitura:* "Los fraudes espiritistas y los fenómenos metapsíquicos" de Carlos María de Heredia, Buenos Aires, 1946; Termo "Metapsíquica", Cardeal Francisco Roberti Roberti, "Diccionario de Teología Moral", Editorial Litúrgica Española, Barcelona 1960; Escritos do Frei Boaventura Kloppenburg (se consegue com facilidade na internet); "Teología de la salvación" de Antonio Royo Marín, Madrid, editora BAC; "Teología del más allá" de Cándido Pozo, Madrid, editora BAC; Documento "Esperamos la resurrección y la vida eterna", de la Comisión Episcopal para la Doctrina de la Fe, del 26 de noviembre de 1995 (http://www.mercaba.org/cee/C-P/obis-56.htm); "La Tentación de la Magia" de Pablo Capanna, Ed. Claretiana; "Ocultismo, Magia y Hechicerías" de Jean Vernette, Ed. CCS; "I danni dello spiritismo" do Pe. Francesco Bamonte, Ancora, 2015.

(*Jo* 8,32). "Nada pode mudar a verdade, só se pode buscá-la, reconhecê-la e segui-la" (São Maximiliano Kolbe).

Nesse caminho de busca da retidão e de bases sólidas, perceberemos a profundidade e a maturidade da Igreja, quando se depara com outras doutrinas ou fenômenos que, se fossem verdadeiros, contradiriam a fé cristã. A reflexão que aqui faremos estará a todo momento mostrando o quanto fé, história e ciência caminham juntas. Nunca uma conclusão científica vai contradizer uma conclusão da fé; existe apenas uma verdade, a ciência vê com o olhar natural, a fé vai além e enxerga com o olhar sobrenatural.

Um primeiro dado importante é que nós, cristãos, cremos em uma *Revelação Divina*. Cremos em um Deus que vem ao encontro de um povo e se revela. Essa revelação de Deus ao povo de Israel está contida nas Sagradas Escrituras. A *Bíblia* não foi um livro ditado por espíritos ou entidades, é um livro que foi revelado pelo próprio Deus (cf. *2Tm* 3,15-16). Ela nos oferece o parâmetro, as balizas, os fundamentos de tudo o que cremos.

> *"Pois bem, mesmo que nós ou um anjo vindo do céu vos pregasse um evangelho diferente daquele que vos pregamos, seja excluído! Como já dissemos e agora repito: se alguém vos pregar um evangelho diferente daquele que recebestes, seja excluído. Tenho eu buscado a aprovação dos homens ou a de Deus? Acaso procuro agradar aos homens? Se ainda quisesse agradar aos homens, não seria servo de Cristo. Irmãos, asseguro-vos que o evangelho pregado por mim não é de natureza humana, pois não o recebi nem aprendi de uma instância humana, mas por revelação de Jesus Cristo."* (*Gl* 1,8-12)

Nós, cristãos, cremos na *Encarnação*. Deus se fez homem e adentrou a nossa história: *"E o Verbo se fez carne e habitou entre nós"* (*Jo* 1,14). Jesus não é meramente um espírito de luz, um sábio, um filósofo... Jesus é de condição divina (cf. *Fl* 2,6). Quando o Filho Eterno de Deus vem a este mundo, Ele vem e nos fala *"do que viu junto do Pai"* (Jo 8,38a). Se alguém pode nos falar verdadeiramente sobre as realidades eternas, essa Pessoa é Jesus, o único que por ser uma Pessoa divina ultrapassou a fronteira entre tempo e eternidade. Os primeiros cristãos nunca duvidaram da divindade de Jesus, ao contrário, tinham dificuldade para entender a Sua humanidade. O apóstolo João chega a dizer: "[...] *o que ouvimos, o que vimos com nossos olhos, o que contemplamos e o que nossas mãos apalparam* [...], *nós agora o anunciamos a vocês, para que vocês estejam em comunhão conosco e a nossa comunhão é com o Pai e com o seu Filho Jesus Cristo"* (*1Jo* 1,3).

A *Ressurreição* para nós cristãos não é uma lenda, um mito ou um conto. Ela é uma verdade histórica. São vários fatos que retratam essa realidade: túmulo vazio; os apóstolos se encontram com Jesus Ressuscitado; quinhentas pessoas relatam ter visto Jesus Ressuscitado (cf. *1Cor* 15,6); os apóstolos estavam dispostos a dar a vida por essa verdade.

> "Se não há ressurreição dos mortos, então Cristo não ressuscitou. E se Cristo não ressuscitou, a nossa pregação é sem fundamento, e sem fundamento também é a vossa fé. Se os mortos não ressuscitam, estaríamos testemunhando contra Deus que ressuscitou Cristo enquanto, de fato, ele não o teria ressuscitado. Pois, se os mortos não ressuscitam, então Cristo também não ressuscitou. E se Cristo não ressuscitou, a vossa fé não tem nenhum valor e ainda estais nos vossos pecados. Então, também pereceram os que morreram em Cristo. Se é só para esta vida que pusemos a nossa esperança em Cristo, somos, dentre todos os homens, os mais dignos de compaixão. Mas, na realidade, Cristo ressuscitou dos mortos como primícias dos que morreram. Com efeito, por um homem veio a morte e é também por um homem que vem a ressurreição dos mortos." (*1Cor* 15,13-21)

> "Irmãos, não queremos deixar-vos na ignorância a respeito dos mortos, para que não fiqueis tristes como os outros, que não têm esperança. Com efeito, se cremos que Jesus morreu e ressuscitou, cremos também que Deus, por meio de Jesus, levará com ele os que adormeceram." (*1Ts* 4,13-14)

Nesses dois textos o apóstolo Paulo faz referência a mais uma verdade fundamental da fé cristã, a *Vida Eterna*. São inúmeros os textos bíblicos que atestam essa realidade:

> "Jesus disse: 'Eu sou a ressurreição e a vida. Quem acredita em mim, mesmo que morra, viverá. E todo aquele que vive e acredita em mim, não morrerá para sempre.'" (*Jo* 11,25-26ª)

> "Quem come a minha carne e bebe o meu sangue tem a vida eterna, e eu o ressuscitarei no último dia." (*Jo* 6,54)

> "O Senhor Jesus lhe respondeu: 'Em verdade te digo: hoje estarás comigo no Paraíso.'" (*Lc* 23,43)

> "Então disse Estêvão: 'Estou vendo o céu aberto e o Filho do Homem, de pé à direita de Deus.' Atiravam pedras em Estêvão, que repetia esta invocação: 'Senhor Jesus, recebe o meu espírito.'" (*At* 7,56.59)

> "Sim, estamos cheios de confiança e preferimos deixar a mansão deste corpo, para irmos morar junto do Senhor." (*2Cor* 5,8)

"Pois para mim o viver é Cristo e o morrer é lucro. Mas, se eu ainda continuar vivendo, poderei fazer algum trabalho útil. Por isso é que não sei bem o que escolher. Fico na indecisão: meu desejo é partir dessa vida e estar com Cristo, e isso é muito melhor." (Fl 1,21-23)

"Nada poderá nos separar do amor de Deus." (cf. Rm 8,39)

A Igreja crê hoje, em todos os lugares, aquilo que creu sempre em todos os tempos.

"Os apóstolos, que viram, com os próprios olhos, Cristo ressuscitado, não poderiam silenciar a extraordinária experiência. Ele apareceu a eles a fim de que a verdade de sua ressurreição chegasse a todos através do testemunho deles. E a Igreja tem o dever de prolongar esta missão; todo batizado é chamado a testemunhar com palavras, e com a vida, que Jesus ressuscitou, que Jesus está vivo e presente no meio de nós. Todos nós somos chamados a dar testemunho de que Jesus está vivo." [Papa Francisco, Regina Coeli, 19 de Abril de 2015]

Reencarnação x Ressureição

Existe reencarnação? A resposta é clara: Não!!!

"E como está determinado que os homens morram uma só vez, e depois vem o julgamento." (Hb 9,27)

"Ele me amou e se entregou por mim" (Gl 2,20b). *"Nele, e por seu sangue, obtemos a redenção e recebemos o perdão de nossas faltas, segundo a riqueza da graça"* (Ef 1,7).

"A morte é o fim da peregrinação terrestre do homem, do tempo de graça e de misericórdia que Deus lhe oferece para realizar sua vida terrestre segundo o projeto divino e para decidir seu destino último. Quando tiver terminado 'o único curso de nossa vida terrestre', não voltaremos mais a outras vidas terrestres. 'Os homens devem morrer uma só vez' (Hb 9,27). Não existe 'reencarnação' depois da morte." (CIC 1013)

Quando falamos sobre reencarnação estamos falando da Lei do Carma [Causa e *E*feito – nascer, morrer, renascer e progredir sempre], onde não existe: arrependimento, perdão, indulgência, redenção. A reencarnação isenta o ser humano da sua responsabilidade: fome no mundo, analfabetismo, doenças, catástrofes (terremotos, enchentes), nazismo, seca, etc. Se a Lei do Carma prega que o ser humano evolui como entender que o nosso mundo está cada dia mais se degradando? Como explicar tanto sofrimento e tanta dor? Onde ficaria o Sacrifício Redentor de Cristo? Os mártires? Nossa Senhora? Os heróis?

A doutrina sobre a reencarnação não é uma unanimidade entre os espíritas. No *V Congresso Internacional de Espiritismo*, realizado em Barcelona, em 1934, ficou claro que a reencarnação não é "dogma" entre os espíritas, esses podem escolher se acreditam ou não. Por exemplo, os anglo-saxões não a aceitam; já os latinos, influenciados pela corrente *kardecista*, a aceitam.

Algo totalmente distinto e diferente é a Ressurreição, na qual o ser humano não perde a memória, a inteligência, a liberdade. Deus nos deu o livre arbítrio e Ele leva isso bem a sério. Deus não fica reciclando almas, Deus é original. Cada pessoa é única e irrepetível. A Ressurreição garante essa continuidade (mesma alma/mesmo corpo), nós não seremos outros, continuaremos sendo substancialmente nós mesmos. O apóstolo Paulo nos fala que nosso corpo será transformado, será semelhante ao corpo ressuscitado de Cristo: *"glorioso"* (cf. *Fl* 3,21) e *"espiritual"* (cf. *1Cor* 15,44). Isso fica muito evidente quando Jesus Ressuscitado vai ao encontro de Tomé e mostra as Suas chagas, mostrando que é Ele mesmo (cf. *Jo* 20,27).[915]

A Doutrina Cristã sobre a morte, a Vida Eterna e a Ressurreição é algo que inunda o nosso coração de uma verdadeira esperança.

Em síntese:

– no momento da morte, o cristão é conduzido à presença de Cristo (*2Cor* 5,8; *Fl* 1,23);

– permanece em plena consciência (*Lc* 16,19-31) e desfruta de alegria diante da bondade e amor de Deus (cf. *Ef* 2,7);

– o Céu é como um lar, isto é, um maravilhoso lugar de repouso e segurança (*Ap* 6,11), de convívio e comunhão (*Jo* 14,2);

– o viver no Céu incluirá a adoração e o louvor a Deus (*Sl* 87; *Ap* 14,2-3;15,3);

– os cristãos no Céu, até o dia da ressurreição do corpo, não são espíritos incorpóreos e invisíveis, mas seres dotados de uma forma corpórea celestial temporária (*Lc* 9,30-32; *2Cor* 5,1-4);

---

[915] Cf. Sagrada Congregação para a Doutrina da Fé: "*Acta Apostolicae Sedis*" 71,1979, pp.939-943, "*Epistula ad Venerabiles Praesules Conferentiarum Episcopalium de quibusdam quaestionibus ad eschatologian pertinentibus*" (Carta aos Veneráveis Presidentes das Conferências Episcopais a respeito de algumas questões concernentes à escatologia).

- no Céu, os cristãos conservam sua identidade individual (*Mt* 8,11; *Lc* 9,30-32);
- os cristãos que passam para o Céu continuam a almejar que os propósitos de Deus na terra se cumpram (*Ap* 6,9-11).

Espiritismo

Para compreender a doutrina espírita, apresentarei alguns elementos que foram reunidos pelo autor Luis Hu Rivas, organizador da obra "Doutrina Espírita para Principiantes"[916]. Dessa forma teremos uma breve síntese apresentada pelos próprios adeptos dessa "religião". Lamentavelmente ou propositalmente, Rivas não apresenta os vários aspectos relacionados ao surgimento do espiritismo, como a filiação de Allan Kardec à maçonaria, a ligação dos primeiros codificadores espíritas à teosofia, etc. Trazer à luz textos biográficos e outros documentos históricos, neste momento, levaria muito tempo, mas destaco que esses são essenciais para compreender todo o processo conflituoso que desde o princípio existiu do espiritismo com relação ao cristianismo.

O livro *Doutrina Espírita para Principiantes* faz referência às cinco obras fundamentais do espiritismo kardecista, todas elas escritas por Allan Kardec, pseudônimo utilizado pelo francês Hippolyte Léon Denizard Rivail (1804-1869), considerado o "codificador" da doutrina espírita:

1) O Livro dos Espíritos (1857);
2) O Livro dos Médiuns (1861);
3) O Evangelho segundo o Espiritismo (1864);
4) O Céu e o Inferno (1865);
5) A Gênese (1868).

O autor Rivas elenca os "Princípios Fundamentais" dos ensinamentos dos espíritos, a saber:

> 1) A Existência de Deus: *Inteligência Suprema, causa primeira de todas as coisas.*
> Os termos empregados são cuidadosos: procuram mascarar a doutrina espírita para dar-lhe um ar cristão. No entanto, a visão espírita de Deus é deísta. Kardec, ao definir a divindade, ao invés de perguntar "quem é Deus",

---

[916] Luis Hu Rivas (org.). *Doutrina Espírita para Principiantes: introdução ao estudo da doutrina que ilumina consciências e consola corações.* Conselho Espírita Internacional, Brasília, 2009.

usa a expressão "o que é Deus"[917], como que a indicar: Deus é a "Inteligência Suprema", mas não é necessariamente um ser pessoal, alguém com quem o homem pode verdadeiramente se relacionar. Isso não se coaduna com a religião cristã, na qual Deus é um só, em três Pessoas realmente distintas.
2) A Imortalidade da Alma: *Somos em essência espíritos, seres inteligentes da criação. O espírito é o princípio inteligente do Universo.*
Nós, católicos, estamos de acordo com o princípio da imortalidade da alma, mas não da forma como é exposta acima. Não "somos em essência espíritos": "a pessoa humana, criada à imagem de Deus, é um ser ao mesmo tempo corporal e espiritual"[918]; "o espírito e a matéria no homem não são duas naturezas unidas, mas a união deles forma uma única natureza"[919]. A grande dificuldade antropológica do espiritismo está justamente nesse dualismo: o homem seria só a sua alma; e o seu corpo, uma prisão. A Igreja já condenou, há muito tempo, a metempsicose e a apocatástase, de Orígenes, que são doutrinas defendidas sob outros nomes pelos espíritas. Elas podem ser aceitas pelo orfismo e pelo platonismo, mas não pela religião cristã.
3) A Reencarnação: *Criado simples e ignorante, o espírito decide e cria seu próprio destino usando o livre arbítrio. Seu progresso é consequência das experiências adquiridas em diversas existências, evoluindo constantemente, tanto em inteligência como em moralidade.*
4) A Pluralidade dos Mundos Habitados: *Os diferentes orbes do Universo constituem as diversas moradas dos espíritos.*
Segundo o espiritismo, aquilo que de mal as pessoas cometem deve ser pago em outras existências. No Cristianismo, ao contrário, o Verbo se fez homem e o Seu sofrimento tem um poder redentor para a humanidade. Por isso, não é necessário que o ser humano pague mais nada, ele já foi remido pela Cruz de Cristo. Nesse sentido, a reencarnação torna vã toda a obra da salvação. Com essa pretensão de enquadrar o mistério do sofrimento em uma lógica matemática, o *espiritismo* abole o perdão e acaba se tornando uma doutrina terrificante, ao invés de consoladora.
Além disso, olhando filosoficamente a questão, a doutrina espírita não passa de uma "torre de Babel": o espírito "cria seu próprio destino" por meio de um "progresso" e evolução constantes. Só que o abismo entre Criador e criatura não pode ser rompido senão pelo andar de cima: ou Deus vem salvar e redimir o homem, ou ele está irremediavelmente perdido.
De fato, os espíritas só aderem à "torre de Babel" porque não creem que Jesus Cristo seja Deus – e essa é a razão principal pela qual o espiritismo não

---

[917] *O Livro dos Espíritos*, livro I, cap.1, I
[918] *Catecismo da Igreja Católica*, n. 362.
[919] *Ibidem*, n. 365.

pode ser chamado de cristão. Na doutrina espírita, Cristo tem um papel irrisório: é um "guia" evoluído tão somente para este planeta (já que existiriam outros habitados por espíritos).

5) A Comunicabilidade dos espíritos: *Os espíritos são os seres humanos desencarnados. Através dos médiuns podem comunicar-se com o mundo material.*

Conforme a doutrina católica, quando as pessoas morrem, as almas são separadas (não "desencarnadas") dos seus corpos. [...] O contato ordinário com os espíritos, na doutrina católica, não acontece com as almas dos falecidos, mas com outras criaturas: os anjos.

[...] é absolutamente proibida pela Revelação a evocação dos mortos[920]. Recorrer a essa prática de desobediência significa expor-se a grandes perigos espirituais.

Por fim, o livro de Rivas também cita como fundamento da doutrina espírita:

A Moral Espírita: *Baseada no Evangelho de Jesus, é a máxima moral para a vida.*

Trata-se do único item pelo qual os espíritas poderiam ser remotamente chamados de cristãos. Diz-se "remotamente" porque, ao mesmo tempo em que eles seguem algumas orientações morais do Evangelho, rejeitam outras, como o divórcio ou o "casamento" homossexual. Então, é só em um sentido muito estrito que se pode chamar o espiritismo de cristão.[921]

Allan Kardec (1804-1869)

Allan Kardec afirmava a existência de "espíritos frívolos, travessos, mentirosos, fraudulentos, hipócritas, maus e vingativos"[922]. Falava ainda de "espíritos ignorantes, maliciosos, irrefletidos e zombeteiros... que gostam de causar pequenos desgostos e ligeiras alegrias, de intrigar, de induzir ao erro por meio de mistificações e espertezas"[923].

Se existisse "comunicação com mortos", como dar autenticidade ou credibilidade, já que existiriam espíritos brincalhões, levianos, etc?

Allan Kardec foi perguntado sobre algo fora do globo terrestre[924]. Ele afirmou pelos espíritos que: Marte não tem lua; Júpiter tem duas luas, possui

---

[920] Cf. *Lv* 20,27; *Dt* 18,10ss; *2Rs* 21,6;23,24; *1Cor* 10,13; *Is* 8,19.

[921] Fonte: padrepauloricardo.org, Programa 81 "O Espiritismo é cristão?".

[922] Cf.: *O Que é Espiritismo*, FEB. P. 111.

[923] Cf.: *O livro dos Espíritos*, FEB, p.88.

[924] *Os mortos interferem no mundo?*, Pág. 246ss Vol.4, Oscar G.-Quevedo.

habitantes, e tem uma eterna primavera. Hoje sabemos: Marte tem duas luas; Júpiter tem vinte luas, é irrespirável e venenoso, tem temperaturas de -140 graus.

Chico Xavier (1910 – 2002)

O Padre Jesuíta Oscar González Quevedo[925] em uma das suas entrevistas descreveu o Médium Chico Xavier[926]:

> A revista Manchete descobriu que ele escondia embaixo da mesa em que trabalhava uma bolsa de borracha que, quando apertava, soltava, pela sua manga, um cheiro de santidade. Se comprovou também outras fraudes nas chamadas materializações. Ele não contribuiu diretamente para isto porque estava em transe. Apesar de tudo, considero Chico Xavier um homem bom, um homem sincero. A psicografia, isto sim, nada tem a ver com o Além. É um transe. O próprio sobrinho de Chico Xavier, Amaury Pena, disse que foi treinado pelo tio para psicografar, porque estava sendo preparado para ser seu substituto. Infelizmente, ele morreu em um acidente de carro. Psicografar é uma escrita inconsciente, automática. Se Chico Xavier fosse um pouco mais culto nunca diria que psicografa, principalmente por Emmanuel, senador romano dos tempos de Cristo. Naquela época nenhum senador romano poderia se chamar Emmanuel, um nome católico-cristão, que significa "Deus-conosco". Além disso, se Chico Xavier psicografa um senador romano dos tempos de Cristo, então ele escreveria em Latim. Eu

---

[925] Teólogo, filósofo, psicólogo, parapsicólogo e ilusionista.

[926] Cf. aleteia.org, "Chico Xavier disse que o Papa é a Besta do Apocalipse", 04 de agosto de 2016:
– "O Cristo terá de ressurgir dos escombros em que foi mergulhado pela teologia do Catolicismo."; "O Catolicismo que, deturpando nos seus objetivos as lições do Evangelho, se tornou uma organização política em que preponderam as características essencialmente humanas."; "O dogma da trindade é uma adaptação da Trimúrti da antiguidade oriental, que reunia nas doutrinas do bramanismo os três deuses – Brama, Vishnu e Shiva."; "A história do papado é a do desvirtuamento dos princípios do Cristianismo, porque, pouco a pouco, o Evangelho quase desapareceu sob as suas despóticas inovações, Criaram os pontífices o latim nos rituais, o culto das imagens, a canonização, a confissão auricular, a adoração da hóstia…" (Chico Xavier, "Emmanuel – Dissertações Mediúnicas").
– "Quanto ao número 666, sem nos referirmos às interpretações com os números gregos, em seus valores, devemos recorrer aos algarismos romanos, em sua significação, por serem mais divulgados e conhecidos, explicando que é o Sumo-Pontífice da igreja romana quem usa os títulos de '*Vicarivs Generalis Dei In Terris*', '*Vicarivs Filii Dei*' e '*Dvx Cleri*' que significam '*Vigário-Geral de Deus na Terra*', '*Vigário do Filho de Deus*' e '*Príncip.do Clero*'. Bastará ao estudioso um pequeno jogo de paciência, somando os algarismos romanos encontrados em cada título papal, a fim de encontrar a mesma equação de 666, em cada um deles." (Chico Xavier, "A caminho da luz", cap."Identificação da Besta Apocalíptica").

comprovei pessoalmente, várias vezes, que Chico Xavier não entende uma palavra em latim, não escreve em latim.[927]

O que a psiquiatria diz?

Márcia Regina Cobêro[928], nos apresenta dados impressionantes do ponto de vista científico sobre os riscos e perigos que estão em torno do espiritismo. Vamos aos fatos.[929]

Estudos de vários psiquiatras brasileiros

Foram realizados três inquéritos pela Sociedade de Medicina do Rio de Janeiro, chegando a seguinte conclusão: "o Espiritismo facilmente leva à loucura e à histeria, é uma verdadeira fábrica de loucos". Esse era o testemunho dos médicos brasileiros já em 1914: o espiritismo, junto com o álcool e a sífilis, era a causa de 90% dos loucos.

O psiquiatra francês Lévoy-Valerosi comprovou: "as sessões espíritas são a antecâmara do manicômio: 90% dos insanos frequentaram o espiritismo antes de serem levados ao manicômio".

A ciência, nestes últimos anos, tem se debruçado bastante sobre o estudo dos vários fenômenos ligados diretamente ou indiretamente ao espiritismo. Nesse sentido, a parapsicologia tem apresentado estudos bem interessantes. Apresento brevemente alguns elementos que podem nos ajudar a entender esse contexto delicado.

A primeira experiência de manifestação de faculdades parapsicológicas, ou do inconsciente, geralmente surge durante ou após doenças, conflitos psíquicos, estado de desequilíbrio emocional, etc. Esses fenômenos ocorrem mais com jovens. Tem-se verificado que algumas técnicas tem sido usadas para desenvolver tais manifestações: transe frequente, induzido; drogas; orgias sexuais; despersonalização; lavagem cerebral; esgotamento das reservas de energia (pouco sono, repetir a mesma ideia); dança frenética; etc.

Os estudiosos deixam claro que a fenomenologia parapsicológica, apresentada em público e com hora marcada, é sempre falsa: truque ou técnica. Quem afirma poder dominar faculdades parapsicológicas, ou engana-se a si mesmo, ou tenta enganar os outros. Enfatizo este dado pois é bem importante: a regularidade ou voluntariedade são argumentos de fraude. Os fenômenos

---

[927] Entrevista do Pe. Oscar Quevedo, divinoespiritosanto.org.
[928] Filósofa, teóloga, historiadora e parapsicóloga.
[929] Cf. Márcia Regina Cobêro, Apostila *Personalidade do Médium*, 2014.

verdadeiramente parapsicológicos são espontâneos e incontroláveis: não podem ser dominados ou demonstrados à vontade.

No II Congresso Internacional de Ciências Psíquicas celebrado em Varsóvia em 1923, foi solicitado a todos os governos do mundo que proibissem praticar, fomentar ou desenvolver os fenômenos parapsicológicos. O Código Penal Brasileiro, nos artigos 282, 283 e 284, trata sobre o exercício ilegal da medicina, arte farmacêutica, charlatanismo, curandeirismo, etc. Por que não se cumpre a lei?

Personalidade do Médium

A Sr.ª Márcia Cobêro, nos assinala ainda que na opinião dos grandes psiquiatras e pesquisadores, os médiuns ou psíquicos surgem entre: os de temperamento histérico; os com complexo de inferioridade (compensação); os que sofreram traumas (pareciam não ter fenômenos parapsicológicos e por efeito de acidente grave e agonia, manifestaram); os psiconeuróticos (desajustados); os deprimidos; na puberdade (geralmente agressividade reprimida contra os pais, ou carência afetiva); na menopausa; os debilitados (à véspera de operações, vestibulares...); os que se submetem à hipnose para tratar angústia, depressão; ou doenças mais graves (esquizofrênicos ou psicóticos em geral); os megalomaníacos; os hiperemotivos e sensíveis; etc.

Os médiuns famosos (ex: Home, Eusapia, Piper, etc.), estudados, em todos os países, têm emotividade excessiva, sugestionabilidade, descontrole, vaidade (narcisismo), aparente bondade exagerada, etc... Temos que ter maior desconfiança ainda, com os psíquicos "profissionais". Só 4% dos médiuns profissionais têm faculdades parapsicológicas. A metade desses é histérica e mitômana. Segundo Amadou (grande pesquisador da parapsicologia) todos os grandes médiuns são escroques, pois frequentemente seus fenômenos são truques e exibicionismo doentio.

> [...] Dom Estêvão Bettencourt, O.S.B., fazendo uma apreciação sobre o espiritismo, em folhetos da série "Nós e Nós", da Editora Santuário, adverte quanto aos perigos para a mente e o sistema nervoso que pode a mediunidade acarretar aos seus usuários. Médicos e psicólogos registram que a frequentação do espiritismo afeta profundamente o psiquismo e o sistema nervoso dos seus clientes.
> Sim, quem procura um Centro Espírita, procura-o, muitas vezes porque já está ou psiquicamente abalado por doença ou por um problema qualquer resistente; não tendo conseguido solução por vias racionais ou científicas, vai tentá-la por via "mística" ou emotiva ou por meio de sugestão espírita.

De fato, as sessões espíritas mexem fortemente com a fantasia ou a imaginação dos clientes, fazendo-os entrar num "mundo novo" ("o mundo do além"), induzindo-os a assumir um comportamento que não é orientado por critérios racionais, mas por critérios imaginados pelo médium e incutidos ao paciente.

Ora, tal atuação prejudica gravemente a saúde psíquica e os nervos do cliente já debilitado pela luta anterior contra o seu problema. Precisamente a grande difusão do espiritismo no Brasil faz que a nossa terra seja um dos países de maior índice de doenças mentais do mundo. "Verifica-se que, na proporção em que o espiritismo cresce no Brasil, aumenta o número de casos psicopáticos em nossa pátria. O espiritismo ou provoca a perturbação nervosa (...) ou a agrava (quando pretende curá-la). O médium ou o curandeiro só leva em conta os sintomas ou os efeitos da moléstia, sem atinar com as causas, que ele ignora ou que ele interpreta supersticiosamente. Em consequência, ele contribui para agravar a divisão da personalidade, tornando-a cada vez menos capaz de encontrar a cura."[930]

Espiritismo: um edifício sobre a areia[931]

Muitos espíritas famosos abandonaram a doutrina quando reconheceram o erro, tais como:

- Ernesto Bozzano: "90% do que eu considerava espiritismo são fenômenos naturais".
- Camillo Flamarion, após 40 anos de pesquisa, disse: "A maioria do que os espíritos dizem são fenômenos naturais". Após 60 anos de pesquisa, disse: "Os espíritos nunca disseram alguma coisa que mereça crédito".
- Daniel Douglas Home, o melhor em todos os tipos de fenômenos, confidenciou ao Dr. Philips Davis: "A multidão dos espíritos nunca se comunicou"; "Nunca acreditei nisso"; "Não publique antes que eu morra".
- Eleonora Piper, a vidente de Patmos: "Nunca fui espírita"; "Jamais eu soube ou disse algo que não pudesse estar latente em minha memória ou de alguém que me consultou, que estava na plateia ou no mundo".

"[...] o espiritismo, com sua máquina de propaganda vem invadindo, cada vez em maior escala, as fileiras cristãs. E nós, padres, pastores e parapsicólogos, seríamos traidores de nossa missão se não orientássemos aqueles que

---

[930] Texto extraído do *Jornal Atualidade* editado pela Pontifícia Universidade Católica do Paraná. Semanário Católico de 20/03/1988.

[931] cf. Apostila "Comunicação com os mortos", Pe. Renato Cangianeli, 2014; "Os mortos interferem no mundo?" 5 volumes, de Pe. Quevedo; "Reencarnação", de Geraldo E. Dallegrave.

nos são confiados e os que ainda têm boa vontade e isenção de ânimo entre os espíritas. É de nossa alçada elevar o nível religioso e cultural. Combater o erro, amando os que erram. É o primeiro e o maior dos mandamentos."[932]

Sobre a psicografia

Quanto à psicografia, os estudos mostram claramente que, quando não são truques ou enganos, existe uma segunda possiblidade: tratam-se de fenômenos parapsicológicos[933]. Nas sessões onde se recebem estas supostas cartas de

---

[932] Edvino, Augusto Friderichs. *Panorama da parapsicologia ao alcance de todos*. 4ª ed. São Paulo: Loyola, 2004. p.14.

[933] Segundo o Dr. Evaldo A. D´Assumpção, a *Parapsicologia* é um ramo da ciência que estuda os fenômenos que se localizam além daquilo que atualmente consideramos como normal e depois de terem sido afastadas todas as possibilidades de fraude ou simulação, seja consciente ou inconsciente (cf. Transcomunicação: a comunicação com os mortos e a parapsicologia – aparições ou visões. São Paulo: Editora Recado, 1996). Em 1953, a Parapsicologia foi reconhecida oficialmente como ciência no *Congresso Internacional de Parapsicologia*, organizado pela "Foundation International of Parapsichology" pela Universidade de Utrecht e pelo Ministério de Educação e Cultura da Holanda. Em 1970, a Parapsicologia foi reconhecida pela UNESCO. Depois de muitas discussões e ainda com algumas divergências, os fenômenos estudados pela parapsicologia são divididos nos seguintes grupos (sendo que os fenômenos dos dois primeiros grupos, são sempre: inconscientes, espontâneos, incontroláveis, involuntários e na grande maioria perigosos):
1) *extranormais ou extraordinário-normais* (sensoriais, de conhecimento ou de efeitos físicos – para-físicos): aqueles que são devidos aos cinco sentidos, porém ampliados; são fenômenos que ocorrem dentro de certas limitações de temp.– sempre no presente – e com espaço nunca mais distante de 50 metros do agente). Segundo a parapsicologia, estes fenômenos ocorreriam através da *telergia*: energia originada e exteriorizada pelo corp.do dotado (ser humano vivo); geralmente é invisível (às vezes visível = ectoplasma); efeito da psicorragia (desequilíbrio psico-físico; exemplo adolescente em fase de alteração hormonal*); dirigida pela psicobulia (vontade do inconsciente); polipsiquismo ou simbiose psicofisiológica (contágio psíquico); biofísica, isto é, vital: obstáculos, tempo, distância (50mts); age sobre objetos, plantas e animais pequenos. O conceito de transformação da energia física é a base da Física Moderna: toda e qualquer energia pode transformar-se em mecânica, térmica, luminosa, elétrica, magnética, química, calorífica, etc. E vice-versa. A energia é uma só em diversas estruturas. A telergia é exteriorização e transformação de qualquer de nossas energias fisiológicas. *Exemplos de alguns fenômenos extranormais: aporte* (fenômeno parapsicológico em que a telergia exteriorizada desmaterializa e depois materializa novamente objetos, fazendo-os atravessar muros e outros obstáculos – pedras caindo "do nada", agulhas no corpo, lágrimas e sangue em imagens, etc.); *telecinesia* (movimentos de objetos pela telergia – fenômeno das "casas assombradas"); *tiptologia* (batidas realizadas de modo inconsciente pela telergia); *xenoglossia* (falar línguas diferentes ou desconhecidas do consciente – não confundir com glossolalia, ou dom de línguas); *hiperestesia direta* (grande sensibilidade de nossos sentidos); *hiperestesia indireta do pensamento* ("leitura" do pensamento – através da linguagem corporal; capacidade de "ouvir" o pensamento à curta distância, poucos metros).

*"Cerca de 95% dos fenômenos de casas mal-assombradas são causados por meninas em fase de puberdade, o que lhe causa violentas descargas nervosas. Este fenômeno costuma durar vinte dias e depois desaparecer. Às vezes, porém, volta a aparecer mais tarde. O fato de as pessoas verem este

falecidos, podem ocorrer fenômenos estranhos, mas que não fogem do âmbito humano (é um vivo se comunicado com um vivo), tratam-se de fenômenos inconscientes, espontâneos, incontroláveis, involuntários... Na grande maioria dos casos trata-se apenas de automatismo do inconsciente. É um fenômeno muito conhecido e frequente. O médium em transe (= auto hipnose) começa a psicografar. O inconsciente é mais ágil que o consciente, pode até escrever de trás para frente. O automatismo da escrita nada mais é do que o exercício do inconsciente. Lembrando: se as pessoas estiverem a mais de cinquenta metros de distância, não há psicografia.

Quando essa realidade é apresentada aos chamados "médiuns profissionais", estes procuram de todas as formas argumentar apelando para alguns casos ocorridos, mas a verdade é que quando se investigam tais fatos, vemos que estes são dados que não correspondem a realidade. Existem inúmeras questões que continuam deixando os médiuns sem dormir: Onde está o cadáver de Ulisses Guimarães? Qual a fórmula da liga de cobre que os alquimistas do passado descobriram? O que está escrito nos hieróglifos mais antigos?

---

fenômeno como magia ou coisa do demônio, acarreta um maior desequilíbrio psíquico, o que agrava ainda mais a situação." (cf. IPQ, 13 de maio de 2015). *Aprofundamento*: cf.: "Transcomunicação: a comunicação com os mortos e a parapsicologia – aparições ou visões", do Dr. Evaldo A. D´Assumpção, 1996; Apostila "*Efeitos Físicos*", da Dra. Márcia Cobero, 2014; "As forças físicas da mente – Tomo I e II", de Pe. Quevedo.

2) *paranormais* (extra-sensoriais): aqueles que são devidos, provavelmente, às porções mais internas da mente, consciência profunda ou inconsciente. Segundo a parapsicologia, o nosso inconsciente seria capaz de conhecer presente, passado e futuro de todo o nosso globo, numa margem de dois séculos entre eles. Tudo o que acontece seria conhecido alguma vez, especialmente se é um fato emotivo. Segundo a parapsicologia, esses fenômenos ocorreriam através do *Psi-Gamma*: faculdade parapsicológica que ultrapassa o temp.e espaço, possibilitando a telepatia e outros fenômenos (também chamada de *Percepção Extra Sensorial*). Ninguém domina a telepatia. Então, uma pessoa que abre um consultório de adivinhação, como se dominasse essa faculdade, é um charlatão. *Exemplos de alguns fenômenos paranormais: retrocognição* (conhecimento psigâmico de uma realidade passada); *simulcognição* (conhecimento psigâmico de uma realidade presente); *precognição* (conhecimento psigâmico de uma realidade futura); *clarividência* (conhecimento psigâmico de uma realidade física – carro, casa, toalha...); *telepatia* (conhecimento psigâmico do conteúdo de um ato psíquico – pensamento, sentimento, desejos de uma pessoa). *Aprofundamento*: cf.: Apostila e Slide "Fenômenos Paranormais e Fenômenos Telepáticos", do Dr. Sílvio Loredo, IPQ, 2014; "A Face Oculta da Mente", de Pe. Quevedo; "Espiritismo, Parapsicologia e Evangelização: Os Profetas – Vol IV", de Pe. Sandro; "Tratado de Metapsíquica", de Charles Richet; "Panorama da Parapsicologia ao Alcance de Todos", de Edvino A. Friderichs.

3) *Supranormais* ou *Sobrenaturais*: transcendem os fenômenos extranormais, paranormais; estão para além dos fenômenos preternaturais. São fenômenos exclusivos de Deus, é uma assinatura de Deus. *Alguns exemplos*: Milagre Eucarístico de Lanciano; a tilma de Juan Diego onde ficou impressa a Imagem de Nossa Senhora de Guadalupe; Corpos Incorruptos, etc. *Aprofundamento*: cf.: "The Incorruptibles", de Joan Carroll Cruz; "Milagres: a ciência confirma a fé", de Pe. Quevedo.

Segundo a parapsicologia, os vivos só conseguem saber o que está ao alcance dos vivos!!!

Retomando o itinerário... Quando essas manifestações não são truques ou enganos, e não são fenômenos parapsicológicos, pode-se estar diante de uma terceira possibildade: manifestações preternaturais. E aqui, desejo fazer um alerta muito importante, alguns dos fenômenos tidos como sendo "paranormais", da forma como são apresentados e explicados pela parapsicologia, são questionados por grande parte dos exorcistas experientes. Principalmente porque muitas dessas "faculdades" surgem geralmente depois que o sujeito teve contato com o mundo do oculto. Pe. Francesco Bamonte nos recorda que no ocultismo (adivinhação, magia...), 90% é ilusão e engano, e 10% é ação oculta do Maligno (invocada pelo homem).[934] Muitas pessoas depois que receberam orações de libertação viram essas "faculdades" desaparecerem completamente.[935]

O *Rituale Romanum* de 1952, no *Titulus XII – Capítulo I, II e III*, dedicado ao *Rito de Exorcismos* (que estava em vigor desde 1614), antes de passar por algumas modificações que foram promulgadas no Concilio Vaticano II (substancialmente o *Rito* continua o mesmo), trazia no *Capítulo I* algumas instruções e normas importantes sobre os possessos pelo demônio, no nº 14 deste texto encontramos a fé da Igreja de dois mil anos:

> "O exorcista não se demore em palavreado ou em inúteis ou curiosas interrogações, especialmente sobre coisas futuras e ocultas, que não digam respeito ao seu ofício; mas ordene que o espírito imundo se cale, e responda só ao que for interrogado; e não acredite nele, se o demônio simular ser a alma de algum Santo, ou de um defunto, ou um anjo bom."

O demônio ao longo da história tem tentado levar o ser humano ao engano a respeito da morte, assim tem sido desde o princípio:

> "Mas a serpente respondeu à mulher: 'De modo algum morrereis. Pelo contrário, Deus sabe que, no dia em que comerdes da árvore, vossos olhos se abrirão, e sereis como Deus, conhecedores do bem e do mal.'" (*Gn* 3,4-5)

O demônio sabe o passado das pessoas, sabe como seduzir e enganar. Ele pode muitas vezes em um momento de dor e aflição dar algo que num

---

[934] Cf. Francesco Bamonte. *I danni dello spiritismo*. Milano: Ancora, 2015.

[935] Cf. Francois-Marie Dermine. *Mistici, veggenti e medium: esperienze dell'aldilà a confronto*. 2ª ed. Citta del Vaticano: Libreria Editrice Vaticana, 2003; Francois-Marie Dermine. *Carismatici, sensitivi e medium: i confini della mentalita magica*. 2ª ed. Bologna: ESD, 2015.

primeiro momento pode até trazer conforto e consolo, mas não se engane é algo aparente. Mais cedo ou mais tarde as consequências sempre vêm.

Se as doutrinas que insistem na prática de comunicação com mortos fossem tão boas, Deus não teria tantas vezes proibido explicitamente[936]:

> *"Não recorrais aos que evocam os espíritos, nem consulteis os adivinhos, para não vos tornardes impuros. Eu sou o SENHOR vosso Deus." (Lv 19,31)*

> *"Quando tiveres entrado na terra que o SENHOR teu Deus te dá, não imites as práticas abomináveis dessas nações. Não haja em teu meio quem faça passar pelo fogo o filho ou a filha, nem quem consulte adivinhos, ou observe sonhos ou agouros, nem quem use a feitiçaria; nem quem recorra à magia, consulte oráculos, interrogue espíritos ou evoque os mortos. Pois o SENHOR abomina quem se entrega a tais práticas. É por tais abominações que o SENHOR teu Deus deserdará diante de ti estas nações." (Dt 18,9-12)*

> *"Passou seu filho pelo fogo, praticou adivinhação e agouros, mandou evocar os mortos e multiplicou os leitores de sorte, em suma, fez o que é mau diante do SENHOR e suscitou a sua ira." (2Rs 21,6)*

Um dos textos mais claros nas Sagradas Escrituras que mostra, por parte de Deus, essa não permissão de comunicação entre vivos e mortos, vemos no Evangelho segundo *São Lucas*:

> *"O rico insistiu: 'Pai, eu te suplico, manda então Lázaro à casa de meu pai, porque eu tenho cinco irmãos. Que ele os avise, para que não venham também eles para este lugar de tormento'. Mas Abraão respondeu: 'Eles têm Moisés e os Profetas! Que os escutem! (...) mesmo se alguém ressuscitar dos mortos, não acreditarão'." (Lc 16,27-29.31)*

O Magistério da Igreja continua sendo claro, pontual e irredutível sobre este assunto:

> *"Pergunta: É lícito assistir a sessões ou manifestações espíritas, com intervenção do assim chamado médium ou sem médium, usando ou não a hipnose, mesmo apresentando aparência de honestidade ou de piedade, quer interrogando as almas ou espíritos, quer escutando suas respostas, quer ora só olhando, mesmo com tácito ou expresso protesto de não querer nada em comum com os espíritos malignos? Resp.: (confirmada pelo Papa em 26/04):*

---

[936] A proibição divina de evocar os mortos e da prática da magia aparece repetidas vezes na *Bíblia Sagrada*: Lv 20,6.27; 1Sm 28,7-8; 2Rs 17,17; Is 8,19-20; At 16,16-18; Gl 5,20-21; Ap 21,8; 22,15.

Não, para todas as partes." (Resposta do Santo Ofício, 24 de abril de 1917; *Ed.:* AAS 9 [1917] 268)[937]

"Os espíritas devem ser tratados, tanto no foro interno como no foro externo, como verdadeiros hereges e fautores de heresias, e não podem ser admitidos à recepção dos sacramentos, sem que antes reparem os escândalos dados, abjurem o espiritismo e façam a profissão de fé." (CNBB, reunião nos dias 17 a 20 de agosto de 1953, Belém, Pará)[938]

Muitas pessoas hoje enveredam por caminhos perigosos, não estão se dando conta dos sérios riscos espirituais que estão correndo. Muitos fazem por desconhecimento, outros por pura desobediência. Lamentavelmente não estão se dando conta que estão ofendendo a Deus, pecando gravemente contra o primeiro Mandamento da Lei de Deus (cf.: Dt 6,13-14; Mt 4,10; CIC 2115-2117.2138). O mais triste de tudo isso, é que muitos tentam usar dos nossos textos sagrados para tentar aprovar algo que é totalmente incompatível com a Fé da Igreja de Jesus, que tem a missão e o dever de guardar uma Verdade que foi Revelada pelo próprio Deus. Jesus é muito claro: *"Ninguém pode servir a dois senhores: ou vai odiar o primeiro e amar o outro, ou aderir ao primeiro e desprezar o outro"* (Mt 6,24); *"Seja o vosso sim, sim, e o vosso não, não. O que passa disso vem do Maligno"* (Mt 5,37). Papa Bento XVI, já nos alertava: "rituais que dependem da superstição e outros erros constituem um obstáculo para a salvação"[939]. Ser cristão, exige uma decisão constante. É trabalho primordial da Igreja evangelizar, como também esclarecer biblicamente, magisterialmente e cientificamente os seus fieis: trazer saúde mental e religiosa para todo o povo.

Ser Cristão: um privilégio

"Eu sou o Caminho, a Verdade e a Vida. Ninguém vai ao Pai senão por mim." (Jo 14,6)

"Em nenhum outro há salvação, pois não existe debaixo do céu outro nome dado à humanidade pelo qual devamos ser salvos." (At 4,12)

---

[937] *Compêndio dos símbolos, definições e declarações de fé e moral*, Denzinger-Hünnermann, nº 3642.

[938] Em 1953 a Conferência Nacional dos Bispos do Brasil reafirmou a determinação feita pelo Episcopado Nacional da Pastoral Coletiva de 1915, revista pelos Bispos em 1948. *O espiritismo no Brasil: orientação para os Católicos*, Frei Boaventura Kloppenburg, Ed. Vozes, 1960 (IMPRIMATUR, desde 23 de agosto de 1960). *Ação Pastoral perante o Espiritismo: orientação para sacerdotes*, Frei Desidério Kalverkamp e Frei Boaventura Kloppenburg, Ed. Vozes, 1961 (IMPRIMATUR, desde 18 de maio de 1960).

[939] *Revista Caros Amigos*, Edições 94-99, Editora Casa Amarela Ltda., 2005.

"Conhecer Jesus é o melhor presente que qualquer pessoa pode receber; tê-lo encontrado foi o melhor que ocorreu em nossas vidas; e fazê-lo conhecido com nossa palavra e obras é nossa alegria." (V Conferência Geral do Episcopado Latino-Americano e do Caribe, Documento de Aparecida, nº 29)

PARTE 2: POR QUE UM CATÓLICO NÃO PODE SER ESPÍRITA?

Pe. Tarcísio Pedro Vieira[940]

Nos últimos tempos, sobretudo através de programas televisivos ou do cinema (por exemplo: a novela "Escrito nas Estrelas", "Chico Xavier, o filme", o filme "Nosso Lar", a série, "A Cura", etc.), tem-se propagado de forma intensa a doutrina e a prática espírita. Também é muito comum ver católicos que frequentam Centros Espíritas ou são adeptos desta doutrina. Ao mesmo tempo, da parte da Igreja, nem sempre temos recebido a devida orientação quanto à nossa identidade e àquilo que nos diferes de outras crenças, doutrinas ou práticas místico-esotéricas. Cabe, então, à Igreja ser fonte de discernimento e orientação. É missão primária da Igreja ser guardiã dos tesouros da fé (*"combate o bom combate da fé, conquista a vida eterna, para a qual foste chamado e pela qual fizeste tua nobre profissão de fé diante de muitas testemunhas"* – 1Tm 6,12), ser anunciadora do Evangelho (*"Ide por todo o mundo pregai o Evangelho a toda criatura"* – Mc 16,15).

OU SOU CATÓLICO... OU SOU CATÓLICO!

O Brasil é o País com o maior número de batizados. Muitos são os batizados na Igreja Católica, porém, poucos são os "CATÓLICOS". É comum ouvirmos: sou católico, mas não praticante! Na verdade, não é nada! Não existe meio termo! São João, no *Livro do Apocalipse*, assim diz: "*...não és nem frio nem quente. Oxalá fosses frio ou quente; mas, visto que és morno, nem frio nem quente, vou te vomitar da minha boca*" (Ap 3,15-16). Além disso, não podemos servir a dois senhores, ou ainda, ter uma fé-religião de conveniência, interesse, utilidade... A nossa opção é uma decisão de fé!

---

[940] Doutor, Mestre e Bacharel em Direito Canônico, Lateranense, Roma. Vigário Judicial do Tribunal Eclesiástico Regional de Florianópolis. Professor no ITESC/FACASC, Florianópolis – SC.

CATOLICISMO *VERSUS* ESPIRITISMO

O Espiritismo é amplamente difundindo nos dias de hoje. Infelizmente, alguns "católicos" declaram-se "espíritas" (ou adeptos da doutrina espírita) e vice-versa. Isto tudo, no entanto, revela, ao mesmo tempo, um desconhecimento total da teologia católica e da doutrina espírita. Total ignorância!

Em breve síntese comparativa, é possível demonstrar – a partir de alguns aspectos – o abismo e a contradição existentes entre a Teologia Católica e o Espiritismo (Kardecista).

a) Importante ter presente que o Espiritismo não é uma religião, mas uma doutrina.

b) Para nós cristãos-católicos a vida humana é irrepetível e única: *"Está decretado que o homem morra uma só vez, e depois disto é o julgamento"* (*Hb* 9,27). Assim, a morte é o fim da peregrinação terrestre. Quando tiver terminado "o único curso da nossa vida terrestre" (*Lumen Gentium*, 48), não voltaremos mais a outras vidas terrestres. Cremos na vida eterna! (cf. *Jo* 6,27.51; *Mt* 10,28). A doutrina Espírita crê na pluralidade das existências terrestres. Assim, nossa vida atual não é a primeira nem será a última existência corporal (doutrina da reencarnação).

RESSURREIÇÃO *VERSUS* REENCARNAÇÃO

c) Nós cristãos-católicos acreditamos firmemente na Ressurreição da carne. Como Cristo ressuscitou dos mortos e vive para sempre, assim também, depois da morte, os justos viverão para sempre com Cristo ressuscitado e Ele os ressuscitará no último dia (*Jo* 6,39-40). A ressurreição dos mortos é um elemento essencial da fé cristã (cf. *1Cor* 15,12-14.20). Deus na Sua Onipotência restituirá definitivamente a vida incorruptível aos nossos corpos unindo-os às nossas almas. O Espiritismo centraliza a sua doutrina na reencarnação. A alma humana, separada do corpo pela morte, irá, durante certo tempo, alojar-se em outro corpo humano para purificar-se. Nascer, morrer, renascer ainda e progredir sem cessar: eis a lei! A reencarnação traz consigo duas leis: a lei do progresso e a lei de causa-e-efeito. Na lei do progresso, é afirmado que a cada reencarnação o espírito avança no estágio da perfeição, sem regresso. À alma evoluída totalmente dá-se o nome de "espírito de luz". Na lei de causa-e-efeito ou "lei do *karma*" acontece a purificação. O *"karma"* aparece como um sistema de purificação e progresso do espírito, onde todas as más ações devem ser purificadas, nesta ou em vidas seguintes. Decorre, desta concepção, uma visão essencialmente dualista e negativa do corpo humano!

MISERICÓRDIA *VERSUS* "KARMA"

d) Nós cristãos-católicos acreditamos na Misericórdia de Deus, na remissão dos pecados. Cremos na Cruz redentora de Jesus, no Seu amor que tudo renova, recria... O Espiritismo, baseado na "lei do *karma*", crê que tudo o que se faz de errado deve ser pago. A conquista da meta final, para o espírita, se obtém por méritos próprios: em cada nova existência a alma avança e progride na proporção de seus esforços. A alma deve se reencarnar para expiar (remir) seus pecados e para progredir sem cessar.

JESUS, NOSSO DEUS E SALVADOR *VERSUS* AUTO-REDENÇÃO

e) Nós cristãos-católicos temos em Deus, a fonte de toda a vida, de toda a graça. A salvação vem de Deus. *"É pelo sangue de Jesus Cristo que temos a redenção, a remissão dos pecados, segundo a riqueza de sua graça que Ele derramou profusamente sobre nós"* (*Ef* 1,7). O Mistério da Páscoa de Jesus (o sacrifício na Cruz e Sua ressurreição – por AMOR) é a essência da fé cristã. Negá-lo é rejeitar o próprio Cristo! A Salvação consiste na comunicação da vida divina! Cristo nos concede a graça da participação da natureza divina (cf. *1Pd* 1,4). Ninguém por si só e com as próprias forças se liberta do pecado e se eleva acima de si próprio. Todos necessitam de Cristo! O Espiritismo crê na autorredenção. O perdão, a graça, a misericórdia não têm lugar na doutrina espírita. Aliás, não crê em Jesus Cristo como Deus! Para o Espiritismo, Cristo é um espírito avançado, "espírito de luz", um modelo a ser seguido... mas não é Deus, não é Salvador! Desta forma, nega, também, a Santíssima Trindade! Assim sendo, o Espiritismo é essencialmente contraditório ao Cristianismo!

PROFESSEMOS NOSSA FÉ

É inadmissível que um cristão-católico frequente um Centro Espírita ou seja adepto da doutrina kardecista. Como é possível crer na reencarnação, negar a divindade de Cristo, ir ao Centro Espírita para receber um passe, para falar com os mortos... e depois ir à Igreja para celebrar o Mistério da Páscoa de Jesus, a nossa Salvação?

Com firme esperança, rezemos: *"Creio em um só Senhor, Jesus Cristo... Deus verdadeiro de Deus verdadeiro. E por nós, homens, e para a nossa salvação, desceu dos Céus... Ressuscitou ao terceiro dia... Creio na Igreja... Professo um só batismo para a remissão dos pecados. E espero a ressurreição dos mortos e a vida do mundo que há de vir. Amém".*

PARTE 3: "O ESPIRITISMO:
UMA FORMA EQUIVOCADA DE BUSCAR A VERDADE"[941]

"A superstição ofende Jesus Cristo porque significa que não se confia suficientemente Nele" afirma o exorcista italiano Francesco Bamonte, autor de um livro sobre a ação oculta do maligno e as supostas comunicações com o além.

O volume, editado atualmente em italiano, leva por título *"Os danos do espiritismo"* (*"I danni dello spiritismo"*) e é publicado pela editora *Ancora*. Edições em outros idiomas estão sendo preparadas.

O padre Bamonte, religioso dos Servos do Coração Imaculado de Maria, dedica seu trabalho pastoral a ajudar as pessoas que caíram nas redes de magos ou de um suposto médium.

Nesta entrevista exclusiva a ZENIT, este autor de livros já traduzidos em inglês, castelhano, francês e polonês descreve com precisão os danos físicos e psíquicos do espiritismo.

Com veemência, repete que "espiritismo e fé católica são irreconciliáveis".

ZENIT: *O senhor é exorcista. Pensa que as pessoas que caem em práticas de espiritismo buscam a verdade de maneira errônea?*

Pe. Bamonte: Sempre. As práticas de espiritismo são uma via equivocada de buscar a verdade. Esperam receber informações autênticas sobre Deus, o homem, o além, o passado, o presente e o futuro daquilo que acreditam ser almas de falecidos. Na realidade, geralmente não são mais que truques que em algumas ocasiões fazem entrar em contato com o próprio inconsciente. Em outros casos, contudo, entra-se em contato com espíritos demoníacos que fingem ser almas de falecidos. Porque os fenômenos e as manifestações de espiritismo não são sempre truques, ficção, sugestão, mecanismo psicológico ou manifestação do inconsciente ou criação da psique com a qual alguns queiram explicar algo fora do normal, inclusive aquilo demoníaco ou sobrenatural.

---
[941] Pe. Francesco Bamonte, Exorcista de Roma, ZENIT.org, 02 de novembro de 2003.

Os casos de infestação e de possessão diabólica, nos quais os sacerdotes exorcistas tiveram de intervir depois de uma sessão de espiritismo, demonstram claramente como esta prática é uma via privilegiada para uma ação destrutiva do demônio sobre pessoas.

ZENIT: O que é exatamente o espiritismo e por que não é conciliável com a fé?

Pe. Bamonte: É a evocação dos falecidos, ou seja, uma prática com a qual, através de técnicas e meios humanos, com ou sem um médium se tenta chamar um falecido para fazer-lhe perguntas. Cada vez que rezamos a Deus por nossos falecidos, sem recorrer a uma prática espírita, pedimos aos falecidos assim como aos santos que orem a Deus conosco e por nós. Esta é a invocação dos falecidos, mas não a evocação, que seria o que fazem no espiritismo.

Os defuntos somente podem se manifestar por iniciativa livre de Deus, diretamente e nunca mediante técnicas ou meios como as sessões de espiritismo. Com fins sérios, Deus pode permitir a uma pessoa falecida que se mostre a nós, por exemplo para dar-nos um conselho ou ainda que seja para dar-nos uma presença de consolo, para pedir sufrágios ou para agradecer sufrágios recebidos.

Se, pelo contrário, somos nós que queremos provocar um encontro com os falecidos mediante "evocação" com as técnicas espíritas, já desde o Antigo Testamento Deus falou claro a respeito e nos disse que quem fizer estas coisas o abomina. Basta ler Deuteronômio 18,10-12 ou Levítico 19,31.

ZENIT: As práticas de espiritismo prometem consolo e contato com pessoas falecidas. O que se pode dizer, desde um ponto de vista cristão, a quem busca esta aproximação com o além?

Pe. Bamonte: Que leiam a *Bíblia* e vejam que Deus proíbe severamente esta aproximação com o além porque Ele sabe que é falso e enganoso ao submergir-nos na escuridão e desviar-nos da verdade e da fé autêntica, abrindo caminho à intervenção dos espíritos do mal.

Quem quer sentir-se próximo de seus entes queridos falecidos, que se confesse com freqüência, vá à missa, reze por eles e esteja totalmente disponível para o que Deus disponha. Deus lhe dará com certeza a possibilidade de experimentar o gozo de sentir-se em comunhão com os próprios falecidos queridos.

ZENIT: Quais são os danos principais do espiritismo?

Pe. Bamonte: Moléstias físicas de todo tipo como dores fortes de barriga na frente, ossos, vômitos, ataques epiléticos, formigamento nas pernas, ataques repentinos de calor e frio, sensação de angústia crescente, contínuos tics nervosos, a impossibilidade de ingerir comida...

ZENIT: *Ainda há mais?*

Pe. Bamonte: Referia somente a moléstias físicas, mas há ainda muito mais: não dormir nem de noite nem de dia, não poder estudar ou trabalhar. Estar agitado, ter pesadelos, medo de lugares escuros, sensação de ser agarrados pelos braços ou como se alguém se sentasse em nossos joelhos. Também se experimentam bofetadas invisíveis ou mordidas que não se vêem, assim como golpes no corpo.

ZENIT: *E os danos psicológicos?*

Pe. Bamonte: Fenômenos de auto-marginalização do contexto social e cotidiano, estados de dependência parecidos ao álcool ou à droga, perda da racionalidade e da liberdade, dissociação da personalidade até chegar a sentir que alguém entrou na própria pessoa e há vozes que se sobrepõem à oração e blasfemam e induzem ao suicídio.

Em relação aos danos sobre os lugares, poderíamos dizer que vem assinalados por fenômenos de movimento de objetos sem nenhuma causa sensível, timbres de portas ou instrumentos musicais que soam de repente. Também há que assinalar golpes no telhado, nas paredes ou no solo, e gritos e vozes no ar, ruído de passos, visões de sombras ou presenças monstruosas.

ZENIT: *O que é o assim chamado espiritismo pseudocatólico?*

Pe. Bamonte: O intento inútil de conciliar a fé católica com o espiritismo. Pelo que acabo de dizer se compreende como isto é absolutamente impossível.

ZENIT: *Sim, compreende-se perfeitamente. Mas não é raro encontrar-se com cristãos um pouco supersticiosos. Pode-se corrigir esta tendência?*

Pe. Bamonte: A superstição é um pecado contra o primeiro mandamento. Fé cristã e superstição estão em aberta contradição e, contudo, não poucos cristãos têm medo do gato negro que cruza a rua, do óleo que se derrama, do número 13 ou do 17, e levam em cima amuletos ou talismãs para assegurar boa sorte ou afastar má fortuna. Também há muitos cristãos que na porta da casa têm uma ferradura de cavalo. Não é raro ver católicos fazendo gestos como os chifres com a mão ou que cruzam os dedos em momentos particulares. É também grave, sobretudo se se é cristão, crer em horóscopo, consultar os magos, deixar-se ler a mão ou praticar o espiritismo.

A superstição ofende Cristo porque revela uma falta de abandono e de confiança n'Ele. Na evangelização, na pregação da missa e na catequese, é necessário anunciar que o cristão se fia sem limites de Cristo, que liberta e salva o homem das forças do mal que o ameaçam. Pelo contrário, a superstição não só não o liberta nem o protege das forças do mal mas é uma via que lhe escraviza para sempre.

PARTE 4: INTRODUÇÃO A "OS DANOS DO ESPIRITISMO" [942]

Pe. Pedro Paulo Alexandre

A ideologia do politicamente correto e do respeito humano tem nos amordaçado. Essas ideologias têm se transformado em verdadeiras ditaduras. Qualquer argumentação, por mais fundamentada que seja, mas que não se desculpe ao final caso tenha ofendido alguém, é logo equiparada ao genocídio nazista. Intimidados, muitos católicos não querendo ver recair sobre si o estigma da intolerância, se calam e, pior, convencem-se de que tudo é igual, pois, afinal, "Deus é um só". O sincretismo religioso tem trazido dados agravantes em todos os espaços religiosos. É impossível negar que cada dia mais se tem imposto verdadeiramente uma ditadura do relativismo. Tudo isso vem nos impedindo de abordar fatos, fenômenos e doutrinas que defendem supostas comunicações com o além.

Sempre me inquietou o desconhecimento, e por parte de outros, a indiferença ao ver tantos espíritas entrarem na fila da Sagrada Comunhão e usarem das nossas Sagradas Escrituras. Buscam aquilo que nós cristãos católicos temos de mais sagrado para alimentar, justificar e até aprovar suas crenças. Sendo alertados muitíssimas vezes da incompatibilidade entre cristianismo e espiritismo.

Este livro é uma preciosa contribuição a todos os cristãos católicos de Língua Portuguesa. Não é destinada ao diálogo com os espíritas, mas a trazer à superfície, as verdades encobertas por tanto tempo, propositadamente, na intenção de confundir os menos esclarecidos. O autor nos mostra que a Sagrada Tradição, as Sagradas Escrituras e o Magistério da Igreja sempre condenaram o espiritismo. Em todas as épocas, a Igreja defendeu o princípio de que é preciso condenar o erro, mas amar aquele que erra, esclarecendo-o e ajudando-o na busca da fé verdadeira. É preciso entender que o espiritismo é uma forma equivocada de buscar a verdade.

---

[942] Prefácio à edição portuguesa "Os danos do espiritismo". BAMONTE, Francesco. Os danos do espiritismo. Prior Velho: Paulinas, 2018.

A doutrina espírita durante muito tempo esteve camuflada com um discurso sútil, com uma tentativa de roupagem científica, revestida com o slogan da caridade. Por isso, tem atraído muitas pessoas e se propagado na literatura, no cinema, na mídia, como algo romântico, moderno e inteligente.

No dia 24 de março de 2016, foi lançado o Documentário "Nos Passos do Mestre – Jesus Segundo Espiritismo" (produção realizada pela Fundação Espírita André Luiz e Mundo Maior Filmes, sob a direção de André Marouço, e a distribuição do Mundo Maior Filmes). Essa produção espírita surgiu com o objetivo claro, segundo eles, de abalar crenças comum do cristianismo. Na verdade, fica claro que o objetivo é atacar a fé cristã (que segundo eles, só eles conhecem) no que tange ao nascimento virginal de Jesus, seu batismo nas águas, as curas e milagres que realizou, a ressurreição de Lázaro e a ressurreição de Jesus.

No dia 24 de março de 2016, foi lançado o Documentário "Nos Passos do Mestre - Jesus Segundo Espiritismo" (produção realizada pela Fundação Espírita André Luiz e Mundo Maior Filmes, sob a direção de André Marouço). Essa produção espírita surgiu com o objetivo, segundo eles, de abalar crenças comuns do cristianismo. Na verdade, fica claro que o objetivo é atacar frontalmente a fé cristã (que seguindo o discurso apresentado, só eles conhecem) no que tange o nascimento virginal de Jesus, seu batismo nas águas, as curas e milagres que realizou (como o caso da revitalização de Lázaro), e sua ressurreição.

As máscaras estão caindo. Cada dia mais a verdade tem vindo à tona, demonstrando que todos conhecem bem pouco a respeito do que o espiritismo, verdadeiramente, defende e tem propagado. É preciso voltar à história, e, a partir de fontes primárias, apresentar com toda veracidade os fatos como ocorreram. Um pequeno exemplo do desconhecimento que se tem neste sentido é de que poucos sabem do vínculo que Hippolyte Léon Denizard Rivail (Allan Kardec), o codificador do Espiritismo, teve com a maçonaria e com o pedagogo Pestalozzi (protestante calvinista e liberal).

Padre Francesco Bamonte, atual presidente da Associação Internacional de Exorcistas, com sua vasta formação e experiência, apresenta com autoridade e parresía vários testemunhos (alguns profundamente impactantes), desmascarando o mundo obscuro e tenebroso do espiritismo, nos mostrando os danos físicos, psíquicos, morais e espirituais que as pessoas estão sujeitas ao se envolverem com tais práticas.

Em momentos de dor e sofrimento, principalmente por ocasiões de perdas de familiares queridos, as pessoas, que em busca de respostas, procuram um momento de refrigério, consolo e paz, são facilmente cooptadas pelo espiritismo. Os resultados deste caminho, longe do que estão acostumados a nos querer fazer crer, nem sempre são finais felizes. As vítimas estão rompendo o silêncio e gritando para que todos acordem.

O ser humano, desde o princípio, foi tentado ao engano a respeito da morte (cf. Gn 3,4-5). Hoje com novos meios e novas técnicas o inimigo que estava tentando passar despercebido, esta sendo cada dia mais desmascarado.

Vejo neste livro um convite a olharmos para o além, e descobrir o tesouro da fé católica, revelada pelo próprio Deus. Não existe uma doutrina que traga tanto conforto, paz, alegria e esperança como o cristianismo. Por mais que nos maravilhemos a cada página das Escrituras com o que o Senhor nos mostra sobre a eternidade, cremos que o que viveremos é muito mais do que podemos imaginar: "o que Deus preparou para os que o amam é algo que os olhos jamais viram, nem os ouvidos ouviram, nem coração algum jamais pressentiu" (1Cor 2,9; cf. Is 64,4).

Convido você, querido irmão, a buscar uma vida em permanente estado de graça e você se surpreenderá com as altas moradas a que o Senhor te levará já nesta vida terrena.

15 de Agosto de 2018, Solenidade da Assunção de Nossa Senhora.

Pe. Pedro Paulo Alexandre
Exorcista da Arquidiocese de Florianópolis / BR
Sócio Membro da Associação Internacional de Exorcistas
† *Em tudo amar e servir (cf. Jo 15,13; Lc 22,26)*

ARTIGOS DIVERSOS

ENTREVISTA COM O EXORCISTA FRANCESCO BAMONTE[943]

"Um acontecimento particularmente significativo". Assim Padre Francesco Bamonte comentou o reconhecimento jurídico da Associação Internacional de Exorcistas por parte da Congregação para o Clero. O sacerdote, dos Servos do Coração Imaculado de Maria, exorcista da Diocese de Roma e Presidente da Associação, foi entrevistado pela Rádio Vaticano:

Pe. Bamonte: Na longa história da Igreja, ainda não havia sido constituída uma Associação Internacional de Exorcistas. Também isto é um sinal dos tempos! O Espírito Santo, em resposta às particulares exigências da nossa época, suscitou uma tomada de consciência sempre mais viva na Igreja que entre os mandatos que Cristo Jesus deu à própria Igreja, está também o de expulsar os demônios em Seu Nome. Ao mesmo tempo o mesmo Espírito Santo inspirou e instituiu na Igreja tal Associação de Sacerdotes Exorcistas para que experimentassem a força que vem ao pertencer a ela, sentindo-se em comunhão com outros irmãos que desenvolvem o mesmo ministério e para que, encontrando-se periodicamente e partilhando as próprias experiências, pudesse oferecer uma ajuda mais concreta e eficaz aos que se dirigem a eles.

Rádio Vaticano: Quais são os objetivos a que se propõe esta Associação na Igreja?

Pe. Bamonte: Justamente para que os exorcistas possam desenvolver bem a própria missão, a nossa Associação propõe-se como objetivos específicos: promover a primeira formação de base e a sucessiva formação permanente dos exorcistas; favorecer os encontros entre os exorcistas, sobretudo a nível nacional e internacional, para que compartilhem as próprias experiências e reflitam juntos sobre o ministério a eles conferido; favorecer a inserção do ministério de exorcista na dimensão comunitária e na pastoral ordinária da Igreja local; promover o reto conhecimento deste ministério no povo de Deus; promover estudos sobre exorcismo nos seus aspectos dogmáticos, bíblicos, litúrgicos, históricos, pastorais e espirituais; promover uma colaboração com pessoas e *experts* em medicina e psiquiatria que tenham competência também nas realidades espirituais.

---

[943] Fonte: radiovaticana.va, 04 de julho de 2014

Rádio Vaticano: Quão importante e necessária é a presença de sacerdotes exorcistas nas dioceses?

Pe. Bamonte: A presença de um sacerdote exorcista em uma diocese é importantíssima. A sua falta, de fato, induz frequentemente as pessoas a dirigirem-se a magos, cartomantes, feiticeiros, seitas. Depois, deve-se levar em consideração que é um medo infundado considerar que se as pessoas sabem da existência e da atividade de um exorcista em uma diocese, são induzidas mais facilmente a acreditar serem vítimas de possessões diabólicas. A primeira preocupação de todo exorcista de bom senso é a de evitar criar ou manter ilusões de uma possessão, quando esta não existe. O exorcista é, antes de tudo, um evangelizador e um sacerdote, pelo qual, qualquer que seja a origem do mal que faz sofrer quem o procura, que seja ou não uma autêntica ação extraordinária do demônio, este se empenha em infundir serenidade, paz, confiança em Deus e esperança na Sua graça. E lá onde realmente existir um caso de possessão diabólica, acompanhará aquelas irmãs e irmãos sofredores por causa do Maligno, com humildade, fé e caridade, para apoiá-los na luta, para encorajá-los no duro caminho da libertação e para reavivar neles a esperança.

Rádio Vaticano: É grande o sofrimento das pessoas que sofrem realmente o estado de possessão diabólica?

Pe. Bamonte: Na minha experiência, como naquela de tantos outros exorcistas – naturalmente relativa a pessoas verdadeiramente possuídas – encontro homens e mulheres perfeitamente sãos de mente, expostos, porém, a um nível de sofrimento dificilmente imaginável. Diante de tanta dor, é impossível permanecer indiferente: auguro, sinceramente, que tantos outros irmãos sacerdotes dêem-se conta desta dramática realidade, frequentemente ignorada ou subestimada. O exorcismo é uma forma de caridade, em benefício de pessoas que sofrem; isto tem a ver, sem dúvida, com as obras de misericórdia corporal e espiritual.

Rádio Vaticano: O Papa Francisco citou não poucas vezes o demônio em suas homilias, chamando a atenção para a real existência e atividade do demônio; além disto, enviou uma mensagem em setembro passado aos exorcistas italianos reunidos num seminário...

Pe. Bamonte: Sem dúvida o fundamento da pregação e do ensinamento do Papa Francisco é Jesus Cristo, todavia frequentemente o Papa Francisco nos exorta a não esquecer o que a Sagrada Escritura mesmo nos diz, isto é, que os demônios existem: são anjos criados bons por Deus, que se transformaram em malvados, porque, com livre escolha, rejeitaram Deus e o Seu Reino, dando origem assim ao Inferno. Eles agem na história pessoal e comunitária dos homens procurando propagar entre os homens a sua própria escolha pelo mal e, portanto não basta para nós saber que eles existem, mas é necessário também conhecer como agem para prevenir e repelir os seus ataques e não cair nas suas armadilhas. Frequentemente o Papa deteve-se em descrever como os demônios agem por meio das tentações, para separar os homens de Cristo. Eles, de fato, querem que nos tornemos como eles; não querem a santidade de Cristo em nós, não querem o nosso testemunho cristão, não querem que nós sejamos discípulos de Jesus. O Papa também sublinhou mais vezes, como eles – que são repulsivos e repugnantes – se travestem de anjos da luz para tornarem-se atraentes e assim melhor enganar aos homens. Jesus no Evangelho nos ensina como lutar, e com a Sua graça vencer os demônios. O Papa, porém, não falou somente daquela que é a ação ordinária do demônio, mas tomando passagens do Evangelho onde são descritos os exorcismos de Jesus, também falou em alguma homilia sua das possessões diabólicas. Uma realidade que nós exorcistas enfrentamos neste ministério que o próprio Cristo confiou à Igreja e que nós exercitamos no Seu nome. A imagem da Igreja "como hospital de campanha, que cuida as feridas de todos", como representado pelo Papa Francisco, parece particularmente adequada à missão que foi confiada aos exorcistas, que de fato, são chamados a serem os bons samaritanos que Jesus descreve detalhadamente na parábola, socorrendo os irmãos dilacerados ou oprimidos pelo Maligno. Em setembro passado eu havia pedido ao Papa Francisco uma mensagem de encorajamento aos exorcistas italianos reunidos em uma convenção e ele, prontamente, com a sua bênção apostólica, enviou a eles também uma mensagem expressando 'apreço pelo serviço eclesial oferecido por todos que, com o ministério do exorcismo –, exercitam uma forma de caridade em benefício de pessoas que sofrem e são necessitadas de libertação e de consolação.

Rádio Vaticano: Armas poderosas contra o diabo são o Rosário, a Confissão...

Pe. Bamonte: A arma poderosa, antes de tudo, como nos diz o Papa Francisco, que nos convida a levar sempre no bolso um Evangelho, é a leitura, a meditação da Palavra de Deus. Dentro de nós, esta Palavra, quando desce, vive e age, nos enche da graça do Espírito Santo. E depois o Rosário, a entrega a Nossa Senhora, que é particularmente odiosa ao demônio. A Confissão frequente: reconhecer-se humildemente pecador, confessar os nosso pecados e pedir a Deus a força de não cometê-los mais. A participação na Santa Missa nos dias festivos. E depois a luta contra os nossos vícios, a luta contra tudo aquilo que o pecado original deixou dentro de nós para fazer triunfar o homem, novo em Cristo.

ENTREVISTA COM O EXORCISTA PEDRO MENDOZA[944]

"Estratégia de Satanás é confundir"

Satanás existe e sua estratégia é a confusão, constata nesta entrevista concedida a Zenit o Padre Pedro Mendoza Pantoja, exorcista da arquidiocese do México.

O sacerdote foi um dos organizadores do Primeiro Encontro Nacional de Exorcistas do México, que se celebrou de 31 de agosto a 02 de setembro na sede da Conferência Episcopal Mexicana com cerca de quinhentos participantes.

O padre Mendoza Pantoja coordena o trabalho de oito exorcistas, um para cada vicaria territorial dessa arquidiocese, considerada uma das maiores do mundo.

ZENIT: O que é um exorcista?

Pe. Mendoza: É um bispo ou um sacerdote designado por este, que, por mandato de Jesus e no nome de Deus Pai, Filho e Espírito Santo, faz uma oração na qual, de forma imperativa, em caso de possessão diabólica, ordena a Satanás sair e deixar em total liberdade o possesso, ou, de forma deprecativa, quer dizer, de intercessão ou súplica, pede-se que, pelo sangue precioso de Cristo e a intercessão da Virgem Maria, seja libertada uma pessoa, lugar, casa ou coisa de toda influência demoníaca, seja infestação, obsessão ou opressão.

ZENIT: Qualquer pessoa pode ser exorcista?

Pe. Mendoza: Não. De acordo com o Evangelho, Cristo enriqueceu seus apóstolos com dons carismáticos quando os enviou a evangelizar. Em *Mateus* 10,1 diz "E chamando seus doze discípulos, deu-lhes poder sobre os espíritos imundos para expulsá-los e para sanar toda enfermidade e toda doença". Pode-se ler também em *Marcos* 16,17-18. Pelo mesmo, corresponde aos bispos, sucessores dos apóstolos, exercer este ministério e expulsar os demônios; mas eles, de acordo com o *cânon* 1172 do Código de Direito Canônico, podem designar para exercer este ministério, de uma maneira estável ou para um caso especial, "um presbítero piedoso, douto, prudente e com integridade de vida". Isto falando de possessões diabólicas e, pelo mesmo, de exorcismo propriamente dito, chamado também exorcismo solene.

---

[944] Fonte: ZENIT.org, 14 de setembro de 2004.

Mas todo presbítero por sua ordenação participa do sacerdócio ministerial de Cristo e tem com Ele a missão de libertar os fiéis de toda obsessão, opressão ou influência demoníaca, com orações deprecativas de intercessão e súplica, com a evangelização e administração dos sacramentos, principalmente da Penitência e Eucaristia. Pelo mesmo, todo sacerdote é exorcista quanto à Pastoral de Libertação dentro de sua missão de evangelizar, isto é, por mandato de Cristo; não precisa ser designado para realizar o chamado exorcismo menor. Os leigos não podem ser exorcistas.

ZENIT: *O encontro que vocês organizaram convocava também "Auxiliares de Libertação". Quem são e o que fazem estas pessoas?*

Pe. Mendoza: Auxiliares de Libertação são: os sacerdotes que não têm o caráter de exorcista oficial, médicos, psiquiatras, religiosos e leigos que ajudam o sacerdote exorcista no discernimento ou auxiliando-o no exercício de seu ministério, bem com sua oração de intercessão ou em diversas eventualidades. Os sacerdotes auxiliam com oração de libertação e os leigos com oração de intercessão. O sacerdote não-exorcista oficial pode fazer o exorcismo menor, chamado também oração de libertação, auxiliado por sua vez por todos os leigos que o acompanham no discernimento e com orações de intercessão. Os leigos não podem fazer orações de libertação.

ZENIT: *Trata-se do primeiro encontro de exorcistas do México e um dos primeiros destas características no mundo, se não me equivoco. Dava a impressão de que nos últimos quarenta anos a figura do exorcista estava desaparecendo. É uma impressão que corresponde à realidade?*

Pe. Mendoza: *E*fetivamente é. As causas são várias, mas diríamos que estão englobadas no grande desafio que a segunda metade do século passado apresenta à Igreja em sua tarefa de evangelização.

Na primeira metade, Satanás vinha atacando a humanidade no campo das ideias e do pensamento: racionalismo, materialismo, gnosticismo, maçonaria, rosacrucismo, sectarismo, socialismo, marxismo-leninismo, etc., que afastam o homem de Deus. Por uma parte a negação de um Deus pessoal e a negação também da existência de Satanás como um ser pessoal, mudando o Deus Verdadeiro por um deus impessoal que se identifica com este mundo material e reduzindo Satanás a um mero símbolo. Várias nações se viram imersas em duas grandes guerras. E outras tantas sofreram revoluções e perseguições religiosas, derramando-se o sangue de muitos cristãos que sofreram o martírio como testemunho de sua fé. Contudo, a Igreja Católica se mantinha como baluarte de evangelização. A família era a primeira escola da fé, fé que estava inculturada em suas tradições e se manifestava no atuar das associações católicas e nas celebrações litúrgicas, conseguindo-se assim enraizar o povo em sua fé.

Não faltaram lendas de bruxos, feiticeiros e tudo o que há agora, mas não eram relevantes nem se lhes dava importância; não havia necessidade de exorcismos, estes só se efetuavam no rito do batismo.

Ao terminar a Segunda Guerra Mundial, em 1945, começa uma revolução industrial: os grandes consórcios mundiais, que até então tinham o grande negócio da fabricação de implementos de guerra, mudam à fabricação de implementos domésticos. Evoluindo aceleradamente a ciência e a técnica, inventando aparatos e objetos que fazem mais fácil a vida: refrigeradores, estufas, rádios, televisão, etc. Isto some à sociedade em um afã consumista: "Diga-me quanto tens e como vives e te direi quanto vales". Os pais, que antes eram capazes de satisfazer as necessidades básicas de famílias inclusive numerosas, já não o são ante a criação de novas necessidades. Tem que trabalhar até 3 turnos e também a mulher tem de trabalhar fora do lar. A família se desintegra e deixa de ser a primeira escola da fé. Para 1960 a Igreja se encontra em crise, já não está cumprindo eficazmente sua missão evangelizadora.

Vem a manifestação do Espírito Santo com a convocação, pelo Papa João XXIII, do Concílio Vaticano II, que começa em 1962 e termina em 1965 para pôr a Igreja em dia e em consonância com os tempos em sua tarefa evangelizadora. As conclusões do Concílio vão se concretizando nas conferências episcopais, nos sínodos diocesanos, conselhos vicariais, paroquiais, na nova e permanente missão evangelizadora.

Para os anos sessenta já a influência demoníaca fez estragos no povo de Deus: choque de gerações, rebeldia juvenil, uso de drogas, o movimento hippie e a volta às antigas e constantes ideias pregadas nos anos sessenta por Louis Pawels e Jacques Bergier com seu livro titulado "*O Retorno dos Bruxos*". Nele se relatava a história da evolução do homem: uma fantástica viagem pela ciência, a alquimia, as sociedades secretas e o conhecimento. Eram já tratados magistralmente os grandes temas que hoje preocupam a "*New Age*", ou Nova Era, que tomou forma em 1980 com o livro da investigadora Marilyn Ferguson "*A conspiração de Aquário*", que desenha uma "maneira nova" de pensar velhos problemas, o que se conhece como "novo paradigma".

Pelos anos setenta surge a chamada teologia da morte de Deus e, consequentemente, surge também com o protestante R. Bultmann a teologia da morte de Satanás.

Tal corrente infectou também nossos teólogos, que ultimamente não falavam já do diabo nem dos anjos. Nos seminários não se dá uma preparação sobre exorcismo. Mas como contrapartida o homem sentiu a nostalgia de Deus. E se dá a busca do sobrenatural e mágico como solução à problemática na qual se viu envolvido por seu afastamento de Deus e vem a cair nas garras da New Age, que, com suas enganosas espiritualidades e fictícias soluções mágicas e esotéricas, abriu as portas ao demônio, que se nega a ser ignorado, fazendo estragos nas pessoas que caíram nas práticas esotéricas e mágicas da New Age. A Igreja teve, pelo mesmo, que reavivar algo que já se havia esquecido como coisa do passado, ainda que oficialmente nunca se negou: os exorcistas do Evangelho como algo urgente em nossos tempos, na Missão Permanente da Nova Evangelização: anunciar aos afastados a Páscoa de Cristo, quem veio para libertar-nos das armadilhas de Satanás.

ZENIT: Diz-se que em alguns países o avanço de seitas satânicas não pôde ser enfrentado pela Igreja de maneira adequada pela falta de exorcistas. Crê que há algo de verdade nesta constatação?

Pe. Mendoza: A resposta a esta pergunta está relacionada com a anterior. Com efeito, a nossos fiéis e aos próprios sacerdotes nos envolveu o mar de confusões ao que a *New Age* nos leva com sua mescla de ideias, de enganos e mentiras, manipulando espiritualidades orientais mescladas de panteísmo, assim como as medicinas tradicionais, que em si mesmas são um dom de Deus e nada tem de diabólico, mas de cuja eficácia se servem os promotores da *New Age* para dar-se crédito e fazer crer que tudo o que dizem é verdade. Assim também a bispos e sacerdotes nos tomou por surpresa, sem saber o que fazer nem como atuar ante este mar de confusões. E a alguns encheu de medo a fenomenologia que apresentam os afetados pelo demônio. Ou bem, levou-os a escudar-se em um ceticismo, crasso ante estas realidades, atribuindo-as a problemas psicológicos ou a enfermidades difíceis de curar e, pelo mesmo, levou-os a não atendê-los.

Por outro lado, nos seminários não se dá uma preparação para enfrentar esta problemática. Por tudo isto é que, através de nossos encontros e congressos tanto nacionais como internacionais, buscamos a formação tanto para nós, os exorcistas oficiais, como para todos os sacerdotes e para os leigos comprometidos na pastoral da libertação.

ZENIT: Muitos, talvez inclusive fiéis, negam que possa haver pessoas possuídas pelo demônio. Consideram que se trata de problemas psicológicos ou psiquiátricos. Como um exorcista distingue os casos de possessão dos casos de perturbações de outro gênero?

Pe. Mendoza: O Código de Direito Canônico e o próprio Novo Ritual de Exorcismos, assim como o Catecismo da Igreja Universal, estabelecem que antes de fazer o exorcismo maior deve fazer-se um discernimento: se se trata de uma verdadeira possessão ou de uma simples obsessão ou opressão diabólica, servindo-se inclusive de assessoramento prévio de médicos e psiquiatras, a fim de que dêem seu diagnóstico, sendo sempre o sacerdote o que deve decidir; pois, por outra parte, o ritual de exorcismo indica-nos quais são estes sinais que nos podem indicar ou fazer suspeitar de uma verdadeira possessão diabólica: falar ou entender, com se fossem próprias, línguas desconhecidas; revelar coisas ocultas ou distantes; manifestar forças superiores a sua idade ou condição física, separar-se veementemente de Deus, aversão ao Santíssimo nome de Jesus, da Virgem Maria e dos santos, a imagens, lugares e objetos sagrados.

ZENIT: *Entre muitas pessoas, contudo, estes casos de possessão diabólica parecem mais histórias de filmes de Hollywood. Dá a impressão de que a estratégia do demônio é a de fazer crer que não existe. Como exorcista, crê que é verdade?*

Pe. Mendoza: Na realidade, segundo minha apreciação, Satanás utiliza várias estratégias para afastar-nos de Deus. O que lhe interessa mais é confundir-nos, seja para que creiamos que não existe e que, pelo mesmo, se ele não existe, tampouco existem o inferno nem o céu e assim não temamos a estar distante de Deus. Por outro lado, ao contrário, manifesta-se com opressões e obsessões para atormentar terrivelmente os que lhe abriram as portas, a fim de que lhe tenham medo e não tratem de fechar-lhe as portas e libertar-se dele. A alguns, ao contrário, favorece para que creiam em seu poder e confiem nele. Assim podemos explicar o culto satânico para obter poder seu favor e proteção. Satanás é o pai da mentira e do engano.

ZENIT: *Todo ministério na Igreja é uma graça de Deus e um serviço aos irmãos. O senhor, pessoalmente, percebe como uma graça para sua vida o ministério de exorcista?*

Pe. Mendoza: Toda minha vida é uma graça de Deus: meu batismo o dom que me converte em filho de Deus, membro da Igreja e co-herdeiro com Cristo de sua glória; o ministério sacerdotal, o dom que me permite participar de sua páscoa e de sua obra de salvação e serviço a meus irmãos. O ministério de exorcista é também um dom de sua graça e misericórdia, que em minha pequenez e limitações permite-me experimentar, como instrumento seu, seu poder libertador e salvífico no serviço a meus irmãos, o qual me alenta e me impulsiona a aderir-me mais a Ele para ter parte em sua vitória e, com ela, de sua glória.

ZENIT: Como é o serviço do exorcista à Igreja e a seus irmãos? Em outras palavras, há algum caso que possa contar-nos no qual seu ministério de exorcista tenha-lhe permitido experimentar em plenitude sua vocação como homem e sacerdote?

Pe. Mendoza: São muitos os casos em que, praticando a oração de libertação (desde há vinte e quatro anos, ainda sem ser exorcista), constatei o poder do que Deus nos faz partícipes aos sacerdotes no serviço a nossos irmãos que sofrem. A terapia de fé com a oração de cura, de libertação e de perdão, com a qual se consegue muitas vezes o que resulta impossível, fora de seu alcance, à ciência médica e psicológica.

Agora, como exorcista desde há seis anos, atendi vários casos de opressões e obsessões diabólicas em pessoas atormentadas e já desesperadas depois de terem passado por toda classe de especialistas, curandeiros e bruxos que pioraram sua situação, no grau de fazê-los pensar em uma possessão diabólica e pedir ansiosamente um exorcismo. Em alguns casos apresentaram-se sinais que me levaram a suspeitar de uma presença ou possessão diabólica e, ainda sem estar seguro, a fazer o chamado exorcismo de diagnóstico, ou seja, oração imperativa, conseguir com isso fazê-los entrar em uma paz e tranquilidade ainda sem chegar a fazer plenamente o exorcismo solene, bastando o continuar com a oração de libertação. Foi uma grande satisfação conseguir a libertação de meus irmãos através do serviço de meu humilde ministério, pelo poder da oração de intercessão e ver o aumento de sua fé, graças a uma evangelização e catequese que os leva a converter-se, a renovar sua fé e aderir-se mais plenamente ao Senhor e vê-los continuar sua vida cheios de amor e confiança em Deus.

ZENIT: Que deve fazer uma pessoa que crê ser vítima da possessão diabólica ou que conhece alguém que poderia encontrar-se nesta situação?

Pe. Mendoza: Recorrer a seu pároco e fazer uma boa confissão para que, de primeira instância, este sacerdote a atenda. Se seu pároco descobre que há uma influência demoníaca, mas não sinais de possessão diabólica, que lhe faça oração acompanhado de sua equipe de libertação e a insira em algum grupo de evangelização ou de crescimento na fé ou em algum ministério da paróquia. Se o pároco percebe sinais que o façam suspeitar de uma possessão diabólica ou não se sente capaz para enfrentar o problema, então que o canalize com o exorcista de sua diocese ou ao exorcista mais próximo. Nunca deve recorrer a bruxos ou curas mágicas.

ENTREVISTA COM O EXORCISTA GIUSEPPE FERRARI[945]

Um curso inédito sobre "Satanismo, exorcismo e oração de libertação"

O exorcista Padre Gabriele Nanni pronunciou esta quinta-feira a aula inaugural do curso para sacerdotes sobre "satanismo exorcismo e oração de libertação", ministrado no Ateneu Pontifício "Regina Apostolorum", centro universitário com sede em Roma.

Para compreender melhor a iniciativa que recebeu amplo eco nos meios de comunicação dos cinco continentes, Zenit entrevistou um dos principais promotores, Giuseppe Ferrari, secretário do Centro de Pesquisa sobre Seitas Religiosas (GRIS) da Itália.

ZENIT: O senhor é um dos promotores deste curso. Como nasceu a idéia e que objetivos se propõem?

Ferrari: Em minha condição de secretário nacional do GRIS, teve a oportunidade, há um ano, de falar com um sacerdote da diocese de Ímola (Itália), que me comunicou as dificuldades dos sacerdotes que desejavam enfrentar os problemas de pessoas que, entradas de algum modo em contato com o mundo do ocultismo e da magia, desejavam sair, ou aquelas que se sentiam de alguma maneira como objetos da ação do demônio.

A entrevista com aquele sacerdote me fez refletir, e pensei que só se podia enfrentar eficazmente o problema com uma formação dos sacerdotes profunda e multidisciplinar, de nível universitário, capaz de preencher uma lacuna pastoral que cada vez é mais evidente.

O objetivo principal do curso é formar e informar um número adequado de sacerdotes, ainda que depois não venham ser exorcistas, para analisar melhor os pedidos de ajuda, de maneira que respondam a eles ou dirijam para os exorcistas, oficialmente encarregados, só aqueles casos verdadeiramente necessitados de sua intervenção. A este primeiro objetivo podemos também acrescentar a formação de médicos, psicólogos e juristas, pondo-os a par de temas de atualidade que atêm a sua profissão.

ZENIT: Quais são os temas que o curso tratará?

---

[945] Fonte: ZENIT.org, 17 de fevereiro de 2005

Ferrari: O curso está dividido em sete áreas temáticas distribuídas em sete dias, com um total de 28 horas. Aprovado em um exame final, tem-se direito a dois créditos universitários. São tratados aspectos antropológicos, fenomenológicos e sociológicos; aspectos bíblicos, históricos e espirituais; aspectos litúrgicos; aspectos científicos --médicos, psicológicos e naturais--; aspectos jurídicos e legais; testemunhos de exorcistas. Sem entrar nos detalhes do programa, é possível afirmar que o curso se propõe aprofundar o exorcismo, não só em seus fundamentos teóricos, mas no rito e os testemunhos de alguns exorcistas sobre casos concretos.

ZENIT: A que se dedica exatamente o GRIS?

Ferrari: O GRIS é uma associação privada de fiéis, aprovada pela Conferência Episcopal Italiana, que, entre outras coisas, busca promover nos campos cultural, religioso, científico e social, a pesquisa, estudo e discernimento, e proporcionar informação sobre religiões, seitas e os fenômenos relacionados com elas; assim como cuidar da formação e da atualização de educadores e agentes de diversos níveis.

ZENIT: A partir do GRIS, ajudaram-se pessoas a sair de uma seita satânica?

Ferrari: Ajudamos algumas pessoas a sair da experiência das seitas satânicas mas, para ajudá-las a sair de sua implicação no ambiente satânico, não temos feito nada especial, porque geralmente foram elas as que se dirigiram a nós pedindo ajuda para superar seus momentos de perplexidade e dificuldades. Então lançamos mão de nossa competência e experiência de vinte anos de trabalho, no âmbito da pesquisa sobre seitas e da assistência social e pastoral às pessoas envolvidas nas mesmas, para tratar de enfrentar, com o auxílio de especialistas em diversos campos, os problemas destas pessoas que, muitas vezes, são de tipo espiritual e psicológico e, às vezes, legal.

Uma ajuda notável, tanto para fazer as pessoas saírem destes ambientes como para acompanhar quem já se afastou dos mesmos, pode dar o recurso à oração pessoal e comunitária. Temos o testemunho de pessoas que, através da oração própria e de outros, obtiveram benefícios, conseguindo superar situações de grande dificuldade espiritual e de mal-estar existencial.

ZENIT: Que soluções propõe para enfrentar as seitas?

Ferrari: Não existem soluções simples que permitam enfrentar eficazmente os problemas causados pelo chamado fenômeno das seitas. Em seu conjunto há que enfrentá-lo ao menos desde três perspectivas: cultural, pastoral e social.

Desde o ponto de vista cultural, é oportuno continuar o estudo do fenômeno, criando oportunas cátedras e cursos universitários, e favorecendo uma informação correta e intelectualmente honesta. É muito importante ensinar as pessoas a enfrentar, com espírito crítico e ascetismo, as pressões de determinados ambientes sectários; também é oportuno aprofundar certos temas para oferecer respostas profundas e bem motivadas aos interrogantes e às objeções que provêm desses mesmos ambientes. Há que alentar também os meios de comunicação para que ofereçam propostas informativas e formativas, bem estruturadas e informadas, assim como é desejável um uso inteligente por parte de seu público.

A perspectiva pastoral concerne diretamente à intervenção da Igreja. A Igreja se faz cargo dos sofrimentos espirituais, morais e às vezes psíquicos das pessoas que saem de experiências traumáticas, que tocam sua esfera espiritual e psicológica, deixando feridas que não são fáceis de cicatrizar, a não ser que se recorra à ajuda de Deus. Esta tarefa de ajuda prevê, obviamente, uma postura de disponibilidade e de abertura para a fé.

Por último, quanto ao aspecto social, além de sublinhar em parte o antes dito para os aspectos culturais, há que ter em conta as estruturas públicas, e em especial, as do mundo político. Sem preconceitos, é necessário analisar as consequências negativas que podem ter para a vida de cidadãos, das famílias e das comunidades.

ZENIT: Qual pode ser, em particular, a contribuição dos sacerdotes?

Ferrari: O primeiro aspecto a considerar é o vocacional. Um sacerdote que não tenha uma profunda e autêntica vocação não poderá jamais ser um guia espiritual autêntico e autorizado para a comunidade que se lhe confia.

Um segundo aspecto é o da formação. Esta tarefa, pela qual os sacerdotes aprendem a distinguir e rejeitar os erros filosóficos, doutrinais, teológicos, históricos e de interpretação bíblica, constitui um dever improrrogável, pois as seitas se difundem no campo católico, aproveitando não só as necessidades ou interpretando erradamente a Sagrada Escritura, introduzindo inaceitáveis teses teológicas, discutíveis doutrinas e precipitadas teses filosóficas.

A nova apologética não deve ser de contraposição, mas deve estar aberta ao diálogo profundo, lúcido e flexível: deverá saber relacionar-se com as diferentes disciplinas: teológicas, filosóficas, históricas, científicas, econômicas, artísticas, etc., e deverá projetar a verdade para iluminar os diferentes problemas humanos e oferecer ao homem de hoje as razões fundadas da esperança cristã.

Oferecer aos futuros sacerdotes uma equilibrada e profunda formação teológica, moral, espiritual servirá para evitar, ou ao menos reduzir consideravelmente, o risco de que tenha presbíteros que ficam seduzidos por arriscadas elucubrações teológicas, ou experimentações litúrgicas e pastorais de indubitáveis conotações sincretistas.

Portanto, é bom recordar que a Igreja tem cada vez mais necessidade de sacerdotes santos, não de difusores de ambíguas teses teológicas e estranhas práticas litúrgicas e pastorais, porque só os sacerdotes santos são capazes de renová-la dando-lhe nova seiva e novo vigor, e capacidade de marcar os impulsos necessários para pôr em andamento as corretas respostas aos diversos desafios da sociedade contemporânea.

Por último, uma situação que a difusão de uma religiosidade mágica e supersticiosa contribuiu a gerar são as solicitações a sacerdotes para que dêem bênçãos, para anular os efeitos negativos de supostos malefícios, ou que exerçam o ministro do exorcismo ante supostos possuídos do demônio.

Os pedidos são cada vez mais numerosos e criam notáveis problemas ao clero e às dioceses, pois nestes temas a formação sacerdotal foi ultimamente muito escassa, ou inexistente. Também é oportuno preencher esta lacuna. Uma das vias mestras a seguir não é só a de nomear alguma exorcista (que se veria logo sobrecarregado de pedidos aos que não poderia responder), ou uma comissão diocesana integrada por especialistas em alguns campos (por exemplo, além do teológico-pastoral, o médico e psicológico), mas sobretudo a de formar neste tema concreto um grande número de sacerdotes. Como dizia ao início, este é o principal objetivo do curso.

ENTREVISTA COM CARLO CLIMATI[946]

"Juventude sofre ao enxergar satanás como anjo amigo"

Carlo Climati, especialista em fenômenos do satanismo entre os jovens, falou com Zenit esta semana durante o Curso *"Exorcismo e Oração de libertação"* realizado no Pontifício Ateneu Regina Apostolorum, em Roma. Enquanto a Universidade de Harvard permite a *"Satanic Black Mass"* em seu campus, Climati lança luz sobre o que realmente é a satanologia, por que os jovens se envolvem, e se existe saída. Ele também compartilha histórias pessoais para

---
[946] Fonte: ZENIT.org, 09 de maio de 2014.

mostrar como a satanologia pode dar uma falsa impressão de conforto para aqueles que são vulneráveis e esclarece equívocos comuns sobre o tema.

ZENIT: *Quão importante é este tipo de conferência?*

Climati: É muito importante porque nós precisamos conversar sobre estes temas de maneira correta, sem gritar, sem disparar alarmes, sem sensacionalismo.

ZENIT: *Como isso pode ser alcançado?*

Climati: Precisamos ser positivos. Precisamos dizer o que é verdade e o que não é, porque nem todos os jovens são ruins. Pelo contrário, o fenômeno do satanismo tende a ser para as pessoas que têm problemas em suas vidas, que sofrem pela falta de comunicação dentro da família, e outros problemas pessoais.

ZENIT: *Qual é a mensagem do curso?*

Climati: Eu tento explicar o que acontece na vida dos jovens. Eu conheci muitos jovens que compartilharam comigo as histórias pessoais relacionadas ao satanismo e suas experiências passadas. Pessoalmente, eu não falo sobre exorcismos. Eu não sei nada sobre isso, porque sou leigo. Sou casado e eu não sei nada. Eu não sou um padre.

ZENIT: *O que falar sobre o satanismo?*

Climati: A partir das minhas experiências com os jovens, falo sobre vida e esperança, porque o satanismo é algo que destrói a esperança na vida dos jovens. Gera uma visão pessimista da vida. É uma maneira de destruir os bons valores das pessoas no mundo.

Por exemplo, é preciso fazer perceber que a vida não é "tão ruim". Há muitas coisas boas na vida. No entanto, o satanismo ensina o contrário. Ensina que a vida é como uma selva onde só os fortes sobrevivem e o problema é que os jovens não estão prontos. Às vezes, o jovem não pode lidar com isso porque está lutando contra algumas dificuldades da vida ou problemas familiares.

Eles acreditam em satanás como um "anjo", como um "amigo", como algo que irá ajudá-los a ter uma vida diferente. Isso é muito perigoso porque satanás não pode ser um amigo bom, pois oferece uma visão muito diferente da vida. Não mostra a verdadeira versão da vida, que a vida tem coisas boas.

O satanismo vai contra o perdão. O satanismo diz que você não tem que perdoar as pessoas, porque as pessoas não merecem.

ZENIT: *Como esse encontro pode ajudar as pessoas? Como as pessoas podem receber ajuda depois de uma experiência satânica?*

Climati: Eu acho que devemos ouvir mais os jovens. Devemos criar uma ponte entre nós e eles. Especialmente na Itália, em Roma, vemos grupos de jovens vestindo preto, usando símbolos satânicos, como a cruz de cabeça para baixo.

Não temos que ter medo e não temos que condenar os jovens, mas devemos questionar o porquê desse comportamento. Em Roma, anos atrás, quando escrevi alguns livros sobre esse tema, muitas vezes, fui conversar com esses jovens, especialmente em um lugar chamado Campo di Fiori. Eles vão lá, simplesmente ficam juntos. No entanto, eles acreditam. Eles dizem que acreditam em satanás. Eles odeiam a *Bíblia*. Mas eles não fazem nada de mal.

ZENIT: *Você tem ideia de porque os jovens se envolvem com o satanismo?*

Climati: Por trás de todo jovem satanista, para mim, existe alguém que está à procura de Deus e da espiritualidade. Eles procuram por alguma coisa, mas vão por um caminho ruim, porque algo aconteceu em suas vidas. Muitos jovens têm essa experiência. Eles se tornam muito 'escuros' e pessimistas. Eles odeiam a vida. Eles odeiam as pessoas.

Às vezes, os jovens vão para o cemitério e destroem coisas, mas isso não é o verdadeiro problema. O problema real é que o satanismo é algo que faz mal para si mesmo. Geralmente sozinho, não com os outros. Não é uma seita, um culto. Os jovens começam a despertar interesse quando escutam alguma música ou pesquisam em alguns sites. Eles não estão preparados para ler essas coisas, que vão para a cabeça e criam confusão.

Eu gosto de conversar com os jovens, especialmente porque eu também sou músico. Eu não sou um daqueles que dizem que o rock é música satânica, mas eu tento falar com eles sobre uma pequena parte das músicas que tem elementos satânicos. Eu gosto de falar com os jovens especialmente por que sabendo que eu sou músico e entendo a cultura, eu não estou ali para "condená-los". É muito interessante conversar sobre as mensagens das músicas.

Existem associações que ajudam os jovens, por exemplo, GRIS, que é um dos organizadores deste curso no Regina Apostolorum. Muitos jovens passam por um momento da vida em que estão interessados em satanismo e ocultismo, mas é apenas uma parte da vida, mas talvez eles olhem para Deus, para algo muito bom.

Muitos desses jovens, que tiveram esses sentimentos, se tornaram católicos. Eles estão procurando. Isso faz parte da pesquisa, eu acho. Talvez, alguém tenha uma opinião diferente, mas isso é o que eu percebo ao falar com eles. Em todo satanista, existe uma sensibilidade. Eles não são estúpidos. Eles não são pessoas que odeiam sem motivo. Eles são pessoas que sofrem por algum motivo. Eu acredito profundamente nisso. Então, acho que é bom ouvir, estar perto dos jovens, porque muitos estão sozinhos.

ZENIT: *Para uma família ou pessoa que não sabe o que fazer, o que você recomendaria?*

Climati: A família deve entender que em alguns momentos é preciso reconhecer sinais de luto ou de depressão. Depois, falar com a pessoa. E pedir a ajuda de uma boa organização, como GRIS. GRIS é uma organização da Igreja Católica, tem muitos voluntários que ajudam.

É interessante notar que muitas pessoas são capazes de sair desse caminho. É muito bom porque as pessoas começam uma vida diferente.

ZENIT: *Você teve alguma experiência com o satanismo?*

Climati: Eu sou muito otimista, sou uma pessoa que – embora nunca tenha sido um satanista – na minha juventude, quando eu era muito jovem, com 13 anos, fiquei muito doente. Eu estava muito sozinho e fiquei no hospital por um ano. Naquela época, eu estava afastado da Igreja, porque eu vi muitas pessoas sofrendo no hospital, especialmente jovens como eu, então, eu não acreditava em Deus. Eu achava que Deus era ruim. Eu não era um satanista, mas contra Deus. Eu blasfemava. Eu estava muito triste, mas depois eu entendi. E fui capaz de sair deste período negro (...) eu estava procurando, procurando alguma coisa em mim mesmo. Eu não era ruim para me sentir assim.

A música me ajudou muito. Quando eu tocava, eu conhecia pessoas. Eu não estava sozinho. Quando eu fiquei doente, eu estava sozinho porque usava um colete ortopédico e não podia fazer o que as outras pessoas faziam.

Eu entendo quando alguém diz que odeia a Deus, porque eu também tive um momento em minha vida em que odiava Deus. Eu não conseguia entender por que havia tanto sofrimento no mundo, especialmente quando eu via as crianças no hospital, que estavam muito doentes, com problemas muito graves.

ZENIT: *Você consegue se lembrar de alguém que tenha experimentado este mundo?*

Climati: Eu me lembro bem, depois de uma das minhas conferências, de um jovem de 18 ou 19 anos, que falou comigo. Ele disse que houve um período em que ele estava interessado em satanismo. Ele tinha sido muito católico, mas teve uma crise porque seu pai, que queria ser uma pessoa honesta, perdeu o emprego por não submeter sua moral. Quando seu pai perdeu o emprego, o jovem teve uma crise. Sua mãe disse ao pai: "não seja tão honesto e bom". Isto levou a uma crise familiar, porque o pai não estava disposto a ser desonesto. A família desabou. O jovem disse: "Mas o que é a vida se o meu pai perde o emprego por ser honesto?"

Esta situação teve um efeito prejudicial para o seu coração. Ele começou a acreditar que a vida é algo em que só as pessoas ruins podem ter sucesso. Ele tornou-se 'interessado' em satanismo, mas apenas por alguns meses, pois o satanismo tem essa mensagem exata, essa mentalidade.

Depois, a crise de sua família foi resolvida. Seu pai encontrou outro trabalho. Ele disse: "Eu não era ruim, mas por algum tempo eu acreditei em Satanás".

Ele não fez nada de mal. Ele não matou ninguém. Ele não foi para o cemitério. Mas, ele estava se tornando satânico em sua filosofia de vida. No entanto, ele foi capaz de mudar a vida. Mais tarde, ele se tornou um voluntário. A família dele me disse que ele foi para Moçambique.

ZENIT: *É possível ser satanista, a longo prazo?*

Climati: A maioria das pessoas não são felizes como satanistas. Eles normalmente querem escapar e conseguir mudar. Satanismo não é uma condição na qual a pessoa pode ser muito feliz porque é realmente tenebroso.

ZENIT: *Qual é a diferença entre satanismo e ocultismo?*

Climati: Ocultismo é algo relacionado a magia. É a tentativa de usar 'mágica' para chegar ao poder através de rituais de magia, mas não se trata de satanás. Eu, pessoalmente, acho que não é bom de qualquer maneira, porque funciona como se o esforço fosse desnecessário. As coisas custam esforço na vida... você precisa trabalhar, você precisa estudar. Mas, com a magia, a pessoa acha que pode chegar a algo sem isso. Por exemplo, se você quer que uma garota se apaixonar por você, você pode fazê-lo por magia. No entanto, é muito diferente do satanismo que é muito ruim e inerentemente perigoso.

ZENIT: *Qual é a sua impressão sobre aqueles que sofrem por causa dessas coisas?*

Climati: É necessário ser muito positivo. Todos os pontos de vista apresentados no curso são positivos e são úteis, especialmente aos sacerdotes. Muitas vezes, quando as famílias têm problemas, procuram um padre para pedir ajuda. O sacerdote deve estar preparado para saber como reagir, por isso é ótimo ver tantos sacerdotes aqui.

Sacerdotes podem ajudar muito, mas eles devem estar preparados. Eles precisam entender como as coisas acontecem. Portanto, este é um bom curso, porque oferece boas perspectivas, incluindo as de médicos e sacerdotes.

ENTREVISTA COM O TEÓLOGO PEDRO BARRAJON[947]

"O diabo não é um Deus do mal, é uma criatura limitada"

Pe. Pedro Barrajon explica os objetivos do curso "Exorcismo e oração da libertação", que examina a presença do Maligno na humanidade e as formas de expulsá-lo.

A presença do maligno na alma humana e na humanidade tem muitos aspectos misteriosos ou obscuros. No entanto, é uma presença que pode ser detectada e derrotada. ZENIT falou com o padre Pedro Barrajon, diretor do Instituto Sacerdos, promotor do Curso *Exorcismo e Oração de Libertação*, que será realizado no *Ateneu Regina Apostolorum* do 13 ao 18 de abril.

ZENIT: Como surgiu a ideia de um curso sobre exorcismo?

Pe. Pedro Barrajón: Este ano será a décima edição do curso Exorcismo e oração de libertação, nascido a partir da solicitação de alguns sacerdotes que na sua pastoral tinham casos concretos de pessoas com influências maléficas: não sabiam lidar com tudo isso, então decidimos dar-lhes um instrumento para avaliar estes casos.

ZENIT: Como são organizadas as "aulas"?

Pe. Pedro Barrajón: Queremos dar uma estrutura sólida ao curso, porque, sobre esta temática, pode-se cair facilmente no sensacionalismo e em formas que não estão apoiadas por uma sadia teologia. Portanto, a semana é organizada dessa forma: começa-se com uma sólida base teológica, partindo da teologia bíblica sobre anjos e demônios e sobre como situar a ação destes seres que estão presentes na realidade invisível. Além desta parte existe também a teologia do exorcismo, na qual se fala como a Igreja concebe o exorcismo, que é um sacramental com um rito específico, que obedece a normas litúrgicas.

ZENIT: Além desta parte espiritual, teológica bíblica, quais ciências entram em diálogo com tudo isso?

Pe. Pedro Barrajón: Uma delas é a psicologia, porque é necessário discernir entre os casos de possessão e as doenças psicológicas: a psicologia nos

---

[947] Fonte: ZENIT.org, 09 de abril de 2015.

apresenta quais são as enfermidades ou as anomalias psicológicas que podem se confundir com os casos de possessão, de tal forma que se se trata de uma doença psicológica, deve-se agir dando ajuda a nível psiquiátrico e psicológico.

ZENIT: Em casos de possessão, deve haver um apoio psicológico?

Pe. Pedro Barrajón: Sim, em muitos casos, é necessário atuar nessas duas frentes: no plano espiritual e psicológico. Portanto, recomenda-se a colaboração de padres, psicólogos e psiquiatras, para não se trabalhar de forma isolada.

ZENIT: As possessões demoníacas são comuns?

Pe. Pedro Barrajón: A ação comum é a tentação, a possessão não é comum. A tentação nos induz ao mal, todos as sofremos e, no Pai Nosso, dizemos todos os dias "livrai-nos do Mal", ou seja, do Maligno. A ação normal do demônio é a tentação. Uma ação extraordinária, mas possível, é a possessão.

ZENIT: Esses fenômenos têm aumentado nos últimos anos?

Pe. Pedro Barrajón: É difícil dizer se os casos têm aumentado nos últimos anos, infelizmente, Destes problemas não se fala muito. Poderíamos dizer que o fenômeno é mais reconhecido, enquanto que houve um tempo em que tudo se explicava com causas psicológicas. É necessário distinguir. É verdade que nós vivemos em uma sociedade muito secularizada, na qual, mais do que antes, se abre a porta ao ocultismo, ao esoterismo, às práticas mágicas: isso pode ter uma influência real com posteriores casos de possessão. Os casos de possessão não aumentaram de modo exagerado, mas, certamente, há uma tendência a se aumentar, por causa da distância de Deus e, especialmente, por causa de práticas mágicas e de superstições neopagãs, que são uma porta para a ação diabólica.

ZENIT: Quais podem ser as causas de possessão demoníaca?

Pe. Pedro Barrajón: Às vezes, as causas não são compreensíveis. O diabo também agiu sobre grandes santos, como no caso do Pe. Pio ou do Cura d'Ars, que tiveram fortes lutas físicas com o diabo, mas a causa mais comum é culturar quem não é Deus: os ídolos, os poderes mágicos, Satanás nas seitas satânicas... Ocultismo e magia são as primeiras causas.

A palavra-chave, no entanto, é sempre 'discernimento', saber discernir, como diz o Papa, tentando falar com a pessoa, tentando avaliar a sua história, as possíveis causas de tipo psiquiátrico e psicológico: se estas forem excluídas e a pessoa se sente assediada pelo demônio, então, é bom que faça uma oração de libertação (que não é um exorcismo), ou um exorcismo mesmo, se se vê uma certa violência no ataque maléfico.

ZENIT: Antes de entrar em contato com os médicos ou os sacerdotes, como é que uma pessoa nota uma influência maligna? Quais são as manifestações e sintomas?

Pe. Pedro Barrajón: A pessoa às vezes não percebe de imediato a causa porque experimenta um desconforto forte, adverte que está sendo habitada por uma pessoa que não é ela mesma. No começo não é fácil dar-se conta, nem sequer para aqueles que a rodeiam: comportamentos que não são normais, nem sempre se reduzem à ação maléfica, mas, vendo que o problema persiste e não encontra uma solução nos meios normais a disposição, às vezes se dirige a um sacerdote. O sacerdote, muitas vezes, não sabe o que fazer, mas um sacerdote com uma certa formação neste campo pode intuir que possa se tratar de uma influência maléfica e, neste caso, aconselhar um exorcista. Pela prática de exorcismo, o exorcista percebe rápido se esta pessoa está à mercê do poder do diabo, por exemplo, se na frente dos sinais sagrados existem reações violentas, compulsivas, não normais: a angústia diante do sagrado não é normal. A Igreja acrescenta depois outros sinais: a pessoa pode falar línguas que não conhece, ou até sentir-se habitada por uma outra realidade pessoal, apesar de não ter problemas de personalidade múltipla.

ZENIT: Qual é a diferença entre o exorcismo e oração de libertação?

Pe. Pedro Barrajón: Às vezes, é bom que, antes do exorcismo, se façam orações de libertação: são orações não exorcísticas na qual se reza para que a pessoa seja liberta do mal e da possível influência do mal. Se isso funciona, o exorcismo é muito mais forte, porque no sacramental se pede pelo poder de Cristo e no nome de Cristo, enviado pelo Pai para derrotar o Maligno, para que a pessoa seja liberta. Alguns exorcistas aplicam diretamente o exorcismo, outros preferem fazer antes as orações de libertação. A Igreja pede cautela ao exorcista. Há sempre uma espécie de "intuito espiritual", a graça de estado que o exorcista tem para perceber se a pessoa tem ou não necessidade de um exorcismo.

ZENIT: Porque, por muitos anos, até mesmo dentro da própria Igreja, o diabo foi quase esquecido?

Pe. Pedro Barrajón: Criou-se, talvez, uma espécie de racionalização da teologia: o que não se entendia e o que parecia que não fosse científico, foi deixado de fora: os casos em que se falava no Evangelho de exorcismos de Jesus foram transformados em doenças psicológicas. Tentou-se reduzir os mesmos milagres a causas científicas, a tal ponto que, quando Paulo VI, em um famoso discurso em 1972, disse: "Parece que por alguma rachadura o demônio entrou no templo de Deus", foi uma notícia que girou o mundo, porque falava do diabo. Hoje o Papa Francisco fala muitas vezes e ninguém se assusta, mas em 1972 era diferente, porque tinha se criado uma espécie de "falta de fé" nesse aspecto, o que correspondeu a uma pastoral que não nomeou exorcistas. Os casos de possessão, no entanto, continuavam e as pessoas não sabiam a quem dirigir-se. Agora voltou-se a fazer exorcismos de uma forma mais natural, a Igreja sempre os fez.

ZENIT: *Como é necessário apresentar a ação do demônio para um crente?*

Pe. Pedro Barrajón: Do ponto de vista de um crente, não precisa ter medo do demônio, porque Deus é mais forte. Deus permite que o demônio possa agir também de forma extraordinária, tanto é que todos os dias no Pai Nosso rezamos "livrai-nos do Mal", ou seja, do Maligno. A Igreja sempre acreditou na ação do demônio, que, porém, sempre foi limitada pela ação de Deus: o demônio não é um Deus do mal, é uma criatura limitada: tem um certo poder, mas não tem significado com relação a Deus.

ENTREVISTA COM O PADRE EXORCISTA CÉSAR TRUQUI[948]

"O diabo não está em todos os lugares, mas... não o desafiem!"

É preciso confessar: exorcismo e possessão diabólica, no geral, despertam em nossa mentalidade uma reação entre fascínio e aberta descrença. Coisa de filme, pensamos. Mas a prática de exorcismo é regulada pela Igreja com o ritual De exorcismis et supplicationibus quibusdam, adotado em 1998 em substituição do anterior (que também pode continuar sendo usado). Suas bases são a Sagrada Escritura e a teologia. É um assunto delicado, que precisa ser tratado com prudência por sacerdotes preparados e equilibrados ("ornados de piedade, ciência, prudência e integridade de vida"), expressamente autorizados pelo seu bispo.

Aleteia conversou com o pe. César Truqui, mexicano, hoje exorcista na diocese de Chur, na Suíça. Ele foi a Roma como palestrante no XI Curso "Exorcismo e Oração de Libertação", do Ateneu Pontifício Regina Apostolorum em parceria com o Grupo de Estudos e Informação Sócio-Religiosa de Bolonha e com a Associação Internacional de Exorcistas.

Aleteia: Que tipo de mal é enfrentado num exorcismo?

---
[948] Fonte: pt.aleteia.org, 14 de abril de 2016.

Pe. Truqui: Um mal personificado. Paulo VI falou da "fumaça de Satanás". Não é a simples "privatio bonis", privação de um bem, descrita pela filosofia, mas um mal eficaz, operante. Falamos da presença de um ente mau. O que é esse ente mau só a fé pode dizer, não a ciência. A fé nos fala da existência de seres espirituais: os bons são os anjos, os maus são os demônios.

Aleteia: O mal, entendido como uma entidade que se apossa fisicamente de alguém, é um pouco difícil para as pessoas aceitarem, não?

Pe. Truqui: Sim, é verdade, porque normalmente, na vida, não se tem esse tipo de experiência. Pelo ministério que eu exerço há tantos anos, tive a oportunidade de estar com essas pessoas e, para mim, é mais fácil acreditar que certos fenômenos existem.

Aleteia: Como o senhor começou?

Pe. Truqui: Foi coisa da Providência. Quando eu fui ordenado sacerdote, 12 anos atrás, participei de um curso com sacerdotes exorcistas como o pe. Bamonte e o pe. Amorth. É aconteceu que um senhor francês de 40 anos foi possuído por Satanás e precisava do exorcista, mas o pe. Bamonte não falava inglês nem francês. Então eles me pediram para ajudá-los no diálogo preliminar.

Aleteia: Quais são as sensações que o senhor experimenta diante da manifestação do mal?

Pe. Truqui: São sensações que mudam com o tempo. Nas primeiras sessões de exorcismo em que eu participei, a impressão mais forte foi a confirmação tangível de que o Evangelho que eu tinha lido e meditado era verdadeiro. No Evangelho, Jesus luta contra o diabo que se apresenta com diversos nomes: "meu nome é Legião, meu nome é Satanás". No Antigo Testamento, no livro de Tobias, há um demônio chamado Asmodeu. Esses nomes eu já ouvi de demônios em várias sessões de exorcismo. No nível espiritual, tem sido uma experiência muito rica porque me permitiu experimentar na carne, através dos sentidos, a realidade de que Jesus falou.

Aleteia: E no nível tangível?

Pe. Truqui: No caso do homem francês, eu me lembro que, durante a manifestação do diabo, eu tinha a impressão de estar envolto pela soberba, como se fosse fumaça ou neblina. É difícil de explicar, mas a soberba parecia algo que podia ser tocado; ela enchia a sala. O exorcista perguntou o nome dele e ele respondeu: "Sou rex". Não existe um demônio chamado "rex", rei. O exorcista insistiu: "Diga o seu nome". E ele finalmente respondeu: "Eu sou Satanás, o príncipe deste mundo".

Aleteia: Por que se pergunta o nome?

Pe. Truqui: O ritual exige isso por um objetivo preciso. Dar o nome a uma coisa ou saber o nome significa ter poder sobre essa coisa. Deus deu a Adão o poder de dar nome às coisas. No momento em que o diabo revela o seu nome, ele mostra que está enfraquecido. Se não diz, ele ainda está forte.

Aleteia: Há sinais típicos da possessão?

Pe. Truqui: Os previstos pelo ritual. São quatro: a aversão ao sagrado, falar línguas desconhecidas ou mortas; ter uma força extraordinária que vai além da natureza da pessoa; e o conhecimento de coisas ocultas, escondidas.

Aleteia: As pessoas podem, elas mesmas, se colocar em condições de perigo?

Pe. Truqui: Sim. Aproximando-se de tudo o que tem a ver com magia, ocultismo, bruxaria, cartomancia. Se para nos tornarmos santos é preciso ir à missa, rezar, se confessar, se aproximar de Deus, do mesmo jeito as missas negras, os ritos satânicos, os filmes e músicas desse tipo têm o efeito de aproximar do diabo. Eu tive o caso de uma mulher que tinha começado a ler as cartas, como fazem muitos por brincadeira. Só que ela adivinhava realmente o passado e o presente das pessoas, e, em alguns casos, o futuro. E, naturalmente, ela fazia um grande sucesso. Em certo ponto, ela compreendeu de quem dependia o seu sucesso e parou, mas já era tarde demais: ela estava possuída.

Aleteia: Como é possível "encomendar trabalhos" voltados para o mal?

Pe. Truqui: Da mesma forma que eu posso contratar alguém para matar uma pessoa, eu posso pedir que um demônio provoque um dano. Mas atenção: a esmagadora maioria dos ritos realizados por quem se diz bruxo é enganação, não tem qualquer efeito.

Aleteia: Basta um exorcismo para livrar a pessoa?

Pe. Truqui: É dificílimo. Normalmente, são necessários vários exorcismos.

Aleteia: Funciona como uma terapia?

Pe. Truqui: Sim. O exorcismo é um sacramental, não um sacramento. O sacramento é eficaz em si mesmo. Se eu dou a alguém a absolvição na confissão, naquele momento, verdadeiramente, os pecados dessa pessoa são perdoados. Já o exorcismo é eficaz na medida da santidade do sacerdote, da fé da pessoa para quem é realizado o exorcismo e de toda a Igreja. Se hoje os exorcismos são menos eficazes, é porque toda a Igreja está mais fraca.

Aleteia: Qual é a diferença entre exorcismo e oração de libertação?

Pe. Truqui: Ambos têm o mesmo objetivo: a libertação da pessoa da influência do mal ou da possessão. O exorcismo em sentido próprio é um ministério dentro da Igreja, conferido pelo bispo a alguns sacerdotes. Só pode ser exercido por sacerdotes, não por leigos, e só pelos que têm uma permissão explícita do bispo. Já a oração de libertação pode ser feita por qualquer pessoa, homem ou mulher, leigo ou sacerdote, em virtude do nosso cristianismo, porque Jesus disse: "Quem crê em mim expulsará os demônios". O exorcismo, além disso, é um comando direto ao demônio, enquanto a oração de libertação é uma súplica a Deus ou à Virgem Santíssima, para que ela intervenha.

Aleteia: Quantas pessoas que procuraram o senhor estavam realmente possuídas?

Pe. Truqui: Pouquíssimas.

Aleteia: E por que elas acham que estão possuídas?

Pe. Truqui: Entre as pessoas que vêm até mim, eu distingo três casos: o verdadeiro possuído, o não possuído e o caso problemático. O primeiro e o último são os mais fáceis: você sabe que se trata de um verdadeiro possuído porque ele manifesta os quatro sinais e porque, quando você faz as orações, a pessoa entra em transe e reage de um modo que o exorcista conhece. Poderia ser fingimento, mas é difícil. No segundo caso, com a experiência de sacerdote e confessor, você percebe quando há problemas espirituais ou psicológicos e pode descartar a influência diabólica. O problema é quando você encontra alguém que parece realmente possuído, mas não está, porque existem traumas profundos acompanhados de comportamentos de risco, tais como participar de sessões espíritas ou recorrer a cartomantes. Eu conheci uma moça que foi estuprada por um homem que se dizia "mago latino-americano" e que tinha se apaixonado por ela. Um dia ele deu a ela um café com alguma droga e a violentou: ela estava consciente, mas não conseguia reagir. Esse trauma enorme a fez pensar na possessão diabólica por meio da droga ingerida e da violência sofrida. Eu pensei que ela estivesse mesmo possuída. Mas quando orei e lhe impus as mãos durante o exorcismo, ela nunca entrou em transe, nem havia traço de outros fenômenos. Então eu percebi que a causa era outra. É por isso que, nos cursos para exorcistas, abordamos quadros médicos e psiquiátricos que podem entrar em jogo nessas situações.

Aleteia: As pessoas realmente possuídas, como elas vivem?

Pe. Truqui: Elas vivem de maneira comum. O diabo não age continuamente nelas. Vou fazer uma comparação paradoxal para tentar explicar: se uma pessoa compra um carro, aquele carro fica à disposição dela, ela o usa quando quer. Acontece o mesmo com a pessoa possuída. Há momentos em que o diabo age: ele entra no carro e dirige do jeito que quer. E há outros momentos em que não. O carro tem um dono, mas o dono não o usa o tempo todo.

Aleteia: Quando é preciso procurar um exorcista?

Pe. Truqui: Quando o que acontece com você escapa do normal. Eu conheci uma senhora em Roma que era ateia, uma católica só batizada, que não acreditava em nada. Ela foi possuída, não sei em que circunstâncias. Começou a ouvir vozes continuamente, que a incitavam a matar o marido e o filho e depois tirar a própria vida. Ela pensou que estava louca e foi procurar um psiquiatra, mas ele se viu diante de uma pessoa muito inteligente, coerente e com muita clareza de ideias. O psiquiatra não pôde curá-la. Um dia, as traças tinham comido todas as roupas daquela mulher, mas sem tocar nas do marido, que estavam no mesmo armário, nem nas do filho. E não foi encontrada traça nenhuma na casa. Algo inexplicável. Uma amiga aconselhou a mulher a procurar o padre Amorth e ele descobriu que ela estava possuída. Mas ela não acreditava nem nos anjos nem nos demônios. Agora ela é uma cristã praticante. Por que Deus permite isso? Também para o bem das pessoas.

Aleteia: O senhor teve a oportunidade de perguntar a alguém quais foram as suas sensações durante o exorcismo?

Pe. Truqui: Eu perguntei àquele senhor francês, de quem já falamos, o que ele tinha sentido durante o exorcismo e ele me disse que sentia como se dentro dele houvesse um campo de batalha. De um lado, ele sentia os demônios correrem desesperados e falarem entre si; por outro, quando o padre rezava, ele sentia a luz de Deus que os varria para fora, mas, em seguida, eles voltavam de novo.

Aleteia: Qual foi o caso que mais o impressionou?

Pe. Truqui: A experiência de um demônio mudo. Jesus fala disso no Evangelho e diz que eles são os mais difíceis de expulsar e que eles só saem com a oração e o jejum. É uma raridade um demônio mudo. Em 12 anos de exorcismo, só me aconteceu uma vez.

Aleteia: O senhor nunca tem medo?

Pe. Truqui: No início, eu tinha. Depois você fica habituado também a certas manifestações e não se surpreende mais ao ouvir uma voz que muda: uma mulher que começa a falar com voz fina e de repente passa para um tom cavernoso. É preciso ficar atento para não cair na obsessão pelo maligno. O exorcista sabe que o diabo existe, mas também que ele não está em todos os lugares. Eu entendi, acima de tudo, que o exorcismo é um ministério de misericórdia: um ato de amor por uma pessoa que sofre. Só isso.

ENTREVISTA COM O MÉDICO PSIQUIATRA DR. VALTER CASCIOLI[949]

A Aleteia conversou com o Dr. Valter Cascioli, médico psiquiatra, porta-voz e conselheiro científico da Associação Internacional dos Exorcistas (AIE), que recebeu recentemente o reconhecimento jurídico da Congregação Vaticana para o Clero. A Associação reúne cerca de 300 exorcistas de todo o mundo.

Não existem ainda números oficiais sobre a quantidade de pessoas que recebem assistência e rituais de exorcismo por meio da Associação. É certo que "sabemos, pelo que nos contam os sacerdotes exorcistas, que os casos estão aumentando constantemente por causa das práticas ocultas e da falta de fé", afirmou Cascioli.

Deus chamou alguns sacerdotes ao "ministério do exorcismo e da libertação". As recomendações da Igreja para um ritual de exorcismo incluem a assistência profissional de especialistas em medicina e psiquiatria. O Dr. Cascioli é psiquiatra com 30 anos de experiência profissional.

Aleteia: Por que os casos de possessão diabólica estão aumentando?

Dr. Valter Cascioli: O aumento extraordinário da atividade diabólica, das infestações, obsessões, perseguições e possessões, aumenta por causa da falta de fé, adicionada às práticas esotéricas, de magia e de ocultismo. Estas práticas envolvem milhões de pessoas e podem levar ao caminho da possessão diabólica e de outras manifestações de atividade demoníaca extraordinária.

Aleteia: Quais são os sintomas de uma possessão diabólica?

Dr. Valter Cascioli: A possessão diabólica é a mais grave atividade demoníaca extraordinária. Relembramos que a atividade ordinária do diabo é representada pela tentação. Ressalto este aspecto porque a tentação é o que abre caminho para os fenômenos mais graves.

Aleteia: Como se reconhece a possessão diabólica?

Dr. Valter Cascioli: A aversão a tudo aquilo que é sagrado. Repugnância pela oração, por tudo aquilo que é abençoado mesmo sem a consciência do que seja, reações inesperadas de violência em pessoas com uma índole diferente. Manifesta-se com blasfêmia, agressões físicas, reações furiosas se as abençoamos, ou se rezarmos diante delas.

---

[949] Fonte: aleteia.org, entrevista publicada em três partes (31/07/2014 – 04-05/08/2014).

Aleteia: Quais sintomas são suficientes para afirmar que existe uma possessão diabólica?

Dr. Valter Cascioli: Alguns sintomas são: conhecer profundamente assuntos ou línguas desconhecidas ao sujeito; conhecer a localização de objetos escondidos à vista; conhecer coisas ocultas; manifestar uma força sobre-humana e anormal pela idade ou pelas as condições físicas da pessoa. Às vezes se manifestam com uma agitação psicomotora que, sem explicação, não responde à terapia farmacêutica sedativa.

Aleteia: É possível que as pessoas possuídas levitem?

Dr. Valter Cascioli: Seguramente o fenômeno extraordinário da levitação pode se somar aos sintomas antes mencionados da atividade diabólica. É um indício de possessão. Existem também outros sintomas extraordinários: clarividência do passado e do futuro, materialização. São alguns dos elementos do diagnóstico de possessão diabólica.

Aleteia: Como uma pessoa pode entender se está possuída por um espírito?

Dr. Valter Cascioli: Não é fácil saber, sobretudo se não se conhece o assunto. Lembro que estes sintomas são claros somente se manifestados em conjunto. Às vezes é difícil reconhecê-los, se confundidos com doenças psíquicas por causas naturais. A possessão diabólica é "adquirida" por causas não naturais. Em alguns casos os sintomas da possessão podem levar a pensar em uma doença psíquica, por isso podem confundir. As pessoas que levam uma vida desordenada podem confundir os sintomas. Isso não é suficiente para falar de possessão.

Aleteia: Como se abre um caso psiquiátrico?

Dr. Valter Cascioli: O sacerdote exorcista decide caso por caso, decidindo se envolve, ou não, um médico psiquiatra. Este profissional precisa ter uma preparação acadêmica, mas também espiritual. Existem médicos que não acreditam na existência do diabo, não reconhecem a atividade demoníaca ordinária ou extraordinária. Às vezes os exorcistas se encontram em dificuldades quando enviam seus pacientes aos psiquiatras que não têm fé e que não reconhecem o maligno.

Aleteia: Quais são as doenças psíquicas que podem ser confundidas com uma possessão diabólica?

Dr. Valter Cascioli: Algumas como a esquizofrenia e o distúrbio obsessivo. Em um contexto de psicose delirante poderia, com base nos casos, parecer uma possessão diabólica. Devemos considerar estas patologias com grande atenção e com a competência pedida para este trabalho.

Aleteia: Qual é o primeiro passo que deve cumprir uma pessoa que tem um problema e quer saber se é uma questão espiritual ou psiquiátrica?

Dr. Valter Cascioli: Muitas das coisas que mencionamos envolvem as pessoas que, na maior parte dos casos, vivem fora da graça de Deus, pessoas que vivem em situações de pecado mortal. É claro que para um crente o primeiro passo é reconciliar-se com Deus através da oração, Sagrada Escritura e os sacramentos. A pessoa pode seguir um caminho de fé acompanhada por um diretor espiritual. Obviamente, se estas pessoas manifestam problemas psíquicos, ou médicos, podem pedir a ajuda de um especialista.

Aleteia: Um famoso exorcista Sante Babolin S.J., afirmou que, dos casos de pessoas que pedem um ritual de libertação, somente 2% são verdadeiros episódios de possessão demoníaca, enquanto os 98% são constituído de casos psiquiátricos. Existem estatísticas sobre o percentual de casos reais de exorcismo?

Dr. Valter Cascioli: É difícil quantificar o fenômeno, porque as fontes são diferentes. Posso dizer que ao exorcista citado, de fama internacional, chega provavelmente um número superior de casos de problemas sobrenaturais em relação aos casos psiquiátricos. A mim, como especialista, chegam muitos casos psiquiátricos e constato que existe um percentual muito baixo de casos que pedem um exorcismo.

Aleteia: De quantos casos de exorcismo o senhor já participou?

Dr. Valter Cascioli: Já assistir mais de 100 casos. Fui assistente do famoso exorcista Pe. Gabriele Amorth, presidente honorário e fundador da Associação Internacional dos Exorcistas.

Aleteia: O que acontece quando uma pessoa o procura, sendo crente ou não, e lhe diz que percebe presenças sobrenaturais?

Dr. Valter Cascioli: Certamente, é muito importante acolher as pessoas que se dirigem a nós. Isso é importante tanto para um padre quanto para um médico. Escutar as pessoas. Consolá-las. Ajudá-las a entender quando se trata de um temor justificado, de um medo, de um problema psicológico, psiquiátrico ou de um problema sobrenatural.

Aleteia: Quando foi que o senhor, como psiquiatra, se convenceu da existência do diabo?

Dr. Valter Cascioli: Foi pela fé. Conhecendo o magistério da Igreja e o conteúdo da *Bíblia*. Reconheci a existência da atividade demoníaca. Na *Bíblia*, Satanás (diabo, Maligno) é citado 118 vezes; no Novo Testamento, são 84 vezes, e 34 vezes no Antigo Testamento. Isso seria suficiente para acreditar na presença do diabo. Entretanto, por graça de Deus, tive a possibilidade de perceber assistindo a tantas pessoas afetadas pela atividade do maligno.

Aleteia: O que seus colegas dizem?

Dr. Valter Cascioli: Há muita ignorância entre médicos e psiquiatras, muito além do ato de crer ou não. Estas coisas existem realmente. E então eu digo: quem toca um fio de alta tensão morre, sabendo ou não da possibilidade de choque. O efeito não muda. É preciso ser prudentes, porque as consequências podem ser dramáticas.

Aleteia: O demônio não quer ser descoberto?

Dr. Valter Cascioli: Uma das suas estratégias é o engano, que está muito presente na nossa sociedade. Sobretudo em pessoas que privilegiam a razão e o intelecto e não vivem na fé. Diz-se que é uma herança de outras épocas, como a Idade Média. Isso não é verdade. É uma realidade que ainda hoje está tão presente como quando Jesus, há dois mil anos, fazia exorcismos, livrava as pessoas do demônio.

Aleteia: Que estratégias o demônio usa?

Dr. Valter Cascioli: A estratégia mais comum é fazer-nos acreditar que ele não existe. Mas basta ler a *Bíblia*. Eu gosto de citar um autor não católico, Charles Pierre Baudelaire, que diz: "O engano do diabo consiste em fazer-nos acreditar que ele não existe".

Aleteia: O senhor já sentiu medo do diabo?

Dr. Valter Cascioli: Ficamos consternados e comovidos diante da atividade demoníaca, mas sobretudo diante do grande sofrimento de tantos irmãos. Não precisamos ter medo do diabo, porque acreditamos em Deus. As pessoas que têm medo do diabo em geral se afastaram de Deus.

Convido todos aqueles que temem a atividade do Maligno a afastar-se do pecado. Recordo como a atividade demoníaca com a tentação nos leva a pecar, porque é a porta por onde entram todos os transtornos dos quais falamos.

Aleteia: A depressão é o mal da nossa época. Milhões de pessoas sofrem disso. É possível que a depressão esconda uma presença demoníaca?

Dr. Valter Cascioli: Também neste caso não podemos confundir problemas psiquiátricos que têm raiz em uma causa natural. Os problemas psiquiátricos não podem ser confundidos com transtornos que se encontram fora do ser, do estado natural da pessoa (sobrenaturais) e que têm origem na atividade do maligno. A depressão é uma doença psiquiátrica que não deve ser confundida com a tristeza. Esse estado emocional que todos nós já vivenciamos e que é passageiro.

A depressão é uma tristeza profunda, vital, que tende a perdurar e que não depende de fatores externos. É um desnível do eixo. A depressão é curada com bons resultados pelos psiquiatras. Às vezes, em algumas formas de depressão, sobretudo quando há um desejo de morte ou suicídio, sabe-se que o maligno também se manifesta dessa maneira.

De qualquer maneira, é preciso avaliar com atenção os sinais, sintomas, contexto clínico da depressão para saber se é de origem psiquiátrica, e avaliar com atenção a problemática espiritual que pode estar relacionada com estes sintomas.

Aleteia: A Associação que o senhor representa também se ocupa da formação dos padres exorcistas?

Dr. Valter Cascioli: A Associação Internacional dos Exorcistas (AIE) promove a formação básica e permanente, além de favorecer os encontros entre os exorcistas no âmbito nacional e internacional. A ideia é que compartilhem as próprias experiências e refletem juntos sobre o ministério conferido. Da mesma maneira, a AIE favorece a entrada do exorcista na dimensão comunitária e na pastoral ordinária da Igreja local.

A AIE promove o reto conhecimento deste ministério entre o povo de Deus, além de promover estudos sobre o exorcismo em seus aspectos dogmáticos, bíblicos, litúrgicos, históricos, pastorais, espirituais. Obviamente, a AIE busca promover uma colaboração cada vez mais próxima entre pessoas especialistas no âmbito médico e psiquiátrico que também têm conhecimento da realidade espiritual.

Aleteia: Quais são os elementos em comum nas histórias das pessoas possuídas?

Dr. Valter Cascioli: As histórias são diferentes, porque cada pessoa é diferente. A única coisa que não muda é a presença do maligno. Às vezes, as manifestações apresentam características particulares. Há situações nas quais são necessários anos de exorcismo. São pessoas que sofrem porque têm problemas que incidem no âmbito afetivo, laboral e familiar.

Aleteia: O que mais lhe chama a atenção nestes casos de possessão?

Dr. Valter Cascioli: O grande sofrimento das pessoas. O nível de prostração física, moral, psicológica e espiritual. Neste ministério de consolação e de libertação, estamos comprometidos em apoiar milhões de pessoas que têm necessidade não somente de ser livradas do maligno, mas também de receber ajuda para sair de situações de sofrimento.

Aleteia: Casos particulares?

Dr. Valter Cascioli: Lembro-me de um homem idoso, de constituição física frágil, que, de repente, foi dotado de uma força sobre-humana. Uma força superior à da idade e do corpo. O idoso não respondia aos remédios. Ele estava sozinho com o padre exorcista e, em um determinado momento, com uma só mão, levantou uma mesa de madeira maciça – algo que exigiria a força de várias pessoas.

Aleteia: Existem casos de possessão em crianças?

Dr. Valter Cascioli: Infelizmente, sim. Podemos verificar casos desse tipo. A maldição contra uma mãe durante a gravidez pode ser a fonte do problema. Lembro-me do caso de um menino de 10 anos que havia sido alvo de uma maldição. Poderíamos dizer que se tratava de uma vingança transversal, porque primeiro foram afetados seus parentes, seus pais e depois o menino.

Aleteia: Quais eram os sintomas dele?

Dr. Valter Cascioli: Ele sofria de vários transtornos físicos e psíquicos. E se manifestava em uma fenomenologia extraordinária. Desde pequeno, sem estudar, ele sabia tocar piano como um músico profissional. Havia outros sintomas. O sofrimento era enorme.

Aleteia: Uma mulher católica nos contou que, certa vez, ela se assustou porque, quando era estudante, diante do seu grupo de amigas, disse uma blasfêmia e sua voz mudou inexplicavelmente. Na rotina diária também pode se manifestar em nós uma presença diabólica?

Dr. Valter Cascioli: Neste caso é uma manifestação esporádica. No entanto, quando existem outros sintomas, como os anteriormente mencionados, a pessoa poderia procurar um padre.

Aleteia: Há algum caso particular de exorcismo que lhe chamou especialmente a atenção?

Dr. Valter Cascioli: Lembro-me de uma idosa analfabeta que se expressava em sânscrito. Felizmente, estava presente no exorcismo um padre especialista em letras antigas, que conseguiu reconhecer o idioma.

Aleteia: O que esse espírito dizia?

Dr. Valter Cascioli: O espírito maligno que possuía a pessoa expressava ódio a Deus e às pessoas, raiva com relação a quem combate o mal, ao padre exorcista. O diabo odeia o homem porque o homem é filho amado de Deus.

Aleteia: A curiosidade por rituais ou por magia pode desencadear estes fenômenos?

Dr. Valter Cascioli: Posso dizer que a curiosidade não ajuda. A curiosidade leva o homem ao conhecimento, mas algumas vezes o leva a coisas das quais é melhor estar longe. A curiosidade pelo mundo do ocultismo, do esoterismo, da magia... é nefasta. Às vezes, algumas medicinas alternativas também não são compatíveis com a fé.

Aleteia: Por exemplo?

Dr. Valter Cascioli: O *reiki*, uma terapia de origem japonesa para curar com as mãos. É preciso distinguir como as pessoas se aproximam dessas práticas, seja por ignorância ou boa vontade, sem perceber o que realmente significam. Seria melhor refletir antes de procurar estas práticas.

UM TESTEMUNHO IMPACTANTE DE CONVERSÃO DO ESOTERISMO À FÉ CATÓLICA[950]

Serge Abad-Gallardo foi membro da *maçonaria* durante mais de 25 anos, chegou a ser mestre de 14º grau. Depois de uma peregrinação ao Santuário de Lourdes, tudo mudou e começou seu caminho de *conversão*, que logo o levou a escrever um livro. Confira na integra a entrevista concedida ao grupo ACI.

"Fiz parte da maçonaria e pensei que tinha que escrevê-lo primeiro para me entender mais e depois para contar às pessoas. Cada pessoa tem a liberdade para fazer o que ela quiser, mas *na maçonaria não se fala francamente*", relata o autor do livro "Por que deixei de ser maçom", publicado apenas em espanhol.

"Através do meu livro quero demonstrar que *o catolicismo e a maçonaria não podem ser praticados juntos*", explica o ex-maçom.

Serge é arquiteto e entrou na loja maçônica através de um amigo, tentando encontrar nela as respostas às perguntas mais profundas do homem.

"Eu não pensava deixar a maçonaria. Tive alguns problemas sérios na minha vida e me perguntava qual a resposta que a maçonaria poderia me dar a esses problemas, porém não encontrei nenhuma resposta. Entretanto, no caminho com Cristo, sim as encontrei", afirmou.

Abad-Gallardo contou que o caminho para deixar a Maçonaria foi difícil: "Durante um ano ou ano e meio, estava convencido que tinha encontrado a fé e não sabia se deveria permanecer na maçonaria, esse podia ser um lugar onde falaria aos maçons do Evangelho. Mas conversando com um sacerdote, ele me explicou que não adianta tentar falar-lhes da Palavra de Deus, porque eles não estavam dispostos a escutar".

Após os repetidos comentários anticlericais de vários altos graus da maçonaria, Serge não podia ficar calado e defendia a Igreja. Além das críticas à

---

[950] Fonte: acidigital.com, 04 de maio de 2015; aleteia.org, 07 de maio de 2015.
Confira no site www.religionenlibertad.com diversos testemunhos de ex-maçons: *Maurice Caillet* ("*Los diputados masones de derechas e izquierdas votaron como un solo hombre*", 11 de novembro de 2008; "*Un ex masón pide rezar por el cura excomulgado: 'Nada es imposible para Dios, yo soy la prueba*'", 26 de maio de 2013); *Michel Viot* ("*Era el obispo luterano de París y gran oficial masón; la Virgen y el ecumenismo le llevaron a Roma*", 20 de abril de 2013); *Serge Abad-Gallardo* ("*Dejó la masonería porque no encontraba a Dios: 'Comprendí que Cristo me buscaba más que yo a Él'*", 19 de novembro de 2014); Cf. Relatados diversos do grande historiador *Ricardo de la Cierva* (21 de setembro de 2009, 01 de agosto 2010, 08 de maio de 2011; livros: "*El Triple Secreto de la Masonería*", "*La Masonería Invisible*", "*Masonería, Satanismo y Exorcismo*").

Igreja e ao Papa descobriu que no ritual do início do ano maçônico *"se dava glória a Lúcifer"*. "Eles não dizem que se trata do diabo, mas usam a etimologia da palavra e dizem que é 'o portador de luz'", explica o espanhol ao grupo ACI.

Algo parecido também ocorreu quando viu que entre os altos graus da maçonaria *elogiam a serpente do livro do Gênesis*, a mesma que tentou a Adão e Eva cometerem o pecado original. "Dizem que a serpente trouxe a luz e o conhecimento que Deus não queria conceder ao homem. Isto é uma perversão muito grave", declara.

Conforme afirma Serge: "Entre a maçonaria e o demônio há uma relação, mas não é tão direta. A maioria dos maçons não percebem a *influência do demônio* nos rituais maçônicos. Eles pensam, com a melhor das intenções, que estão trabalhando pela 'Felicidade da Humanidade' ou pelo 'Progresso da Humanidade', isto é, "não existe um culto abertamente ao diabo, mas elogiam com palavras e devemos perceber, o quanto é perigoso para um católico estar dentro de uma sociedade assim".

O ex-maçom relata: "Embora poucos maçons saibam claramente da relação que a maçonaria tem com o demônio, cumprem estes ritos sabendo perfeitamente o que estão fazendo. Mas, segundo minha experiência, a maioria deles não percebe", "não devemos esquecer que o demônio é o 'pai da mentira'".

Conforme explica, esta *relação indireta com o demônio* se manifesta de muitas maneiras, mas todas confluem em afastar as pessoas que entram na maçonaria da fé e especialmente da Igreja Católica. "A maçonaria tenta convencer que a fé e a Igreja são superstições e obscurantismo", recordou Serge.

Nesse sentido, Serge Abad-Gallardo também explica: "O ritual maçônico influi na mente, no subconsciente e na alma das pessoas. O maçom olha para os símbolos e os rituais maçônicos como fossem verdades profundas e esotéricas".

Apesar de que "na maçonaria não existam ritos diretamente satânicos, estas cerimônias constituem *uma porta de entrada para o demônio*".

Uma das palavras secretas e sagradas dos mestres maçons, conforme explica Serge, é "Tubalcaïn", traduzida como "descendente direto de Caim". "Já sabemos o que ele, Caim, fez. Ele foi inspirado pelo demônio a matar o seu irmão por ciúmes e ele é o modelo para os mestres maçons", afirma Serge.

"Os rituais não mudaram, somente tiveram pequenas mudanças. De fato, nos Altos Graus, é onde se encontra as referências mais esotéricas e ocultas, por volta do ano 1800, 70 anos depois que nasceu a Maçonaria em 1717".

Nessa relação entre a maçonaria e o satanismo, Serge indica ao grupo ACI: "Muitos maçons estão iludidos por *palavras altruístas e mentirosas* e por isso não percebem a relação entre ambos".

De fato, explica que numa das tábuas maçônicas, isto é, um trabalho escrito e apresentado por um maçom, é explicado que "quem fundou o satanismo moderno foi o americano Anton Szantor Lavey, um irmão (maçom) que fundou em 1966 a Igreja de Satanás que atualmente é a principal organização satânica e de modelo para as demais".

"A maçonaria afasta de Cristo. Porque embora fale-se sobre Jesus Cristo no 18º grau dos Altos Graus maçônicos, não há nada a ver com o Jesus Cristo da Igreja Católica, pois o mencionam como um sábio ou filósofo qualquer", insiste.

"Existem maçons que vão ainda mais longe nesta blasfêmia, pois excluem a divindade a Cristo e dizem que ele foi o primeiro maçom, um homem iniciado. Explicam que José e Jesus foram carpinteiros. E que a palavra 'carpinteiro' é a etimologia da palavra 'arquiteto' e todos os maçons, especialmente nos Altos Graus, são Grandes Arquitetos", afirmou Serge.

Fazendo menção ao tema: "Na maçonaria, acreditam no 'Grande Arquiteto do Universo', querem que acreditemos que este é o mesmo Deus do catolicismo, mas não é verdade. Às vezes conseguem enganar os católicos dizendo que ser maçom e ser católico é compatível por esta referência a Cristo".

Há dois anos, Serge largou totalmente a maçonaria, mas afirma que o controle que esta organização tem sobre a sociedade francesa é crescente. "No meu primeiro trabalho, o prefeito era maçom, mas ninguém sabia, o diretor do seu gabinete, o encarregado de urbanismo e eu também éramos maçons, e outros dois arquitetos da prefeitura onde trabalhava", recorda.

"Quando tentaram aprovar a última lei sobre a eutanásia, há um parágrafo que faz menção à 'sedação profunda' que é a mesma expressão que aparece numa tábua maçônica de 2004, onde mencionam este tema. Quer dizer, que as leis atuais na França estão sendo feitas nas lojas maçônicas, dez ou quinze anos antes de serem votadas", conta ao grupo ACI.

Nesse sentido, afirma que "na maçonaria, não existe fraternidade, nem amizade, porque tudo são redes. Todos ambicionam o poder político, social e econômico".

Pe. Pedro Paulo Alexandre com Serge Abad-Gallardo, Itália, outubro de 2016

ENTREVISTA COM O HISTORIADOR ALBERTO BÁRCENA[951]

O livro *"Iglesia y Masonería"* (Igreja e Maçonaria), do professor universitário Alberto de la Bárcena, expõe novamente as profundas diferenças entre a fé católica e a prática maçônica. Entre os rituais deste grupo, apontou o especialista, há consagrações ao demônio, assim como a explícita renúncia do Cristianismo pisando em uma cruz.

Segundo Alberto de la Bárcena contou ao Grupo ACI, neste livro não há rumores e lendas urbanas, porque contêm "documentos pontifícios, encíclicas, pronunciamentos dos Papas".

"Todas as frases estão documentadas", assegura e precisa que este "é um tema do qual não se fala e, muitas vezes, os próprios cristãos estão confusos".

"Queria que este livro mostrasse a verdade da doutrina em relação à maçonaria", indica.

Conversando com seus alunos, explica, percebeu o quanto é importante divulgar esta informação.

"Havia jovens que estavam prestes a entrar em lojas por pressões familiares. Seus pais, que os levaram aos colégios e universidades católicas, pensavam que estavam fazendo um favor ao colocá-los na maçonaria. Além de uma enorme incongruência, isso demonstra que existe uma grande ignorância", adverte.

Além disso, insiste que "a posição da Igreja não mudou em nada desde a primeira condenação em 1738, embora quisessem difundir o rumor de que é possível pertencer a uma loja e a uma Igreja. Mas não é assim. A última condenação explícita foi em 1983, realizada por João Paulo II".

Nesse sentido, De la Bárcena assinala que as condenações dos Papas não foram genéricas ou superficiais. "Os Papas o condenam de maneira clara e detalhada e explicam por que eles foram excomungados. Eles estão fora da Igreja. E desde 1983 sublinha-se que 'o maçom está em um pecado grave e, portanto, não podem receber a comunhão'".

Para que alguém que pertenceu à maçonaria volte à comunhão da Igreja, explica, "deve fazer o que faria uma pessoa que cometeu um pecado grave:

---

[951] Fonte: acidigital.com, 31 de janeiro de 2017. Confira no site www.religionenlibertad.com a entrevista "A los masones de grado 29 se les obliga a pisar un crucifijo con los pies y consagrarse al demônio", 25 de janeiro de 2017; cf. livro Iglesia y masonería (San Román), de Alberto Bárcena.

propósito de emenda, que implicaria deixar a maçonaria, depois confissão e penitência".

Consagração ao demônio

Além disso dentro dos rituais da maçonaria, registrada como uma associação na Espanha desde 1988, se inclui o culto ao demônio.

"O rito de iniciação mais comum no mundo e também na Espanha é o Rito Escocês antigo e aceito, que no grau 29º o maçom entra na loja com os olhos fechados. É conduzido ao centro da mesma e quando abre seus olhos está diante de uma imagem de Baphomet, uma representação luciferina. Ali, tem que pisar o crucifixo primeiro com o pé esquerdo e depois com o pé direito e pedir que a luz de Baphomet ilumine", explica o autor do livro "Iglesia y Masonería" ao Grupo ACI.

O especialista adverte que "por mais que queiram ocultar, esse rito é uma consagração ao demônio. Eu resistia a acreditar, mas investigando vi que isso é verdade".

Um dos ex-maçons que se atreveu a falar mais claramente foi o francês Serge Abad-Gallardo, que foi entrevistado por Alberto de la Bárcena em seu livro.

"Perguntei para Abad-Gallardo quando ele começou a ser consciente de ter servido a Lúcifer e ele respondeu que desde o principio. Embora apresentassem este rito para ele como algo simbólico e que acontecia uma vez por ano, isto acontecia desde o primeiro momento em sua loja", assinalou.

No rito de iniciação no grau Cavaleiro Maçom VI da Ordem Illuminati, organização de origem maçônica, outro rito pretende substituir Deus pelo demônio.

Neste ritual, o iniciado "com os braços abertos ao céu em forma de V, exclama: 'Para a Glória do Grande Arquiteto do Universo, Baphomet, dos Superiores Desconhecidos e da Ordem Illuminati'".

Em seguida, de acordo com o livro, o candidato deve abaixar as mãos, pegar a cruz, jogá-la no chão diante do altar e cruzar os braços, "o direito encima do esquerdo em forma de X com o malhete (martelo em forma de T) na mão direita" e exclamar: 'Que esta cruz como um símbolo da morte e da destruição, desapareça do mundo! Que a luz de Baphomet a substitua! Glória a ti, deus verdadeiro, Baphomet, o deus da luz e da iniciação!'.

***

A HEGEMONIA DO INDIFERENTISMO MAÇÔNICO

Equipe Christo Nihil Praeponere
22 de Novembro de 2018

A ideia de que tanto faz ser deste ou daquele "deus", pertencer a esta ou àquela religião, tornou-se hoje o ar que respiramos... Dormimos católicos, acordamos maçons e sequer nos demos conta disso.

Passados 35 anos da *Declaração sobre as associações maçônicas*, da Congregação para a Doutrina da Fé, que com muita clareza reafirmou a condenação da Igreja Católica à maçonaria, é chegada a hora de investigar **o porquê de essa orientação ter sido** (e ainda ser) **tão amplamente ignorada** e negligenciada pelos tantos católicos... Por que todos parecem dar de ombros a esta manifestação do Magistério da Igreja, não obstante seu peso e seriedade?

Para entender o que está acontecendo, seria necessário explicitar, antes de tudo, a *razão fundamental* da incompatibilidade entre essas duas sociedades. É muito comum ouvir hoje em dia que não há mais ânimos acirrados entre Igreja e maçonaria; que as *razões meramente políticas* do conflito entre as duas já cessaram; e que, portanto, **o melhor a fazer seria todos esquecerem o passado e darem as mãos em um grande gesto de fraternidade.**

Acontece que a oposição católica às associações maçônicas situa-se em *um nível mais profundo* do que normalmente se pensa.

O Papa Leão XIII deixou isso claro em sua encíclica *Humanum Genus* (de longe, o melhor e mais completo documento magisterial já escrito a respeito), quando escreveu o seguinte:

> A doutrina fundamental dos naturalistas, que eles [os maçons] tornam suficientemente conhecida em seu próprio nome, é que a natureza humana e a razão humana deveriam em todas as coisas ser senhora e guia. Eles ligam muito pouco para os deveres para com Deus, ou os pervertem por opiniões errôneas e vagas. Pois eles negam que qualquer coisa tenha sido ensinada por Deus; eles não permitem qualquer dogma de religião ou verdade que não possa ser entendida pela inteligência humana, nem qualquer mestre que deva ser acreditado por causa de sua autoridade. E desde que é o dever especial e exclusivo da Igreja Católica estabelecer completamente em palavras as verdades divinamente recebidas, ensinar, além de outros

---
[952] Fonte: padrepauloricardo.org/blog/, 22 de Novembro de 2018.

auxílios divinos à salvação, a autoridade de seu ofício, e defender a mesma com perfeita pureza, é **contra a Igreja que o ódio e o ataque dos inimigos é principalmente dirigido** (n. 12).

Notem que Leão XIII não diz neste trecho que os maçons maquinam *diretamente* contra a Igreja. Para ser mais exato, é contra o que a Igreja é e ensina que se concentram os seus esforços. Noutras palavras, os maçons possuem uma "doutrina" com princípios muito bem estabelecidos e, ***dado que a Igreja é e faz justamente o contrário do que eles ensinam e postulam,*** os católicos acabamos entrando no rol de seus inimigos e opositores.

Por isso, qualquer tentativa de diálogo e reconciliação entre as duas instituições que despreze essa oposição fundamental está fadada ao fracasso. A maçonaria não é anticatólica por "gosto" ou "capricho": são seus princípios que, na verdade, contrariam frontalmente a doutrina católica.

Para dar um exemplo desta incompatibilidade — e responder também à pergunta inicial deste artigo —, veja-se o que diz o Papa Leão XIII, ainda na encíclica acima referida, sobre a "amizade" maçônica com todas as religiões:

> Se aqueles que são admitidos como membros não são ordenados a abjurar por quaisquer palavras as doutrinas católicas, esta omissão, muito longe de ser adversa aos desígnios dos maçons, é mais útil para os seus propósitos. Primeiro, deste modo eles facilmente enganam os ingênuos e os incautos, e podem induzir um número muito maior a se tornarem membros. Novamente, como todos que se oferecem são recebidos qualquer que possa ser sua forma de religião, ***eles deste modo ensinam o grande erro desta época*** - que uma consideração por religião deveria ser tida como assunto indiferente, e que todas as religiões são semelhantes. ***Este modo de raciocinar é calculado para trazer a ruína de todas as formas de religião, e especialmente da religião católica,*** que, como é a única que é verdadeira, não pode, sem grande injustiça, ser considerada como meramente igual às outras religiões (n. 16).

Ninguém negará a orientação da maçonaria rumo ao *indiferentismo religioso*: ela impõe a seus adeptos tão-somente a crença num vago e abstrato Grande Arquiteto do Universo, que teoricamente poderia ser, ao mesmo tempo, o Alá de um muçulmano, a Trindade de um católico... e até o Lúcifer de um satanista.

Acontece que essa visão — a de que tanto faz ser deste ou daquele "deus", pertencer a esta ou àquela religião — não é hoje a crença só da maçonaria. Não. ***Este é o ar que respiramos, é a mentalidade predominante, hegemônica*** e (por que não dizer?) ***vitoriosa sobre a doutrina católica de sempre***. Exatamente por isso os próprios católicos não se incomodam com este que é, nas palavras de Leão XIII, "o grande erro desta época": infelizmente, já nos rendemos a essa ideia nem a consideramos mais como um erro. Mutatis mutandis, **é como se tivéssemos dormido católicos e acordado maçons** (parafraseando uma expressão já consagrada de São Jerônimo sobre o arianismo).

Basta observar a reação de muitas pessoas — na internet e fora dela — a uma matéria ou pregação um pouco mais inflamada do nosso site expondo a fé da Igreja e combatendo um ou outro erro do protestantismo, do espiritismo (que, a propósito, é tão relativista quanto a maçonaria) ou de qualquer outra religião. ***As pessoas de modo geral estão convencidas de que, não importa o credo que você professe***, não importa se você tem fé católica ou não, contanto que você seja uma pessoa "boa", creia em alguma coisa e tenha um padrão razoável de decência e honestidade, a ponto de não matar e não roubar, ***sua salvação e seu "pedacinho no Céu" já estão garantidos***.

O curioso é que Nosso Senhor Jesus Cristo e a Igreja que Ele fundou não só nunca ensinaram uma coisa dessas, como sempre disseram e se comportaram no sentido exatamente oposto a tudo isso. Não seria necessário muito tempo para percebê-lo. Basta uma leitura rápida, por exemplo, do documento *Dominus Iesus* para entrar em contato com este dado da Revelação. Basta ler a vida de um único santo missionário ou mártir para entender que ***a religião só é assunto banal para a nossa época, "maçônica", relativista e cheia de respeitos humanos;*** para um cristão de fato, a fé é uma questão de vida ou morte.

Se há algum tempo, portanto, a Igreja foi tão insistente em suas condenações à maçonaria, hoje seria necessário um esforço mais "contracultural" do que dirigido especificamente a esta instituição. Dentro ou fora da maçonaria, é forçoso reconhecê-lo, ninguém mais acredita que para salvar-se é necessário crer em Cristo e entrar e perseverar na Igreja que Ele fundou (cf. Catecismo da Igreja Católica, n. 846). Talvez haja até quem ria do documento que no próximo dia 26 de novembro completa mais um aniversário, e ***segundo o qual "estão em estado de pecado grave" os fiéis católicos que se inscrevem na maçonaria.*** "Afinal", alguém poderia perguntar, "quem ainda acredita nesse negócio de pecado?"

Nós sabemos, pela fé, que "as portas do inferno não prevalecerão" jamais contra a Igreja: ainda que sejamos atacados de todos os lados, ainda que estejamos reduzidos a um verdadeiro "grão de mostarda"... *non praevalebunt!* É essa esperança que nos anima a seguir em frente e a "arregaçar as mangas", pois só um trabalho de verdadeira e profunda "reevangelização" (a começar pelos católicos!) poderá reverter o triste e lamentável quadro em que nos encontramos.

APROFUNDAMENTO SOBRE "A IGREJA E A MAÇONARIA"

Magistério, Estudiosos, Testemunhos...

Pe. Duarte Sousa Lara (sacerdote exorcista da Diocese de Lamego, Portugal) :[953]

Um cristão pode ser da Maçonaria?

Não pode[954]. Abraçar a visão que a Maçonaria tem de Deus e do homem implica renunciar às promessas batismais, implica a apostasia da fé católica. "Os fiéis que pertencem às associações maçónicas estão em estado de pecado grave e não podem aproximar-se da Sagrada Comunhão[955]". A Maçonaria foi condenada explicitamente por 12 papas em mais de 23 documentos pontifícios o que a torna a organização mais condenada de toda a história da Igreja.

Porque é que a Igreja condena tanto a Maçonaria[956]?

Porque a Maçonaria é uma sociedade secreta iniciática que, sob a veste aparente da filantropia e da beneficência, promove:

---

[953] Pe. Duarte Sousa Lara, sacerdote da Diocese de Lamego, Portugal. Bacharel em Filosofia pela Pontifícia Universidade da Santa Cruz, Roma. Doutor em Teologia pela Pontifícia Universidade da Santa Cruz (Roma), onde colabora como docente desde 2005. De 2008 a 2011, foi professor no Instituto Superior de Teologia Beiras e Douro (Portugal). Atualmente, é presidente da Comissão para a Missão e Nova Evangelização da Diocese de Lamego. Acompanhou o Pe. Gabriele Amorth durante dez anos (1998-2008) no ministério dos exorcismos. No dia 20 de março de 2008, foi nomeado exorcista da Diocese de Lamego, Portugal. Desde 2008 é membro da Associação Internacional dos Exorcistas. Site: http://santidade.net/

[954] Cf. Código de Direito Canónico, cân. n. 1374: "Quem der o nome a uma associação, que maquine contra a Igreja, seja punido com pena justa; quem promover ou dirigir tal associação seja punido com interdito".

[955] CONGREGAÇÃO PARA A DOUTRINA DA FÉ, Declaração sobre a Maçonaria, 26.11.1983.

[956] O bom estudo sobre a Maçonaria, com abundantíssima bibliografia de fontes maçónicas, é o realizado pelo padre PAOLO M. SIANO, Un manuale per conoscere la Massoneria, Casa Mariana Editrice, Frigento 2012, p. 630.

1) Um relativismo religioso e moral, profundamente anti-dogmático, que coloca a razão acima de qualquer revelação divina e promove um antropocentrismo subjetivista que acaba por chamar ao mal bem e ao bem mal;

2) Rituais mágicos e idolátricos, que por vezes são explicitamente satânicos e incluem profanações eucarísticas;

3) O esoterismo, no sentido que as "verdades" maçónicas são segredos aos quais se vai acedendo gradualmente e que não são do domínio público, mas apenas de uma elite de iluminados. É um esoterismo gnóstico pois é através destes conhecimentos secretos que, segundo a maçonaria, o homem se auto-transcende, aperfeiçoa, realiza e salva;

4) Um especial ódio a Jesus Cristo e à Sua Igreja Católica, o qual se tem verificado historicamente em várias ocasiões: revolução francesa, revolução russa, guerra civil mexicana e espanhola, revoluções liberal e republicana em Portugal, etc.

5) Discriminações e favoritismos injustos. Os maçons protegem-se e ajudam-se uns aos outros sem quaisquer escrúpulos. Se for preciso mentem, cometem injustiças, entre tantos outros comportamentos imorais, para favorecerem e ajudarem outros maçons.

Como é que a Maçonaria tem tanto poder?

Porque recruta – só se entra por convite – e coloca os seus membros, através de um sistema de ajuda mútua, nas posições decisivas da sociedade, nomeadamente na política, na magistratura, na diplomacia, nos serviços secretos de informação, no exército, nos media, nas finanças, no mundo do espetáculo, etc.[957]

Dom Héctor Aguer, Arcebispo Emérito de La Plata (Argentina):

"A maçonaria moderna, desde 1717, tem sido uma inimiga jurada da Igreja Católica e, já em 1738, o Papa Clemente XII, na constituição apostólica *In Eminenti* a condenou; depois, todos os Papas do século XIX e do século XX fizeram o mesmo. [...] [Atualmente] a maçonaria está por trás da habilitação do debate pelo tema do aborto, da tentativa de impor uma educação sexual

---

[957] LARA, Duarte Sousa. Deus está a salvar-me...e a libertar-me de todo o mal. Parede, Portugal: Lucerna, 2014, pp.21-22.

integral que viola a liberdade de educação dos pais de família e das instituições educativas." [958]

D. Estevão Bittencourt (teólogo renomado):

"A Maçonaria professa a concepção de Deus dita 'deista', ou seja, a que a razão natural pode atingir; admite a religião na qual todos os homens estão de acordo, deixando a cada qual as suas opiniões particulares. Esta noção de Deus e de Religião é vaga e não condiz com o pensamente cristão, que reconhece Jesus Cristo e as grandes verdades por Ele reveladas. Além disto, tanto a Maçonaria Regular como a Irregular têm seu processo de iniciação secreta. Propõem o aperfeiçoamento ético do homem através da revelação de doutrinas reservadas a poucos e recebidas dos grandes iniciados do passado entre os quais alguns maçons colocam o próprio Jesus Cristo. Celebram também ritos de índole secreta ou esotérica, que vão sendo manifestados e aplicados aos membros novatos à medida que progridem nos graus de iniciação. Ora um tal processo de formação contrasta com o que o Cristianismo professa: este não conhece verdades nem ritos reservados a poucos; e nada tem de oculto ou esotérico em sua doutrina." [959]

"A Ordem DeMolay é de inspiração e orientação maçônicas, como dizem claramente os seus mentores. Notemos que existem dois ramos na Maçonaria: a) o *Regular*, que conserva a crença no "Grande Arquiteto do Universo", o respeito a Deus e à Bíblia, como o tinham os fundadores da primeira Loja Maçônica Moderna em 1717. Tal é a Maçonaria dos países nórdicos da Europa e da América; b) o Ramo *Irregular* da Maçonaria é o que renega a Deus e tem militado contra a Religião nos países latinos da Europa e da América. Ora a Ordem DeMolay parece orientada pela Maçonaria Regular. Todavia em nossos dias a Maçonaria em geral segue uma linha de pensamento preponderantemente relativista não só em relação a Deus, mas também em relação à própria verdade. Esta é uma das razões pelas quais a Igreja Católica não aceita a Maçonaria. A Ordem DeMolay, inspirada pelos líderes maçônicos, adota conseqüentemente tal modo de pensar relativista. Mais: não pode deixar de estar impregnada de outras concepções maçônicas, as quais de modo geral não se coadunam com os princípios do Catolicismo. Aliás, é de notar que a rejeição da Maçonaria não é atitude exclusiva da Igreja Católica; é a posição

---

[958] https://www.acidigital.com/noticias/dom-aguer-a-maconaria-esta-por-tras-de-tentativas-para-impor-o-aborto-na-argentina-87282 (Buenos Aires, 08 de outubro de 2018).
[959] D. Estevão Bittencourt, Revista "Pergunte e Responderemos", nº 386, pp. 323 a 327.

também de outras confissões cristãs na própria Inglaterra, onde a Maçonaria Moderna teve origem." [960]

Relato de Maurice Caillet (ex-maçom):
"A maçonaria, em todas as suas obediências, propõe uma filosofia humanista, preocupada antes de tudo pelo homem e consagrada à busca da verdade, ainda afirmando que esta é inacessível. Rejeita todo dogma e sustenta o relativismo, que coloca todas as religiões em um mesmo nível, enquanto desde 1723, nas Constituições de Anderson, ela erige a si mesma a um nível superior, como 'centro de união'. Daí se deduz um relativismo moral: nenhuma norma moral tem em si mesma uma origem divina e, em conseqüência, definitiva, intangível. Sua moral evolui em função do consenso das sociedades."[961]

Testemunho de Serge Abad-Gallardo (ex-maçom)[962]:
"A maçonaria tenta convencer que a fé e a Igreja são superstições e obscurantismo. [...] o ritual maçônico influi na mente, no subconsciente e na alma das pessoas. O maçom olha para os símbolos e os rituais maçônicos como fossem verdades profundas e esotéricas. [...] Os rituais não mudaram, somente tiveram pequenas mudanças. De fato, nos Altos Graus, é onde se encontra as referências mais esotéricas e ocultas, por volta do ano 1800, 70 anos depois que nasceu a Maçonaria em 1717. [...] A maçonaria afasta de Cristo. Porque embora fale-se sobre Jesus Cristo no 18º grau dos Altos Graus maçônicos, não há nada a ver com o Jesus Cristo da Igreja Católica, pois o mencionam como um sábio ou filósofo qualquer. [...] Existem maçons que vão ainda mais longe nesta blasfêmia, pois excluem a divindade a Cristo e dizem que ele foi o primeiro maçom, um homem iniciado. Explicam que José e Jesus foram carpinteiros. E que a palavra 'carpinteiro' é a etimologia da palavra 'arquiteto' e todos os maçons, especialmente nos Altos Graus são Grandes Arquitetos. [...] na maçonaria acreditam no 'Grande arquiteto do Universo', querem que acreditemos que este é o mesmo Deus do catolicismo, mas não é verdade. Às

---

[960] D. Estêvão Bittencourt, Revista "Pergunte e Responderemos", nº 504, junho 2004 (www.pr.gonet.biz/kb_read.php?pref=htm&num=1112)
[961] https://pt.zenit.org/articles/confissoes-de-um-antigo-macom/ (Madri, 06 de novembro de 2008).
[962] Serge Abad-Gallardo foi maçom durante 24 anos e chegou a ser mestre de 14º grau, mas durante uma visita ao Santuário de Lourdes (França), se converteu ao catolicismo.

vezes conseguem enganar os católicos dizendo que ser maçom e ser católico é compatível por esta referência a Cristo."[963]

"A maçonaria é uma religião com seus próprios dogmas, mesmo que se declare não dogmática. É uma religião e um sistema político e se vê claramente na França, onde estão no poder há três séculos. [...] a maçonaria é anti-Igreja e o seu objetivo é destruir a Igreja Católica e todas as igrejas, ou pelo menos reduzi-las muito e desenvolver uma religião puramente maçônica. Nos meus livros eu tenho mais de 300 citações luciferianas da doutrina maçônica. [...] Quando deixei de ser maçom, perdi todos os meus apoios. Ao escrever sobre eles e denunciar os caminhos políticos por trás da maçonaria, comecei a ter muitos inimigos, mas tudo isso não me interessa porque encontrei um amigo em Jesus Cristo e uma amiga na Virgem Maria e ninguém pode superar isso."[964]

Alberto Bárcena (historiador espanhol e professor universitário)[965]:

"O rito de iniciação mais comum no mundo e também na Espanha é o Rito Escocês antigo e aceito, que no grau 29º o maçom entra na loja com os olhos fechados. É conduzido ao centro da mesma e quando abre seus olhos está diante de uma imagem de Baphomet, uma representação luciferina. Ali, tem que pisar o crucifixo primeiro com o pé esquerdo e depois com o pé direito e pedir que a luz de Baphomet ilumine. [...] por mais que queiram ocultar, esse rito é uma consagração ao demônio. Eu resistia a acreditar, mas investigando vi que isso é verdade. [...] Perguntei para Abad-Gallardo quando ele começou a ser consciente de ter servido a Lúcifer e ele respondeu que desde o principio. Embora apresentassem este rito para ele como algo simbólico e que acontecia uma vez por ano, isto acontecia desde o primeiro momento em sua loja." [966]

---

[963] https://www.acidigital.com/noticias/um-ex-macom-explica-detalhadamente-a-relacao-entre-o-demonio-e-a-maconaria-72504 (Madri, 04 de maio de 2015).

[964] https://www.acidigital.com/noticias/ex-macom-volta-a-falar-e-assinala-nao-e-possivel-pertencer-a-igreja-e-a-maconaria-50271 (Madri, 18 de dezembro de 2117).

[965] https://bit.ly/2SsS9uJ / https://bit.ly/2LL3xQl

[966] https://www.acidigital.com/noticias/na-maconaria-servem-ao-demonio-desde-os-primeiros-graus-revela-novo-livro-52788 (Madri, 31 de janeiro de 2017).

Equipe de O Catequista[967]:

"Negação da salvação dependente da graça: para a maçonaria, com esforço próprio, o homem pode progredir moralmente e espiritualmente, sem necessidade da graça de Deus. Ou seja, cada pessoa pode alcançar a pureza de alma pelos próprios esforços e salvar-se a si."[968]

"Um 'aquário' muito eficaz para que os maçons pesquem jovens de bom coração é a ordem *DeMolay*, que desgraçadamente tem amplo espaço para agir em muitas de nossas igrejas. Eles promovem ações sociais muito interessantes, e assim ganham a confiança dos meninos e de suas famílias. Por fim, muitos desses jovens acabam se filiando à maçonaria." [969]

Documentos Principais do Magistério sobre a Maçonaria

"É difícil encontrar um tema sobre o qual as autoridades da Igreja Católica tenham se pronunciado tão reiteradamente como no caso da maçonaria: desde 1738 a 1980 conservam-se não menos de 371 documentos, aos quais deve-se acrescentar abundantes intervenções dos dicastérios da Cúria Romana e, a partir sobretudo do Concílio Vaticano II, as não menos numerosas declarações das Conferências Episcopais e dos bispos de todo o mundo." [970]

- **Clemente XII:** Bula *"In eminenti"* (24/04/1738).
- **Bento XIV:** Bula *"Providas Romanorum Pontificum"* (18/05/1751).
- **Pio VII:** Bula *"Ecclesiam a Jesu Christo"* (13/09/1821).
- **Leão XII:** Bula *"Quo graviora"* (13/03/1825).
- **Pio VIII:** Encíclica *"Traditi Humiliatati"* (24/05/1829).
- **Gregório XVI:** Encíclica *"Mirari Vos"* (15/08/1832).
- **Pio IX:** Encíclica *"Qui pluribus"* (09/11/1846); Encíclica *"Noscitis et Nobiscum"* (08/12/1849); Alocução de 20/04/1864; Encíclica *"Quanta cura"* (08/12/1864);

---

[967] Alexandre e Viviane são autores dos livros "As Grandes Mentiras sobre a Igreja Católica" e "As Verdades que Nunca te contaram sobre a Igreja Católica", da editora Planeta.

[968] https://ocatequista.com.br/catequese-sem-sono/catequese/item/9606-maconaria-me-engana-que-eu-gosto-parte-2 (21 de maio de 2013).

[969] https://ocatequista.com.br/catequese-sem-sono/catequese/item/18206-os-catolicos-que-insistem-em-conciliar-maconaria-e-fe-catolica (11 de julho de 2018).

[970] AZNAR GIL, Federico. La pertenencia de los católicos a las agrupaciones masónicas según la legislación canónica actual. In: Ciencia Tomista 122. Salamanca: Facultad de Teología de San Esteban, 1995.

Alocução *"Multiplices inter"* de 25/09/1865; Constituição Apostólica *"Sedis"* (12/10/1869); Encíclica *"Etsi Multa"* (21/11/1873).

- **Leão XIII:** Encíclica "Humanum Genus" (20/04/1884); Instrução "Ad gravissima advertenda" (10/05/1884); Encíclica "Dall'Alto dell'Apostolico Seggio" (15/10/1890); Encíclica "Inimica Vis" (08/12/1892); Encíclica "Custodi di quella Fede" (08/12/1892).
- **Pio X:** Encíclica "Vehementer" (11/02/1906).
- **Bento XV:** Código de Direito Canónico, cânone 2335 (1917) [proibição explícita de pertença a organizações maçônicas].
- **João Paulo II:** Código de Direito Canónico, cânone 1374 (1983).

A **Sagrada Congregação para a Doutrina da Fé** emitiu recentemente uma notificação e três declarações sobre a Maçonaria:
- Notificação aos Presidentes das Conferências Episcopais referentes à participação de católicos a associações maçônicas (19/07/1974)[971]
- Declaração sobre a participação de católicos à associações maçônicas (17/02/1981)[972]
- Declaração sobre a Maçonaria (26/11/1983)[973]
- Inconciliabilidade entre fé cristã e maçonaria (23/02/1985) [974]

[...] considerando todos estes elementos a Declaração da S. Congregação afirma que a inscrição nas associações maçônicas "está proibida pela Igreja" e os fiéis que nelas se inscreverem "estão em estado de pecado grave e não podem aproximar-se da Sagrada Comunhão". Com esta última expressão, a S. Congregação indica aos fiéis que tal inscrição constitui objectivamente um pecado grave e, precisando que os aderentes a uma associação maçônica não podem aproximar-se da Sagrada Comunhão, ela quer iluminar a consciência dos fiéis sobre uma grave consequência que lhes advém da sua adesão a uma loja maçônica. [...] Ao fazer esta Declaração, a S.C.D.F. não entendeu desconhecer os esforços realizados por aqueles que, com a devida autorização deste

---

[971] DocCath 71 (1974) 856 [Gall.]; EV 5, 350-351; Notiziario CEI (1974) 191; LE 4309; Origins 3 october 1974.

[972] L'Osservatore Romano, Edição semanal em Português, Número 10, de 8 de Março de 1981, p.2.

[973] Fonte: Santa Sé, vatican.va; cf. AAS 73, 1981, p. 240-241.

[974] L'Osservatore Romano, 10 de Março de 1985, pág. (115) 7.

Dicastério, procuraram estabelecer um diálogo com representantes da Maçonaria. Mas, desde o momento que havia a possibilidade de se difundir entre os fiéis a errada opinião de que a adesão a uma loja maçónica já era lícita, ela considerou ser seu dever dar-lhes a conhecer o pensamento autêntico da Igreja a este propósito e pô-los em guarda quanto a uma pertença incompatível com a fé católica. Só Jesus Cristo é, de facto, o Mestre da Verdade e só n'Ele os cristãos podem encontrar a luz e a força para viver segundo o desígnio de Deus, trabalhando para o verdadeiro bem dos seus irmãos. [975]

Papa Francisco:
"[...] lobby de gananciosos, lobby de políticos, lobby dos maçons, tantos lobby. A meu ver, este é o problema mais grave. E lhe agradeço muito por ter feito esta pergunta."[976]

"O segredo consiste em compreender bem onde se vive. Nesta terra — e disse isto também à Família salesiana — em finais do século XIX a juventude crescia nas piores condições: a maçonaria estava no auge, até a Igreja nada podia fazer, havia o anticlericalismo, o satanismo... Era um dos momentos mais obscuros e um dos lugares mais tristes da história da Itália. Mas se quiserdes fazer um bom dever em casa, ide procurar quantos santos e santas nasceram naquele tempo! Porquê? Porque se aperceberam que tinham que contrastar aquela cultura, aquele modo de viver. [...] Pensai nos vossos santos desta terra, no que fizeram!" [977]

Para estudo:
- ABAD-GALLARDO, Serge. Por qué dejé de ser masón. Madri: Libros Libres, 2015.

- ABAD-GALLARDO, Serge. Serví a Lucifer sin saberlo. Madrid: Homo Legens, 2018.

- BÁRCENA, Alberto. Iglesia y masonería: Las dos ciudades. Madri: San Román, 2017.

- CAILLET, Maurice. Eu fui Maçom. Madrid: Esfera dos Livros, 2010.

---

[975] Reflexões a um ano de distância da Declaração para a Doutrina da Fé, Inconciliabilidade entre Fé Cristã e Maçonaria (L'Osservatore Romano, 10 de Março de 1985, pág. 115, 7).
[976] Papa Francisco, resposta a jornalista Ilze Scamparini, durante o voo de regresso da XXVIII Jornada Mundial da Juventude, 28 de julho de 2013.
[977] Papa Francisco, encontro com os jovens na visita pastoral a Turim, 21 de junho de 2015.

- GOMEZ, Manuel Guerra. A Trama Maçónica. Lisboa: Princípia, 2008.

- GOMEZ, Manuel Guerra. Masoneria, religion y politica. Madrid: Sekotia, 2012.

- GOMEZ, Manuel Guerra. El árbol masónico. Trastienda y escaparate del nuevo orden mundial. Madrid: Digital Reasons, 2017.

- REY, Dominique. Pode um cristão ser maçon? Cascais: Lucerna, 2012.

- DELASSUS, Monsenhor Henri. A Conjuração Anticristã: O Templo maçônico que quer se erguer sobre as ruínas da Igreja Católica. 2ª ed. São Paulo: Castela, 2016.

- BUHIGAS, Guillermo. Los Protocolos: Memoria histórica. Madrid: Sekotia, 2008.

- BUHIGAS, Guillermo. Sionismo, iluminados y masonería: ¿Se cumplen los Protocolos de los Sabios de Sión? Madrid: Sekotia, 2011.

- CIERVA, Ricardo De La. El Triple Secreto de la Masonería: Orígenes, Constituciones y rituales masónicos vigentes nunca publicados en España. 3ª ed. Madrid: Fénix, 1994

- CIERVA, Ricardo De La. La Masoneria Invisible: una investigacion en internet sobre la ma soneria moderna. Madrid: Fénix, 2002.

- CIERVA, Ricardo De La. Los Rituales secretos de la masoneria anticristiana. Madrid: Fénix, 2010.

- CIERVA, Ricardo De La. Masoneria, Satanismo y Exorcismo. Madrid: Fénix, 2011.

- VIDAL, César. La masonería: Un Estado dentro del Estado. Barcelona: Planeta, 2011.

- VIDAL, César. Los masones: la sociedad secreta más influyente de la historia. Barcelona: Planeta, 2005.

- CASINOS, Xavi; BRUNET, Josep. Franco contra los masones: Hallados los archivos secretos del espionaje de Franco a los masones. Barcelona: Martínez Roca (MR), 2007.

- LE FORESTIER, René. L'occultisme et la Franc-Maçonnerie écossaise. Milão: Arché, 1987.

- LE FORESTIER, René. Les illuminés de Bavière et la Franc-Maçonnerie allemande. Milão: Arché, 2001.

- LE FORESTIER, René. La Franc-Maçonnerie Templière. Milão: Arché, 2003.

- LE FORESTIER, René. Occultiste aux XVIIIe et XIXe siècle. Milão: Arché, 2003.

- LE FORESTIER, René. L'Occultisme en France aux XIX° et XX° siècles. L'Église gnostique. Milão: Arché, 1990.

- GOULD, Robert Freke. The Concise History of Freemasonry. 2ª ed. Londres: Gale & Polden Limited, 1951.

- HAMILL, John. The Craft - A History of English Freemasonry. Wellingborough: Aquarian Press, 1986.

- SILVA DIAS, Graça e José Sebastião. Os Primórdios da Maçonaria em Portugal. 4 volumes, 2ª ed. Lisboa: Instituto Nacional de Investigação Científica, 1986.

- CONFERÊNCIA EPISCOPAL EMILIA-ROMAGNA. Religiosidade alternativa, seitas, espiritualismo: desafio cultural, educativo e religioso. Lisboa: Paulus, 2016.

- CONGREGAÇÃO PARA A DOUTRINA DA FÉ. Declaração sobre as associações maçónicas. Lisboa: Paulus, 2018.

- GONZAGUE, Pe. Louis. Biografia de Dom Vital. Rio de Janeiro: Ed. CDB, 2019.

- VITAL, Dom Frei. Maçonaria e os Jesuítas. Rio de Janeiro: Ed. CDB, 2019.

- COSTA, Dom Macedo. Contra a Maçonaria. Rio de Janeiro: Ed. CDB, 2019.

- LEME, Cardeal. Católicos, ao combate: a carta pastoral. Rio de Janeiro: Ed. CDB, 2019.

- BARBIER, Pe. Emmanuel. As Infiltrações Maçónicas na Igreja. Rio de Janeiro: Ed. CDB, 2019.

- SARDÀ Y SALVANY, Pe. Félix. Maçonismo e Catolicismo. São José dos Campos: Instituto Católico Gratia, 2019.

- LARA, Duarte Sousa. Deus está a salvar-me...e a libertar-me de todo o mal. Parede, Portugal: Lucerna, 2014.

- https://pt.aleteia.org/2017/02/06/catolico-e-macom/

- https://pt.aleteia.org/2014/03/19/confissoes-de-um-macom/

- https://pt.aleteia.org/2018/07/25/cristianismo-e-maconaria-uma-equacao-impossivel/

- https://pt.aleteia.org/2016/01/05/a-maconaria-quer-mesmo-destruir-a-igreja-ou-os-papas-exageraram-ao-condena-la/

- https://padrepauloricardo.org/blog/a-hegemonia-do-indiferentismo-maconico

- https://padrepauloricardo.org/blog/maconaria-uma-pertenca-incompativel-com-a-fe-catolica

- https://padrepauloricardo.org/blog/a-verdadeira-razao-pela-qual-catolicos-nao-podem-ser-macons

- http://centrodombosco.org/2019/07/01/15-questoes-inconciliaveis-entre-doutrina-catolica-e-maconica/

- http://centrodombosco.org/2019/07/26/bispos-africanos-condenam-maconaria-carta-pastoral

- http://centrodombosco.org/2019/05/27/maconaria-inimiga-mortal-catolicos/

- http://centrodombosco.org/2019/07/06/ha-uma-relacao-entre-maconaria-e-demonio-diz-ex-macom/

- https://cleofas.com.br/ex-macom-volta-a-falar-e-assinala-nao-e-possivel-pertencer-a-igreja-e-a-maconaria/

- https://ouniversitario.saojeronimo.org/nossa-senhora-de-fatima-e-a-batalha-contra-a-maconaria/

- https://ouniversitario.saojeronimo.org/nossa-senhora-de-fatima-e-a-batalha-contra-a-maconaria-parte-2/

TEXTOS DIVERSOS

DEMÔNIO: UM ASSUNTO INCÔMODO[978]

O irlandês C.S.Lewis, escritor e teólogo anglicano, falecido em 1963, deixou-nos textos marcados pela erudição e pelo humor. Em mais de um livro abordou a questão do diabo e, num deles, foi particularmente criativo. Para expressar suas ideias, imaginou um velho diabo escrevendo cartas a seu sobrinho, um diabo jovem, inexperiente; queria que esse sobrinho se tornasse um "bom" diabo. O subtítulo do livro – "Como um diabo velho instrui um diabo jovem sobre a arte da tentação" – indica aonde o autor queria chegar. O experimentado diabo procurava convencer seu sobrinho de que, na arte de enganar os homens, era fundamental convencê-los de que ele, o diabo, não existia. Convictos os homens disso, a ação do sobrinho seria mais fácil, rápida e eficaz.

Lembrei-me desse livro, editado no Brasil no início da década de 1980 ("Cartas do Coisa-Ruim"), diante de colocações do Papa Francisco, desde que iniciou seu ministério. Ao contrário da forma como muitos tratam esse tema – o afastam ou o incluem no rol das coisas ultrapassadas e inaceitáveis –, o atual papa tem-se referido a ele com frequência. Seu antecessor, Paulo VI, no começo da década de 1970 falou: "O mal que existe no mundo é ocasião e efeito de uma intervenção em nós e em nossa sociedade de um agente obscuro e inimigo, o demônio. O mal não é apenas uma deficiência, mas um ser vivo, espiritual, pervertido e pervertedor. Terrível realidade. Misteriosa e amedrontadora... O demônio é o inimigo número um, o tentador por excelência. Sabemos que esse ser obscuro e perturbador existe e realmente continua agindo... Sabe insinuar-se em nós, por meio dos sentidos, da fantasia, da concupiscência... para introduzir desvios" (15.11.72). Quem vivia naquela época se lembra de que essas afirmações foram uma verdadeira bomba. Por causa delas Paulo VI foi ironizado, acusado de obscurantista e, para mostrar o ridículo de suas afirmações, uma revista semanal brasileira reproduziu inúmeras figuras do Demônio, como a dizer aos leitores: Vejam em quem o Papa acredita! Tinha razão C.S. Lewis...

Para o Papa Francisco, seguindo a tradição bíblica, o diabo não é um mito, mas um ser real. Em uma de suas pregações matinais, na Casa Santa Marta, o Papa afirmou que por trás do ódio que há no mundo em relação a Jesus e à

---

[978] Dom Murilo S.R. Krieger, Arcebispo de São Salvador da Bahia, Primaz do Brasil, 18 de junho de 2013.

Igreja está o "príncipe deste mundo": "Com sua morte e ressurreição, Jesus nos resgatou do poder do mundo, do poder do diabo, do poder do príncipe deste mundo. A origem do ódio é esta: estamos salvos e esse príncipe do mundo, que não quer que sejamos salvos, nos odeia e faz nascer a perseguição, que começou nos primeiros tempos de Jesus e continua até hoje". Embora o diálogo entre nós seja importante, não é possível dialogar com esse "príncipe"; "podemos somente responder com a palavra de Deus que nos defende".

O CATECISMO DA IGREJA CATÓLICA dedica vários números ao diabo – por exemplo, quando se refere aos anjos caídos, às tentações de Jesus, ao exorcismo, à necessidade da renúncia ao seu poder, ao domínio de Jesus sobre eles etc. "O mal não é uma abstração, mas designa uma pessoa, Satanás, o Maligno, o anjo que se opõe a Deus. O 'diabo' é aquele que 'se atira no meio' do plano de Deus e de sua 'obra de salvação' realizada em Cristo" (nº 2851). Seu poder não é infinito, pois ele não passa de uma criatura, "poderosa pelo fato de ser puro espírito, mas sempre criatura: não é capaz de impedir a edificação do reino de Deus". Sua ação é permitida pela divina providência, "que, com vigor e doçura, dirige a história do homem e do mundo. A permissão divina da atividade diabólica é um grande mistério, mas *Sabemos que tudo contribui para o bem daqueles que amam a Deus" (Rm 8,28)*" (CIC 395, ler, também, os números anteriores: 391-394).

São João Crisóstomo, bispo e doutor da Igreja († 407), escreveu aos cristãos de Antioquia: "Na verdade, não me dá prazer falar-lhes do diabo; mas a doutrina que é consequência dessa realidade será muito útil para vós". Também eu penso assim; daí a razão desta reflexão.

Pe. Pedro Paulo Alexandre

HALLOWEEN: MERA DIVERSÃO? POIS QUEM SE DIVERTE MESMO É O DIABO![979]

Pe. Aldo Buonaiuto, exorcista italiano:
"Por trás das brincadeiras, a obra do diabo"[980]

Das brincadeiras do Halloween para o ocultismo há só um pequeno passo, afirma o Pe. Aldo Buonaiuto, da Comunidade Papa João XXIII. Ele é exorcista e coordenador de um serviço de ajuda a vítimas do ocultismo. Todo mês de outubro, a linha 0800 desse serviço toca sem parar.

Este é um relato de poucos dias atrás:

"Ligou uma mãe desesperada, que tinha descoberto as mentiras do filho, um rapaz excelente, sincero, que, de repente, mudou de círculo de amizades. Ela descobriu que o rapaz tinha profanado um cemitério... Eu falei com o rapaz. Por que você fez isso? E a primeira palavra foi Halloween. Chorando, ele me falou da forte persuasão dos novos amigos. No começo parecia tudo uma brincadeira, um jogo. Depois, ele descobriu que eles estavam agindo a sério; que todos eles acreditavam mesmo naquilo que estavam fazendo. E ele não conseguia se livrar deles". O episódio quase banal revela como é fácil entrar nesses circuitos. Mas, *"especialmente para um jovem, não é fácil sair deles, por vergonha, medo e tantas dinâmicas típicas dessa idade".*

---

[979] Fonte: aleteia.org, 29 de outubro de 2015.

[980] O sacerdote exorcista Aldo Buonaiuto é antropólogo, demonólogo e coordenador do Serviço Anti-Seitas da Comunidade Papa João XXIII. Estudou filosofia e teologia no Pontifício Ateneu "São Anselmo" (Roma) e antropologia teológica no Pontifício Ateneu Teresianum (Roma). Em declarações a Interris.it, o Pe. Buonaiuto disse que o livro procura: "[...] informar, educar e prevenir os perigos, um subsídio para os pais e educadores, para os catequistas e para os sacerdotes, assim como para as crianças, de maneira que exista consciência a respeito dos significados dos símbolos ocultos e satânicos deste carnaval do horror, que não deve ser trivializado. [...] Nas escolas, eu escuto diferentes pais que nos falam de crianças que estão horrorizadas, têm pesadelos à noite e outras crianças que não entendem mais a diferença entre a vida e a morte. [...] Através desta conhecida moda festiva, difundem o prazer pelo horror como algo normal, a sedução de algo macabro, sentir mais atração pela morte do que pela vida. Está profanando o significado da morte. Como escrevi no livro, o truque do diabo é um doce mortal para a alma. [...] Trata-se de um fenômeno daninho, no plano social, antropológico e cultural: uma proposta de valores negativos, vinculados a uma visão materialista e utilitarista da vida e do prazer. E é uma profanação da verdadeira festa, cristã, do culto aos Santos, da devoção por homens e mulheres que trataram de imitar o exemplo perfeito de Jesus no amor ao próximo e no respeito aos mandamentos divinos" (Fonte: www.acidigital.com, 29 de outubro de 2015).

O Pe. Aldo Buonaiuto acaba de lançar, na Itália, o livro *"Halloween: Lo scherzetto del diavolo"* *(A brincadeira do diabo – título livremente traduzido; a obra ainda não está disponível em português)*, que examina aspectos históricos e sociológicos desse fenômeno dito cultural.

Segundo ele, a famosa frase "doçura ou travessura?" vem de outra: "oferenda ou maldição?", de origens celtas e usada em sacrifícios ao deus da morte, *Samhain*, para propiciar um bom inverno. Embora este significado mais recôndito fique escondido sob a pátina comercial, "o Halloween continua sendo a festa mais importante dos satanistas, envolvendo ocultismo, esoterismo, magia, bruxaria". Por trás das máscaras, o Pe. Aldo vê "a obra insidiosa do diabo, uma rasteira indireta para derrubar suas vítimas". A mídia faz o resto: "As crianças de hoje nem sabem que existe a festa de Todos os Santos, mas sabem, porque isso é incutido até nas escolas, que existe o Dia das Bruxas – ou Halloween".

E quanto à memória dos falecidos?

"Sequer é comparável. O Halloween exalta o espiritismo, o mundo invisível ligado às forças demoníacas. O Dia de Finados está ligado à crença na vida eterna, na ressurreição do corpo. As religiões têm respeito pelos mortos. O Halloween não tem. Ele ultraja os mortos".

"Não se pode banalizar este fenômeno. Para muita gente, é só um momento de diversão, mas, para os satanistas, a participação indireta também conta: quem se fantasia está de certa forma exaltando o reino do mal. Que pai quer ver seu filho de rosto desfigurado, sem os olhos, gotejando sangue? Qual é a diversão nisso? O que se esconde de verdade por trás desse fenômeno que leva a considerar esse tipo de coisa como normal?".

O exorcista está convicto:

"A nossa sociedade não precisa de Halloween, de monstruosidade, de imagens agressivas e violentas do macabro e do horror. Esta sociedade não precisa das trevas. Nossos filhos precisam da luz. Por que não oferecemos a eles a festa dos santos? Esta é que é uma beleza! É um grande desafio numa sociedade que se devota às coisas ruins para torná-las normais".

Daí o convite: preparar festas temáticas sobre as vidas dos santos. E um apelo aos sacerdotes, professores e catequistas:

"Tenham a coragem de testemunhar a fé desses grandes heróis, os santos e beatos, que têm muito a transmitir para esta sociedade. Abram as portas das paróquias não para abóboras vazias, mas para festas belas! O Dia de Todos os Santos é uma grande oportunidade para sermos quem somos: filhos da luz!".

***

O jornal espanhol "La Razón" recolheu uma série de iniciativas que se desenvolverão nos próximos dias na Espanha, na França e no Chile, que permitem à comunidade católica encontrar uma alternativa à festa de halloween, para testemunhar a fé e a esperança cristã diante da morte em vista da festa de Todos os Santos e da comemoração dos defuntos. Segundo o jornal, "a festa de halloween não é tão inocente assim. Provam-no as estantes das lojas cheias de trajes de zumbis, vampiros, fantasmas, druidas, esqueletos, demônios e até extraterrestres, e mesmo tantas crianças que andam por aí com máscaras de bruxas levando abóboras acesas, de casa em casa, com aspectos de rostos inquietantes". O Pe. João Maria Canals, membro da Comissão Episcopal para a Liturgia da Conferência Episcopal Espanhola declarou que "a festa de halloween tem um fundo de ocultismo e é absolutamente anticristã", e exortou os pais e as famílias "a tomarem consciência disso e orientarem o sentido da festa para o bem e a beleza, em vez do terror, do medo e da própria morte". Na diocese espanhola de Alcalá de Henares, a comunidade "Emanuel" organizou uma vigília de oração a partir das dez da noite do dia 31 de outubro. Outras iniciativas, mesmo recreativas, encherão de povo de todas as idades a praça dos Santos Inocentes e a Catedral de Madri. Em Paris, a iniciativa "Holywins", que brinca com as palavras "santo" e "vence", a Arquidiocese organizou para o dia 31 de outubro uma campanha de sensibilização, convidando a participarem crianças e jovens acompanhados dos pais. Segundo os organizadores do "Holywins", "numa sociedade que evita diariamente o problema da morte, a festa de halloween tem ao menos o mérito de levar-nos a pensar nesse importante tema. A festa pagã faz referência somente aos rituais mórbidos e macabros. Por esse motivo, os jovens de Paris querem aproveitar para testemunhar com sinceridade sua fé e a esperança cristã diante da morte, na vigília de Todos os Santos e Finados. O jornal sublinha ainda que em Santiago do Chile se celebra, na noite de 31 de dezembro e 01 de novembro, a festa da primavera. "Nada de monstros, bruxas e fantasmas – diz o jornal – mas crianças e jovens que se vestem de anjos, de príncipes e princesas e de santos. O objetivo da organização desse evento é o de querer trocar a morte e as trevas pela vida, o terror e o medo pela alegria, a violência pela paz". [981]

---

[981] "*I messaggi pericolosi di Halloween*", L'Osservatore Romano n° 251, 30 de outubro de 2009, p. 6. Trad. do italiano: Irmã Clea Fuck.

Dom Ariel Torrado Mosconi, Bispo Auxiliar de Santiago del Estero (Argentina) referindo-se à celebração do "Halloween", que será realizada em vários países no próximo dia 31 de outubro, durante a véspera da solenidade de Todos os Santos, assinalou que é "um costume estrangeiro, frívolo, malévolo e pagão", com o qual se iniciou nos países do norte e que traz consigo "o culto pelo mal". Por isso considera lamentável "a difusão que se lhe está fazendo a uma tradição totalmente alheia aos nossos costumes argentinos", e que "se impõem desde os países poderosos como um meio de submissão cultural". Diz também que ao seguir estes costumes é triste ver como se corrompe a inocência das crianças, especialmente com figuras que estão associadas com a morte e o mal. E alertou que estas tradições podem esconder "a bruxaria e seus pactos com o mal e todo o perverso". Por isso, o prelado fez um chamado aos pais de família, assim como aos mestres, para que façam todo o possível para preservar a inocência das crianças evitando os disfarces ou jogos que estejam associados com o mal e com a tradição do "Halloween". [982]

"Como numa paródia, o diabo inventou a comemoração do Dia das Bruxas, que contém uma miséria escondida porque celebra as pessoas condenadas ao inferno. Muitos acham que o inferno não existe porque Deus é Misericórdia, mas é preciso entender que o inferno existe porque o homem é livre, ou seja, nós podemos ou não escolher entrar na felicidade eterna. É importante lembrar que nossa alma ainda está em risco, podemos ser salvos, mas ainda podemos nos perder." (Pe. Paulo Ricardo de Azevedo Junior)[983]

Há mais de 2500 anos que os celtas celebram, a 31 de outubro, o seu novo ano, o fim das colheitas, a mudança de estação e a chegada do inverno. Esta cerimônia festiva, em honra da divindade Samhain (deus da morte), permitiria comunicar com o espírito dos mortos. Nesse dia, abriam-se as portas entre o mundo dos vivos e dos mortos. De acordo com a tradição, nessa noite os fantasmas dos mortos visitavam os vivos. Para acalmar os espíritos, a população depositava ofertas diante das portas das casas. A festa foi conservada no calendário irlandês após a cristianização do país como um elemento de folclore. Mais tarde implanta-se nos EUA com os emigran-

---

[982] Fonte: www.gaudiumpress.org, 27 de outubro de 2014. Em 2008, o jornal "Avvenire", dos bispos italianos, descreveu o Dia das Bruxas como uma "perigosa celebração do terror e do macabro". Em outubro de 2009, o "Daily Mail", pronunciando-se sobre o Halloween, foi categórico: uma data "anticristã" e "perigosa", por ter ligação com o oculto (cf.: O GLOBO, 30 de outubro de 2009, atualizado 10 de novembro de 2011).

[983] Fonte: www.acidigital.com, 31 outubro de 2014; cf. padrepauloricardo.org, 06 de novembro de 2010.

tes irlandeses do final do século XIX, onde conhece, ainda hoje, um imenso sucesso. O Halloween volta a atravessar o Atlântico, em sentido contrário, em direção à Europa, essencialmente por razões comerciais. Para além das crenças primordiais das origens, o "Halloween" é um pretexto para fazer a festa e esquecer as longas noites outonais, muitas vezes chuvosas e tristes. Por seu lado, a solenidade de Todos os Santos é uma festa mais "interior". A Igreja liberta do medo da morte ao insistir, no primeiro dia de novembro, na esperança da ressurreição e na alegria daqueles que colocaram as Bem-aventuranças no centro da sua vida. O centro de Todos os Santos é Cristo, vencedor da morte (cf. Jo 1,9; Mt 5,14; Sl 139,12). Enquanto que o "Halloween" é uma festa do medo, com as crianças (e adultos) a divertirem--se a causar medo aos outros e a elas próprias, a evocação católica é uma festa de comunhão, comunhão com os santos, a 1 de novembro, e com os "fiéis defuntos", no dia seguinte. Comunhão de todos por e com um Deus de amor. Estar em comunhão de pensamento, pela oração, é estar em ligação, em relação, em simpatia com os outros. Ao contrário, cultivar o medo é afastar-se dos outros, isolar-se deles, recolher-se nos seus próprios medos. O "Halloween" é uma festa do negativo: o medo, o susto, a morte anônima, a angústia. A solenidade de Todos os Santos é uma festa do positivo: a proximidade com os mortos da família, a memória dos outros. Os santos foram pessoas que, desejosas de seguir o Evangelho, amaram os outros, devotaram-se em corpo e alma pela humanidade sofredora. São modelos de vida. Por isso é preciso dar um novo fascínio à solenidade de Todos os Santos, festejar com mais alegria e dignidade este grande dia. E explicar aos nossos filhos que o "Halloween" não é mais do que um divertimento.[984]

CINCO SANTOS QUE LUTARAM CONTRA O DEMÔNIO[985]

O mundo espiritual é real e nele ocorrem verdadeiros combates. Em algumas partes da *Bíblia* são mencionadas as lutas que existem contra o demônio e a carne, porque quanto mais próxima a Deus a pessoa, mais será tentada.

A seguir, foram selecionadas algumas histórias pela página *ChurchPop*.com, o objetivo destas histórias não e gerar medo, mas serve como advertência de que Satanás e as tentações ao pecado são reais, embora geralmente não sejam visíveis.

---

[984] *Conferência Episcopal Francesa*, 31 de outubro de 2017, Trad. / edição: SNPC [www.eglise.catholique.fr].

[985] Fonte: acidigital.com, 26 de maio de 2015.

Antes queremos deixar duas passagens bíblicas para entender melhor o contexto:

> *"Revesti-vos da armadura de Deus, para que possais resistir às ciladas do demônio. Pois não é contra homens de carne e sangue que temos de lutar, mas contra os principados e potestades, contra os príncipes deste mundo tenebroso, contra as forças espirituais do mal (espalhadas) nos ares."* (Ef 6,11-12)

> *"Sede sóbrios e vigiai. Vosso adversário, o demônio, anda ao redor de vós como o leão que ruge, buscando a quem devorar."* (1Pd 5,8)

1) Santo Antão 'o Grande': "O leão rugia, desejando atacar"

Este santo viveu durante os séculos III e IV. Foi um dos primeiros monges a retirar-se ao deserto para viver entregue ao jejum e à oração. A Igreja conhece sua história graças ao seu biógrafo São Atanásio.

"Quando visitávamos Santo Antão nas ruínas onde vivia escutava tumulto, muitas vozes e o choque de armas. Também viam que durante a noite apareciam bestas selvagens e o santo combatia contra elas através da oração", conta Atanásio.

Numa certa ocasião, aos seus trinta e cinco anos, Santo Antão decidiu passar a noite sozinho numa tumba abandonada. Então apareceu ali um grupo de demônios e o feriram. Os arranhões do demônio lhe impediram levantar-se do chão. O ermitão comentava que a dor causada por essa tortura demoníaca não podia ser comparada com nenhuma ferida causada pelo homem.

No dia seguinte, um amigo seu o encontrou e o levou ao povoado mais próximo para curá-lo. Entretanto, quando o santo recuperou os sentidos pediu ao seu amigo que o levasse de volta à tumba. Ao deixá-lo, Santo Antão gritou: "Sou Antão e aqui estou. Não fugirei de suas chicotadas e de nenhuma dor ou tortura me separará do amor de Cristo". São Atanásio relata que os demônios retornaram e ocorreu o seguinte:

Escutou-se uma trovoada, parecia o barulho de um terremoto, que sacudiu o lugar inteiro e os demônios saíram das quatro paredes em formas monstruosas de animais e répteis. O lugar desta maneira ficou cheio de leões, ursos, leopardos, touros, serpentes, víboras, escorpiões e lobos. O leão rugia, querendo atacar; o touro se preparava para atacar com seus chifres; a serpente se arrastava procurando um lugar de ataque e o lobo rosnava ao redor dele. Todos estes sons eram assustadores.

Embora Santo Antão arquejasse de dor, enfrentou os demônios dizendo: "se vocês tivessem algum poder, bastava que somente um de vocês viesse, mas como Deus os criou fracos, vocês querem me assustar com a quantidade de demônios: e o que comprova a sua debilidade é que adotaram a forma de animais irracionais".

"Se forem capazes, e se tiverem recebido um poder de ir contra mim, ataquem-me de uma vez. Mas se não são capazes, porque me perturbam em vão? Porque minha fé em Deus é meu refúgio e a muralha que me salva de vocês".

De repente, o teto do lugar foi aberto e uma luz brilhante iluminou a tumba. Os demônios desapareceram e as dores pararam. Quando percebeu que Deus o salvou, ele rezou: "Onde estavas? Por que não apareceste desde o começo e me liberaste das dores?".

Deus respondeu-lhe: "Antão, eu estava ali, mas esperei para ver-te brigar. Vi como perseveraste na luta, e não caíste, sempre estarei disposto socorrer-te e o teu nome será conhecido em todas partes".

Depois de escutar as palavras do Senhor, o monge se levantou e orou. Então recebeu tanta força que sentiu que no seu corpo tinha mais poder do que antes.

2) São Padre Pio: "Estes demônios nunca deixam de golpear-me"

Foi um sacerdote italiano que nasceu no final do século XIX e morreu em 1968. Embora realizasse muitos milagres e recebesse os estigmas, o Padre Pio também sofreu ataques frequentes do demônio.

Segundo o Pe. Gabriele Amorth, famoso exorcista da diocese de Roma, "a grande e constante luta na vida do santo foi contra os inimigos de Deus e as almas, pois tratou de capturar sua alma". Desde sua juventude o Padre Pio teve visões celestes, mas também sofreu ataques infernais. O Pe. Amorth explica:

"O demônio aparece algumas vezes em forma de um gato negro e selvagem, ou de animais repugnantes: era clara a intenção de incutir o terror. Outras vezes aparecia na forma de jovens moças nuas e provocativas, que dançavam de modo obsceno; era clara a intenção de tentar o jovem sacerdote na sua castidade. Entretanto, o pior perigo era quando Satanás tentava enganar Padre Pio aparecendo como se fosse seu diretor espiritual ou aparecendo em forma de Jesus, da Virgem ou de São Francisco".

Esta última estratégia, quando o diabo aparece em forma de alguém bom e santo, era um problema. Isso aconteceu quando o Padre Pio percebeu que as visões eram falsas: notou certo timidez quando a Virgem e o Senhor lhe apareceram, seguida de uma sensação de paz quando a visão terminou. Além disso, disfarçado de uma forma sagrada, o diabo lhe provocou um sentimento de alegria e atração, mas quando ia embora, ele ficava triste e arrependido.

Satanás também buscava feri-lo fisicamente. O sacerdote descreveu estas dores em uma carta à um irmão, quem era seu confidente:

"Estes demônios nunca deixam de atacar-me, inclusive fazem com que eu caia da cama. Também rasgam minhas vestimentas para açoitar-me! Mas já não me assustam porque Jesus me ama e ele sempre me levanta e me coloca novamente na minha cama".

O Padre Pio é testemunho de que se uma pessoa estiver perto de Deus não terá que temer a presença do demônio.

3) Santa Gema Galgani: "Suas garras brutais"

Esta Santa italiana foi uma mística que teve experiências espirituais maravilhosas.

Numa carta dirigida a um sacerdote escreveu: "Durante dois dias, depois de receber a Santa Comunhão, Jesus me disse: "minha filha, em breve o diabo começará uma guerra contra ti". Estas palavras são repetidas constantemente no meu coração. Reze por mim por favor".

Ela percebeu que a oração era a melhor maneira de defender-se contra os ataques do demônio. Em vingança, Satanás lhe atacava com fortes dores de cabeça para impedir que durma. Entretanto, apesar das fadigas Gema perseverou na oração:

"Quantos esforços este miserável faz para que eu não reze. Ontem tentou me matar, e quase conseguiu, mas Jesus veio e me salvou. Estava assustada e mantive a imagem de Cristo na minha mente".

Uma vez, enquanto a Santa escrevia uma carta, o diabo agarrou a caneta das suas mãos, rasgou o papel e tirou a santa da cadeira onde estava sentada, agarrando-a pelos cabelos com a violência das suas "garras ferozes".

Ela descreve outro ataque em um dos seus escritos: "O demônio se apresentou diante de mim como um gigante e me dizia: 'Para ti já não existe esperança de salvação. Estás nas minhas mãos! ' Eu lhe respondi que Deus é misericordioso e, portanto, nada temo. Então me bateu na cabeça e me disse: 'Maldita seja! ', e logo desapareceu".

"Quando voltei para minha habitação para descansar, encontrei novamente o demônio e começou a golpear-me com uma corda com vários nós, e queria que eu gritasse que era fraca. Disse-lhe que não, e me bateu tão forte, que caí de cabeça no chão. Naquele momento pensei em invocar a Jesus: Pai eterno, em nome do preciosíssimo Sangue de Jesus, livrai-me!".

"Não me lembro bem o que aconteceu. A besta me arrastou da minha cama e bateu na minha cabeça com tanta força que ainda estou dolorida. Perdi os sentidos e caí no chão, logo despertei. Graças a Deus!"

Apesar dos ataques, Santa Gemma sempre teve fé em Jesus. Inclusive utilizava o humor contra Satanás. Uma vez escreveu a um sacerdote: "Tinha que ver, quando satanás fugia fazendo caretas, você morreria de rir! É tão feio! Mas Jesus me disse que não deveria temer".

4) São João Maria Batista Vianney: "Faz porque eu converto muitas almas para o bom Deus"

O Santo Padre de Ars nasceu na França no ano 1786. Foi um grande pregador, fazia muitas mortificações, foi um homem de oração e caridade. Tinha um dom especial para a confissão. Por isso, vinham pessoas de diferentes lugares para confessar-se com ele e escutar seus santos conselhos. Devido a seu frutífero trabalho pastoral foi nomeado padroeiro dos sacerdotes. Também combateu contra o maligno em várias ocasiões.

Uma vez, sua irmã passou a noite na sua casa, localizada ao lado da igreja. Durante a noite ela escutou raspões na parede. Foi ver o seu irmão Vianney, que estava confessando, e lhe explicou:

"Minha filha, não temas: é o resmungão. Ele não pode machucar-te. Ele me procura da maneira mais atormentadora possível. As vezes agarra os meus pés e me arrasta pelo quarto. Ele faz isto, porque eu converto muitas almas para o bom Deus".

O demônio fazia ruídos durante horas, parecidos aos cristais, assobios e relinchos. Inclusive ficava sob a janela do santo de Ars e gritava. Seu propósito era não deixar que o sacerdote dormisse, para ficar cansado e não ficar horas no confessionário, onde salvava muitas almas das garras do maligno.

Em outra ocasião, enquanto o sacerdote de Ars se preparava para celebrar a missa, um homem lhe disse que seu dormitório estava pegando fogo. Qual foi sua resposta? "O Resmungão está furioso. Quando não consegue pegar o pássaro, ele queima a sua gaiola". Entregou a chave para aqueles que iam ajudar a apagar o fogo. Sabia que Satanás queria impedir a missa e não o permitiu.

Deus premiou sua perseverança diante das provações com um poder extraordinário que lhe permitia expulsar demônios das pessoas possuídas.

5) Santa Teresa de Jesus: "Seus chifres estavam ao redor do pescoço do sacerdote enquanto celebrava missa"

Esta reconhecida doutora da Igreja e mística teve muitas visões espirituais. Durante suas orações e meditações, o demônio lhe aparecia.

"Uma forma abominável", escrevia, "sua boca era horrorosa". "Não tinha sombra, mas estava coberto pelas chamas de fogo".

O demônio lhe causava também fortes dores corporais. Numa ocasião a atormentou durante cinco horas enquanto estava em oração com suas irmãs. A Santa permaneceu firme para não assustá-las.

Um dia "viu com os olhos da alma dois diabos que tinham seus chifres ao redor do pescoço do sacerdote enquanto celebrava missa".

Inclusive para ela, estas visões eram estranhas. "Poucas vezes vi o demônio em forma corporal, frequentemente não vejo sua aparência física, mas sei que está presente.

Quais eram suas armas contra as forças do mal?

A oração, a humildade e a água bendita. Santa Teresa dizia que esta última era uma arma eficaz.

Uma vez estava num oratório e o demônio apareceu ao meu lado esquerdo. Ele me disse que agora me livrei das suas mãos, mas que ele me capturaria novamente. Ela se assustou e se benzeu. Entretanto, Satanás continuou perturbando-a e Teresa tomou um frasco de água benta e derramou a água sobre ele. Depois desse dia ele nunca mais voltou.

EXISTEM DEZ ARMADILHAS MORTAIS DO DEMÔNIO CONTRA NÓS. VOCÊ AS CONHECE?[986]

Pe. Dwight Longenecker
Pároco de Nossa Senhora do Rosário (Greenville, EUA)

Satanás é uma serpente. Lembre-se. É um mentiroso e pai da mentira. Trabalha em sua vida para te tentar, quer que você caia no pecado e desta forma

---

[986] Fonte: acidigital.com, 25 de janeiro de 2016.

se afaste de Deus, e também no mundo tenta te enganar, te confundir. Ele quer que perca sua fé e que se afaste de Deus.

Diante desta realidade, o Pe. Dwight Longenecker adverte sobre dez armadilhas mortais do demônio no mundo atual. Preste atenção e fique em estado de alerta ante a ação do demônio.

1) Relativismo

O relativismo defende a ideia de que nada é verdadeiro, que todos os pontos de vista são válidos e que não existe uma verdade absoluta nem universal. O demônio não quer que acredite em uma verdade, pois se não existir a verdade, então o bem nem o mal não existem. Se isto for assim, então, tudo é válido.

Uma maneira de tentar com mais facilidade é fazendo com que a pessoas acredite que o pecado não existe.

2) Indiferentismo

O indiferentismo te diz que todas as religiões são iguais e não importa qual escolha. O indiferentismo é comum dentro do protestantismo. Esta ideologia diz: "Não importa em qual igreja você participa, o importante é amar Jesus".

Também assinala que não importa ser hinduísta, muçulmano, judeu, budista ou católico. Dizem que "todos estamos subindo a mesma montanha, mas por diferentes caminhos".

Talvez em certa forma seja assim, mas existem caminhos que são melhores que outros, pois são mais verdadeiros e honestos. Além disso, existem caminhos que nos levam na parte baixa da montanha e não para o alto.

Devemos ser claros. Jesus Cristo é a mais plena, a mais completa e a revelação final de Deus aos seres humanos. Portanto, o catolicismo é a mais plena, antiga e a mais completa união com a única revelação de Deus em Cristo.

3) Ecletismo

Este é "primo" do indiferentismo. O ecletismo indica que você pode misturar e juntar diferentes religiões e espiritualidades como quiser, da mesma forma que monta o seu próprio combo de fast food. A pessoa acredita que isto é possível porque já está influenciada pelo indiferentismo.

Pense bem. Não pode misturar o islamismo, o cristianismo ou o budismo com o catolicismo. Não é como montar o teu próprio combo. É como se estivesse colocando molho de tomate no sorvete ou estar usando tinta branca no lugar de creme para o café.

4) Sentimentalismo

O sentimentalismo implica tomar decisões ou escolher suas crenças baseando-se nas emoções em vez das verdades eternas. Pode estar zangado ou contente com alguém e, deste modo, atua e decide segundo sua ira ou alegria.

Por exemplo: Dois homens querem "se casar" e você diz: "João e Diego são meninos tão legais. Por que não podem se casar como o resto das pessoas?". Desta forma, está baseando sua decisão em suas emoções acerca de João e Diego, no seu desejo de ser uma pessoa "boa" e em suas ideias sentimentais sobre os casamentos e celebrações.

Não tome decisões importantes de acordo com suas emoções. Isso conduz ao caos e à escuridão.

5) Utilitarismo

O utilitarismo é apoiar suas decisões morais ou crenças no que parece ser útil, eficiente e econômico. Por exemplo: "Minha mãe está em uma casa de repouso. Ela tem demência. É caro mantê-la neste lugar. Os médicos nos dão a alternativa de 'dar uma injeçãozinha' e assim 'seus problemas acabarão'".

Não o faça. Devido ao utilitarismo, milhões de bebês são abortados.

6) Incrementalismo

O demônio não quer executar de uma só vez todo seu plano. Ele atua passo a passo. Primeiro faz com que a pessoa fale uma pequena mentira, depois uma verdade pela metade, logo outra mentira e outra meia verdade.

A pessoa precisa estar atenta, pois o demônio conseguirá que caia usando o sentimentalismo, argumentos utilitaristas, indiferentismo ou ideias relativistas. Ele sempre está trabalhando, nunca descansa.

7) Materialismo

O materialismo não se refere aos gastos que alguém tenha. Vai mais além. O problema real com o materialismo é que nos conduz a pensar que não existe nada sobrenatural.

"Deus, os anjos, os demônios, o céu e o inferno são apenas um mito. Não existe um mundo invisível. Os sacramentos são somente símbolos. A Igreja é uma instituição humana. Os sacerdotes não são mais que uns trabalhadores sociais que usam batina. O matrimônio é somente um papel, a confissão não é mais que uma terapia de autoajuda, o batismo e a crisma são apenas ritos lindos para as crianças".

Esse é o materialismo. Reconhece? Repudia-o com todo seu coração. É uma mentira.

8) Cientificismo

O cientificismo diz que a única verdade que existe é a científica. É uma mentira poderosa de Satanás porque é uma das coisas que a sociedade assumiu.

"Sabemos que a ciência desacredita a Bíblia". E isto está errado. Toda a verdade é a verdade de Deus e a verdadeira ciência sempre é irmã da verdadeira teologia.

O cientificismo é uma parte do ateísmo assumido. Nele não existe um Deus. Somente existem as leis da ciência.

9) Dilemas éticos

Isto é apenas outro nome para o relativismo moral. Defende a ideia de que nada é bom ou ruim, o que realmente importa são as intenções e as circunstâncias da eleição moral. Se a pessoa tiver boas intenções e as circunstâncias o justificam, então, o que escolhe fazer está bem. Muitos católicos aceitam a anticoncepção artificial e o aborto devido a estes dilemas éticos.

O perigo com os dilemas éticos é que podem levar as pessoas até o ponto de cometer um pecado mortal justificando sua eleição. Cuidado para não cair nesta armadilha. Se você precisa tomar uma decisão moral complicada, fale com um sacerdote ou um bom diretor espiritual.

10) Universalismo

Esta ideologia venenosa provém diretamente do inferno. Assinala que Deus é tão amoroso, tão bom e misericordioso que não condenará ninguém e que todos se salvarão.

Isto não só contradiz o que a Bíblia diz, mas também contradiz todos os ensinamentos da Igreja. O universalismo fez com que milhares de pessoas caiam em uma falsa certeza de que não importa o que façam ou escolham pois de qualquer maneira irão ao céu.

Satanás ama o universalismo porque disfarça sua mentira com o atributo maior de Deus Pai: a Divina Misericórdia. A melhor forma de repudiar esta mentira é temer ao inferno.

Para refletir: Você caiu ou atualmente cai em alguma destas mentiras do demônio?

SERMÃO DO CURA D'ARS SOBRE AS TENTAÇÕES[987]

As tentações são necessárias para que possamos perceber que não somos nada por nós mesmos. Santo Agostinho diz-nos que deveríamos agradecer a Deus tanto pelos pecados dos quais Ele nos preservou, como pelos pecados que Ele, por caridade, nos perdoou. Caso venhamos a cair nas ciladas do demônio, nós pensamos que somos capazes de nos levantarmos novamente, confiando muito mais nas nossas promessas e resoluções do que na força de Deus. Isto é uma grande verdade! Quando nós não temos nada do que nos envergonhar, quando todas as coisas estão correndo bem e de acordo com os nossos desejos, nós ousamos pensar que nada poderia nos derrubar. Nós esquecemos facilmente do nosso próprio nada e de nossa fraqueza interior.

---

[987] Fonte: www.sendarium.com/2014/06/sermoes-do-cura-dars-i.html

Chegamos mesmo a protestar, que estamos prontos a morrer do que permitirmos sermos vencidos.

Nós vemos o esplêndido exemplo de São Pedro, que disse ao Senhor que ainda que todos se escandalizassem Dele, ele não se escandalizaria. Coitado! Para mostrar-lhe, como o homem entregue às suas próprias forças, não é absolutamente nada, Deus fez uso, não de reis, príncipes ou armas, mas sim da voz de uma simples empregada na noite da prisão de Jesus, que confrontou Pedro com um monte de interrogações. E nesse momento Pedro protesta dizendo que nem sequer conhecia o Senhor, e fez de contas que nem sabia do que ela estava falando. Para assegurar aos presentes, de um modo ainda mais veemente de que ele não conhecia Jesus, ele chegou mesmo a jurar! Ó Senhor, o que não somos capazes de fazer quando nós estamos entregues a nós mesmos!

Existem pessoas, que fazem questão de dizer, o quanto eles invejam os santos que fizeram grandes penitências! Eles chegam a acreditar que poderiam fazer o mesmo! Às vezes quando lemos sobre a vida de alguns mártires, nós gostaríamos, nós pensamos, estarmos prontos para sofrer tudo que eles sofreram por amor a Deus. Chegamos ao ponto de pensar: é um momento de sofrimento muito curto para a recompensa que vamos receber no Céu! Mas o que faz Deus para nos ensinar a nos conhecermos, ou melhor, para reconhecermos que não somos absolutamente nada?

Eis o que Ele faz: Ele permite que o demônio se aproxime um pouquinho mais de nós. E nesse momento, veja o que acontece com os cristãos que há apenas uns minutos atrás invejavam aquele eremita que vivia retirado no deserto, alimentando-se somente de ervas e raízes e que fez a firme resolução de submeter seu corpo a duras penitências. Coitado! Uma leve dor de cabeça, a simples espetada de um espinho, o faz se condoer todo por si próprio! Não importando o quão grande e forte ele possa aparentar. Ele se aborrece, reclama da dor. A poucos momentos atrás, estava disposto a fazer todas as penitências dos anacoretas (monges do deserto) e agora, o menor contratempo o faz cair no desespero!

Agora vejamos esse outro cristão, que parece querer entregar toda sua vida a Deus. Que possui um ardor que tormento algum poderia apagar! Um pequeno escândalo... uma palavra de calúnia... e até mesmo uma fria receptividade ou pequena injustiça cometida contra ele... uma gentileza retribuída com ingratidão... imediatamente desperta nele todos os sentimentos de ódio, vingança e descontentamento, a ponto de frequentemente, ele desejar nunca mais ver o seu próximo ou pelo menos tratá-lo de um modo frio, de forma a demonstrar o quanto aquela pessoa o ofendeu. E quantas vezes, isso se torna o seu primeiro pensamento ao acordar, assim como o pensamento que sempre o impede de dormir em paz? Coitado! Meus caros amigos, nós somos umas coisas pobres, e por isso deveríamos contar muito pouco com nossas próprias resoluções.

Cuidado se você não sofre tentações! A quem o demônio mais persegue? Talvez você ache que as pessoas que são mais tentadas, são indubitavelmente, os beberrões, os provocadores de escândalos, as pessoas imodestas e sem vergonha que deitam e rolam na sujeira e na miséria do pecado mortal, que se enveredam por toda espécie de maus caminhos. Não, meu caro irmão! Não são essas pessoas! Ao contrário, o demônio os deixa de lado, ou seja, ele se apóia nelas enquanto elas vivem, porque do contrário ele não teria tanto tempo para fazer o mal. Isso porque, quanto mais tempo essas pessoas viverem, mais seus maus exemplos arrastarão outras almas para o Inferno.

De fato, se o demônio tivesse perseguido esse velho companheiro obsceno e sem-vergonha, ele teria encurtado a duração de sua vida em 15 ou 20 anos, de forma que ele não teria destruído a virgindade daquela garota ali, seduzindo-a para a inominável mira de suas indecências. Ele não teria novamente seduzido aquela mulher casada e nem ensinado suas más lições àqueles rapazinhos, que talvez as continue a praticar até o final de suas vidas.

Se o demônio tivesse incitado a este ladrão ali na frente, a roubar em tudo quanto é ocasião, ele teria ido acabar na forca e não teria tempo pra induzir seu vizinho a seguir seu mau exemplo. Se o demônio tivesse encorajado esse beberrão ali, a se embebedar incessantemente com o vinho, ele já teria morrido a muito tempo atrás nas suas libertinagens, e não teria tempo de fazer com que outros seguissem seu mesmo caminho. Se o demônio tivesse tirado a vida deste músico ali, ou daquele organizador de bailes, ou daquele dono de cabaré, em algum tipo de tumulto ou assalto, ou em qualquer outra ocasião, quantas almas não seriam poupadas da danação eterna!

Santo Agostinho nos ensina que o demônio não importa muito essas pessoas; pelo contrário, ele até as despreza e cospe sobre elas. Assim, você me perguntaria: então quem são as pessoas mais tentadas? São estas, meus caros amigos, observem-nas atentamente. As pessoas mais tentadas são aquelas que estão prontas, com a graça de Deus, a sacrificar tudo pela salvação de suas pobres almas, que renunciam a todas as coisas que a maioria das pessoas buscam ansiosamente. E não é um demônio só que as tenta, mas milhões de demônios procuram armar-lhes ciladas.

Uma vez, São Francisco de Assis e todos os seus religiosos estavam reunidos numa área plana e aberta, onde eles tinham erguido algumas choupanas de palha. Buscando um meio de fazer com que todos fizessem penitências extraordinárias, São Francisco ordenou que fossem trazidos todos os instrumentos de penitência, e seus religiosos os trouxeram aos feixes. Nesse momento, havia um jovem homem a quem Deus concedeu a graça de poder ver o seu Anjo da Guarda. De um lado, ele viu todos esses bons religiosos que buscavam satisfazer sua sede por mais penitências e, do outro, o Anjo permitiu-lhe ver uma legião de 18 mil demônios, que estavam se reunindo em conselho para ver de que modo eles poderiam subverter esses religiosos pela tentação. Um dos demônios disse: 'Vocês não percebem mesmo! Esses religiosos são tão humildes; Ah! que virtude espantosa! são tão desapegados de si próprios, tão apegados a Deus! Eles possuem um superior que os guia, de forma que é impossível ser bem sucedido em qualquer ataque que façamos a eles. Vamos esperar até que o superior deles morra e então introduziremos entre eles jovens sem nenhuma vocação que trarão um certo relaxamento de espírito para a ordem, e aí sim, nós os venceremos'.

Mais tarde, quando esse homem entrou na cidade, ele viu um demônio sentado sozinho no portão de entrada da cidade e que tinha a tarefa de tentar todos os habitantes daquele lugar. Esse santo perguntou ao seu Anjo da Guarda porque motivo, para tentar apenas aquele grupo de religiosos, haviam tantos demônios, ao passo que, para toda aquela cidade, havia apenas um sentado à sua entrada. Seu bom Anjo respondeu-lhe então, que aquelas pessoas não precisavam de tentação, uma vez que já estavam entregues aos seus próprios pecados, ao passo que aqueles religiosos buscavam fazer tudo que era bom, apesar de todas as ciladas que os demônios podiam armar para eles.

Meus caros irmãos, a primeira tentação com a qual o demônio tenta qualquer um que começou a servir melhor a Deus chama-se 'respeito humano'. Aquela pessoa acometida pelo respeito humano, não ousará mais a ser vista em todo lugar, passará a se esconder de todos aqueles com os quais ela andava misturada na busca de uma vida de prazeres. Se alguém lhe disser que ela está muito mudada, imediatamente ela ficará envergonhada! Aliás, o que as pessoas vão dizer dela, é a sua contínua preocupação. Chega a um ponto de perder a coragem de fazer qualquer boa ação diante dos olhos alheios. Se o demônio não consegue fazê-la retroceder na caminhada espiritual através do respeito humano, ele infundirá nela um extraordinário medo, dizendo-lhe que suas confissões não servem para nada, que seu confessor não a entende, que seja lá o que ela fizer, será sempre em vão, que ela irá para a condenação eterna do mesmo modo ou que ela obteria o mesmo resultado (a salvação) no final, deixando tudo correr solto ao invés de continuar a lutar, afinal as ocasiões de pecado já demonstraram ser demais para ela!

Por que será, meus irmãos, que quando alguém não dá a mínima importância à salvação de sua alma, ele parece não sofrer a menor tentação? Mas assim que ele resolve mudar de vida, em outras palavras, assim que ele deseja reformar sua vida para que Deus venha morar nele, imediatamente todo o inferno cai em cima dele? Ouçamos o que nos diz Santo Agostinho a esse respeito: 'Do modo como o demônio se comporta em relação ao pecador: Ele atua como um carcereiro que possui muitos prisioneiros trancados em sua prisão, mas como ele não carrega ou não possui a chave que poderia libertá-los dali, ele tranquilamente pode sair sossegado, certo de que nenhum deles tem como fugir. Este é o modo como ele age com aqueles pecadores que nem sequer consideram a possibilidade de deixar o pecado para trás. Ele nem sequer se dá ao trabalho de tentá-los. Ele vê tais pessoas como perda de tempo, não apenas porque elas não pensam em deixá-lo, mas também porque ele não deseja multiplicar suas cadeias. Por outro lado, seria inútil tentá-los. Ele permite que eles vivam em paz enquanto estiverem vivendo no pecado mortal. Ele esconde do pecador a situação em que ele se encontra, o mais que ele pode, até a morte, e quando acontece dele pintar um quadro da vida daquele pecador, ele o faz de uma maneira tão aterrorizante, que o infeliz pecador súbito cai no desespero. Mas com qualquer um que se decidiu a mudar de vida, que se decidiu a entregar-se completamente à Deus, é toda uma outra história!'

Enquanto Santo Agostinho vivia no pecado e na maldade, ele não tinha porque se preocupar com as tentações. Ele acreditava se encontrar em paz, como ele mesmo nos conta. Mas no momento que ele resolveu dar as costas para o demônio, ele teve que travar um combate contra ele a ponto de perder sua respiração na luta. E isso durou cinco anos! Ele chorou as lágrimas mais amargas e fez as mais severas penitências. Ele chegou ao ponto de dizer: 'Eu discutia com ele em minhas cadeias! Um dia eu achei que tinha sido vitorioso, no próximo dia lá estava eu de novo, prostrado no chão. Esta guerra cruel e obstinada durou cinco anos. No final, Deus me concedeu a graça de vencer o combate contra o meu inimigo'.

Você pode ver também a luta que São Jerônimo teve que empreender, quando ele se decidiu a viver apenas para Deus e também quando planejou visitar a Terra Santa. Quando ele ainda estava em Roma, concebeu um desejo novo de trabalhar pela sua salvação. Ao sair de Roma, ele se retirou para um deserto para se entregar a todos os exercícios que o amor por Deus o inspirasse a fazer. Então o demônio, prevendo como sua conversão iria influenciar tantas outras pessoas, se encheu de fúria e desespero. São Jerônimo não foi poupado da menor tentação. Eu não acredito que exista um santo que foi mais tentado do que ele.

Isto foi o que ele escreveu a um de seus amigos: 'Meu caro amigo, eu quero confidenciar-lhe sobre minhas aflições e o estado ao qual o demônio procura reduzir-me. Quantas vezes nessa vasta solidão, na qual o calor do sol se faz insuportável, quantas vezes os prazeres de Roma parecem me assaltar! A dor e a amargura, das quais minh'alma se encontra repleta, fazem me derramar rios de lágrimas dia e noite sem parar. Eu procurei me esconder nos lugares mais isolados para lutar contra minhas tentações e chorar pelos meus pecados. Meu corpo está todo desfigurado e coberto com uma veste rude em trapos. Eu não tenho outra cama a não ser o chão nu e minha única comida é um cozido de raízes e água, mesmo quando estou doente. Apesar de todos esses rigores, meu corpo ainda se recorda dos sórdidos prazeres dos quais Roma inteira está envenenada, meu espírito ainda se encontra no meio daqueles companheiros de prazer e aventuras com os quais eu tão imensamente ofendi a Deus. Nesse deserto, ao qual eu mesmo me condenei para evitar o inferno, junto dessas rochas sombrias, onde eu não tenho outra companhia, a não ser escorpiões e os animais selvagens, meu espírito ainda queima dentro do meu corpo morto, com um fogo de impurezas. O demônio ainda assim, ousa a me oferecer prazeres para que eu os prove. Eu me contemplo tão humilhado por essas tentações e o único pensamento que me faz morrer de pavor é não saber quais austeridades às quais eu ainda devo submeter o meu corpo para uni-lo com Deus. Eis porque eu me atiro ao chão, aos pés do meu crucifixo, banhado em minhas próprias lágrimas, e quando eu não posso mais chorar, eu pego algumas pedras e bato no meu peito com elas, até que o sangue saia pela minha boca, implorando por misericórdia, até que Deus tenha piedade de mim. Será que existe alguém, capaz de entender a miséria do meu estado, desejando tão ardentemente agradar a Deus e amar somente a Ele? Ainda assim, eu estou sempre pronto a ofendê-lo. Que dor isso representa para mim? Ajude-me, meu caro amigo, com o auxílio de suas orações, de forma que eu me torne mais forte para repelir o demônio, que jurou me levar para a condenação eterna'.

Meus caros amigos, são esses os combates a que são submetidos os grandes santos de Deus. Coitados de nós! Como somos dignos de pena por não sermos assaltados ferozmente pelo demônio! De acordo com todas as aparências, podemos dizer que somos amigos do diabo: ele nos faz viver numa falsa paz, ele nos embala no sono, deixando-nos com a pretensão de que recitamos algumas boas orações, distribuímos algumas esmolas e que fizemos menos más ações do que os outros. De acordo com o nosso padrão, meus caros irmãos, se perguntarmos, por exemplo, àquele sustentador do cabaré ali, se o demônio o tem tentado, ele simplesmente dirá que nada o incomoda absolutamente! Pergunta a esta garota ali, esta filha da vaidade, quais são os combates que ela tem que travar contra o inimigo, e ela vai responder-lhe sorrindo que ela não tem nenhuma luta e que, aliás, ela nem sabe o que é ser tentada. Assim vocês verão, meus caros amigos, que a tentação mais terrível de todas, é exatamente não ser tentado. E vocês verão ainda mais! Vocês verão o estado daqueles a quem o demônio está preservando para o inferno. Eu ousaria dizer ainda, que ele tem o máximo cuidado em não atormentar tais pessoas com a recordação de suas vidas no passado. Do contrário, seus olhos poderiam se abrir para seus pecados!

O maior de todos os males não é ser tentado porque há então motivos para acreditar que o demônio está apenas esperando nossas mortes para nos arrastar para o inferno. Nada poderia ser mais fácil de ser entendido. Apenas considere o cristão que está tentando, ainda que seja de um modo pequeno, salvar sua alma. Tudo em volta dele parece incliná-lo para o mal, ele dificilmente consegue levantar os olhos sem ser tentado, apesar de todas as orações e penitências! E mesmo assim, um pecador empedernido, que passou uns 20 anos chafurdando na lama do pecado ainda tem a coragem de dizer que não é tentado! Este está num estado muito pior, meus caros amigos, muito pior! Isso é o que deveria fazer você tremer de pavor: não saber o que são as tentações, pois dizer que você não é tentado, é o mesmo que dizer que o demônio não existe ou que ele perdeu todo seu raio de ação sobre as almas cristãs.

São Gregório nos diz: 'Se você não sofre tentações é porque o demônio é seu amigo, seu líder e seu pastor. E ao permitir que você passe sua pobre vida na tranquilidade, no final de seus dias, ele lhe arrastará com todos os outros para as profundezas do abismo'. Santo Agostinho diz-nos que a maior tentação é não sofrer tentações, pois isso apenas significa que uma pessoa assim, é uma pessoa que foi rejeitada por Deus, abandonada por Deus, e deixada inteiramente à mercê de suas próprias paixões.

PADRE PIO E OS ANJOS DA GUARDA[988]

O Padre Pio, durante sua vida, teve encontros com anjos e chegou a conhecê-los bem. E também recebeu locuções interiores que teve de discernir de quem vinham e como deveria agir com relação a elas.

Em uma carta escrita em 15 de julho de 1913 a Anitta, ele oferece uma série de valiosos conselhos sobre como agir com relação ao anjo da guarda, às locuções e à oração.

Querida filha de Jesus:

Que o seu coração sempre seja o templo da Santíssima Trindade, que *Jesus* aumente em sua alma o ardor do seu amor e que Ele sempre lhe sorria como a todas as almas a quem Ele ama. Que *Maria* Santíssima lhe sorria durante todos os acontecimentos da sua vida, e abundantemente substitua a mãe terrena que lhe falta.

Que seu bom *anjo da guarda* vele sempre sobre você, que possa ser seu guia no áspero caminho da vida. Que sempre a mantenha na graça de Jesus e a sustente com suas mãos para que você não tropece em nenhuma pedra. Que a proteja sob suas asas de todas as armadilhas do mundo, do demônio e da carne.

Você tem uma grande devoção a esse anjo bom, Anita. Que consolador é saber que perto de nós há um espírito que, do berço ao túmulo, não nos abandona em nenhum instante, nem sequer quando nos atrevemos a pecar! E este espírito celestial nos guia e protege como um amigo, um irmão.

É muito consolador saber que esse anjo ora sem cessar por nós, oferece a Deus todas as nossas boas ações, nossos pensamentos, nossos desejos, se são puros.

Pelo amor de Deus, não se esqueça desse companheiro invisível, sempre presente, sempre disposto a nos escutar e pronto para nos consolar. Ó deliciosa intimidade! Ó deliciosa companhia! Se pudéssemos pelo menos compreender isso...!

Mantenha-o sempre presente no olho da sua mente. Lembre-se com frequência da presença desse anjo, agradeça-lhe, ore a ele, mantenha sempre sua boa companhia. Abra-se a ele e confie seu sofrimento a ele. Tome cuidado para não ofender a pureza do seu olhar. Saiba disso e mantenha-o bem

---

[988] Fonte: aleteia.org, 14 de maio de 2015.

impresso em sua mente. Ele é muito delicado, muito sensível. Dirija-se a ele em momentos de suprema angústia e você experimentará sua ajuda benéfica.

Nunca diga que você está sozinha na batalha contra os seus inimigos. Nunca diga que você não tem ninguém a quem abrir-se e em quem confiar. Isso seria um grande equívoco diante desse mensageiro celestial.

No que diz respeito às locuções interiores, não se preocupe, tenha calma. O que se deve evitar é que o seu coração se una a estas locuções. Não dê muita importância a elas, demonstre que você é indiferente. Não despreze seu amor nem o tempo para essas coisas. Sempre responda a estas vozes:

"Jesus, se és Tu quem está me falando, permite-me ver os fatos e as consequências das tuas palavras, ou seja, a virtude santa em mim."

Humilhe-se diante do Senhor e confie nele, gaste suas energias pela graça divina, na prática das virtudes, e depois deixe que a graça aja em você como Deus quiser. É a virtude que santifica a alma, e não os fenômenos sobrenaturais.

E não se confunda tentando entender que locuções vêm de Deus. Se Deus é seu autor, um dos principais sinais é que, no instante em que você ouve essas vozes, elas enchem sua alma de medo e confusão, mas logo depois a deixam com uma paz divina. Pelo contrário, quando o autor das locuções interiores é o diabo, elas começam com uma falsa segurança, seguida de agitação e um mal-estar indescritível.

Não duvido em absoluto de que Deus seja o autor das locuções, mas é preciso ser cautelosos, porque muitas vezes o inimigo mistura uma grande quantidade do seu próprio trabalho através delas.

Mas isso não deve assustá-la; a isso foram submetidos os maiores santos e as almas mais ilustradas, e que foram acolhidas pelo Senhor.

Você precisa simplesmente ter cuidado para não acreditar nessas locuções com muita facilidade, sobretudo quando elas se digam como você deve se comportar e o que tem de fazer. Receba-as e submeta-as ao juízo de quem a dirige espiritualmente. E siga a sua decisão.

Portanto, o melhor a se fazer é receber as locuções com muita cautela e indiferença constante. Comporte-se dessa maneira e tudo aumentará seu mérito diante do Senhor. Não se preocupe com sua vida espiritual: Jesus a ama muito. Procure corresponder ao seu amor, sempre progredindo em santidade diante de Deus e dos homens.

Ore vocalmente também, pois ainda não chegou a hora de deixar estas orações. Com paciência e humildade, suporte as dificuldades que você tem ao fazer isso. Esteja sempre pronta também para enfrentar as distrações e a aridez, mas nunca abandone a oração e a meditação. É o Senhor que quer tratá-la dessa maneira para seu proveito espiritual.

Perdoe-me se termino por aqui. Só Deus sabe o muito que me custa escrever esta carta. Estou muito doente; reze para que o Senhor possa desejar me livrar desse pequeno corpo logo.

Eu a abençoo, junto à excelente Francesca. Que você possa viver e morrer nos braços de Jesus.

Pe. Pio

REGRAS PARA O DISCERNIMENTO DOS ESPÍRITOS[989]

SANTO INÁCIO DE LOYOLA

Primeira Parte[990]

1. Àqueles que vão de pecado mortal em pecado mortal costuma, geralmente, o inimigo propor gozos aparentes e despertar-lhes na imaginação prazeres e desejos impuros, para mais os conservar e mergulhar em seus vícios e pecados. Ao contrário, o bom espírito causa-lhes remorsos e estímulos de consciência para os retirar de tão lastimoso estado.

2. Com aqueles que procuram intensamente purificar-se de seus pecados, e progredir no serviço de Deus, Nosso Senhor, dá-se o contrário do que foi dito na primeira Regra. Pois neles costuma o demônio suscitar perturbações de consciência, tristeza e desânimo, inquietando-os com falsas razões, para que não vão por diante na sua santificação. Pelo contrário, é próprio do bom espírito dar coragem, forças, consolações, lágrimas, inspirações e tranqüilidades, tornando-lhes tudo fácil e afastando todos os impedimentos, para que vão sempre adiantando na virtude e perfeição.

3. Da consolação espiritual. Chamo consolação qualquer movimento interno que impele a alma para mais servir e amar o seu Criador e Senhor, afastando-a, por conseguinte, de todas as coisas criadas para só descansar no

---

[989] Fonte: blog.comshalom.org, 04 de agosto de 2010.

[990] Exercícios de Santo Inácio de Loyola – Com práticas e meditações para oito dias de retiro pelo Pe. Alexandrino Monteiro. II Edição – Editora Vozes – 1959 – pp.320-323.

Criador delas; e também quando provoca lágrimas de amor a Deus, de dor dos próprios pecados, de compaixão pela morte de Cristo e de outras coisas ordenadas diretamente ao seu serviço e louvor; finalmente, chamo consolação a todo aumento de fé, de esperança e caridade, e a toda a alegria interna que atrai o homem para as coisas celestes e salvação de sua alma, dando-lhe paz e tranqüilidade em seu Criador e Senhor.

4. Da desolação espiritual. Chamo desolação tudo que é contrário ao que foi mencionado na terceira Regra, como por exemplo: trevas na alma, perturbações, inclinação para coisas baixas e terrenas; desassossego por várias tentações, que impelem a alma para a desconfiança, enfraquecendo-a na fé e na caridade, tornando-a triste e indolente no serviço de seu Criador e Senhor. Porque da mesma forma que a consolação é contrária à desolação, também os pensamentos, que nascem da consolação, são contrários aos que nascem da desolação.

5. No tempo da desolação não se deve mudar nada, mas perseverar firme e constante nos propósitos feitos no tempo da consolação; porque do mesmo modo que na consolação nos aconselha e guia o bom espírito, assim o mau nos causa, na desolação, sugestões, a que não podemos dar assentimento.

6. Ainda que na desolação não devamos mudar nossos propósitos, contudo é muito útil agir contra a mesma desolação, persistindo, por exemplo, mais tempo na oração, no exame de consciência e alargando-nos mais no uso das penitências.

7. Quem está na desolação considere que o Senhor, para o provar, o abandona a suas próprias forças naturais, a fim de que resista às várias tentações do inimigo; pois não lhe falta o auxílio divino, ainda que o não sinta; porque, se o Senhor lhe tirou o fervor primitivo, e sensível, e a graça superabundante, deixou-lhe todavia a graça suficiente para a sua salvação.

8. Quem está na desolação, trabalhe por levar com paciência as penas que lhe sobrevêm e pense que prontamente será consolado, tomando as medidas contra tal desolação como foi indicado na 6ª Regra.

9. São três as causas principais por que nos achamos desolados. A primeira é porque somos tíbios, preguiçosos ou negligentes em nossos exercícios espirituais e, por nossas faltas, se afasta de nós a consolação espiritual. A segunda porque Deus quer ver quanto podemos e até onde chegamos no seu serviço e louvor sem os auxílios da consolação. A terceira, porque Deus nos quer dar a conhecer que não está em nosso poder sentir grande devoção, amor intenso, lágrimas, nem qualquer outra consolação espiritual, mas que tudo é graça de

Deus, Nosso Senhor, a fim de que não nos ensoberbecemos nem envaidecermos atribuindo a nós mesmos a devoção e outras manifestações da consolação espiritual.

10. Aquele que está em consolação pense como se portará na desolação que depois virá, armazenado novas forças para esse tempo.

11. Quem está consolado procure humilhar-se e abater-se quanto puder, considerando quão pouco vale no tempo da desolação sem a graça da consolação. Pelo contrário, quem está na desolação, pense que muito pode com a graça, não lhe falta para resistir a seus inimigos, recebendo forças de seu Criador e Senhor.

12. O inimigo procede como uma mulher, mostrando-se fraco contra o forte, e forte contra o fraco. Assim como é próprio da mulher, quando luta com algum homem, perder a coragem e fugir, se o homem se mostra corajoso; e, ao contrário, se o homem se mostra covarde e tímido, a ira da mulher chega até ao excesso: do mesmo modo costuma o nosso inimigo enfraquecer e fugir, se aquele que se exercita nas coisas espirituais lhe resiste varonilmente e se opõe diametralmente às suas sugestões; se, pelo contrário, aquele que se exercita, começa a ter medo e a perder a coragem em lhe resistir, não há fera no mundo mais terrível, que este inimigo da natureza humana.

13. Porta-se também o demônio como um falso amante, que não quer ser descoberto. Assim como um homem que, procurando seduzir, com suas ilusórias palavras, a filha de um pai honesto, ou a esposa de um marido honrado, lhes propõe silêncio e pede segredo para que suas pérfidas insinuações não cheguem aos ouvidos do pai ou do marido, pois desfazer-se-ia toda a sua tentativa: assim quer o inimigo que as falazes propostas, que segreda à alma justa, fiquem ocultas e não sejam manifestadas ao confessor ou a uma pessoa espiritual que conheça bem seus embustes, pois perderia toda a esperança de consumar a sua malícia ao ver descobertos todos os seus artifícios.

14. Porta-se também o demônio como um general, quando quer apoderar-se duma fortaleza. Pois, à semelhança de um comandante ou chefe militar que, depois de assentar os arraiais, explora as fortificações e obras de defesa, para saber qual é a parte mais fraca, para começar por ela o ataque: assim o maligno espírito anda rondando em volta de nós para explorar as nossas virtudes teologais, cardeais e morais, a fim de começar por onde nos achar mais fraco, e nos render.

Segunda Parte[991]

1. É próprio de Deus e de seus Anjos, quando entram numa alma, enchê-la da verdadeira alegria e gozo espiritual, e banir toda a tristeza que o inimigo procura introduzir nela. Ao contrário, é próprio do mau espírito combater esta alegria e gozo espiritual por motivos fúteis, sutilezas e contínuas ilusões.

2. Só a Deus pertence consolar a alma sem causa precedente, pois só Ele tem direito de entrar nela e sair quando quiser, movendo-a ao amor de sua divina Majestade. Digo sem causa precedente, isto é, sem nenhum aviso prévio ou conhecimento de qualquer objeto, que dê origem àquela consolação.

3. Quando a consolação é precedida de alguma causa, o bom e o mau anjo podem ser igualmente o seu autor; mas os fins são inteiramente contrários. O bom anjo tem por finalidade o aproveitamento da alma, que deseja ver crescer nas virtudes. O mau anjo, ao contrário, quer vê-la retroceder no bem, para a levar, enfim, a seus perversos intentos.

4. É próprio do mau espírito transformar-se em anjo de luz e entrar primeiramente nos sentimentos da alma piedosa e acabar por lhe inspirar os seus próprios sentimentos. Assim, começa por sugerir a esta alma pensamentos bons e santos conforme às suas disposições virtuosas; mas logo, pouco a pouco, procura prendê-la em seus laços secretos e levá-la a consentir em seus pecaminosos intentos.

5. É examinar com grande cuidado o curso de nossos pensamentos. Se o princípio, o meio e o fim são bons e tendem ao bem, é sinal de que vêm do bom anjo; mas se no decurso deles se encontram alguma coisa má, vã ou diferente do que tínhamos proposto fazer, é sinal evidente de que tais pensamentos procedem do mau espírito.

6. Quando o demônio for descoberto por sua cauda serpentina, isto é, pelo fim pernicioso a que nos quer levar, será útil considerar os pensamentos que nos sugeriu, examinar-lhes o princípio e ver como, pouco a pouco, nos fez perder a alegria espiritual até nos levar à sua perversa intenção. A fim de que, pela experiência alcançada, nos acautelemos para o futuro de suas costumadas fraudes.

7. Naqueles que vão de bem em melhor costuma o bom anjo insinuar-se docemente, como uma gota d'água que cai numa esponja. O mau anjo, ao contrário, entra bruscamente como água que cai em pedra. Naqueles, porém,

---

[991] Exercícios de Santo Inácio de Loyola – Com práticas e meditações para oito dias de retiro pelo Pe. Alexandrino Monteiro. II Edição – Editora Vozes – 1959 – pp.324-325.

que vão de mal em pior, entram os mesmos espíritos diversamente, conforme à disposição da alma lhes é contrária ou semelhante. Se lhes é contrária, entram ruidosamente; se semelhante, entram silenciosamente e como por casa de porta aberta.

8. Quando a consolação vem sem causa precedente, ainda que esteja livre de fraude, pois é de Deus, como foi dito na 2ª Regra, contudo a alma, que recebe esta consolação, deve atender bem e distinguir o tempo que se lhe segue. Pois neste segundo tempo, em que a alma se sente toda fervorosa e gozando ainda dos restos da consolação passada, acontece tomar várias resoluções, que não são inspiradas imediatamente por Deus, e por isso devem-se examinar bem antes de se lhes dar inteiro assentimento e por em execução.

OK, EU SEI O QUE É UM SACRAMENTO. MAS O QUE É UM "SACRAMENTAL"?[992]

Você com certeza já usou muitos sacramentais. Alguns talvez façam parte da sua rotina. E é possível que haja vários guardados na sua casa, sabia?

Os *sacramentais* têm grande valor de santificação e consagração, pois, por meio deles, Deus derrama sobre o homem suas bênçãos. Cremos que é da *vontade do Senhor* nos abençoar por intermédio da Igreja, e abençoar nossas casas, nossos corpos, nossos objetos. E onde existe a bênção de Deus, o demônio não pode tocar.

Ao entrar em uma igreja, impulsionado pela fé e pela beleza do ambiente que o cerca, o fiel católico se ajoelha diante do Sacrário, faz o Sinal da Cruz, molhando ou não a ponta dos dedos na água abençoada pelo sacerdote, repete uma a oração tradicional da Igreja, como o Pai-Nosso... E possivelmente nem sempre se tenha a noção exata de cada um destes atos. São os *sacramentais*.

Os Sacramentais estão bem perto, ao nosso alcance, e são de grande benefício espiritual, como pequenos canais de comunhão com o Santo Criador. A palavra Sacramental significa "semelhante a um Sacramento", mas há grandes diferenças entre uma coisa e outra. Os *Sacramentos* (Batismo, Crisma, Eucaristia, Confissão, Unção dos enfermos, Ordem e Matrimônio) foram instituídos diretamente por Jesus Cristo para conferir a Graça santificante que apaga o Pecado e fortalece nossas almas, preparando-nos para a vida eterna no Céu.

---

[992] Fonte: pt.aleteia.org, 16 de setembro de 2015 [D'ELBOUX, Luiz G. Silveira. Doutrina católica 13ª ed., São Paulo: Loyola, 1997, pp.96-98].

Já os Sacramentais não conferem a Graça à maneira dos Sacramentos, mas são como que vias para ela, e como tal ajudam a santificar as diferentes circunstâncias da vida humana. Os Sacramentais despertam no cristão sentimentos de amor santo e de fé. Diz o Catecismo da Igreja Católica (§1670-1667):

> *"Os Sacramentais (...) oferecem aos fiéis bem dispostos a possibilidade de santificarem quase todos os acontecimentos da vida por meio da Graça divina que deriva do Mistério Pascal da Paixão, Morte e Ressurreição de Cristo. (...) A Santa Mãe Igreja instituiu também os sacramentais. Estes são sinais sagrados por meio dos quais, imitando de algum modo os sacramentos, se significam e se obtêm, pela oração da Igreja, efeitos principalmente de ordem espiritual. Por meio deles, dispõem-se os homens para a recepção do principal efeito dos sacramentos e são santificadas as várias circunstâncias da vida."*[993]

Os Sacramentais produzem seu efeito, no dizer teológico, Ex opere operantis (pela ação daquele que opera), isto é, depende da boa disposição dos que os operam. Assim, para que haja um frutuoso efeito das graças dos Sacramentais, são necessárias nossa *plena consciência e boa disposição ao recebê-los* (o amor, a fé, o respeito e reverência, a reta intenção, o espírito de adoração, o comprometimento interno...).

Os sacramentais *nos preparam para receber e cooperar com as graças que Deus nos concede*. São, por si mesmos, – como o próprio nome indica, – atos fugazes e transitórios e, não permanentes, como no caso dos Sacramentos.

Quais são os Sacramentais?

Os Sacramentos da Igreja, como sabemos e vimos, são sete. Já os Sacramentais são numerosos, sendo que muitos teólogos os classificam em seis grupos:
- *Orans:* basicamente são as orações que se costuma rezar publicamente na Igreja, como o Pai Nosso e as Ladainhas.
- *Tinctus:* o uso da água benta e certas unções que se usam na administração de alguns Sacramentos e que não pertencem à sua essência.
- *Edens:* indica o uso do pão bento ou outros alimentos santificados pela bênção de um Sacerdote.
- *Confessus:* quando se reza o Confiteor, individual ou publicamente, para pedir perdão a Nosso Senhor por nossos pecados e falhas, das quais já

---

[993] Sacrosanctum Concilium, 60: AAS 56 (1964) 116: cf. CIC can. 1166; CCEO can. 867.

não nos lembramos mais. Cremos que Deus, já neste ato, nos cumula de graças[994].

- *Dans:* esmolas ou doações, espirituais ou corporais, bem como os atos de misericórdia prescritos pela Igreja. – Acima das esmolas que possamos dar, está o bem espiritual que possamos fazer ao próximo. Além desse ato ser um Sacramental, adquirimos uma série de méritos pela caridade fraterna e pelas outras virtudes que a acompanham.
- *Benedicens:* as bênçãos que dão o Papa, os Bispos e os sacerdotes; os exorcismos; a bênção de reis, abades ou virgens e, em geral, todas as bênçãos sobre coisas santas.

Certos *objetos bentos de devoção*, como medalhas, velas e escapulários, também são considerados Sacramentais: o Crucifixo, a Medalha de Nossa Senhora das Graças e a Medalha de São Bento estão entre os maiores exemplos, sendo fundamental entender que não são "talismãs" nem "amuletos da sorte", e sim sinais visíveis de nossa fé. Não agem automaticamente contra as adversidades, como se tivessem "poderes mágicos", mas são como *recursos auxiliares* para nos unir ainda mais a Nosso Senhor e devem nos estimular no progresso da fé.

No caso do crucifixo, em sua forma clássica ou na versão de São Damião, representam nossa fé na palavra do Cristo, que diz que todo aquele que quiser segui-lo deve carregar a sua própria cruz. Sabemos muito bem que a cruz que

---

[994] *O Confietor* ('Confesso') é uma oração penitencial que tem origem nos primórdios do Cristianismo e em que nós, reconhecidos dos nossos pecados, buscamos a misericórdia e o perdão de Deus. O texto abaixo é a forma completa da oração, introduzida no rito da Missa no século XI. Na Missa atual é rezada uma versão abreviada, mantendo-se o costume tradicional de se bater no peito ao se recitar "minha culpa, minha tão grande culpa" (na versão abreviada) em sinal de humildade.
- *Confiteor Deo omnipotenti, beatae Mariae semper Virgini, beato Michaeli Archangelo, beato Ioanni Baptistae, sanctis Apostolis Petro et Paulo, et omnibus Sanctis, quia peccavi nimis cogitatione, verbo et opere: mea culpa, mea culpa, mea maxima culpa. Ideo precor beatam Mariam semper Virginem, beatum Michaelem Archangelum, beatum Ioannem Baptistam, sanctos Apostolos Petrum et Paulum, et omnes Sanctos, orare pro me ad Dominum Deum nostrum. Amen.*
- *Tradução:* Confesso a Deus Todo-poderoso, à bem-aventurada sempre Virgem Maria, ao bem-aventurado Miguel Arcanjo, ao bem-aventurado João Batista, aos santos Apóstolos Pedro e Paulo, e a todos os santos, que pequei muitas vezes por pensamentos, palavras e ações, por minha culpa, minha culpa, minha máxima culpa. Por isso, peço à bem-aventurada sempre Virgem Maria, ao bem-aventurado Miguel Arcanjo, ao bem-aventurado João Batista, aos santos Apóstolos Pedro e Paulo, e a todos os santos, que oreis por mim a Deus, Nosso Senhor. Amém.
- *Versão Abreviada (Missal de Paulo VI):* Confesso a Deus Todo-poderoso e a vós, irmãos, que pequei muitas vezes por pensamentos e palavras, atos e omissões, por minha culpa, minha tão grande culpa. E peço à Virgem Maria, aos Anjos e Santos, e a vós, irmãos, que rogueis por mim a Deus, Nosso Senhor.

devemos carregar não é esta pequena peça que trazemos ao pescoço, pendendo de um cordão ou de uma correntinha, mas é uma maneira de nos lembrarmos sempre disso, além de funcionar como uma espécie de testemunho de nossa fé.

Quantas graças, quantas dádivas da Santa Igreja à nossa disposição!

Efeitos dos Sacramentais

Os efeitos que produzem ou podem produzir os Sacramentais dignamente recebidos são muitos. Em geral:

- Obtêm *graças atuais* (temporais), com especial eficácia, pela intervenção da Igreja (*ex opere operandis Ecclesiae*).
- *Perdoam os pecados veniais* por via de impetração, enquanto que, pelas boas obras que fazem praticar e pela virtude das orações da Igreja, excitam-nos aos sentimentos de contrição e atos de caridade.
- Às vezes, perdoam toda pena temporal dos pecados passados, em virtude das *indulgências* que costumam acompanhar o uso dos Sacramentais.
- Obtêm-nos *graças temporais*, se convenientes para nossa salvação. Por exemplo, a restauração da saúde corporal, a proteção numa viagem perigosa, etc.

"Não há uso honesto das coisas materiais que não possa ser dirigido à santificação dos homens e o louvor a Deus." (Sacrosanctum Concilium, 61).

MISSAS DE CURA E LIBERTAÇÃO: O QUE A IGREJA DIZ?[995]

No Missal Romano, há uma seção intitulada "Missas para diversas necessidades", a qual pode ser utilizada para diversas finalidades particulares. Existem ainda as Missas especiais de Rogações, as Missas para as Quatro Têmporas e uma Missa "pelos enfermos". Mas e Missas para "curar e libertar"? Roma jamais promulgou um próprio para uma Missa deste tipo. Por tanto, se não há no Missal Romano um próprio para que se celebre tal culto, não se deve celebrá-lo.

Poderíamos argumentar que "toda Missa cura e liberta", uma vez que basta o Milagre Eucarístico e a comunhão para sanar todos os males, mas ao que parece este mesmo argumento se vê ultrapassado uma vez que há padres

---

[995] Fonte: Alex Teles, pt.aleteia.org, 21 de junho de 2016.

utilizando-se de argumentos espertos que vão desde "estas Missas se celebram de uma forma diferente" até "dinâmicas" que são introduzidas ao gosto do freguês, mesmo sem negar a natureza curativa e libertadora do Sacrifício de Cristo.

Os dois argumentos acima são falhos e criminosos em si mesmos, mas não é deles que trataremos. Definamos então as características básicas de uma Missa de Cura e libertação e analisemos se sua natureza condiz ou não com a Doutrina da Igreja. Nestas Missas são introduzidos:

1. Orações por cura e libertação;
2. Cantos emotivos e não litúrgicos;
3. Homilias artificiais, escandalosas e destoantes da Liturgia da Palavra no dia;
4. Novos momentos na ação litúrgica;
5. Exposição do Santíssimo Sacramento no ostensório ainda durante a Missa, e;
6. Gestos alheios às prescrições do Missal Romano.

Reconhecidas estas introduções, analisemos então.

Quanto ao número 1, das orações por cura e libertação

A autoridade perene e inequívoca do Santo Padre foi exercida por meio da Congregação para Doutrina da Fé, na "*Instrução sobre as orações para alcançar de Deus a cura*" nos seguintes termos:

> Art. 2 – *As orações de cura têm a qualificação de litúrgicas, quando inseridas nos livros litúrgicos aprovados pela autoridade competente da Igreja; caso contrário, são orações não litúrgicas.*
>
> Art. 3 – § 1. *As orações de cura litúrgicas celebram-se segundo o rito prescrito e com as vestes sagradas indicadas no Ordo benedictionis infirmorum do Rituale Romanum.*(27)

Por tanto, qualquer oração por cura que não esteja já inserida nos textos litúrgicos ou que não tenha sido devidamente aprovada pelo Bispo Diocesano, conforme o Can. 838 do CDC, não são litúrgicas e *não podem ser utilizadas na Missa*. Da mesma forma, qualquer Missa que deseje rogar a Deus pela cura dos enfermos *deve seguir a Prescrição Canônica* em sua forma, o que não inclui nenhuma das outras introduções das quais trataremos.

Não é da tradição católica, e nem foi tratado ou autorizado por Roma em qualquer documento, orações por "libertação" a não ser aquelas dos ritos de exorcismo. Não se podendo inserir orações na Santa Missa alheias àquilo que ordena a Santa Sé, nos restaria questionar se ao menos as de exorcismo poderiam ser utilizadas para o fim de libertação. Sobre isso diz o mesmo documento:

> *Art. 8 – § 1. O ministério do exorcismo deve ser exercido na estreita dependência do Bispo diocesano e, em conformidade com o can. 1172, com a Carta da Congregação para a Doutrina da Fé de 29 de Setembro de 1985(31) e com o Rituale Romanum.(32)*
>
> *§ 2. As orações de exorcismo, contidas no Rituale Romanum, devem manter-se distintas das celebrações de cura, litúrgicas ou não litúrgicas.*
>
> *§ 3. É absolutamente proibido inserir tais orações na celebração da Santa Missa, dos Sacramentos e da Liturgia das Horas.*

O direito permite, no entanto,

> *§ 2. Durante as celebrações, a que se refere o art. 1, é permitido inserir na oração universal ou «dos fiéis» intenções especiais de oração pela cura dos doentes, quando esta for nelas prevista.*

Por tanto, mesmo na Oração Universal a oração pela cura dos enfermos só se faz quando for canonicamente prevista.

Quanto ao número 2, dos cantos emotivos e não litúrgicos.

Já é fato batido e discutido em inúmeros documentos oficiais da Igreja, alguns infalíveis, qual a natureza do canto litúrgico (no Quirógrafo de São João Paulo II, *Tra le sollecitudini*, no Documento da 48ª Assembleia Geral da CNBB, etc). No entanto, a "*Instrução sobre as orações para alcançar de Deus a cura*" ainda nos diz:

> *Art. 9 – Os que presidem às celebrações de cura, litúrgicas ou não litúrgicas, esforcem-se por manter na assembleia um clima de serena devoção, e atuem com a devida prudência, quando se verificarem curas entre os presentes. Terminada a celebração, poderão recolher, com simplicidade e precisão, os eventuais testemunhos e submeterão o fato à autoridade eclesiástica competente.*

Sem estimular choramingos, labaxúrias ou berros estridentes. O clima da celebração deve manter-se o mesmo de toda celebração litúrgica, principalmente da Eucaristia: silencioso, devocional, piedoso e amoroso.

Quanto ao número 3, das homilias artificiais, escandalosas e destoantes da Liturgia da Palavra no dia.

O Papa Bento XVI nos fala na *(Sacramentum Caritatis SC)* e na *Verbum Domini (VD)* sobre a natureza das homilias:

> 1) A sua *"função [portanto, o seu fim] é favorecer uma compreensão e eficácia mais ampla da Palavra de Deus na vida dos fiéis"* (SC n. 46 e VD n. 59).
> 2) *"A homilia constitui uma atualização da mensagem da Sagrada Escritura, de tal modo que os fiéis sejam levados a descobrir a presença e eficácia da Palavra de Deus no momento atual da sua vida"* (VD n. 59).
> 3) *"tenha-se presente a finalidade catequética e exortativa da homilia"* (SC n. 46). A respeito do caráter exortativo, a VD menciona a conveniência de, mesmo nas breves homilias diárias, *"oferecer reflexões apropriadas [...], para ajudar os fiéis a acolherem e tornarem fecunda a Palavra escutada"* (n. 59).
> 4) Um ponto importante sobre o foco central da homilia: *"Deve resultar claramente aos fiéis que aquilo que o pregador tem a peito é mostrar Cristo, que deve estar no centro de cada homilia"* (VD n. 59).

Por tanto, não há lugar na homilética litúrgica para homilias como as que costumam figurar nestas Missas.

Quanto ao número 4, dos novos momentos na ação litúrgica

Não raro, os sacerdotes que se dispõem a este show de horrores na liturgia costumam introduzir momentos estranhos à ação litúrgica que se celebra. Segundas homilias, interrupções à oração eucarística, etc.

Quanto a isso a *Instrução Geral do Missal Romano* é clara e direta (IGMR 46 à 90), indicando que a Santa Missa consta das seguintes partes:

1. Ritos Iniciais (entrada, saudação, ato penitencial, Kýrie, Glória e oração coleta);
2. Liturgia da Palavra (leituras bíblicas, salmo responsorial, aclamação ao Evangelho, proclamação do Evangelho, homilia, profissão de fé e oração universal);
3. Liturgia Eucarística (preparação dos dons, oração sobre as oblatas, oração eucarística, rito da Comunhão, oração dominical, rito da paz, fração do Pão e Comunhão);

4. Rito de Conclusão (notícias breves, saudação e bênção do sacerdote, despedida da assembleia, beijo no altar).

Nem dentro nem fora destes momentos a liturgia aceita quaisquer inovações. Algumas celebrações, em especial as pontificais, possuem de fato momentos adicionais mas, no entanto, foram especificamente descritos pela Santa Sé nos livros litúrgicos (Cerimonial dos Bispos, Pontifical Romano, Ritual de Bênçãos, etc) e se prestam à finalidade sacramental para a qual foram criados, em conformidade com a Doutrina e Tradição de sempre.

Quanto ao número 5, da exposição do Santíssimo Sacramento no ostensório ainda durante a Missa

Sobre o uso da exposição do Santíssimo Sacramento, ou procissão sem o fim para o qual reza a norma, que é a adoração, a Santa Igreja considera ilegítimo, como está abaixo, no Documento do Cardeal Ratzinger já citado anteriormente:

> *"[...]Também estas celebrações são legítimas, uma vez que não se altere o seu significado autêntico. Por exemplo, não se deveria pôr em primeiro plano o desejo de alcançar a cura dos doentes, fazendo com que a exposição da Santíssima Eucaristia venha a perder a sua finalidade; esta, de fato, «leva a reconhecer nela a admirável presença de Cristo e convida à íntima união com Ele, união que atinge o auge na comunhão sacramental."*

Ora, se o auge da união com Cristo se atinge na comunhão sacramental e esta é parte da Celebração Eucarística, é para Cristo dentro de si que se deve olhar e não para fora uma vez que "aqui dentro" ele está mais próximo do que "ali fora". Por tanto, o rito de exposição do Santíssimo Sacramento não cabe na Santa Missa (salvos os casos pontificais presentes nos textos litúrgicos) pois distancia o fiel desta realidade íntima da presença real de Cristo em si.

Quanto ao número 6, dos gestos alheios às prescrições do Missal Romano

A IGMR é clara:

> *"42. Os gestos e atitudes corporais, tanto do sacerdote, do diácono e dos ministros, como do povo, visam conseguir que toda a celebração brilhe pela beleza e nobre simplicidade, que se compreenda a significação verdadeira e plena das suas diversas partes e que se facilite a participação de todos[52]. Para isso deve atender-se ao que está definido pelas leis litúrgicas e pela tradição do Rito Romano, e ao que concorre para o bem comum espiritual do povo de Deus, mais do que à inclinação e arbítrio de cada um. A atitude comum do*

corpo, que todos os participantes na celebração devem observar, é sinal de unidade dos membros da comunidade cristã reunidos para a sagrada Liturgia: exprime e favorece os sentimentos e a atitude interior dos presentes."

Assim, cremos ter justificado conforme o ensinamento da Igreja que: não, Missa de Cura e Libertação *Não Pode*.

COMO DIFERENCIAR UMA POSSESSÃO DIABÓLICA DE UMA DOENÇA MENTAL? [996]

Conheça os sinais de uma verdadeira possessão diabólica, segundo o ensinamento da Igreja

Buscarei responder da maneira mais exata possível.

1. Os elementos constitutivos da possessão diabólica

Há dois elementos que constituem a possessão:

– A presença do demônio no corpo do possesso.
– O império que ele exerce sobre o corpo e, por meio deste, na alma.

O demônio não está unido ao corpo, como a alma; e com relação à alma, ele não é senão um motor externo e, se age nela, é por meio do corpo no qual habita. Pode agir diretamente nos membros do corpo e fazê-lo executar todo tipo de movimentos; indiretamente, age nas potências, enquanto estas dependem do corpo para suas ações.

Podemos distinguir dois estados diferentes no possesso: o da crise e o da calma. A crise é a maneira de acesso violento, no qual o demônio manifesta seu império tirânico produzindo no corpo uma agitação febril que se manifesta em contorções, gritos de raiva, palavras ímpias e blasfêmias.

Os possessos perdem, então, todo conhecimento do que acontece com eles, do que disseram ou fizeram, ou melhor, de tudo o que o demônio fez por meio deles. Só sentem a presença do demônio no início, mas depois perdem a consciência. No entanto, esta regra tem exceções.

Nos intervalos de sossego, não há maneira de descobrir a presença do espírito maligno, a impressão é de que ele foi embora. No entanto, sua presença se

---

[996] Padre Miguel A. Fuentes, IVE; pt.aleteia.org, 01 de Junho de 2015.

manifesta mediante uma espécie de doença crônica que desconcerta todos os remédios da ciência moderna.

É frequente que haja muitos demônios possuindo uma só pessoa. E, em geral, a possessão acontece em pecadores, mas há exceções.

2. Os sinais da possessão

Como há doenças mentais cujos sintomas se assemelham aos da possessão, é preciso diferenciar as duas coisas.

Segundo o Ritual Romano, existem três sinais para conhecer a possessão diabólica:

- *Falar idiomas não conhecidos.* Para comprovar bem isso, é necessário estudar a pessoa profundamente para ver se, no passado, teve oportunidade de aprender algumas palavras de tais idiomas, se fala algumas frases soltas aprendidas de memória, ou se fala e entende uma língua que na verdade não conhecia.
- *Revelação de coisas ocultas,* sem meio natural que explique isso. Também neste caso é preciso investigar bem para garantir que a pessoa não tem como saber tais coisas por nenhum meio natural.
- *Uso de forças notavelmente superiores às naturais do sujeito,* levando em consideração sua idade, condição física, doenças etc.

3. Remédios para a possessão

Os remédios, neste caso, são os capazes de enfraquecer a ação do demônio no homem, purificar a alma e fortalecer a vontade contra as investidas do diabo. O principal remédio é o exorcismo.

Remédios Gerais

Um dos mais eficazes é a purificação da alma por meio de uma boa confissão, sobretudo a confissão geral. O Ritual aconselha acrescentar a isso o jejum, a oração e a comunhão (mas esta só pode ser recebida na fase de calma).

Os sacramentais e objetos abençoados também têm muita eficácia, devido às orações que a Igreja recitou ao abençoá-los. Santa Teresa confiava especialmente na água benta, porque a Igreja lhe confere a capacidade de afugentar o demônio. Mas é preciso usá-la com espírito de fé, humildade e confiança.

O crucifixo e o sinal da cruz também são poderosos, porque o demônio foi vencido pela cruz, e por isso foge dela.

Os Exorcismos

Finalmente sobre o exorcismo, cabe recordar o que o Catecismo ensina (n. 1673):

"Quando a Igreja pede publicamente e com autoridade, em nome de Jesus Cristo, que uma pessoa ou objeto seja protegido contra a ação do Maligno e subtraído ao seu domínio, fala-se de exorcismo. Jesus praticou-o – e é d'Ele que a Igreja obtém o poder e encargo de exorcizar. Sob uma forma simples, faz-se o exorcismo na celebração do Batismo. O exorcismo solene, chamado 'grande exorcismo', só pode ser feito por um presbítero e com licença do bispo. Deve proceder-se a ele com prudência, observando estritamente as regras estabelecidas pela Igreja. O exorcismo tem por fim expulsar os demônios ou libertar do poder diabólico, e isto em virtude da autoridade espiritual que Jesus confiou à sua Igreja. Muito diferente é o caso das doenças, sobretudo psíquicas, cujo tratamento depende da ciência médica. Por isso, antes de se proceder ao exorcismo, é importante ter a certeza de que se trata de uma presença diabólica e não de uma doença."

AMERICAN PSYCHIATRIC ASSOCIATION

Manual Diagnóstico e Estatístico de Transtornos Mentais – DSM-IV-TR [1994]

300.15 Transtorno Dissociativo Sem Outra Especificação[997]

Esta categoria destina-se a transtornos nos quais a característica predominante é um sintoma dissociativo (i. é, uma perturbação nas funções habitualmente integradas da consciência, memória, identidade ou percepção do ambiente) que não satisfaz os critérios para qualquer Transtorno Dissociativo específico. Exemplos:

1. Quadros clínicos similares ao Transtorno Dissociativo de Identidade que não satisfazem todos os critérios para este transtorno. Por exemplo, apresentações nas quais a) não existem dois ou mais estados distintos de personalidade, ou b) não ocorre amnésia para informações pessoais importantes.
2. Desrealização não acompanhada de despersonalização em adultos.

---

[997] DSM – IV-TR, p.509.

3. Estados dissociativos ocorridos em indivíduos que foram submetidos a períodos de persuasão coercitiva prolongada e intensa (p. ex., lavagem cerebral, reforma de pensamentos ou doutrinação em cativeiro).
4. Transtorno de transe dissociativo: perturbações isoladas ou episódicas do estado de consciência, identidade ou memória, inerentes a determinados locais e culturas. O transe dissociativo envolve o estreitamento da consciência quanto ao ambiente imediato, comportamentos ou movimentos estereotipados vivenciados como estando além do controle do indivíduo. O transe de possessão envolve a substituição do sentimento costumeiro de identidade pessoal por uma nova identidade, atribuída a influencia de um espírito, poder, divindade ou outra pessoa e associadas com movimentos estereotipados "involuntários" ou amnésia, e é talvez o Transtorno Dissociativo mais comum na Asia. Exemplos: amok (Indonésia), bebainan (Indonésia), latah (Malásia), pibloktoq (Artico), ataque de nervios (América Latina) e possessão (India). O Transtorno dissociativo ou de transe não representa um componente normal da pratica cultural ou religiosa amplamente aceita pela cultura (ver p. 734, para critérios sugeridos para pesquisas).
5. Perda de consciência, estupor ou coma não atribuíveis a uma condição medica geral.
6. Síndrome da Ganser: oferecimento de respostas aproximadas a questões (p. ex., "2 mais 2 é igual a 5", quando não associado com Amnésia Dissociativa ou Fuga Dissociativa.

Glossário para Síndromes Ligadas à Cultura

ZAR: Um termo geral aplicado na Etiópia, na Somália, no Egito, no Sudão, no Irã e em outras sociedades da África do Norte e do Oriente Médio para a experiência de possessão de um individuo por espíritos. As pessoas possuídas por um espírito podem vivenciar episódios dissociativos que incluem gritar, dar risadas, bater com a cabeça contra uma parede, cantar ou chorar. Os indivíduos podem demonstrar apatia e retraimento, recusando-se a comer ou executar atividades diárias, ou desenvolver um relacionamento a longo prazo com o espírito que os possui. Este comportamento não é considerado patológico na cultura local.[998]

---

[998] DSM – IV-TR, p.842.

Manual Diagnósico e Estatístico de Transtornos Mentais – DSM V [2014]

300.15 (F44.89) Outro Transtorno Dissociativo Especificado[999]

Esta categoria aplica-se a apresentações em que sintomas característicos de um transtorno dissociativo que causam sofrimento clinicamente significativo ou prejuízo no funcionamento social, profissional ou em outras áreas importantes da vida do individuo predominam, mas não satisfazem todos os critérios para qualquer transtorno na classe diagnostica dos transtornos dissociativos. A categoria outro transtorno dissociativo especificado é usada nas situações em que o clínico opta por comunicar a razão especifica pela qual a apresentação não satisfaz os critérios para qualquer transtorno dissociativo específico. Isto é feito por meio do registro de "outro transtorno dissociativo especificado", seguido pela razão especifica (p.ex., "transe dissociativo").

Exemplos de apresentações que podem ser especificadas usando a designação "outro transtorno dissociativo especificado" incluem os seguintes:

1. *Síndromes crônicas e recorrentes de sintomas dissociativos mistos:* Esta categoria inclui perturbação da identidade associada a alterações brandas no senso de si mesmo e no senso de domínio das próprias ações ou alterações da identidade ou episódios de possessão em um individuo que relata não ter amnésia dissociativa.

2. *Perturbação da identidade devido a persuasão coercitiva prolongada e intensa:* Indivíduos sujeitos a persuasão coercitiva intensa (p. ex., lavagem cerebral, reforma de pensamentos, doutrinação em cativeiro, tortura , prisão política prolongada, recrutamento por seitas /cultos ou organizações terroristas) podem apresentar mudanças prolongadas na, ou questionamento consciente da, própria identidade.

3. *Reações dissociativas agudas a eventos estressantes:* Esta categoria inclui condições transitórias agudas que geralmente duram menos de um mês e às vezes apenas poucas horas ou dias. Essas condições são caracterizadas por estreitamento da consciência; despersonalização; desrealização; perturbações da percepção (p. ex., lentificação do tempo, macropsia); microamnésias; estupor transitório; e/ou alterações no funcionamento sensório-motor (p.ex., analgesia, paralisia).

4. *Transe dissociativo:* Esta condição é caracterizada por estreitamento ou perda completa da consciência do ambiente que se manifesta como

---

[999] DSM – V, p.306.

ausência profunda de responsividade ou insensibilidade a estímulos ambientais. A ausência de responsividade pode estar acompanhada por comportamentos estereotipados menores (p. ex., movimentos dos dedos) que o indivíduo não percebe e/ou não consegue controlar, bem como paralisia transitória ou perda da consciência. O transe dissociativo não é parte habitual de praticas culturais ou religiosas coletivas amplamente aceitas.

300.15 (F44.9) Transtorno Dissociativo Não Especificado [1000]

Esta categoria aplica-se a apresentações em que sintomas característicos de um transtorno dissociativo que causam sofrimento clinicamente significativo ou prejuízo no funcionamento social, profissional ou em outras áreas importantes da vida do individuo predominam, mas não satisfazem todos os critérios para qualquer transtorno na classe diagnostica dos transtornos dissociativos. A categoria transtorno dissociativo não especificado é usada nas situações em que o clínico opta por não especificar a razão pela qual os critérios para um transtorno dissociativo especifico não são satisfeitos e inclui apresentações para as quais não há informação suficiente para que seja feito um diagnóstico mais especifico (p. ex., em salas de emergência).

[1000] DSM – V, p.307.

Agradecimentos

Termino esta obra com imensa gratidão no coração.

Desejo concluir este livro registrando aqui alguns agradecimentos especiais:

Em primeiro lugar quero agradecer aos guardiões, protetores, intercessores que o SENHOR me concedeu:

– Anjo da Guarda [02/10]

– Arcanjo Miguel [29/09]

– Nossa Senhora de Guadalupe [1531 – 12/12]

– São Patrício da Irlanda [377-461 – 17/03]

– São Bento de Núrsia [480-547 – 11/07]

– São Francisco de Assis [1182-1226 – 03/10]

– Santo Inácio de Loyola [1491-1556 – 31/07]

– Santa Tereza D'Ávila [1515-1582 – 15/10]

– Santa Teresa de Lisieux [1873-1897 – 01/10]

– Santa Gemma Galgani [1878-1903 – 11/04]

– Santo Padre Pio de Pietrelcina [1887-1968 – 23/09]

– Santa Maria Faustina Kowalska [1905-1938 – 05/10]

Durante a elaboração deste livro, muitas vezes eu ouvi que são os santos que nos escolhem. Hoje posso com alegria testemunhar isso. Foram muitos combates espirituais, grandes provações, mas Deus tem um propósito para este livro e me fez seguir em frente, até que este fosse concluído. Agradeço imensamente a Deus, que não desistiu de mim. *"Aquele que começou tão boa obra há de levá-la a bom termo, até o dia do Cristo Jesus"* (Fl 1,6).

Em segundo lugar quero agradecer ao SENHOR pelas Graças, pelos dons divinos gratuitos e imerecidos que Ele me confiou:

– Nascimento [31/08/1985]

– Batismo [12/11/1985 – Pe. Alberto Amândio Fritzen]

– Primeira Comunhão Eucarística [29/11/1997 – Pe. Gervásio Fuck]

– Confirmação / Crisma [23/12/2000 – Mons. Agostinho Staehelin]

– Ordenação Diaconal [12/02/2011 – Dom Murilo Sebastião Ramos Krieger, SCJ]

– Ordenação Presbiteral [30/04/2011 – Dom José Negri, PIME]

– Nomeação de Exorcista [31/07/2015 – Dom Wilson Tadeu Jönck, SCJ]

Louvo a Deus por cada Eucaristia e cada Confissão que Ele tem me concedido a graça de viver. Cada missão que o SENHOR tem me confiado, tem me causado temor e tremor, mas tem me confortado saber que Ele nos acompanha e que "trazemos estes tesouros preciosos em vasos de barro, para que todos reconheçam que este poder extraordinário vem de Deus e não de nós" (cf. *2Cor* 4,7; *Jer* 18,6).

Em terceiro lugar, agradeço de coração a todos os amigos que o SENHOR me confiou e que contribuíram muito com esta obra. Agradeço a todos(as) que compartilharam preciosos textos, cooperaram na tradução e na revisão deste livro: Dom Wilson Tadeu Jönck, Pe. Duarte Souza Lara, Pe. Vitor Galdino Feller, Pe. Ney Brasil Pereira, Pe. Hélio Tadeu Luciano de Oliveira, Pe. Luciano José Toller, Pe. Edinei da Rosa Candido, Pe. José Artulino Besen, Pe. Kelvin Borges Konz, Pe. Gilberto Lombardo Junior, Pe. Anderson Pitz, Pe. Paulo Stippe Schmit, Pe. Guilherme dos Santos, Irmã Clea Fuck, Júlio César Porfírio, Simão Cardoso, Eduardo Teodoro Coelho, Saymon Alves Meyer, Maria Juliana Vilpert Batista, Taize Rodrigues, Josimar Antunes Demétrio, Marcelo Augusto de Faria, Carlos Darci Bressan, Letícia Schmitt, Mariana da Silva, Mariana Bonfim Vasco, Pâmela Schmitz, Luciano da Cunha, Iuri Parço, Tamires Barbosa Pontes, Gabriela Maria de Souza, Ezequiel Laurindo de Almeida, Graziela Hahn, José Wellington da Rosa, Anderson Schmidt, André Junior Schmidt, Ana Paula Schmidt, Natália Meurer da Rosa, Kelyn de Almeida Coelho, Carlos Augusto Guimarães, Murilo Samuel Coelho, Natálya Boing...

Foram momentos de comunhão, unidade e de grande crescimento. Louvo a Deus pela vida de cada irmão que colocou seus dons a serviço. Serei eternamente grato a Deus por toda a dedicação e amor a Igreja que encontrei no coração de cada um de vocês. Deus os recompense abundantemente.

Agradeço a tantos advogados católicos, amigos queridos, que cooperaram na revisão desta obra, dando todo respaldo jurídico para que a Igreja Católica tenha assegurada a sua liberdade de expressão religiosa, salvaguardada na constituição brasileira. Esta obra não visa discriminar ou gerar preconceitos em relação a outras crenças, mas apenas expor aquilo que é fé, doutrina e experiência cristã católica.

Por fim, quero agradecer aos intercessores pessoais que o SENHOR tem me confiado, que com simplicidade e discrição tem me acompanhado e sustentado com as suas orações. Se hoje existe um sacerdote de pé, é por que existe uma multidão de joelhos.

Deus abençoe e guarde a todos.

Bibliografia

ALLEN, Thomas B. *Exorcismo*. 2ª ed. Rio de Janeiro: DarkSide Books, 2016.

AMORTH, Gabriele. *Memórias de um exorcista*. Espanha: Indicios e Urano, 2010.

AMORTH, Gabriele, TOSATTI, Marcos. *Memórias de um exorcista: a minha vida em luta contra satanás*. Alfragide, Portugal: Edições ASA, 2011.

AMORTH, Gabriele, RODARI, Paolo. *O sinal do exorcista: minha última batalha contra o satanás*. Campinas, SP: Ecclesiae, 2013.

AMORTH, Gabriele, RODARI, Paolo. *O último exorcista: Minha Batalha contra Satanás*. Campinas, SP: Ecclesiae, 2012.

AMORTH, Gabriele. *Vade retro, Satanás!* 3ª ed. São Paulo: Canção Nova, 2013.

AMORTH, Gabriele. *Exorcistas e psiquiatras*. 4ª ed. Lisboa: Paulus, 2014.

AMORTH, Gabriele. *Novos relatos de um exorcista*. 3ª ed. Lisboa: Paulus, 2011.

AMORTH, Gabriele. *Um exorcista conta-nos*. 8ª ed. Prior Velho: Paulinas, 2012.

AMORTH, Gabriele. *Mais fortes que o mal*. Lisboa. Portugal: Paulus, 2010.

AMORTH, Gabriele. *El Diablo: una investigación contemporánea*. Colombia, Bogotá: San Pablo, 2014.

AMORTH, Gabriele. *O Evangelho de Maria: a mulher que venceu o mal*. Parede, Portugal: Lucerna, 2014.

AMORTH, Gabriele. *Livrai-nos do mal: orações de libertação*. 2ª ed. São Paulo: Palavra e Prece, 2010.

AMORTH, Gabriele. *Deus é mais Belo que o Diabo: testamento espiritual*. São Paulo: Fons Sapientiae, 2016.

AMORTH, Gabriele. *Deus é mais belo que o diabo: testamento espiritual*. Lisboa: Paulus, 2017.

AMORTH, Gabriele. *Seremos julgados pelo Amor. O demônio nada pode contra a misericórdia de Deus*. Lisboa: Paulus, 2016.

BAMONTE, Francesco. *Os Anjos Rebeldes: O mistério do mal na experiência de um exorcista*. Prior Velho: Paulinas, 2010.

BAMONTE, Francesco. *Possessões Diabólicas e Exorcismo: como reconhecer o astuto Pai da Mentira*. São Paulo, Ave Maria, 2007.

BAMONTE, Francesco. *I danni dello spiritismo*. Milano: Ancora, 2015.

BAMONTE, Francesco. *Magia ou Ciência?* São Paulo: Ave Maria, 2005.

BAMONTE, Francesco. *Bruxos, Adivinhos, Quiromantes, Cartomantes: como livrar-se da superstição e defender-se dos charlatães.* Prior Velho: Paulinas, 2012.

BAMONTE, Francesco. *A Virgem Maria e o Diabo nos exorcismos.* Prior Velho: Paulinas, 2011.

BALDUCCI, Corrado. *O Diabo: Vivo e Atuante no Mundo.* 3ª ed. São Paulo: Mir Editora, 2005.

BARRAJÓN, Pedro. *Angeli e Demoni Nel Piano Salvifico.* Roma: Ateneo Pontificio Regina Apostolorum, 2010.

BENIGNO, Frei. *O Diabo existe eu encontrei-O: o exorcismo, um dom do Senhor à sua Igreja.* Prior Velho: Paulinas, 2010.

CATECISMO DA IGREJA CATÓLICA: Edição revisada de acordo com o texto oficial em latim. Libreria Editrice Vaticana, 2011.

CERBELAUD, Dominique. *O Diabo.* Portugal: Gráfica de Coimbra, 1997.

CNBB. *Exorcismos: Reflexões teológicas e orientações pastorais.* Brasília: Edições CNBB, 2017.

CNBB. *Ritual de Exorcismos e Outras Súplicas.* São Paulo: Paulus, 2ª ed. São Paulo: Paulus, 2008.

CÓDIGO DE DIREITO CANÓNICO. 4ª ed. Lisboa: Conferência Episcopal Portuguesa, 1983.

CONFERÊNCIA EPISCOPAL DA TOSCANA. *Nota Pastoral Magia e Demônios.* Prior Velho: Paulinas, 2014.

CONFERÊNCIA EPISCOPAL EMILIA-ROMAGNA. *Religiosidade alternativa, seitas, espiritualismo: desafio cultural, educativo e religioso.* Lisboa: Paulus, 2016.

DERMINE, Francois-Marie. *Mistici, veggenti e medium: esperienze dell'aldilà a confronto.* 2ª ed. Citta del Vaticano: Libreria Editrice Vaticana, 2003.

DERMINE, Francois-Marie. *Carismatici, sensitivi e medium: i confini della mentalita magica.* 2ª ed. Bologna: ESD, 2015.

DIAS, José Francisco de Assis. *Diagnóstico e libertação contra satanás e seus anjos.* Maringa, PR: Humanitas Vivens, 2011.

DIAS, José Francisco de Assis. *Satanás: existe verdadeiramente!* Maringa, PR: Humanitas Vivens, 2011.

DIAS, José Francisco de Assis. *Possessão Diabólica: Realidade ou Fantasia?* Maringa, PR: Humanitas Vivens, 2011.

DSM IV. *Diagnostical and Statiscal Manual of Mental Disorders.* 4ª ed. Washinton, DC: American Psychiatric Association, 1994.

DSM IV. *Manual Diagnóstico e Estatístico de Transtornos Mentais [recurso eletrônico]: DSM-IV-TR*. 4ª ed., texto revisado. – Dados eletrônicos. – American Psychiatric Association. Porto Alegre: Artmed, 2007.

DSM V. *Manual Diagnóstico e Estatístico de Transtornos Mentais*. 5ª ed. São Paulo: American Psychiatric Association, 2014.

FERRETTI, Pe. Augusto Ferretti. *Os santos anjos da guarda*. São Paulo: Cultor de Livros, 2016.

FORTEA, José Antonio. *Summa Daemoniaca: Tratado de demonologia e manual de exorcistas*. 2ª ed. Lisboa, Portugal: Paulus, 2010.

FORTEA, José Antonio. *Exorcística: Cuestiones relativas al demonio, la posesión y el exorcismo*. Zaragoza, Espanha: Kindle Edition, 2011.

FORTEA, José Antonio. *Historia do Mundo dos Anjos*. São Paulo: Palavra & Prece, 2012.

FORTEA, José Antonio. *Memorias de un exorcista*. Madri: MR Ediciones, 2008.

FORTEA, José Antonio. *Un Dios misterioso: Normas, pautas y consejos para la Renovación Carismática*. Zaragoza, Espanha: Kindle Edition, 2010.

FORTEA, José Antonio. *La construcción del Jardín del Edén*. Benasque, Espanha: Kindle Edition, 2012.

JEREMIAS, Joachim. *Teologia do Novo Testamento:* Nova Edição revisada e atualizada. São Paulo. Hagnos. 2008.

JEREMIAS, Joachim. *Jerusalém no Tempo de Jesus*. São Paulo: Ed Paulus e Academia Cristã, 2010.

JEREMIAS, Joachim. *Estudos no Novo Testamento*. São Paulo: Editora Academia Cristã, 2015.

HOLBÖCK, Ferdinand. *Summa Angelorum: unidos com os anjos e os santos*. Lisboa: Paulus, 2016.

KOCH, Kurt. *Ocultismo, Demônios e Exorcismo: como libertar opressos e endemoniados*. São Paulo: Betânia, 1976.

LARA, Duarte Sousa. *Deus está a salvar-me...e a libertar-me de todo o mal*. Parede, Portugal: Lucerna, 2014.

LAURENTIN, Rene. *El Demonio: Simbolo o Realidad?* Bilbao: Desclee de Brouwer, 1998.

LAVATORI, Renzo. *O Anjo: um feixe de luz sobre o mundo*. Prior Velho: Paulinas, 2016.

LÉPICIER, Cardeal Alexis. *O Mundo Invisível*. São Paulo: Molokai, 2014.

MADRE, Philippe. *Discernimento dos Espíritos*. 13ª ed. São Paulo: Ed. Santuário, 2012.

MARTIN, Malachi. *Reféns do Demônio – Cinco Casos de Possessão e Exorcismo*. Campinas, SP: Ecclesiae, 2016.

MAZZALI, Ir. Alexandre. *Demonologia e Psiquiatria: do real ao imaginário*. Campinas - SP: Ecclesiae, 2017.

MONGE DA ORDEM DOS CARTUXOS. *O Discernimento dos Espíritos*. São Paulo: Paulinas, 2006.

MUSOLESI, Angela. *Experiências de um exorcista: perguntas e respostas*. São Paulo: Palavra & Prece, 2008.

NERES, Pe. Alfredo. *Ide, anunciai o Evangelho, curai os doentes, expulsai os demônios*. Lisboa: Pneuma, 2009.

RITUAL ROMANO: *Celebração dos Exorcismos*. Conferencia Episcopal Portuguesa. Coimbra: Gráfica de Coimbra, 2000.

ROYO MARIN, Antonio. *Teologia de La Perfeccion Cristiana*. 6ª ed. Madri: BAC, 1988.

SACERDOS, Istituto. *Esorcismo e Preghiera di Liberazione*. Roma, Edizione Art, 2005.

SCARAMELLI, Giovanni Battista. *Discernimento dos Espíritos*. Campinas, SP: Ecclesiae, 2015.

SAYÉS, José António. *O Demónio: Realidade ou Mito?* Portugal: Paulus, 1999.

SANTE BABOLIN. *L'Esorcismo: ministero dela consolazione*. Padova: Messaggero di Sant'Antonio, 2014.

TRUQUI, Cesar (org.). *Esorcisti Rispondono: storie, esperienze e attualità del ministero*. Roma: Edizioni ART, 2013.

VALENTINI, Daniela. Padre Amorht: *Os Demônios existem e estão entre nós*. Maringa, PR: Humanitas Vivens, 2011.

VELLA, Frei Elias. *O leão que ruge ao longo do caminho*. São Paulo: Palavra & Prece, 2007

VELLA, Frei Elias. *Maria: o espelho de ser mulher*. São Paulo: Palavra & Prece, 2011

VELLA, Frei Elias. *Cura do mal e libertação do maligno*. 2ª ed. São Paulo: Palavra & Prece, 2013.

VELLA, Frei Elias. *O Diabo e o Exorcismo*. 2ª ed. São Paulo: Palavra & Prece, 2013.

VELLA, Frei Elias. *O Anticristo: quem é e como age*. São Paulo: Palavra & Prece, 2010.

VELLA, Frei Elias. *Aprendendo a lidar com o Diabo*. São Paulo: Palavra & Prece, 2009.

ZAVALA, José María. *Así se vence al demonio: Hablan los poseídos. Hablan los exorcistas*. Espanha: Libros Libre, 2012.

YOUCAT – *Catecismo Jovem da Igreja Católica*. São Paulo: Paulus, 2010.

***

ABIB, Monsenhor Jonas. *Anjos companheiros no dia a dia*. 28ª ed. São Paulo: Canção Nova, 2010.

ALVES, Maria Gabriela. *Combatendo o bom combate: Orientações para cura e libertação.* São Paulo, Palavra & Prece Editora, 2011.

BAIA, Vagner. *Diversas Orações de Cura e Libertação.* São Paulo: Canção Nova, 2014.

GAMBARINI, Alberto. *Batalha Espiritual.* 22ª ed. São Paulo: Ágape, 2015.

LEWIS, C.S. *Cartas de um diabo a seu aprendiz.* 2ª ed. São Paulo: Martins Fontes, 2009.

NOGUEIRA, Maria Emmir. *Anjos nossos de cada dia.* Aquiraz: Shalom, 2011.

REIS, Reinaldo Beserra (org.). *Rcc Responde 07: Demônios e Exorcismo.* RCC Brasil, 2011.

REIS, Reinaldo Beserra (org.). *Rcc Responde 03: Ministério de Oração por Cura e Libertação.* RCC Brasil, 2011.

RCC BRASIL: *Aprofundamentos de Dons.* RCC Brasil, 2014.

RCC BRASIL: *Roteiro de Formação Ministério de Oração por Cura e Libertação.* RCC Brasil, 2013

SOLIMEO, Plinio Maria. *O Livro dos Três Arcanjos.* 7ª ed. São Paulo: Artpress, 2013.

SOLIMEO, Plinio Maria. *Os Santos Anjos: Nossos Celestes Protetores.* São Paulo: Artpress, 1999.

SOLIMEO, Plinio Maria. *Os Anjos na Vida dos Santos.* São Paulo: Artpress, 2007.

SOLIMEO, Plinio Maria. *O Anjo da Guarda: um amigo fiel que jamais nos abandona.* 2ª ed. São Paulo: Petrus, 2014.

SOLIMEO, Gustavo Antônio, Solimeo, Luiz Sérgio. *Anjos e Demônios: a luta contra o poder das trevas.* 5ª ed. São Paulo: Artpress, 2014.

KREEFT, Peter. *Cartas de um outro diabo a seu aprendiz.* Campinas, SP: Ecclesiae, 2013.

AA. VV. *Sectas Satánicas y Fe Cristiana.* Palabra, Madrid, 1998.

AA. VV. *Angeli e Demoni.* Dehoniane, Bologna, 1991.

AA. VV. *Il male e i suoi volti.* San Lorenzo, 2003.

W. Kasper, K. Lehman (edd.). *Diavolo, demoni, possessione: sulla realtà del male.* Queriniana, Brescia, 2005 (5ª ed.).

G. Nanni. *Il dito di Dio e il potere di Satana. L'esorcismo.* Libreria Vaticana, Città del Vaticano, 2004.

G. Panteghini. *Angeli e Demoni. Il ritorno dell'invisibile.* Messaggero, Padova, 1997.

G. Tavard. *Satana.* Paoline, Milano, 1990.

Marc-Antoine Fontelle. *Comprendre et accueillir l'exorcisme.* Téqui, Paris, 1999.

Nicolás Gómez Dávila. *Einsamkeiten: glossen und Text in einem.* Wien: Karolinger, 1987.